U0572291

本书出版得到

国家重点文物保护专项补助经费资助

明蓟镇长城

1981～1987年考古报告

第二卷　黄土岭

河北省文物研究所　编著

主　编　郑绍宗

副主编　韩立森　郑立新

文物出版社

2012・北京

封面题签　宿　白
封面设计　周小玮
责任印制　陈　杰
责任编辑　秦　彧

图书在版编目（CIP）数据

明蓟镇长城：1981～1987年考古报告．第2卷，黄土岭/河北省文物研究所编著．-北京：文物出版社，2012.1

ISBN 978-7-5010-3375-1

Ⅰ．①明…　Ⅱ．①河…　Ⅲ．①长城-考古发掘-发掘报告-遵化市-明代　Ⅳ．①K878.05

中国版本图书馆CIP数据核字（2011）第267666号

明蓟镇长城——1981～1987年考古报告

第二卷　黄土岭

河北省文物研究所　编著

*

文 物 出 版 社 出 版 发 行

北京市东直门北小街2号楼

邮政编码：100007

http://www.wenwu.com

E-mail：web@wenwu.com

北京燕泰美术制版印刷有限责任公司制版印刷

新　华　书　店　经　销

开本：889×1194　1/16　印张：42

2012年1月第1版　2012年1月第1次印刷

ISBN　978-7-5010-3375-1　定价：460.00元

总　目

目 次

实测图目次

图版目次

第三章　黄土岭　义院口长城

（第二十一测区长城［属石门寨路］）

第一节　黄土岭—义院口段边墙建筑遗迹

第二十一测区前接二十测区，由黄土岭到义院口，总的走向是由东向西。起始地点是抚宁县东贺庄乡南的夕阳口村东约2500米，名东沟山顶上，西南距九门口2500米，东南2500米是辽宁绥中县老虎村，西北则为贺庄乡（图［21］001）。

黄土岭位于九门口以北的南北向山岭上，经夕阳口村东、黄土岭口村东，明长城则沿着这条黄土岭山脊三角点（海拔451米）北行，然后经过燕窝拉、横石拉（礌）、周后峪东、杜城子东到小石门子、锥子山，长城分为三股，即从小石门子、锥子山东行奔辽宁的绥中，西行为河北奔义院口和南行到山海关这三路，小石门子锥子山海拔525米[①]，是长城在河北和辽宁的分界点。长城从小石门子锥子山沿着山脊西行，过高楼山偏北行，过小楼沟东、小毛沟东、大毛山村北到董家口西行到城子峪口、河北平顶峪口，口北有一附边到百道沟山，长城从平顶峪西行到海拔660米高地，分为内外两道。外线即主线西行又南行到疆沟碏子山。内线向南后又向西过板厂峪东沟西行到疆沟砬子山与外线长城合。然后从疆沟砬子山南行到义院口西公路上与第二十测区会合（图［21］002～039）。

第二十一测区长城考察是从1985年5月开始，到1986年4月完成，共用一年时间，此间共调查：

主体长城　36580.1米，其中砖墙95062.2米、石墙21918.9米、山险墙5155米。

敌台	167座
战台	73座
墩台	25处
台基	28处
马圈	2处
炮台	32处
房基	48处
关隘（口子）	18处

① 五万分之一图标，驻操营K－50－144－A（1958年，下同）。

城堡　　　　　　　　　　　　　　　12处

实心台　　　　　　　　　　　　　　1处

附边　三道。有：

1．平顶峪—百道沟山附边

全长2608米，其中石墙1645米，山险墙963米。中途经过战台3座。

2．郭大安（板厂峪东沟—板厂峪西沟）附边

全长5095米，其中石墙4513米，山险墙582米。中途经过战台14座、墩台7座、口门（天井沟口、板厂峪口）2处。

3．董家口处附边

全长3556米，其中石墙2956米，山险墙600米。中途经过战台9座、庙址1处。

本测区编号以黄土岭作为字头，如黄土岭台1号、2号……测区东起黄土岭敌台1号，西止于义院口村西北敌台167号，再西越青秦公路河道75米处和第二十测区的战台1号相接。黄土岭向南和第二十二测区即黄土岭到九门口的敌台1号相接。

下面从黄土岭台1号起向北、向西依次叙述。

（一）黄土岭台1号

位于抚宁东贺庄乡九门口村东北夕阳口村东2500米东沟的山顶上。附近都是浅山区。敌台顶上设有铁三角架，海拔451米[①]，一般海拔400～500米。

楼体坐落在南北行的山脊上，南为黄土岭主峰。

楼体　梯柱形，保存基本完整，自然破坏严重，基底和部分结构可以复原。

楼基　方形，用五至七层条石铺成，以上砖砌到顶。楼基东西长9.5、南北宽9.8米，通存高6.55～10米（图［21］051L1）。

楼体四墙　西墙一门二箭窗（图［21］052L1；图版［21］001L1）。东墙二箭窗，已毁，存一窗。南墙二箭窗（图［21］053L1；图版［21］002L1）。北墙二箭窗。

西墙　一门二箭窗，门居中，石质，自下而上为门枕石、石门柱、石券脸。门外口宽0.7、门高1.7、进深0.22米。门内券宽1.26、高2.2、进深1.6米。门内两侧为门闩孔，宽0.3、高0.42米，中一圆孔，径0.1米。甬道两侧为梯道口，是南北对称的双梯边。门南北靠上有箭窗各一，形制相同，窗外口宽0.54、高0.74米，窗内龛宽0.7、现高0.72、进深0.38米，窗台石长0.65、宽0.29、厚0.1米。在石中起槛，两侧有长方槽，槽长0.07、宽0.02、深0.02米。槽内侧一圆轴孔。

南墙　两箭窗，东西各一，间距3.7米，东侧箭窗外口宽0.55、高1.05、进深0.19米。窗内龛宽2.2、高1、东侧进深0.85米，窗台石宽0.4、长0.76、厚0.1米。中起槛、两侧有小槽和扇门轴孔。二窗结构、尺寸相同。

东墙　两箭窗，结构同南墙。二窗形制相同，间距2.27米。窗内龛宽2.3、进深0.85米。

北墙　两箭窗，结构同南墙，间距3.5米。

梯道　在西门内券的两侧，为南北对称双梯道。以南侧梯道为例，梯道宽0.69、高3.15米。顶部呈叠砌的拱形，分两层，第一层高1.03、进深1.03米。第二层达到顶部，阶梯十一级，条石砌成，阶高0.34、宽0.34米。北侧梯道同南侧。

楼体内部结构　由南北向两道筒拱中间一道隔墙组成，筒拱长约9、宽2.2、高3.8米（图［21］

① 五万分之一图标，前所K－50－144。

054L1）。中间隔墙一道，墙中券门一，门宽2.2、高3.8、进深（墙厚）2米（图［21］055L1）。

楼顶　周围一箍出檐石，凸出墙体0.11米。上砖砌垛口墙大部毁坏，垛口墙存高0.66、宽0.4米。南、北垛口墙下存长方形出水嘴各一个，长1.15、宽0.67米（图［21］056L1）。

楼橹　楼顶中部原有楼橹一，今存墙基。南北宽5、东西长3.5米。现楼顶安装有三角架的测点一个。西垛口墙下有楼梯上口二，各长1、宽0.6米。

从敌台1号墙体山脊北行，开始为石墙204米，之后是砖墙235米。墙体于九门口东北沿山坡而下，而又起伏于山梁之间（图版［21］003L1－L2）。

石墙皆毛石、白灰砌，用碎石、沙土填心。顶部垛口墙自然倒塌。墙宽1.2、高0.5～0.8米。

砖墙比较规整，基底用条石二至三层，平铺，呈阶梯式，沿山体坡度与墙体平行而下。石基上用砖平铺纵砌，白灰勾缝。砖墙宽5.5、高5.8米。墙顶部砌有出沿砖一层，凸出墙体0.06～0.08米。其上筑有垛口墙。垛口墙存高2、墙厚0.38米，两垛口相距2.6米。垛口宽0.45、内外口宽0.7、高0.96米，垛口石长0.62、宽0.4、厚0.1米。石顶中一盲孔。垛口两侧均和三角砖封顶。在垛口墙内侧有砖结构战台，随墙体上下起伏呈阶梯式，台长0.6～1.6、高0.5～0.7米。在垛口墙下有方孔，高0.35、宽0.2、孔间距2.6米，起着瞭望的作用。垛口墙外侧还保存完整的出水嘴，每间距2.8～3.83米一个。出水嘴出墙长0.68米，水槽宽0.08、深0.04、厚0.2米，总宽0.27米。

从敌台1号到敌台2号439米。中途经过房基1号。

房基1号

位于敌台1号北砖墙内侧距墙体6.6米山坡上。房基底部用条石铺基，以上砖砌。东西长4.7、南北宽4.4、墙厚0.55米，存高0.75米。北侧有门，宽1.5米。门前有台阶，宽1.35～1.56米，存高1.3米。

（二）黄土岭台2号

位于敌台1号北，抚宁夕阳口村东沟的梁顶上，地处河北、辽宁两省之间，楼东1500米是辽宁绥中娄家沟村，西北距黄土岭村约2800米。

楼体　梯柱形，大部毁坏，仅存部分墙体和结构。

楼基　长方形，用二至九层条石砌基，以上用砖坐白灰到顶。砖长0.4、宽0.21、厚0.12米。楼基南北宽11.3、东西长7.65、石基高1.1米，楼体通高8.7米（图版［21］004L2）。

楼体四墙　大部倒塌，南、北墙不存，东西两墙存有残窗三个，无法测量。

楼体内部结构　由南北两道筒拱中间一道隔墙组成。筒拱长度已毁，宽2.25、高3.45、隔墙厚0.97米。上有三券门，结构相同，门宽0.95、高2.35米。券间间距1.85米（图版［21］005L2）。

楼顶　全部塌陷。

从敌台2号主体墙山坡东北行，到山脊，墙体砖砌长146米，再北则石墙78米，到达敌台3号（图版［21］006L2—L3）。

砖墙　基底用二至三层条石平铺，以上白灰坐砖到顶。墙体内用碎石、沙土夯实。墙高5.8～6.2、宽5.5米。

石墙　就地取材，毛石干砌，碎石、沙土填心，多倒塌，墙宽2.4、高2.7～1米。

从敌台2号到敌台3号为224米。

（三）黄土岭台3号

位于黄土岭村东南2800米，夕阳口村东500米南北间的山脊上，楼东1000米是绥中娄家沟村，西南为九门口村。

楼体　梯柱形，构造较为特殊，四墙无箭窗，只西墙一门，楼内为直角式拱道直达楼顶。现四墙风化严重，楼顶已毁。

楼基　方形，基座用条石六至七层，以上用砖，东西长8.6、南北宽8.7、基高4米，通存高9.2米。条石长0.7、厚0.4米（图［21］057L3）。

楼体四墙　只西墙一门（图版［21］007L3），余三墙无箭窗（图［21］058L3；图版［21］008L3）。门居西墙中部，原为石质，今存门枕石，以上石门柱、一字石、石券脸皆被拆走。门内券高2.6、宽2.1米。门内甬道南侧紧接楼梯道。

梯道　在门甬道南，梯道宽0.82米，通过六级台阶、一歇步然后成直角，东行台阶九级到达楼梯上口。顶部梯拱分两段，西段长2.75米，顶为叠砌二层。南段顶也是叠砌二层到达上顶。下石阶高0.22、宽0.34米（图［21］059L3）。

楼体内部结构　是一个直角形的梯道，半个楼体皆实心（图［21］060L3）。

楼顶　周围一箍拔檐砖，作出棱角檐，残存垛口墙高0.6米（图［21］061L3）。

楼橹　楼顶中部有楼橹一，东西长3.84、南北宽3.9米。墙西侧有门，门宽1.1米。楼橹南侧是梯道上口，上口宽0.84、长1.2米。

在敌台3号楼基西侧有石碑座一块，座长0.65、宽0.36、高出地面0.16米。座顶有戳碑的长方槽榫，槽长0.21、宽0.11、深0.1米。其上的碑石早已不存。

墙体从敌台3号沿山脊西行，随山势起伏。皆毛石、白灰砌成。两侧石包，内填碎石，上用黄土一层连一层的夯实到顶。墙宽2.8、存高3.15～3.18米（图版［21］009L3－L4）。

在主体墙北侧10～15米的山坡上，有明显的削偏坡的痕迹，削坡上贴附的石墙也毁，今存坡下的沟壕。沟宽2～2.6、深0.6～1.4米。

从敌台3号到敌台4号为219.3米。中途经过炮台1号、战台1号。

炮台1号

位于敌台3号西北石墙顶部外侧。长方形，用毛石干砌，台内用碎石、黄沙土夯填。长1.8、宽1.55、高0.9米。

战台1号

位于敌台3号西北140米处墙体内侧，就山坡筑起，台体倒塌。长方形，用毛石干砌，内以碎石、沙土填实。长4.25、存高1.75米。

（四）黄土岭台4号

方向北偏东18°。俗称瞭山楼。

位于冀、辽两省交界处的一座山顶上。东500米为辽宁娄家沟村，西南为九门口，西北500米是黄土岭村。

楼体　梯柱形，保存基本完好，门址西北两墙风化严重。顶部毁坏严重。

楼基　方形，基底仅用一层条石铺砌，以上砖砌到顶。在距地面1.35米处砌有腰砖一层，厚0.1、出沿0.08米。东西长10.3、南北宽10.3、楼基高1.38米，通存高4.7米（图版［21］010L4）。

楼体四墙　南北两墙一门两窗，东西两墙各筑三箭窗（图版［21］011L4）。

南墙　一门、两箭窗，门居中，窗在左右，门窗间距1.82米。门为石质，自下而上为门枕石、石门柱、一字石、石券脸。门外口宽0.71、高1.82、进深0.31米。门内券宽1.26、高2.15、进深1.09米。门枕石长1.55、宽0.6米，中起门槛，槛东西两端各有长方石墩一个，墩长0.2、宽0.2、高0.05米，上有门轴孔一个，孔径0.6米。在门两侧，石门柱正面浅刻精美的生花类图案。两箭窗形制相同，外口多毁坏。拱形，外口宽0.55、高0.95、进深0.4米，窗内龛宽1.2、高2.15、进深2.1米。窗台墙厚0.4米，窗内侧原有木抱框，今存木槽痕（图版［21］012L4）。

北墙　结构同南墙，不另述。

西墙　三箭窗，窗间距1.82米，南起第一窗外口宽0.55、高0.95、进深（窗口墙厚）0.4米。窗内龛宽1.2、高2.15、进深2.1米。西墙中间一窗，龛内券两侧各有梯道一处。楼门箭窗与南侧箭窗同。

东墙　三箭窗，结构同西墙。

楼体内部结构　由南北三道筒拱和两道隔墙组成，筒拱通长5.3、宽1.45、高3.3米。两道隔墙上各有三券门，门宽1.35、高2.1、进深1.25米。券门间距1.6米（图版［21］013L4）。

梯道　在西墙中部窗内龛券的两侧为南北相对的双梯道。两梯道结构同。以南侧梯道为例，梯道中宽0.91、高3.35米。梯道顶部采用三级筒拱式，每上升0.55米向前错出0.5米，第三层筒拱到顶。梯道下现存台阶十三层，每层高0.3、宽0.25米。

楼顶　顶部有一箍拔檐砖，以上为垛口墙，墙多已毁坏，今存高0.4～0.8、厚0.42米。

西垛口墙下南北各一楼梯道上口，长方形，南侧长1.2、宽0.8米，北侧长0.8、宽0.8米，二梯道口相距4.85米。

楼橹　楼橹一，设在顶部中央，已毁，存残基。长方形，东西长4.2、南北宽6.45、墙面高0.9～0.3、墙厚0.8米。楼橹西墙一门，门宽1.25、高约1.85米。已毁。门南侧存一窗，拱形已残。窗口宽1米。楼橹东墙也有拱门一，门宽1.1、高1.85、墙厚0.3米（图版［21］014L4）。

墙体从敌台4号沿着南北向黄土岭山脊西偏北行，西距黄土岭村1600米，东南距九门口1200米，东侧山脚下是绥中娄家沟村。墙体皆毛石、白灰砌，内填碎石黄沙土。层层垫平夯实。墙宽3.3、高1.5～2.2米。顶上仍存部分垛口墙，墙存高0.75、墙厚0.55米，墙内马道宽1.75米。

从敌台4号到敌台5号为444.4米。中途经过房基2、3号。

房基2号

位于敌台4号西北178.2米墙体内侧的缓坡上，东北与主体墙相接。已倒塌，长方形，毛石干砌，东西长3.65、南北宽5.7、墙厚0.6米，存高0.3～0.4米。上面长满杂草荆棘，门址难辨。

房基3号

位于敌台5号东41.2米处的墙体内侧，与主体墙相连，长方形，毛石干砌，东西长3.1、南北宽2、厚0.6、墙高0.2～0.4米。上面长满杂草。

（五）黄土岭台5号

方向为正南北。俗名“洼楼”。

位于冀、辽两省交界处的山梁上，西北距抚宁黄土岭村1500米，西南为夕阳口村，东2000米为绥中的娄家沟。长城从此向西拐向北行。

楼体　保存不佳，破坏严重，西、北两墙和南墙一部分已倒塌，顶部皆毁。

楼基　方形，基底用五层红褐色条石铺成，以上砖平铺到顶。楼基东西长8.3、南北宽9米。楼基高1.9、楼体高5.2米，通存高7.1米。

楼体四墙　结构与敌台4号相同。南墙一门（图版［21］015L5），东墙无门。余二墙毁（图版

［21］016L5）。

南墙　门居中，距东墙角3.8米。门为石质，用五块条石拱起。自下而上门枕石、石门柱、一字石、拱券脸。门外口宽0.75、高1.55、进深（墙厚）0.25米。门内两侧有门闩孔石各一，已残，门内宽1.65米，高度已毁，进深1.4米。后折向东为楼道，宽0.9米，下石阶八级，阶高0.35、宽0.21米。顶呈叠砌筒拱式，第一层长2.05米，上升1.05米。第二层筒拱长0.85米，楼道折而向北达到梯道上口，已毁。

楼顶　建筑皆毁。东侧存一残墙，上有箭窗一，窗宽0.45、高0.75、墙厚0.4米。台面下有通风孔，孔宽0.35、高0.3米，两孔间距0.2米。

墙体从敌台5号沿山脊西行又折向北顺山而下，然后从东南奔向西北山梁上，毛石干砌。石料粗糙，部分用白灰勾抹，以石屑沙土填心。墙宽3、高1～1.9米（图版［21］017L5）。

从敌台5号到敌台6号为259米。

（六）黄土岭台6号

方向为正东西。俗称黑家高楼。

楼体　坐落在山顶上，楼东1000米是绥中娄家沟，南为九门口，西南是夕阳口，山脊呈西南东北向。

楼体　梯柱形，门、窗皆自然毁坏，顶部垛口墙和楼橹已毁。

楼基　方形，基底筑于岩石上。东、北两面用六层条石平铺，以上砖铺到顶，东西长10.2、南北宽10、基高2.19米，楼体通高8.3米（图版［21］018L6）。

楼体四墙　南墙一门两箭窗，西墙一门两箭窗，东、北两墙皆三箭窗。

南墙　门居西侧，已毁，石质，外口宽约0.77、高1.75、进深0.25米，门内宽1.3、高2.27、进深1.25米。门闩孔不存。门东1.35米为中部箭窗，拱券形，窗外口宽0.6、高0.97、进深0.28米，窗内龛宽1.3、高2.22、进深1.07米。中窗距东窗1.3米，形制大小同中窗。

东墙　三箭窗并列，间距1.56～1.65米。形制相同。以南起第一窗为例，门外口宽0.56、高0.75、进深（墙厚）0.25米。窗内龛宽1.3、高2.03、进深1米。窗台墙下0.42米有一通风孔，长方形，长0.24、高0.26米。窗内原有木边框，已毁。

北墙　三箭窗，并列，间距1.38～1.32米。形制同东墙。

西墙　一门二箭窗，门居中，窗居两侧。石质，外口宽0.77、高1.75、进深0.25米。门内拱两侧为梯道。门南北宽1.6～1.65米为箭窗，二箭窗形制相同，窗拱券形，两券两伏，窗外口宽0.55、高0.85、进深（窗墙厚）0.2米。窗内龛宽1.22、进深1.8米。

楼体内部结构　为东西三道筒拱中间两道隔墙组成。筒拱东西通长6.2、宽1.6、高3.3米。两道隔墙上各三券门，计六座。均两券两伏。门宽1.25～1.4、高2.15、进深（隔墙厚）1.3米。三门结构大小相同（图版［21］019L6）。

梯道　位于西墙门内中部两侧，为双梯道，南北对称。以南侧梯道为例，梯道口宽0.9、高3.15米。顶部叠砌三层筒拱。第一层长1.65、上升0.65米。第二层长0.62、上升0.65米。第三层长0.45米到达梯道上口，下砌石阶十三层，每层高0.3、宽0.2米。北侧梯道与南侧同（图版［21］020L6）。

楼顶　有收分。东西长9.9、南北宽9.8米。顶周一箍拔檐砖，作棱角檐式，上砌垛口墙，存高0.55、墙厚0.42米。在西垛口墙下南北两侧有梯道上口各一，结构相同，长1.4、宽1.15米。上部头房已毁，南北两出口相距3米。

顶中　有残楼橹一，已毁。南北宽6.3、东西长4米。东墙一门，门宽1.15米。原窗已毁。在楼檐的南北侧各存出水嘴一，已毁。在楼橹西侧底部存长方形石碑座一，内石碑已不存（图版［21］021L6）。

石墙从敌台6号顺山而下北行，又爬上山脊，绵亘于黄土岭东梁上（图版［21］022L6－L7）。东侧山脚为娄家沟，西侧200米为黄土岭村。山脊东险西缓。墙体皆毛石干砌，用石屑沙土填心。墙宽1.2～4、高0.8～1.3米，保存最好处高达5米。

从敌台6号到敌台7号为383.3米，其中石墙264.3米，无墙体119米。中途经过房基4、战台2号。

房基4号

位于敌台6号北24米处，为小房，已塌陷。长方形，毛石干砌，东西长5.2、南北宽4.15、墙厚0.6米，墙存高0.5米。西一门，门宽1.2米。

战台2号

位于敌台7号之南64米处的墙体内侧，台东与墙体相连，西侧就缓坡而筑，毛石、白灰砌筑，东西凸出墙体1.3、南北宽5.6、存高1.1米。

（七）黄土岭台7号

方向为正南北。

位于冀、辽两省交界黄土岭山脉正脊上。西侧山脚下是黄土岭村，东为娄家沟，楼体南北与墙体相连。

楼体　毁坏严重，顶部坍塌，仅存东西南三面残墙（图版［21］023L7）。

楼基　基底用二至三层条石平铺，以上用砖。东西长9.9、南北宽10.2米，楼体存高4.5米。

楼体内部　楼顶荡然无存。

墙体沿黄土岭山脊向北延伸。皆毛石干砌，多倒塌。墙顶用薄石板封盖，用石屑、黄土夯心，层层取平到顶。墙宽3.5、内高0.5～1.1米（图版［21］024L7）。

在敌台7号楼北17.7米处墙顶内檐上有出水嘴一个，凹槽形，内大外小。楼北4.7米处用毛石干砌上墙道一处，道长3、宽1.25、高2米。在7号楼北40米处也存上墙道一处，与主体墙垂直，毛石砌，东西长1.5、南北宽1、高1.5米。

从敌台7号到敌台8号为76.9米。

便门1号

墙体中间有便门口一，门宽1.5、进深2米。

（八）黄土岭台8号

方向北偏东24°。

位于黄土岭村与娄家沟交界处的山梁上，东距娄家沟1000米，西距黄土岭村1100米，此楼是黄土岭口南侧守关的第一楼，惜已彻底毁坏。

楼体　仅存基址。基底用条石铺砌，以上砖砌到顶，基底就岩石砌起，东西长8.9、南北宽8.8米，楼基以上存高4米。

墙体从敌台8号沿山脊北行向下到两山凹下的低处为黄土岭口，过口又北行上山到达敌台9号。因接近口门，墙体皆砖筑，原为上好砖墙，今倒塌风化严重。墙体顺山势用条石二至三层砌基，其上用条砖坐白灰平铺纵砌到顶，顶部内外檐不存，马道方砖铺墁。墙宽4.4、内侧高1.5、外侧存高1.19米，垛口墙多毁坏。

从敌台8号到敌台9号为119米。中途经过黄土岭口。

黄土岭口

位于敌台9号南侧15.8米处山洼谷底处，南北两山夹角，中一谷可通行（图版［21］025）。东600米为娄家沟，口西700米为黄土岭村。东侧的黄土岭口历史上称为“娄家沟口”，这是别称。

口门原在两山下夹的谷底筑成，全部砖砌，为拱形通道，拱顶有门楼类建筑，门洞底部用条石铺砌，洞两侧石砌，以上砖拱，原口门还存有木门等，今皆不存。门道存长8.7、宽4米。由于人为的破坏，口门建筑不存，仅能看到残拱顶和墙体。

口门外的拦马墙

在口门的东侧65米处，即主体墙外，有拦马墙两道，皆毛石干砌，墙沿山坡成弧形，内外两道墙北部相连接。直接延伸到10号楼东侧，两道全长340米。石墙宽2.5～3、高1.1～2.8米。

《四镇三关志》“黄土岭关，洪武年建，通辽东大川、关南黑峪墩、关北石山墩、小山墩、大鸡冠关墩，通单骑，衝，余墩空，通步缓”[①]。

（九）黄土岭台9号

方向东偏南28°。俗称“城门楼”。

位于黄土岭村东1000米的黄土岭山脉的脊梁上，东南山脚下是黄土岭口，口东1100米为绥中娄家沟。

楼体　就山势筑起，并未用条石铺砌，现楼体全部坍塌，仅存一部分楼基。

楼基　平面长方形，全部砖砌到顶，东西长11.1、南北宽9.9、存高2.4米。墙上存有拱门、隔墙等，楼体结构全毁。

从敌台9号墙体顺山脊向北延伸，墙体是冀、辽两省边界线。皆为砖墙，因距村庄较近，破坏严重，墙外层砖皮剥落、垛口墙等已不存，墙宽4～4.4、高2.4～5.2米。

从敌台9号到敌台10号为64米。接近敌台10号有一便门口。中途经过台基1、2号，马圈1号。

便门口

位于敌台10号东侧脚下主体墙上，现已坍塌，仅存门基、拱门北侧依楼而建。拱门东西贯通墙内外，为东西门道，门长5.1、宽1.5米。

台基1号

位于敌台9号西侧脚下主体墙内。已塌毁，全部用毛料石干砌，碎石、沙土填实夯筑。长方形，长42、宽15、高1～1.4米。现台上长满野草。分析上面原有一组建筑，已不存。

台基2号

位于台基1号北侧，与主体墙垂直，西侧就山坡筑起。现已倒塌。台体用大块毛石干砌，碎石、沙土填心、夯实。平面长方形，东西长11、南北宽7、存高1.1米。

“马圈”1号

在黄土岭口内侧，为一长方形城圈。毛石干砌，东西长32.5、南北宽15、存高0.8～1米。东侧一门，宽约1米。马圈是群众称谓，实际上也是守口士卒的驻地。

（一〇）黄土岭台10号

方向东偏南24°。俗称望海楼。

位于黄土岭村东1000米山脊上，楼东南900米为娄家沟，因站在楼上可见到海，故而名为望海楼。

---

① 《四镇三关志·形胜》二十五乙，中国科学院图书馆藏本。

楼体早年塌陷，楼内以及顶部结构皆毁，仅存楼基（图版［21］026L10）。

基底　方形，用粗加工毛石五层砌起，以上砖坐白灰。东西长10.5、南北宽10.5、存高5.4米。

墙体从10号楼北行，顺山脉正脊蜿蜒而去。皆内外砖包墙，墙基用二层条石依地面起伏而铺砌，陡峭处则下大，上下或作出阶梯状，墙顶内外檐以上垛口墙皆不存。墙宽4、内侧高2～3.2、外侧高3.1～5.4米（图版［21］027L10）。

从敌台10号到敌台11号为108米。

（一一）黄土岭台11号

方向东偏南24°。

位于黄土岭山脉正脊上，西南700米为黄土岭村，东南700米为娄家沟。

楼体　早年破坏，楼顶塌陷，四墙毁坏（图版［21］028L11）。

楼基　为方形，东西长10、南北宽9.8、存高6.8米。基底皆用砖砌，其结构大体是南墙和北墙为一门两窗，东墙存窗两层，上三下四（图版［21］029L11）。西墙同东墙，但因风化毁坏严重，难于测定其尺寸。基本是残垣断壁。

墙体从敌台11号折向东北，沿着起伏山脊爬行。皆砖砌。用条石铺基，上内外砖包到顶，石屑、沙土、白灰混合夯筑。顶部作出内、外檐、方砖铺墁。垛宇墙不存。墙宽50米，高2.2～4米（图版［21］030L11）。

从敌台11号到敌台12号为159米。中途经过战台3号、炮台2号。

战台3号

位于敌台12号南59.4米处内侧，就平缓山坡筑起。台体砖筑，基底不铺条石，直接用砖砌，用碎石、沙土、白灰渣混合后夯实。台南北宽5.2、东西长1.8、存高2.3米。顶周原有垛口墙，已不存。

炮台2号

在敌台12号南34.9米处墙顶东侧。现已倒塌。全部毛石干砌，内填、碎石土，东西长3.5、南北宽6.5、存高0.18～1.2米。

（一二）黄土岭台12号

方向北偏东12°。俗称七眼楼。

位于敌台11号北山梁之上，东南800米为娄家沟，西南1100米为黄土岭村。

楼体　梯柱形，风化严重，顶部塌陷，四墙门窗也大部毁坏。

楼基　方形，沿山势而建，不用条石为基，直接用砖砌到顶，东西长10.1、南北宽9.9米，通存高8.9米（图［21］062L12）。

楼体四墙　已残，原为木结构，上下两层窗，后改为砖结构，有的只留下面窗，下部已堵死。南北两墙各一门两窗（图［21］063L12）。东西两墙四窗（图［21］064L12）。

南墙　一门二窗。原与门平行位置靠下，左右各一窗，改为砖楼时已堵死，今只存门和上侧左右各一窗（图版［21］031L12）。门居中，外口已毁，门宽0.7、进深0.22、存高1.75米。今存门枕石等。门内拱宽1.04、高2.35、进深1.04米，门西1.31米和门东1.33米，各有箭窗一个。皆小窗拱券形，两窗形制相同。窗外口宽0.3、高0.6、进深0.4米。窗内龛宽0.65、高1.85、进深0.85米。窗台石厚0.45、下距地面1.24米。

北墙　结构同南墙，不另述。

东墙　现有四窗，皆小窗，改为砖楼以前，位置偏上的木结构三箭窗已堵死。现四窗位置偏下。四窗并列，间距1.4～2.25米，形制大小同。拱券形，一券一伏。窗外口宽0.3、高0.55、进深0.3米。窗内龛宽0.65、高1.91、进深0.9米。窗台石厚0.4米，下距地面1.2米。窗口下0.6米处有一通风口。窗内存有安装木边框的痕迹，凹槽呈“Ⅱ”形（图版［21］032L12）。

西墙　结构同东墙，不另述。

楼体内部结构　原为砖木混合建筑，楼为框厢式，四壁立柱，顶承横梁，梁上用木板棚顶，全部改成砖结构后，原先木箭窗已堵死。另辟新窗（已如前述）。现四壁和顶部仍存壁柱和木梁的痕迹，窗上的木框槽，拴门用的铁吊环等仍存（图［21］065L12）。改为砖建后，内部结构为南北向三道筒拱和两道隔墙组成。筒拱通长7.5、宽1.45、高3.3米（图版［21］033L12）。隔墙上有二券门，共四座。每道隔墙上的券门间距2.45米。门宽0.68～0.72、高1.95～2、进深（隔墙厚）1.1米（图［21］066L12）。

楼内未设梯道，显然属于早期建筑，在楼内西北角有一长方形梯井可用活动木梯或软梯上下。

楼顶　平面方形，边长9.6、楼体存高8.9米。现东西两面存有拔檐砖、残出水嘴、垛口墙残段。原有楼橹已毁。

墙体从敌台12号沿山脉北行，东南距娄家沟800米，西南距黄土岭村1000米。墙体皆砖筑，墙基用二至四层条石铺砌，随山体而宜，有的直接用砖砌，内外砖包到顶。墙顶内外檐砌腰砖一层，以上砖砌垛口墙和宇墙。墙宽4.4、存1.2～5.1米。

从敌台12号到敌台13号为113米。中途经过便门2号（内口门）、战台4号、房基5号、台基3号。

便门2号

又称内口门，位于敌台13号南2米处的墙体内侧，砌有砖阶可达墙顶，现拱门已毁，存门侧残墙。残门宽0.8、存高0.4米。

战台4号

位于敌台12号北25.4米处墙体内侧。就缓坡筑起。台体砖筑，长方形，东侧与主体墙相连，三面砖包，内填碎石、沙土，东西长1.8、南北宽5.3、存高1米。

房基5号

位于敌台3号南5.5米处墙体内侧，就平坦山坡筑起。长方形，毛石干砌，房基东西长3、南北宽7.5、墙存高0.2～0.5米。门已毁。

台基3号

位于敌台13号西南角，西与墙体相连。台基长方形，为毛石干砌，内以碎石、沙土填心，顶部有碎石、砖头，估计台顶有砖结构。南北宽7.5、东西长2、存高0.5～1.6米。

（一三）黄土岭台13号

方向北偏东6°。俗名一眼楼。

位于娄家沟与黄土岭两村交界的山梁上。东南1000米为娄家沟，西南1200米为黄土岭村。

楼体　梯柱形，顶部已坍塌，存南、北、西三面墙框和部分结构。

楼基　方形，基底用条石一层平铺成基台，以上用砖砌到顶。东西长8.6、南北宽9、存通高7.5米（图［21］067L13）。

楼体四墙　西墙一门，余三墙皆三箭窗，楼体倒塌，窗皆毁坏（图版［21］034L13）。

西墙　一门，外口已毁（图［21］068L13；图版［21］035L13）。门位较高，下距马道4.6米。门下存门枕石，以上为石门柱等已倒塌。在门枕石的两侧，有勾形石挂各一，以挂软梯上下。门宽1、门道深0.9、高1米，门道深0.9、宽1米。进门后南拐为梯道，宽0.8米，有台阶六级，再东拐有台阶八级到顶（图［21］069L13）。

楼顶　坍陷，皆毁坏。

从敌台13号墙体沿山脊北偏西行，因距村庄较近，人为破坏严重。皆砖包墙。墙基用二至三层条石铺砌，沿山而行，凡陡峭处皆为台阶式，自下而上内收。墙顶部还存有腰砖和和流水嘴。墙宽4.4、内高2.5～3.1、外高3.7～4米（图版［21］036L13－L14）。

从敌台13号到敌台14号为187米。中途经过墩台1号、便门3号、炮台3～6号、战台5号、房基6号。

墩台1号

位于敌台13号楼东25米处的山坡上，西距主体墙17米。台体长方形，用大块毛料石筑起，白灰勾抹。内用碎石、沙土填实夯平。东西长7、南北宽8、存高3.5～4米。

便门3号

位于敌台13号西侧，门顶为拱形，门宽0.85、高1.8米，进门后可通到马道和敌台，门外山坡上有阶梯，长4、宽4米，阶为砖铺，已毁。

炮台3号

位于敌台13号北25米处主墙体马道上，东接马道外缘。全部为毛石干砌，碎石、沙土填心，台南北宽3、东西长1.5、存高0.3米。

炮台4号

位于战台5号东北26米处马道顶部外缘。长方形，石砌，东西长1.8、南北宽3、存高0.5～0.82米。

炮台5号

位于战台5号南20米马道外侧，已坍塌，平面长方形，毛石干砌，内用碎石、沙土夯平，东西长3、南北宽3.2、存高0.4米。

炮台6号

位于敌台14号南14米处墙顶马道外缘，方形，皆毛石干砌，台心填碎石、沙土夯实，东西长2.4、南北宽2.4、高0.4米。

战台5号

位于敌台13号北50米墙体内侧。为砖结构，东连主体墙，西为平坦坡地。台体已完全毁坏。长方形，自下而上全部砖砌，用碎石、沙土填心，东西出墙2.4、南北宽5.8、存高1.5米。

房基6号

位于敌台4号南侧山坡的墙体上，南距炮台6号8.1米。长方形，毛石干砌，东西长2.4、南北宽3.6、墙厚0.6、存高0.4米。北侧一门已毁，门宽1.3米。

（一四）黄土岭台14号

方向为正方向。俗称“三条沟洼楼”。

位于娄家沟西北黄土岭山脉的主脊上，楼西南山脚下1600米是黄土岭村。

楼体　梯柱形，自然倒塌，门、窗毁坏，仅存基址，楼内部分结构（图版［21］037L14）。

楼基　长方形，基底用条石六层平铺，再砖坐白灰到顶。东西长8.1、南北宽11.4米，通存高4米。

楼体四墙　南北两墙自然倒塌，门、窗毁坏不存。东西两墙各有三箭窗。也多毁坏。

东墙　三箭窗，窗间距1.7～1.8米。以南起第一窗为例，窗外口已毁，窗内拱宽1.58、龛高2.3、进深0.9米。窗口墙厚0.3米。其余二窗结构形制相同。

楼体内部结构　为南北向筒拱三道隔墙两道组成。内部砖层多剥落。筒拱通长9.15、宽1、高3.4米，隔墙厚1.2米，上各有三券门，共六座。门间距1.6～1.7米，门宽1.6、高2.05米。门多毁坏（图版［21］038L14）。

楼顶　东西长7.8、南北宽10.7米。建筑多毁坏。存楼橹残基。楼橹南北宽5、东西长3.6、残墙高0.4、厚0.4～3米。楼橹西侧现存一门，门宽1米。顶周垛口墙多不存。东西两侧各存出水嘴一个。

楼顶西北角存梯井上口，已毁坏。

墙体沿山脊北行，保存较好，皆内外砖包，墙基用二至四层条石平铺取齐，以上内外砖包到顶。墙内用碎石、沙土等混合夯筑，内外檐腰砖以上外筑垛口墙，内筑宇墙（较矮），方砖铺墁。墙宽5、高4.1～2.7米，马道宽2.3米。在腰砖位置砌筑流水槽，石槽长6.6、宽0.14、深0.03～0.04米。在接近敌台5号的墙顶马道外侧，存有阶梯式战道，宽0.6、存高1米。

垛口墙　高1.6、厚0.38米，两垛口相距2.9米。垛口中间宽0.5、内外口宽0.75米，下砌垛口石，上一方形望孔，孔高0.24、宽0.18米。两孔间距1.6米。内侧宇墙高0.4、宽0.4米（图版［21］039L14）。

从敌台14号到敌台15号为216米。中途经过炮台7～11号。

炮台7号

位于敌台14号北99米处墙顶外侧。方形。毛石干砌，白灰勾缝。东西长2.5、南北宽2.5、高0.3米。

炮台8号

位于炮台7号北1米处墙顶外侧。毛石干砌，碎石、沙土填心。台长3、宽2.7、高1米。

炮台9号

南距炮台8号3.5米。位于墙顶外侧。全部毛石干砌。台长3、宽2.1、存高0.5米。

炮台10号

位于炮台9号北40米处墙顶外侧。长方形，毛石干砌，碎石、沙土充填。长2.4、宽2、高0.7米。

炮台11号

位于敌台15号南29米处墙顶外侧。已倒塌。长方形，毛石干砌。东西长11.8、南北宽2.9、存高0.6米。

（一五）黄土岭台15号

方向东偏北12°。

位于敌台14号北黄土岭山脉正脊上，楼西南为黄土岭村，东南是娄家沟。

楼梯　柱形，经过二次修补，门、窗大部毁坏，基底尚存。

楼基　长方形，基底用三至四层条石平铺，以上砖砌，东西长11.3、南北宽10.9米，通存高5.4米。

楼体四墙　南墙一门两箭窗（图版［21］040L15）。北墙一门，东西两墙各三箭窗（图版［21］041L15）。

南墙　门居西侧，两箭窗居中、东侧。门外口宽0.8、高2、进深0.2米，均用条石拱砌。门内口宽0.95、高2.6、进深0.65米。门下为门枕石，门两侧有石门柱，上为拱顶。门东1.65米为中窗，外口宽0.6米，高已毁，进深0.45米。中窗距东窗1.95米。结构同东窗。

北墙　一门，门自下而上为门枕石、石门柱，以上砖砌。门外口宽0.8、高2、进深0.2米。门内龛券已毁。

东墙　三箭窗并列，窗间距2.1米，三窗形制相同。窗外口宽0.6、高已毁、进深0.5米。窗内龛宽0.8、高2.07、进深1.2米。

西墙　结构同东墙，不另述。

楼体内部结构　楼体内部由南北向三道筒拱，两道隔墙组成，隔墙上各有三券门，计六座。筒拱通长8.5、宽2.05、高3.04米，隔墙厚0.85米。上券门三，门宽0.75～0.8、进深0.85米。在中央筒拱顶部有梯井一，井口长1.2、宽0.9米。梯井上口在铺房内（图版［21］042L15）。

楼顶　顶周一箍拔檐砖，作出棱角檐。顶部平面长方形，东西长11.05、南北宽10.8、楼体高3.4米。

垛口墙　每面五段，垛口间距1.7米，存高1.4、厚0.4米。垛口宽0.6、高0.55、下距地面0.85米。垛口下有长方望孔一个，孔长0.3、宽0.3米，上作尖拱形。两孔相距1.9米。

楼橹　在顶部中心有残楼橹一座。南北宽7.5、东西长4.4、墙厚0.50、残墙高1.2～1.5米。

墙体从敌台15号向北延伸，东南2600米为娄家沟。墙体皆内外砖包到顶。底部用二至三层条石平铺，以上内外砖包到顶，顶内外檐有腰砖一层，出沿0.08米，上砌垛口墙和宇墙。马道用条砖铺墁，陡峭处砖砌，台阶下墙底部内侧砌有一段战道。墙体总宽5.2、高0.85～5.2米（图版［21］043L15）。

垛口墙　在顶外侧，高1.9、墙厚0.42米。

战道　在敌台15号北16号南皆有战道，位于垛口墙底部，台面呈长方形，随墙体上下起伏，依次连接成台阶式，台面长0.75、宽0.6、存高1.2米（图版［21］044L15）。

宇墙　在顶部内侧，现存高0.3～0.4米，墙厚0.42米。墙下有长方水孔，与马道平。小孔宽0.2、高0.25米，间距2.2米。

上墙道　在敌台16号南侧。从地面到墙顶侧面呈三角形，并与主体墙相垂直。石结构，残基宽0.8米，已坍塌。

在敌台15号北5米处，也有上墙道一，皆毛料石砌成，尚存台阶三级，阶宽0.31、高0.27、道宽1.3、存长2米。

在敌台16号南侧有石碑座一，呈梯形，座长0.42、宽0.35米，上宽0.1、长0.25米。石碑碑文不存。

从敌台15号到敌台16号为197米。中途经过房基7号、炮台12号、房基8号、炮台13号、战台6号、炮台14号。

房基7号

位于敌台15号北11米处主体墙之内侧，东侧倚墙，西侧平缓。平面长方形，毛石、泥土砌成。残基东西长2.8、南北宽7.9米，房有隔墙五道，分为两间，南头一间，东西长2.8、南北宽2.78米，北头一间，东西长2.8、南北宽5.15米。门口在南，门宽0.8米。

炮台12号

位于敌台15号南32.8米处墙体顶部。毛石干砌。东西长3.5、南北宽3.4、存高0.3米。

房基8号

位于房基7号北6米处主体墙内侧，倚墙而筑。平面长方形，毛石干砌，石屑、沙土填心，东西长4、南北宽7.3、厚0.6、墙存高0.4米。

炮台13号

位于炮台12号北811米处墙顶外侧，长方形，毛石干砌，东西长2.5、南北宽3、高1米。

战台6号

位于敌台16号南55米处主体墙内。台体长方形，基底用二层条石铺基，以上砖砌到顶。台体跨出主体墙2.3、长4.6、存高1～1.2米。

炮台14号

位于战台6号北6.5米处墙顶外侧。现已自然倒塌，仅存墙基1处。全部毛石干砌，碎石、沙土填心。东西长2.5、南北宽2.3、存高0.4～0.6米。

（一六）黄土岭台16号

方向北偏东12°。

此楼位于黄土岭村二道沟东侧的山顶上，楼东2600米为绥中娄家沟，西南2700米为黄土岭村。

楼体　为梯柱形，实心，楼体内只一曲尺形楼梯道。整体保存较好，风化严重。顶部全毁（图版［21］045L16）。

楼基　方形，用四至六层条石平铺，以上砖砌到顶。东西长8.4、南北宽8.4、总高8.25米（图［21］070L16）。

楼体四墙　楼为实心，东、南、北三面无门窗，只西墙中开一门（图［21］071L16）。门外口为条石拱砌，现已毁掉，仅上顶存一券一伏（图版［21］046L16）。门口宽1.22、高2.1、进深约0.5米。

梯道　在门内，门内顶部由叠砌的三道筒拱组成（图［21］072L16）。第一道长2.1、宽1.24、高3.3米，为东西拱道。第二道南拐，上升0.32米。与第一道成直角，宽1.27、高2.85、筒拱长2米。第三道成直角东拐上升1.05米，宽0.83、高2.83、长2.45米。也是阶梯式到顶。下为砖阶二十一层。

楼顶　周有一箍拔檐砖，砖上为垛墙，西、北两面仍存小垛口三个，间距1.8米。垛口宽0.2、存高0.25米。顶部平面为方形，每边长8.15米（图［21］073L16）。

墙体从敌台16号北行，沿山脊起伏，多段毁坏。唯从敌台16号以北起筑石墙，多为毛石干砌，用较大块自然石砌墙外皮，以碎石、沙土填心。墙宽3.1、高3～4.5米。墙顶外侧仍存一部分垛口墙。厚0.7、高0.5～1米（图版［21］047L16）。

从敌台16号到敌台17号为150米。中途经过房基9号。

房基9号

位于敌台17号南6.8米处墙体内侧山背上。全部为毛石干砌，内以碎石、沙土填心，长方形，东西长2.3、南北宽5.3、墙高4、墙厚0.3米。

在房基9号东侧有上墙道一处。侧观三角形斜面与墙体相贴，长方形，墙宽1、长1.2、高1.1米。

（一七）黄土岭台17号

方向北偏西5°。俗名三道沟洼楼。

楼体　位于东贺庄乡东北二道沟子秋皮沟两村交界的山峰顶上，两山脚下1000米为陈庄。

楼顶塌陷、四墙倒塌，仅存残墙和楼基（图版［21］048L17）。

楼基　长方形，基底用三层条石平铺，以上砖坐白灰到顶。东西长8.65、南北宽16.5、现存高3.6～6米。

从残墙可以看出，南北两墙各一门两箭窗，而东西两墙可能为三窗。

楼体内部和楼顶皆毁。

从敌台17号，石墙沿山背北行，西500米为陈庄，东北是绥中的北石村，石墙多毁坏。皆用毛石干砌，墙宽3～4、内侧高12～2.5、外高2～3.3米。顶部存部分垛口墙，石砌，存高0.5、厚0.5～0.7米。

从17号楼向北25米，墙体加厚1米，使墙宽变为4米。

从敌台17号楼到18号楼为248米。中途经过战台7号、台基4号、炮台15号、房基10号。

战台7号

位于敌台17号北88米处墙体内侧，东倚主体墙，西为坡地。用毛石坐泥砌起，内填碎石、沙土，顶用沙土夯实。东西跨出墙体2.9、南北宽3.9、高0.3～0.5米。

台基4号

位于17号楼北147米处墙内平坦山背上。长方形，毛石坐泥砌成，顶用黄沙、填平夯实。东西长3、南北宽5.5、高0.4米。

炮台15号

位于17号楼北154米处墙顶外缘。长方形，毛石干砌，东西长2、南北宽3、存高0.5米。

房基10号

位于17号楼北180米墙体西侧，长方形，毛石干砌，东倚墙体，东西长6、南北宽4、高0.2米。

（一八）黄土岭台18号

方向北偏西5°。

位于绥中北石村和抚宁陈庄两村交界的山脊上，南北与墙体相连。

楼体　梯柱形，南半部已坍塌，建筑结构大部毁坏。

楼基　长方形，基底用三至十五层条石为基，基底下二层向外错出，以上砖砌，东西长10.3、南北宽12米，通存高7米（图［21］074L18）。

楼体四墙　南北两墙一门两箭窗（图［21］075L18）。东西两墙各三箭窗（图［21］076L18）。

北墙　门居中，箭窗在门的左右。门石质，自下而上为门枕石、石门柱、一字石、石券脸，券脸上一伏。门外口宽0.65、高1.7、进深0.25米。门内券1.4、高2.34、进深1.05米。门窗间距2.2米。两箭窗形制相同，窗外口宽0.9、高1.2、进深0.3米。窗内瓮宽1.3、高2、进深1.05米。窗体宽大，原有木框，呈“Ⅱ”形，今存木框槽。

南墙　结构同北墙，已倒塌（图版［21］049L18）。

西墙　三箭窗，窗间距3.2米。形制、大小相同。以南起第一窗为例，窗外口宽0.47、高0.88、进深（窗墙厚）0.24米，窗内瓮宽1.27、高1.84、进深1.45米。窗台长方形，石长0.73、宽0.42、厚0.2米（图版［21］050L18）。

在西墙南北窗瓮内的南、北券壁上辟有梯道门各一，为双梯道。

楼体内部结构　由东西三道筒拱中间两道隔墙组成（图［21］077L18）。筒拱通长7.3、高3.5、宽2.5～2.2米（图版［21］051L18）。隔墙上各筑有三券门，计六座，形制相同，门宽1.56～1.7、高1.85～1.95、进深（墙厚）1.3米（图［21］078L18）。

梯道　在西墙南北窗瓮的内壁上。两梯道相同，以南箭窗内瓮北侧梯道为例，梯道口宽0.7、高3.25米。上由五层叠砌筒拱组成。第一层进深0.64、上升0.48米。第二层进深1.2、上升0.68米。第三层进深0.4、上升0.38米。第四层进深0.36、上升0.4米。第五层进深0.4、上升0.37米到达梯道上口。下为砖阶，现存十二级（图版［21］052L18）。

北箭窗内瓮南壁梯道，与南梯道同，两梯道到达楼顶西墙中部会合。

楼顶　楼顶西垛口墙下为两梯道出口。两口相距3.5米，出口长1.32、宽0.8米。原上各筑头房一，已毁。南侧头房东西长1.2、南北宽2.2、墙高1.5、墙厚0.6米。头房西侧筑有箭窗一，窗口宽0.4、高0.65、墙厚0.42米（图［21］079L18）。

楼橹 残楼橹一，长方形，东西长3.4、南北宽6.2、墙存高0.5、墙厚0.43米（图版［21］053L18）。

残存垛口外宽0.83、内宽0.48米。下有垛口石一块，石长0.73、宽0.42、厚0.13米。东侧拔檐砖下面出水嘴一。

墙体 顺黄土岭山脊北行，山势陡峭难于通行，多悬崖绝壁。石墙行354米山险地段，又变为砖墙，长198米。大体东侧是险山而西侧平缓。

石墙 一般多毛石砌外皮，内以碎石、沙土填塞，外皮用白灰勾抹，墙宽0.8～3、高0.8～1.3米。石墙中的单边墙宽0.6、高1米。

砖墙 底部二至三层条石铺基，以上砖坐白灰到顶。墙宽4～4.7、存高1.4～2.8米。顶部垛口墙厚0.5～1.6、墙厚0.4米，垛口宽0.85、内口宽0.51米。下有垛口石。垛口间距2.14米。垛口下有望孔，孔宽0.16、高0.21米，孔间距2.7米。马道内侧宇墙多毁坏。

在砖、石墙接茬处有一上墙道，石砌，存台阶五级，侧视为三角形，长1、宽1米。在19号楼南侧也有上墙道一，现存台阶三级，阶宽0.32、高0.34～2.1米。道长7、宽1.6米（图版［21］054L18—L19）。

从敌台18号到敌台19号为537米。其中石墙339米，砖墙长198米。中途经过战台8号、炮台16号、战台9号。

战台8号

位于敌台18号北侧山梁119米墙体内侧，东倚主体墙，西为缓坡。长方形，东西长5、南北宽7米，台体存高2.1米。皆毛石、白灰砌。

炮台16号

位于敌台19号南82米墙顶外缘。为毛石干砌，碎石沙土填心，顶用黄沙土夯实，东西长3.3、南北宽3、存高0.4米。现已倒塌。

战台9号

位于敌台19号南30米处墙外侧筑起，西倚墙体。长方形，砖筑。台基用二层条石平铺，以上砖坐白灰。台心用碎石灰渣、沙、土层层夯实。东西跨出墙体4米，长9米。从墙基到腰石高6米。腰石以上周砌垛口墙，墙存长2、高2、厚0.4米。垛口外宽0.8、内宽0.5、高1米。顶用三角砖对砌。垛口下有垛口石一块，长0.8、宽0.4、厚0.2米。下有望孔，孔宽0.15、高0.18米。

（一九）黄土岭台19号

方向北偏西9°。

位于陈庄村东1700米一条南北向的山脊上，楼东山坳里是绥中县的秋皮沟村。

楼体 从中劈裂，门、窗俱毁（图［21］079L19；图版［21］055L19）。顶部不存。

楼基 长方形，基底用三层条石平铺，以上砖坐白灰到顶。南北宽15、东西长8米。楼体原高在9米以上。

楼体四墙 东、南、北三墙皆倒塌。仅西墙存三箭窗。

西墙 存三箭窗。拱形，形制相同。窗外口宽0.67、高0.93、进深（窗墙厚）0.37米。窗内龛宽1.01、高2.35、进深2米。楼体内有残拱道。墙顶存有棱角檐、出水嘴等。

砖墙体从敌台19号西北行，行243米又变为石墙，与敌台20号相接。墙体东西两侧都较为陡峭。砖墙保存较好，存部分垛口墙和宇墙。墙基铺砌条石三层，以上砖砌到顶。顶部出腰石一层，凸出砖体0.08米。墙体总宽3.8、内侧高2.5、外侧高3.5米（图版［21］056L19）。在19号楼北侧墙顶城砖上印有一“中”字。

石墙皆毛石干砌，墙宽2.7、高0.5～1米。

秋皮沟水库土边墙

在敌台19号的东侧（外侧），由西向东顺山梁而下过秋皮沟水库又东行，发现一道土墙，进入辽宁省境内，土墙宽4、存高0.3～1米，已残破。秋皮沟水库这道土边墙的时代或可早些，值得注意，因这一带有早期边墙，时代可早到隋（？）。

从敌台19号到敌台20号为302米，其中砖墙243米，石墙59米。中途经过战台10号、炮台17号。

战台10号

位于敌台19号北50米处跨出墙体外侧（图［21］080Z10）。台下山势陡峭，台平面长方形，砖石合砌。基底用二层条石平铺，以上砖坐白灰到顶，顶周出腰石一层，凸出墙体0.08米。上砌垛口墙，今存高1.5、墙厚0.4米。下有尖拱形望孔一个。垛口已毁，今存垛口宽0.8米，垛口石长0.65、厚0.12米，中有盲孔一个。台顶方砖铺墁（图［21］081Z10）。战台长7.7、宽3.8、台高6.4米，垛口墙高1.5米（图［21］082Z10）。

炮台17号

位于10号战台北18米处，墙顶部外缘。长方形，毛石砌，东西长2.7、南北宽3.6、存高0.3米。

（二〇）黄土岭台20号

方向东偏南5°。

位于陈庄西北2000米山脊上，楼东2500米为秋皮沟村。

楼体　已彻底毁坏，仅存东、西、北三面残墙，门、窗皆毁坏。

楼基　方形，基底用条石二层平铺，以上砖砌。东西长11.5、南北宽10.5、原墙最高处约8.5米。现大部倒塌不存。

楼体四墙　仅西墙有残三箭窗，多已毁坏，但保存了木结构改为砖结构的痕迹。其余三墙门、窗残存或不存。

楼体内部　全已毁坏（图版［21］057L20）。

石墙从20号楼沿山脊北行，皆毛石、白灰砌，大部倒塌。有后加宽的现象。墙总宽3米，外高3、内高1.5米。加宽部分厚1.5米（图版［21］058L20）。

从敌台20号到敌台21号为183米。

（二一）黄土岭台21号

方向东偏南20°。

位于陈庄东2000米，秋皮沟西1500米南北向的山脊上。

楼体　倒塌，仅存楼基（图版［21］059L21）。

楼基　长方形，基底用毛料石二层铺砌，以上砖砌。南北宽8.7、东西长15.3、存高1.7～3米。

西、南、北三墙皆毁。存东面残墙，上有残四箭窗。

石墙体从敌台21号向北沿山脊而下，结构粗糙。墙外也有加厚的痕迹。皆毛石、白灰砌，墙宽2.4、高2～3米。

从敌台21号到敌台22号为234米。中途经过炮台18号、战台11号、炮台19号。

炮台18号

位于敌台21号北95米处墙顶外缘。台体长方形，毛石干砌，碎石、沙土填心，顶部用黄土夯平。东西长1.4～2、存高0.35米。

战台11号

位于敌台21号北130米处墙顶内侧。用毛石、白灰砌成长方形，顶用黄沙土夯平。东西跨出墙体2.6、南北宽5.2、高2.5米。

炮台19号

位于战台11号北墙体外缘。台体已彻底倒塌。全部毛石干砌。台长2.6、宽2、存高0.3米。

（二二）黄土岭台22号

方向东偏南42°。俗名甘城子东沟楼。

位于抚宁甘城子东沟1500米的山脊上，东侧2000米山坳里是秋皮沟村，西南为东贺庄乡。

楼体　已全部倒塌，仅存残基址一处。

楼基　长方形，基底用一至三层条石平铺，以上用砖砌。东西长7.75、南北宽15.25米，通存高2～5.8米（图版［21］060L22）。

四面墙体，仅东西两面，可看出有三箭窗，皆毁，余二墙不存。

楼体内坍陷，顶已不存。在墙顶边沿上还留有出水嘴一个。

墙体从敌台22号沿着陡峭的山体北行，因山脊很窄，墙体也随之而变窄，形成单边墙（内外不设垛口墙和宇墙）。墙体用毛石干砌，主体墙宽3.4、存高1.6～2.6米。单边墙宽仅1、高1米左右。

嘉靖三十四年郭延中摩崖刻石

在敌台22号北64米处墙内侧发现摩崖文字一处，文字刻在悬崖下一块较为平整的石面上，有的风化较甚，已漫漶不清。其内容如下：

□□□

嘉靖三十四年五月□□□□□□□□

峭至境处地名烂记凹鸡堡三十里

炕儿峪堡该理夜不收郭延中□六名

文中记载明嘉靖三十四年五月夜不收郭延中等哨至坑儿峪堡……一带的随记，唯这一纪年为这一带石墙体建立的年代提供了佐证。

从敌台22号到敌台23号为373.5米，其中有单边墙170米。中途经过墩台2号、炮台20、21、22号。

墩台2号

位于敌台23号西南78米处墙体内侧的一个山包上，地势较高可俯控群山。台体毛石、白灰砌，长方形。东西长4、南北宽4.5、存高0.8～1.8米。

炮台20号

位于22号楼北134米处，墙顶外缘。皆毛石干砌。东西长4、南北宽4.5、存高0.8～1.8米。

炮台21号

位于敌台23号南40米处墙顶外缘。方形，毛石干砌。东西长3、南北宽2.5、存高0.5米。

炮台22号

位于敌台23号南16米处墙顶外缘。台体已毁。毛石干砌，长方形。东西长2.4、南北宽2、存高0.3米。

（二三）黄土岭台23号

方向东偏南42°。

楼体位于甘城子东2500米的山顶峰，东南2000米为秋皮沟水库。

楼体　全部倒塌，门、窗俱毁，仅存楼基。

楼基　长方形，基底用三层条石平铺，以上砖坐白灰到顶。东西长7、南北宽15米，现通存高9.5米。

楼体四墙和内部皆毁（图版［21］061L23）。

墙体从敌台23号顺山而下，向西北行，皆毛石干砌，墙宽2.3、内高1.3、外高3米（图版［21］062L23）。

从敌台23号到敌台24号为197米。中途经过房基11号、战台12号。

房基11号

位于敌台23号北88米处墙体内侧。就缓山背筑起，用大块毛石干砌。长方形，东西长5、南北宽5.1、存高0.5、墙厚0.6米。

战台12号

位于24号楼南53米处墙体内侧。台体倒塌，今存台基。长方形，用毛石、白灰砌。东西长1.3、南北宽3.2、存高2米。

（二四）黄土岭台24号

方向为正东西。

位于抚宁甘城子东1500米，甘城子东沟梁脊上，东2000米是绥中秋皮沟水库。敌台处两省交界。

楼体　梯柱形，保存基本完好，只砖层风化较甚，内部、楼顶结构仍存。

楼基　长方形，基底用一至八层不等条石铺砌，以上砖坐白灰取平到顶。条石规整，长0.66～0.8、厚0.3米。楼基南北宽12.2、东西长7.1、基高5.25米。楼下北侧依山而筑（图［21］083L24）。

楼体四墙　西墙一门三箭窗（图［21］084L24）。东墙为四箭窗，北墙一箭窗，南墙二箭窗（图［21］085L24）。可以看出东、西两墙是对称的。

西墙　一门三箭窗，门居北侧，门南有两箭窗，北有一箭窗，门、窗间距1.5米（图版［21］063L24）。门为石质，自下而上为门枕石、石门柱、一字石、石券脸，门外口宽0.77、高1.65、进深（门柱厚）0.29米。门内口宽1.18、高2.18、进深1.27米。门内侧门闩孔已毁，门枕石长1.36、宽0.77、厚0.2米。中起槛，两侧各门轴孔一个，孔径0.09、两孔相距0.86米。三箭窗形制相同，以门北侧箭窗为例，双券双伏。窗内龛宽1.05、高2.02、进深1.23米。

东墙　四箭窗，形制相同，窗外口间距1.25米。以南起第一窗为例，窗外口宽0.57、高0.72、进深（窗口墙厚）0.32米。窗内龛宽1.1、高1.9、进深1.25米。余三窗形制、大小同，不另述（图版［21］064L24）。

南墙　两箭窗，形制相同，窗间距2米，双券双伏，窗外口宽0.57、高0.72、进深0.32米，窗内龛宽1.12、高1.8、进深1.75米。在东箭窗内券西侧为梯道口。

北墙　一箭窗，位于北墙东侧。双券双伏，形制同南墙。在窗龛内券的西侧有梯道口一，和南墙梯道南北对称。

楼体内部结构　为南北一道筒拱，高大而气魄，筒拱宽3.8、高4.25米，南北宽通长7.4米，像这样高大的单拱室保存至今不多见（图［21］086L24）。

梯道在南北两墙东侧，箭窗龛券的西侧，为双梯道，南北对称，形制相同（图［21］087L24）。二梯道于楼顶南北墙上分别设梯道上口。现以北墙梯道口为例，梯道口拱形，门宽0.95、侧墙厚0.3、高3.28米。顶为叠砌三层筒拱，第一层长1.3、上升0.7米。第二层长0.75、上升0.75米。第三层长0.5、上升0.45米到上口。下有砖阶十三级。阶高0.48、宽0.2米。保存较好，北墙梯道与南墙同，不另述。

楼顶　平面长方形，东西长6.9、南北宽11.55、楼体高5米（门枕石至拔檐砖）。顶周设一箍拔檐砖，作出棱角檐，上为垛口墙和垛口。垛口墙存高1.6、墙厚0.42米。垛口下有望孔，宽0.27、高0.27米（图［21］088L24）。

楼橹　居顶中，今存残墙，顶部已塌。南北宽5.55、东西长2.35米，残墙高0.5～2.5、墙厚0.47米。东西两面各筑一拱门相对，门外口宽1.15、内口宽1.33、墙厚0.3、拱门高1.55米。楼橹顶部已塌陷，仅门上和顶檐之间仍保存，有砖仿的檐檩和枋的痕迹（图版［21］065L24）。

在楼橹南墙外侧，存有石碑座一，石碑碑槽早年已毁，碑不存。

头房　在东西垛口墙内侧，南北各一，形制相同。南侧头房，依西南角筑起。南侧墙　上筑有箭窗一，已残，今存窗台石。梯道上口为长方形，东西长1.8、南北宽0.88米。头房墙东西长1.15、南北宽1.45、墙高1.8米。北侧头房与南头房相同（图版［21］066L24）。二头房相距6.8米。

现墙顶仍存有出水嘴、风孔等。

墙体从敌台24号起沿山脊西北行，西北2000米为杜城子村的葫芦峪沟。皆用毛石干砌，碎石沙土填心。均窄体墙，墙宽0.8～1、存高1～1.4米，顶上无马道。

从敌台24号到敌台25号为198米。中途经过墩台3号、房基12号。

墩台3号

位于敌台24号北114米处墙体内侧，方形，今存基址，毛石、白灰砌，用碎石、沙土填心，黄沙土垫顶夯实。台东西长8、南北宽8、存高2～3米。

在墩台3号南20米处有一石臼，是用一较平的岩石凿成，臼孔呈锅底形口大底小，直径0.42、深0.2米。

房基12号

位于敌台25号南12米处墙体内侧山背上，东倚墙体，长方形，毛石干砌。东西跨出墙体2.9、南北宽5.1、高0.4、墙厚0.6米。

（二五）黄土岭台25号

方向为正南北。

位于甘城子村东2500米甘城子东沟北侧的山顶上，西北是葫芦峪沟，沟口为杜城子。山势陡峭。

楼体　梯柱形，保存大体完整，唯自然破坏严重，门、窗皆毁。

楼基　长方形，基底用一至九层条石平铺，以上砖坐白灰到顶，东西长7.9、南北宽9.2、楼基高4.3米。

楼体四墙　西、南两墙皆一门二箭窗（图版［21］067L25）。东、北两墙皆三箭窗（图版［21］068L25）。

南墙　门在西侧，两窗居中、东，门石质，自下而上为门枕石、石门柱、一字石、石券脸。门外口宽0.8、高1.8、进深0.25米。门内拱宽1.15、高2.1、进深1.2米。其他结构不存。门东1.1米为两箭窗，形制相同。窗外口宽0.52、高0.8、进深（墙厚）0.18米。窗内瓮宽1.1、高1.8、进深0.9米。窗下有台石一块，石长0.7、宽0.37、厚0.15米。台石两侧有长方小槽，长0.06、宽0.3、深0.015米。内两端有扇门轴孔。窗内侧原装“Ⅱ”形木框，今存框槽。

西墙　一门二箭窗，楼门居中。石质。门外口宽0.75、高1.66、进深0.2米，门内拱券宽1.2、高2.05、进深1.85米。在门内侧南北两端有门闩孔石一，孔径0.14米。在楼门内侧南北拱壁上有梯道各一，南北相对。为双梯道。门左右箭窗，形制、大小同南墙。

东墙　有三箭窗，并列，形制相同，间距1.8米。窗外口宽0.53、高0.88、进深0.17米，窗内瓮宽1.1、高1.85、进深0.65米。下有窗台石一块。

北墙　有三箭窗，并列，间距1.1米，形制同东墙。

楼体内部结构　为东西三道筒拱和两道隔墙组成，每道隔墙上有两券两伏的门各三，计六座。筒拱通长5.5、宽1.65、高2.9米。在拱脚上方两侧存有木槽痕迹5处（图版［21］069L25）。

梯道　位于西墙楼门内侧南北拱壁上，为双梯道，结构完全相同。以北侧梯道为例，梯道口拱形，宽0.7米，为双拱叠砌，从门内券等高2.05米向上升高0.35米。第一层长2、上升0.68米。第二层长0.74、上升0.25米为梯道上口。下有砖阶九级，每级宽0.3、高0.4米。隔墙厚1.25米。长同筒拱。券门间距1.1米，门宽1.1～1.18、高1.85、进深1.25米。各门大小相同。

楼顶　周砌一箍拔檐石，厚0.1米。上砌垛口墙。已毁。西垛口墙内南北两端各存梯道上口一，大小相同，南北宽1.4、东西长0.8米。两上口相距3.8米。

墙体从敌台25号沿着山脊向西北行山势陡峭，东西皆悬崖绝壁，一般砌窄体墙，毛石、白灰砌，有垛口墙，极窄的小脊只砌单边墙。墙宽2.2、高11.5～2.5米，上砌垛口墙。窄体墙宽仅1.4米，而单边墙上不筑垛口墙，人可大步通过（图版［21］070L25）。

在敌台25号以北310米处有石砌上墙道一处，由山脊通向墙顶，侧视为垂直三角形，毛石干砌，长2.5、高2、道宽0.85米。上面台阶已毁。

从敌台25号到敌台26号为857.5米。中途经过墩台4号、战台13、14号、房基13号。

墩台4号

位于敌台26号南289.5米处墙体内12米的一个制高点上，唯山体较平。台体方形，毛石、白灰砌，东西长8.2、南北8.2、存高3.1米。台顶建筑不存。

战台13号

位于敌台25号北380米处墙体内侧。东与主体墙相倚。台体用毛石、白灰砌，内碎石、沙黄土层夯筑，平面长方形，东西出墙4、南北宽4.8、存高1.1～2.5米。

战台14号

位于敌台29号南97米处墙体内侧。东倚墙体，长方形，用毛石、白灰砌，东西长2.5、南北宽3、高1米。

房基13号

位于敌台26号南27米处墙体内侧。东侧倚墙，平面长方形，全部毛石干砌，东西长7、南北宽7.2、墙高0.4～1.1米。

（二六）黄土岭台26号

方向为正南北。俗称“杜城子东沟楼”。

位于杜城子村东2000米的杜城子东沟的山脊上，东为锥山沟村的小锥山沟。

楼体　梯柱形，风化较为严重，但整体结构除楼顶外还是基本保存。

楼基　长方形，基底用粗毛石平铺，底盘错出，以上用条石六至八层为基，其上砖砌到顶。东西长11、南北宽10、楼基高3.8、楼体高4.7米，通存高8.5米。

楼体四墙　南北墙一门两箭窗（图版［21］071L26）。东西两墙三窗（图版［21］072L26）。

南墙　门居中，位两窗的中间，距两窗各1.22米。门外口已毁。门内拱宽1.15米。二箭窗以东侧箭窗为例，拱形，两券两伏。窗外口宽0.83、高0.85、进深（窗墙厚）0.38米，窗内瓮宽1.34、高2.23、进深1.4米。窗下为窗台石。门西侧箭窗与东侧同。

北墙　结构同南墙，不另述。

东墙　三箭窗，并列，窗间距1.37～1.4米，形制相同。以南起第一窗为例，窗外口宽0.83、高0.85、进深0.38米。窗内瓮宽1.33、高2.18、进深1.03米，窗台墙厚0.38米。窗内有“Ⅱ”形边框的木槽痕迹。

楼体内部结构　由东西三道筒拱和两道隔墙组成（图版［21］073L26）。筒拱东西通长6.5、宽1.5、高3.5米。每道隔墙上有三券门，计六座。门宽1.28～1.35、高2.2、进深（隔墙厚）1.35米。

梯道　在西墙南、北两箭窗瓮券内侧的墙壁上各有梯道口一，二梯道南北相对，为双梯道，形制相同。以北侧梯道为例，梯道口为拱形，宽0.8、高2.18米。顶部为两层拱顶叠砌，第一层拱顶长2.2、上升0.86米。第二层顶长0.8、上升0.55米到达梯道上口，下为石阶十五级，宽0.15、高0.28米。南侧梯道结构与北侧同。

楼顶　周砌一箍棱角檐，上筑垛口墙，现皆残毁。南北两侧尚存有出水嘴各一，皆残毁。顶周东西长10.1、南北宽10.1、楼体高4.7米。

顶中原有铺房一，现已变成废墟。

梯道上口　在西垛口墙的南北两侧，头房已毁。两梯道口相同。东西长0.8、南北宽1.3米。两梯道口相距3.7米。在楼体西侧10米处岩石上，存有圆形石舀一，为当时碾米之用，直径0.41、深0.35米。现存完整。

墙体从敌台26号向西顺山坡而下，又弯曲西北行，由于山势陡峭，绝壁难行，依山势筑窄体墙。西北山脚下为无名口，口西为杜城子村，东1500米为锥山沟村（图版［21］074L26）。

墙体皆毛石、白灰砌，用碎石、沙土填心，上用黄土夯平。窄体墙宽1.85、内高1、外高2.5米。在15号战台西石墙加厚1米，使墙体厚加大到2.85米。

从敌台26号到敌台27号为326米，再北因接近无名口改为砖墙。中途经过战台15号。

战台15号

位于敌台26号西北142米处墙体内侧，东侧倚墙。长方形，皆毛石、白灰砌，东西长4、南北宽5、高2米。

（二七）黄土岭台27号

方向东偏北20°。

位于杜城子东2000米吾（无）名口的南侧山脊上，楼东1500米是绥中锥山沟村。

楼体　已全部倒塌，仅存楼基。基底用二层条石平铺，以上砖坐白灰到顶。平面长方形，东西长5.9、南北宽10.2、存高5.7米。楼顶以及楼内结构均不存（图版［21］075L27）。

墙体从敌台27号沿山脊西北行而下直奔吾名口山口，由于接近山口墙体皆变为砖砌，内外均有破坏拆除的痕迹。墙基用条石平铺，内外砖包到顶，碎石、沙土填心，墙顶内外檐砌腰砖一层，以上砌垛口墙。墙宽4.6、内高2.1、外高2.9米。

在敌台27号西12米处有石砌上墙道一处，皆毛石干砌，现已毁（图版［21］076L27－L28）。

从敌台27号到敌台28号为93米。中途经过内口门（腹里门）1。

便门（内口门）3号

位于敌台28号南侧，是主墙体上的一座便门，门原为拱形，今存残段，门内有石阶直达楼内和墙顶。

（二八）黄土岭台28号

方向东偏北45°。

位于杜城子村东1500米无名口南侧山坡上，楼东1000米山脚下为绥中锥山沟村，楼东山势陡峭，而西侧较缓。

楼体　梯柱形，破坏严重。从残迹分析为前、后两次筑成，前为砖木结构，后改为砖筑，因楼体倒塌难以确知其详细结构。

楼基　正方形，基底不用条石，直接用砖在山石上筑起，东西长10.45、南北宽10.45、基高2.9、楼体高4.2米，通存高7.1米。

楼体四墙　西墙箭窗二层、各三窗（图版［21］077L28）。上层堵死，只存下三窗。南墙一门。北墙一门，东墙不存。

南墙　三箭窗，间距1.85～1.93米，形制相同。窗外口宽0.5、高1.13、窗墙厚0.28米。窗内龛宽0.7、高2.18、进深1.75米（图版［21］078L28）。

南、北墙门皆毁。北墙西侧门外，有石碑槽一，碑石已不见。

楼体内部结构　从残迹观察，原有南北四道筒拱、三道隔墙组成，筒拱通长6.6、宽1.4、高2.45米。每道隔墙上有三门。西起第一道隔墙上三门，门宽皆0.7、高1.7、进深0.9米。门间距1.85～1.9米。各门形制、大小相同。

楼顶　塌陷，不存。

砖墙体从敌台28号向北偏东而下，进入两山的谷底的敌台29号，再北为无名口，口门出处是地势最凹处，过无名口继而向北山爬行。口门西1500米山坳里为杜城子，口门东800米为锥山沟村。

这段砖墙底用二至三层条石铺基，随山势起伏而砌，墙宽5.5、高5～6米。

从敌台28号到敌台29号为146.5米。中途经过战台16、17号、炮台23号、台基5号和马圈2号城。

战台16号

位于敌台28号北38.5米墙体内侧，东倚主体墙，就平整山背筑起，上小下大呈覆斗形，砖砌。平面长方形。东西出墙7、南北15、存高1.6～2米，顶部垛口等已毁。

战台17号

位于16号战台北41米处墙体外侧。台北山势陡峭，西与主体相连。台体砖砌，基底用条石二层，用白灰勾抹。东西长7、南北宽8、存高6～7米，台顶建筑已毁（图版［21］079Z16）。

炮台23号

位于16号战台顶上东侧，是专为配备战台而设的，用毛石干砌。长5.7、宽3.7、高约1米。

台基5号

位于敌台29号西南角墙体内侧，西侧为平缓山坡。平面长方形，毛石干砌。东西长12、南北宽7、存高1～1.5米。从台上一些残留物等分析，此台用于存放石雷、炮子等物。

马圈2号城

位于敌台28号至敌台29号之间的墙体内侧，南起28号楼的西侧北角、北至29号楼南侧西角，东墙利用两楼之间的主体墙，南、北、西则成弧形筑于主体墙西侧的缓坡上，墙体保存较好，围墙清晰可见，四垣不直，西南角原有角楼已残。皆毛石、白灰砌，墙宽0.55、高0.5～3.5米。城的西南角残存一角楼，东西长3.5、南北宽4.5、高0.5米。城址四垣不直，东垣利用主体墙，长146.5、西垣130、北垣95、南垣35米，周长406.5米。此城名马圈，实为屯戍之地，和北面无名口相配合起哨城的作用。

（二九）黄土岭台29号

方向北偏西20°。俗称“白窑楼”。

位于无名口南侧的山坡上，西距口门只15米，地处两山峡谷的谷底。西侧山脚下1500米为杜城子，东侧800米为锥山沟，楼在两山相夹的沟谷北侧，口门不正。楼东北1200米为锥子山，是附近的高峰，山势陡峭，西为缓坡（图版［21］080L29）。

楼体　梯柱形，东、南、北三墙已倒塌，仅存西面残墙（图版［21］081L29）。楼顶塌陷。经过二次改造（砖、木结构改为砖结构）。

楼基　方形，底用条石一层，以上砖座白灰。东西长10.3、南北宽10.3、基高3、楼体高5.6米，通存高8.6米。

楼体四墙　仅存西墙。上有箭窗两层，上层三，现上层堵死，存下层四窗。四窗形制相同，以南起第一窗为例。窗为小箭窗，窗外口宽0.3、高0.65、进深0.3米。窗内口龛宽0.7、高1.7、进深1.4米。内部表现为上下两层箭窗，各三个，形制相同。

楼体内部结构　原为南北三道筒拱，今存西侧一道，筒拱南北8.9、宽1.14、高2.3米。隔墙原为两道，今存一道，上有三门，门间距1.35～1.7米。门口宽0.85、高1.4、隔墙厚0.75米。楼顶建筑全部毁坏。

墙体从敌台29号顺山梁而下，地势平缓略起伏，过无名口谷地后，就山势爬上西山。东1500米山坳末为锥山沟村，西侧山脚下2000米为杜城子。

墙体就山势而行，基底用二至四层条石，陡峭处下大上小，如阶梯式，墙顶内外顶部砌有腰砖一层，以上砌垛口墙、宇墙。内外砖包，外皮多剥落。墙厚4.8、内侧高3.8、外侧高5.2米（图版［21］082L29）。

从敌台29号到敌台30号为292米。中途经过一无名口，一便门（内口门）。

无名口（吾名口）

无名口又名吾名口，位于两山相夹的沟底中间，南距敌台29号13米（图版［21］083）。但口东西地势由平缓而逐渐升高，东距锥山沟700米，西距杜城子1600米。此口是蓟、辽两镇重要通道，口北则是长城口重要分界地。口门为砖砌拱形，由西向东横贯主体墙沟通关内外。而上用砖坐灰砌起，两券两伏。墙面风化剥落，顶大部塌陷。拱门存部分上券，拱顶为城体，上面是否有门楼建筑已不清，且有随时倒塌的危险。现口门宽1.85、函洞长4.5、门高3.4米，门道下筒拱脚为条砖，函洞地面方砖铺墁。

便门（内口门）4号

位于敌台30号南66米处墙体内侧。就墙体砌门，拱形，进门后成直角东拐有阶梯登上梯顶。整体说保存较好（图版［21］084B4）。拱门为两券两伏，拱脚石筑，门宽0.87、门高1.75、门墙厚0.22米。门内两侧墙壁上存有方形门闩孔，孔长0.25、宽0.17、深0.5米。下距地面0.8米。门内拱边宽1.04、高

2.45米。拱边长2.1米，拱道成90°角东拐到墙顶。《四镇三关志》“无名口，弘治十三年建，口正关一，空，通单骑，衝，余口通步缓”[①]。

（三〇）黄土岭台30号

方向正东西。

位于杜城子和锥山沟村交界的梁顶上。即杜城子东2000米，锥山沟村西1500米。楼东山势陡峭，楼西平缓（图版［21］085L30）。

楼体　已彻底毁坏，今存基址和残墙。底部无条石基础，长方形，直接用砖砌。东西长9、南北宽11.2米，楼基高2米。

楼体残砖风化，门、窗皆塌陷，顶已不存。

墙体从敌台30号顺山脊背北行，继而西折。东墙山脚1400米为锥山村，西侧1900米为杜城子村。

墙体皆毛石干砌，内外大块石料包皮，用石屑、黄土填心。白灰勾抹。墙宽3、内侧高0.7～1.2、外侧高1.4～3米。墙体在南北向山脊背行（图版［21］086L30－L31）。

从敌台30号到敌台31号为219.5米。中途经过战台18号。

战台18号

位于敌台30号北57米墙体外侧，就山坡而筑。台东陡峭。台体用毛石、白灰砌筑，内填灰渣、石屑、沙土夯实。东西出墙4.2、南北宽5.5、高1.5～3.6米。

（三一）黄土岭台31号

方向为正东西。

位于杜城子与锥山沟村两村交界的梁脊上。西距杜城子2100米，东距锥山沟村700米。山势东险西缓。

楼体　已毁，只存东、西两残墙。

楼基　长方形，用红褐色条石平铺一至二层，以上砖坐白灰砌成，东西长8.9、南北宽12、基高3.4米，通存高7.7米。

楼体四墙　南北两墙存，东西墙残。西墙一门两窗，门在中间，东墙上有四箭窗，皆毁坏。楼体高4.3米（图版［21］087L31）。

楼体内部结构　全部毁坏。

墙体从敌台31号沿山背向北蜿转起伏而行，如一条巨龙卧于南北山脊上。全部毛石、白灰砌，用石屑、沙土填心。墙宽3、高1.2～2.4米。在山梁拐弯处加宽到4.5米（图版［21］088L31）。

从敌台31号到敌台32号为281米。中途经过房基14号。

房基14号

位于敌台31号北54.5米处墙体外侧。全部毛石坐黄泥砌起，长方形，东西长3.5、南北宽6.7、高0.5、墙厚0.8米。

（三二）黄土岭台32号

方向为正东西。

位于杜城子东2300米，锥山沟村西1600米山梁上。地势高亢而陡峭，东陡西缓。

---

① 《四镇三关志·形胜》二十五乙，中国科学院图书馆藏本。

楼体　为二次筑，第一次为砖木结构，第二次全部改为砖筑。现墙上存有圆木槽4处，槽深0.25米（图版［21］090L32）。

楼基　方形，直接用条砖就山石筑起。现仅存东西两墙，门、窗皆毁。东西长10.45、南北宽10.45、楼基高3.8米（图版［21］089L32）。

西墙　原存有上下两层箭窗，错列成品形，其中三（上层）、四（下层）保存较好。三窗外口宽0.5、高0.85、进深0.28米，窗内瓮宽0.83、高1.88、进深1.02米。第四窗，外口宽0.5、高0.85、进深（窗墙厚）0.28米，窗内瓮宽0.83、高1.7、进深1.07米。其他如上层第一、二窗，下层五、六窗已毁。

北墙　中间一拱门，石质，自下而上为门枕石、石门柱、一字石、石券脸。拱门外口宽0.85、高1.85、进深0.39米。门枕石长0.95、宽0.4、厚0.1米。门内两侧有门闩孔各一，直径0.13米，下距地面0.7米。

楼体内部及楼顶已毁。

墙体从敌台33号顺山脊东北行，东南山脚下为锥山沟、西为杜城子。山势起伏大而陡峭，绝壁较多，内侧则缓。墙体皆毛石干砌，白灰抹缝，用石屑、沙土填心。墙宽3.6、高1.5～2.8米，最高达3.2米。

楼体外（东）侧围墙一道，砌于山体上，平面长方形，用条砖白灰砌。形成敌台东外围，南面宽3.1、北面宽7.4、南北宽18米，西依敌台，墙厚0.45米，这里用砖有几种不同形制。

从敌台32号到敌台33号为254米。中途经过炮台24、25号、战台19号。

炮台24号

位于敌台32号北72米处墙顶外缘。长方形，毛石、沙土。东西长2、南北宽2.8、高0.5～1米。

炮台25号

位于炮台24号北71米墙体顶部外缘。平面正方形，台体用毛石干砌，白灰勾缝。东西长1.7、南北宽1.7、现存基高0.7米。

战台19号

位于炮台25号北9.2米处墙体内侧山脊背上。台体用大型毛石块、沙泥砌起，平面长方形，出墙东西长2、南北宽7.7米，台存高1.7～2.4米。台顶建筑不存，台侧面已倒塌。

（三三）黄土岭台33号

方向北偏东30°。俗称“排山楼”。

位于杜城子东锥山沟村西一条南北向的山脊上。山峰较高，楼东900米是锥山村，西正对杜城的锥山沟，此沟为一条东西向的沟谷，西侧沟口1000米为杜城子村。

楼体　梯柱形，顺山势而建，四墙风化严重，总体结构仍保存。

楼基　方形，基底用八至十层条石铺砌，以上砖砌到顶。东西长10.4、南北宽10.4、高4.6米。条石长0.7～1.1、厚0.28～0.35米。

楼体四墙　南墙一门两箭窗（图版［21］091L33）。北墙一门两窗，唯门不直对，东西两墙各三窗（图版［21］092L33）。

南墙　门居中，窗列左右，门窗间距1.35米。石质，门外口宽0.9、高1.85、进深（门墙厚）0.32米。门内拱宽1.25、高2.6、进深1.15米。门枕石长1.6、宽0.55、厚0.2米。中起槛，槛内两侧为门轴孔，间距1、孔径0.06米。两侧门柱石上各浅浮雕宝瓶生花等精美图案，瓶为亚腰葫芦形，下为水波纹，瓶中栽石榴一株。左右箭窗形制、大小同。箭窗外口宽0.65、高约0.8、进深约0.32米。箭窗内拱宽

1.28、高2.25、进深1米。窗下台石长0.9、宽0.4、厚0.2米，下距地面0.9米。

北墙　一门两箭窗，形制同南墙，唯墙门在西侧，中、东为箭窗。

东墙　三箭窗，窗间距1.65米。窗拱券形，窗外口宽0.65、高约0.8、进深约0.32米。窗内龛宽1.35、高2.3、进深1.5米。其他二箭窗形制相同。

西墙　三箭窗，形制同东墙。在南、北两窗龛内侧，分别建有梯道一，为双梯道。

楼体内部结构　为东西三道筒拱和两道隔墙组成。筒拱东西通长6.55、宽1.65、高3.8米。两边隔墙厚约1.25米，上各有三券门，形制相同。门间距1.3米，门宽1.35、高2.4、进深1.25米（图版［21］093L33）。

梯道　在西墙西北窗龛南北侧壁上。双梯道，形制相同。以南侧梯道为例，拱门宽0.8米，顶部由三层筒拱叠砌而成。第一层拱顶长2.55、拱高0.4、向上0.6米。第二层拱顶长0.58、上升0.55米。第三层拱顶长0.3、上升0.3米到达上口。下有石阶十层，阶高0.28、宽0.2米。北侧梯道与南侧同，不另述。

楼顶　顶周一箍拔檐砖，上垛口墙，墙存高1.3、墙厚0.4米。垛口多不存，仅存垛口石，长0.9、宽0.4、厚0.2米。顶中原有楼橹一，长方形，东西长4.6、南北宽6.2、墙残高1.6～3.2米。顶部原为拱式砖顶，现已塌陷，存南北两山（图版［21］094L33）。东西墙上门各一，相对贯通拱形，门口宽1.15、高1.55、门墙厚0.25米。

二梯道口，上有头房，已毁。头房长方形，二头房大小同，皆在两垛口墙下的南北两端。东西长1.95、南北宽1.65、墙存高2、厚0.5米。头房内梯道上口东西长0.8、南北宽1.2米。两头房间距3.45米。

在南北两侧拔檐砖下有出水嘴各一个，圆锥形，中一凹槽。

从垛口石面上有长方凹槽和门轴孔分析，原石上可能安装有木门一扇。

墙体在敌台33号北山脊上北行，坡度高、大而险峻，东西两侧皆陡峭。东侧1700米为锥山沟村，西侧1800米山洼内是杜城子村。墙体皆毛石、白灰砌，因山险墙体随山势变化时而宽墙，时而无墙体，北部不连贯。墙宽3.7、高1.7～2.6米（图版［21］095L33–L34）。

在敌台33号北侧有上墙道一，基长1.4、宽1.2米。

从敌台33号到敌台34号123米。其中有70米因山险而无墙体。

（三四）黄土岭台34号

方向北偏西30°。俗名尖山沟楼。

位于苗城子与锥山沟村之间的交界岭上。西距苗城子约2000米，东距锥山沟约1500米。

楼体　梯柱形，保存基本完好。形制也比较特殊。墙体、门窗风化严重，多剥落毁坏，以顶部为甚。

楼基　方形，因山势而建，基底先用二层毛料石作为基槽，以上铺条石四层，再上用砖坐白灰到顶。东西长10.1、南北宽10.1、通高11米（图［21］089L34）。

楼体四墙　纵观下大上小覆斗形。顶部有收分。西墙一门两箭窗（图［21］090L34）。南、东、北三墙皆三箭窗（图［21］091L34）。

西墙　门居中，箭窗列左右，门窗间距1.8米。门为拱形，石质，自下而上为门枕石、门柱石、一字石、石券脸，石券脸上再砖砌一券一伏。门口宽0.77、高1.7、进深0.31米。门内券宽0.9、高2.19、进深1.05米。门枕石长1.62、宽0.65、厚0.2米。中起槛，槛宽0.11、高0.07米，内两侧各门轴孔一个，孔径0.09、两孔相距0.84米。门内两侧为门闩孔，孔径0.77米（图版［21］096L34）。两窗形制相同，两券两伏。窗外口宽0.55、高0.9、进深0.35米，窗内龛宽1.25、高2.6、进深1米。窗墙厚0.45、下距地面1米。

东墙　三窗形制相同，窗间距1.8米。窗外口宽0.55、高0.8、进深0.35米。窗内龛宽1.2、高2.5、进深1.1米（图版［21］097L34）。

南墙　三箭窗，窗间距2.3米，窗外口宽0.55、高0.8、进深0.35米，窗内龛宽1.2、高2.5、进深2米。三窗形制相同。南墙中窗龛内左右壁有梯道口各一，为双梯道。

北墙　形制同南墙。不另述。

上述四壁对称，只两墙一门二窗，余墙皆三窗。

楼体内部结构　平面为围廊式，四面拱顶相连而闭合成一正方形（图版［21］098L34）。围廊内四角砌砖柱一个，南北对称，支撑楼顶，四面各拱门一，计四，柱内为中心室（图［21］092L34）。

四面筒拱东西长7、南北宽6.5、高4.05、宽1.35～1.55米（图［21］093L34）。

中心室　为外方形，每面一券门，内为八角穹窿顶。外皮每边长4米，门宽1.2、高2.35米。券门拱顶厚0.87米。内八角中心室，每面长0.8～1.2、高4.8米。结构比较特殊（图版［21］099L34、100L34）。

楼顶建筑　顶周东西均为9.8米。周有一箍拔檐砖，为四层砖砌，以上为垛口墙，墙宽1.45、厚0.4、存高1.5米。每面垛口二至三个不等。垛口内、外口宽0.7、中宽0.47米，两垛口相距1.45米（图［21］094L34）。

头房　位于南墙的两端，结构相同，头房顶部已塌，四墙有两面倚垛口墙，东西长2.5、南北宽1.85米，墙存高1.4、墙厚0.42米。梯道上口东西长1.5、宽0.85米，头房北侧一门，门宽0.8米。

楼橹　在楼顶中间，平面长方形，东西长6.1、南北宽4.3、墙存高1.5～4米，南北两侧各拱门一，门宽1、高1、墙厚0.35米。

在楼顶四角垛口墙位置，原设有拱形箭窗，今已毁。从垛口石有单扇门轴分析，可能装有单扇门。敌台34号台南侧有石舀一个（图版［21］101L34）。

从敌台34号墙体顺山背北行，内缓外陡，山势起伏较大。墙体就地取毛石坐黄泥砌起，白灰勾抹，内填石屑、沙土，墙宽3.7、存高2.6米（图版［21］102L34）。

从敌台34号到敌台35号为182.5米。中途经过战台20号。

战台20号

位于敌台35号西南25米处墙体内侧缓坡上，用毛石坐泥、白灰勾抹。正方形，边长16.5、存高2～2.5米。台顶建筑不存。

在34号楼南20米处一块平整的岩石面上凿有石臼一，圆形，直径0.3、深0.28米。

（三五）黄土岭台35号

方向东偏南6°。

位于苗城子和锥山沟村交界梁北侧的一个小山峰上，山势东陡西缓。

楼体　已全部塌陷，仅存基址，上面长满荆棘。

楼基　正方形，全部为废砖石掩盖，东西长10.4、南北宽10.4、存高2.5米。

墙体从35号楼向西北沿山脊而行，已大部倒塌，用毛石、白灰砌，内以碎石、沙土夯实。为窄体石墙，宽1.4、高1～2.15米（图版［21］103L35）。

从敌台35号到敌台36号为156.5米。中途经过战台21号。

战台21号

位于敌台36号南43.5米处墙体内侧，东倚墙体。长方形，毛石、白灰砌。东西长2.3、南北宽4.5、高1.7～2.6米。战台东墙外十分陡峭，易守难攻。

（三六）黄土岭台36号

方向南偏西48°。

位于苗城子和锥山沟两村交界梁的北端，北距苗城子九龙洞峰100米，楼体恰位于南侧支脉的顶部，与九龙洞峰顶形成犄角之势。中间皆是巨壑深谷。

楼体　梯柱形，就山石而建，方形，基底用六至七层条石平铺，以上砖坐灰到顶。东西长10.4、南北宽10.4、楼基高3.6、楼体高4.35米，通存高7.95米。

楼体四墙　南墙一门两箭窗（图版［21］104L36）。另外北、东、西三墙皆三窗（图版［21］105L36）。

南墙　一门两窗，门居中，窗列两侧，门、窗间距1.17～1.2米。门外口已毁。门内拱宽1.18、高1.95米。两箭窗形制相同。皆双券双伏。外口宽0.6、高8.6、进深0.28米。窗内拱宽1.2、高2.15、进深1.27米。窗内皆有抱框，呈“Ⅱ”形，今存木框凹槽。

北墙　结构同南墙。

东墙　三箭窗，形制相同，窗间距1.58～1.6米。窗为双券双伏。窗外口宽0.6、高8.6、进深（窗墙厚）0.28米。窗内拱宽1.2、高2.17、进深1.27米。各窗内口皆有抱框，今存木框凹槽。

西墙　三箭窗，形制同东墙，唯窗内券进深2.05米，是因为中窗内龛券有双梯道的原因。

梯道口　在西墙中窗龛券的南北两侧，顶部共用一券，双梯道，形制相同，以南侧梯道为例，梯道口宽0.87米，顶为三层筒拱叠砌。第一层长1.72、高0.45、向上升0.45米。第二层长0.8、拱高0.45、上升0.45米。第三层向上0.27、顶长0.63、向上0.35米到达梯道上口。下有石阶十二层。北侧梯道与南侧同。

楼体内部结构　为东西三道筒拱和两道隔墙组成。筒拱通长6.38、宽1.5、高3.4米（图版［21］106L36）。隔墙上各有三券门，计六座。门宽1.27、高2、进深（隔墙厚）1.27米，形制相同。

楼顶　四周砌有拔檐砖，作出棱角檐。上砌垛口墙，垛口多毁坏。垛口墙存高0.5～1.4米，长2.15、墙厚0.4米。三角砖封顶。垛口内外口宽0.72、中间宽0.5米，垛口石长0.85、宽0.43、厚0.13米。在两垛口的中心有方形望孔。东西出檐砖下有出水嘴各一个。

头房　在西垛口墙下南北两端，拱顶已塌，形制相同，在梯道口上，头房顶部瓦顶已毁。头房东西长1.58、南北宽1.85、墙存高1.7、厚0.45米，东侧一门宽0.8米。内为梯道上口。

楼橹　在楼顶中心，长方形，东西长6.1、南北宽4.25、残墙高2～4、厚0.42米。南北墙中有一门，宽1.22米。

墙体从敌台36号向北顺山脊而行，地势十分险要，山脊起伏坡度较大，怪石横生，群山耸翠，形如列屏。墙体北行67米，则因山险而不筑墙，北行90米无墙后又有32米窄墙。

蓟辽长城分界点

窄墙沿山之脊而上无墙体50米到达顶峰。此处群峰矗立，有锥子山，著名景观九龙洞峰是附近最高峰，海拔525米[①]。据此可俯瞰群峰。峰顶有墩台5号。从墩台5号往东40米出现石墙，东行入辽宁省（图版［21］107）。从墩台5号往西北为河北省（图版［21］108）。此地成为蓟、辽两镇长城的分界点。而南行则到山海关（图版［21］109）。

---

① 五万分之一图标，前所K－50－144－A。

九龙洞峰锥子山长城入辽情况

九龙洞峰是附近山峰中最高一座，峰顶的墩台5号是长城的分界点，墩台东与锥子山相临。墩台东40米出现石墙入辽宁境内，东北行93米出现圆形烽墩一座（因属辽宁未编号）。80米无墙体，又出现墙体62米，向东北延伸（下不叙述）与辽东长城接。[①]这段长城石墙2、存高1～2.5米。

长城从九龙洞峰顶墩台5号西北行属河北，境内有44米石墙，50米不筑墙，因山势西侧缓和，又出现了砖墙62米到达敌台37号。

从敌台36号到敌台37号为395米。中途经过墩台5号、房基15号。从墩台5号到辽宁这段长城273米。

石墙多窄体墙，因利用山险，窄体墙用毛石坐泥或干砌，用石屑、沙子填心。墙宽2、高1～2.5米。

九龙洞峰西侧山脚下出现的砖墙，构筑较好，为一等边。此段砖边位于九龙洞峰与敌台37号之间，北为绥中立杆台村，西南是抚宁苗城子。由于墙体远离村庄故而很少破坏。墙长62、墙高6.3、宽5.2米，墙内侧高3.7米。墙体用二层红褐色条石砌基，基上用条砖坐灰到顶。石屑、沙土夯筑，实心。墙顶内外檐腰砖以上砌出垛口墙和宇墙。垛口墙高2.1、墙厚0.45、长2.2米。垛口内外宽0.87、中宽0.41、高1.1米。两垛口下设有雷石孔，孔宽0.3、高0.2米。雷石孔下有风孔。

宇墙　较矮，高0.7、厚0.4米。垛、宇墙之间马道宽4.3米，方砖铺墁。宇墙腰砖下有出水嘴。

从敌台36号中途经过九龙洞峰、锥子山到达敌台37号共395米，其中190米无墙体。中途经过墩台5号、房基15号、便门（内口门）5号。

墩台5号（冀、辽长城分界点）

墩台5号位于小石门子九龙洞峰的峰顶，是附近制高点，东与锥子山顶峰相邻。东距锥山村200米，北距立杆台村2000米，西距苗城子2000米，南临葫芦峪。附近山势陡峭，从石墙走向分析，其属于石墙的内侧。台体为毛石干砌，内以碎石、沙土填心，顶部夯实。东西长6、南北宽5.3、基高1.2～1.8米。由于此台是冀、辽两地长城分界点，位置重要。

房基15号

位于5号墩台北39米处，平面方形，用毛石坐泥砌成，白灰勾缝。东西长3.6、南北宽3.8、存高0.3～0.6、墙厚0.45米。西南角设一门，宽0.8米，已毁。

便门5号

位于敌台37号东侧5.2米处墙内侧，拱券形。门宽1、高1.8、门墙厚0.31米，门内顶部有重券，宽1.33、高2.4、向内进深0.75米，直角通往阶梯道。阶梯通长12、南北宽1.5、高2.7米。

（三七）黄土岭台37号

方向为正东西。俗名黑楼。

楼体位于九龙洞峰西侧不足200米的山背上（图版［21］110L37）。西南2100米为苗城子，北山脚下为绥中金家沟。

楼体　梯柱形，南北两墙皆倒塌，东西墙门、窗亦毁。存楼基。

楼基　方形，基座用四至五层红褐色条石平铺，以上砖坐白灰到顶。东西长10.5、南北宽11米，石基高1.72米（图［21］095L37）。

楼体四墙　南、北两墙各砌一门，东西两墙四箭窗，皆毁坏（图版［21］111L37）。拱门石质，门宽0.9、高1.9米。

---

① 关于蓟辽长城分界可能有不同认定，这一问题还需要专门讨论。

楼体内部结构　楼体内部为一大型筒拱，东西贯穿，实为一单拱楼，已坍塌，无法测量（图版［21］112L37）。

战墙

在敌台37号东、西主体墙外修有一圈“战墙”（图版［21］113L37、114L37）。墙外平整，坡地经过修整，用毛石砌基，基上用砖砌成战墙，墙体较石基内收1米，墙高4、厚0.55米。东西长14.5、南北宽4.2米，西侧南北宽6.97米（图［21］096L37）。

墙体外侧筑有两排圆孔，上下交错而砌成“品”字形（图［21］097L37），圆孔外大内小，四周用弧面砖砌，孔径0.45、内径0.16米。两排孔上下间距0.35米（图版［21］115L37）。据推测此圆孔为射铳用的射孔。北侧有射孔21个，东侧6个。北墙中部有二雷石孔，圆拱形。抚宁县文教局在这里的长城废墟上搜集到出于此地的铜铳三杆，为隆庆年制。

墙体从敌台37号沿山脊西行，东侧山势陡峭壁立，犹如刀砍斧削，十分惊险，而西南则稍缓，全部砖墙保存较好，但风化严重。墙宽5.6、高3.3～6米，墙底用二至三层条石自下而上层层错出为基，以上内外砖包到顶。内外檐有腰砖一层，出沿0.9米，上砌垛口墙和宇墙。垛口墙现存高1.2～1.8米，用“人”字砖封顶。垛口内外宽0.87、中间宽0.47米，西垛口间距2.2米。垛口间有风孔（望孔）一，长0.3、高0.2米，间距2.3米。与墙顶平行。宇墙高仅0.4～0.6、厚0.42米，宇墙外侧每隔10～20米间有出水嘴一个。马道皆方砖铺墁，马道宽4.8米。马道陡峭处砌有台阶。

在敌台37号以西40米处，发现墙体上有镶嵌石碑用凹槽2个，形制大小相同。皆用滚砖砌出边框。一长0.6、宽0.4米。另一石碑槽长0.5、宽0.4米。槽深皆0.1米。现碑文不存。

从敌台37号到敌台38号为124.5米。中途经过房基16号、战台22号、炮台26、27号和便门6号。

房基16号

位于战台22号顶部，南倚垛口墙，长方形，毛石干砌，东西长2.8、南北宽2.5、存高0.4、墙厚0.65米。西侧北角原有一门，宽0.7米。

战台22号

位于敌台37号之西68米处主墙体外侧（图版［21］116Z22）。就墙脚下坡地平整后筑起。平面长方形，基底用一层条石平铺，以上砖坐白灰到顶。台顶东、西、北三面镶有拔檐砖一层，上砌垛口墙，用人字砖封顶。垛口墙存高0.4～1、墙厚0.43米。战台东西长13.35、南北出墙4.5米，台高6.4米。

在台外侧垛口墙上，发现有印文砖12块，在条砖的一侧模印，文字内容为“德州秋班营造”字样，是印后烧成（图版［21］117Z22）。

炮台26号

位于战台西2.85米墙顶外缘，向内，长方形，用毛石坐泥砌成，东西长2.15、南北宽1.7、高0.8～1米，炮台北侧正对一处垛口。

炮台27号

位于22号战台西4.8米处墙体外缘，北倚墙体。长方形，毛石坐泥砌成，碎石沙土填心。东西长2.1、南北宽2.5、存高0.5米。

便门6号

位于敌台38号东2米墙体内侧。是通往墙上的重要通道。门为拱形，已倒塌，门宽在1米左右，内为“T”字形东西通道，进门2.1米，直角东拐上墙通道，宽1.2、长3.7米，下砌砖阶，已毁。

（三八）黄土岭台38号

方向西偏南5°。俗称“跑楼”。

位于九龙洞峰西280米山脊上，山势壁立，多绝处，西南2000米山坳处是苗城子，北2500米为绥中金家沟。地处两峰之间。

楼体　梯柱形，窗等大部毁坏。拆成圆洞状。墙面风化严重。

楼基　方形，基底先用毛石砌出底盘，以上用条石四至五层平铺，条石上用砖砌到顶。东西长10.2、南北宽10.2、基高4.2米。

楼体四墙　东西两墙一门两窗，南北两墙各三窗，南墙中窗上有梯道（图版［21］118L38）。

东墙　门居中，窗列两侧，门、窗间距1.05米。门外口石质，已毁，宽约0.7、高约1.7、进深约0.32米。门内口宽1.05、高1.73、进深约1.1米。内外拱顶为两券两伏。两窗形制相同。窗门两券两伏，窗外口宽约0.6、高0.9、进深约0.32米。窗内龛宽1.04、高2.25、进深1.05米。

西墙　一门两窗，结构同东墙。

南墙　三箭窗，形制相同。西起第一窗，外口皆毁。内拱宽1.1、高1.95、进深2.05米。在中间窗的内龛券两侧各砌有梯道一处，为双梯道，形制相同。梯道宽0.85米，顶为叠砌筒拱分三层，第一层长2.3、高0.35、向上升0.55米。第二层长0.95、上升0.28米。第三层顶长0.46、上升0.2米到达梯道上口。

北墙　三箭窗，形制同南墙。唯龛券进深为1.2米，所以较短是因为不设梯道的原因。

楼体内部结构　由南北向筒拱三道和两道隔墙组成，隔墙上各有三券门计六座。筒拱通长6.3、宽1.5、高3.6米，隔墙厚1.4米。每边隔墙上的三券门，形制皆同，门宽1.3～1.5、高2.4、进深1.4米，门间距1.05米。

楼顶　正方形，东西长10.1、南北宽10.1米，顶周一箍拔檐砖，作棱角檐式。上垛口墙皆毁，垛口墙下东西壁存出水嘴各一个（图版［21］119L38）。

头房在南垛口内侧东西各一，顶部不存，下为梯道上口，形制、大小相同，长方形，东西长1.4、南北宽0.85米。头房长方形，东南和西南两墙倚垛口墙，北侧筑门。房体东西长1.9、南北宽2.1、墙厚0.5、存高0.5米，两头房相距3米。

楼橹　已坍塌。残基东西长5.9、南北宽4.1、墙高0.3～0.5、厚0.5米。南北侧各设一门，已毁。

墙体从敌台38号顺山体向西伸延约2米由砖墙变为石墙，山势陡峭，两侧有如刀劈斧削一般，坡度均为60°以上，山脊上怪石横生，层峦叠嶂，十分惊险。墙体则依山势修窄体石墙，单边墙或利用山险不修墙即以山代墙。砖墙一般部皆毁，仅存石基和内外砖包皮。墙宽7、高4.8～5.8米。

石墙　顺山势而砌，用毛石、白灰勾抹。墙体最宽3、存高1.2米，窄处仅1.5米。

从敌台38号到敌台39号为426.5米。其中砖墙70米，石墙219.5米，山险（石筑）墙137米。中途经过战台23、24号。

战台23号

位于敌台38号70米处山顶上，在墙体中间砌起，地势高险，可俯控四方。台体长方形，毛石干砌及用白灰抹缝，东西长6、南北宽5、存高2.6～3.2米。

战台24号

位于敌台38号与39号之间悬崖顶上，东西不连墙体，西距敌台39号39米。地处十分险要，台体平面长方形，东西长7.5、南北宽4、存高2.6～3.2米。

（三九）黄土岭台39号

方向北偏东12°。俗称“十拇指楼”。

位于苗城子“十拇指沟”北梁上，该沟为一南北沟谷，楼东西山石壁立，南北如刀切斧削，只两山间一咫尺之地，建一方楼，乃绝险之地。测量亦很困难。楼北为南北间水沟，名金家沟，沟外山脚下是金家沟村。

楼体　梯柱形，就山势而建，四墙门窗皆风化毁坏，楼顶仅存残基址。南北两侧即为悬崖。

基底　方形铺有一至八层条石不等，条石间用锅铁片做支垫，缝间勾抹白灰。东西长10.7、南北宽10.7、南侧石基高1.87米，通存高4.3米。

楼体四墙　东西两墙一门两窗，南北两墙各三窗（图版［21］120L39）。

东墙　门居中，窗分左右，门窗间距0.98～1.04米。门为砖砌，拱形，门外口宽约0.7、高约1.7、进深0.23米。门内瓮宽1.23、高2.3、进深1.34米。门下门枕石长1.3、宽0.55、厚0.23米，中起槛，槛宽0.25米，两侧有门轴孔各一个。两孔相距0.94米。两窗形制、大小相同。外口皆毁，窗内瓮宽1.23、高2.3、进深1.34米。

西墙　结构同东墙，不另述。

南墙　三窗并列，形制相同。间距1.72米。窗外口皆毁，内瓮宽1.22、高1.72、进深约1.8米。南墙中窗瓮券两侧为梯道。

北墙　三窗，结构同南墙。

楼体内部结构　由南北向三道筒拱和两道隔墙组成。筒拱通长6.5、宽1.5、高3.4米。

隔墙　长6.5、墙厚1.3米。上各有三门，计六个。门宽1.1～1.2、高2.3、进深1.3米。各门形制、尺寸相同。券门间距1.6米。

梯道　位于南墙中窗瓮券的东西壁上。为双梯道，结构相同。梯道口宽0.92米、顶为三层叠砌筒拱，第一层拱顶长2.37、拱高0.4、上升0.53米。第二层拱顶长0.8、拱高0.4、上升0.7米。第三层拱顶长0.28、拱高0.4、上升0.3米到达上口。下为石阶十级，每级宽0.21、高0.3米。

楼顶　顶周一箍拔檐砖，以上垛口墙皆毁。顶平面正方形，边长10.6、楼体高4.3米。

头房　在南墙的东西两端，二头房形制相同。以东侧头房为例，房体东西长1.6、南北宽1.2、墙厚0.45～0.6米，南、东两侧倚垛口墙而筑。北墙东侧一门已毁。房内为梯道上口。东西长1、南北宽0.85米。两头房相距2.2米。

楼橹　在顶中，存残墙，东西长6.2、南北宽4.35米，南、北两墙中部各一门，已毁。墙存高0.5～1、墙厚0.8米。

墙体从敌台39号以西，因“险山”相隔，高耸云天，利用山险，不筑墙（图版［21］121L39）。此段山险壁立如削。又西稍缓出现石墙。南北仍非常陡峭，有如刀砍斧削一般，东西横置，壁列如屏，山脊窄不足10米，人亦难行。西段石墙皆毛石干砌的窄墙，宽1～1.5、墙高0.4～1米。

从敌台39号到敌台40号为274.5米，其中150米为山险，不筑墙。

（四〇）黄土岭台40号

方向北偏东48°。俗称“小楼”。

位于山峰顶端，南北均很陡峭，地势险要。楼南1200米为苗城子、北1500米山洼内为蒋楼沟村。

楼体　梯柱形，保存较好，西侧拱门、窗、楼顶建筑皆风化毁坏。

楼基　方形，基底用二至三层条石平铺或直接就山岩砌起，以上砖砌，东西长8.95、南北宽9.15米，通存高4.5米。

楼体四墙　西墙一门两窗（图版［21］122L40）。东墙两窗，南、北墙皆两窗（图版［21］123L40）。

西墙　门口外接墙体。门居中，门原为石质，今存一字石石门柱、石券脸皆被拆走。门外口宽约0.6、高1.7、进深约0.32米。门内口宽1.45、高2.45、进深1.55米。门两侧为箭窗，门窗间距2米。两窗形制相同。窗外口宽0.56、高0.85、进深（窗墙厚）0.25米。窗内龛宽0.94、高1.7、进深1.55米。窗台墙厚0.6、下距地面0.75米。

东墙　二窗，形制相同。窗间距1.16米。双券双伏。窗外口宽0.5、高0.82、进深0.27米。窗内龛宽0.9、高1.7、进深1.2米。窗下无台面石，内有“Ⅱ”形边框，今存木凹槽。

南墙　二窗。窗之大小、形制同东墙。唯东起第一窗龛内有梯道一处。

楼体内部结构　楼体为东西一道筒拱，无隔墙（图版［21］124L140）。属单拱楼，长5.5、宽3.06、高3.6米。筒拱两端分别与东西墙相接（图版［21］125L40）。

梯道　在南墙东起第一箭窗窗龛内壁西侧。拱形，门宽0.67米。顶部为三层筒拱叠砌。第一层拱顶长1.8、拱道宽0.67、拱高0.33、上升0.63米。第二层拱顶长0.63、上升0.57米。第三层拱顶长0.58、上升0.7米到达梯道上口。下为砖阶，宽0.3、高0.32米。今存六级。

楼顶　顶由一箍拔檐砖，作出棱角檐，上面垛口墙已不存。西侧南北头房不存，仅存二梯道上口，二者同。东西长2、南北宽0.6米，两出口相距5.95米。

楼橹　位于顶中，仅存残基。东西长3.3、南北宽4.8、墙厚0.47米，存高0.45～0.8米。南北各一门址。

顶部平面长方形，东西长8.35、南北宽8.8、楼体高4.5米。

墙体从敌台40号顺山脊西行，因山险时断时续，皆“劈山墙”。墙体毛石、白灰砌筑，主体墙宽2.45、高1～1.5米。

从敌台40号到敌台41号为285米，其中有145米为山险墙。

（四一）黄土岭台41号

方向北偏西18°。俗称“大楼”。

位于苗城子北1000米，蒋楼沟南1300米两村交界梁上。楼南北山势陡峭，而东西则与墙体相呼应。

楼体　梯柱形，四面风化严重，门、窗大部毁坏，但墙体结构尚存。

楼基　基底方形，最下用一层毛料石找平，以上用三至七层条石平铺，再上用砖到顶。东西长10.8、南北宽10.8、楼基高2.2米，楼体存高5米。

楼体四墙　西墙一门两箭窗（图版［21］126L41）。北墙和南墙皆三窗，东墙已毁坏（图版［21］127L41）。

西墙　门居南端，两窗居中、北端，门窗间距1.35米。门外口已毁，从残迹推断为石质，自下而上为门枕石、一字石、石券脸。门宽约0.7、高约1.7、进深约0.23米。门内口宽1.34、高2.6、进深1.1米。门下枕石长1.4、宽0.45、厚0.29米，中起门槛，宽0.26、高0.06米。槛内两侧有门轴孔各一，直径0.09、深0.04、间距0.9米。门内两侧壁上有门轴一，已毁。两箭窗形制相同。窗双券双伏。窗外口宽0.57、高0.79、进深（窗墙厚）0.33米。窗内龛宽1.35、高2.6、进深1米，窗下无台石。

东墙　已毁。

南墙　三窗，并列，窗间距1.75米。形制相同，皆两券两伏。窗口宽0.6、高0.95、进深（窗墙厚）0.34米，窗内龛宽1.38、高2.65、深1.9米。窗内皆有木边框，今存木槽痕。中窗龛内两侧各有一梯道，对称为双梯道。

北墙　三窗并列，窗间距1.75米。两券两伏。窗外口宽0.57、高0.79、进深0.33米。窗内龛宽1.45、高2.65、进深1米。窗下面无台石，三窗形制相同。

楼体内部结构　由南北向三道筒拱和两道隔墙组成。筒拱（通拱）长6.92、宽1.6、高3.9米。隔墙两道、上各有券门三，计六座，门宽1.45～1.47、高2.47、进深（隔墙厚）1.45米。门间距1.4米（图版［21］128L41）。

楼梯道　位于南墙中部箭窗内龛东西两壁上，形制相同的双梯道，对称。梯道口宽0.85米。上有三层筒拱叠砌，第一层顶长1.64、拱高0.35、向上升0.73米。第二层长0.65、向上升0.55米。第三层长0.43、向上升0.45米，至梯道上口。下用条石砌阶，今存七级，阶宽0.22、高0.3米。

楼顶　周一箍拔檐砖，以上垛口墙已毁。顶长方形，东西长10.4、南北宽10.4米。

头房　楼顶南墙东西两角有头房各一，头房已毁，只存梯道上口东西长2.05、南北宽0.82米，两梯道口相距4.1米。

铺房　位于顶中，已塌陷。长方形，东西长6.1、南北宽3.3、墙存高1、厚0.45米。南北墙上一门，已毁。

在顶东西拔檐砖下各有出水嘴一。墙体从敌台41号向西行，山险陡峭，山脊如削，墙体时有时无，主要是毛石干砌窄体墙，东西横卧于山脊上。南距苗城子1100米，北距蒋楼沟村800米（山脊为冀辽分界）墙体宽1.8、存高1～1.5米。石间用白灰勾抹。

从敌台41号到敌台42号为399米，其中窄体墙为211米。

（四二）黄土岭台42号

方向正东西。俗称“破楼”。

位于敌台41号西的山顶上，山脊东西横卧，南北陡峭，山顶经修整出咫尺之地建楼，东西靠墙体联络，南北孤悬，南1000米山脚下为苗城子，北800米山洼处为蒋楼沟（即立根台南沟）。

楼体　自然风化严重，西墙和楼顶全部倒塌，东、西、北三墙存残箭窗二，窗内存有残木边框。

楼基　基底用三至七层条石平铺，以上用砖。东西长9.5、南北宽9.6、高4.3米。

楼基以上残破毁甚，无法攀登取得数据（图版［21］129L42）。

墙体从敌台42号顺山脊西行，山势十分险要，山脊最窄处仅0.4米，而两侧如刀削一般，无法筑墙。墙体窄矮，宽仅1.4、残高1～1.8米（图版［21］130L42）。

从敌台42号到敌台43号为247米，其中有115米石墙，余为山险墙。在接近敌台43号之间的山洼处，有一南北通道，估计墙体豁口处为一口门，暂定为苗城子口。

苗城子口（坑儿峪口）

口门早年不存，但这里是关内外重要通道，南1500米到苗城子堡，该城距墙体较近，专为戍守此口，南过苗城西去可达驻操营。口北为立根台南沟（蒋楼沟）要冲。现口门处只一城豁口，别无它物。只于原口名称现尚难以确定，估计是苗城子下的属口无疑。《临榆县志》“无名口即大青山关，在临榆县东北五十里，明弘治中移建，今仍以无名口称……有涧水西流，入坑儿峪，又北十里为小河口”[①]。无

① （清）高锡畴：《临榆县志》卷九《建置篇·城池》二十一，1929年铅印本，成文出版社影印。

名口和小河口涧有坑儿峪堡及口门，位置子苗城子北之今名苗城子相当。而苗城子则有可能为坑儿峪。北即坑儿峪口估计此，可能进一步核实。

（四三）黄土岭台43号

方向为正南北。俗称“洼楼”。

位于两山相夹的山洼处，因地处沟谷所以称为“洼楼”。山谷侧面呈“V”形，楼南1500米为苗城子，楼北1000米山洼内为蒋楼沟（立根台东沟）。楼前有一条山道（小道）自此通过是苗城子北到立根台的小路估计此处原可能有口门，已毁，今不存，待和有关文献核对后才可确定，今存遗迹。只一豁口而已。

楼顶及东西两壁，门、窗等皆坍塌，南、北墙残破（图版［21］131L43）。

楼基　因地势较洼，基底用毛石一层错出找平，以上用条石四至十二层铺砌，东西长11、南北宽9.85、基高4.1米，楼体存高5米，通存高9.1米。

楼体四墙　南墙上有三箭窗，已残，中窗龛内东西两壁上各有梯道一处，为双梯道，形制相同。箭窗皆两券两伏。窗内有木边框。北、东、西三墙皆毁坏。北墙有箭窗残迹。

楼内从残迹推断为东西三道筒拱，和两道隔墙组成，每道隔墙上有门三个，多残破。

楼顶　已塌陷。

墙体从敌台43号沿山脊西行，皆毛石、白灰砌成的窄体墙，墙宽1.4、存高0.5～1米，大部倒塌。

从敌台43号到敌台44号为160米，其中有19米无墙体。

（四四）黄土岭台44号

方向为正东西。俗称“高楼”。

位于敌台43号西的山顶上，南1600米为苗城子，北700米为立根台东沟（蒋楼沟）东西接墙体。

楼体　长梯柱形，保存较好，四墙风化严重，顶部建筑皆毁。

楼基　长方形，基底用条石一至四层平铺，以上砖砌，自下而上层层错出。东西长8.1、南北宽10.2、楼基高4.6、楼体高4.75米，通存高9.35米。

楼体四墙　南墙一门两窗（图版［21］132L44）。东、西、北三墙皆二窗（图版［21］133L44）。

南墙　门居中，石质，自下而上为门枕石、石门柱、一这字石、石券脸。门外口宽0.8、高1.52、进深0.3米。门内拱墙壁倒塌，宽1.9、高1.9米。门内甬道两侧壁上，有梯道各一处，东西相对为双梯道。箭窗位于门之东西，形制相同。窗外口宽0.47、高0.6、进深0.65米。内龛已毁。

东墙　二窗，形制相同，并列，间距2.3米。窗外口宽0.45、高0.62、进深0.18米。窗内龛宽1.68、高1.95、进深0.99米。窗台墙厚0.55米，窗内原有“Ⅱ”形木边框，今只存痕迹。窗台石长0.68、宽0.39、厚0.16米。石中起槛，槛高0.05、宽0.07米，槛内左右有窗扇门轴孔各一个。两孔相距0.44、深0.02米。圆孔上侧有长方木框槽。

西墙　二窗，结构同东墙。

北墙　二窗，形制同东墙，窗间距2.95米。

楼体内部结构　由东西二道筒拱中间一道隔墙组成，隔墙上有二券门。筒拱东西长5.6、宽2.15～2.2、高3.25米。隔墙上二券门，计四座，形制相同，券门宽1.36～1.4、高1.7、进深（隔墙厚）1.85米。门间距2.85米（图版［21］134L44）。

梯道　位于南墙中门内东西两侧壁上，为双梯道相对。梯道门宽0.7米，顶为二层叠砌的筒拱形，第一层拱道长0.34、高0.3、上升0.87米。第二层长0.35、上升1.4米到达梯道上口。两梯道形制相同。

楼顶　周一箍拔檐砖，中作出棱角檐，顶上垛口墙已不存。顶长方形，东西长7.8、南北宽5.95米。

梯道上口　位于南墙的东西两角，平面呈“T”形。东西长1.3、南北宽0.6米。两出口相距3.65米。

楼橹　顶中原有楼橹一，已倒塌。残基东西长4.6、南北宽3米，残墙高0.5～1米，南墙上原有一门，在楼顶东西两侧拔檐砖下有出水嘴一，已拆断，用灰白石料凿成。

墙体从敌台44号顺山脊西行，从高向低顺山梁而下，因西面接近小河口，墙体逐渐进入山梁低处。毛石干砌，窄体墙，宽仅2.1、存高1～1.9米，用白灰勾抹。

从敌台44号到敌台45号为181米。

（四五）黄土岭台45号

方向北偏西42°。俗称“小河口高楼”。

位于敌台44号西一座小山顶上，地势较高，南北山势陡峭，山脊则由东向西行。楼西600米进入沟底，有一条南北向的季节性旱河将山体拦腰斩断，此河俗称小河口，由东南向北流入辽宁绥中境内。小河口外800米有小河口村，东南2200米为苗城子村。

楼体　梯柱形风化严重，多处裂隙，门窗多残。楼基较好，楼顶和内部结构多残破。

楼基　长方形，基底先用一层毛料石找平后再铺以条石六层，以上用砖砌到顶，东西长9.9、南北宽10.5、楼基高4.55、楼体高4.9米，通存高9.45米。

楼体四墙　东西两墙均为一门两箭窗（图版［21］135L45）。南北两墙各三窗（图版［21］136L45）。

东墙　门居南端，中北端为箭窗，门为石质，自下而上为门枕石、石门柱、石券脸。石门外口宽0.8、高1.6、进深0.4米。门内拱宽1.3、高2.15、进深1.3米。门枕石长1.45、宽0.65、厚0.2米。石上有槛，宽0.14、高0.05米，槛内两端有门轴孔各一，孔径0.12米。门两侧有门闩孔一，内圆形，直径0.12米，外方形，长0.41、厚0.1米。两箭窗，形制相同，门窗间距1.2米。窗为两券两伏。窗口宽0.6、高0.85、进深（窗墙厚）0.32米。窗内龛宽1.15、高2.25、进深1.1米。窗台墙厚0.45、下距地面0.75米。窗内原有木抱框，今存痕迹。

西墙　门居中部，窗列左右。门窗形制与东墙同，不另述。

南墙　三箭窗，窗间距1.45米。三窗形制相同，皆两券两伏。窗外口宽0.6、高0.85、进深（窗墙厚）0.32米。窗内龛宽1.17、高2.2、进深1.96米。窗台墙厚0.45米。在南墙中间箭窗龛内东西两壁上有梯道各一，为双梯道。

楼体内部结构　由东西向三道筒拱和两道隔墙组成。筒拱通长6.9、宽1.35、高3.2米（图版［21］137L45）。

隔墙　两道，长6.9米。每道隔墙上有三券门，计六座。券门形制相同，门宽1.28～1.45、高2.25、进深（隔墙厚）1.16米。券门间距1.4米（图版［21］138L45）。

梯道　位于南墙中窗龛券东西两侧壁上。梯道口为拱形，南距窗口0.5米。顶部用叠砌二层拱顶组成。第一层拱顶长2.45、拱高0.4、上升1.25米。第二层顶长0.83、向上0.4米到达梯道上口。梯道下用石阶十级，每级宽0.18、高0.3米。

楼顶　周一箍拔檐砖，中作出棱角檐，上砌垛口墙，皆毁坏。存高1～1.5、墙厚0.45米。楼顶长方形，东西长9.6、南北宽9.85米。

头房　位于楼顶的东西两角，现顶已坍塌，存梯道（踏跎道）上口，东西长1.4、南北宽0.8米。两口相同，间距4.65米。

在梯道上口的南墙上，有箭窗各一，皆毁坏，今存窗台石。

楼橹　在顶中，存残墙，东西长5.9、南北宽4.7米，南墙存一门址，门宽1.3米，残墙厚0.4米，在楼橹的基址上，存有筒板瓦，说明原为瓦顶。

墙体从敌台45号向西延伸，东高西低，形成斜面，墙体从山顶西延至山腰与敌台46号相接，基址北侧山脚下为小河口村，墙东南2200米为苗城子村。山势从山坳向西有所缓和。

墙体已大部倒塌，皆毛石、白灰砌成，墙宽2.4、高1.2～2米。

在45号楼西门下有一上墙道，倚靠石墙砌起，长方形，宽3.4米，石阶已毁。

从敌台45号到敌台46号为424米，其中因山险有145米无墙体。中途经过墩6号、台基6号。

墩台6号

处在一座小山峰上，台北400米为小河口村，台西400米为小河口子。台体倒塌，是用毛石、白灰砌成，内用石屑、沙土充填。顶用沙土夯平。方形，东西长6.6、南北宽7、存高2.8米。

台基6号

在敌台46号东南角筑起，平面是一个多边形，北与墙体相接。就楼下修整出平面而砌。台体东西长25、南北宽13、存高0.6～1.5米。台面荆棘丛生。

（四六）黄土岭台46号

方向北偏东18°。俗称“小河口西山楼”。

位于冀、辽两省交界处，小河口东侧半山腰上，此地山势较缓。楼北600米是绥中县小河口村，楼西200米山洼处为“小河口子”。有一条旱河从南向北注流入绥中小河口村。楼体位于河口东侧，楼西南为小合（河）营城，东为苗城子。

楼体　梯柱形，保存较好但四墙风化严重，裂缝较多，门窗、楼顶皆残破。

楼基　方形，就山势而筑，东高西低。基底用九层条石平铺，石料为红褐色，以上砖砌到顶。东西长11、南北宽11、楼基高3.8米，通高9.5米（图［21］098L46）。

楼体四墙　东墙一门（图［21］099L46；图版139L46）。西墙一门两箭窗，南北两墙各三窗（图［21］100L46）。

东墙　一门，位于南侧，石质。自下而上为门枕石、石门柱、石券脸。门外口宽0.96、高1.95、进深0.38米。门柱石上刻有宝瓶生花类浅浮雕图案。门内拱宽1.3、高2.7、进深0.87米。门枕石长1.7、宽0.75、厚0.3米，上一门槛，槛宽0.13、高0.08米，内两侧有门轴孔各一个，直径0.08、深0.02米，两孔间距1米。门侧内两门闩孔已毁。

西墙　一门两窗。门在西墙南侧。门石质，拱形，自下而上为门枕石、石门柱、一字石（又称担石、插石）、石券脸。门外口已毁。门宽0.96、高1.95、进深0.38米。门内券宽1.2、高2、进深0.9米。石券脸上有两券两伏。石券脸两拱脚有铁榫直接插入一字石内。石门柱表面浅浮雕宝瓶生花。门下枕石已毁。在门内券上有一横立木，长1.68、宽0.1、厚0.07米，两端有上门轴孔。西墙两箭窗居中、北端形制同，门窗间距1.7～2.03米。窗为两券两伏。窗外口宽0.7、高0.85、进深（窗墙厚）0.3米。窗内瓮宽1.18、高2.03、进深0.9米。

南墙　三箭窗，并列，窗间距2.5米。三窗形制相同，以中窗为例，窗外口宽0.7、高0.85、进深0.26米。窗内口宽1.17、高2.35、进深2米。窗台石长1、宽0.45、厚0.17米。石中起槛，槛宽0.11、高0.04米。槛内侧有窗门轴孔各一。槛两端有长方槽，中间一盲孔（图［21］101L46）。在中窗龛内两侧，有梯道（踏跎道）各一。

北墙　有三箭窗，并列，间距2.5米。形制同南墙，唯窗内龛券进深较短，长0.93米。这是因为不设踏跎的原因。

楼体内部结构　平面作回字形，四周为围廊式闭合通拱（图［21］102L46）。中为一方形中心室，围廊东西长8.5、宽1.62米，南北7.5、宽1.2米，高3.7米。中室四角是四个砖柱，中心室外皮东西长5.8、南北宽4.8米。室四面各有券门一，计四座。门宽1.15、高2.25米。中心室墙厚1.1米。室内平面长方形，东西长3.6、南北宽2米。顶为船篷式，高3.5米。四面筒拱间各以券门相连，东西、南北互相贯通（图［21］103L46）。在四面围廊式的筒拱两侧各有一排木框槽，每排十个，估计原有木柱支撑（图［21］140L46）。在中心室的四角，各设壁龛（储藏室）一个，龛门宽0.56、进深0.95、高1.1米。四龛大小相同。

梯道　设在墙中间箭窗龛内壁的东西两侧，形制相同，为双梯道相对。呈“V”形，所谓燕尾式。梯道口宽0.9米，顶为斜筒拱式，长6.5、宽0.4米，上为梯道口，下砖阶十三级，每级宽0.28、高0.35米，每层顶面皆有木边框一，今不存（图［21］104L46）。

楼顶　一周拔檐砖，下作棱角檐式，上砖砌垛口墙，南、东两面垛口墙较好，西北两面已毁。

南垛口墙　上有两箭窗、二垛口。箭窗形制同。窗口宽0.6、高0.75、进深（墙厚）0.2米。窗台石长0.95、宽0.5、厚0.14米。石中一槛，槛窗0.05、宽0.08米，槛西侧有长方小槽，中一盲孔，内两端各有扇门轴孔一个（图［21］105L46）。垛口中宽0.68米，垛口石长1.18、宽0.5、厚0.18米。垛口间距2.2米。南垛口墙中间砌有影壁一座，下为束腰须顶座。影壁长方形，长2、宽1.8米，四角用滚砖包砌，下座距地面1.3米，整体已毁。

瞭望孔　垛口墙上有一排瞭望孔五个，用两块方砖对砌而成，孔道内向外倾斜形成内高外低的斜孔，二孔相距1.7～1.76米，孔内大外小，内直径0.28、外0.18米。东、西、北三墙皆有望孔。唯北墙望孔在箭窗顶部。

与楼顶接近平行位置有风孔五，由内向外倾斜，内高0.5、宽0.42、外高0.25、宽0.2米，孔间距1.8米。

东墙　存三箭窗，一垛口，三窗形制相同，间距1.75米。窗口宽0.7、高0.72、进深（窗墙厚）0.42米。窗下台面石长1.03、宽4.2、厚0.2米，东墙上最南面一垛口，已毁。

北、西两面垛口墙已毁坏，今存残墙高1.6、厚0.42米。

头房　位于楼顶南墙的东西两端各一，长方形，南墙上有残墙，顶为卷棚式，早年已坍。梯道上口东西长1.5、南北宽0.9米，两口相距5.2米。

楼橹　居顶中，顶坍陷，仅存残墙。东西长6.8、南北宽4.7、墙存高1.3、墙厚0.47米。南墙上一门，门宽1米，已毁。东西两面还存柱洞六个。估计可能有木结构（图［21］141L46）。

墙体从敌台46号改为砖砌，顺山势而下到达谷底，经过季节河和小河口口门，向西与敌台47号相接，46、47号恰好位于小河东西两岸遥相呼应。季节河由南向北过口门北去，400米为小河口村，旱河上的墙体缺口即小河口。

墙体皆石坐白灰砌，内部填以碎石、沙土，夯实，墙宽4、存高1.5～3.2米。

在敌台46号西有障墙一段，障墙在山背筑起，长5.5米。现已倒塌。障墙由三个战台面组成，东西呈阶梯状，底用条石砌基，内侧石基高3.15、外侧高5.1米。墙体总高4.5、总宽3.4米。

便门7号

障墙内（南）侧有内口门一，门宽0.85、高2米，顶为一券一伏，口门西距主体墙1.95米。门口内向北有石阶，阶宽0.3、高0.3米。

在第三战台面的南墙上也有拱门一处，通入墙内。门宽0.35、高2.1米，顶为一券一伏（图［21］中未表现）。

在三个战台的北侧均砌垛口墙，南侧为宇墙，而三台之间又有短墙相隔，墙南北宽1.9、墙厚0.42米。

战台内南侧砌有台阶（踏跎道），与三台相通。战台最上一层，直对敌台46号西门。

从敌台46号到敌台47号全长98米，西端为小河口。

小河口

小河口位于小河口村南400米山洼处，口西南2500米为小合（河）营，西面靠敌台47号，东为敌台46号。中间为一旱河，雨季有水自南而北流。地处两山之间的南北通路，地理位置十分重要（图版［21］142L46–L47）。

据了解口门原为小门，有栅，门上有关楼，关城楼左右为主体墙，东西展开。此段墙体门洞及关城楼皆砖砌。是南可通往驻操营、石门寨重要的通道。现关楼及栅门等遗迹不存，仅剩一砖墙缺口和河床。详细结构不清。

（四七）黄土岭台47号

方向北偏东28°。俗称“小河口楼”。

位于小河口西侧，与河口相临，楼北350米为小河口村，楼西南2500米为小合（河）营，扼守口门要冲。

楼体早年全部破坏，仅存一丘形废墟，残基上存有塌下的拱顶、隔墙等。东墙原有一门，已毁，今存门枕石一块，长1.42、厚0.21米。楼基长方形，东西长13、南北宽8、存高1.8～3.5米。

墙体从敌台47号向西顺山梁而上，山势陡峭，砖墙筑在山脊上。皆砖砌，底部用红褐色条石砌基，以上砖坐白灰到顶。墙顶内外檐有腰砖一层，以上用砖砌垛口墙和宇墙。墙顶方砖铺墁，陡坡处砌成台阶上下，墙内檐尚存有出水嘴一个。主体墙宽4.4～5、高2.1～3米。

从敌台47号到敌台48号为111米。

（四八）黄土岭台48号

方向北偏东23°。

位于小河口西山的山坳上150米处。楼北400米为小河口村，楼南有一条东西向的小沟与楼体、长城平行，坡度较大。

楼体　梯柱形，风化严重，砖皮剥落，主要结构仍存。

楼基　方形，用四至八层条石砌基，石基以上砖坐白灰到顶。东西长10、南北宽10、楼基高5米。

楼体四墙　南墙一门两箭窗（图版［21］143L48）。东、北两墙三箭窗，西墙一窗。

南墙　门居中，窗列东西，门、窗间距1.37米。门石质，自下而上为门枕石、石门柱、一字石、石券脸。门外口宽0.76、高1.66、进深0.26米。门内拱宽1.23、高1.93、进深1.9米。门枕石长1.44、宽0.27、厚0.26米，门内现存门闩孔石两处，正方形，边长0.4、厚0.1米，孔径0.14米。门内0.5米东西两侧拱壁上各有梯道（踏砣道）一处，为双梯道，结构相同。东西两侧箭窗形制相同。皆两券两伏。窗外口宽0.54、高0.85、进深0.3米。窗内拱宽1.17、高1.93、进深1.9米。

北墙　三箭窗，并列，间距1.35米。形制相同。窗外口宽0.55、高0.76、进深0.3米。窗内拱宽1.24、高2.07、进深1.06米。

东墙　三箭窗，形制同北墙，不另述。

西墙　一箭窗。距南墙外皮4.69米。窗形制同北墙。

楼体内部结构　由南北向筒拱三道，中间两道隔墙组成（图版［21］144L48）。筒拱通长6.32、宽1.53、高3.6米。两隔墙上各有三券门，计六座，结构相同皆两券两伏。门间距1.06米。门宽1.42、高2.12、进深（隔墙厚）1.06米（图版［21］145L48）。

楼梯道　位于南墙门内两侧壁上，双梯道，形制相同。顶为三层叠砌筒拱。第一层顶长2.1、拱高0.5、上升0.63米。第二层拱顶长0.53、拱高0.35、向上0.35米。第三层拱顶长0.4、上升0.3米到顶口。

楼顶　周砌一箍拔檐砖，中作棱角檐式，上砌垛口墙，墙面高0.4～1、墙宽0.45米。垛口墙上有一排风孔，高0.26、宽0.26米。孔距1.68～2.1米。顶部东西长9.5、南北宽9.5米。

头房　2处，在南垛口墙内东西两角，保存较好。两头房形制、大小相同。以西侧为例，头房为一东西向拱室，顶部覆瓦已不存。平面东西长3.1、南北宽1.08、顶高2.4米。西北角一门，门宽0.8米。头房墙厚0.42米。头房内有长方形梯道上口一。东西长1.2、南北宽0.8米。在头房南墙上有箭窗一，窗口宽0.7、高0.65、进深（窗墙厚）0.12米。窗台石长0.83、宽0.6米，石中起槛，槛上两侧有长方槽，中一盲孔，槛内左右有扇门轴孔各一。东侧头房与西侧同（图版［21］146L48）。

楼橹　居顶中，顶部已塌。平面长方形，面三进一。东西长5.7、南北宽4.4、墙厚0.54米。从地面到楼橹脊顶高3.8米，南、北两墙中各筑一门，拱形，门宽1.18、高1.7米。南墙门两侧筑有小窗一个，形制相同，拱形，窗口宽0.84、高1.08、窗墙厚0.45米。楼橹内顶为拱形，外顶为起脊的人字坡。两坡覆以板瓦。在前檐部仿木结构，作出柱头枋、垫板和抱头梁，以及椽头等。

墙体从敌台48号沿山脊西行，到山顶与敌台49号相接。墙体砖砌65米，石墙146米。砖墙底部用毛石砌基，以上内外砖包到顶。内外檐砌出腰砖，再上砌垛口墙和宇墙，墙宽3.1、外高4.6～5.5、内高0.9～1.3米，墙顶设有台阶。垛口墙高1.75、厚0.4米，墙顶覆以三角砖。垛口宽0.55、高0.75米。两垛口相距3.2～4米。垛口下方形风孔，孔高0.26、宽0.26米，两孔相距3.6米。垛口墙下有出水嘴，存长0.6、宽0.3、厚0.26米。中间槽宽0.1、深0.07米（图版［21］147L48）。

宇墙存高0.3～0.5米，每隔15～21米有出水嘴一个。

在墙体陡峭处的墙顶马道上修有战台，砖砌长方形，随山势呈阶梯状。战台平面长方形，外与垛口墙相接，长1.75、宽0.8、高0.5～1.1米。

在墙顶马道用方砖铺墁，由外向内倾斜以便排水，中间有宽1.2米的通道。

在砖墙向西65米到山顶，改为石墙，皆毛石、白灰砌。墙宽1.7～2.5、存高2.7～3.6米，顶部马道用碎石、沙土夯实后用薄石板铺成。

在敌台48号的西35米处有上墙道一。北倚墙体，用毛石、白灰砌成，由东西两侧砌成台阶直达马道。阶宽0.25、宽0.3米，台阶总宽1.5米，两侧通道长各2米。

从敌台48号到敌台49号为211米。中途经过战台25、26号、台基7号、墩台7号。

战台25号

与敌台46号两侧之战台相似，但结构简单。和敌台48号东侧相连。筑在半山坳上。台东侧山脚下为小河口即一条南北的河沟卧于山下。台南北皆陡峭。台体保存完整。接敌台东侧砌出平面近似方形，底用经过修整的毛料石砌成，以上用砖到顶，用碎石、沙土填心夯实。东西长6.5、南北宽6、高6米。台顶东、南、北三面有一周拔檐砖，上砌垛口墙。北侧垛口墙高1.35、厚0.36米。墙底有风孔，孔宽0.22、高0.15米，孔间距1.12米。台东南角有出水嘴一。战台东侧可能有门，今不存。

战台26号

位于敌台49号东45米墙体内侧，此地山势南侧较缓，而北侧陡峭，台体长方形。毛石、白灰砌成，南北宽出墙1.6、东西长5、存高1.6米。

台基7号

在敌台48号南角，用毛石干砌，东西长1.2、南北宽1.8、高0.6米。

墩台7号

位于战台26号之西26米处石墙内侧，地势较高，北陡南缓，台方形，毛石干砌，用碎石、沙土充填。东西长8.5、南北宽8、存高3.2米。

（四九）黄土岭台49号

方向北偏东33°。俗称“小河口西山楼”。

位于小河口西山的山梁上。楼东北800米为小河口村。西南1000米为炮沟村。地势北陡南缓。

楼体　梯柱形，风化严重，墙面成蜂窝状小洞，门、窗多毁坏，楼基本完好。

楼基　正方形。基底用一层毛料石找平后，均用四层条石平铺，以上用砖到顶，砖为平铺纵砌。东西长10.1、南北宽10.1、基高2.6、楼体高4米，二者合高6.6米（不算楼顶垛口墙高）。条石长0.7～1.4、厚0.28～0.35米。

楼体四墙　西墙一门两窗（图版［21］148L49）。东西南三墙各三窗（图版［21］149L49）。

西墙　门居中，石质，部分构件已不存。门宽0.82、高1.77、进深（门墙厚）0.32米，门内拱宽1.2、高2.25、进深0.97米。门下门枕石已失，门内南侧存门闩孔一，直径0.13米。门左右为箭窗，间距1.15～1.2米，二窗形制相同，以北窗为例，顶为两券两伏，窗外口宽0.6、高0.8、窗墙厚0.3米。窗内拱宽1.15、高2.25、进深1.16米。窗内拱顶也是两券两伏。

东墙　三箭窗，并列，形制相同，窗间距1.2米。以南起第一箭窗为例，窗为两券两伏，窗外口宽0.6、高0.8、进深（窗墙厚）0.3米。窗内龛宽1.2、高2.1、进深1.16米。窗内有“Ⅱ”形木槽痕迹。在窗的南侧存有一壁龛，高0.34、宽0.28、深0.2米。下距地面1.07米。

南墙　三箭窗。并列，间距2米。三窗形制相同。窗外口宽0.6、高0.8、进深0.3米。窗内拱宽1.3、高2.2、进深2米。在南墙中窗龛券的东西两侧有梯道口各一，对称为双梯道。

楼体内部结构　由南北三道筒拱和两道隔墙组成。筒拱通长6.28、宽1.6、高3.2米。两道隔墙上各有券门三，计六座，形制相同。门宽1.25、高2.15、进深（隔墙厚）1.15米。门为两券两伏。门间距1.2～1.25米（图版［21］150L49）。

梯道　位于南墙中窗的东西两侧，为双梯道。梯道口宽0.8米。顶由两层筒拱叠砌，第一层顶长2.25、拱高0.35、上升0.52米。第二层顶长0.7、上升0.31米到顶口。下为石阶，阶宽0.18、高0.27米，今存五级。

楼顶　顶周一箍出檐砖，作出棱角檐。上砌垛墙，墙厚0.4、存高0.3～0.6米。顶东西各有出水嘴一个。顶部平面方形，东西长10.1、南北宽10.1米。

头房　位于南墙东西两端，房已不存，仅存梯道上口，南北宽1.1、东西长0.8米。两上口尺寸相同。

楼顶中部原有楼橹一，已不存。在楼顶废墟上有窗台石一块，可以证明垛墙上原曾有箭窗，详情不知。

石墙体从敌台49号沿山脊西行，墙内山脚下为赵家沟，墙外东北为小河口村。山势起伏不大，坡缓，仍是北陡南缓趋势。石墙体多倒塌，有的仅墙基。皆毛石、白灰砌，用碎石、沙土填心。墙宽2.1、存高1米。敌台50号东侧出现45米砖墙是因为山势较缓之故。

从敌台49号到敌台50号为499米。中途经过战台27号、墩台8号、战台28、29号到敌台50号。在敌台50号东有一上墙道。

战台27号

位于敌台49号西50米墙体内侧的一个崖头山上，北倚石墙，南可俯视群山，地势高亢。台体长方形，毛石干砌，碎石块沙土填心夯实。南北跨出墙体5.3、东西长8、存高0.8米（图版［21］151Z27）。

墩台8号

位于敌台49号西116米石墙的中间横跨于墙体上。地处山顶平坦处。台体自然倒塌，平面方形，东西长6、南北宽6.2、现存高2米。

战台28号

位于8号墩台西86米处石墙的内侧。战台筑于墙体拐弯处。山势仍北陡南缓。台体长方形，毛石干砌，东西长4、南北宽2.7、存高2米。

战台29号

位于战台28号西40米墙体外侧。战台北为一条南北向的山脊，战台处在主脉与分脉交汇处，地势较高。台体用大型毛石块干砌，白灰勾缝，方形，台体南北出墙5、存高4.7米。台南倚主体墙。

在敌台50号东侧砖墙的墙体，有上墙道一处，呈直角，用毛石砌成台阶，仍存六级，每阶宽0.25、高0.33米，墙宽1.7、长3米。

（五〇）黄土岭台50号

方向北偏东50°。

楼东北800米为小河口村，楼西南山脚下1000米为炮沟村。楼体筑在平缓的山背上。

楼体　北墙倒塌，上部建筑全毁，东、西、南三墙仍存。

楼基　长方形，地势低平。基底先用毛石一层砌好找平，以上再用条石三至四层铺砌基底，上部砌腰砖一层，再上砖砌楼体到顶。东西长14.25、南北宽8.3、楼基高4.8米。

楼体四墙　东、西两墙一门一箭窗（图版［21］152L50）。南墙五窗，北墙已倒塌（图版［21］153L50）。

东墙　门南，窗北。门内外拱券皆毁坏。北面箭窗为两券两伏，窗外口宽0.6、高0.9、窗墙厚0.43米。窗内拱宽1.45、高1.23、进深0.6米。窗台墙厚0.5米。未用台面石。

西墙　结构同东墙，不另述。

南墙　五箭窗，并列，窗间距1.2米。各窗形制相同，两券两伏。以东起第一窗为例。窗外口宽0.62、高0.88、进深（窗墙厚）0.5米。窗内龛宽1.5、高2、进深0.62米。窗口砖砌，无台面石。其余四箭窗尺寸相同。

北墙　倒塌。

楼体内部结构　全毁。

楼顶　东西两侧尚存垛墙四处。垛口宽0.66、高0.8、墙厚0.42米。垛口下有风口。楼顶全部塌陷。

砖边墙从敌台50号延顺平缓的山脊背向西延伸，山势仍此陡南缓，墙东北500米是小河口村，墙西南1000米山脚下为炮沟村。

墙体全部砖砌，基底用二至三层条石平铺，以上砖坐白灰到顶，碎石、沙土填心，顶方砖铺墁。顶内外檐砌出腰砖（出沿砖），外砌垛墙，内砌宇墙。宇墙多倒塌。内侧存出水嘴。主体墙宽5.4、内侧高5.6、外高5.8米（图版［21］154L50）。

从敌台50号到敌台51号为240米。中途经过战台30号。

战台30号

东距敌台50号20米的墙体外侧。地势平缓，地面经修整后砌起，山北陡峭山脚下850米为小河口村，台南1000米是炮沟村（图版［21］155Z30）。战台长方形，东、西、北三面用条砖砌起、白灰勾缝，内以碎石、沙土填心，南倚墙体。长方形，南北跨出墙体3.12、东西长8.85、存高6.9米，主体墙宽4、内高4、外高4.15米。

（五一）黄土岭台51号

方向东偏北42°。

位于渣窑沟南1000米西沟的山脊上，北坡山势陡峭，南侧正对一沟，名炮沟村。炮沟西翻过一山梁为破城子。楼体筑于山脊，但地面平缓。

楼体　方柱形，破坏严重，四壁、门、窗皆毁坏，楼基保存完好。

楼体平面长方形，基底用七层条石平铺，以上用砖。东西长13.5、南北宽11.12、存高6.4米。

楼体四墙　东西两墙一门两窗（图版［21］156L51）。南墙三窗，北墙四窗（图版［21］157L51）。

东墙　一门两窗，门居南，两窗分居中、北。门、窗间距1.47米。门外口已毁，门内拱宽1.34、高3.2、进深1.1米。两箭窗形制相同，窗外口已毁。窗内龛宽1.25、高2.6米。龛壁两侧有凹槽各一，槽宽0.34、高1、深0.12米。是专门放置窗门框用的。

西墙　结构同东墙。门、窗外口皆毁。

北墙　四窗，窗间距1.24米。形制相同，窗外口皆毁。窗内拱龛宽1.22、高2.6米。

南墙　三箭窗，窗间距1.35米，窗内龛宽1.24、高2.6、进深1.35米。三窗形制相同，外口皆毁。在中窗龛内两侧壁上，有梯道（踏砣道）各一个，东西相对，为双梯道，分别可达楼顶。

楼体内部结构　为一围廊式建筑，平面筑有一方形闭合式拱道，中设方形拱室。东西向两筒拱，分别与墙壁相接，筒拱长8.58、宽1.3、高3.6米，筒拱两侧拱脚位置各砌一排方形砖槽，每排十个，估计为安置木柱所用。两筒拱形制相同。南北两侧筒拱与南北两墙相接，和东西筒拱相汇。筒拱长4.5、宽1.3、高3.6米。并砌有券门相贯通。南北两侧券门宽1.3、高2.45、门墙厚0.62米。

中心室　方形拱顶，包砌在四面通拱中间，中心室长3.21、宽2.1、高3.6米。四墙设券门各一，门大小相同，券门宽0.9、高2.4、进深（隔墙厚）1.3米（图版［21］158L51）。

楼梯道　位于南墙中窗内龛壁两侧，东西各一，双梯道，形制相同。顶为三层筒拱叠砌，第一层长2.55、拱高0.35、上升0.87米。第二层长0.65、拱高0.35、上升0.32米。第三层筒拱长0.87米，再上升为梯道上口。下有砖阶，今存四至六层级。阶宽0.26、高0.25米。台面有一方形木槽，原嵌有木条。

楼顶　平面正方形，东西长11.4、南北宽11.5米。顶周一箍拔檐砖，作出棱角檐。上砌垛口墙，已毁坏。残存有垛口石。垛墙残高0.61～1.25、厚0.45米。三角砖封顶，垛口下有风孔一。东西两侧有出水嘴一。

头房　东西各一，已毁。仅存梯道上口，东西长0.8、南北宽0.8米，两出口相距6.6米。

铺房　位于楼顶中，全部坍塌。长方形，东西长6.95、南北宽4.55米，墙存高1.6、厚0.4米。南北墙上各有一门，门宽1.2米。

墙体从敌台51号西行沿山脊蜿蜒而上，呈东西走向，山势仍北陡南缓，墙西北距高台子800米，南距炮沟村1000米。墙体基本是毛石、白灰砌成，碎石、沙土填心，层层夯实到顶。墙体宽3.8、内高1～2、外高3～4.6米。顶外侧尚存石垛墙。垛墙高0.6～1、宽0.6～0.8米（图版［21］159L51－L52）。

敌台52号东大部为砖包，石墙体，墙下用毛石为基，砌工较好。墙顶均砌一层拔檐砖，出沿0.08米，马道方砖铺墁，墙宽3.96、高2～3.2米。垛墙高1.85、宽0.4米，马道宽2.3米。陡峭之处加砌砖阶，阶宽0.33、高0.12米。垛口墙内有小型砖台，长0.8、宽0.33米，可名之“战台”。在楼东南有石臼一，直径0.38、深0.3米。

从敌台51号到52号为183.5米。中途经过台基8号、房基17、18号。

台基8号

位于51号楼东南侧，北依墙体。皆毛石干砌，长方形，北侧东西长25、南北宽5.6、高1.8米。南侧东西长15、南北宽8.74米。台基上有上墙道一处，砖砌，道长4、宽2米。

房基17号

位于敌台51号西14.5米。长方形，基底先用大块毛石砌基，以上再用毛石砌墙体，平面长方形，东西长7.5、南北宽3.5、存高0.8、墙厚0.45米。北侧原有一门，门宽1.1米。房东侧有毛石砌上墙道一，宽1.5、长3.5米。现存台阶六级。

房基18号

位于敌台52号东9米处的墙体内侧。长方形，毛石干砌，东西长4、南北宽3、存高0.5～1米。

（五二）黄土岭台52号

方向北偏东30°。

位于51号楼西北较高的山脊上，南北两侧地势均陡峭，北1000米为高台子村，南侧1200米为炮沟村。

楼体　坍陷，仅存东、西、南部分残墙，顶部存部分垛墙。

楼基　方形，因地面较凹，故用四至九层条石平铺，最下一层条石错出。以上用砖。东西长10.92、南北宽10.75、楼基高2.7、楼体高4.7米，通存高7.4米。

楼体四墙　存南、北两墙三窗。西墙一门二窗（图版［21］160L52）。

南墙　三箭窗并列，间距2米。形制相同。窗外口宽0.6、高0.65、进深0.2米。窗内龛宽1.38、高2.15、进深1.75米。窗下有台面石一块，长0.98、宽0.5、厚0.22米。石中起槛，两侧有石槽，中一盲孔。其他两窗相同，不另述。中窗龛内侧壁上，有梯道各一，为双梯道。

西墙　门居中，窗位于两侧，门窗间距2.1米。门石质，自下而上为门枕石，石门柱、一字石、石券脸组成。门外口宽0.84、高1.86、进深（门石厚）0.32米。门内拱宽1.57、高1.65、进深0.85米。两箭窗外口皆毁。窗内龛宽1.35、高2.3、进深0.7米。

东墙和北墙毁甚（图版［21］161L52）。

楼体内部结构　全毁。

楼顶　顶周一箍拔檐砖，上作出棱角檐，再上为垛墙，今存三段。垛墙高1.5、墙厚0.4米。垛口中间宽0.43、内外口宽0.71、高0.58米，垛口两侧用三角砖对砌而成。垛口石长0.89、宽0.4、厚0.2米。在侧面垛墙下尚存有滴水一处，用红色料石凿成。

头房　在楼顶南侧，两个。房顶已倒塌，两头房相同。房基东西长3.2、南北宽1.35米。头房北侧墙上有一拱门，宽1.1米。头房内梯道上口东西长1.45、南北宽0.65米。头房内南墙上存有一箭窗，窗内口宽0.67米，窗外口宽0.53、高0.7、进深0.27米，两头房相距2.9米。

墙体从敌台52号顺山脊西偏北行，墙南800米是炮沟村，西南1200米为破城子村，墙北800米山脚下为高台子村，西北1200米为西山村，墙内外均陡峭难行，山势起伏，坡度较大（图版［21］162L52）。

砖墙质量最好，墙底用较规格的毛石砌基，以上砖砌到顶。中砌出檐砖一层，外垛墙，内宇墙，垛墙高0.9米，间距3.22米。垛墙间有方孔，高0.3、宽0.3米（图版［21］163L52）。垛口宽0.52、内外宽0.77、高0.64米。宇墙存高0.4米。墙体总宽4.1、高2.3～3.2米。

石墙较粗糙，宽仅1.68、存高1～2米。

从敌台52到敌台53号为395米，其中砖墙108.5米、石墙167米、无墙120米。中途经过房基19号、墩台9号。

房基19号

位于敌台52号西南3.7米处，与墙体脱离，相距5.3米。方形，毛石砌，东西长2.7、南北宽2.5、存高0.4米。

墩台9号

位于敌台52号西100米处，台南山脚下900米为炮沟村、台北800米为高台子村。台体处地较高。平面长方形，毛石干砌，东西长8、南北宽6.3、高2.2米。台顶中间一圆形石穴，直径0.85、深0.52米。据说是用来举薪的火池，是为放狼烟用的。

（五三）黄土岭台53号

方向北偏东12°。俗称“翻身楼”。

位于冀、辽，绥中、抚宁两县交界处高楼山的东面山脊上，地势很高。楼南800米山脚下为“炮沟村”西南距破城子1200米。楼北山脚下700米为高台村，西北1000米为西山村。楼体砌在峰顶上，南北皆悬崖绝壁，地势十分险要。

楼体　梯柱形，大部保存，西墙和顶部塌落，门、窗皆存。

楼基　方形，基底先用毛石砌出底盘，以上再用条石八层平铺，再上用砖到顶。东西长10.2、南北宽10.2、基高5米（图版［21］164L53）。

楼体四墙　东墙一门二箭窗，西墙倒塌。南、北两墙皆三箭窗（图版［21］165L53）。

东墙　门居中，门窗间距1.05米。门石质，自下而上为门枕石，石门柱、一字石、石券脸。门外口宽0.89、高1.8、进深（门墙厚）0.3米。门内拱宽1.36、高2.65、进深1.03米。门下门枕石长1.72、宽0.72、厚0.31米。石中起槛，高0.09、宽0.1米。槛两侧各一方形石墩。内两侧有门轴孔各一，孔径0.02、深0.11米。两轴孔相距0.85米。门内两侧门闩孔各一。门顶石券脸内侧有石额一，左右有上门轴孔。门左右二箭窗形制相同。两券两伏，窗外口宽0.75、高0.9、进深（窗墙厚）0.41米。窗内拱宽1.36、高2.5、进深0.92米。窗下台面石长1.08、宽0.5、厚0.18米。石两侧各有长方小凹槽，槽长0.1、宽0.03、深0.04米。石槽内侧为二扇门轴孔。

南墙　三箭窗，三窗并列，窗间距1.58米。形制相同。以东起第一窗为例，两券两伏。窗外口宽0.75、高0.9、进深（窗墙厚）0.41米。窗内龛宽1.42、高2.5、进深1.5米。窗口下有台面石一块，石长1.08、宽0.5、厚0.18米。石两侧有长方小凹槽，槽内侧有扇门轴孔一，两孔相距0.65米。在中窗内龛券两壁上，设梯道各一，形制相同，为双梯道，相对。

北墙　三箭窗，结构同南墙，唯窗龛进深短，仅0.94米。

西墙　倒塌。

楼体内部结构　由南北向三道筒拱和两道隔墙组成（图版［21］166L53）。筒拱通长6.85、宽1.58、高4.2米。在筒拱两侧拱脚位置上，各有四处砖槽，槽宽0.4、高0.4米，间距2米。在东西两道隔墙上各有三券门，形制皆同。门宽1.43～1.36、高2.5、进深（隔墙厚）1.43米。

梯道口（踏砣）　位于南墙中窗龛券西壁上，东西相对，拱门口宽0.7米。顶为二层叠砌，第一层拱顶长2.25、拱高0.35、向上0.72米。第二层顶长1.2、拱高0.3、上升0.2米为梯道上口。下存砖阶十五级，阶宽0.2、高0.27米。两侧梯道口结构同。

楼顶　顶周一箍拔檐砖，中作出棱角檐，再上砖砌垛口墙。大部毁坏。垛口宽0.42、内外口宽0.56、墙厚0.45、高0.7米。顶部平面正方形，东西长10.05、南北宽10.05米。

头房已坍塌，在梯道上口。东西长2.03、南北宽0.77米。东西两梯道上口相距4.85米。

楼橹　位于顶部中央，今仅存残墙，平面长方形，东西长6.2、南北宽4.45、墙存高2.4、墙厚0.7米。南北两墙上有一门，已残，门宽1.15米。今存上檐砖仿木构件有柱头、梁头等（图版［21］167L53）。

在南侧垛口墙上有三箭窗（东西两窗为头房箭窗）三窗间距2.35米。窗口宽0.52、高0.65、进深0.3米。窗内龛宽0.65米。窗下有台面石。

墙体从敌台53号西北行，由于山脊起伏较大，山峦障叠，山脊只筑窄体墙或间断而不筑墙。墙北500米山下为高台子村，南1100米是坡城子村。

墙体皆毛石干砌、白灰勾抹。上部还残存有垛口痕迹。墙宽1.5～2.3、高1.5～2.8米。中间有从炮沟村北去高台子、渣窑沟的小路，这小路通过的地方为高楼山东侧，依地理位置推断是娃娃峪口所在。

从敌台53号到敌台54号为358米，其中有60米因山险不筑墙。

关于娃娃峪口位置的推断

敌台54号位于高楼山上，是附近制高点。高楼山东有一条从破城子、炮沟村北行通过长城到高台村的小路，通过处原应有口门，因年久已不能确指，分析在小路的城豁口处因山高路险只此一线可通。故而暂推断其为娃娃峪堡下的一小口。《临榆县志》“小河口关……明时併关于娃娃峪堡，今堡废”[①]。是娃娃峪这一小口东面接近小河口。又据《四镇三关志》“娃娃峪堡，洪武年建，娄子山墩，空，临大川，冲，余山通步缓”[②]。娄子山墩应即指“高楼山”的高楼，墩乃泛指，空即口子，空是当时军事上的用语“那么高楼山东必有一空（口子）”，此处提出，留待将来考证。而娃娃峪堡则从楼南炮沟西南行娃娃峪西沟到娃娃峪堡，约5000米处。

（五四）黄土岭台54号

方向北偏西20°。俗称高楼（高楼山楼）。

位于高楼山顶峰的顶部，山势极为险峻，为附近制高点，南北两侧陡峭如同刀砍斧削一般，崖面壁

① （清）高锡畴等：《临榆县志》卷九《建置编·城池》二十一，1929年铅印本，成文出版社影印。

② 《四镇三关志·形胜》二十六乙，中国科学院图书馆藏本。

立。楼正南山脚下1000米为破城子村，北侧山脚下500米为高台子村，是附近的最高位置的敌台所以又称为高楼。此地海拔508.5米（五万分之一图标：K－500－144－A驻操营）。

楼体　长方梯柱形，毁坏严重，纯属自然破坏，墙体，门窗多残破，唯整体结构则保存。

楼基　长方形，基底就山势岩石面筑起未加修整。首先用一层条石砌基槽，然后再用三至七层条石在基槽上筑起，以上砖砌坐白灰到顶。东西长8.68、南北宽11.12、基高（门枕石以下）5.1、楼体高4.5米，通存高9.6米。

楼体四墙　南北两墙皆一门一窗（图版［21］168L54）。东墙四窗、西墙三窗（图版［21］169L54）。

南墙　门位于西，二箭窗居中、东。门为石质，自下而上为门枕石、石门柱、一字石、半圆形石券脸。门外口宽0.83、高1.65、进深（门墙厚）0.3米。门内拱宽1.55、高2.3、进深1.28米。内拱下有石门额一方，长约1.5、宽0.35、厚0.23米，两端有上门轴孔，二孔距0.92米。两孔中间有石槽一。门下枕石，长1.5、宽0.86、厚0.2米，中起门槛，槛两端有方墩各一，墩面上有门轴孔，中有长方槽、门枕石上的门轴孔，小石槽上与门额相对。石门柱外侧曾刻有浅浮雕花纹，现已模糊不清。门向东1.71米。窗为两券两伏。窗外口宽0.54、高0.82、进深0.33米。窗内拱宽1.42、高1.95、进深1.2米。窗下距地面0.85米。

北墙　一门一箭窗，形制同南墙，不另述。

东墙　四箭窗，并列，形制相同，两券两伏。窗间距1.1～1.13米。窗外口宽0.52、高0.82、进深0.33米。窗内龛宽1.18、高1.95、进深1.2米。窗内下距地面0.85米。其余三箭窗尺寸同上，不另述。

西墙　三箭窗，并列，间距2.16～2.2米。窗外中宽0.54、高0.82、进深0.33米。窗内龛宽1.18、高2.05、进深2米。在中窗窗龛内壁两侧有梯道各一，为双梯道，形制相同。

楼体内部结构　为南北向东西并列筒拱两道，中间一道隔墙组成（图版［21］170L54）。东西筒拱各长8.05、宽1.56、高3.6米。拱脚下各砌有一排长方砖槽，每排六个，槽高0.1、宽0.2米。

隔墙　一道，上有三券门，形制相同。门宽1.31、高1.95、隔墙厚1.55米。门间距1.95～2.03米。

梯道　在西墙中窗的两侧，形制相同。拱门宽0.8米。二层筒拱叠砌到顶。第一层筒拱顶长2.9、拱高0.3、向上升0.4米。第二层筒拱顶长2.64、拱高0.3、向上升0.35米为梯道上口。下阶梯为砖、石合砌，一层砖后上铺一层石阶，高0.31、宽0.22米。南北侧梯道相同。

楼顶　周砌一箍拔檐砖中作出棱角檐。上垛口墙，高0.2～0.4、厚0.41米，垛口间距1.8米。下砌出风孔。楼顶平面长方形，东西长8.57、南北宽10.92米。

梯道上口　顶部原有头房，已不存，今只存两梯道上口，长方形，东西长1.45、南北宽1.55米。两梯道口相距4.35米。

楼橹　居顶中，早已倒塌，长方形，东西长4、南北宽6.3米。东、西侧两墙各一门。东侧门宽1.1、高1.6米。两侧门已毁。楼橹残墙0.7～2.3米。

墙体从敌台54号顺山脊西北行，沿陡坡而到沟底，坡面很陡，再西北行，由石墙改为砖墙。西南800米为小毛沟村，东北为高台村（图版［21］171L54－L56）。

石墙　多倒塌。毛石、白灰砌成，内用碎石、沙土填心，顶土夯实。墙宽2.3、存高1～1.8米。

砖墙　保存较好。墙底用条石顺山势砌基，上用砖坐白灰。顶檐部砌一层腰砖—出檐砖，凸出墙体0.06米。墙体宽3.2、内高2、外高4米。

垛墙　存高1.64、长2.7、存0.38米。垛口已残，两侧用三角砖对砌。垛口中宽0.47米，内外宽0.7、高0.74米。下距马道地面1.15米。垛口间距2.7米。两垛口间有望孔一，孔为方形，用四边形，孔内宽0.43、高0.35米，外孔圆形，直径0.15米。

宇墙　高0.5、存0.4米。大部倒塌。

马道　顶平缓处方砖铺墁，陡峭处砌成台阶，马道宽2.4米。台阶高0.2、宽0.27米。

从敌台54号西北行337.5米为敌台55号，其中石墙长180.5米、砖墙157米。

（五五）黄土岭台55号

方向北偏东60°。

位于两山相夹的山谷北侧山脚下。地势较低，而坡度陡。楼东900米为高台子村，西南800米为小毛沟村。楼南侧有一条自东向西的沟谷，在敌台54号附近北行，进入辽宁境内渣窑沟的高台子村，此楼是扼宁这条沟的重要关卡，地理位置十分重要。

楼体　全部倒塌，仅存残基（图版［21］172L55）。

楼基　方形，基底用一至十一层条石不等铺砌，最下一层错出。条石上砖坐灰到顶。东西长11、南北宽11、石基高5.5米。

墙体从敌台55号向西北延伸，越过沟谷沿山坡向上北行，山势西北陡而东南缓，全部为砖墙。底用毛石砌基，以上用条石二至三层坐灰平铺纵砌到顶。垛、宇墙皆残，南墙内侧残存有战道、即相连砌成的长方台子。台面长1.23、宽0.62、高1.5米。砖墙宽3.35、内高2.7、外高4.9米。

石墙　仅很少一段。毛石干砌，墙宽2.75、高0.5～1米。

从敌台55号到敌台56号长151米，其中有石墙33米、砖墙118米。

（五六）黄土岭台56号

方向北偏西45°。

位于高楼山西北山脊南侧，东1500米西沟村，东北距高台子村1100米，西南距破城子村1600，地势北陡南缓。

楼体　方梯柱形，北低南高，风化严重，门、窗多毁。

楼基　方形，就山面岩石错落高下而筑起。基底用三至十层条石取平，以上用砖，东低西高，东西长10.5、南北宽10.4、基高5.1、楼体高3.7米，通存高8.8米。

楼体四墙　南墙就岩石建起，无门、窗，西墙一门一窗（图版［21］173L56）。东北两墙皆三窗（图版［21］174L56）。

西墙　一门一窗。门居南。距南墙外坡4.35米。门石质，自下而上为门枕石、石门柱、一字石、石券脸。门外口宽0.84、高1.7、进深（门墙厚）0.26米。门内拱宽1.1、高2.55、进深1.5米。门下枕石长1.35、宽0.5、厚0.25米。门槛高0.3米。两侧各一石墩，墩面上有一门轴孔，孔径0.9米。石门柱两侧的门闩孔已不存。门内拱南侧有一梯道。

东墙　三箭窗，三窗并列，形制相同。间距1.6米。以北起第一窗为例，窗口宽0.48、高0.62、进深（窗墙厚）0.2米。窗内龛宽1.36、高2.26、进深0.95米。窗台石长0.6、宽0.42、厚0.1米。

北墙　三窗，结构同东墙。

南墙　无门、窗。

梯道（踏碇）　位于西墙门内南侧壁上，门宽0.7、高2.05米。上为两层筒拱叠砌。向上0.65米与第一层筒拱相接。第一层筒拱长0.93、向上0.25米。第二层筒拱长1.55米为出口。下有台阶十二层，阶宽

0.25、高0.26米。

楼体内部结构　由南北三道筒拱和两道隔墙组成（图版［21］175L56）。筒拱通长7.47、宽1.42、高2.9米。拱侧墙体下部，砌有砖槽各一排，每排五个，高0.2、宽0.2米，间距1.1米。两道隔墙，位于中间筒拱的东西。每道隔墙上有三券门，形制相同。券门宽1.6、高2.3、进深（隔墙厚）1.55米，门间距1.55米。

楼顶　砌一周拔檐石。以上垛口墙均毁。顶部平面东西长10.2、南北宽9.8、楼体高3.7米。

头房　位于楼顶西侧，已塌陷。今存梯道上口，东西长1.7、南北宽1.2米。

楼橹　位于楼顶中间，今存残基。东西长3.7、南北宽6.2米，残墙存高0.9、墙厚0.42米。西侧原有一门。

在楼顶部东西两侧拔檐石下尚存出水嘴各一。

墙体从敌台56号向西北沿山坡而上，山势较缓，北为小毛沟村。主体石墙，皆毛石干砌，墙宽2.8、高1～2.6米。西北行56米后改为砖墙，行81.5米到敌台57号。砖墙宽3.2、高2～4米。

从敌台56号到敌台57号为137.5米，墙外出现障墙一道。中途经过墩台10号。

障墙

出现在石、砖墙接茬的56米处，外侧向东又砌出石障墙一道，南为拦马墙（桥）沟，也可称为拦马墙。墙体皆石砌，障墙顺山势而下，向沟底延伸80米而中断。中间有26米不连接。从断处的外侧开始，与此墙平行顺山脊而上又出现障墙，这段障墙几乎与主体墙平行，两墙间距20米左右，这段障墙长399米。两段障墙全长479米。皆毛石干砌，墙宽1.5～2、高0.4～1米。

墩台10号

位于敌台56号西56米的墙体内侧4米处，东北距障墙接茬处10米，可见这座墩台是专为障墙和东侧的拦马（墙）沟而设。墩近方形，石砌，东西长5.6、南北宽4.4、存高4米。

（五七）黄土岭台57号

方向东偏北18°。

位于敌台56号较平缓的山脊上。北距西沟村500米，西南侧山脚下为小毛山沟。

楼体　全部倒塌，仅存残基。

楼基　方形，用条石铺砌，底二层条石错出，上再铺七层取平，再上砖砌到顶。东西长10.2、南北宽10.2、基高5米。

楼体四墙　皆倒塌。内部从残迹推断为东西三道筒拱和两道隔墙组成（图版［21］176L57）。

墙体从敌台57号西北行沿山而上，皆毛石干砌。墙宽3.5、高4.3～4.8米，墙顶存部分垛口墙（图版［21］177L57—L58）。

从敌台57号到敌台58号为161米。中途经过台基9号主体外为与之平行的障墙。

台基9号

位于敌台57号楼西1.5米墙体内侧，用毛石干砌，东西长9.4、南北宽5、存高2.6米。

（五八）黄土岭台58号

方向北偏东36°。

位于敌台57号西面坡度较缓的山脊上，东北距西沟500米，西南侧山脚下为山毛沟村。再西已接近小毛沟口，山缓而下降。

楼体　倒塌严重，窗皆毁。仅存基础。

楼基　方形，基底用五至十一层条石平铺，以上砖砌。东西长10.5、南北宽9.6、楼基高5米（图版［21］178L58）。

楼体结构　皆毁坏，只能看出楼内为三道筒拱组成，其他不存。

墙体从敌台58号沿山梁而下，降至沟底凹处为小毛山口，口西为敌台59号。其中敌台58号西65米为石墙，毛石砌，宽1.3、高0.4～0.6米。石墙西为砖墙8.5米。因接近口门，砖墙修筑的质量高，用料好，而技术也精。砖墙基底以毛石为基以上用砖到顶。砖、石墙相接处有砖阶，长1.2、宽0.35、高0.35米，共十二层。砖阶外侧有三层阶梯式战道，每层长1.5、宽1.5、高1.6米。

砖墙外侧有出水嘴，乃用砖烧制，形如仰瓦，长0.22、宽0.15、厚0.4米。

从敌台58号到敌台59号全长150米。在接近小毛山口口门处为台基10号和房基20号。

台基10号

位于敌台59号和口门东侧，为石砌，用碎石，沙土填心，夯实，东西长16.1、南北宽8.4、存高1.4米。此台西侧为口门，隔口门与敌台59号相对。估计台上原可能有大型（或敌台）建筑，今已不存，因控扼口门，不可能只建一空台，而且和敌台59号不相对称。

房基20号

小毛山口东侧台基之上。用毛石砌成，东西长2.7、南北宽2.1、墙厚0.45米。门在南侧，宽0.8米。

小毛山口（今无名口）

此口紧靠59号楼东侧，东通渣窑沟，西通小毛沟村。也是两山相夹的山凹部，为关门、拱顶早年已塌，今存两门垛（下碱），口门宽3.2、门道长4.5米。此口东为台基10建筑西为敌台59号所控扼，是大毛山口东侧的一小口。小毛山口西300米即为小毛山沟村，应即小毛山堡所在地。《四镇三关志》“小毛山堡，洪武年建，正关，并东西二墩，空一，通单骑，冲，余墩通步缓”[①]。小毛山堡下“空”即口门，东西三墩正相吻合。

（五九）黄土岭台59号

方向东偏北54°。

位于小毛山口西侧的山坳处，控扼口门，西南下为小毛山沟，西为大毛山口，北为西沟村。

楼体　毁坏严重，门、窗不存（图版［21］179L59）。

楼基　方形基底用三至四层条石平铺，以上用砖。东西长11.1、南北宽9.6、基高1.5米。

从残存结构分析，楼体平面为四面围廊式封闭结构，中为空心室。

墙体从敌台59号西行上爬于山脊上，墙基用二至三层条石平铺，以上用砖到顶。顶檐腰砖用“汉白玉”石代替，突出墙体0.08、厚0.08米。敌台59号西2.2米有上墙道一，道长2.5、宽1.8米。今存台阶七级。垛、宇墙皆残，垛墙存高1.35米。宇墙上有出水嘴。墙宽5.6、高5.5米，而墙内侧加宽1.15米，使总宽度达到6.7米。在接近敌台60号处墙宽收缩到6米左右。墙体顶部靠垛墙下筑有战墙，为阶梯式，共五层，每层宽1.6、长2米（图版［21］180L59、181L59）。

从敌台59号到敌台60号为132米。中途经过炮台28、29、30号、台基11号、房基21、22号。

炮台28号

---

① 《四镇三关志·形胜》二十六乙，中国科学院图书馆藏本。

位于敌台59号西北26米处墙顶外侧，墙东正对渣窑沟。用毛石砌，东西长2.5、南北宽3.6、存高0.3米。

炮台29号

位于炮台28号西北9米处墙顶外侧，毛石干砌，东西长2.4、南北宽3.5、高0.3米。炮台30号

位于29号炮台西北3.9米处。毛石干砌，南北宽14、东西长2.5、高0.3米。

台基11号

在主体墙南15米处，和石墙不相接，毛石砌筑，方形，东西长14.5、南北宽14.8、存高1.8米。

房基21号

座于11号台基之上。毛石砌成，东西长9.6、南北宽9.6、高0.4～0.8米。南侧一门，宽1米，已毁。

房基22号

位于敌台60号东南4.4米处。用毛石干砌，两间，东西长4.3、南北宽7.3、墙厚0.8米。墙北侧一门，宽0.8米。

（六〇）黄土岭台60号

位于敌台50号西山梁上，东西50米为西沟村，南侧是小毛沟西南1500米为大毛山村。

楼体　梯柱形，四墙、门、窗以及内部结构皆毁。顶部存残楼橹（图版［21］182L60）。

楼基　方形，基底用条石三层铺砌，层层错出，以上砖砌到顶，东西长10.4、南北宽10.2、基高6、楼体高5.4米，通存高11.4米。

楼体四墙　南、北两墙一门两箭窗，东西两墙各筑三窗（图版［21］183L60）。

南墙　门居中，左右各一窗。门外口已毁，内拱宽1.2、高1.9、进深1.15米。窗外口已毁，窗内龛宽1.12、高2.5、进深1米。

北墙　结构已毁。

东墙　三箭窗并列，间距1.9米。形制相同。窗外口已毁，窗内龛宽1.12、高2.5、进深1米。

西墙　三箭窗，形制相同。窗间距1.95米。外口皆毁，窗内龛宽1.12、高2.5、进深1.7米。在中部箭窗龛内壁西侧有一楼梯道，梯道门宽0.8米，顶及阶梯皆毁。

楼体内部结构　为东西三道筒拱，中间两道隔墙组成。每道隔墙上有门三处。筒拱通长6.7、高3.3、宽1.47米。隔墙上拱门形制、大小相同，门宽1.15、高2.35、进深1.26米，间距1.66～1.7米（图版［21］184L60）。

楼顶　顶周及其中垛口墙皆毁。顶部平面东西长10.3、南北宽9.92米。垛口墙下南北两侧各存出水嘴一。楼道上口已毁坏。

楼橹　存残墙，东西长5.05、南北宽6.55米。东西两墙各筑一门，东门宽1.12、高1.65、门墙厚0.28米。墙总厚0.65米。两门和门侧两窗亦毁。楼橹顶部两山为人字坡，内顶为拱形，山墙高3.5米。现今存残砖碎瓦（图版［21］185L60）。

墙体　从敌台60号西北行，结构为外砖包、内石包的二等边，底部用条石铺基，墙顶檐部腰砖用石代替。出沿0.08、厚0.08米。墙体总宽4.5、高4.2米。墙顶马道宽2.55米。垛墙1.6、墙厚0.4米，垛口高0.57、内外口宽0.76、中宽0.49米。垛口墙上筑有望孔。

敌台60号内侧筑有上墙道一，长4.2、宽2.55米。内侧宽1.5、高1.5米。上筑台阶。

敌台60号西57米处顶外侧筑有阶梯式战道，每段长5.8、宽1.2米，现存高1.4米。

从敌台60号到敌台61号为135米。中途经过房基23号。

房基23号

此房基接上墙道，毛石干砌，长方形，东西长3.9、南北宽4.65米，墙高0.3～0.45米，墙存0.55、门宽1米。

（六一）黄土岭台61号

方向北偏东66°。

位于敌台60号西北较缓的山顶上。地势东北700米为西沟村，南侧山下为小毛沟，西南1400米为大毛山村。

楼体　方柱形，大部毁坏，顶部塌陷，今存东墙，内为砖木结构（图版［21］186L61）。

楼基　方形，基底用三层条石平铺，以上用砖，东西长10.43、南北宽10、楼基高6.1米。

楼体四墙　南、北、西三墙已倒塌。存东墙，现有三箭窗，在楼角及隔墙壁上存有木槽痕迹，说明内为木结构，已毁。

东墙　箭窗形制相同，两券两伏，窗外口宽0.55、高1.1、进深0.58米。窗内龛宽0.95、高1.95、进深0.75米。窗间距1.52～1.56米。

楼体内部结构　原为木结构，有梁、枋之类木构痕迹，为框箱式，今不存（图版［21］187L61）。

在楼之东侧，现存有战墙，存南北两横墙，墙砖砌，长15、宽5、高2.5米，墙厚0.53米。墙上有射孔呈喇叭状，外径0.2、内径0.5米。

墙体从敌台61号西北行，内外皆砖包，基底用毛石铺砌，以上用砖到顶。内外檐砌腰砖一层，以上砌垛口墙。垛墙高1.56、宽0.76米，垛口高0.6、内外宽0.48米。垛口石长0.88、厚0.19米，中有盲孔一（图版［21］188L61）。

宇墙　保存完好，存高0.7、厚0.4米，人字砖封顶。腰砖上有吐水嘴，凸出墙体0.64米，水槽宽0.17、深0.03米。

上墙道　有二处。一在61号楼西墙内侧，道宽1.5、长1.4米，存有三层台阶，阶宽0.2、高0.19米。另一处在敌台62号南95米处，存长1、宽0.8米。上有台阶三级，每级宽0.29、高0.13米。

马道上每隔一段就有拦水石一道，石宽0.1、高0.8米。拦水石直接出水嘴。

碑槽痕迹　二处，一在东侧上墙道顶垛口墙上，碑槽宽1、槽深0.2米。另一处在敌台61号北20米处的垛口墙上。四周用滚砖砌出边框。两碑槽中的石碑皆不存。

从敌台61号到敌台62号为260米。

（六二）黄土岭台62号

方向北偏东58°。

位于小黑山山顶，南面正对小毛沟，楼西距大毛山村1000米，东侧是哈叭气沟，东南距西山村1200米。东西两山势均缓。

楼体　梯柱形，风化严重，但整体结构尚存。门、窗皆残。

楼基　方形，基底用三至四层条石平铺，以上砖砌到顶。东西长10.15、南北宽10.15、楼基高5.9、楼体高3.7米，通存高9.6米。

楼体四墙　南墙三箭窗，北墙一箭窗，东墙三箭窗，西墙已坍塌（图版［21］189L62）。

西墙　分析西墙有一门、二窗，以便和东墙三窗相对应，因西墙塌毁，详情不明（图版［21］190L62）。

南墙　三窗，两券两伏。窗外口宽0.68、高0.88、进深0.35米。窗内龛宽0.98、高2.35、进深0.9米。三窗间距1.6～1.65米，形制相同。

东墙　三箭窗，形制同南墙。

北墙　仅一箭窗，两券两伏。窗外口宽0.68、高0.88、进深0.35米，窗内龛宽0.98、高2.35、进深0.9米。

四墙各窗之间有木结构的木柱凹槽痕迹。

楼体内部结构　由东西向筒拱三道和两道隔墙组成。筒拱均长7.7、宽1.87、高3.1米。中央筒拱中间有梯井口一，东西长1.8、南北宽0.9米。井壁深0.55米（图版［21］191L62）。隔墙上各筑三券门，均两券两伏。门的形制、大小相同，门宽1.3、高1.85、进深1.1米。门间距1.56米（图版［21］192L62）。

楼顶　周一箍拔檐砖，作出棱角檐。上砌垛口墙，垛墙高1.75米。两侧现存四垛口，垛口内宽0.95、中间口宽0.54、高0.7米，垛口下有风孔，高0.7、宽0.38米。垛口间距1.15米。

楼橹　位于顶中，四墙倒塌。仅存残基。楼橹东西长3.25、南北宽6.7、墙存高1.8、墙存厚0.55米。西墙一门，门宽1.05米。左右窗已毁。楼橹中心为梯井口。

战墙　在敌台62号东侧建一方形战墙，南北宽15.2、东西长4.4～4.6米，把敌台围住，和敌台间距4米。战墙顶部用“人”字砖封顶。墙高2.5、厚0.52米。在东、北、南三面墙上均筑有两排射孔，孔内大外小。内用方砖包镶，外用三角砖对砌而成，形成内大外小的射孔。第一排下距地面0.35米，上距二排（即顶排）0.15米。三面墙尚存射孔七个。战墙下为石基，石基高0.4～1.2米。

在敌台62号东侧和北侧各有上墙道一处，长3、宽2.5米。有五级台阶与墙体接，在北侧也有上墙道一，长、宽同前。

墙体从敌台62号西偏北行有60米为砖墙，21米为石墙。砖墙外部用条石二至三层为基，以上砖坐白灰到顶。墙内基础用毛石、白灰砌，以上用砖。墙顶内外檐砌出檐砖（腰砖）二层，上砌垛墙和宇墙，中间马道坡度为30°，因陡峭而砌台阶上下，阶宽0.3、高0.25米。墙体总宽5.1、内高2.4、外高4.7米。垛口墙女墙多毁，墙厚0.4米，石墙宽3、高0.5～1.7米。

过敌台62号向北24米南墙内筑有战道，随墙体起伏，长8～9、道宽1米，高0.6～1米，多已毁坏。

从敌台62号到敌台63号为81米。中途经过战台31号。

战台31号

在墙体北端内侧毛石砌，长方形，东西长6.8、宽4.1、存高6米。

（六三）黄土岭台63号

方向北偏南10°。

位于小黑山顶上，楼东山脚下是哈叭气沟，东南距高台村1500米，西侧山脚下为西道沟，西南距大毛山村约900米。楼体东西山势陡峭，而北侧又西近大毛山口，山势缓下。

楼体　梯柱形，四墙及门、窗，风化严重，大部残破。

楼基　方形，基底用四至七层条石平铺找平后，以上砖坐白灰到顶。最底基条石错出，东西长10.7、南北宽10.8、楼基高4.85米。楼体高4.5米，通存高9.35米。

楼体四墙　南北两墙为一门二箭窗（图版［21］193L63）。东西两墙各三箭窗。

南墙　东起第一窗，外口毁，内龛宽1.52、高1.97米。中门和西窗内、外口皆毁。

北墙　情况同墙南。皆毁坏。

东、西墙　各三窗，形制相同。以西墙为例：南起第一窗，内龛宽1.1、高2.02、进深2.1米。窗外口已毁。二窗即西墙中窗，龛内两侧各有梯道一，为双梯道，形制相同。梯道宽0.85米，顶部为二层筒拱叠砌。第一层拱顶长2.75、拱高0.5、向上升0.4米。第二层筒拱长0.85、上升0.4米为梯道上口。下为砖阶。

楼体内部结构　由东西向三道筒拱和两道隔墙组成。筒拱通长6.75、宽1.4、高3.1米。两道隔墙上各有三券门，计六座，形制相同。门宽1.35、高1.78、进深（隔墙厚）1.58米。

楼顶　顶周用条砖四层为拔檐砖，作出棱角檐。垛口墙皆毁。南北两垛墙下仍存出水嘴各一。

在西墙内侧存梯道上口各一，长1.5、宽0.3米。顶部头房已无。

楼橹　存残墙，南北宽6、东西长4.2米。东西两墙有门址各一、门宽0.8米。

楼顶　东西长10.6、南北宽10.1米。

墙体从敌台63号沿山脊向西顺山坡而下到战台32号，墙体成90°角拐向西行，到达敌台64号，再西为大毛山口。

从敌台63号到达敌台64号160米。中途经过战台32号、炮台31号。

战台32号

位于敌台64号南65米处墙内侧，山脊较平缓，而东侧陡峭。台体为毛石干砌，用碎石、沙土填心。南北宽3.6、东西跨出墙体1.5、现存高1.8米。

炮台31号

在战台32号南侧墙顶上，方形，毛石干砌，东西长3.5、南北宽3.5、高0.6米。

（六四）黄土岭台64号

位于敌台63号西顺山而下的沟凹处，西北侧为大毛山通往大店子村的土筑公路，西距大毛山村800米，东距老台子村1500米，南800米为小毛沟村。

楼体已全部毁坏，顶部被碎砖石掩盖。基底东西长9.5、南北宽12.2、高2.5米。

楼体内部结构　仅能看出为南北筒拱，具体结构不清。四墙皆倒塌。

墙体从敌台64号顺山坡而下到谷底，过大毛山口，今为大毛山北行通往大店子的土筑公路，过口门沿山坡而上偏西行到达敌台65号，此段墙体虽经重要关口大毛山口，但仍为石砌。墙宽5、高1～2米。向西爬坡而行。

从敌台64号到敌台65号全长168.5米。中途经过大毛山口。

大毛山口

位于敌台64西北44米处，横跨墙体。口门早年为修公路所破坏。据了解，口门原为砖筑，宽约4.5米，门道长5米。原可能有门楼等建筑，今不存。《四镇三关志》：“大毛堡，洪武年建，正关，正山墩东，空，通单骑，余山通步缓”①。文中“空”是指大毛山口，记载口西一墩也至吻合。

（六五）黄土岭台65号

方向北偏东12°。

位于大毛（猫）山东侧盘山公路的西北侧124.5米的山顶上（公路为大甸子—大毛山），公路宽10.5米，东北2200米为老（骆）台子村，西南距大毛山村800米。

---

① 《四镇三关志·形胜》二十六乙，中国科学院图书馆藏本。

楼体全部倒塌，仅存楼基，方形，基底用一至九层不等条石平铺取齐后，以上条砖白灰砌，东西长10.5、南北宽10.5、基高2.75米（图版［21］194L65）。

墙体从敌台65号西北行，沿山脊蜿蜒曲折，山势如刀砍斧削，陡峭而险峻，多处山脊无法修墙，只是以山代墙的山险墙（图版［21］195L65）。若断若续。全长481米中石墙有121米，皆山脊上的窄体或单边墙。窄体墙宽2.7米，单边墙不足1米，而存高0.5～1.6米，皆由白灰毛石砌，在接近敌台66号有一段60米砖墙，山势较缓处，以大块毛石为基，以上砖坐白灰到顶，砖墙宽3.9、高0.8～1.2米，其余300米为无墙体——山险墙。

从敌台65号到敌台66号为481米。中途经过墩台11号。

墩台11号

位于敌台65号西侧230米，一突起昂立的山顶上，地势高，可俯视众峰。台方形，全部用毛石干砌，东西长6.9、南北宽7.2、台高4.2米。此地海拔470米。①

（六六）黄土岭台66号

方向北偏西36°。俗称“蛤蟆沟洼沟”。

位于蛤蟆沟北梁上，南北两侧山势陡峭。西南距大毛（猫）山村600米，东距老台子村2500米，东西与墙体相连。

楼体　近梯柱形，在较平缓的山梁低洼凹处，自然破坏严重，门、窗、楼顶自然毁坏。

楼基　方形，基底用二至四层条石平铺，最底一层毛石铺基错出。东西长10.1、南北宽10.2、基高2.5、楼体高4.2米，垛口墙存高1、通存高7.7米。

楼体四墙　东西两墙一门两窗（图版［21］197L66）。南北两墙三窗。门、窗外口皆毁坏。

东墙　门居中，左右箭窗各一，门窗间距1.08米。门外口已毁，门内拱宽1.17、高24.5、进深1.44米。门内侧上方有木门上额凹槽一道。门左右箭窗形制相同，外口多毁。窗外口宽0.57、高0.93、进深（窗墙厚）0.4米。窗内龛宽1.2、高2.46、进深1.12米。窗台下距地面0.75米。

西墙　结构同东墙。

南墙　三窗，形制相同。窗间距1.52米。皆两券两伏。窗外口宽0.57、高0.93、进深（窗墙厚）0.4米。窗内龛宽1.26、高2.33、进深1.85米。在中窗内龛券两侧壁上各筑梯道一对称，为双梯道。

北墙　三窗，形制同西墙，唯窗内进深较短，仅1.12米。

楼体内部结构　由东西三道筒拱和两道隔墙组成。筒拱通长6.5、宽1.55、高2.6米。隔墙位于筒拱的南北两侧，上各有三券门，计六座。门宽1.27～1.63、高2.4、进深（隔墙厚）1.22米。三门间距1.11～1.28米（图版［21］198L66）。

楼梯道　位于西墙中窗龛内南北壁上，梯道宽0.78米。顶为三层叠砌筒拱。第一层长2.6、拱高0.3、向上0.49米。第二层拱顶长0.4、上升0.93米。第三层拱顶长0.4米，上升到梯道上口。下有石阶十五层，每层高0.28、宽0.15米。

楼顶　顶周一箍拔檐砖，中间作出棱角檐。上垛口墙皆残，垛墙存高1、墙厚0.4米。顶周南北两侧有出水嘴各一个。顶周东西长10.1、南北宽10.15米。

头房　在西墙南北两端，已毁，今存二梯道上口，大小相同。南北宽1.2、东西长0.75米，二梯道相距3.85米。

---

① 五万分之一图标，驻操营K－50－144－A。

楼橹　已坍塌。东西长4.6、南北宽5.3、墙厚0.55、存高1～3.2米。东墙中一门，门宽1.14米。

墙体从敌台66号沿山脊蜿蜒西行，皆砖砌。基底用大块毛料石为基，以上用砖坐白灰到顶。顶部有一层腰砖，以上外垛，内宇墙。墙体总宽3.5米，内侧高2.8、外侧高5.1米（图版［21］199L66）。

垛口墙　皆砖砌。垛墙高1.35、长2.8米。垛口内外宽0.8、中宽0.63米。垛口两侧用三角砖砌成，下有垛口石，长0.84、宽0.4、厚0.2米。垛口下有风孔，内大外小，外高0.26、宽0.2米。

宇墙　存高0.8、厚0.4米。顶用三角砖封顶。墙底每隔10米有出水嘴一个，中与水槽相对位置砌拦水砖一道。高0.09、厚0.1米。墙顶马道宽2.57米，陡峭处筑有台阶。

从敌台66号到敌台67号为110.5米。中间有一段垛口墙，下筑有战道，已毁。

（六七）黄土岭台67号

方向为正方向。

位于敌台66号西北，地势较平，唯东西两侧山势陡峭，西南700米为大毛山村，东北2500米为老台子村。

楼体　方柱形，构造特殊，南北倚墙，唯东北抹角，总体四边不等（图版［21］200L67）。台顶东南角为方形，楼橹式建筑。北侧马道分两层，在中间和西侧筑阶梯达到台顶。总之，此台不属于空心式敌台，而是一种下为台式，上筑楼橹的单层实心建筑，和其他常见敌台不同（图［21］106L67）。

楼基　即台基，为方形，东北抹角。由于东侧地势较低，底部用九层条石铺砌，西、北、南就山势较高而直接用砖在岩面上砌起，一直到顶。台基东西长6.23、南北宽6.5米，东侧基高5.4米（从地面到台顶），西侧与岩面相接，北高1.1米（图［21］107L67）。

台顶　方形，东西两侧有垛墙，东北角残留垛口一。台南北各有阶梯一，北侧阶梯和台体相接，位于墙体中部，平面长方形，长2、宽1米，下有阶梯七级。南侧阶梯长1、宽1米。位于墙体外侧已毁。

楼橹　方形，顶部已毁。东西长3.8、南北宽4、墙厚0.5米。西墙从中间错开，呈隐墙式。

南北墙　建筑相同，为山墙。以南墙为例，墙体中间有木立柱槽，直径0.15米。墙上下有两排望孔（图版［21］201L67）。下排六个，并列，每孔间距0.27～0.4米。上排两个，并列，间距0.7米。各望孔大小同，高0.25、宽0.23米。北墙望孔排列情况与南墙同（图［21］108L67）。

东墙　中间一垛口，垛口墙高1.22、宽0.7、墙厚0.44米，下垛口石长0.8、宽0.44、厚0.16米。垛口石面上一槛，槛中一盲孔。在垛口两边各望孔二，皆尖拱形，高0.25、宽0.23米。

西墙　南北错开，中间形成一门，墙高1.7、厚0.34米。北段墙上有望孔三，孔间距0.26米。在台子北侧西角有阶梯一，梯道宽0.76、长0.85米，西距台边0.57米（图［21］109L67）。

楼橹顶部左右为南北两山，脊顶作人字坡式，现已坍陷。

墙体从敌台67号向北，后又向西沿山脊而行（图版［21］202L67）。墙体结构精细，外侧基底用红褐色条石铺砌三至四层，就山势层层错出，基上砌砖一层，再上为垛口墙，墙内侧用毛石坐灰砌起，腰砖以上用砖砌宇墙。垛墙保存较好，高1.72，长2.2、厚0.4米。垛口内外口宽0.75、中间宽0.41米。垛口高0.78米。其下镶垛口石一块，长0.86、宽0.4、厚0.07米。石中起槛，中一盲孔。垛口间距2.2米。两垛口间有一风孔，宽0.2、高0.2米。墙内侧腰砖以上砌宇墙，高0.57、厚0.4米，每隔20米有水槽一个，槽长方形，长0.41、宽0.26、厚0.13米。

在敌台68号南侧有阶梯式上墙道一，长1.9、宽0.98米，砖砌，上下墙落差2米。在上墙道东侧垛口墙内，有石碑槽一处，用滚砖砌出边框，槽宽0.48、高0.48米，下距马道地面0.77米，西距台基0.34米。

从敌台67到敌台68号为87.5米。

（六八）黄土岭台68号

方向东偏北20°。

位于敌台67号西的一座小山顶上。东南2000米是老台子村，西南为大毛山村。地处坡面较缓。

楼体　梯柱形，底部就山势而砌，用条石坐灰。四墙、门、窗保存较好。顶部倒塌，仅存残墙。

楼基　正方形，分别用六至十层红褐色条石为基，底下一至二层错出，条石以上用砖砌。东西长10.35、南北宽10.35、楼基高4.75米。楼体高5.2、通存高9.95米。

楼体四墙　南墙一门两箭窗（图版［21］203L67）。北墙一门一窗，东西两墙各三窗（图版［21］204L68）。

南墙　门居中，门、窗间距1.3米。门石质，自下而上为门枕石、石门柱、一字石、石券脸。门外口宽0.82、高1.83、进深（门墙厚）0.82米。门内拱宽1.52、高2.45、进深0.88米。门券脸顶部用砖砌出两券两伏。门枕石长1.52、宽0.62、厚0.23米。石中起槛，槛内两端各有石墩一个，墩面上有门轴孔一，孔径0.08、深0.03米。两孔相距1米。箭窗形制相同，以东面箭窗为例，窗为两券两伏。外口窗宽0.59、高0.85、进深（窗墙厚）0.4米。窗内龛宽1.4、高2.15、进深0.74米。窗内原有“Ⅱ”形边框。窗下为通风孔。

北墙　一门一箭窗。门、箭窗形制同南墙。

西墙　三箭窗。并列，间距1.88米。形制相同。窗外口宽0.59、高0.85、进深0.4米。窗内龛宽1.36、高2.15、进深1.65米。

在中窗龛内南北两侧各梯道一，为对称的双梯道，北侧梯道因改建而堵死，存南侧梯道。

楼体内部结构　为东西三道筒拱和两道隔墙组成。筒拱通长6.88、宽1.66、高3.65米。两道隔墙上各有三券门，计六座。门宽1.2～1.38、高2.2、进深（隔墙厚）1.5米。券门间距1.55～1.63米。

梯道　在西墙第二箭窗内侧龛壁上，存西墙南侧梯道。拱门宽0.72米，上为叠砌筒拱两层，第一层拱顶长2.45、拱高0.35、上升0.63米。第二层拱顶长0.88、拱高0.35、上升0.35米到梯道上口。下有台阶十三级，每级宽0.21、高0.31米。

楼顶　平面长方形，东西长9.7、南北宽10米。顶周一箍拔檐砖，中作出棱角檐。以上垛口墙，大部毁坏。南北墙各存三垛口，垛墙高1.8、长1.65、厚0.42米。垛口中间宽0.47、内外口宽0.85、高0.9米。两垛口间有风孔一个，孔宽0.25、高0.5米，两风孔相距2.15米。顶部南北拔檐砖下各有出水嘴一个。

头房　位于楼顶西南角，已塌陷。房体东西长1.45、南北宽2.9米，东南角存一门，宽0.85米。头房墙高1.8、厚0.42米。南侧头房西墙上筑有一箭窗处，宽0.6、高0.85米。下距楼顶1.3米。头房内梯道上口，南北宽1.3、宽0.6米。

楼橹　顶中有楼橹一，已倒塌。存四墙。东西长4.5、南北宽5.9米。墙存高1.5～3.2、厚0.62～0.92米。东西两墙上各有一门，门宽1.2米，西墙门两侧各砌一窗，已残（图版［21］205L68）。

墙体从敌台68号顺山脊西北行，南侧是双蛤蟆沟，沟外是大毛山村，墙东北为老台子村。山脊稍缓而两侧山势陡峭（图版［21］206L68）。

墙体初为砖墙，长仅20米，用三至四层条石铺基，以上砖包到顶，顶部有出檐腰砖一层，其上砌垛口墙。垛墙高1.66、宽2.58、厚0.4米。垛口内外口宽0.78、中间宽0.42、高0.66米。垛口下用垛口石一块，石长0.89、宽0.4、厚0.19米。石中起槛，上盲孔一。垛口墙顶用三角砖封。垛口下筑有风孔。

垛口墙内现存碑槽一处，南距敌台68号18米。槽宽0.49、高0.56、深0.2米。碑文已不存。碑槽向北

1.65米砖墙开始变为石墙。砖墙体内侧用毛石砌，到墙顶才用砖砌宇墙，宇墙存高0.6、厚0.43米。

墙顶马道陡坡处砌出台阶，凡与水槽相对位置均砌有拦水墙一道，厚0.06、高0.05米。

墙顶马道宽3.6米，大墙总宽4.5米。墙内高4.7、外高5.2米。

石墙长118米，皆毛石、白灰砌，顶部石砌垛墙。石墙宽3、内侧高1～1.5、外侧高1.6～1.22米。

从敌台68号到敌台69号为138米。中途经过台基12号、房基24号、墩台12号。

台基12号

位于敌台68号南侧，长方形，砖砌，南北跨出墙体2.5、东西长5.4、高0.45米。在楼西有上墙道一，墙内侧门已毁，长3.6、宽1.3米。

房基24号

位于敌台69号北350米处，石墙外侧平缓山脊上筑起。全部为毛石干砌，平面长方形，东西长2.6、南北宽4、存高1、墙厚0.1米。西侧原筑一门，已毁。

墩台12号

位于敌台69号北350米处山顶上，台东北是老台子村，北侧是一条沟谷，俗称“石龙滩”，西为倒须沟，东为郭家沟。台体为圆形，顶部已倒塌，台身出现多处裂缝。直径6.6、高3.5米，台心中有一根圆木，可能为举薪之用，同时也有起到支撑台体的作用，圆木直径0.06～0.07米。此种现象保存不多。

（六九）黄土岭台69号

方向北偏东24°。

位于敌台68号之西，楼南山脚下为“双蛤蟆沟”，南侧沟口是大毛（猫）山村，相距1000米。东南2000米是老台子村，楼正东700米山顶上有一烽墩，仅存台基，台高1.6、直径6.4米。

楼体　已自然倒塌，西北南三墙不存，仅存东面残墙（图版［21］207L69）。

楼基　方形，基底先用毛石找平后，然后再用八至十二层条石平铺，以上砖砌到顶。东西长10.5、南北宽11.1、楼基高5米。

楼体四墙　南、北西墙倒塌不存。东墙存二箭窗，形制尺寸相同。窗外口宽0.77、高约0.8、进深0.36米。窗内龛宽1、高1.6、进深1.2米。窗顶两券两伏。

楼体内部及楼顶建筑皆不存。

墙体从敌台69号顺山脊南行，山峦叠嶂，形如“瘦马脊”，因此筑窄体、单边墙或时断时续而不筑墙，南北两坡皆险峻，西南800米为大毛山村。墙体皆毛石干砌，或用白灰勾抹，顶外侧砌有垛口墙。墙厚0.9、高0.7米。主体墙宽1～1.85米，内高1.5、外高2.1米（图版［21］208L69）。

从敌台69号到敌台70号为352.5米。其中石墙252.5米，山险墙100米。中途经过房基25号、台基13号、炮台32号。

房基25号

位于13号台基之上，已自然倒塌，上部建筑已不存，仅存墙基。长3、宽3、高1米。

台基13号

位于敌台69号北20米处山坡上，地势较平，北与墙体相连。台基用毛石干砌，上部用碎石、沙土填心。长方形，东西长4.5、南北宽5.15、高1.2米。

炮台32号

位于敌台70号南55米处，方形，石砌，长3、宽3、高1米。

（七〇）黄土岭台70号

方向为正方向。

位于敌台69号之西山脊上，西南侧山脚下是南北向的蛤蟆沟，南800米为大毛（猫）山村，楼西北400米为大毛（猫）山顶峰。

楼体　梯柱形，自然毁坏严重，特别是门、窗外口多不存，楼顶存残楼橹和垛墙。

楼基　近方形。基底先用大石块铺平找齐后，以上用条石八层平铺。东西长9.5、南北宽10.45、基高4.9米，通存高9.75米。

楼体四墙　西墙一门两箭窗（图版［21］209L70）。东墙三窗，南北两墙皆三窗（图版［21］210L70）。

西墙　门居中，窗分左右。门、窗间距1.3米。门为石质，自下而上为地栿石、石门柱、一字石、石券脸。门外口宽0.85、高1.56、进深（门墙厚）0.32米。门内拱宽1.34、高2.08、进深2.13米。门枕石长1.48、宽0.7、厚0.25米。一字石上浅浮雕兽形纹，券石上刻水波纹、花卉等。在门之内拱两侧壁上，砌梯道口各一，南北相对为双梯道。门两侧箭窗形制相同，外口皆毁，窗内龛宽1.3、高1.8、进深2.13米。

东、南、北墙　皆三窗，形制相同，外口皆毁。窗内龛宽1.3、高2.05、进深1.2米。皆两券两伏。

楼体内部结构　由南北向三道筒拱和两道隔墙组成。筒拱两侧与墙壁相连。筒拱通长6.6、宽1.23、高3.5米。拱顶泥层之上残留有起券时用的苇席痕迹。拱脚两侧各有一排方形木槽痕，是起券时放支撑拱架横木用的。每道隔墙上有三券门，计六座。门宽1.3～1.34、高2.05、进深（隔墙厚）1.28米（图版［21］211L70）。

梯道　在西墙门内两侧壁上，形制相同。双梯道。梯道拱门宽0.8米。顶部内叠砌两层筒拱组成，第一层拱顶长2.25、拱高0.4、上升0.6米。第二层拱顶长0.8米达梯道上口。下有石阶十二级，每层石阶高0.28、宽0.22米。

楼顶　周一箍拔檐砖，作出棱角檐，上砌垛墙，高1.7、墙厚0.41米。墙上存有风孔，孔高0.4、宽0.45米，垛墙南北两侧有出水嘴一个。顶东西长10.3、南北宽9.4米。

头房　位于两垛墙下南北两端，两头房均倒塌。形制相同。梯道上口残基南北宽1.75、东西长0.75米。两梯道口相距1.75米。

在头房西侧残墙上原有箭窗一，已毁，今存窗台石一块，长0.9、宽0.4、厚0.15米。台石中起槛，两端各有长方小槽二，扇门轴孔一。

楼橹　顶中楼橹一个，存基址，长方形，东西长4.25、南北宽5.7米。西侧一门，已毁。

在敌台70号楼内发现存带花纹瓷片、带柄药勺等物。

墙体从敌台70号开始顺山脊西南行，山脊稍缓，大致为东西走向，北为董家口东西向的大（猫）峪，东是南北向的蛤蟆沟，南距大毛山村750米，西距董家口约2000米。

墙皆毛石、白灰砌筑，墙宽2.8、高2～3米。墙顶有石砌垛口墙（图版［21］212L70－L72）。

敌台70号南侧，从楼门口向西有石阶一道，长7.5、宽1.9米。

在敌台70号西北侧墙外4～10米处有削坡一道，方法是挖壕沟，利用壕沟靠主体墙一侧筑起石墙—拦马墙，壕沟宽2～2.3、深1.3米，在沟的南沿筑起，墙长69、厚1.2～2米。这种拦马墙金山岭一带多见。

从敌台70号到敌台71号为214米。

（七一）黄土岭台71号

方向北偏西42°。俗称“王楼”。

位于董家口村东北大毛山谷沟南侧的山脊上，楼东是大毛山刺槐沟，东南是“蛤蟆沟”，南距大毛山村1000米，西南距董家口村为2000米。山脊较缓。

楼体　长梯柱形，保存较完整，基础好而四墙风化严重，顶部楼橹已残。

楼基　长方形，基底用四至五层条石平铺，以上砖砌到顶。东西长9.7、南北宽10.75、楼基高3.3米，通高9.7米。

楼体四墙　南墙一门两箭窗，北墙一门一窗（图版［21］213L71）。东西两墙各三窗（图版［21］214L71）。

南墙　门居中，门窗间距3.4米。石质，门外口宽0.83、高1.78、进深（门墙厚）0.32米。门内口拱宽1.26、高2.85、进深0.9米。门下枕石存，石门柱、石券脸。在石券脸上浅浮雕外轮廓线，拱顶和两侧共有三组雕宝瓶生花。在门内上顶有一石门额（图版［21］215L71）。两箭窗形制相同，皆两券两伏。窗外口宽0.65、高0.85、进深（窗墙厚）0.24米。窗内龛宽1.2、高2.25、进深1.65米。窗台石长0.96、宽0.42、厚0.14米。中起槛，两侧有长方槽，内两侧有扇门孔，相距0.65米。中一盲孔。

北墙　一门一箭窗。结构同南墙。

东墙　三箭窗并列，形制相同，两券两伏。窗外口宽0.65、高0.8、进深（窗墙厚）0.3米。窗内龛宽1.18、高2.1、进深2米。窗台石长0.96、宽0.42、厚0.14米，窗口下距地面0.72米。在东墙中窗龛内两侧壁上，有梯道各一，为双梯道相对。

西墙　三箭窗，结构同东墙。

楼体内部结构　平面为长方回字形，高中心室，周作闭合的“围廊式”通拱。南北向筒拱通长8.1、宽1.43、高3.8米。东西向筒拱长4、宽1.43、高3.8米。

在围廊式拱道中心设中心室一，平面长方形，拱形顶，四面开门，券形。室内长3.25、宽1.32、拱顶高3.7米。四门形制、大小相同，门宽0.95、高1.85、墙厚1米。

梯道　在东墙中窗内龛券的两侧为双梯道，形制相同。拱形门宽0.92米，顶由三层叠砌拱顶组成。第一层拱顶长0.36、拱高0.55、上升0.6米。第二层拱顶长0.8、向上0.15米。第三层拱顶长0.55、向上0.3米到梯道上口。下为砖阶，仅存四层。

楼顶　顶周一箍拔檐砖中作出棱角檐。顶长方形，东西长8.8、南北宽10.7米。拔檐砖上为垛口墙，多已倒塌，垛墙存高1.3、厚0.42米。垛口内外口宽0.8、中宽0.55、高0.5米。两垛口间砌有风孔。

东墙两端头房已毁。存梯道上口各一，二者大小相同，长1.8、宽0.7米。两口相距4.8米。

楼橹　顶中原有楼橹，今存基址，东西长4.8、南北宽6.5米。墙东侧有一门，门宽0.8、墙存高0.5米。

战墙　在楼下西侧山坡上。两端分别与楼角相接，平面呈长方形，东西跨出楼基3、南北宽11、高4.3米。现南侧一面保存完整。墙厚0.55米。战墙上砌有两排射孔，成“品”字形排列。外孔径0.2、内孔径0.47米，两孔相距1.14米，南墙基基本是上二、下一的排列。射孔四周用斜面砖砌，内孔用四块砖对成一圆孔。

墙体从敌台71号往西南行，石墙行33米后全部改为砖墙。山势起伏度较小。墙西山脚下为大毛（猫）峪，西南120米为“大毛山”，海拔515米①，是附近制高点。墙东侧为“蛤蟆沟”，沟南北向，沟

① 五万分之一图标，前所K－50－144－A。

口为大毛山村。山东西两侧皆陡峭。

石墙底部用大块毛石为基，以上用石块抹灰到顶。墙宽4.7、高2～3米（图版［21］216 L71－72）。

砖墙用毛石、白灰为基，以上砖砌到顶。内外檐出腰砖一层，外砌垛墙内砌宇墙。垛墙高1.5、墙厚0.4、长2.4米。垛口高0.62、中间宽0.5、内外宽0.71米，下距地面0.88米，两垛口之间筑方形孔。垛口石长0.78、宽0.4、厚0.1米。墙内马道用条砖和方砖混合铺墁。道宽3.6米。在砖石墙相接茬处，因坡度较陡，修踏碇道两层，第一层道宽1.28、长2.4米，上有砖阶五级。第二层同第一层，亦砌砖阶五级，两层落差为1.8米。砖墙宽4.4、高4.2米。

从敌台71号到敌台72号为68.5米。

（七二）黄土岭台72号

方向北偏西24°。俗称“孙楼”。

位于大毛山东侧一条南北向山脊上，在崖顶上筑起，楼西是大毛峪，西南距大毛山主峰110米。楼东是蛤蟆沟，南侧沟口800米为大毛山村，西南1500米为董家口。

楼体　梯柱形，整体保存完好，基础、四墙、门、窗皆存，仅箭窗少部分残。顶部楼橹存残址。

楼基　平面近方形，基底用一至九层条石不等找平取齐后，以上用砖坐白灰砌到顶部。东西长9.25、南北宽9.45、楼基高6米，楼体总高9.2米。

楼体四墙　南北两墙一门两窗（图版［21］217L72）。东西两墙三窗（图版［21］218L72）。

北墙　一门一窗，门位于西端，自下而上为门枕石、石门柱、一字石、石券脸。门外口宽0.8、高1.7、进深（门墙厚）0.29米。门内拱为两券两伏。内券宽1.28、高2.5、进深1.94米。门枕石长1.5、宽0.7、存0.22米。中起槛，内两侧各石墩一，墩面有圆形门轴孔，直径0.15、深0.03、两轴相距0.85米。箭窗在门东2.83米处，两券两伏。窗外口宽0.67、高0.88、进深（窗墙厚）0.31米。窗内龛宽1.24、高2.25、进深0.88米。窗下有窗台石一块，长1.1、宽0.47、厚0.94米。台石起栏，两端各有长方槽一，栏内各有扇门轴孔一，中间方槽一。

南墙　一门一箭窗，结构同北墙。

东墙　三箭窗并列。窗间距1.45米。皆两券两伏，形制相同。门外口宽0.67、高0.88、进深（窗墙厚）0.31米。窗内龛宽1.17、高2.25、进深1.75米。窗下有风孔一处，孔内大外小，内宽0.5、高0.65米，外口宽0.09、高0.12米。在中窗内龛券两侧各砌梯道一处，为南北相对的双梯道。

西墙　三箭窗，结构同东墙。唯龛内进深0.88米。

楼体内部结构　由东西向筒拱三道中间两道隔墙组成（图版［21］219L72）。筒拱通长5.8、宽1.37、高3.4米，拱脚南北两侧各有一排方形木槽痕，每排四个，是发券时担横木所留的脚手架窝。每孔高0.15、宽0.15米。

两边隔墙上各有二券门，计四座，形制相同，门距3米，门宽1.41～1.43、高2.6、进深（隔墙厚）1.38米。顶为两券两伏。

梯道　位于东墙之中部，箭窗龛内券两侧，为双梯道，形制相同（图版［21］220L72）。拱门宽0.8米。顶为两层叠砌筒拱。第一层长2.25、拱高0.45、上升0.55米。第二层长0.8米，再上为梯道上口。下有砖阶，宽0.25、高0.31米。大部毁坏。

楼顶　周一箍拔檐砖，中作出棱角檐。上砌垛口墙，皆残。垛墙存高1.4、长1.1米。垛口高0.95、内外口宽0.66、中间口宽0.42米。垛口下有垛口石一块，石长0.74、宽0.4、厚0.09米。两垛口间有风孔一个。在南北垛墙下有出水嘴各一个。楼顶平面方形，东西长9、南北宽9.2米。

头房　东墙下南北各一，形制相同，仅存残墙。东西长1.64、南北宽1.62米，西侧一门，门宽0.8米。两头房相距3.9米。梯道上口南北宽1.6、东西长1.5米。在头房东墙上，砌有一箭窗，窗口宽0.55、高0.65、窗墙厚0.31米。窗下有台面石一块，长0.84、宽0.43、厚0.13米。石面起槛，两端各有长方水槽一，内两端有扇门轴孔一。石中盲孔一。两头房之间有影壁一座，须弥座，长1.85、高1.3米。底座浮出墙体0.14米。

砖墙从敌台72号沿山脊南去，至层峦叠嶂的山脚下而消失。南侧经过“大毛山”山险。大毛山是附近制高点，海拔515米①，东西约1000米，顶峰怪石林立，山崖险峻，山脊狭窄而高耸，形成天然屏障——山险墙，故而不筑墙。再西山坳下又出现一段石墙到达敌台73号，其东南山脚下为大毛山村，西南1100米为董家口村（图版［21］221L72）。

砖墙用白色条石四至五层为基，随山势而增减，以上砖砌。墙顶一层出腰砖，外砌垛墙，内砌宇墙。垛口墙高1.56、厚0.36米。垛口两侧用三角砖对砌，上用三角砖封顶。垛口内外宽0.65、中宽0.43米，垛口石长0.7、宽0.36、厚0.12米。石中起槛，中一盲孔。垛口间砌一方孔，呈漏斗状，宽0.2、高0.27米。宇墙高0.68、厚0.4米，三角砖封顶。砖墙总宽4.3米，内高1～3、外高2～4米。

战道　在砖墙南段垛口墙内侧，砌有规则的战道二处。在每个垛口内侧马道上，砌有战台一个，战台北侧均砌一面“障墙”。台面长方形，西侧与垛口墙相接，北与障墙相连。南北宽1.18、宽0.98米，台面上距垛口0.8米。北侧障墙宽0.98、高0.72、宽0.38米。每面障墙上均有望孔一个，孔高0.24、宽0.25米（图版［21］222L72）。在宇墙上也砌出阶梯式战道。平台长1.65、宽0.6、高0.76米。台面东与宇墙接（图版［21］223L72）。垛、宇墙间的战道，修筑得十分壮观而险峻，内外墙体错列，层层升高，南墙远望犹如犬牙交错，工程难度惊人（图版［21］224L72）。

石墙过山险“大毛山”，东起山脚下平缓处的山脊上西行，皆用毛石、白灰砌，现存高1～2.4、宽2.5米。

从敌台72号中途经过大毛山到敌台73号为1327米，其中砖墙140米，石墙107米。无墙（山险墙）1080米。中途经过战台33号。

在敌台72号南侧墙体东侧，现存有石碑一块（图版［21］225L72）。现已断为二段，高1.26、宽0.59、厚0.12米。碑头圆形，碑下有方榫。碑座方形，长0.54、宽0.38、高0.33米。座顶中间有碑榫方槽，长0.31、宽0.15、深0.2米。碑文计12行，行18～33字不等。

> 大明万历二十三年秋防德州营修完石□□□峪七十八号□西□起□至西山崖止
> 拆□工等边墙四十丈创修三等边墙五丈敌台一座
> 钦差总都蓟辽保定等处军务兼理粮饷□□御倭都察院右都御史兼兵部
> 右侍郎
> 徐纯孙镇整饬蓟州等处边备巡抚顺天等府地方都察院右副都御史徐千
> 李顺巡按直隶□□御史安邑□□文地巡按直隶监察御史贵州马文卿整饬永
> 平等处兵备兼管屯田马政驿传□□山东提州按察司副使华亭方应选镇守
> 蓟州永平山海等处地方兼管备倭总兵官都指挥佥事大同陈霞人守石
> 门路等处地方参将署都指挥佥事安东管一方统领蓟州德州秋班营军
> 游击将军署都指挥佥事高山张栋提调大毛山口关等地方以都指挥体统行事

① 五万分之一图标，前所K－50－144－A。

指挥佥事镇朔同应乾德州营中军指挥使张三才千总指挥佥事梁自售把总

千百户向孟元高平胡聂业□应兆张鹏刘应魁鼎建

战台33号

位于敌台73号97米处墙体内侧，山势北陡南缓。长方形，台体毛石干砌，南北宽4.5、东西长5、高2.6米。

（七三）黄土岭台73号

方向西偏北15°。

位于大毛山西。楼北为大毛峪，楼东南1000米为大毛山村，西南1000米为董家口村。董家口据传原名"等将口"，山势南北皆陡峭。

楼体　梯柱形，保存基本完好，石基、四墙、门、窗皆存，垛口墙以上、楼橹等自然毁坏。

楼基　平面长方形，基底用条石四至七层铺砌，基础一层错出，以上砖砌到顶。东西长11.7、南北宽8.6、楼基高4.1、楼体高4.7米，通存高8.8米。

楼体四墙　东西两墙一门一箭窗（图版［21］226L73）。南北两墙三箭窗（图版［21］227L73）。

东墙　门南，窗北。门为石质，自下而上为门枕石、石门柱、一字石、石券脸。门宽0.84、高1.58、进深0.3米。门内拱宽1.25、高2.22、进深1.25米。门柱石上原有花纹，今已模糊不清。门枕石长1.59、宽0.23米，石中起门槛，内两侧各方形墩一，墩面一圆形门轴孔，两孔间距0.96米。中间一长方形石槽。箭窗南距拱门1.8米。窗外口宽0.55、高0.8、进深0.4米。窗内龛宽1.14、高1.9、进深1.18米。

西墙　一门一箭窗，形制同东墙。

南墙　三箭窗并列，形制相同。窗间距2.28米，以南起第一窗为例，窗为两券两伏，窗外口宽0.55、高0.8、进深0.4米。窗内龛宽1.14、高2、进深2米。在中窗内龛券两侧有梯道各一，东西相对。

北墙　三箭窗，结构同南墙。唯窗内龛券进深为1.14米。

楼体内部结构　由东西两道筒拱中间一道隔墙组成（图版［21］228L73）。东西筒拱南北并列，形制相同。筒拱通长8.58、宽1.51、高3.45米。拱顶呈半圆形，两侧拱脚各砌一长方砖槽，每排六个，相距1.66米，槽长、宽皆0.1米。

隔墙上筑有三券门，形制相同。门宽1.55、高1.7米。门间距1.95米。隔墙厚1.63米。

楼梯道　在南墙中窗内龛券东西壁上为双梯道，结构同，梯道上口宽0.8米，顶为三层叠砌筒拱。第一层长2.6、高0.4、上升0.84米。第二层长1.14、上升0.97米。第三层长0.45米，再上升为梯道上口。下为石阶十二级，阶高0.26、宽0.28米。

楼顶　周一箍拔檐砖，中作棱角檐，上为垛口墙，多倒塌。残墙高1.2、厚0.42米。顶部长方形，东西长11.3、南北宽8.2米。顶部东西两侧存出水嘴各一个。头房不存。梯道上口二，在南墙下的东西两端，大小同。东西长2、南北宽0.8米。两上口相距5.1米。

楼橹　存顶四周残墙，平面长方形，东西长6.4、南北宽3.8米。南北墙中间原有一门，门宽1.25米，楼橹残墙高1.5～3.6、厚0.7～0.85米。楼橹内侧东墙上存有碑槽一处，用滚砖作出边框，框宽0.1米。现石碑已脱落于地下，碑长1、宽0.55、厚0.21米。碑为万历十四年，内容、文字漶泐不清，已录文。碑槽长1、宽0.68、深0.2米，下距地面0.4米。

从敌台73号墙体沿山脊西行，北侧山脚下为小毛峪沟，西南900米为董家口村。南侧山脚下有一条季节河，由大毛山西去（图版［21］229L73）。

墙体皆毛石、白灰砌，墙宽2.5、存高1～1.6米。

上墙道

在敌台73号西有上墙道一，东距楼体2.6米，用毛石干砌，长2、宽1.8米，今存台阶三级，阶宽0.28、高0.34米。在74号东有上墙道一，墙长2.8、宽2米，西距墙体4.8米。北石墙相接。在两敌台之间有一上墙道，长1.28、宽1.21、高0.31米。阶宽0.3、高0.31米。

从敌台73到敌台74号为270米。中途经过台基14号、墩台13号。

台基14号

位于敌台73号东侧，北接墙体西接楼体，山势较缓。毛石垒筑，长方形，东西长14、南北宽3.3米，存高0.3～1米。

墩台13号

位于敌台73号西116米处墙内的一处山背上，地势虽高，而顶部平坦。毛石、沙泥砌成，平面长方形，东西长5.85、南北宽6.8、存高1～3.5米。台顶有小型长方石槽，长2.5、宽1.3、深0.2米。石槽可能为举薪之用。

（七四）黄土岭台74号

方向北偏东36°。

位于敌台73号西山脊上，楼南800米为董家口村。南侧为一东西向旱沟，而山北为大毛峪沟，此沟谷称为牛圈子沟。

楼体　梯柱形，就山势砌起，整体保存较好。自然风化严重，门窗已毁。以北壁毁坏最为严重。楼顶建筑也多毁坏。

楼基　平面长方形，基座用五至六层条石平铺，以上砖砌，东西长10.4、南北宽10.65、楼基高3.2、楼体高4米，通存高7.2米。

楼体四墙　东西两墙一门二窗（图版［21］230L74）。南北两墙三窗（图版［21］231L74）。

东墙　一门两箭窗。门居南，两窗居中、北。门为石质，自下而上为门枕石、石门柱、一字石、石券脸。石面满雕宝瓶生花等（图版［21］232L74）。门宽0.83、高1.75、进深（门墙厚）0.32米。门内拱宽1.27、高2.55、进深1.28米。门下有门枕石一。门内两侧为门闩孔，孔径0.17米。两箭窗形制相同，皆两券两伏。窗外口宽0.57、高0.8、进深0.32米。窗内龛宽1.2、高1.7、进深1.28米。窗台石长0.93、宽0.45、厚0.19米。台石面中一栏，栏两侧有石槽，中一盲孔。内侧两端各一扇门轴孔，直径0.04、深0.02米。

西墙　结构同东墙。不另述。

南墙　三箭窗。形制相同，皆两券两伏。窗间距1.52米。窗外口宽0.57、高0.8、进深0.32米。窗内龛宽1.2、高1.7、进深1.79米。窗台石0.93、宽0.45、厚0.19米。石中起栏，两端各一长方槽，中一盲孔。内两端各一扇门轴孔。在中窗龛券东西两侧有梯道各一。

北墙　结构同南墙，已毁。

楼体内部结构　由南北向三道筒拱中间两道隔墙组成，隔墙各有三券门。筒拱通长8.75、宽1.65、高3.2米。隔墙厚1.07米。券门形制相同，皆两券两伏。门宽1.23～1.45、高1.75、进深1.07米。门间距1.23～1.25米。

楼梯道　在南墙中窗内龛券的东西壁上，梯门相对，为双梯道，形制相同。梯道口宽0.9米，上为叠砌筒拱形，分为三层，第一层长2.23、拱高0.45、上升0.6米。第二层长0.64、上升0.23米。第三层长0.45、再上是梯道上口。下为石阶，现存九级，阶宽0.27、高0.28米。

楼顶　周一箍拔檐砖，中作出棱角檐，上为垛口墙，皆倒塌。墙存高0.5、墙厚0.4米。头房位于南墙东西两端，皆不存。今存大小相同的两梯道，口南北宽1.5、东西长0.9米。楼顶中是否有楼橹已不得而知。顶部平面长方形。东西长10.3、南北宽10.6米。

墙体从敌台74号沿山脊西行，山势较平，基本还是北陡南缓，南800米为董家口村（图版［21］233L74—L76）。

楼西有长175米的砖石结构墙，余为石墙。砖石结构基本属于二等边，石墙属于三等边。万历二十三年碑文有“修二等边”、“创修三边”，记载是这带的砖石墙为二等边，创修的三等边即石墙。砖石墙基底用毛石为基，以上石砌墙体到顶。腰砖以上用砖砌垛墙和宇墙。马道用方砖铺墁。墙宽3.8、高1.2～2.3米。石墙毛石、白灰砌，宽3.15、存高0.7～1.5米。

从敌台74号到敌台75号为268.5米。

（七五）黄土岭台75号

方向北偏东14°。

位于敌台74号之西平缓山脊上，西南600米为董家口村，楼东800米为大毛山，西300米为董家口口门。

楼体已全部倒塌，仅存二至三层基石，以上为乱砖覆盖。平面方形，东西长11.4、南北宽11.4、存高1.25米（图版［21］234L75）。

墙体从敌台75号沿平山脊西行，山背起伏不大，西南600米山脚下为董家口村，北侧山脚下为大毛峪沟，墙体皆毛石、沙泥砌，白灰勾抹。墙宽3.1、高1.2～2.1米，西行至崖头处，突然消失，崖下接筑向西20米即敌台76号。

从敌台75号到敌台76号为256米。中途经过房基26号。

房基26号

位于敌台75号之西侧石墙内，早年塌陷。皆毛石干砌，长方形，东西长5、南北宽4、墙高0.8米。

（七六）黄土岭台76号

方向北偏东30°。

位于董家口村北120米处的山口——董家口口门东侧，东与山崖上的长城相接。楼体所在地面平坦，西面的董家口又称“水辕门”，因东西两侧是南北向山体，将楼体夹在其中。

楼体　已全部毁坏，仅存楼基，基座用条石数层，以上用砖砌。平面长方形，东西长11、南北宽10.5、基存高1.9米。整个楼基为碎砖所掩埋（图版［21］235L76）。

楼体四墙不存。

墙体从敌台76号西行有一段较宽的石墙，过董家口口门向西，爬上悬崖之上，继续向西而去，到敌台77号。石墙皆毛石、白灰砌，墙宽2.4～6米不等，墙高2.5～3米。石墙顶部建筑不存。

从敌台76号到敌台77号为113.5米。中途经过董家口口门。

董家口

位于董家口村北120米处季节性旱河的中部偏西，旱河自北而南，口门两侧皆是悬崖，崖高6米，东为敌台76号，楼东也是悬崖，地势十分险要。此口又名等将口，据说因等待一个将士而得名（图版

［21］236）。该口靠近西部悬崖，原为砖结构，有辘门等。口门宽4米，现建筑皆无，中存一建筑遗迹和干枯河道。

（七七）黄土岭台77号

方向北偏东48°。

位于董家口村北侧110米山脊上，东是大毛峪。楼处平缓山坡上，东低西高。

楼体　已倒塌，上部全毁，今存基址废墟。

楼基　平面长方形，基底用六至八层条石平铺，最下二层错出。以上砖砌。东西长10.2、南北宽12、基高2.4米（图版［21］237L77）。

主体墙从敌台77号向西沿山坡直到山顶与敌台78号相接。东北是大毛峪，南为董家口村。墙体皆毛石砌，用白灰勾抹。石墙宽2.1、内侧高2、外侧高2.3米（图版［21］238L77－L78）。

从敌台77号到敌台78号为73米。中途经过房基27号、战台34号。

房基27号

位于敌台77号西侧墙体内1.8米处，就缓坡筑起。用毛石、沙泥筑成，平面长方形，东西长4.9、南北宽3.9、墙厚0.75米。门不存。

战台34号

位于敌台77号西侧墙顶部，横跨石墙，内外两侧皆跨出墙体。台体砖砌，平面长方形，东西长7、南北宽6.1、内侧高2.4、外侧高4.15米，台心用碎石、沙土夯实。台周垛墙已毁。

（七八）黄土岭台78号

方向东偏南18°。

位于董家口口门西，董家口村北200米的山坳上。楼东北是“沟里”，南侧沟外为口门。

楼体　已全部毁坏，从现存东墙看原为砖木结构，壁上有木槽痕。今存楼基（图版［21］239L78）。

楼基　平面长方形，用三层条石平铺，以上砖砌。东西长10、南北宽9、楼基高1.15米。

楼体四墙　不存。

墙体从敌台78号沿山脊西南行，山脊开始南向西形成一肘弯。山势仍南缓北陡。墙南山脚下为一东西向季节河。此段墙体砖墙保存大段，而且完整。墙底用二至四层条石砌基，以上砖坐白灰到顶。顶内外檐出腰砖一层，以上砌垛口墙和宇墙。垛墙高1.8、长2.2、厚0.41米。垛口中间宽0.4、内外宽0.7、高0.95米。垛口下有长方射孔一，孔宽0.21、高0.31米，射孔间距2.52米。宇墙高0.5、厚0.4米。内侧每隔10～15米有出水嘴一个，用红色石料加工而成，内侧顶和出水嘴相对砌一道拦水墙，拦水墙用厚0.1、高0.18米的条石立砌，将雨水有规则的由拦水墙纳入出水嘴中泻下。垛墙和宇墙皆用三角砖封顶。

墙体总宽4.55、内侧高3.6、外侧高4.85米，马道宽3.75米。砖墙长261米。

石墙　从墩台14号向西7.6米处开始筑为石墙，沿山脊平缓处西行，皆毛石、白灰砌，墙宽3、高0.5～1.2米。

从敌台78到敌台79号为321米。其中砖墙261米，石墙60米。中途经过战台35号、房基28号、墩台14号。在战台35号北有拦马墙一道，长32米，与主体墙平行。

战台35号

位于敌台78号西北20米的砖墙之上外侧筑起。南与墙体相连，东、西、北跨出墙体。台北坡面较陡，而台南则缓。台体保存完好。仅顶部垛墙、楼橹（房基）已毁。台体砖砌，南北跨出墙体1.6、东西长4.28、南北宽4.65米，台体北侧高5米。顶部三面出墙，筑有垛口墙，墙顶用三角砖封顶。北侧墙上筑有二垛口。垛口用三角砖对砌，口下砌特制砖台一块，凸背，中一盲孔，直径0.03米。两垛口间距3.1米。垛口中宽0.4、内外宽0.71米。在战台中间北侧有房基一处。

房基28号

在战台35号上，也可名之为“楼橹”。现已自然倒塌。砖砌，长2.45、宽2.25米，南北各一门，门宽0.6米。房基存高0.4～1、墙厚0.45米。

墩台14号

位于敌台79号楼东70米处砖墙内侧。已自然倒塌。用毛石干砌，平面长方形，东西长6.85、南北宽4.65、高3米。

在战台35号东南侧8米处墙体内有上墙道一，侧面为三角斜面形，用条砖、白灰砌沿，中间用条石砌成台阶，长3.4、宽2、高0.4米。道内部用碎石、沙土填心。

在35号战台西5.8米处垛墙内有石碑槽一处，滚砖砌成边框，长方形，槽宽0.5、高0.5、深0.18米，下距马道1米。碑已不存。在上述石碑槽西28米处垛墙内，又有一碑槽，槽宽0.48、高0.48、深0.2米，下距马道1.06米。碑已不存。

（七九）黄土岭台79号

方向北偏东20°。俗称“平舰楼”。

位于董家口村西北500米“西高山”山梁上，楼南山脚下为一季节河，楼北山脚下是一条东西向沟谷，名曰“荞麦冲”，东通大毛峪。楼北隔沟有墩台一座，毛石干砌，圆形，直径6.2、高4.1米。此台东250米又有方形墩台一处，石砌，东西长6.5、南北宽5.4、高2.7米。

楼体　梯柱形，结构大体保存完好，墙面、门、窗风化，顶部存头房，楼橹残迹。

楼基　平面方形，基底用五至七层条石平铺，以上用砖到顶。东西长10.8、南北宽10.5、基高3.7、楼体高4.4米，通存高8.1米。

楼体四墙　东西两墙一门两窗（图版［21］240L79）。南北两墙三窗（图版［21］241L79）。

东墙　门居中，窗分左右，门窗间距1.15～1.27米。门为石质，自下而上为门枕石、石门柱、一字石、石券脸。门外口宽1、高1.67、进深0.3米。门内拱宽1.15、高2.35、进深1.15米。门枕石长1.5、宽0.6、厚0.26米。石中起门槛，槛内两侧各一石墩，墩面上有门轴孔一个，两孔间距0.9米。二窗形制相同，两券两伏。窗外口宽0.58、高1.81、进深（窗墙厚）0.28米。窗内拱宽1.14、高2.3、进深1.08米。窗口下无台面石。

西墙　一门两窗。结构、布局同东墙。在东门石券脸的拱脚下外面分别刻“忠义”（右）、“报国”（左）四字。券门各石面均刻出边框（图版［21］242L79）。

南墙　三窗并列。窗间距1.3～1.35米，形制相同，两券两伏。窗外口宽0.58、高0.81、进深（窗墙厚）0.28米。窗内龛宽1.28、高2.3、进深1.85米。窗下无台面石。在南墙中窗龛券两侧东西各砌梯道口一个。

北墙　三箭窗，形制同南墙。唯窗内龛券进深为1.1米。其较南墙进深短的原因是因为不设梯道。

楼体内部结构　平面为圆形，四周设围廊式闭合筒拱，中设中心室一。筒拱皆为长方形，拱道顶部起券。两拱顶相接处为“斜线”接缝。东西筒拱相同，南北筒拱相同（图版［21］243L79）。

筒拱 东西筒拱长6.45、宽1.65、高3.3米。南北筒拱长6.65、宽1.65、高3.3米。

中心室 近方形，外皮东西墙宽3.78、南北宽3.9、墙厚1.16米。四面各辟一券门，室内方形，上为叠涩到顶的八角穹窿顶。穹顶中心下与八角直线相连。四面券门形制基本相同，门宽1.1～1.3、高2.1、进深1.3米。券门内侧砌成斜面。室内面积很小，几与四门等宽。东西长1.3、南北宽1.15、高3.75米（图版［21］244L79）。

楼梯道 在南墙中窗内瓮券两壁上，东西相对，结构相同。拱门宽0.78、内拱隔墙厚0.65米。上为两层拱顶叠砌，第一层长0.28、拱高0.4、上升0.65米。第二层长0.4、上升0.38米是梯道上口。下有红褐条石砌成台阶十三级，阶宽0.2、高0.3米。

楼顶 顶周一箍拔檐砖，砌出棱角檐，上砌垛口墙，皆毁。顶平面东西长9.9、南北宽10米。垛墙存高1.15、厚0.4米。垛口内大外小，内口宽0.32、高0.5米。外口用石包镶，孔宽0.2、高0.4米，作尖拱形。顶东西两侧存出水嘴一。

头房 在墙的东西两角，形制相同。以东头房为例，平面长方形，东西长3.16、南北宽2.2米。北墙上砌一门，门外口宽1、内口宽1.38米。门呈方形。门内为梯道上口，东西长1.25、南北宽0.8米。头房南侧和东侧墙上有箭窗各一，形制相同。窗口宽0.57、高0.65、进深0.33米。无窗台石。窗内原有“Ⅱ”形框槽。头房顶部起券，内拱长2.3、宽1.15、高2.35米。东西两头房相距3.35米。

楼橹 位于顶中，长方形，东西长5.7、南北宽4.58米。南北墙上各有门一，形制相同，两券两伏，南墙门宽1.2、高1.8米。南墙门东西两侧各有窗一个，两窗形制相同，窗宽0.82、高1.1米。楼顶为仿木结构，内顶为拱形，房檐下砌出抱头梁，枋、檩，檩上作出檐椽。两山为人字脊。顶部覆瓦，已毁（图版［21］245L79）。北门内东侧存有长方碑槽一个，石碑存残块一，为碑之一角，刻有“大明万历”、“一百十二”字样。碑槽长1、高0.65、深0.15米。下距顶面1米（图版［21］246L79）。

墙体从敌台79号沿山脊西行，山势北陡南缓，皆毛石干砌，内用碎石、沙土填实。墙宽4.2、高0.7～1.8米（图版［21］247L79）。

墙体从敌台79号到敌台80号为144米。中途经过墩台15号、台基15号。

墩台15号

位于主体墙外侧敌台79号北600米上顶上，可望见敌台79～82号，中隔荞麦冲沟。台体上半部已倒塌。墩台用大块毛石干砌，圆形，直径6、高3.4米。台东、南两侧上半部用五根圆木镶，起到加固的作用。

台基15号

位于敌台80号西南角，用毛石、白灰砌，长方形，东西长2.3、南北宽出墙2.3、存高3米。

（八〇）黄土岭台80号

方向北偏东45°。

楼体位于敌台79号西的山脊上，东南650米为董家口，北侧为“荞麦冲”沟，东北通大毛峪。

楼体 梯柱形，结构保存基本完好，四墙、门、窗、皆保存。结构楼顶多自然破坏。

楼基 方形，基底仅用五至六层条石平铺，以上砖砌到顶。东西长10.3、南北宽10.3、楼基高4.8、楼体高4.6米，通存高9.4米。

楼体四墙 东、西两墙一门二箭窗（图版［21］248L80）。

西墙 门居南端，两窗分别居中、北。门为石质，自下而上为门枕石、石门柱、一字石、石券脸。

门外口宽0.8、高1.7、进深（门墙厚）0.31米。门内券宽1.32、高2.45、进深1.13米。门枕石长1.45、宽0.7米，厚0.27米。中起门槛，内两端各一方形石墩，墩表面为门轴孔，直径0.1、深0.03米，三孔间距0.9米。石门及门柱上原有浅浮雕花纹，今多不清。两箭窗形制相同，窗间距1.15米。皆两券两伏。窗口宽0.66、高0.85、进深（窗墙厚）0.32米，窗内拱宽1.3、高2.15、进深1.1米。窗台石长0.97、宽0.45、厚0.2米。石上起槛，两端有长方槽，槽中一盲孔。

东墙　形制与西墙同，不另述。

南墙　三箭窗，窗间距1.78米，形制相同。外口宽0.66、高0.85、进深0.23米。窗内龛宽1.3、高2.18、进深2.08米。在中窗龛内侧壁上有梯道各一处。

北墙　三箭窗，形制同南墙。内龛券进深1米。

楼体内部结构　平面为回形，四周作围廊式闭合拱道，内部为一中心室，四面辟门（图版［21］249L80）。

筒拱　南北两侧筒拱相同。以北侧为例，东西长7.42、南北宽1.3、高3.55米。拱脚下有砖槽一排，每排六个。东西两侧筒拱，南北7.42、宽1.3、高3.55米。拱角也有砖槽一排，每排三个。筒拱两端有门，门宽1.3、高2.3米。门墙厚0.58米。两筒拱顶部斜线相接。

中心室　东西通长4.84、南北宽3.6米，四壁上各辟券门一个，门宽0.9～1、高2.05、进深（隔墙厚）1.25米。中心室内为长方形，东西长2.25、宽1.7、高3.5米，顶为筒拱式（图版［21］250L80）。

楼梯道　位于南墙中窗龛内壁两侧，东西各一，二梯道形制相同，为双梯道相对。门宽0.9米。顶为三层筒拱叠砌，第一层长2.7、拱高0.5、上升0.7米。第二层长0.65、上升0.3米。第三层顶长0.35米，上升为梯道上口。下为砖阶，存六级，每级宽0.3、高0.3米。

楼顶　顶周一箍拔檐砖，作出棱角檐。上垛口墙多倒塌。墙存高0.8、墙厚0.5米。墙上有风孔，内大外小。东西两墙外侧存有出水嘴各一。顶部平面东西长9.7、南北宽9.8米。

头房　在南墙，东西两端已毁。存梯道上口，两口大小同，东西长1.45、南北宽1.9米。两上口相距4.7米。

铺房　在顶中，仅存残基，东西长6.7、南北宽3.7米。南北墙中各一门，已毁。门宽1.18、墙高1.1、厚0.4米。房基内角有残木痕迹。

从敌台80号墙体沿山脊西行，中间一山坳为“V”形。南北宽650米山脚下是董家口村。

墙体皆毛石、沙泥砌，白灰勾抹。有二次加厚的痕迹。墙体宽5.2、二次加厚0.7、高1.1～2米。墙北较缓，故而挖壕削坡，东起敌台80号东北3～5米山坡上，西至敌台81号北侧楼下6～7米处，此削坡与石墙平行，内侧沟沿上，用毛石干砌石墙一道，现壕沟深0.8、宽1.4米，石墙存高0.4～1、宽0.8米。

从敌台80号到敌台81号为224米。中途经过战台36号。

战台36号

位于敌台80号西90米处石墙外侧，方形，台南与墙体相连。台底用较大毛石为基，以上毛石、白灰到顶。东西长6.5、南北宽6.5、高2.7米。

（八一）黄土岭台81号

位于敌台80号北大体呈东南西北向的一个山脊上，东南山脚下680米为董家口村，东侧为“荞麦冲”，西为“碾子沟”，属董家口村管辖，山势北陡南缓。

楼体　梯柱形，风化严重，整体结构保存。门、窗、四墙、楼顶多自然毁坏。

楼基　方形，最下用毛石砌基错出一层台，以上用三至九层条石平铺，以上砖砌到顶。东西长10.3、南北宽10.26、基高2.8米，通存高7.6米（到拔檐砖）。

楼体四墙　东、西墙一门两箭窗（图版［21］251L81）。南北墙各筑三箭窗。

东墙　门居中，窗分左右，窗、门间距1.54米。门为石质，自下而上为门枕石、石门柱、一字石、石券脸。门外口宽0.8、高1.84、进深（门墙厚）0.33米。门内拱宽1.27、宽2.6、高0.7米。内拱顶为两券两伏。门枕石长1.65、宽0.6、厚0.2米。中起门槛，两端各方墩一，墩面有圆形门轴孔。门内两侧各有门闩孔石一，方形，边长0.37米。中一孔，直径0.16、深0.11米。在门内拱顶部有石门额一块，石门构件表面原皆有精美的浅浮雕花纹，今已模糊不清了。二箭窗形制相同，两券两伏。窗外口宽0.64、高0.98、进深（窗墙厚）0.35米。窗内拱宽1.24、高2.55、进深1.05米。窗台石长1、宽0.5、厚0.11米。中起栏，两端各长方槽一，中一盲孔。栏内两端为扇门轴孔，孔间距0.62米，孔中一长方槽。

西墙　结构同东墙，不另述。

南墙　三箭窗，形制相同，皆两券两伏，窗间距1.6米。窗外口宽0.64、高0.98、进深（窗墙厚）0.35米。窗内龛宽1.25、高2.5、进深1.6米。在南墙中窗内龛券东西壁上各有楼梯道一处。

楼体内部结构　由南北向三道筒拱和两道隔墙组成（图版［21］252L81）。筒拱通长7.4、宽1.65、高3.8米。在拱脚处各有一排方槽每排六个，槽宽0.15、高0.15、深0.15米。隔墙上各有三券门，计六座。形制相同。门宽1.26、高2.45、进深（隔墙厚）1.27米。皆两券两伏，门间距1.82米。

楼梯道　位于南墙中窗内龛券两侧，为双梯道，形制相同。拱门宽0.8米。顶为三层筒拱叠砌。第一层长2.62、拱高0.4、向上升0.72米。第二拱顶长0.7、上升0.29米。第三层长0.31米，上升到梯道上口。

楼顶　周一箍拔檐砖，中作棱角檐，上砌垛口墙已毁，南北两侧垛口墙下存出水嘴一。

头房　在南墙的东西两端。房体已毁。仅存梯道上口，长方形，东西长1.25、南北宽0.77米，两出口相距4.5米。

楼橹　位于顶中，已坍陷，存门墙（图版［21］253L81）。东西长5.45、南北宽6.2米。东西两墙有门。西门两侧有窗，门拱形，宽1.03、高1.45米，为两券两伏。门墙厚0.95米。两窗形制相同，窗口宽0.74、拱高1.12米。楼橹内部为一通拱式，长4.95、宽2.72、高3.2米。檐部为仿木结构，有抱头梁、柱头枋、檐檩，上为砖磨椽头等仿木构件，人字脊顶上用板筒瓦覆盖，已塌陷。楼橹墙厚0.9、高3～4.2米。

墙体从敌台81号沿山脊西北行，山势东西向较平缓，墙南700米为董家口村，北为“荞麦冲”沟（图版［21］254L81–L82）。墙体砖砌，质量较高。基底用二至三层条石为基，随山势起伏，上砖砌到顶，内外檐有腰砖一层，出沿0.08米。砌垛墙和宇墙。内檐下每隔9～15米有一拦水墙和水槽，墙为条石砌，厚0.11、高0.07米，积水拦入水槽从出水嘴泻出。

垛口墙高1.85米，顶用三角砖封顶。墙厚0.42米，每隔2.3米有一垛口，垛口内外宽0.75、中宽0.5米，下距马道0.85、上高1米。两垛口间砌有风口，内口宽0.58、高0.35、外口宽0.26、高0.32米。孔间距2.75米。

宇墙　存高0.5、厚0.41米，用三角砖封顶。

砖墙总宽5.2、内高2.6～1.7、外高3～1.6米。马道用方砖铺墁，宽4.3米。

在敌台81号北26米处有上墙道一，砖砌，由北而南向上，至顶折向东达到马道顶部，侧观如一三角斜面，长3.8、宽2.2米，现仍存有台阶。

从敌台81号到敌台82号为155.5米。中途经过便门8号、战台37号、房基29号。

便门8号

在上墙道北有便门一，今存台阶数层，门已毁。

战台37号

位于敌台82号东南17米处墙体上，长方形，台基用条石二至三层平铺，以上砖砌，台顶周砌垛口墙，两侧与墙体相连。南北出墙4.72、东西长7.62、高5.5米。台中间有隔墙两道，形成隔间三个（图［21］110Z37）。垛口墙存高1.7、墙厚0.37米。台顶方砖铺墁（图［21］111Z37）。

房基29号

位于37号战台顶部，砖砌，平面长方形。东西长3.6、南北宽3.2、墙存高1.5、厚0.37米。东西两侧各砌一门，门宽0.95米。墙体多塌毁。

（八二）黄土岭台82号

方向北偏西36°。

位于董家口村西1000米山脊上，此地山势平缓，俗称扁楼沟脑。楼北为“荞麦冲”沟，楼西1500米长城内侧山脚下为城子峪村。楼体正好位于山脊从东向南的拐角处，山脊由此向南偏西而行。

楼体　梯柱形，顺山势而砌，整体除东南毁于地震外，余保存较好。结构尚存（图版［21］255L82）。

楼基　长方形，基底用三至十层条石平铺，以上砖砌。南北宽15.7、东西长7、楼基高4.75米，楼体总高9.7米。

楼体四墙　东西两墙一门一窗，南北两墙各六窗（图版［21］256L82）。

西墙　一门一窗，门居南端，石质，自下而上为门枕石、石门柱、一字石、石券脸。门宽10.4、高2.06、进深（门墙厚）0.28米。门内券宽1.63、高2.65、进深0.82米。门枕石长1.34、宽0.62米，门顶部也有石门额一块，下与门枕石相对。窗居北端，窗门间距1.75米。窗两券两伏，窗外口宽0.5、高约0.8、进深0.37米。窗内龛宽1.4、高2.4、进深0.73米。在门、窗之间有壁龛一，宽0.7、高1.15、进深0.62米。

东墙　结构同西墙。

北墙　六箭窗，形制相同。皆两券两伏，小砖砌。窗间距0.94～0.97米。窗外口宽0.68、高0.95、进深0.4米。窗内龛宽1.45、高2.4、进深0.68米。

楼体内部结构　由东西两道筒拱和一道隔墙组成。筒拱通长13.43、拱道宽1.8、高3.7米。南侧筒拱两端直对楼门（图版［21］257L82）。

隔墙上有二券门，东起第一门距东墙3.2米。门宽1.43、高2.45、进深（隔墙厚）1.48米。二门间距1.52米。两门结构相同。

天井（梯井）　在南侧筒拱顶部，为长方形，东西长0.68、南北宽0.8米，距东墙3.32米。

在敌台82号内南壁上有明万历三十四年修大毛山长城记事碑一方。

楼顶　早年已塌陷。顶周一箍拔檐砖，作出棱角檐，再上存部分垛口墙和出水嘴一处，其他无。

墙体从敌台82号顺山而下，起伏小，坡度较缓，从此向西山体近平漫，墙南山脚下1900米为贺庄村，西侧1400米山脚下为城子峪村，东1100米为董家口村。分为砖砌和石砌两种。

墙体砖砌者长37.5米。多自然倒塌，底用二至三层红褐色条石为基，以上为条砖平铺纵砌，风化严重。墙顶砌腰砖（出沿砖）一层，以上砌垛、宇墙，下有出水嘴，出墙体0.6米，厚0.18、宽0.28、中间水槽深0.5米。每隔15～21米就砌有一处。垛口墙存高1.2米。墙总宽5.52、内高3.7～4.5米，马道宽4.42米。

石墙长232米，皆毛石干砌，碎石、沙土填心，白灰勾缝。墙顶用土夯实。墙宽3.8、存高1.4～1.8米。

从敌台82号到敌台83号为269.5米。中途经过战台38号、墩台16号、台基16号。

战台38号

战台位于石墙内平缓山背上，西连墙体。台体已自然倒塌。用毛石、白灰砌，用碎石、沙土填心，顶部夯土取平。南北宽5、东西长4.6、内侧出墙1.5、存高1.4米。

墩台16号

位于战台38号西15米处墙内侧。毛石、白灰砌，长方形，东西长7.2、南北宽7.2、存高4米。

台基16号

位于战台38号西7米处墙内侧，地势平漫。用毛石干砌，长方形，东西长3.7、南北宽1.8、存高0.6米。

（八三）黄土岭台83号

方向北偏西12°。

位于东西向山脊上，东为“扁楼洼沟”楼，西南1900米是贺庄村，正西是城子峪，东南为董家口村。

楼体　梯柱形，保存完好，四墙门、窗皆存，楼顶头房、楼橹保存较好。

楼基　长方形，基底用五至十层条石平铺，以上用砖砌。东西长10.8、南北宽10.87、楼基高6.65米。

楼体四墙　东墙一门两箭窗（图版［21］258L83）。西墙三窗，南、北墙三箭窗（图版［21］259L83）。

东墙　门位于中，箭窗居两侧。门、窗间距1.23～2.2米。门石质，自下而上为门枕石、石门柱、一字石、石券脸。门外口宽0.9、高1.8、进深（门墙厚）0.39米。门内券宽1.45、高2.95、进深0.9米。门枕石长1.63、宽0.7、厚0.23米。中起门槛，两端门轴各一，石门柱内侧各有门闩孔一，孔径0.15米。两箭窗形制相同，两券两伏。窗外口宽0.6、高1、进深（窗墙厚）0.37米。窗内龛宽1.3、高2.7、进深0.85米。窗台石长1、宽0.45、厚0.12米。中起栏，两端有长方石槽，和圆扇门轴各一，台中一盲孔。

西墙　存有三箭窗，无门。箭窗形制同东墙，不另述。

南墙　三箭窗，并列，形制相同。窗间距2.25～2.3米。窗外口宽0.72、高0.95、进深（窗墙厚）0.35米，窗内龛宽1.3、高2.7、进深1.8米。窗台石长1.05、宽0.46、厚0.15米。石中起栏，栏两端有小石槽和扇门孔各一个，中一盲孔。窗台宽0.58米。在中窗龛内东西壁上，各有梯道口一。为双梯道，相对。

北墙　三箭窗，形制相同，皆两券两伏，窗间距2.17～2.24米。以西窗为例，窗口宽0.61、高1、进深（窗墙厚）0.38米。窗内拱宽1.3、高2.8、进深0.9米。窗台石长0.9、宽0.45、厚0.15米。石中起栏，两端各有长方槽一，扇门轴孔一，一盲孔。

楼体内部结构　由东西三道筒拱和两道隔墙组成。筒拱通长8.4、宽1.61（北侧）～1.78、高4米。两道隔墙上各有三券门，计六座，形制相同。门宽1.3、高2.7、进深（隔墙厚）1.6米。门间距2.2～2.23米（图版［21］260L83）。

梯道　在南墙中窗的龛券两侧壁上，东西相对，双梯道，形制相同。梯道口宽0.83米，上为两层筒拱叠砌，第一层长3.33、高3.8、上升0.75米。第二层长1、拱高0.4米、上升到梯道上口。下为阶梯十一级，宽0.3、高0.3米。

楼顶　周一箍拔檐砖，中作出棱角檐，上为垛口墙，墙高1.65、长1.75、墙厚0.5米。垛口宽0.91、中宽0.51、垛口高0.85、下距地面0.85米。垛口石长0.85、宽0.45、厚0.28米，石中一盲孔。两垛口间有风孔一，宽0.42、高0.42米。在楼顶东西两侧各有出水嘴一个，长0.75、宽0.15～0.22、槽深0.04米。

头房　位于南墙的东西两端，长方形，二房形制相同。东西长2.35、南北宽1.6、墙厚0.41米，墙体外东西两侧为山墙，存高2.5米，内为拱形，高2.15米。头房东侧一门，已毁。头房内为梯道上口，长方形，东西长1.65、南北宽0.81米。

楼橹　位于顶中，平面长方形，东西长6.15、南北宽4.58米。房基底部错出0.09米。房南北两侧各有一门，为一券一伏。门宽0.96、高1.85、墙厚0.4米。门上檐用滚砖和方砖砌出檩、枋和檐檩。房两山为人字坡。山墙总高4.15米。房内为筒拱式，东西长4.9、宽2.57、高3.65米，现存高2.46米。脊顶前后坡覆瓦皆毁，不存。

墙体从敌台83号沿山脊西行，西南1200米为城子峪，墙北谷地较平缓。石墙多倒塌，用毛石、白灰砌，墙宽4.7、内高1.2、外存高1.6米。

从敌台83号到敌台84号为157米。中途经过战台39号。

战台39号

位于敌台83号之西10.5米墙体内侧，筑在一座小山上，但地势平坦，北与墙体相连。台体用毛石、白灰砌，用碎石屑、沙土、填心。顶用沙土夯平。长方形，南北宽5、东西长4、台存高1米。

（八四）黄土岭台84号

位于董家口村西北1400米的山脊上，东南1200米为城子村。地处平缓，楼南山脚下有一季节河自东而西流，楼北山势险峻。

楼体　梯柱形，保存基本完好，墙面、门、窗皆存，顶部垛口墙、楼橹已毁。

楼基　长方形，基底用四层条石平铺，最下层错出平台，以上砖砌。东西长10.9、南北宽11.3、楼基高5、楼体高4.55米，通存高9.55米。

楼体四墙　东西两墙一门两窗（图版［21］261L84）。南北两墙各三窗（图版［21］262L84）。

东墙　门居中，窗分左右，门窗间距1.78～2.37米。门石质，自下而上为门枕石、石门柱、一字石、石券脸。门外口宽0.79、高1.72、进深（门墙厚）0.3米。门内拱宽1.25、高2.5、进深0.93米。门枕石长1.25、宽0.65、厚0.2米。石中起门槛，两端各凿一圆形门轴孔，门内两侧各有一门闩孔，方形，边长0.42、厚0.12、孔径0.14米。两箭窗形制相同，两券两伏，窗外口宽0.4、高0.75、进深（窗墙厚）0.18米，窗内龛宽1.25、高2.1、进深0.95米。窗台石长0.78、宽0.44、厚0.1米。石中一窗槛，左右有长方槽和扇门轴孔，石中一盲孔。

西墙　一门，两箭窗。形制同东墙。

南墙　三箭窗，并列，形制相同。窗间距2.07～2.15米。窗为两券两伏，窗外口宽0.4、高0.75、进深（窗墙厚）0.18米，窗内龛宽1.3、高2.15、进深1.95米。窗台石长0.78、宽0.44、厚0.1米。石中起窗槛，左右有长方槽孔和扇门孔各一。在南墙中窗龛内两侧壁上有梯道一处，东西相对，为双梯道。

楼体内部结构　由南北三道筒拱和两道隔墙组成。每道隔墙上筑三券门，计六座。筒拱南北宽7.8、长2、高3.7米。两拱脚下有长方槽各一排，每排六个，槽长0.15、宽0.2、深0.3米。三筒拱大小、形制皆同（图版［21］263L84）。隔墙厚1.4米。三门间距1.68～2.3米。门宽1.3～1.35、高3.1、进深1.4

米。两隔墙形制、大小相同。

楼顶　周一箍拔檐砖，中作出棱角檐，顶为垛口墙，东侧尚存。垛口墙高1.7、厚1.4、长0.04米。垛口高0.8、中间口宽0.48、内外宽0.8米。用三角砖对砌。垛口石长0.72、宽0.4、厚0.11米。石中起窗槛，中一孔。垛口间有一风孔，宽0.2、高0.23米。孔距2.65米。

在顶东西侧拔檐砖下有出水嘴各一个。顶东西长10.45、南北宽10.1米。

头房　位于南墙东西，已毁。存梯道上口，东西长1.7、南北宽0.8米。口用条砖镶砌。

楼橹　居顶中，长方形，东西长6.9、南北宽5米，墙存高1～1.3米。南北墙上各有一门，门宽1.1、墙厚0.45米。

在敌台84号楼脚下南侧废墟上，发现有残碑一角，其上刻有“万历四十四”字样，分析是楼内墙上镶嵌的，盗碑者将碑刻毁掉一角，而余大块取走。此为残留物，但证明此楼的时代应为万历四十四年（图版［21］264L84）。

墙体从敌台84号向西沿平缓山梁而下，南北坡山势比较缓，西1100米为城子峪村。墙体为毛石、白灰砌，皆倒塌，存残基。墙宽4米、存高1～2.6米。

在敌台84号西南角墙内侧有石砌上墙道一，长3.5、宽2米。东接楼体，北连墙体，南平缓，石阶已毁（图版［21］265L84）。

从敌台84号到敌台85号为78米。

（八五）黄土岭台85号

方向北偏西30°。

位于城子峪村东南1000米山梁上，地势平缓，楼南正对栅子沟，楼北山势较陡。

楼体　梯柱形，保存基本完好，门、窗、墙体和顶均有自然损坏。

楼基　长方形，基底用六至八层条石平铺，随山势取平后砖砌到顶，东西长11.5、南北宽11、楼基高5.9米。

楼体四墙　东西两墙一门两箭窗（图版［21］266L85）。南北两墙各三箭窗（图版［21］267L85）。

东墙　门居南，两窗位于中北部，门窗间距3米。门为石质，自下而上为门枕石、石门柱、一字石、石券脸。门外口宽0.95、高1.95、进深0.36米。门内拱宽1.3、高2.3、进深1米。门枕石长1.7、宽0.8、厚0.5米。中起门槛，两端有门轴孔各一，孔径0.07、深0.03米。两箭窗形制相同，为两券两伏。外口宽0.65、高1、进深0.42米，窗内龛宽1.2、高2.4、进深0.9米。窗下未设台面石。

西墙　一门两窗，结构同东墙。

南墙　三箭窗形制相同，皆两券两伏，窗间距2.05～2.1米，窗外口宽0.65、高1、进深0.42米。窗内龛宽1.34、高2.35、进深0.9米。

北墙　结构同南墙。

楼体内部结构　平面作回形，为一周砌围廊的闭合式拱道，中设一中心室。

南北侧拱道　东西长8.3、南北宽1.6、高3.75米，东西两侧与墙壁相接。

东西侧拱道　南北3.5、宽1.55、高3.75米。东西、南北两筒拱相交处各设一券门，两门形制、大小同。门宽1.55、高2.35米。门上距拱顶1.55米，为两券两伏。

中心室　长方形，东西长5.3、南北宽5.1米，四壁各设一券门，门宽1.35、高2.2、隔墙厚1.27米。

中心室内顶为筒拱式，东西长2.7、南北宽2.7、高3.75米。在室顶设梯井一处，井口东西长1.55、南北宽1米（图版［21］268L85）。

楼顶　因无木梯，无法到达顶口，但可看出顶周一箍拔檐砖，作出棱角檐。以上残存有垛口墙数段。东西两垛墙下有石砌出水嘴各一。顶中有楼橹一，已塌陷。

在敌台85号内发现有石碑一块，碑体呈灰白色，碑身长1.03、宽0.59、厚0.14米。碑周刻忍冬纹一周（图版［21］269L85）。碑之右上角已残，可能有字。但整体碑文清晰可识。碑旁有碑座一，完整。上面长0.8、宽0.38、下面长0.84、宽0.42、高0.42米。碑座顶部有嵌碑榫的槽孔一，长0.25、宽0.18、深0.17米。碑额中刻有“碑记”二字，左右刻云纹，被损坏的左上角是否还有字不得而知。碑文竖写，计16行。

□□□□□仲夏之吉修完石大小水门五十五号台
□□□□□四号烽应建台一座
□□蓟辽保定军务兼理粮饷都察院右都御史
□兵部右侍郎真定梁萝龙整饬蓟州等处边备兼巡
抚顺天等府地方都察院右佥都御史同安陈道基巡
按直隶监察御史历城于鲸整饬永平等处地方兵备
兼管驿传山东提刑按察司副史南海陈万言总理练
兵事务兼镇守蓟州永平山海等处地方总兵官中军
都督府左都都督凤阳戚继光总督军门中军副总兵山
海徐枝协守东路副总兵官榆林孙朝梁抚院中军参
将古北谷九皋总理练兵中军都司佥事黄宗统分守
石门路副总兵甘州张拱立真定标营参将定州胡懋
功督委官原任参将遂平起竭忠提调官永康景良忠
□□千总百户真定王如邦把总百户保定辛大相武
举镇抚武邑闫金臬金石匠耿周等边匠田周等木匠张
钦□等窑匠陈良增等铁匠王志高等鼎建

关于此碑首行记载了时代，因文字漶泐不清，而且记录不详，故有推断必要，碑文第9行，提到有戚继光字，恰是他为蓟镇总兵时所刻，按戚为蓟镇总兵的时间为明穆宗朱载垕隆庆二年（1568年）到明神宗朱翊钧万历十一年（1583年），碑首漫漶字5，可知是在十年以上，如×××××。戚为蓟镇总兵时年超过十年以上，只有“万历十一年”所以推测此碑文有可能为“万历十一年”，即戚调离蓟镇那年所刻，如果是万历十年以前和隆庆二年后就不会出现年款的5字格局（此可佐证此楼是建成时间）。

墙体从敌台85号西行顺山脊而下，直向城子峪河口方向延伸，山势为东西向，西距城子峪900米，距水门寺约1100米（图版［21］270L85）。墙体皆毛石、白灰砌，多自然倒塌。墙宽4.5、高1.6～1.8米。有二次加厚加高的痕迹。墙外与墙体平行有削坡一道，壕沟宽2、深1.5米。内部砌石墙一道，加高形成一道拦马墙。长222米，厚0.5～0.8、存高0.4～1米。

从敌台85号到敌台86号为183.5米。中途经过台基17号、墩台17号、台基18号。

台基17号

位于敌台85号楼南侧，平面长方形，地势平缓。毛石干砌。东西长5、南北宽8、存高0.7～1.5米。在台基北侧楼东侧有上墙道一，长3、宽2、存高1米。上有台阶，已毁。

墩台17号

位于敌台85号楼西199米的山脊上石墙内侧，地势平漫。用大块毛石、白灰砌成。长方形，东西长7、南北宽6、存高1～1.8米。用碎石、沙土夯实。顶周建筑已不存。

台基18号

位于敌台86号东155米的山背上石墙内侧，地势平缓。用毛石干砌，平面长方形，东西长12.55、南北宽10.2、存高1.58米。用碎石、沙土填心、夯实。从残存遗物观察，此台主要存放炮子、雷石等军需之物，现上面长满杂草。

（八六）黄土岭台86号

方向为正南北。

位于城子峪村东800米山梁上，城子峪村西200米为水门寺，北为河口。因接近谷地，山势平缓。

楼体　梯柱形，东墙倒塌，南、西北三墙门，窗外口毁坏。墙体裂隙多，顶部早年塌陷。

楼基　长方形，基底用五至六层条石砌基，以上砖砌，质量较差。东西长10.55、南北宽9.8、楼基高4.15、楼体高6米，通高10.15米。

楼体四墙　东西两墙一门一窗（图版［21］271L86）。南北两墙三箭窗（图版［21］272L86）。

西墙　门南窗北，门窗间距3.41米。门外口不存。内拱宽1.4、高2.4、进深1米。门下有门枕石一块，石长1.35、宽0.62、厚0.1米。中起门槛，内两端有门轴孔一个，内龛宽1.33、高2.4、进深0.98米。

东墙　毁甚。结构同西墙。

南墙　三箭窗，皆两券两伏，形制相同。窗间距1米，窗外口宽0.58、高0.88、进深（窗墙厚）0.38米。窗下无台面石。窗内龛宽1.3、高2.4、进深0.55米。

北墙　结构同南墙。

楼体内部结构　由南北三道筒拱和两道隔墙组成。筒拱通长7.9、宽1.78～2、高3.6米。中央筒拱顶部有梯井一，南北宽1.5、东西长1.1米（图版［21］273L86）。两道隔墙上各砌有二券门，形制相同，皆两券两伏。门宽1、高1.93、进深（隔墙厚）1米。

楼顶　全部毁坏，仅存部分垛口墙。墙体从敌台86号沿着缓山西行逐渐下降，西700米为城子峪村，东约2000米为董家口村。北侧有一条东西沟谷，俗称碾子沟。这一段墙体主要是砖墙，西段有少部石墙。石墙结构质量较差，多倒塌，用毛石、白灰砌，墙宽2～2.8、高2.2米。有二次加宽的痕迹（图版［21］274L86）。

从敌台86号到敌台87号长214米。中途经过房基30号、战台40号、房基31号、台基19号、房基32号。

房基30号

位于敌台86号西侧脚下，北与墙体相连。正方形，毛石干砌，东西长4、南北宽4、墙厚0.4、墙高0.3～0.4米。

战台40号

在敌台86号西23米处主体墙北侧。平面长方形，用毛石、白灰砌，东西长6.6、南北宽3.8、存高3.6～5米。顶周建筑不存。

房基31号

位于战台40号西石墙内3米处，地势平缓。毛石、沙泥砌，长方形，东西长11、南北宽4.1、石墙厚0.6、高0.3米。

台基19号

在房基31号之下，北与墙体相连。毛石、沙泥砌，平面长方形，东西长11、南北宽8.5、存高1.1米。

房基32号

位于敌台87号楼东8.5米处石墙内侧，地势平坦。房基用毛石、沙泥砌，平面长方形，东西长5、南北宽2.7、墙厚0.6、高0.81米。南墙上原有一门址，门宽1米，门口距东墙角1米。

（八七）黄土岭台87号

方向北偏西48°。俗称“黄楼”。

位于城子峪村东600米的山梁上。楼下为一凸起的山包，南北两侧各有一条东西向沟谷，南是碾子沟，北是桃峪沟。桃峪沟东为荞麦冲（衝）。

楼体　已全部坍塌，仅存楼基（图版［21］275L87）。

楼基　平面长方形。基底均用四层条石平铺，以上砖坐白灰。东西长11.4、南北宽8.4、楼基高4米。基底最下一层条石错出。楼基上为乱砖一堆。

墙体从敌台87号楼顺山坡而下，西面山侧脚下250米为“桃峪沟”口，北为桃峪沟，南为碾子沟，再西南为城子峪村。石墙大部毁坏，皆毛石、沙泥砌，外用白灰勾抹。石墙宽2、高2.8～3米（图版［21］276L87－L88）。

从敌台87号到敌台88号为137米。中途经过战台41、42号。

战台41号

位于敌台87号西53米处石墙上。墙体地处平漫。台体长方形，毛石、沙泥砌，白灰勾抹。南北横跨石墙，南北宽9、东西长6、存高0.5米。顶建筑已不存。

战台42号

位于41号战台西5.7米处石墙内侧。长方形，毛石、沙泥砌，东西长6.15、南北出墙2、存高2.4米。

（八八）黄土岭台88号

方向北偏西30°。俗称“钱家楼”。

位于桃峪沟口东的一个山梁上，北侧为桃峪沟，南侧为碾子沟，楼西距城子峪村约500米。楼北3～4米处山坡上有削坡一道，与墙体平行西去。

楼体　毁坏严重，顶部坍陷，四墙壁裂或倒塌，东墙最为严重。

楼基　长方形，基底用四层条石平铺，以上用砖。东西长10.35、南北宽10.55、楼基高3米（图版［21］277L88）。

楼体四墙　东西两墙劈裂，原为一门一窗，自然毁坏。南北两墙各三窗（图版［21］278L88）。

南墙　三窗，形制相同。间距1.75米，窗外口宽0.58、高1.1、进深（窗墙厚）0.27米。窗内瓮宽0.85、高2.2、进深1米。窗台石已毁。

北墙　三箭窗，形制同南墙。

楼体内部结构　原为砖木结构，楼内四角及壁间均有木槽朽木痕迹。现结构皆毁坏（图版［21］279L88）。

楼顶　从残墙可看出，顶周有一箍拔檐砖，作出棱角檐。上为垛口墙，每面有四垛口。垛墙高1.2、厚0.4、长1.3米。两侧宽0.8、中宽0.5、存高0.45米。垛口下有风孔，孔宽0.25、高0.3米。

墙体从敌台88号沿山梁西行，山势平漫，西为坡地，再西110米为“桃峪沟口”，为两山谷地，墙体皆毛石干砌，碎石、沙土填心。墙总宽3.4、高2.3米。从墙外皮可看出有二次加厚的痕迹，后加宽为0.8米（图版［21］280L88）。

在敌台88号楼西2.7米处有石砌上墙道一处，宽2、南北出墙2米，台阶已毁。

从敌台88号到敌台89号为119米。中途经过台基20号、房基33号、战台43号。

台基20号

位于敌台88号的南侧坡地上，平面长方形，东起楼体东南角、西至墙体内侧，平面长方形，台基南地势平坦。台体用毛石干砌，碎石、沙土填心。东西长25、南北出墙5、存高1.4米。

房基33号

位于敌台88号西5米处石墙内侧，方形，毛石干砌，东西长4、南北出墙4、墙厚0.6、存高0.5米。

战台43号

位于敌台89号9米处墙体外侧。战台南侧与石墙相接，方形，毛石沙泥筑，碎石、沙土填心，顶部夯实，东西长5.2、南北出墙5、存高3米。

（八九）黄土岭台89号

位于城子峪城北350米，桃峪沟口东侧山坡上，北侧山脚下是桃峪沟，南侧是碾子沟，楼体筑在山梁脚下。楼体近谷底西侧有小门一处，东西与石墙相接，南北为缓平谷地，地势低平。楼北有削坡痕迹，壕沟宽1.6、深0.9米，与主体墙平行。

楼体　已全部倒塌，楼基掩盖在废砖堆中。东西长10.35、南北宽10.55米，存高3米。

楼体四墙和顶部不存（图版［21］281L89）。

墙体从敌台89号楼西行下到谷地行9.3米过桃峪沟口一水门，石墙加宽而精细，皆用大块毛石、白灰砌，墙宽5.2、存高2～3.3米（图版［21］282L89－L90）。

从敌台89号到敌台90号为85米。中途经过桃峪沟口。

桃峪沟口（柳河冲口）

位于桃峪沟南侧，东西两山丘高起，中为沟谷口，门位于谷底中部，此处是沟西端入口，口门是为排泄洪水而建的一座水门，门四面是条石包砌，上用砖拱，现门顶已塌，原结构不存。水门口东西连石墙。口门宽约4、门边长5米。门两侧墙存高0.3～1.2米。“桃峪沟口”是现今当地群众的称呼，原名可能不叫“桃峪沟口”，或可另有他名。《四镇三关志》蓟州地形图董家口堡和城子峪堡之间有“柳河冲堡”即““柳河（衝）堡”，恰与此位相应，又桃峪沟之东有“荞麦冲”沟，而“冲”是旧名，冲即衝，衝要之意，“荞麦”二字和晚期谷物种植有关，“柳河”二字去掉改为“荞麦冲”或有可能，分析“桃峪沟口”即柳河衝堡下水口口门。《四镇三关志》“柳河堡，洪武年建，断虏墩，山梁通众骑，极衝，余山通步缓。”①

（九〇）黄土岭台90号

位于桃峪沟口口门西侧60米的山脊上，地势较为平坦。楼西南260米是城子峪村。楼北侧继续有削坡

① 《四镇三关志·形胜》蓟镇地形图，二十六乙，中国科学院图书馆藏本。

筑拦马墙痕迹。

楼体　全部倒塌，仅存楼基，长方形，基底用一至四层条石平铺，以上砖砌，东西长11.3、南北宽8、高1.34米（图版［21］283L90）。以上不存。

石墙从敌台90号西北行，山势平漫，缓降为丘陵坡地。用毛石、白灰砌，墙宽2.5、残高0.7～1.6米。

在敌台91号楼东墙体上发现有石雷一，圆柱形，长0.14、直径0.08、中孔径0.05、深0.1米。孔旁有放药捻的小槽（此石雷到处都是）。

从敌台90号到敌台91号为71.5米。

（九一）黄土岭台91号

位于城子峪村东300米山梁上，西侧山脚下150米为城子峪口。楼东长城内为碾子沟，外为桃峪沟。

楼体　梯柱形，四墙、门、窗皆毁坏，顶已坍塌。基本是存楼基和以上残墙。

楼基　长方形，基底用三至六层条石平铺，以上砖砌。东西长11.5、南北宽10、石基高1.35米，通存高5.55米。

楼体四墙　皆残。东墙存一门二窗，南北两墙各存三箭窗（图版［21］284L91）。

东墙　一门二箭窗。门为两券两伏，外口已毁。门内拱宽1、高2.1、进深1.3米。二窗形制相同，间距1.2米，外口皆毁。窗内拱宽1.3、高2.1、进深1.3米。

西墙　已毁。结构同东墙。

南墙　三箭窗，形制相同。两券两伏，窗间距1.85米。窗外口宽0.65、高0.78、进深0.32米。窗内拱宽1.13、高2.05、进深1.1米。窗台石无存。

北墙　结构同南墙。不另述。

楼体内部结构　由南北向三道筒拱和两道隔墙组成（图版［21］285L91）。筒拱通长已毁，约在7.33、宽1.85～2、高2.75米。两道隔墙上各有三券门，形制相同。门宽1.04、高1.89、进深（隔墙厚）0.95米。门间距1.45～1.5米。在中央筒拱南侧0.55米处有长方形梯井一，东西长1.3、南北宽0.9米。

楼顶　周一箍拔檐砖，中作出棱角檐，上为垛口墙。垛墙存高1.55、墙厚0.6、长1.65米。垛口高0.9、宽0.45、内外口宽0.95米。两垛口之间有风孔，风孔宽0.4、高0.55米。楼顶平面长方形，东西长10.47、南北宽8.75米。

顶中　有楼橹一处，已倒塌。平面长方形，东西长6.1、南北宽4.1米。中间天井出口距东墙2.4米，南墙1.2米处出口长方形，东西长1.8、南北宽0.8米，楼橹墙厚0.6米（图版［21］286L91）。

墙体从敌台91号西行进入山间谷地，地势低凹，为南北河道，150米为城子峪口，再西沿山坡上行82米为敌台92号。此段墙体皆砖砌，原墙体宽厚而高大，基底用二至三层条石铺，以上砖包到顶。现墙顶、垛、宇墙皆不存，墙宽7.4、外存高3.6、内存高2.8米。墙内用碎石、沙土填平。顶部为方砖铺墁。

从敌台91号到敌台92号为232米，其中砖墙172米，墙体已毁，不存者有60米。中途经过围墙、台基21号、战墙、削坡、墩台18、19号和城子峪口（图版［21］287L91）。

围墙

在敌台91号南，呈半弧形，石砌围墙存高0.4、墙厚0.8米。

台基21号

位于围墙东有不规则台基一处，石砌，东西长25、南北宽18、存高约1米。

在敌台91号北侧坡地上，砌起战墙一周，长方形，东西长17、南北出墙7米，东西两侧分别与墙体相连，把敌台围在中间，作为敌台的外层防线。

削坡—拦马墙

削坡和拦马墙在91号楼北10米处山坡上，挖壕一道，内面削坡修拦马墙。壕沟存宽8、深6米。沟内侧利用削坡筑起石墙。又北为墩台18号。从墩台18号向西250米为墩台19号。

墩台18号

位于敌台91号北200米的山顶上，墩台和长城之间有一道石墙相连，石墙南起削坡北沿，墙长94、宽4、高3米。台体用毛石干砌，东西长10、南北宽9、存高5米。在墩台四周砌有战墙一圈，将墩台围在中间，形成“护墙”，战墙东西长19、南北宽16、高0.2～0.3米。

墩台19号

位于城子峪口西北250米的平坦空地上，墩台西侧是公路，西南300米为城子峪村。墩台位于两山相夹的谷底要衝，扼守城子峪口。台体方形，用毛石干砌。东西长13、南北宽13、存高5米。

城子峪口

位于敌台91号与92号之间，西距92号楼82米。西南距城子峪村（城址）150米，口门在大海岭沟（季节河）中间，口门东山上有墩台分布，口南250米山上有山神庙一座（该处今存石碑2块），正南河道东侧为军教场（图版［21］288）。口门在大海岭沟的的河道上，早年山洪暴发冲毁，河道宽60米，门址宽约2.5、门道长约6.5米，原建筑痕迹皆无。《四镇三关志》“城子峪堡，弘治十三年建，通川一道，西城头迤东至东山墩、东洼，俱平漫，通众骑，极衝，余山通步缓”[①]。文内“通川一道”即口门。

（九二）黄土岭台92号

方向北偏东24°。

位于城子峪村北约200米之平地上，东北方是城子峪口。刚好是大海岭沟西侧沟口位置。四周山峦起伏，长城东西横贯。

楼体早年拆毁，现已成为废墟。基底用条石平铺，以上砖砌。上面为残砖碎石所掩盖，东西长10、南北宽10、存高1.5米（图版［21］289L92）。

墙体从敌台92号沿缓坡从大海岭沟西行（图版［21］290），墙南为城子峪村。墙体皆砖砌，现已人为拆毁。墙宽7.4、存高2.8（内侧）～3.6米（外侧），墙顶马道方砖铺墁，垛、宇墙不存。

从敌台92到敌台93为81米。中途经过战台44号。

战台44号

位于敌台92号西36米处的墙外侧，南连砖墙。台体基础用条石砌起，以上用砖。东西长8、南北出墙2.8、存高3.4米。台北为大海岭沟沟口。

（九三）黄土岭台93号

方向北偏东24°。

位于城子岭村北180米的山脚下，楼北为大海岭沟沟口，楼南为耕地。地势平坦。

楼体　已自然倒塌，其上建筑皆毁，仅存楼基（图版［21］291L93）。

楼基　底用四层条石平铺，以上砖砌，现已成为一堆碎砖。东西长10、南北宽10、高约1米。

---

① 《四镇三关志·形胜》二十六乙，中国科学院图书馆藏本。

墙体从93号楼所在山脚下西行，开始直向西山（即城子峪北山）爬行，砖墙也由宽变窄，墙基用四层条石平铺，以上砖包到顶。垛、宇墙皆不存，墙宽7.4、存高2.8～3.6米。

从敌台93号到敌台94号为173米。

（九四）黄土岭台94号

方向北偏东12°。俗称“扁楼”。

位于城子峪村150米北侧的北山上，山梁平漫，楼体依山而砌，长城在北山梁上西北行，北面陡峭山下是“大海岭沟”。

楼体　梯柱形，自然毁坏严重，四墙门、窗及顶部皆毁坏。

楼基　基底用四至五层条石平铺，以上砖砌。方形，东西长11、南北宽11、基高3.75米（图版［21］292L94）。

楼体四墙　东、西两墙一门两箭窗，南北两墙三窗（图版［21］293L94）。

东墙　门居南端，中、北为箭窗。门为两券两伏，外口已毁，门内拱宽1.27、高2.25、进深0.9米。门窗间距2.17米。两窗形制相同。外口皆毁。窗内龛宽1.27、高2、进深0.8米。

西墙　结构同东墙。

南墙　三箭窗，形制相同。窗间距2.32米。窗外口已毁。窗内龛宽1.3、高1.87、进深1.59米。在中窗龛券内东西两壁上各有梯道一个。

北墙　结构同南墙。

楼体内部结构　由三道南北向筒拱和两道隔墙组成，筒拱通长7.7、宽1.84、高3.4米。在筒拱两侧拱脚位置各有一排长方木槽痕，每排六个（图版［21］294L94）。

隔墙　上各有券门三个，计六座，形制相同。门宽1.17、高1.95、进深（隔墙厚）1.52米，门间距1.82米。

楼梯道　在南墙中窗内龛券的东西两壁上，两梯道东西相对，形制相同。梯道口宽0.7米，上为三层筒拱叠砌。第一层长2.75、高1、上升0.65米。第二层长0.7、拱高0.35、上升0.6米。第三层长0.55米上升到梯道上口。下存台阶九级，阶宽0.25、高0.3米，每层台阶上部有木槽板一个。

楼顶　周有一箍拔檐砖，中作出棱角檐，上存垛口墙，已残。楼顶南侧，存有梯道上口各一个，大小相同，东西长1.42、南北宽0.7米。两出口相距5.65米。上部头房不存。顶中原有楼橹一，已不存。顶部东西长10.5、南北宽10.7米。

墙体从敌台94号顺山背西北行，墙北陡而墙南缓。人为破坏严重（图版［21］295L94）。砖筑基底用二至四层不等条石平铺，取齐后以上砖砌到顶，用碎石、沙土填心。墙宽5、高1.2～3.6米。墙顶、垛、宇墙皆不存。在墙内发现流水槽一个，石质，全长1.46、水槽长0.55、宽0.33米。流水嘴细长，长0.95、宽0.09～0.16米，槽体厚0.35米。

从敌台94号到敌台95号为232米。中途经过台基22号、墩台20号。

台基22号

位于敌台94号南侧，西起楼体西侧，东至楼东，全部毛石沙泥筑成。长方形，东西长32.76、南北出墙16.5、存高4米。

墩台20号

位于敌台95号东57米处墙内侧，地势稍高，位于山背脊部。台体平面长方形，毛石、白灰砌，东西长7.2、南北宽5.75、高2.5米。

在敌台95号东墙1.2米处有上墙道一，侧观石阶斜面为三角形，已毁，道宽2.1、长3米。

（九五）黄土岭台95号

方向为正南北。俗称“城子峪后楼”。

位于城子峪村北300米北侧山顶上，楼东为大海岭口南沟口。山势较缓。

楼体　梯柱形，风化严重，四墙门箭窗多毁坏，顶部分塌陷。

楼基　方形　基底用五至七层条石平铺，最底一层错出，以上砖砌，东西长9.9、南北宽9.9、楼基高5.1米。

楼体四墙　西墙一门二箭窗（图版［21］296L95）。东墙三窗，南北两墙各三窗（图版［21］297L95）。

西墙　门居中，门窗间距1.22～1.3米。门外口已毁，拱券形。门内拱宽1.33、高2.8、进深0.9米。门左右两窗，形制相同，两券两伏。窗外口宽0.63、高约0.8、进深（窗墙厚）0.24米。窗内拱宽1.15、高2.5、进深1.2米。

东墙　三箭窗，形制同西墙，两券两伏。窗口宽0.6、高0.8、进深（窗墙厚）0.3米。窗内龛宽1.12、高2.44、进深1.08米。无窗台石。

南墙　三箭窗，形制相同。两券两伏。窗间距1.7米。窗外口宽0.63、高0.8、进深（窗墙厚）0.24米。窗内龛宽1.15、高2.45、进深1.9米。在南墙中窗内龛券两侧有梯道口各一，东西相对，为双梯道。

楼体内部结构　由南北向三道筒拱和两道隔墙组成。筒拱通长已毁，长约7.5、宽1.43～1.67、高3.8米。隔墙上各有三券门，计六座。门宽1～1.2米，门间距1.45～1.48米（图版［21］298L95）。

梯道　位于南墙中窗龛券内两侧。形制相同。梯道口宽0.85米。顶为三层筒拱叠砌。第一层长2.25、高3.4、上升0.7米。第二层长1.02、上升0.52米。第三层长0.6米，上升到梯道上口。下砌砖阶，多毁。

楼顶　顶周一箍拔檐砖，中作出棱角檐。以上垛口墙多倒塌，东西两侧尚存流水槽一处。

头房　位于南垛墙下的东西两端，已倒塌。两头房形制相同。平面长方形，东西长2.3、南北宽1.85、存高2、墙厚0.35米，北侧一门，门宽0.88米。两头房相距4.77米。头房内梯道出口东西长1.58、南北宽0.85米。

楼橹　位于顶中，已毁。长方形，东西长6.3、南北宽4.62、墙存高3.1米。南北各一门，已毁。门宽1.3米。

在95号楼东侧有台阶一处，紧靠墙内，长6、宽2米，台阶已毁。

墙体从敌台95号西北行，山势平缓，南侧山脚下为“城子峪村”，东为大海岭沟南口。墙体包括砖墙和石墙两段。

砖墙　在东段，长114米，基底用四至七层条石平铺，以上砖砌到顶，顶内外砌腰砖（出沿砖）一层以上砌垛、宇墙，马道方砖铺墁，现垛、宇墙皆不存。现宇墙下存有出水嘴一处，长0.65、厚0.32、宽0.24～0.36米。砖墙总宽4.8、高2.5～4.5米。

石墙　在西段，长72米，皆毛石、白灰砌，体窄小，纯属窄体墙，墙宽0.8、存高0.4～1米。

从敌台95号到敌台96号为186米。中途经过便门9号。

便门9号

在楼西7.45米处，有内口门一，门已倒塌，存上墙道，砖阶宽2.2、长1.8、台阶宽0.27、高0.22米。

（九六）黄土岭台96号

方向北偏南12°。俗称“方楼”。

位于敌台95号西的一个山梁上，东南600米山脚下为城子峪村，东为大海岭沟，东北为山神庙村。山势北陡南缓。

楼体　方柱形，大部自然毁坏，存四墙和门、窗，顶部结构已无。

楼基　平面长方形，基底用四层条石平铺，以上砖砌到顶。东西长10.8、南北宽11.3、楼基高4.7米，通存高9.7米。

楼体四墙　西南墙一门二箭窗，东、北墙三箭窗（图版［21］299L96）。

西墙　一门两窗，门居中，窗列左右，门窗间距2.12米。门外口已毁，估计是石门已被拆走。门内拱宽1.3、高2.25、进深1.7米。门内拱两侧有梯道口各一。两箭窗形制相同，以北起第一窗为例，两券两伏，窗外口宽0.52、高0.8、进深（窗墙厚）0.2米。窗内拱宽1.27、高2.25、进深1.7米。窗台石长0.95、宽0.5、厚0.12米。石中起窗槛，内两端有圆形门扇轴孔，外有长方槽。现窗内有“Ⅱ”形木框槽痕迹。

南墙　一门两箭窗，形制同西墙。门居中，石质，自下而上为门枕石、石门柱、一字石、石券脸。门口宽0.82、高1.8、进深（门墙厚）0.27米。门内拱宽1.25、高2.1、进深1.05米。门枕石长1.15、宽0.54、厚0.16米。石中起门槛，内两端各有门轴孔一个。门左右两箭窗，形制同西墙。

东墙　三箭窗，并列，形制相同。窗间距2.12～2.24米。窗外口宽0.52、高0.8、进深（窗墙厚）0.2米。窗内瓮宽1.3、高2.3、进深0.83米。窗台石长0.95、宽0.35、厚0.12米，中起窗槛，内两侧有扇门轴孔各一。

北墙　结构同东墙，不另述。

楼体内部结构　由东西三道筒拱中间两道隔墙组成。筒拱通长7.47、宽1.9、高3.6米。每道筒拱两侧拱脚位置有方形木槽痕六个（图版［21］300L96）。

隔墙为东西向的南北两道，长7.47米，隔墙厚1.45米。每道隔墙上有三门，计六座，形制相同。门宽1.34、高2.2、进深1.45米。

楼梯道　位于西墙中门内拱的南北两侧，为双梯道，形制相同，拱道宽0.72米。顶为三层筒拱叠砌，阶梯式向上。第一层筒拱长3.03、拱高0.4、上升0.43米。第二层筒拱长0.38、上升0.5米。第三层筒拱长0.4米，再上升为梯道上口。下为砖阶十级，阶宽0.27、高0.33米。大部毁坏。

楼顶　周一箍拔檐砖，作出棱角檐，顶部平面东西长10.8、南北宽11.3米，收分不大。

头房　已毁。存南北两梯道上口。结构相同，南北宽1.8、东西长0.75米。

楼橹　位于顶中，已毁。

墙体从敌台96号沿山脊西北行，地势升高，东南700米为城子峪村。仍是山体北陡南缓，多砌窄体墙于山脊，用毛石干砌，墙宽0.6～1、存高0.2～0.5米。

削坡—拦马墙

在敌台96号北侧山坡上距主体墙10～15米的平缓处北行，有削坡一道，长160米。外挖壕，内筑墙。壕宽2～3.6、深存0.5～1.7米，壕沟内侧石墙一道，宽0.8、高0.8～1.5米。多已倒塌。

从敌台96到敌台97号为182米。中途经过房基34号、战台45、46号。

房基34号

位于敌台96号西8.5米处。平面方形，用毛石干砌，东西长5.2、南北宽5.7、存高0.45～0.65米。

战台45号

在敌台96号西北37米处石墙内侧山丘上。台体长方形，用毛石、白灰砌。台基高1米，以下出台0.6米，战台顶部平面长方形，东西长7、南北出墙6.4、存高2.1米。战台南有台阶一道，道宽3.3、长2.1米，石阶已残。台内用碎石、沙土填夯。

战台46号

在敌台97号南52米处墙体内侧。台体长方形，用毛石、白灰砌。南北出墙6.4、东西长7、存高2.1米。台顶建筑不存。

（九七）黄土岭台97号

方向东偏北12°。

位于山面交汇处的顶部，西侧山脚下700米是“长城村”，西南1200米为“半壁山”，是附近的高峰，海拔359米[①]，山势北陡西南缓，东800米为大海岭沟山神庙村。

楼体　长方柱体，东、西两墙破坏较甚，墙体劈裂。门、窗外口多毁，顶建筑不存。

楼基　长方形，基底用三层条石平铺，最下一层错出，石基以上用“T”字砖砌。东西长7.7、南北宽14.9、楼基高4.6、楼体4.1米，通高8.7米。

楼体四墙　南北两墙一门一箭窗（图版［21］301L97）。东西两墙皆五箭窗（图版［21］302L97）。

北墙　一门，居西端，箭窗居东。门外口已毁，石门框被人拆走。门内拱宽1.63、高3、进深0.8米。箭窗门之间距2.2米。窗为两券两伏。窗外口宽0.68、高0.99、窗墙厚0.33米。窗内龛宽1.33、高2.42、进深0.65米。窗口下有窗台石一块。

南墙　一门一箭窗，布局结构同北墙。

东墙　五箭窗，并列。窗间距1.1米，形制相同。两券两伏。窗外口宽0.68、高0.99、进深（窗墙厚）0.33米。窗内拱宽1.62、高2.4、进深0.65米。窗口下有台面石一块。

西墙　五箭窗，结构同东墙。

在北墙门、窗之内有储藏室一，拱券形，室口宽0.78、高1.2、进深0.63米。室内地面与楼面平。

楼体内部结构　因此楼为扁长楼，故较方楼有变化，楼内由南北向两道筒拱中间一道隔墙组成。隔墙上有四券门，储藏室三处（图版［21］303L97）。筒拱南北长12.5、宽1.95、高4.1米。

隔墙　上有四券门，门间距1.65～1.87米。门宽1.8～1.87、高2.3、进深（隔墙厚）1.7米。隔墙上门之间有储藏室三处。拱门宽0.73、进深1、高1.2米。

楼梯道　在隔墙的第二、三门之间有梯道一处。拱门式，门宽0.8米。门口内由三层叠砌拱顶组成，门内向上0.75米为一层拱顶，一层高0.35、长1.2米。折向北为南北向拱顶。第二层拱顶长1.3、高2.8、向上0.3米为第三层拱顶。第三层拱顶长0.4米，再向上为梯道上口。正面砖阶多已毁坏。

楼顶　平面长方形，东西长7.6、南北宽14.6米。顶周一箍拔檐砖，作出棱角檐，垛口墙不存。在北侧砖檐上存有出水嘴一。顶部原建筑，头房、楼橹皆不存。顶中间只存梯道上口一。东西长1.3、南北宽1.7米。

---

① 五万分之一图标，前所K－50－144－A。

墙体从敌台97号沿山脊西北行，山势下降，但仍陡峭，北侧山脚下为河口村，东侧山脚下是大海岭沟，东南1000米为城子峪村。墙体仍石砌窄体墙，但宽窄断续不一。墙宽3.4、存高1.8～2.85米。用白灰勾抹。

从敌台97到敌台98号为154米。

（九八）黄土岭台98号

方向东偏南15°。

位于敌台97号西北的山背上。楼北山脚下200米是河口村，楼东是大海岭沟和山神庙村，东山脚下500米为“河口水库”。

楼体　毁坏严重，四墙大部自然倒塌，仅存楼基和一单面墙。门窗内部结构，楼顶皆毁坏不存。

楼基　平面长方形。基底用二至八层不等条石砌基，以上砖砌，质量较差。东西长10.25、南10、楼基高4.7米。

南墙　一门两箭窗。外口皆毁。门内拱宽1.4米，门窗间距1.47米。窗内龛宽1.47、高1.9米。窗内尚存有木边框槽的痕迹。窗与窗之间也有木柱槽，可以看出原为砖木结构（图版［21］304L98）。

东墙　三箭窗，形制相同。仅存窗内龛，宽0.8、高1.9米（图版［21］305L98）。

西、北两墙倒塌。

楼顶残墙上存垛口墙和风孔。

墙体从敌台98号以北改为砖墙，仅26米。再西北为119米石墙，沿山脊行。

砖墙　基底用二至三层条石铺砌，以上砖包到顶。垛、宇墙不存。墙宽5.9、存高2.1米，内外均有二次加宽的痕迹，加宽0.9米。

石墙　在北侧山脊上，用毛石、白灰砌，墙总宽2.65、高1～1.45米（图版［21］306L98）。

从敌台98号到敌台99号为145米。

（九九）黄土岭台99号

方向正东西。

位于河口村南300米的山坡上，东600米为山神庙村。东山脚下200米是河口水库。山势较缓。

楼体　全部倒塌，仅存基址。

楼基　条石多被拆走，现存一堆废砖石。平面长方形，东西长10.7、南北宽11.2、楼基高（四层条石）1.5米，通存高3.2米。

楼体四墙　全部坍塌。

墙体从敌台99号顺山坡而北下30米过河口口门再北行，皆用毛石干砌。墙宽4、高2～3.5米，上部多毁，少部墙顶用薄石板铺墁。

在敌台100号东侧内有上墙道一，石砌墙道长4.6、宽1.5米。道两侧存有护墙，高1.6米，墙道下距地面1.4米。

从敌台99号到100号为263米。中途经过小河口口门一处。

小河口口门

位于河口村，今改名为“长城村”东南角的山崖之下，口门与村相距15米，河口口门刚好建于敌台99号到敌台100号之间（图版［21］307L99－L100）。现口门在墙体上仅存一道豁口，其紧靠南侧悬崖筑起，口南侧石崖壁立有如刀削，近似90°角。石崖北砌口子。口门原是一水门，为拱形门洞，现拱顶不存，仅存一大缺口，口宽2.5、门道长4米，口北紧接石墙。石墙从此由北转向西行。《四镇三关志》“大毛山下”有“小河口堡，洪武年建，小河一道，临边，通步缓”[①]。可见今河口村有堡，堡子河北有口，应初建于明初洪武年间。

（一〇〇）黄土岭台100号

方向北偏东15°。

位于河口村东北角，楼东西两侧突起。

楼体已彻底破坏，基底为废墟所掩盖。平面正方形，下用三层条石平铺，以上砖砌。东西长10.9、南10.9、楼基高1.3米。

楼体四墙　均倒塌，南墙存高6米，其他结构不存。

墙体从河口村（今名长城村）北侧，由东向西行。毛石干砌。墙宽3.9、高3.4～3.7米。

从敌台100号到敌台101号为92米。中途经过战台47号。

战台47号

位于敌台100号西31米处墙外坡地上，地势平缓。台体已毁。用大块毛石砌起。平面方形，东西长7.3、南北出墙3.85、存高3.15米。

（一〇一）黄土岭台101号

方向北偏东15°。

位于河口村西侧山脚下，楼东地势平坦，两侧依山而建。

楼体　倒塌，破坏严重，仅存楼基。

楼基　方形，存东部，基底用条石六层，以上砖铺，东西长11.5、南北宽10.1、存高3.8米。

石墙从河口村西北顺山体上行向西延伸。皆用大块毛石干砌，山体也逐渐变窄，多砌窄墙，或断为山险墙，高1～2、存宽3.15米。

从敌台101号到敌台102号为80米。

（一〇二）黄土岭台102号

方向北偏东45°。

位于河口村的西北角，楼体坐落在半山腰的100米处，墙体由东南向西北顺山体走向由下而上。

楼体　已彻底破坏，上半部自然倒塌，今存基址（图版［21］308L102）。

楼基　平面方形，东西长11.3、南北宽11.2、墙存高7.5米。楼基以上存残墙和箭窗。

墙体　自敌台102号沿山脊西行，山势开始陡峭，东西距河口村约110米。墙体皆用毛石、白灰砌，用碎石沙土填心、夯实。石墙宽2、存高0.7～1.5米。

从敌台102号到敌台103号为116米。中途经过战台48、49号、台基23号。

战台48号

位于敌台102号西29米墙体外侧。处在地势东高西低的半山腰上（图版［21］309Z48）。此台南依主体墙，东、西、北三面跨出，毛石、白灰砌，东西长9.9、南北出墙3.5、高5.25米。台顶建筑已不存

① 《四镇三关志·形胜》二十六乙，中国科学院图书馆藏本。

（图版［21］310Z48）。

战台49号

东距战台48号16米，位于墙体内侧。已倒塌。全部用毛石、白灰砌，用碎石、沙土填心、夯实。长方形，东西长4、南北出墙3.5、存高0.2米。

台基23号

东距战台49号2米，主体墙之内侧，北依墙体，地势较高。台体为自然石砌，东西长6、南北宽4、台基高0.6米。

（一〇三）黄土岭台103号

方向北偏西15°。俗称“三道楼”。

位于敌台102号西，楼东220米为河口村，楼南、北为东西向沟谷，由此向西逐渐升高。

楼体　梯柱形，基本保存完好。仅门、窗和楼顶遭自然损坏，四墙风化严重。

楼基　长方形，基底用五至十层条石平铺，以上砖砌，东西长12.35、南北宽8.6、存高8.8米（图［21］112L103）。

楼体四墙　南墙一门两箭窗（图［21］113L103）。北墙四箭窗，东、西墙皆二箭窗（图［21］114L103）。

南墙　一门二箭窗，门居中，窗列东西，门、窗间距2.2米，门下距地面2米。门为石质，自下而上为门枕石、石门柱、一字石、石券脸。门外口宽0.9、高1.85、进深0.34米。门内拱宽1.2、高3.4、向内进深0.45米为梯道，东西各砌一处（图版［21］311L103）。东西各箭窗一，形制相同。在梯道外侧墙上筑起。在梯道内有一片长1.9、宽0.8米的平台，南侧墙壁上砌窗，窗外口宽0.6、高0.78、进深（窗墙厚）0.27米。窗内龛宽0.84、高1.45、进深0.47米。窗下有窗台石一块，长0.9、宽0.44、厚0.13米。石中起栏，栏外两端各圆形扇门轴一个，直径0.04、深0.02米。栏内侧两端各长方槽一。

北墙　四箭窗，并列，形制相同。窗间距1.33米。皆两券两伏。窗外口宽0.6、高0.78、进深（窗墙厚）0.37米。窗内龛宽1.3、高2.55、进深0.9米（图版［21］312L103）。

东墙　二箭窗，形制相同，皆两券两伏。窗外口皆毁。窗内龛宽1.01、高2.4、进深0.95米。

西墙　两箭窗，结构同东墙。

墙体内部结构　由东西两道筒拱和一道隔墙组成。筒拱通长6.8、宽1.6、高3.6米。隔墙上有三券门，形制相同。门宽1.6、高2.25、进深（隔墙厚）1.84米。门间距2.55米（图［21］115L103）。

梯道　在南墙中门的两侧（图［21］116L103）。梯道宽0.85、高3米。以东侧梯道为例，顶由东西向斜拱组成。门宽0.85、门墙厚0.4米。斜拱通长3.05米。下为台阶九级，每级宽0.25、高0.27米。箭窗在斜拱内南侧属于封闭式，在筒拱的拱道内，看不到箭窗。

楼顶　周一箍出檐砖，中作出棱角檐。以上砌垛口墙，全部人为破坏。只楼顶东侧存出水嘴一个（图［21］117L103）。

头房　在楼顶南面东西两侧，房内为梯道上口。梯道上口长方形，东西长1.3、南北宽0.8米。头房顶部已塌，存部分房顶，拱形。房外皮南北宽2.55、东西长1.5、残墙高2.1米。房北侧一门，门宽0.85米。二头房形制相同。头房东侧墙壁上有箭窗各一，两券两伏。窗外口宽0.5、高0.68、进深0.22米。窗内拱宽0.64、高1.11、进深0.37米。窗下有窗台石一，石长0.7、宽0.42、厚0.2米。石上起栏，两端有长方槽各一。

楼橹　位于顶中，平面长方形，南北宽6.55、东西长3.54、高约2.5米。顶已倒塌。南壁上有一门两窗，中部拱门宽1.1、高1.65米。北壁上也有拱门一。两窗形制相同。窗口宽0.8、高1.2、进深0.8米。

墙体从敌台103号沿山坡向上爬行（图版［21］313L103－L104）。山势陡峭，怪石横生，石墙断断续续，东距河口村350米，北侧小沟名“二楼洼”。

石墙用大块毛石、白灰砌，墙宽2、残高1.2～2米。在敌台100号西侧有一断口形成一便门。

从敌台103号到敌台104号为225米，其中石墙175米、无墙（山险墙）50米。中途经过战台50、51号，墩台21号、房基35号。

战台50号

位于敌台103号西侧43米山梁上的墙体内侧。北依主墙，长方形，毛石、白灰砌。东西长3、南北出墙1.5、存高0.6米。

战台51号

位于战台50号西，台北侧是“二楼洼”沟。用毛石、白灰砌成。平面方形，东西长5.6、南北宽4.3、存高3.2米。台下接近地面有一层石基错出，高0.5米。

墩台21号

位于“二楼洼”沟南山第一峰顶上。东距河口村550米，南侧山脚下为龚家楼，西为平顶峪村。台上立有长城保护标志，水泥柱一根（图版［21］314D21）。台体较大，北倚墙体，皆毛石、白灰砌，平面长方形，东西长9、南北宽8.7、存高2.6米。

房基35号

建于墩台21号西南山梁上。今存一残墙，长方形，东西长3.4、南北宽2.6、存高0.8、墙厚0.7米。

（一〇四）黄土岭台104号

方向北偏东15°。俗称“头道楼”。

位于俗称“二道楼”梁山顶的第一峰，地势较高而平坦，东南山脚下600为河口村，楼下是一条南北向的沟谷，名曰“龚家楼北沟”，南侧沟口800米即龚家楼村，西南为平顶峪村。

楼体　梯柱形，保存基本完好。但自然风化严重，拱门、箭窗多已破坏，内部结构和楼顶尚存。

楼基　长方形，因地势平坦，基底用五至六层条石平铺，以上砖砌到顶，东西长9.2、南北宽7.7、基高3.8、楼体高4.4米，通存高8.2米（图［21］118L104）。

楼体四墙　东西两墙一门一箭窗（图［21］119L104）。南北两墙各三箭窗（图［21］120L104）。

东墙　一门一箭窗。门南窗北，门窗间距2.5米。门为拱券形，两券两伏。门外口已毁。门宽1.2、高2.5、进深0.29米。门内拱宽1.3、高1.6、进深1.5米。门下有门枕石一块。门北为箭窗，两券两伏。窗外宽0.6、高0.96、进深（窗墙厚）0.29米。窗内拱宽1.28、高1.32、进深1.5米。窗下有窗台石一块，长0.98、宽0.46、厚0.2米。石中起栏，栏两侧有长方槽各一，内两端有扇门轴各一。

西墙　一门一箭窗，结构同东墙。

南墙　三箭窗，形制相同，窗间距2.3米。窗外口宽0.6、高0.96、进深0.29米。窗内龛宽1.2、高1.3、进深0.95米。窗台石多毁。

北墙　三箭窗，结构同南墙。

楼体内部结构　由三道南北向的筒拱和两道隔墙组成（图［21］121L104）。筒拱通长5.5、宽1.8、高3.25米。隔墙上有二券门，门宽0.75、高1.75、进深（隔墙厚）0.85米（图［21］122L104）。

梯井　在东墙箭窗内南侧。

楼顶　顶周一箍拔檐砖，作出棱角檐。上面垛口墙多倒塌，墙存高0.8、厚0.42米。东西二垛口、南北三垛口。在楼顶西北两侧仍存出水嘴一个（图［21］123L104）。

楼橹　居顶中，存房基，东西长5.7、南北宽4米。南北门各一，门宽1.6米。在楼橹内东南角为梯井上口长1.3、宽0.75米。

墙体从敌台104号由东向西下行而急骤、坡度较陡接近谷底，越敌台105号即为水门（寺）口，墙南为龚家楼。此段墙体东段为石墙，长85米。皆毛石、白灰砌。墙体宽3.2、高1～1.8米。西段为砖墙，长125米，墙底用红褐色条石三至四层顺山的斜面找平，以上砌砖，内低外高，内侧1.75、外侧5.1米，内外檐砌腰砖一层。垛口存高1.7、厚0.4米，墙头用三角砖封顶。垛墙长2.6米。垛口内外宽0.72、中宽0.47、高0.7米。垛口间有望孔一，孔高0.4、宽0.36米。宇墙下的出水嘴多毁。

从敌台104号到敌台105号为210米（图版［21］315L104—L105）。

（一〇五）黄土岭台105号

方向为正方向。

楼体位于龚家楼北沟东侧接近山脚的半山腰处。楼西的北沟南北向，俗称“西楼边”，翻过西山即是平顶峪村。

楼体　方柱形，人为破坏严重，四壁、门、窗外口皆毁。顶部建筑不存。

楼基　方形，基底用红褐色条石六至七层平铺，以上用砖。东西长10.4、南北宽10.4、楼基高4、楼体高5米，通存高9米。

楼体四墙　东西两墙一门二箭窗，南北两墙各三箭窗（图版［21］316L105）。

东墙　门后南端，中、北为箭窗。门、窗间距1.55米。门为石质，自下而上为门枕石、石门柱、一字石、石券脸。门宽0.9、高1.79、进深（石门墙存）0.32米。门内拱宽1.15、高2.05、进深1.13米。门下枕石长1.58、宽0.76、进深0.3米。中起门槛，两端各有石墩一个，墩面上凿有圆形门轴孔各一，门内两侧有门闩孔。箭窗二个，位于东墙北、中部，形制相同。两券两伏。外口皆毁。窗内拱宽1.15、高2.5、进深1.45米。

西墙　结构同东墙。

南墙　三箭窗，形制相同。窗间距2米。窗外口皆毁。窗内龛宽1.12、高1.75、进深1.85米。在中窗龛券内东西壁上有梯道各一处。

楼体内部结构　由南北三道筒拱和东西两道隔墙组成。筒拱通长6.75、宽1.5、高3.35米。在拱脚两侧各有一排长方形砖，每排六块。隔墙上各有三券门，计六座。形制相同，门宽1.15～1.2、高1.8、进深（隔墙厚）1.52米。门间距1.42～1.45米。

楼顶　平面方形，东西长10.3、南北宽10.3米，全部倒塌。

墙体从接近沟底的敌台105号西行，越过北沟和水门（寺）口，到沟西的敌台106号。北沟以东有25米砖墙，以西有136米的石墙。墙南为龚家楼村。

砖墙　仅存残迹，基底用条石二至四层平铺，以上砖包到顶，垛、宇墙均不存，砖墙宽5.2、高3.5～4.7米。

石墙　皆毛石、白灰砌，墙宽3.2、高1.2～2米。

从敌台105号到敌台106号161米。中途经过水门（寺）口，水门以北称为边外，以南称为边内。

水门（寺）口

一般简称为“水门”，实际应该称为“水门寺口”。口门位于北沟沟底的中心，西距敌台106号50米，东西两山形成峡谷，中间为南北向旱河，墙体从中间拦断，口门原为石结构，水门一处，拱洞形，山洪久冲，涵洞已毁，今存豁口一段。长8、宽4米。水门口应即水门寺堡的北口或称水门寺口，今简称水门口，水门口南距水门寺村约800米，原这里有水门寺堡，今多毁坏。《四镇三关志》大毛山下“水门寺堡，洪武年建，通川一道，同正关，迤东至东沙岑，通单骑，冲，余山通步缓”[①]。水门寺堡，口（正关）皆建于洪武初年，今关口所存石建遗迹也是早期的象征。

（一〇六）黄土岭台106号

方向北偏西15°。俗称“西楼”。

在龚家楼“北楼”西侧一平缓山坡上。楼南侧为一东西向小沟，俗称“恋洼”，南600米是水门寺村，东面650米是龚家楼村。

楼体　方柱形，风化严重，门、窗、四墙毁坏，顶部建筑不存。

楼基　依山而建，方形，基底用条石八层铺砌，以上砖砌到顶。东西长13.1、南北宽9.8、楼基高5.1、楼体高5.7米，通存高10.8米（图［21］124L106）。

楼体四墙　东西两墙一门一箭窗，南墙三箭窗（图［21］125L106），北墙四箭窗。

东墙　一门一箭窗。门南、窗北。门窗间距1.75米。门外口已被拆掉。原宽约0.9、高1.8、进深约0.35米。门内拱宽1.75、高2.5、进深1.7米。窗在东墙北端，为两券两伏。窗外口宽0.7、高0.85、进深0.25米，多不存。窗内龛宽1.75、高2.6、进深0.79米。窗内外抹角成“八”字形。窗周有木边框槽的痕迹（图版［21］317L106）。

西墙　一门一箭窗，形制同东墙（图版［21］318L106）。

北墙　四箭窗，并列，形制相同。窗间距1.4米。窗外口宽0.7、高0.85、进深0.25米。窗内龛宽1.45、高1.9、进深1米。

南墙　三箭窗，形制同北墙。窗内龛进深1.8米，窗间距2.3米。在西箭窗龛券内侧东壁上设梯道一处。

楼体内部结构　内部为一围廊式拱道，两侧有一南北向筒拱，拱道长5.7、宽1.7、高4.3米（图［21］126L106）。南北两筒拱为东西向，左右各有一券门，门高2.75、门宽1.75、拱门厚0.84米。内侧筒拱长4.6、高4.25米。隔墙的南北两侧各有一券门，位置相对，结构相同。拱门宽2.27、高3.1、券门隔墙厚2.13米。拱门两侧墙壁厚2米（图［21］127L106）。

梯道　位于南墙西窗内龛券东侧墙壁上，由西向东开一券门。门宽0.84、高2.35米。门内向上1.3米为斜式筒拱。拱顶长1.85、拱高0.4米，直达梯道上口。砖阶，已毁（图［21］128L106）。

楼顶　周砌拔檐砖一层，上作出棱角檐。顶为长方形，收分很小，东西长13、南北宽9.7米。顶中楼橹等结构已毁（图［21］129L106）。

从敌台106号西行，墙体顺山势向西伸延，南距水门寺村600米。

墙体皆毛石、白灰砌的窄墙，由于山势险峻，因山而砌，断断续续，或不砌墙。墙宽3.2、存高1.3～2.6米（图版［21］319L106－L107）。

从敌台106号到敌台107号为255米，其中有石墙238米，无墙体（山险墙）17米。中途经过战台52号。

战台52号

① 《四镇三关志·形胜》二十六乙，中国科学院图书馆藏本。

位于敌台106号西墙体上外侧（图版［21］320Z52）。山势平缓，台北有一条东西向小沟，称为西楼边外。台体石砌，南依主体墙，长方形，东西长6.7、出墙3.8、高2.6米。顶周存有残垛口墙。

（一〇七）黄土岭台107号

方向北偏西12°。俗称“链洼楼”。

位于龚家楼北沟西侧600米山梁上，楼西为平顶峪东沟，西南800米为平顶峪村，再西南2000米为半壁山，海拔551米[①]。

楼体　此楼梯柱形，整体结构保存，但四墙、门、窗风化严重，顶部结构多毁坏。

楼基　平面长方形。基底用二至五层条石平铺，最下二层错出，以上砖砌到顶。东西长9.65、南北宽11.7、楼基高3.8、楼体高5.25米，通存高9.05米（图［21］130L107）。

楼体四墙　东墙一门二箭窗（图［21］131L107）。西、南、北皆三箭窗。

东墙　门居中，窗列南北，门窗间距2.02米。门为石质，自下而上为门枕石、石门柱、一字石、石券脸（图版［21］321L107）。现门柱石、一字石皆失。门外口宽0.85、高约1.8、进深0.35米。门内拱宽1.4、高2.3、进深1.76米。门下枕石长1.5、宽0.48、高0.28米。石中起门槛，槛两端各一石墩，礅面上一圆门轴孔。外侧两端也有圆形轴孔一。两箭窗形制相同，两券两伏。窗外口宽0.58、高8.1、进深（窗墙厚）0.35米。窗内龛宽1.25、高2.2、进深1.4米。窗内原镶有木边框，今存木槽痕迹。窗台石长1、宽0.52、厚0.17米。石中起栏，栏左右有长方石槽，两端有圆形扇门轴孔一个，孔径0.05、深0.05米。石中一盲孔。

西墙　三箭窗，形制同东墙。但中不设门而设窗（图版［21］322L107）。

北墙　三箭窗，形制相同，两券两伏。窗间距2米。窗外口宽0.58、高0.81、进深（窗墙厚）0.32米。窗内龛宽1.3、高2.3、进深1.18米。窗下设窗台石。

南墙　三箭窗，形制同北墙。

楼体内部结构　由东西三道筒拱和南北二道隔墙组成。筒拱通长6.1、高3.7、中央筒拱宽2.03、南北筒拱宽1.45米（图［21］132L107）。南墙上有三券门，北隔墙上有二门，北隔墙东券门宽1.27、高2.35米。门侧有一拱形龛，宽0.72、高1.35、龛内进深1.67米。南北两侧壁厚0.68米。西券门宽1.25、高2.35米。门东墙上有一梯道（图［21］133L107）。南隔墙上有三券门，形制相同，门宽1.27、高2.35、隔墙厚1.5米。

楼梯道　在北隔墙西窗东侧拱壁上，道宽0.8米，上有二层筒拱叠砌。第一层长1.25、高2.7、向上1.62米。第二层筒拱长1.57、向上1米到达梯道上口。上有砖阶十四级到顶（图［21］134L107）。

楼顶　周一箍拔檐砖，作出棱角檐，以上砌垛口墙皆毁。顶长方形，东西长9.25、南北宽11.43米（图［21］135L107）。

顶中　一楼橹，已倒塌。南北宽7.4、东西长4.5、墙厚0.6米。东西各有一门，门宽0.8米。楼橹东北角为梯道上口，东西长2.02、南北宽0.9米。

墙体从敌台107号起分出向北附边一支。主体墙继续开始向西南行，在由北向南的“石东山”山背上，地势陡峭难行，时断时续，大部倒塌。皆毛石、白灰砌，质量很差。墙高1.2～2.1、宽1.2～2.5米，纯属于窄体墙。

从敌台107号到敌台108号为211米，其中石墙170米，山险墙（无筑墙）41米。

---

① 五万分之一图标，前所K－50－144－A。

附边

从敌台107号向北有附边一道，长2608米（附边另叙）。

（一〇八）黄土岭台108号

方向为正东西。俗称“吴家楼”。

位于平顶峪村东北800米“石东山”梁背上，地势平漫。

楼体　梯柱形，风化严重，四壁劈裂，门、窗外口多毁。楼顶垛口等已不存。

楼基　长方形，基底用三至七层条石平铺，下用一层毛料石错出平台。条石上砖砌到顶。东西长10、南北宽12.5、楼基高6.1、楼体高6米，通高12.1米。

楼体四墙　南北两墙一门一箭窗，东西两墙各三窗（图版［21］323L108）。

南墙　一门一箭窗。门东、箭窗西，门、窗间距3.5米，门外口可能为石质，现石构件已不存。门内拱宽1.45、高2.57、进深1.6米。门下存门枕石一块，长1.53、宽0.6、高2.43米。石上中间起槛，槛内两端各一方形石墩，墩面有圆形门轴各一个。槛外两端也各有一圆孔。箭窗在南墙西端，两券两伏。窗口宽0.6、高0.8、进深（窗墙厚）0.4米。窗内龛宽1.3、高2.25、进深1.9米。

北墙　一门一箭窗，形制同南墙。

东墙　三箭窗，形制相同，皆两券两伏.窗间距2.25～2.65米。窗外口宽0.6、高0.8、进深（窗墙厚）0.4米。窗内龛宽1.3、高2.35、进深1.45米。窗台石多不存。

西墙　三箭窗，形制同东墙，不另述。

楼体内部结构　由东西三道筒拱和南北两道隔墙组成，筒拱通长6.15、高3.5、中央筒拱宽2.15米。南北两侧筒拱宽1.65米。隔墙两道。一南一北，北侧隔墙上有三券门，形制相同。门宽1.3、高2.15、进深（隔墙厚）1.6米。顶为两券两伏。南侧隔墙上有二券门，东门宽1.3、高2.7、进深（隔墙厚）2.05米。门之两侧砌有储藏室一处，室门宽0.85、高1.3、进深1.5米。西门和东门间距3.95米。门宽1.25、高2.27、进深2.05米。在门之东侧壁上有梯道一，两层，第一层高2.9、长1.7、上升0.55米。第二层长1.75、上升0.55米到上口。下尚存砖阶十三级。

楼顶　顶周一箍拔檐砖，作出棱角檐。上砌垛口墙已不存，仅存出水嘴一个。顶平面东西长9.75、南北宽11.95米。顶中原有楼橹一，已毁。楼橹内有一梯道上口，东西长1.9、南北宽0.94米。

墙体从敌台108号顺石东山山脊西南行，西南1100米为平顶峪村，西为石东山沟口。山势陡峭，怪石横生（图版［21］324L108－L109）。

墙体为毛石、白灰砌，属于窄体墙，墙宽1.2～2.1、高1.2～2.3米。

从敌台108到敌台109号为277米，其中石墙269米，另外8米无墙体。中途经过墩台22号。

墩台22号

位于石东山南侧一个山丘上，台西南为大岭洼沟，东越梁700米为龚家楼，西600米为平顶峪村。东南800米为水门寺村。台体上半部自然倒塌，长方形，毛石、白灰砌，东西长4.9、南北宽7、存高2.6米。

（一〇九）黄土岭台109号

方向为正方向。俗称“大岭楼”。

位于石东山西侧两山交汇处，地势开始缓而坡度也下降，楼西山脚下为平顶峪村，西南为半壁山。

楼体　梯柱形，四墙劈裂倒塌，自然风化严重，楼顶建筑已不存（图版［21］325L109）。

楼基　方形，因山势平缓，基底用一层条石找平取齐，以上八层条石铺砌，再上砖坐白灰到顶。东西长10.1、南北宽10.35、楼基高5、楼体高5米，通高10米。

楼体四墙　东西两墙一门两箭窗，南北两墙三箭窗。

东墙　一门，居中，门窗间距1.8米。门之外口已毁。内拱宽1.25、高2.6、进深1.25米。窗两券两伏，外口不存。内龛宽1.3、高2.05、进深0.96米。

西墙　结构及保存情况同东墙。

南墙　三箭窗并列。间距1.82米。窗外口皆毁。窗内龛宽1.3、高2.5、进深2.2米。在中窗龛内券东侧有梯道一。

北墙　结构同南墙，皆毁坏。

楼体内部结构　由东西三道筒拱和两道隔墙组成。筒拱长7.5、中宽1.6、两侧宽1.1、存高2.6米。原高在3.5米左右。南北两道隔墙上各三券门，形制相同。间距1.8米。门宽1.25～1.3、高2.3、进深1米。

梯道口　在南墙中窗龛券门内东侧。门宽0.75、隔墙厚0.62米。顶为叠砌三层筒拱。第一层高3.2、拱顶长1.92、上升0.7米。第二层顶长0.8、上升0.4米。第三层拱顶长0.82米达梯道上口。下存阶十二级，阶宽0.23、高0.25米。

楼顶　周一箍拔檐砖，作出棱角檐，以上砌垛口墙，皆毁坏不存。仅东西两侧存出水嘴一个。楼顶东侧有梯道上口。东西长0.8、南北宽0.7米。上楼橹已毁。

墙体从敌台109号石东山背沿山而下，接近谷底，墙南是平顶峪村的大岭洼，墙北为东沟南口（图版［21］326L109）。

墙体皆用毛石干砌，墙宽1.5～5、存高0.7～2.7米。由于接近谷底，石墙加宽。

从敌台109号到110号为138米，两端加宽墙有2.5米。中途经过战台54号。

战台54号

在主体墙外侧，西距敌台110号54米。台西是旱河东河沿。台体用毛石干砌，方形，东西长2.8、南北宽2.4、存高2.1米。

在敌台109号到110号北有附边一道。

（一一〇）黄土岭台110号

方向为正南北。

位于石东山西侧山脚下18米处。南侧是大岭沟口，又东通龚家楼、水门寺。楼西12米是旱河（东、西两沟交汇于此），由北向南从平顶峪村东穿过。

楼体　距村庄较近，全部人为毁坏，除楼基外其余建筑皆无（图版［21］327L110）。

楼基　底用条石九层平铺，以上砖坐白灰，平面长方形，东西长9.45、南北宽10.3、存高4.9米。

墙体由敌台110号西行，过季节河与无名口（平顶峪口），墙体在平顶峪村东40米的后山脚下。

墙体石砌，干插缝，间以碎石充垫，顶用沙土填，夯筑。主墙宽6.85、存高2.1～3.4米。外存垛口墙，存高1.2、厚1.25米。

在主体北侧有附边一道，与主边平行，间距40～53米，东起敌台110号北侧，西到敌台112号北侧，全长370米。墙体皆倒塌。墙西行穿过旱河，沿山坡而行，附边宽3.85、存高0.6～1.6米。边上有战台53号，墙上垛墙等建筑均无。

主墙从敌台110号到敌台111号为234米。中途经过战台53号、平顶峪口（又称无名口）。

战台53号

位于石东山西侧，分水岭山脚下附边上，东高西低，依山而建，台西为旱河和平顶峪外口。台为长方形，毛石干砌，东西长5.6、南北宽4.6、高1.9、出墙3.2米。

平顶峪口

位于平顶峪村东北50米旱河边上，此处为东、西沟交汇处，东西两沟雨水聚此而南泻，河西紧靠平顶峪（堡）村（图版［21］328）。口门两侧为石墙，多被拆毁，口门在旱河道上成一豁口，宽5、门道长5米。旱河宽21米，现河床无水。口门南河道西侧即平顶峪堡（将另文叙述）。

在附边上，南与口门相对处也有一门址，长、宽均与口门同。

（一一一）黄土岭台111号

方向北偏东6°。俗称“水楼”。

位于平顶峪村西40米村后山东侧的山脚下，再东则悬崖峭壁，高约20米。楼北为西沟沟口，东北则是石东山。

楼体　上半部基本毁掉，砖被拆走，今存残基址一处（图版［21］329L111）。

楼基　方形，基底用三至七层条石铺砌，以上用砖。东西长10.3、南北宽10.6、存高4.6米。

墙体从敌台111号沿着平顶峪后山山脊西北行，南距该村30米，山势北陡南缓。因距村庄较近，破坏严重，有的地方只存一道沙石岗子。皆毛石、白灰砌，墙存宽2.1、高0.4～1.4米。

从敌台111号到敌台112号为99米（图版［21］330L111－L112）。

（一一二）黄土岭台112号

方向北偏西20°。俗称“湿楼”。

位于平顶峪北30米的后山上，后山为东西走向，北侧山脚下为西沟沟口，北陡南缓。楼东为石东山。

楼体　上半部已倒塌，仅存基址（图版［21］331L112）。

楼基　平面方形，基底用三至七层条石平铺，以上砖坐白灰。东西长9.1、南北宽10.1、残高4.2米。

墙体在平顶峪村后山梁向西行，仍是外陡内缓。墙体皆毛石、白灰砌，墙宽3.6～4.5、存高0.5～1.7米。残垛口墙宽1.5米。

从敌台112号到敌台113号为224米。中途经过墩台23、24号、战台55号、房基36号、台基24号。

墩台23号

位于敌台122号北侧250米的山丘上，俗称“砖瓦窑”，山势平缓，西为“西沟”。台体已倒塌，仅剩下台基。墩台方形，毛石干砌，东西长3.6、南北宽4、存高1.8米（图版［21］332D23）。

墩台24号

位于敌台112号西侧主体墙内侧，依山而筑，北陡南缓。台体长方形，东西长6.45、南北宽7.5、台高2.1米。

战台55号

位于平顶峪后山西梁上，西距敌台113号40米的墙外侧。战台为毛石、白灰砌，台顶已毁。长方形，东西长6、南北宽7、台高2.2米。

房基36号

位于敌台113号东25米墙内侧。用毛石、沙泥砌，平面方形，存房基，东西长4、南北宽4、墙存高0.45米。

台基24号

位于敌台113号东20米处主体墙内侧山坡上，随墙而砌，坡度较陡。台体用毛石干砌，内填碎石、沙土，顶部用沙土垫平、夯实。平面长方形，东西长21、南北出墙体0.7、存高1.2米。台顶建筑不存。

（一一三）黄土岭台113号

方向北偏东5°。俗称“房楼”。

位于平顶峪村后山80米的山脊上。楼西南200米为“半壁山”，楼北为西沟村口。

楼体　梯柱形，保存较好，上半部风化严重，拱门、箭窗外口皆毁坏。顶楼橹、头房垛墙皆残。

楼基　方形，南高北低，基底用三至十一层条石铺砌，以上用砖铺到顶。东西长10.1、南北宽10、楼基高5.2、楼体高5米，通高10.2米（图［21］136L113）。

楼体四墙　东西两墙一门两箭窗（图版［21］333L113）。南北两墙各三箭窗（图［21］137L113）。

东墙　门在南侧，两窗居中、北。门为石质。自下而上为门枕石、石门柱、一字石、石券脸，皆拆毁。门外口宽0.96、高约1.8、进深0.35米。门内拱宽1.3、高2.3、进深1.45米。两箭窗形制相同，门窗间距1.5米。窗外口宽0.6、高0.85、进深（窗墙厚）0.35米。窗内龛宽1.3、高2.25、进深0.95米。窗口上无窗台石，窗内尚有“Ⅱ”形木边框槽的痕迹。

西墙　结构同东墙，不另述。

南墙　三箭窗，并列，形制相同，两券两伏。窗间距2.15米。窗外口宽0.65、高0.8、进深0.4米。窗内龛宽1.3、高2.3、进深1.9米。窗下无窗台石。在中窗龛券内壁的东西两侧各有楼梯道一处，可通向楼顶。

北墙　三箭窗，形制同南墙。

楼体内部结构　由南北三道筒拱和两道隔墙组成。筒拱南北宽6.15、高3.5、宽1.6～1.65米（图［21］138L113；图版334L113）。两道隔墙上各有三券门，形制相同，门宽1.3～1.5、高2.2、进深（隔墙厚）1.2米。门间距1米。门顶皆两券两伏（图［21］139L113）。

梯道　位于南墙中窗龛券东西两侧，为双梯道，通往楼顶。两梯道形制相同。门宽0.8米，顶为叠砌筒拱三层，第一层高3.5、拱顶长2.4、上升0.3米。第二层拱顶长0.6、上升0.35米。第三层拱顶长0.5米，向上为梯道上口。

楼顶　周一箍拔檐砖，中作出棱角檐，以上为砌垛口墙，今存残墙高0.5～1、墙厚0.5米。东西存出水嘴一个。顶平面方形，东西长9.7、南北宽9.7米（图［21］140L113）。

头房　位于楼顶南侧，东西两端各一，形制相同。平面长方形，头房墙外皮东西长2.9、南北宽2.2、墙厚0.36米。北墙一门，门宽1.4米。南墙上各开一箭窗，窗口宽0.5、窗高0.7、进深（窗墙厚）0.32米。顶为一券一伏。头房顶为卷棚式，长1.8、宽1.35、高2.2米。已塌陷。

楼橹　位于顶部中心，平面长方形，东西长5.5、南北宽4.5、两山墙存高4、墙厚0.75米。顶部已塌。南北墙上各一门，门宽1.05、高1.75米，门上起券，一券一伏。门内墙砌出斜面。

墙体从敌台113号顺山脊西南行，地势缓而坡度小。在平顶峪北后山梁上西南行。墙皆毛石沙泥砌，主体宽4.3、高1.2～2.5米，墙体外有加宽的痕迹，加宽0.6米。

在敌台113号西侧有上墙道一，宽2、长4米。台阶已毁。

从敌台113到敌台114号为173米。中途经过房基37号、战台56号、房基38号、战台57号、台基25号、房基39号。

房基37号

位于敌台113号西17米墙体内侧，毛石沙泥砌，东西长4、南北宽2、存高0.45米。

战台56号

位于敌台137号西70米处墙上。方形，毛石泥砌，东西长6、南北宽6、存高1.1米。

房基38号

位于战台57号北侧，仅存残墙，用毛石沙泥砌成，东西长4.5、南北宽3.4、墙存高1米左右。

战台57号

位于平顶峪村北山顶部，西距敌台114号40米，北依石墙。长方形，毛石泥沙砌，东西长8.1、南北出墙4、存高0.8米。顶部已毁。

台基25号

位于敌台114号东12.6米墙体内侧。山势平缓。用毛石沙泥砌，台顶用沙土夯实。东西长11、南北宽5.4、台存高1.1米。

房基39号

位于敌台114号东13米处25号台基上，今存残房基。用毛石沙泥砌，东西长9、南北宽4、存高0.45米（图版［21］335F39）。

（一一四）黄土岭台114号

方向北偏东35°。俗称“洼楼”。

位于平顶峪后山西侧200米山脊上，山势平缓，西南600米是半壁山，楼西墙外为“头道洼”。

楼体　梯柱形，整体保存，但自然、人为毁坏严重，门、窗外口皆不存。

楼基　长方形，基底用条石五层平铺找平后，以上用砖到顶。东西长7.6、南北宽9.3、楼基高3、楼体高3.3米，通存高6.3米。

楼体四墙　东西两墙一门一箭窗，南北两墙皆三箭窗（图版［21］336L114）。

西墙　门南、箭窗北，间距约2.2米。门拱形，砖砌，外口已毁。内拱宽1.3、高2.55、进深1米。窗外口宽0.6、高0.93、进深（窗墙厚）0.37米。窗内拱宽0.78、高2.2、进深1米。窗台石无。

东墙　结构同西墙。

南墙　三箭窗，形制相同，两券两伏。窗间距1.8米。窗外口宽0.6、高0.93、进深（窗墙厚）0.31米。窗内龛宽0.8、高1.85、进深0.65米。无窗台石。窗内原有木边框，今存槽痕。

北墙　三箭窗，形制同南墙。

楼体内部结构　由南北向筒拱三道中间两道隔墙组成（图版［21］337L114）。筒拱长5.3、宽1.75、高3.5、进深2.7米。在东侧筒拱顶部砌有一梯井，长方形，东西长0.8、南北宽1.2米，天井壁厚0.6米。以供软梯（或木梯）上下（图版［21］338L114）。隔墙东西两道并列。上各有三券门，形制相同。门宽0.75、高2、进深（隔墙厚）0.9米。门顶两券两伏。

楼顶　周一箍拔檐砖，中作出棱角檐，其他建筑皆毁。楼顶平面南北宽9、东西长7.3米。

石墙体从敌台114号顺山脊西南行，墙外为“头道洼”，东南山脚下210米为平顶峪村。墙底皆毛石干砌，依山势而起伏，墙宽4.2、高3～4.5米（图版［21］339L114－L115）。

从敌台114号到敌台115号为131米。

（一一五）黄土岭台115号

位于平顶峪后山西侧的一山顶上，俗称为“天楼”，表示地势较高。楼东北小沟为“头道洼”，洼东是西沟的出口，南500米是半壁山村。

楼体　梯柱形，破坏严重，整体坍塌，仅存结构、残墙和楼基。多数门、箭窗不存。

楼基　方形，基底用四至十八层条石平铺，以上砖砌到顶，东西长8.8、南北宽8.8、楼基高5.4、楼体高4.6米，通存高10米。

楼体四墙　西墙一门两箭窗（图版［21］340L115），东墙不存，南、北两墙皆二箭窗（图版［21］341L115）。

西墙　箭窗位于南、北，门居中。门之外口已毁，门内拱宽1.15、高2.2、进深1.3米。门窗间距0.82米。窗为两券两伏。形制相同。窗外口宽0.75、高0.95、进深（窗墙厚）0.38米。窗内拱宽0.9、高2.1、进深1.13米。无窗台石。

东墙　已倒塌不存。

北墙　二箭窗，形制相同，窗间距2.4米。窗外口宽0.75、高0.95、进深（窗墙厚）0.38米。窗内龛宽0.85、高2.1、进深0.97米。

南墙　结构同北墙。

楼体内部结构　由南北向二道筒拱和一道隔墙组成。筒拱通长6.1、宽2.12、高2.8米。隔墙中间砌有一券门，门宽1.1、高2.25、进深（隔墙厚）1.5米。门两侧各开梯道一处，为相对的双梯道，形制相同。西侧梯道宽0.7、高2.5米。上为斜筒拱，长2.5、拱高0.5米。下部砖阶多毁坏。东侧梯道同西侧。

楼顶　早年坍塌，存有楼橹头房残墙，难以测知其准确数据。

墙体从敌台115号向西沿山背而行，在“后山”顶部，墙南为四道沟，墙北为“二道洼”。墙体用毛石干砌，白灰抹平，顶部残存垛口墙。主体墙宽3.8、高1.5～2.7米。垛口墙高0.3～0.8米。

在敌台115号西侧有上墙道一处，为“燕尾式”，左右展开，用毛石、白灰砌成，东西两侧结构相同，每侧道长1.8、宽0.8米，上有台阶五级，每级宽0.2、高0.3米（图版［21］342L115）。

从敌台115号到敌台116号为158米。墙北有削坡一道。中途经过台基26号、房基40、战台58号、台基27号。

削坡（壕沟）

一道，从敌台115号向西到敌台116号止，在墙体外侧与主体墙平行，相距14米左右，挖削坡一道，外为壕沟，内侧沟壁上筑石墙，漫坡处挖沟取直，形成一道沟、墙防线。沟宽3.4、深1～2.4米。沟内边筑墙，皆毛石砌，墙厚0.8～1、存高0.36米。现沟内填满沙土。

台基26号

在敌台115号南侧山坡上，台基北依主体墙，东西展开，东起楼下西止于墙内，皆用毛石干砌而成，平面近长方形，中间有曲度，东西长56、南北宽9、存高0.5～1.2米。

房基40号

在台基26号表面，北依墙体筑成。为面五进一，皆毛石干砌而成。每间有隔墙一道，正南一门。总体东西长22、南北宽4米。每间东西长4.5、南北宽4米。房基残高0.8、墙厚0.6米。

战台58号

位于敌台116号42米处石墙内侧。北侧为平缓坡地，台北6米为削坡。用毛石干砌，南依石墙，东、西北三侧出墙，东西长5、南北宽4、台高2.8米（图版［21］343Z58）。

台基27号

位于敌台116东侧墙角下，地势陡峭。北依主体墙。毛石干砌，长方形，东西长7.6、南北宽7、高0.5～1.2米。台体北依石墙，西靠楼体，由南向北筑上墙道一，斜面上筑砖阶，长3.8、宽1.2米。

（一一六）黄土岭台116号

方向北偏西40°。俗称“媳妇楼”。

位于平顶峪后山西侧350米处山梁上。虽为山脊，地势较平。楼北为“二道洼”沟，楼西南是半壁山村。

楼体　近梯柱形，四墙和顶部风化严重，门箭窗外口多毁坏。

楼基　方形，基底用三至十层条石平铺，以上用砖砌，皆一横一竖的“丁”字砖。东西长10.5、南北宽10.5、楼基高4.4米，通高9.5米（图［21］141L116）。

楼体四墙　东西两墙一门两窗（图［21］142L116），南、北两窗各三箭窗（图［21］143L116）。

东墙　门居中，窗位于左右，门窗间距1.25～1.8米。门外口已毁。门内拱宽1.3、高2.2、进深1.23米。两箭窗形制相同。皆两券两伏（图版［21］344L116）。窗外口宽0.6、高1.05、进深（窗墙厚）0.26米。窗内拱宽1.35、高2.05、进深0.94米。窗台石长0.65、宽0.5、厚0.24米。中起栏，石两端有长方槽，栏内两端各扇门轴孔一。窗内原有“Ⅱ”边槽，今存木槽痕迹。

西墙　一门两箭窗，结构同东墙（图版［21］345L116）。

南墙　三箭窗，结构相同。窗间距1.9米，窗外口宽0.62、高1、进深（窗墙厚）0.26米。窗内龛宽1.3、高2.05、进深1.6米。窗台石长0.65、宽0.5、厚0.24米。中起栏，栏两侧有长方水槽和扇门轴孔。在南墙中窗龛券内东西两侧有梯道口各一，相对为双梯道。

北墙　三箭窗，形制同南墙，唯窗内龛进深仅1米。

楼体内部结构　为围廊式拱道。四面为筒拱，在四角相接，呈东西、南北各两道组成一闭合式拱道。中间砌成一四出式的中心室（图版［21］346L116）。四面设门。东西筒拱长7.06、拱道宽1.3、高3.5米。南北筒拱东西两侧相交处各设一券门，门宽1.27、高2、门墙存厚0.65米。筒拱长3.85、宽1.27、高3.6米（图［21］144L116）。中间内拱室为长方形，内为一道东西向筒拱，长3.3、宽1.6、高3.8米。四面门宽1.6、高2.2、进深（墙厚）0.9米（图［21］145L116）。

梯道　在南墙中窗的东西两侧，各砌有梯道一，两梯道口相对为双梯道，形制相同（图［21］146L116）。以东侧梯道为例，梯道口为拱形，宽0.73、隔墙厚0.65米。上为三层筒拱叠砌。第一层拱顶长1.6、拱高3.3、上升0.7米。顶部为两梯道共用。第二层为斜式筒拱，长1.2、向上0.65米。第三层顶长0.6米，为梯道上口。下砌阶梯十三级，每级台阶下铺砖二层，上铺条石一层，条石厚0.13米。石阶宽0.22、高0.35米。

楼顶　周一箍拔檐砖，作出棱角檐，垛口墙皆毁，楼顶东西两侧存出水嘴各一。垛口墙存高1.7、长1.5、墙厚0.45米。每面四垛口，内外宽0.8、中宽0.5、垛口高0.75米。每面垛口墙下有尖拱形望孔一个，高0.4、宽0.35米（图［21］147L116）。

头房　位于顶部南墙下，东西两侧各一，形制相同，墙外皮东西长2.7、南北宽1.6米。北侧靠墙为门口，顶不存。内为梯道上口，东西长1.5、南北宽7.5米，两梯道相距3.8米。

楼橹　四墙和顶部较完整，唯瓦顶剥落，风化严重。平面长方形，东西长5.1、南北宽4.2米。南北两墙有一门，拱形，结构相同（图版［21］347L116）。一券一伏。门宽1.15、高2、墙厚0.87米。房顶上为人字坡式，内为筒拱形，两山高3.6米，前后檐下未发现仿木构件，楼橹内顶为一单筒拱式，长3.9、宽2.6、高3.2米。

墙体从敌台116号顺山脊西北行，墙东南400米为平顶峪村，南为西道沟梁，北为二道洼。墙体皆毛石、白灰砌，内用沙石填心。墙外削坡。墙宽3.2、高1.4～2.9米，上存垛口墙，厚0.6米（图版［21］348L116－L117）。

从敌台116到敌台117号为235米。中途经过战台59、60号、台基28号。

战台59号

位于平顶峪西山顶上，北距敌台117号50米。台东北为“二道洼”。台西是“葛针洼”。台体已全部倒塌。北依石墙，用大块毛石和白灰砌成，东西长4.1、南北出墙3.5、存高0.5米。

战台60号

位于西道沟梁和西山相会处。南依石墙，台北有东西向削坡和石墙。台体已毁，用毛石、白灰砌、碎石、沙土填心。东西长4、南北出墙4.1、高0.7米。

台基28号

位于敌台117号西南13米。地势平坦，台西是“葛针洼”，东是“二道洼”。台体长方形，用毛石干砌，用碎石、沙土填心。东西长6.5、南北宽7.2、存高0.4～1米。

（一一七）黄土岭台117号

方向北偏东38°。

位于平顶峪村“花崖根”东山顶上，正处山脊，楼南为“二道洼”，西南为半壁山，山脚下为南北平川。

楼体　梯柱形，结构大体保存，自然风化严重，南墙和楼顶皆自然倒塌。楼基存。

楼基　方形，东南低而西北高。基底用五层条石平铺，以上用砖坐白灰到顶。东西长10.6、南北宽10.6、楼基高5.1米，通高8.5米。

楼体四墙　南北两墙各一门二箭窗（图版［21］349L117），东西两墙各三箭窗（图版［21］350L117）。

北墙　门居西，箭窗位于中、东。门窗间距1.85米。门为拱形，两券两伏，门外口宽约0.8、高约1.8、进深约0.43米。门内拱宽1.2、高2.27、进深0.85米。两箭窗形制相同，两券两伏。窗外口宽0.53、高0.95、进深0.43米。窗内龛宽0.78、高1.7、进深0.85米。窗下无台面石。

南墙　结构同北墙，已倒塌。

东墙　三箭窗，形制相同。窗间距2.2米。窗外口宽0.5、高0.9、进深（窗墙厚）0.43米。窗内龛宽0.8、高1.95、进深0.8米。窗下无台石。

西墙　三箭窗，结构同东墙。

楼体内部结构　由东西三道筒拱和两道隔墙组成（图版［21］351L117）。筒拱长7.95、宽2、高2.4米。在中央筒拱顶部砌一长方天井，东西长1.5、南北宽0.6、井壁厚0.6米。在三道筒拱中间砌有南北隔墙两道，每道隔墙上砌三券门，计六座，形制相同。门宽0.75～0.82、高1.85、进深（隔墙厚）0.9米。各门间距1.85米。

楼顶　周砌一箍拔檐砖，中作出棱角檐。存部分垛口残墙，因顶部塌陷，结构不清。

墙体从敌台117号顺山脊西北行，山势险峻，山峦叠嶂，怪石横生，其南为半壁山，北为二道洼（图版［21］352L117－L118）。墙体皆毛石、白灰砌，墙宽2.55、高0.6～3米。墙内碎石、沙土填心、夯实。存部分垛口墙。

从敌台117号到敌台118号为214米，其中29米为山险墙（无筑墙）。中途经过房基41号、战台61、62号。

房基41号

位于敌台117号北14米处墙内侧。房南有一高出地面的石岗，中间一沟，石岗上有人工凿石和采用石料痕迹。房为毛石砌，一排三间，东西长6、南北宽3.8米，每间南侧有门，已残，墙高0.6、厚0.5米。在房基西有上墙道一，在石墙内侧，壁上开有缺口一处，内筑石台基一，左右砌石阶各八级，斜上达到马道顶部，道长2.2、宽0.7米。侧观为“燕尾式”，每层石阶宽0.15、高0.12米。

战台61号

位于敌台117号西北143米，台南北皆为洼地。台体保存完好，北依石墙，用毛石干砌。东西长3.5、南北出墙1.6、高0.9米。

战台62号

位于敌台118号东33.2米石墙内侧山梁上，台北是三道洼，台南称为“西山”。台顶已毁，长满杂草。毛石、白灰砌，北依石墙，东、西、南三面出墙。南北宽5.4、东西长4.1、高0.7米，跨出墙体2米。

（一一八）黄土岭台118号

方向北偏东25°。俗称“黑楼”。

位于平顶峪“西山”西侧一峰顶部。地处窄山脊背，坐于礌顶平面上。楼北是“三道洼”，南是西山，再南为半壁山，东南650米为平顶峪村。

楼体　梯柱形，保存大体完好。四墙风化较甚，门、箭窗皆残，楼顶的楼橹头房皆倒塌。

楼基　就山势岩面顶筑起，方形，基底用四至八层条石找平后，用砖坐白灰到顶。东西长10.2、南北宽10.2、楼基高3.2米，通高8.4米。

楼体四墙　东西两墙一门二箭窗，南北两墙各三箭窗（图版［21］353L118）。

东墙　一门二箭窗。门居南，箭窗居中、北侧。门窗间距1.4米。门为石质，原为拱形。自下而上为门枕石、石门柱、一字石、石券脸。现门枕石以上皆拆掉。门外口复原尺寸约宽1.26、高约1.8、进深约0.32米。门内拱宽1.25、高2.6、进深1.5米。门枕石长约1.1、宽0.3、厚0.2米。石两侧有圆形门轴孔各一，相距0.9、深0.02米。两箭窗形制相同，两券两伏。窗外口宽0.6、高0.9、进深（窗墙厚）0.3米。窗内龛宽1.1、高2.1、进深0.95米。窗外口抹角。下无窗台石。

西墙　结构同东墙，不另述。

南墙　三箭窗，形制相同。窗间距1.75米。窗外口宽0.6、高0.9、进深（窗墙厚）0.3米。窗内龛宽1.15、高2.2、进深1.75米。在中窗的龛券东西两侧有拱形梯道各一。

楼体内部结构　由南北三道筒拱和东西两道隔墙组成。筒拱南北宽6.55、宽1.57～1.75、高3.2米。各有三券门，计六座，形制相同，门宽1.2～1.33、高2.1、进深（隔墙厚）1.26米。

梯道　设南墙中窗内龛券东西，形制相同。梯道口宽0.9、高3.2米。顶为三层叠砌。第一层拱顶长1.9、拱高0.5、上升0.6米。第二层拱顶长0.8、向上1米。第三层拱顶长0.55米，向上为梯道上口。下为砖、石混砌台阶，今存六级，每级宽0.2、高0.32米。

楼顶　周一箍拔檐砖，中作出棱角檐。四面垛口墙已不存，残墙高0.7、厚0.4米。东西两侧存出水嘴一，石质，残。

头房　在顶部南垛墙下，东西两端各一处，结构同。头房已毁，残墙高1.2、厚0.8米。北侧有一门，门宽1.3米。头房内梯道上口，东西长1.8、南北宽1.35米。两头房相距3.5米。

楼橹　位于顶中，长方形，存基址，东西长5.56、南北宽4.4、残墙高3.6、墙厚0.65米，南北侧各有一门，宽1米。

墙体从敌台118号沿着西山脊向西北行，山顶脊瘦、窄陡，北侧是“三道洼”，南是平顶峪西山，坡度较缓。墙体皆用毛石、白灰砌，因山势陡峭，墙体断断续续，形成山险墙。墙体窄，宽2.8、高1.12～2.6米。现存垛口墙高0.7～1.2、厚0.55米。大部倒塌。

从敌台118号到敌台119号为207米，其中有14米为山险墙。中途经过房基42号。

房基42号

位于敌台118号之西16米墙体内侧，北依石墙，东、西、南三侧出墙。用毛石干砌，长方形，分东、西、中三间。东西长7、南北出墙6.1、厚高0.6、墙厚0.48米（图版［21］354F42）。

（一一九）黄土岭台119号

方向北偏西45°。俗称“新楼”。

位于平顶峪村西北750米的崖顶上，山势险要，楼北为悬崖绝壁，楼西山势险峻，俗称“老崖根”，自北而南30米皆悬崖，北为“三道洼”，西南为“西沟”。

楼体　梯柱形，保存较好，门、箭窗皆存，仅顶部建筑有毁坏。

楼基　楼体建在山石障叠的崖顶上。北侧和山体垂直，崖顶经人工修整。基底方形，用三至四层条石平铺，以上砖砌，东西长10.7、南北宽10.75、楼基高4.2、楼体高4.8米，通存高10.5米（图［21］148L119）。

楼体四墙　东墙一门二箭窗（图［21］149L119），南、西、北三箭窗（图［21］150L119）。

东墙　门居中，左右箭窗，门窗间距1.55米。门拱券形，石质。自下而上为门枕石、石门柱、一字石、石券脸。门外口宽0.78、高1.88、进深0.2米。门内拱宽1.2、高2.2、进深1.15米。门枕石长1.17、宽0.56、厚0.15米。石中起门槛，槛内两侧各有门轴孔一，相距0.78米（图版［21］355L119）。

西墙　三箭窗，形制同东墙，不另述。

南墙　三箭窗，形制相同。窗间距2米。皆两券两伏。窗外口宽0.75、高0.85、进深（窗墙厚）0.35米。窗内龛宽1.2、高2.15、进深2.5米。在中窗龛券东西两壁上有梯道各一（图版［21］356L119）。

北墙　结构同南墙，唯窗内进深0.95米。

楼体内部结构　由南北向三道筒拱和东西两道隔墙组成（图［21］151L119；图版357L119）。筒拱长6.25、宽1.74～1.75、高3.5米。在拱壁两侧拱脚位置各有长方形槽六个，槽长0.2、宽0.1、深0.4米。每槽相距0.4米。两道隔墙上各有三券门，形制相同。皆两券两伏。门宽1.15～1.25、高2.2、进深（隔墙厚）1.4米。门间距1.55米（图［21］152L119）。

梯道　位于南墙窗内龛券两侧，形制相同。拱门宽0.8、高3.25米。顶为三层筒拱叠砌。第一层拱顶长2.25、向上0.58米。第二层拱顶长0.64、上升0.58米。第三层拱顶长0.48米，向上到达梯道上口。下为砖阶十八级，每级宽0.07、高0.08米（图［21］153L119）。

楼顶　顶周一箍拔檐砖，中作出棱角檐。东、西、北三墙垛口墙保存，每面有三垛口。垛口内外宽0.45、中宽0.34、高0.6米。垛口间距2.2米。垛口墙高1.75、长2.2、厚0.45米。垛口之间有风孔一个。顶部平面方形，东西长10.3、南北宽10.3米（图［21］154L119）。

头房　在楼体南部东西两角各一，结构相同。房顶早已倒塌。仅存梯道上口，东西长1.3、南北宽0.8米。房南有垛口一。北侧一门，宽0.8米。

楼橹　位于顶中，已倒塌。房基东西长5.7、南北宽4.5米。残墙存高2.1、墙厚0.55米，南北各一门，门宽1米。

墙体从敌台119号顺山梁北行，逐渐升高，其间有小路一条，墙西为“西山”。东为“三道洼”。

长峪堡口

从敌台119号到敌台120号间的小路，横穿城墙北去，由于墙体多处只见城豁口未见明确的口门遗迹，分析这里原有边口一处，在《四镇三关志》的蓟镇形势图中，平顶峪堡口和板厂峪堡口之间有长谷堡（口），分析这里的人行旧路穿过的城豁口可能是长谷堡北口口门，在敌台125号东有残碑一，记载为东有长谷口西有平顶峪口分界石，说明长峪堡口在这里大致不误。

石墙用毛石干砌，大段因山险不筑墙即“山险墙”，墙窄仅1.8、存高0.3～0.9米。

从敌台119号到敌台120号为198米，其中石墙仅48米，山险墙150米。

（一二〇）黄土岭台120号

方向东偏南30°。

位于平顶峪“老崖根”顶部。老崖根山体东西走向，有如列屏横于山峦之中，南北两侧坡度很陡。楼北是“台南沟”，楼南面对半壁山，由于地势高可东望渤海北望燕山。

楼体　梯柱形，保存完整，门、窗内部结构皆存，仅顶部楼橹等坍塌，整体风化严重。

楼基　方形，基底用三至五层条石平铺，以上砖砌到顶。东西长9.5、南北宽10.65、楼基高2.9、楼体高4.9米，通存高7.8米。

楼体四墙　西墙一门二箭窗（图版［21］358L120）。东、南、北三墙各三箭窗（图版［21］359L120）。

西墙　门居北端，两窗居中、南。门为石质。自下而上为门枕石、石门柱、一字石、石券脸。门外口宽0.81、高1.73、进深（门墙厚）0.29米。门内拱宽1.5、高2.2、进深1米。门枕石长1.43、宽0.6、高0.2米。中起门槛，槛内两端各有圆门轴孔。外侧两端也有圆形轴孔一个。两孔相距0.85米。石券脸以上砖砌，一券二伏。两箭窗形制相同，门窗间距1.5米。窗外口宽0.43、高0.95、进深（窗墙厚）0.25米。窗内龛宽1.55、高1.8、进深1.45米。

北墙　三箭窗，窗之结构同西墙。窗间距1.6米。窗内深1.45米。在中窗龛券内壁西侧有梯道一处，由东向西通向楼顶。

南墙　三箭窗，形制相同。窗间距1.6米。皆一券二伏。窗外口宽0.43、高0.95、进深0.25米。窗内龛宽1.5、高1.75、进深0.95米。窗下有窗台石一块，石长0.79、宽0.42、厚0.25米。石中起栏，内两端有扇门轴孔各一，石中盲孔。

东墙　三箭窗，结构同南墙。

楼体内部结构　由东西三道筒拱和南北两道隔墙组成（图版［21］360L120）。筒拱通长7.85、宽1.58、高3.2米。拱顶有荆编的棚券纹痕迹。两拱脚各有一排木槽痕，每排五个。隔墙两道，南北各一道。上有门三，计六座。券门宽1.57～1.6、高1.85、进深1.4米。

梯道口　在北墙内窗龛券内壁西侧，由东向西通向楼顶。门宽0.65、墙厚0.56米。顶由三层筒拱叠砌，第一层长1.95、高2.65、上升0.65米。第二层长0.63、上升0.58米。第三层长0.72米，上升到梯道上口。

楼顶　顶周一箍拔檐砖，作出棱角檐，上周为垛口墙，墙倒塌。下存风孔各四个。垛口墙南北尚存出水嘴各一个。顶部平面东西长9.2、南北宽10.1米。

头房　位于墙北的东西端，房已不存。存梯道上口一，长方形，东西长1.05、南北宽0.6米。

楼橹　位于顶中心，仅存基址，东西长3.7、南北宽6.25、墙存高1.5、厚0.5米，东西两面各一门，门宽0.95米，已毁。

墙体从敌台120号顺“老崖根”石山顶部向西延伸，南为西沟，北为台南沟，再西则为板厂峪东沟。

这段墙体分为石、砖墙两段。石墙位于两端有40米长，皆用毛石干砌，墙存宽4、高0.6～1.4米。砖墙长194米，保存较好，墙顶腰砖以上垛、宇墙皆存。并存了一段战道和障墙（图版［21］361L120－L121）。砖墙用二至三层条石平铺，以上砖砌到顶。内外檐有腰砖一层，上为垛口墙和宇墙。垛墙高2、厚0.4米。垛口内外口宽0.7、中宽0.4米，下距地面0.65、高0.7米。垛口高0.7米。上用斜面三角砖封顶。垛口间距2.55米。垛口间有射孔，呈漏斗状（图版［21］362L120－L121）。

主体墙内侧为宇墙，高1.5、厚0.4米。宇墙上也砌垛口，口宽0.46、下距地面0.7米，两口间距2.65米。墙顶马道方砖铺墁，内侧每间距28米有出水嘴一。墙总厚3.7、高2.8米。中间有上墙道一处，已坍塌（图版［21］363L120）。

碑槽　一处。发现于敌台120之西20米处宇墙上，碑槽宽1.25、高1.17、深0.18米。可见原碑体面积较大。现碑石已落在马道上。碎为数块，且文字不清（未录）。

战道和隐墙　中段砖墙因山势陡峭，起伏较大，所以垛口墙和宇墙呈阶梯式，犹如天梯，垛口上下落差0.75米。垛口墙内砌有战道，亦为台阶式，每级高0.6米，长方形，长1.4、宽0.8米。台东侧砌隐墙，外与垛口墙等高，呈直角相交，远观层墙障叠，十分险要。

从敌台120号到敌台121号为238米，其中石墙194米，砖墙44米。

（一二一）黄土岭台121号

方向为正南北。

建于“老崖根”石硼子顶部的山峰上，峰顶修整后建起，楼南700米是半壁山，西南800米是沟里（户不多），北为台南沟。峰顶地势较高，东南可俯控驻操营等村庄。西南400米山崖下，开始砌有附边一道，再向西南延伸，当地称为“郭大安”边。

在楼顶的西侧最高处，安置有铁制测量用标志架一个，此地海拔660米①，成为西行的主体墙和南行的附边（郭大安边）分界点。

楼体　自然毁坏严重，东西两墙劈裂或倒塌，门窗皆残，上顶坍塌一部。

楼基　方形，用条石三层平铺找齐后，以上砖砌到顶。东西长10.3、南北宽10.45、楼基高5米。

楼体四墙　南北两墙皆三箭窗（图版［21］364L121）。今只存南墙二窗，东墙不存。西墙存一窗（图版［21］365L121）。

南墙　二箭窗，两券两伏。外口宽0.65、高0.9、进深（窗墙厚）0.36米。窗内龛宽1.3、高1.95、进深0.7米。窗内残留“Ⅱ”形木边框痕迹。

西墙　在两窗中间有储藏室一，拱券形，室口宽0.5、高0.85、进深0.5米。

楼体内部结构　由南北三道筒拱和东西两道隔墙组成。筒拱长8.2、高3.3、宽2.5米。在中央筒拱有梯井一处，已毁。每边隔墙上有三券门，门宽1～1.05、高1.95、进深（隔墙厚）1.15米。门间距

---

①　五万分之一图标，前所K－50－144－A。

2～2.05米。

楼顶　周一箍拔檐砖，作出棱角檐，垛口墙、楼橹皆不存。南北两侧存出水嘴各一。

石碑槽　一处，位于敌台121号之东46米处。垛口墙内侧碑槽用滚砖砌出边框，碑长0.99、宽0.68米，下距地面1.2米。碑文因年久漶泐不清。

主体墙从敌台121号顶的三角点西行20米是一处悬崖，石墙中断，向北错出7米，在石崖下起墙继续西行，北是“台南沟”，沟南北向，北沟口800米是“三道河”村。墙体南北均陡峭。墙体依山而砌，多倒塌，用白灰勾抹，沙土填心，夯实，主体墙宽4.1、高3.7～4.4米。马道顶石垛口墙高0.4～1.5、墙厚0.6米，用薄石板封顶。

敌台在122号东侧南角，有上墙道一处，西依楼体，用毛石干砌，道侧观为三角形，俯视长方形，长1.8、宽0.7米，上有台阶五级，已残。

从敌台121号到敌台122号为139米，其中石墙长119米，山险墙（无墙）20米。中途经过房基43号。

房基43号

位于敌台121号东南，用毛石泥灰砌，东西长3.7、南北宽2.5、墙厚0.45、存高0.75米。

（一二二）黄土岭台122号

方向为正南北。俗称“天井楼”。

位于三道河南侧的山背上，楼北是“台南沟”，南是“天井沟”，天井沟向南250米悬崖下即天井沟东侧，顺山背向板厂峪方向，筑起附边——“郭大安”边墙，楼西南1500米为板厂岭村。

楼体　自然破坏严重，四墙劈裂或倒塌，仅存南、西两面残墙，顶部不存。

楼基　平面长方形，地势东低西高，用条石五层平铺，找齐后，用砖铺砌到顶。东西长13.75、南北宽6.7、楼基高4.7米。东西两侧与石墙相接（图版［21］366L122）。

楼体四墙　存西、南两残墙，东、北两墙倒塌。

西墙　存两箭窗，皆两券两伏。窗口宽0.6、高0.9、进深（窗墙厚）0.5米。无窗台石。

南墙　存有两窗，结构同西墙。

楼体内部结构　由东西向二道筒拱和一道隔墙组成。因楼体坍塌，无法测知其准确数据。

墙体从敌台122号沿山体西行，在楼体东西南侧砌有一周石阶，为上墙道，道宽4.5、长14米，可到墙顶。主体墙皆毛石、白灰砌，墙宽4.5、高1.2～4.1米。多窄体墙，墙体因山险断续难行。

从敌台122到敌台123号墙体全长294，其中石墙184米，山险墙110米。中途经过房基44、45号。

房基44号

位于敌台122号西南1.7米的崖面下，西为高耸的岩石，今存环形残墙。用自然片石干砌，环形，直径2.1、墙高0.8、墙厚0.5米。

房基45号

位于敌台123号东110米处的山脊顶部，北依石墙，南面一侧出墙。毛石干砌，地处平坦，东西长6.1、南北宽4.1、高约1米。

（一二三）黄土岭台123号

方向为正南北。

位于台南沟西南侧山顶上，西北为台北沟。楼北900米为“三道河”村，西南1300米为板厂峪，东南为“天井沟”。

楼体　已彻底坍塌，东、西、南三墙不存，存北墙和部分结构。

楼基　长方形，用三层条石平铺，以上砖砌，东西长10.5、南北宽12、基高0.95米，原楼总体高约10.1米。

楼体四墙　仅存北墙，有三箭窗（图版［21］367L123）。窗为两券两伏。窗外口宽0.6、高0.85、进深（窗墙厚）0.4米。窗内龛宽已毁。窗间距2.5米。

楼体内部结构　均毁坏。

墙体从敌台123号西北行，山石叠嶂异常险要，峰群林立，有如列屏，十分壮丽，墙体则修窄体墙，毛石干砌，依山势而变化，多利用山险。

从敌台123号到敌台124号为318米。在敌台124号东侧存完好石墙18米。

（一二四）黄土岭台124号

方向北偏东50°。俗称“双泉楼”。

楼体建于山脊的凹处，东西两侧山石壁立，楼体夹于其中。楼南双泉沟，山脚下为板厂峪东沟村，相距3500米，楼北2200米为三道河村。

楼体　梯柱形，基本保存，但风化严重，门、窗多被拆毁，存顶部楼橹等结构。

楼基　方形，就山势崖顶面稍加修整，用大块经过修整的毛料石四层砌成，自下而上层层错出，以上砖砌，东西长10.26、南北宽9.88、楼基高5.5、楼体高4.15米，通高9.65米。

楼体四墙　东西两墙一门一窗（图版［21］368L124）。南北两墙各三窗（图版［21］369L124）。

西墙　南起为拱门，两券两伏。门外口宽0.84、高约1.8、进深（门墙厚）0.4米。门内拱宽1.05、高2.4、进深1米。门下存门枕石，长1.5、宽0.6、厚0.18米。中起门槛，内两侧有门轴孔。门、窗间距2.6米。两券两伏，窗外口宽0.56、高0.78、进深（窗墙厚）0.31米。窗内龛宽1.26、高2.15、进深1.14米。

东墙　一门一箭窗，结构同西墙。

南墙　三箭窗，形制相同，两券两伏，窗间距1.72米。窗外口宽0.56、高0.78、进深0.31米。窗内龛宽1.2、高2.15、进深2米。窗内有“Ⅱ”形木框槽的痕迹。窗两侧抹角成喇叭状。窗台石长0.96、宽0.43、厚0.15米。在中窗内龛券两侧，有梯道各一。

北墙　三箭窗，形制同南墙，唯窗内龛进深1.2米。

楼体内部结构　由南北向三道筒拱和东西两道隔墙组成，筒拱通长5.4、宽1.67、高3米。两道隔墙上各有二券门，形制相同。券形，门宽1.27～1.3、高2.1、进深（隔墙厚）1.25米，二门间距2.83米。楼内东侧现存有石碑一块，由于年久字迹漶沕不清。

楼梯道　在南墙中窗龛券两侧，为双梯道，形制相同。梯门宽0.71米。顶为筒拱叠砌，共四层。第一层顶长2.33、拱高0.4、上升0.45米。第二层顶长0.6、上升0.3米。第三层顶长0.35、上升0.66米。第四层顶长0.4米到梯道上口。下为砖阶，存六级。阶顶铺薄石板，每阶高0.3、宽0.33米。

楼顶　周一箍拔檐砖，作出棱角檐，上砖砌垛口墙，多倒塌。墙存高0.5、墙厚0.41米。东西两墙下有出水嘴各一。楼顶平面，东西长10.18、南北宽9.23米。

头房　位于南垛口墙下，东西各一，形制相同。已倒塌，存梯道上口，东西长1.6、南北宽0.82米。

楼橹　位于顶中，外表为面三（一门二窗）进一硬山式小房，内实为一间。楼橹平面长方形，东西长5.95、南北宽4.4米，南北两墙各砌拱门一，门宽0.92、高2.45、门墙厚0.57米。南门两侧各砌窗一，窗外口宽0.65、高0.83、进深0.45米。窗上为一券一伏。室内为单筒拱形，长4.4、宽2.67、高3.1米。门上可能有简单仿木结构，已不存。两山墙用滚砖砌边，举折呈“人”字形，顶起中脊，高在3.5米左右。

墙体从敌台124号西行于山石叠嶂之间，十分险峻，墙南山脚下2500米为板厂峪东沟，山北2000米为三道河村（图版［21］370L124）。墙体毛石干砌，多倒塌，墙宽2.5～4.6、厚高1.4～2.7米。

现代分界碑

在敌台125号东30米处山体上有残碑一块，碑体长方形，具体尺寸未记录。碑文数行，兹录文如下：

月吉日立

队长梁斌

长谷口

知识大锦

队长 李能

平顶谷

知识李奎

这块石碑无年号，从内容看似是为保存长城而立的分界碑，东面为长谷口，西面为“平顶峪”，从“队长”、“知识”等题款看为近代所立，但提供了一个重要史实，即此东距长谷口不远，故而录入以备参考。

从敌台124到敌台125号为272米，其中有42米为石墙，230米为山险墙（无筑墙）。中途经过房基46号。

房基46号

建于敌台125号东侧石墙北山坡上，为两间房址。皆用毛石干砌，平面长方形，东西长7.1、南北宽2.5～2.6米，中砌隔墙一道，墙宽0.6、高0.3～0.7米。

（一二五）黄土岭台125号

方向北偏东14°。俗称“大安楼”。

位于板厂峪“大安沟”和“三道河”沟交界处，在南北向陡峭的山顶上，地势较高。

楼基　长方梯柱形，整体保存，基底用毛料石顺山势砌成水平线，然后用条石平铺，以上砖砌，东西长9.94、南北宽11、楼基高4.3、楼体高4.55米，通存高8.85米。

楼体四墙　东墙一门两箭窗，西墙三窗，北墙二窗，南墙三窗（图版［21］371L125）。

东墙　一门二箭窗，门居中，窗分左右，门、窗间距1.59米。门为石质，自下而上为门枕石、石门柱、一字石、石券脸。门外口宽0.74、高约1.69、进深（门墙厚）0.25米。门内拱宽1.23、高2.25、进深0.94米。门枕石长1.17、宽0.45、厚0.15米。石中起门槛，门两侧拱壁墙上有门闩孔各一。两箭窗形制相同。两券两伏。窗外口宽0.62、高0.8、进深0.17米。窗内龛宽1.24、高1.89、进深0.69米。窗台石长0.74、宽0.44、厚0.11米。中起栏，栏内两端各一圆形扇门轴孔。

西墙　有三箭窗，由拱顶下塌而毁坏。

南墙　三箭窗。形制相同。窗间距1.72～2.54米，皆两券两伏。窗外口宽0.62、高0.8、进深0.17米。窗内拱宽1.8、高1.95、进深1.59米。窗下铺窗台石一块。在南墙中窗内龛券的两侧，各砌梯道一，门宽0.83、侧墙厚0.55米，现已塌陷，无从测知。

楼体内部结构　由南北向三道筒拱和两道隔墙组成。筒拱通长7.82、宽1.62（两侧）～1.93（中间）、高2.8米。隔墙上各有门三，计六座。门宽1.25～1.34、高1.85、进深1.4米。门间距1.92米。

楼顶　四面垛口墙和西墙均倒塌，楼橹、头房皆毁，仅存东西两垛口墙下面出水嘴各一。楼下南侧有上墙台阶一。

墙体从敌台125号西南行，此段山脊形成笋形“石林”山势险要，而无路可通。从此西南行为板厂峪东沟，其北为“三道河”村，墙体多自然倒塌，皆毛石干砌，下宽上窄，墙宽2～6.4、高2.4米。

从敌台125号到126号为193米，其中石墙93米，山险墙（无墙）100米。

（一二六）黄土岭台126号

方向北偏西17°。

位于板厂峪东沟北约2500米的山梁上。楼脚下东南是一条南北向小沟，俗称“大安沟”，东北1800米是三道河村。南北皆陡峭山崖。

楼体　梯柱形，依山而建，门箭窗皆自然毁坏，顶部楼橹坍塌。

楼基　长方形，基底用二至八层条石平铺，以上砖砌到顶，东西长9.6、南北宽6.95、楼基高5.25、楼体高4.75米，通高10米。

楼体四墙　南墙一门两箭窗，北墙三箭窗，东西墙二箭窗。

南墙　一门两箭窗，门窗间距2.9米。门两券两伏。外口已毁。内拱宽1.2米，高度已毁，进深1米。两箭窗结构同。位于门之东西。窗为两券两伏，窗外口宽0.63、高0.88、进深（窗墙厚）0.35米。窗内龛宽1、高1.95、进深0.7米。下有窗台石一块，窗下有方形风孔。

北墙　三箭窗，形制同南墙。窗间距2.97～3.03米。

东墙　二箭窗，形制相同。两券两伏。间距1.07米，窗外口宽0.63、高0.88、进深0.35米。窗内龛宽1.02、高1.9、进深1.2米。

西墙　二箭窗，结构同东墙。

楼体内部结构　由南北三道筒拱和东西两道隔墙组成。筒拱长4.95、高2.5、宽2.3～3米。两道隔墙上各有二券门，门宽0.77、高1.65、进深（隔墙厚）1.02米。门顶一券一伏。在西侧筒拱顶部，有一长方形梯井，东西长1.5、南北宽0.9米，天井距北墙1.4米。南北宽6.75、东西长12.2米。

楼顶　顶周一箍拔檐砖，中作出棱角檐。垛口墙存高1.3、墙厚0.6米。垛口间距1.6、存高0.6米。顶中楼橹已毁。

墙体从敌台126号顺山脊西行，北为三道河，南为板厂峪东沟。南北山体均陡峭。皆用毛石、白灰砌，墙宽2.1～3.5、高1.2～3.7米。存垛口墙，高0.5～1.5、墙厚0.6米。在敌台126号南侧有上墙道一处，阶梯多毁。

从敌台126号到敌台127号为151米，其中石墙101米，山险墙（无筑墙）50米。

（一二七）黄土岭台127号

方向北偏东29°。

位于山顶上，南为板厂峪东沟，东南是“大安沟”，楼北为三道河。地势高亢，可俯控群山。

楼体　梯柱形，风化严重，东西两墙倒塌，楼顶部分塌陷，铺房、垛口已毁。

楼基　长方形，基底用一层毛料石找平后，以上用砖坐灰到顶。东西长11.6、南北宽8.95、楼基高2.85米，通高8.85米。

楼体四墙　东西两墙不存。南北两墙各存三箭窗，窗口内外皆毁坏。

楼体内部结构　由南北三道筒拱和东西两道隔墙组成。南北筒拱长6.55、宽2.12、高3米。东西隔墙上各有三门，形制相同。门宽1.2、高1.95、进深（隔墙厚）1.1米，门间距2.34米。

楼顶　存有梯井上口，口顶周砌一箍拔檐砖，作出棱角檐。垛口墙皆不存。

墙体从敌台127号沿山势向西下而行，山石突起，迫使墙体时宽时窄。南侧山脚下为板厂峪东沟，北1400米为三道河村（图版［21］372L127－L128）。

墙皆毛石干砌，石墙宽2.1～3.2、高1.5～2.7米。保存较好处有残垛口墙，墙高0.4～1.5、厚0.6米。

从敌台127到敌台128号为267米。

（一二八）黄土岭台128号

方向北偏东50°。俗称“小安楼”。

位于三道河南1200米山梁上。楼南是板厂峪东沟，楼西山脚下是“大沟”。楼南、北侧山体皆陡峭。

楼体　梯柱形，保存较好，门、窗皆存，仅顶部垛口墙及楼橹坍塌。

楼基　方形，基础用一层毛料石铺平，以上用四层条石平铺，再上砖砌到顶。东西长10.3、南北宽10.3、楼基高5.7米，通存高9.2米。

楼体四墙　东西墙一门二箭窗（图版［21］373L128）。南北墙各三窗（图版［21］374L128）。

东墙　一门两箭窗，门居东墙中，窗居左右，门窗间距1.55米。门为石质，拱券形。自下而上为门枕石、石门柱、石券脸。门外口宽0.8、门高1.95、进深（门墙厚）0.25米。门内龛宽1.33、高2.25、进深0.95米。门下门枕石长1.4、宽0.4、厚0.3米。中起门槛，槛内左右为门轴孔。门柱石内有门闩孔石各一，中间圆孔径0.15米。两箭窗形制相同，皆两券两伏。窗外口宽0.65、高0.75、进深（窗墙厚）0.35米。窗内龛宽1.35、高2.25、东侧进深0.8米，窗内原有木边框，呈“Ⅱ”字形，今存木框槽。窗下无窗台石。

西墙　一门两箭窗，结构同东墙，不另述。

南墙　三箭窗，皆两券两伏。窗间距1.55米。窗外口宽0.65、高0.75、进深0.35米。窗内龛宽1.35、高2.25、进深0.82米。无窗台石。

北墙　三箭窗，结构同南墙。

楼体内部结构　由南北向筒拱三道和东西两道隔墙组成。筒通拱长7.75、高3.5、宽1.7～1.9米。在东侧筒拱顶部有一梯井，可乘软梯或木梯上下。长方形，南北宽1.5、东西长1米。隔墙二道。每道筑三券门，计六座，形制相同。门宽1.3～1.7、高2.25、进深（隔墙厚）1.15米。门间距1.48米。

楼顶　周一箍拔檐砖，作出棱角檐，上砌垛口墙，高1.6、厚0.42米。每面四垛口，垛口宽0.5、高0.7、间距1.8米。下有风孔，圆形，石质，直径0.15、长、宽均为0.4米。东西垛口墙下各有出水嘴一个。原有楼橹一，已毁。

墙体从敌台128号西墙沿顺山势向西北行，此段山脊起伏陡峭。中途经过一峰和一凹处，墙北山崖下是“九大缸”、南为“大沟”底部（图版［21］375L128－L129）。墙皆石砌，白灰勾抹。墙顶马道用石板铺，墙宽3.5、高2.1～3.8米。存部分石垛墙，在敌台128号西墙有台阶一处（图版［21］376L128）。

从敌台128号到敌台129号为353米，其中有70米为山险墙（无筑墙）。中途经过房基47号。

房基47号

位于敌台129号东6米处石墙内侧平坦处，北依墙体，用毛石干砌，东西长4.5、南北宽2.5、墙厚

0.5、残高1.2米。南一门（图版［21］377 F47）。

（一二九）黄土岭台129号

方向北偏西28°。俗称“黄毛草台子楼”。

位于老洞沟西北山顶上，楼西北山脚下是“大东洼”，楼南2400米山口处是“东沟村”，西南是板厂峪村。

楼体　梯柱形，风化严重，东西两墙倒塌，顶部建筑已毁。南北两墙门窗已残（图版［21］378L129）。

楼基　长方形，基底用六层条石平铺，以上砖砌。东西长10.8、南北宽10.8、楼基高4.2米，存高7.4米。

楼体四墙　南墙一门二箭窗。北墙三箭窗。东西两墙已毁坏。

南墙　门居中，窗列左右。门窗间距2.15米。门为石质，自下而上为门枕石、石门柱、一字石、石券脸。门外口宽0.95、高1.7、进深（门墙厚）0.33米。门内拱宽1.2、高2.6、进深0.85米。门内两侧各一长方槽，或名之为“隐门槽”，高1.7米。门下枕石一块，左右有门墩，墩面上有门轴孔。门两侧为箭窗，形制相同。以南墙西端箭窗为例，窗全部用条石雕砌。自下而上为窗台石、石窗框、石窗券脸，这种用石砌的箭窗，发现很少。窗外口宽0.68、高0.9、进深（窗墙厚）0.26米。窗内龛宽1.15、高2.25米，进深已毁。窗台石长约0.8、宽0.47、厚0.1米。中起栏。

北墙　三箭窗，结构同南墙。

东、西两墙皆坍塌。

楼体内部结构　由南北三道筒拱中间两道隔墙组成。筒拱长8.6、高3.2、宽1.9米。隔墙坍塌不全。以东隔墙为例，有二门，二门间距1.42米。门宽1、高2.05、进深（墙厚）1.2米。在北起二门南侧有残梯道一，道口宽0.75、高3.2米。顶为斜筒拱式，已塌陷，下存砖阶五级，每级高0.33、宽0.18米。

楼顶不存。敌台下东侧有上墙道一，长5、宽2米，石已毁。

墙体从敌台129号顺山脊西行偏南，北为大东洼，南是黄毛草台子沟，沟南口与板厂峪沟交汇。东南2400米为板厂峪东沟。正南为板厂峪村。“东沟”和“西沟”北通长城，南通板厂峪村（堡）（图版［21］379L129－L130）。

墙体皆毛石、白灰砌，墙宽3.2、存高1.5～3.4米。

从敌台129号到敌台130号为215米。中途经过房基48号。

房基48号

位于敌台129号西27米处墙体内侧，北倚墙体，东、西、南三面跨出。用毛石干砌，东西长3.8、南北出墙2.1、存高0.4、墙厚0.6米。

（一三〇）黄土岭台130号

方向北偏东6°。又称“东二楼”。

位于“老洞沟”东北山梁上，此处为分水岭。西北是“大东洼”，属青龙县。南偏东为板厂峪东沟，正南2600米为板厂峪村。

楼体　梯柱形，结构完好保存。风化严重，门箭窗外口多毁，楼顶楼橹坍塌。垛口墙存部分。

楼基　平面长方形，基底用一至二条石平铺找平后，以上用砖坐白灰砌成，南侧地势较高。东西长

10.2、南北宽6.8、楼基高2、楼体高7米，通存高9米（图［21］155L130）。

楼体四墙　东西两墙一门一箭窗，门前直对墙顶马道（图［21］156L130）。南北两墙皆三箭窗。

西墙　一门一箭窗，门窗间距1.5米。门在南端，两券两伏（图版［21］380L130）。门外口宽0.83、高1.7、进深（门墙厚）0.37米。门内拱宽1.17、高2.35、进深0.57米。门下枕石长1.1、宽0.4、厚0.18米。中起门槛，槛内两端各有门轴孔一个。门内两侧有门闩孔石各一块，方形，长、宽均为0.38米，中一圆孔。

东墙　一门一窗，结构同西墙（图版［21］381L130）。

南墙　三箭窗，形制相同。皆一券一伏。窗间距1.7～1.75米。窗外口宽0.58、高0.91、进深（窗墙厚）0.38米。窗内龛宽1.2、高2.15、进深0.5米。窗内有“Ⅱ”边框槽痕迹。

北墙　结构同南墙。

楼体内部结构　由南北向筒拱三道中间两道隔墙组成。隔墙上各一门，直对并和东西楼门贯通（图［21］157L130）。筒拱南北宽4.8、宽2.16～2.3、高2.8米。两道隔墙上偏南各一门，门宽0.95、高1.9、进深（隔墙厚）0.8米（图［21］158L130）。

梯井　在东侧筒拱顶西侧，长方形，南北宽1.4、东西长1、井壁厚0.5米。

楼顶　顶周一箍拔檐砖，中间作出棱角檐。檐凸出墙体0.13米，垛口墙存高0.17、厚0.42米。东西三垛口、南北四垛口，垛口高0.8、宽0.6～0.75米。南北两侧出檐下有出水嘴一个。顶平面东西长9.8、南北宽6.4米（图［21］159L130）。

楼橹　一个，长方形，东西长6.7、南北宽3.3、墙存0.5米。南北中间有门一，门宽1.1米。楼橹上顶已塌。南北两墙上各有四圆柱，楼橹东墙上有一长方梯井口，南北宽1.3、东西长1米。

墙体从敌台130号向西沿山而下，墙北是大东洼，墙南为老洞沟，南、西、北平缓。

墙体皆毛石干砌，顶面马道用石板铺平。墙宽6.4、高2.1～3.2米。垛口墙用砖、白灰砌成，存高0.4～1.2、厚0.5米。

在敌台130南侧楼脚下有青石碑一块。一角已残，碑长1.25、宽0.85、厚0.12米。碑文模糊不清，为万历元年长城阅视碑（详见拓片录文145）。在楼西侧东筒拱和东门台阶上部各有碑槽一处，长0.37、宽0.23、凹入0.12米。石碑已无。

从敌台130号到敌台131号为130米。

（一三一）黄土岭台131号

方向北偏西32°。

位于敌台130号西小山洼处，北为青龙县大东洼沟，地是老洞沟，东南为板厂峪，西为西沟。

楼体　已倒塌，仅存北侧残墙，上有箭窗六处，已残，楼内结构已毁（图版［21］382L131）。

楼基　平面长方形，基底铺有条石。东西长12.7、南北宽9.8、楼基高4.7、楼体高4.1米，通存高8.8米。

楼体四墙　西墙一门一窗，北墙六箭窗，东南墙塌陷。

西墙　门南，箭窗在北，内外口不存。

北墙　六箭窗，窗间距1米。外口皆毁。内龛宽1.15～1.2、高2.45、进深（窗墙厚）0.8米。

楼体内部结构　皆毁坏。

楼顶　已毁。但可看出，周有一箍拔檐砖，北垛口墙下有出水嘴一，其他建筑皆无。

战墙　在敌台131号北侧楼脚下，筑有长方形战墙一道，东起楼角，西至楼体2.3米处，长方形，东西长16、南北宽6.3米。战墙南倚楼墙，只砌东、西、北三面。墙存高3.2、厚0.5米。墙上砌有内大外小的喇叭状圆孔，直径0.2～0.55米。孔壁外为三角砖对砌，内用弧形砖对砌。圆射孔分上下两层，呈“梅花式”。上下相距0.3、下距地面0.4米，现存四个。

墙体从敌台131号楼西南行，两侧坡缓皆毛石砌，宽而高大，墙宽6.4、高2.1～3.2米。

从敌台131号到敌台132号为146米（图版［21］383L131－L132）。

（一三二）黄土岭台132号

方向北偏西21°。俗称“平顶楼”。

位于敌台131号西平坦山梁上，南侧山脚下地势开阔，坡上形成一平台，楼南为板厂峪西沟。

楼体　梯柱形，风化严重，东北角已倒塌，门箭窗大部毁，顶部垛口墙，楼橹坍塌。

楼基　方形。基底用一至三层条石平铺找齐后，以上用砖铺到顶。东西长9.8、南北宽9.7、楼基高3.9、楼体高3.7米，通存高7.6米。

楼体四墙　东西墙一门二窗（图版［21］384L132）。南北两墙各三窗（图版［21］385L132）。

东墙　一门二箭窗，门居中，箭窗位于左右，门窗间距1.44米。门为石质。自下而上为门枕石、石门柱、一字石、石券脸。门宽0.66、高1.78、进深0.32米。门内拱宽1.08、高2.3、进深0.98米。门基石不存。门内两侧为门闩孔石，长方形。长0.6、宽0.44、厚0.12米。闩孔直径0.15米。窗为两券两伏。窗外口宽0.56、高0.92、进深（窗墙厚）0.31米。窗内龛宽1.37、高2.1、进深0.85米。

西墙　结构同东墙。东西两墙窗内皆有“Π”形木边框槽的痕迹。

南墙　三箭窗。形制相同，皆两券两伏。窗间距1.65米。窗外口宽0.56、高0.92、进深（窗墙厚）0.31米。窗内龛宽1.38、高2.1、东侧进深1.32米。在中窗龛券两侧分别砌有梯道各一处，通向楼顶。

北墙　结构同南墙。

楼体内部结构　由南北三道筒拱和两道隔墙组成。筒拱通长6.7、高2.9、宽1.5米。东西隔墙两道，分别开三券门，门宽1.18～1.48、高1.65、进深（隔墙厚）1米。

梯道　在南墙中窗龛券两侧，为双梯道，形制相同。以东侧为例，梯道宽0.67米，顶拱由四层叠砌。第一层长1.62、拱高0.3、上升0.26米。第二层拱顶长0.5、上升0.32米。第三层拱顶长0.47、上升0.38米。第四层拱顶长0.45米到达梯道上口，下为砖阶，外侧嵌有木边框。每级高0.27、宽0.37米。

楼顶　周一箍拔檐砖，作出棱角檐，上为垛口墙，存高0.7～1.4米，垛口多毁。下有风孔，呈漏斗状。孔宽0.22、高0.25米，孔间距1.4米。楼顶东西长9.5、南北宽9.35米。

梯道上口在南墙的东西角，头房已倒塌，楼橹不存。长方形，东西长1.2、南北宽0.8米。

墙体从敌台132号顺山梁西南行，东缓、西陡，多绝壁。东北是“大东洼”，南为板厂峪西沟。墙皆毛石、白灰砌，加宽而厚重，宽7、高1.2～2.7米。墙顶马道薄石板铺成。垛口墙厚0.6米。

从敌台132到敌台133号为253米。其中有100米为山险就山势而未筑墙。中途经过战台63号。

战台63号

位于敌台132号西南139米的山崖之下，东连石墙，地势较平，依山而筑。台体长方形，毛石、白灰砌，东西长4.7、南北宽2.6、高4米。顶周砌垛口墙，今存北墙，垛口墙宽0.6、存高1.2米。

（一三三）黄土岭台133号

方向北偏西20°。俗称“西二楼”。

位于东西陡峭的山崖上，地基经人工开凿和修整。楼东北是青龙县大东洼（水泉洼），楼南为板厂峪西沟。

楼体　梯柱形，保存完好，轻度风化，门、窗皆存，楼顶、垛墙、楼橹皆毁。

楼基　方形，基底用毛料石一层平铺，错出平台，上用条石平铺，再上砖坐白灰到顶。东西长10.58、南北宽10.58、楼基高4.9米，通存高10.4米（图［21］160L133）。

楼体四墙　西南两墙一门二箭窗（图［21］161L133）。东北两墙各三窗（图［21］162L133）。

西墙　门在南侧，中、北为箭窗，门窗间距1.6～1.72米。门前直对马道，有台阶可直达门内，门的南侧墙下有上墙道（图版［21］386L133）。门为拱券形，石质。自下而上为门枕石、石门柱、一字石、石券脸。再上为一券一伏。门外口宽0.75、高1.75、进深（门墙厚）0.26米。门内拱宽1.28、高2、进深0.92米。门枕石长1米，两侧乱砖堵塞。两箭窗形制相同。外口宽0.45、高0.8、进深（窗墙厚）0.32米。窗内龛宽1.34、高2.25、进深0.92米。窗台石长0.8、宽0.44、厚0.1米。中间起栏，两端各有长方槽一，栏内两端各有扇门轴孔一个，间距0.45米。

南墙　一门两箭窗，门在中间，窗分左右。口门之形制和西墙同，石质。自下而上为门枕石、石门柱、一字石、石券脸。门外口宽0.75、高1.75、进深0.26米。门内拱宽1.34、高2.2、进深1.55米。门枕石已毁。门内两侧有门闩孔石各一，石长0.27、宽0.38、厚0.13米，孔径0.12米。在门外东侧接近墙体处有一上墙道。在门内两侧墙上有梯道各一，相对为双梯道。门距箭窗2.5米。窗之形制同西墙，唯龛内进深1.55米。

东墙　三箭窗，形制相同。窗间距2.5米。窗两券两伏。窗外口宽0.75、高1.75、进深（窗墙厚）0.26米。窗内龛宽1.25、高2.2、东侧进深0.7米。

北墙　三箭窗，形制相同，结构同东墙。窗间距2.75米。

楼体内部结构　由南北向三道筒拱和两道隔墙组成（图［21］163L133）。筒拱通长7.94、高3.89、宽1.8～1.85米。隔墙上各有门三，计六座。门宽1.26、高2、进深（隔墙厚）1.42米。门间距1.8～1.85米（图［21］164L133）。

梯道　在南墙门内两侧，结构形制以东侧梯道为例，拱门宽0.7、高3.25米。顶为三层筒拱叠砌，第一层2.38、拱高0.35、上升0.7米。二层拱顶长0.8、上升0.4米。第三层顶长0.38、上升0.3米到顶。下石阶和砖阶混砌有石阶四、砖阶九。

楼顶　顶周一箍拔檐砖，突出墙体0.15米，如平座，上砌垛口墙，存高0.4～1.6、厚0.4米。垛口每面三，垛口间距1.95米。垛口内外口宽0.75、中间宽0.45米。垛口石长0.8、厚0.1米。中起栏线。垛口下有风孔。在东西墙下有出水嘴一个（图［21］165L133）。

头房　在南墙的东西各一，形制相同，已塌陷，东西长1.75、南北宽1.45米。梯道上口长1.25、宽0.7米。两头房相距3.88米。

楼橹　居顶中，已塌陷。东西长6、南北宽3.88、残墙高1.9、厚0.5米。南北各一门，门宽0.97米。门两侧各有木柱凹槽一个。

墙体从敌台133号沿山体西南行，山势陡峭。在敌台133号西侧有上墙道一，条石砌，存石阶四层，道宽0.75、存高1.25米。在敌台东侧也有上墙道一处，宽1、存长0.5米，有台阶二。从此向东直入马道。

墙体分为东西两段，东段石墙，西段砖墙。石墙48米，皆毛石、白灰砌，墙宽2.25、高3.1米（图版［21］387L133－L134）。砖墙147米，实为砖石合筑，下为石砌，墙内外檐以上为砖砌，石墙上腰砖一层，以上垛口墙砖砌，垛口和马道随山势变化而呈阶梯式，高低起伏，错落有致。墙宽2.55、高3.2米。

马道砖墁。

从敌台133号到敌台134号为195米。

（一三四）黄土岭台134号

方向北偏东20° 。俗称“大尖楼”。

楼体筑在十分险要的板厂峪沟石人沟山顶上，为青龙、抚宁两县交界的分水岭。楼西南为义院口，南为板厂峪。

楼体　梯柱形，保存较好。四墙微有风化。顶部楼橹等皆倒塌。

楼基　方形，基底先用一层条石找平，出台0.08米，以上用条石四层平砌，再上用砖，由下而上逐渐收分，楼基东西长9.45、南北宽9.5、基高2.3米，通高9.8米（图［21］166L134）。

楼体四墙　东西两墙一门二箭窗（图［21］167L134）。南北两墙三箭窗。

西墙　西墙保存较好（图版［21］388L134）。一门两箭窗，门居中，窗分左右，门窗间距2米。门为石质，拱券形。自下而上为门枕石、石门柱、一字石、石券脸。门外口宽0.74、高1.8、进深0.28米。门内拱宽1.42、高1.9、进深0.99米。门枕石长1.2、宽0.84、厚0.2米。中起门槛，槛内左右有门轴孔各一个。两箭窗形制相同，一券一伏。窗外口宽0.7、高1.1、进深（窗墙厚）0.65米，窗内龛宽1.1、高1.75、进深0.58米。窗台上无台面石。台宽0.78米，下距地面0.6米。

东墙　一门两箭窗，形制同西墙。

北墙　三箭窗，形制相同，一券一伏。窗间距2米。窗外口宽0.7、高1.05、进深0.75米。窗内龛宽0.7、高1.75米（图版［21］389L134）。

南墙　结构同北墙。

楼体内部结构　由三道东西向筒拱中间两道隔墙组成。中央筒拱东西长6.75、南北宽2.75米（图［21］168L134）。中间两道隔墙的南北形成小拱室各三个，计六个。中间的为一大拱室，三室南北对称，形制相同（图［21］169L134）。以北隔墙为例，把原来的南北两道隔墙形成的筒拱，在隔墙南北各分成三小室。室南北侧外墙是箭窗，为三座券门。隔墙北侧的中拱室，南北宽2.06、东西长1.8、高3.65米，东西墙厚1.4、南墙厚0.6米，北为箭窗南为门。门宽10.75、高1.55米。两侧小拱室南北宽2.1、东西长1.5、高3.65米，北为箭窗，南为门，门宽0.75、高1.55米。两侧小拱室南北宽2.1、东西长1.5、高3.65米，北为箭窗，南为门，门宽0.75、高1.55米。隔墙南面三拱室与北侧同，不另述。

天井　建在南侧东端的拱室内，东西长1.35、南北宽1.2米。

楼顶　顶周一箍拔檐砖，上砌垛口墙，大部倒塌，存高0.8～1.1、厚0.43米。在西侧拔檐砖下存一出水嘴，长0.65、宽0.22～0.5、槽深0.12米。顶东西长9、南北宽9.05米（图［21］170L134）。

楼橹　位于顶中，东西长4.5、南北宽3.2、墙厚0.42米。顶塌，残墙高0.6～0.8米，南北各一门，门宽0.78米。在楼橹内墙壁上嵌有万历四十年五月长城阅视碑一方。

头房　在南墙东端，已塌。存上口和残墙。东西长1.9、南北宽1.6米。

从敌台134号向西墙体时断时续，山势陡峭，难于筑墙。石墙多用毛石、白灰砌，窄体墙，墙体最窄者0.8、存高1.5米不等，因地而异。砖墙墙宽5米，顶面垛口墙，墙高1.69、厚0.45米。垛口内外宽0.78、中宽0.52米。马道砖铺（图版［21］390L134）。

从敌台134到敌台135号为350.5米，其中石墙22米，砖墙188.5米，山险无筑墙140米。

（一三五）黄土岭台135号

方向北偏西10°。

位于板厂峪村北石人沟北侧的山脊上。楼北是西峰口，楼南距板厂峪村1600米，东为“东沟”村，西为“西沟”村。山脊陡峭，形胜险要。

楼体　梯柱形，依山而建，保存较好，西墙倒塌，楼顶建筑不存，其余三面门，窗皆存。

楼基　平面长方形，基底用条石三至五层平铺找齐后，以上砖砌到顶，最下一层条石错出平台。东西长10.35、南北宽10.25、楼基高4.7米，通存高8.5米。

楼体四墙　东西两墙各一门两箭窗（图版［21］391L135）。南北两墙各三箭窗（图版［21］392L135）。

东墙　一门二箭窗，门居中，窗列左右，门窗间距1.38～1.57米。门石质，拱券形。自下而上为门枕石、石门柱、一字石、石券脸。门外口宽0.8、高1.9、进深（门墙厚）0.33米。门内拱宽1.3、高2、进深0.96米。门下有枕石一块，中起门槛，左右为门轴孔。门上半圆形石堵头一块，以支撑内拱顶，门左右之箭窗形制相同，两券两伏。箭窗外口宽0.62、高0.7、进深（窗墙厚）0.48米。窗内龛宽1.36、高1.7、进深0.82米。窗下无台面石。窗内存有“Π”形木边框痕迹。

西墙　结构同东墙，不另述。

南墙　三箭窗，形制相同，皆两券两伏。窗外口宽0.62、高0.7、进深（窗墙厚）0.41米。窗内龛宽1.38、高1.9、进深0.82米，窗下无台面石。窗内有“Π”形木边框痕迹。窗台下距地面0.85米。窗下0.4米处有石砌风孔一个，外方内球形格子纹，中孔方形，外宽0.4、高0.48米。

北墙　结构同南墙，不另述。

楼体内部结构　由南北三道筒拱和两道隔墙组成。筒拱南北长7.8、筒拱宽1.83～1.85、高3.5米。在中央筒拱的东侧有梯井一，井口东西长1.3、南北宽1.83米。两道隔墙上各有三券门，计六座。皆两券两伏。形制相同，门宽1.85、高2.1、进深（隔墙厚）1.13米。门间距1.13米。

楼顶　顶周一箍拔檐砖，计三层，底以条石代替，中砌出棱角檐。四面垛口墙皆倒塌，存高0.3、墙厚0.45米。

楼橹　位于顶中，已坍塌。墙存高1.1、厚0.45米，四至位置不清。东侧中有头房基址一，存梯边上口。东西长0.5、南北宽0.53米，南残墙上一门址。

在敌台135号顶部发现有兽面瓦当、龙首形脊兽等（图版［21］393L135）。

在敌台南侧发现有石碑一块，为立体方形，长0.94、宽0.53、厚0.15米。字迹漶泐不清。为明万历四十年修完二等边城记事碑（详见拓片、录文142）。

墙体从敌台135号顺山脊向西南蜿蜒而行，山体陡峭，山石林立难行，险段以山代墙。南为板厂峪村。

墙体皆砖砌。基底用大块毛石砌起，找平后因地势皆用条砖上砌到顶。墙体总宽3.96、内侧高3.2米。垛口墙大部倒塌，陡峭处垛口墙呈“狼牙式”或称“天梯式”状，并出现障墙。垛、宇墙皆险绝。垛墙高1.6、厚0.46米。行陡峭处垛口墙内侧有宽0.8米的台阶，每级高0.2米（图版［21］394L135－L136）。

从敌台135号到敌台136号为352米。

（一三六）黄土岭台136号

方向为正南北。

位于板厂峪“盘道沟”与青龙县交界的山脊上，此处是“西峰口” 的分水岭。地势险要，可俯控四野，楼南为板厂峪村的“西沟”。

楼体　保存基本完整，门、箭窗、台石被挖掉，顶部垛口墙自然倒塌，楼橹顶部不存。

楼基　方形，基底用一至三层条石错出平台，底盘加大，以上用条石三至六层平铺，再上砖砌到顶。东西长9.9、南北宽9.7、楼基2.08、楼体高4.03米，通存高7.4米，连垛口墙高10.8米（图［21］171L136）。

西墙　一门二箭窗，门居中，正对马道，下设砖阶（图［21］172L136），南北为箭窗，门、窗间距1.58米（图版［21］395L136）。门为拱券形，石质，自下而上为门枕石、一字石、石券脸。现门石多不存，顶为两券两伏。门口宽0.7、高1.8、进深约0.32米。门内拱宽1.05、高1.99、进深0.9米。门枕石长1.29、宽0.43、厚0.2米，石中起门槛，槛内两侧有圆形门轴孔各一个。两箭窗形制相同，皆两券两伏。窗外口宽0.59、高0.77、进深（窗墙厚）0.42米。窗内拱宽1.08、高1.99、进深0.99米。窗台上无台面石，窗口两侧用砖对砌，下距地面0.75米。窗内原有木边框痕迹，呈“Π”形，今存凹槽。

东墙　结构同西墙。一门二箭窗，门居南，箭窗居中、北。门前直对马道，门下为马道内侧，下有砖阶，门、箭窗皆两券两伏，形制、大小同西墙（图版［21］396L136）。

北墙　三箭窗，并列，形制相同，皆两券两伏。窗间距2.1米。窗外口宽0.59、高0.76、进深（窗墙厚）0.42米。窗内龛宽1.26、高1.99、进深0.94米。窗下无台面石。窗内有“Π”形木边框槽痕迹。

南墙　三箭窗，形制同北墙。唯龛内龛券进深加大到1.7米。在南墙中箭窗内龛券两侧各有梯道一，为双梯道，对称。

楼体内部结构　由南北三道筒拱和两道隔墙组成。筒拱通长6.39、宽1.47～1.5、高3.9米。隔墙各有三券门，计六座，形制相同，门宽1.06～1.2、高1.95、进深（隔墙厚）1.25米。三门间距1.47～1.57米（图［21］173L136）。

梯道　在南墙中部龛券内东西两侧。梯道宽0.69、隔墙厚0.68米。顶为二层筒拱叠砌。第一层拱顶长2.3、高3.14、上升0.9米。第二层拱顶长0.85、拱高0.34、上升0.45米到达上口，下为砖阶十二级，每级高0.32、宽0.2米，外侧有木槽痕，由于拱顶短，上部台阶陡立估计还有辅助木梯之类才可到达上口（图［21］174L136）。

楼顶　周砌一箍拔檐砖，作出棱角檐。再上为垛口墙。多倒塌，残垛口墙存高1.5、厚0.42米。南墙上垛口宽0.46米，垛口下有垛口石一块，石中一盲孔。

顶部平面　东西长9.45、南北宽9.3米（图［21］175L136）。东、西两侧檐下存出水嘴一个，长0.2、宽0.25～0.2米。

头房　在南墙东西两侧有头房各一，已倒塌，仅存一道残墙和出口。东侧梯道出口为长方形，东西长1.37、南北宽0.7米。西侧出口长0.9、宽0.7米。头房残墙高1.6、厚0.4米。两头房间距2.65米。

楼橹　位于顶中，已倒塌，东西长5.66、南北宽3.68米。南北各砌一门，门宽1.21、墙厚0.45、高1.5米。楼橹四角及墙内壁上均有木柱的痕迹。今存凹槽。

墙体从敌台136号延着青、抚两县分界西南行，地势陡峭，北为山神庙村、南为板厂峪村。墙皆砖砌。基底用毛料石砌，找平后条砖到顶。顶砌一层腰石，出墙0.05米，上用砖砌垛口墙存高0.75、宽0.4米。垛口内外口宽0.62米。垛口上封用三角砖一块，中一盲孔。垛口下砌尖拱形风孔。砖墙总宽3.65、高3.1米。马道砖墁。

从敌台136号到敌台137号为237米。中途经过战台64号。

战台64号

位于敌台136号南偏西188米外墙体外侧，保存完好（图［21］176Z64）。方形，基底用条石二层平铺，以上用砖到顶，台顶用拔檐石一层，以上砖砌垛口墙（图［21］177Z64）。战台底部南北宽4.25、东西长4.62、高4.8米。顶部垛口墙高1.85、厚0.4米。垛口高1.02、宽0.36米，下距地面0.78米。南、北墙垛口各一个。垛口墙下有风孔，东西墙各两个（图［21］178Z64）。

（一三七）黄土岭台137号

方向为正方向。

位于敌台136号南偏西的山脊上，楼南为盘道沟，北为西峰口，是附近最高峰，海拔333.7米。[①]

楼体　东西倒塌，顶部不存，毁坏严重。

楼基　长方形，基底用毛料石找平后，以上用条石二层，再上用砖到顶，东西长9.8、南北宽7.5米。

楼体四墙　东西墙已毁。南北墙各存三箭窗（图版［21］398L137）。形制相同，窗间距1.8米。窗为两券两伏。南墙窗外口宽0.55、高0.96、进深（窗墙厚）0.38米。窗内龛宽0.91、高1.65、进深0.65米，窗下无台面石。窗内有“Π”形木边框痕迹。

楼体内部结构　由南北向三道筒拱和两道隔墙组成。筒拱长度已毁、宽1.9、高2.55米。隔墙上尚存一券门，门宽0.9、高1.9米，隔墙厚0.9米。在东侧筒拱顶留有梯井痕迹，东西长1、南北宽0.82米。

楼顶　顶周砌一箍拔檐砖，作出棱角檐。顶周有残，垛口墙存高1.05、墙厚0.44米，垛口宽0.51、内外宽0.7、存高0.4米，垛口间距1.4米。

在楼东侧墙壁下有石碑一块，已残为碎块，因未拼对，故内容不清。

墙体从敌台137号顺山脊走向南行，山脊陡峭，东西皆悬崖绝壁，南为板厂峪，北为山神庙村。墙为砖砌，基底用大块毛石砌齐，以上砖坐白灰到顶。顶内外砌腰砖一层，顶外垛口墙，内宇墙。垛口墙高1.6、墙厚0.42米。垛口内外宽0.64、中间宽0.4、高0.8米。两垛口间距2.65米。垛口下有风孔。墙顶方砖封顶。宇墙多倒塌。马道顶砖砌，在坡急处砌拦水砖一道，以向内泄水。墙体总高3.6、高1.6～3.2米。

从敌台137到敌台138号为214米。中途经过战台65号。

战台65号

位于敌台137号南陡峭的山背上，已塌陷，但整体尚存（图版［21］399Z65）。砖筑，台底用条石二层平铺，以上砖砌。东西长3.78、南北宽6.25、高2.1米（图［21］179Z65）。顶周有腰砖一层，以上砖砌垛口墙，存高0.3～0.4米。顶用方砖铺墁（图［21］180Z65）。此战台跨主墙而建（图［21］181Z65）。北侧筑有一段2.2米战墙，宽1.5、高1.8米。墙下为两层台阶。南侧有5米的台阶，长2.05、宽0.85、高0.25米。

（一三八）黄土岭台138号

方向为正方向。俗称“扁楼”。

建于青龙、抚宁两县交界分水岭上。楼南为盘道沟，北为山神庙。山脚下为板厂峪西沟。

楼体　梯柱形。下部保存较好，四墙风化严重，门、箭窗毁坏严重，顶部楼橹、垛墙皆倒塌。

楼基　长方形，基底用粗加工条石一层错出平台，以上共用条石四层平铺，再上砖砌到顶。东西长

① 五万分之一图标，驻操营K－50－144－A。

8.2、南北宽11.94、楼基高5.2米，通存高9.7米（图［21］182L138）。

楼体四墙　南北墙各一门一箭窗，东、西墙各三箭窗（图版［21］400L138、401L138）。

南墙　东起为拱门，门前有砖阶直通马道。门外口已毁，现存门内拱宽1.28、高2.48、进深1.75米。门原为石质，今不存。门下有门枕石一块，长1.05米，中起门槛，左右有圆形门轴孔各一。门西距箭窗2.1米，窗拱券形，两券两伏。窗外口宽0.65、高约0.8、进深1.25米。无窗台石。窗内存有木边框槽痕迹，呈“Π”形。

北墙　结构及保存情况同南墙。

东墙　三箭窗，并列，形制相同。两券两伏。窗间距2.5米。窗外口宽0.65、高0.85、进深（窗墙厚）0.45米。窗内龛宽1.2、高2.33、进深1.4米，窗内有木边框槽。无窗台石。

西墙　三箭窗，结构同东墙。

楼体内部结构　由东西向三道筒拱和南北两道隔墙组成（图版［21］402L138）。每边隔墙上有二券门。筒拱长4.65、宽1.95～2、高4.05米。两隔墙上个有二券门，计四座。门宽0.86、高2.1、进深（隔墙厚）1.28米。券门间距2.25米。在北隔墙北侧筒拱上有天井一个，井口东西长1.8、南北宽1米。楼内箭窗皆用小号长方砖砌。

楼顶　顶周砌一箍拔檐砖，计三层。中间一层砌出棱角檐。上为垛口墙，存高1.5米。

楼橹　位于顶中，因坍塌未能取具体数据。仅知楼橹中间有梯口上口一个。

此段长城和敌台中多有石碑，但多遭破坏，或风化漶沥严重，仅有四块碑文作了拓片。此楼中无碑文。

墙体从敌台138号向南顺山坡升降。山势陡峭，墙体大多保存较好，皆砖砌。墙底以大块毛石为基，依山势找平取齐后砖砌到顶。顶内外一层腰砖，上砌垛、宇墙，垛墙作“狼牙式”（图版［21］403L138－L139）。墙内心碎石，沙土填心，顶用三合土夯平，方砖铺墁。墙总宽3.8、高1～3.6米。墙顶外砌垛口墙高1.7、墙厚0.42米，垛口内外口宽0.46、中宽0.4、高0.6米，下距马道0.65米。两垛口间有风孔。孔高0.26、宽0.24米。垛口石中一盲孔，在敌台139号北，因山陡峭、宇墙内侧砌踏跺道，中间留出通道，砖结构宽0.75米。垛口墙内有战道台面和战墙，东西长1.2、南北宽2.2、高0.3米（图版［21］404L138）。宇墙较矮，存高0.5、厚0.42米。

从敌台138到敌台139号为263米。

（一三九）黄土岭台139号

方向北偏东25°。

位于敌台138号南侧峰顶上，地处抚宁、青龙两县分水岭上，南为板厂峪，北为山神庙村。

楼体　梯柱形，风化严重，遭自然毁坏。四墙内部结构和楼顶多残破。

楼基　长方形，基底先用一层毛料石平铺，以上用三至六层条石平铺，再上用砖到顶。东西长9.5、南北宽6.6、楼基高3.9米。

楼体四墙　由于楼顶塌陷，墙壁倒塌，门箭窗多毁坏，楼内堆满碎砖，已无法测量，只知南墙一门两箭窗，北墙三箭窗，东墙二箭窗，西墙一门一箭窗。

楼体内部结构　残存有南北向三筒拱。隔墙已毁。

楼顶　垛墙、楼橹皆无。原存有石碑一块，已毁坏无存，仅存碑槽。

在敌台的南北两侧皆砖砌上墙边一处，可直接到达墙顶和敌台内。

墙体从敌台139号南行于山脊上，山体较长而山势险。南为板厂峪，北是山神庙村。

此段为砖墙石墙混用，先为砖墙，中间出现一段，全长285米。砖石墙接茬处，用条砖砌出台阶。砖墙基底用毛石、白灰砌，以上砖坐到顶。砖墙总宽3.7、高3～3.8米。上有垛口墙，高1.9米。垛口高0.98、宽0.43、内外口宽0.8米。下铺垛口石一块，长1.06、宽0.45米。中起栏，中一盲孔。两垛口相距1.84米。内为宇墙，陡峭地段砌有踏跎道。

在垛口墙内侧有战台一，每一垛口下砌战台一个。

石墙长160米。皆用白灰、毛石砌成，一部分为窄体墙，总宽1.1、高1.9～2.5米。单边墙只用石、砖混合砌起、宽仅0.3～0.5、高不足1.5米，用于极险处（图版［21］405L139－L140）。

此外尚有140米，因山险而不筑墙。

石碑　一块。发现在敌台139号西南150米处墙体上，字迹漶泐不清，无法辨认，故而未拓。

从敌台139号到敌台140号为585米，其中砖墙长285米、石墙长160米、山险墙（无筑墙）140米。

（一四〇）黄土岭台140号

方向为正方向。

位于盘道沟西，西沟东之间的山脊上，西1000米山脚下是四座窑村，南为板厂峪村，楼子建在山顶上。

楼体　长梯柱形，保存较完整，仅少部残，门、窗，内部结构皆完好。顶部楼橹已坍塌。

楼基　长方形，基底用三层条石平铺，以上砖砌，东西长8.4、南北宽12、基高4.25米，通存高9.45米（图［21］183L140）。

楼体四墙　南北两墙一门一箭窗（图［21］184L140）。东西两墙各三箭窗（图［21］185L140）。

南墙　门东窗西，门、窗间距2.2米（图版［21］406L140）。门拱形，石砌，自下而上为门枕石、石门柱、石券脸。特点是无“一字石”。门外口宽0.9、高1.7、进深（门墙厚）0.27米。门内拱宽1.5、高2.2、进深1.48米。门枕石长1.52米，中一门槛，槛外两侧有石门墩，槛内两侧有小石墩，墩上一门轴孔。门内两壁上有门闩孔各一个，孔直径0.13米。箭窗两券两伏。窗外口宽0.62、高0.8、窗墙厚0.4米，窗内龛宽1.22、高2.2、进深1.2米。窗下无台面石。窗内残存有“Π”形木框凹槽的痕迹。

北墙　一门一箭窗，结构同南墙。

西墙　三箭窗，两券两伏。窗间距2.6米。窗外口宽0.62、高0.8、（窗墙厚）0.41米。窗内龛宽0.28、高2.2、进深1.02米。窗下无台面石（图版［21］407L140）。

东墙　三箭窗，结构同西墙。

楼体内部结构　由东西向三道筒拱和南北两道隔墙组成（图［21］186L140）。筒拱通长5.4、宽1.86～1.92、高3.7米。两道隔墙上各砌有三券门，计六座，形制相同（图版［21］408L140）。门宽1.02～1.07、高2.2、进深（隔墙厚）1.28米。门间距2.5米。在中央筒拱北侧顶部有梯井一处（图［21］187L140）。

楼顶　周砌一箍拔檐砖，作出棱角檐。上砌垛口墙，墙存高0.5～1.5、厚0.42米，垛口不存。南北墙存出水嘴一，呈锥状。外宽0.22～0.25、水槽宽0.12、深0.1米（图［21］188L140）。

楼橹　位于顶中，长方形，已塌陷。南北宽7.5、东西长3.4米。墙存高1.6、厚0.4米，东西门各一，门宽1.2米，房基内四角有木柱的痕迹。在楼橹南侧有梯井口一，东西长1.5、南北宽1米。

墙体从敌台140号南行，皆改为石墙，山体陡峭，顺山脊南下，堵塞豁口，时断时续，多窄体墙，山险墙过疆沟礌子山用毛石干砌。窄体墙宽1.6、存高0.8～1米。单边墙宽0.4、高0.8米，在山脊上用毛石干砌而成（图版［21］409L140－L141）。在敌台140号南侧有上墙道一处。

从敌台140号到敌台141号490米，其中石墙170米，山险墙（无筑墙）320米。

（一四一）黄土岭台141号

位于板厂峪西沟西侧疆石礓子沟西山脊上，楼东是板厂盘道沟，西为四座窑村。

楼体　保存基本完整，四墙风化严重，出现裂隙，楼顶垛口墙及楼橹已倒塌。

楼基　长方形，基底用四至五层长条石平铺，以上用砖到顶。东西长9.4、南北宽12.9、楼基高5.65米，通存高10.86米（图［21］189L141；图版410L141）。

楼体四墙　南北两墙一门一箭窗（图［21］190L141）。东、西两墙各三箭窗（图版［21］411L141）。

南墙　一门一箭窗，门窗间距2.25米，门在东侧，石质，已毁坏，根据残迹自下而上为门枕石、石门柱、一字石、石券脸。这些石构件多被拆走。门宽约0.62、高约1.75、进深（门墙厚）0.27米。门内拱宽1.35、高2.55、进深1.57米。门下存有门枕石一块。门前直对马道。窗位于南墙西侧，双券双伏。窗外口宽0.63、高0.8、进深（窗墙厚）0.3米。窗内龛宽1.5、高2.27、进深1.5米。窗下无台面石。窗内有“Π”形木边框槽痕迹。

北墙　一门一箭窗，结构同南墙。

东墙　三箭窗，并列，形制相同，两券两伏。窗间距2.9米。窗外口宽0.61、高0.8、进深（窗墙厚）0.31米。窗下无台面石。窗内龛宽1.25、高2.27、进深1.25米。

西墙　结构同东墙，不另述。唯窗内进深1.67米。

楼体内部结构　由东西向三道筒拱和南北两道隔墙组成（图［21］191L141）。筒拱长6.8、宽2.05、高2.27米。两道隔墙上各有二券门，为两券两伏。门宽1.06、高2.37米，门间距3.32米。在中央筒拱的北侧有梯井一，可达楼顶（图［21］192L141）。

楼顶　顶周一箍拔檐砖，作出棱角檐。上作垛口墙。高1.96、墙厚0.42米，垛口内外宽0.7、中宽0.4、垛口高1米，间距1.25米。垛口墙顶用三角砖封。在垛口墙上下有风孔和望孔各一，每面墙上五、下五。上风孔方形，下望孔尖拱形。在楼南北砌垛口四个，东西五个（图［21］193L141）。在东西两面各有出水嘴一个。楼顶平面长方形，南北宽12.35、东西长8.8米。

楼橹　一个，平面长方形，南北宽8.7、东西长4.9米。东西两侧中间一门，门宽1.2、墙厚0.4米，残墙高0.4～2.3米，楼橹檐下砌成“T”字形砖以支撑檐部。在敌台141号内有明万历五年修建窟窿山台记事碑一方。

墙体从敌台141号向南沿山脊逐渐下降，由于山险，墙体断续不连，多山险墙，呈南北走向，西山脚下是山神庙、四座窑。墙皆毛石砌，存宽1.6、高0.8米（图版［21］412L141－L142）。

从敌台141号到敌台142号为220米，其中石墙120米，山险墙（无筑墙）100米。

（一四二）黄土岭台142号

方向北偏东20°。

位于板厂峪北盘道沟西。楼西是山神庙村和四座窑。属抚宁、青龙两县的交界处——疆石礓子山南梁脊上。此南山势平缓，敌台分布较密集。

楼体　梯柱形，南侧已自然倒塌，现存东、西、北三墙，门、箭窗大部毁坏。顶部垛墙楼橹已塌陷，砖层风化严重。

楼基　方形，皆为敌台倒塌后的乱砖所埋没。基底用条石铺砌，以上砖砌到顶。东西长9.2、南北宽9.6、基高5.25米。

楼体四墙　南墙自然倒塌。北墙一门一箭窗（图版［21］413L142）。西墙四箭窗。东墙一门二箭窗（图版［21］414L142）。

东墙　一门二箭窗。门居东墙中，直对马道，窗分左右。门砖砌，两券两伏。门外口宽0.8、高1.85、进深（门墙厚）0.37米。门下枕石长1.6、宽0.82、厚0.24米。中起门槛，槛内两端各有门轴孔一个。门窗间距0.95～1米，两窗形制相同，皆两券两伏。窗外口宽0.58、高0.85、进深（窗墙厚）0.28米。窗内有木边框痕迹“Π”形。

北墙　存一门一箭窗。门在东端，两券两伏。门外口宽0.75、高1.75、进深（门墙厚）0.28米。门内两侧存门闩孔石。门下枕石已不存。门窗间距4.05米，窗外口宽0.57、高1.15、进深（窗墙厚）0.25米。下无台面石。窗内龛宽1.1、高2.5、进深0.78米。内存木边框痕迹。

西墙　四箭窗，形制相同。窗间距0.6～0.67米。窗外口宽0.58、高0.88、进深0.25米。窗内龛宽1.25、高2.25、进深0.74米。

南墙　倒塌不存。

楼体内部结构　由南北三道筒拱和东西两道隔墙组成。筒通拱长7.38、宽1.62～2.03、高3.32米。在中央筒拱顶部有长方形梯井一处，东西长0.8、南北宽1.4米。

楼顶　已倒塌，周砌一箍拔檐砖，作出棱角檐。顶中一楼橹。垛口墙和楼橹皆倒塌。

石墙从敌台142号顺山势向南而下，因山险陡峭，墙体断续，时有时无，多利用山险。基本以窄体墙和单边墙为主。用毛石干砌，或间用白灰勾抹。用沙石填心。部分存有垛口墙。单边墙仅宽0.4～0.95、高0.8米。窄体墙（主墙）宽1.85～3.3、高2.4米。

从敌台142号到敌台143号为252米，其中山险墙（无筑墙）92米，石墙160米。中途经过墩台25号。

墩台25号

位于敌台142号到143号中间，石墙外侧墩台北侧有从主体墙向东分出的63米一段支墙，外挖壕沟，起到对墩台25号的维护作用。墩台东为板厂峪西沟，西是山神庙北沟，南为板厂峪。

台体保存完好，平面方形（图［21］194D25）。东西长10.3、南北宽11、高8.85米，自下而上收分。用本地毛石、白灰层层自下而上筑成。四角用石块较大的包角，底部出台三层（图［21］195D25）。顶部保存完整，平面夯筑石板铺平，四面设有垛口墙，墙顶也用薄石板封。楼顶西北角存有火炕一处，东西长1.8、南北宽1.5米，是戍卒休息之用。有三道炕洞，各宽0.27、高0.2米。可以烧柴。炕顶石板平铺（图版［21］415D25）。

东墙的中间砌出软梯口一处，高1.35、宽0.82米（图版［21］416D25）。四面垛口墙基本相同，每面二垛口，以西墙为例，存垛口两处，完整，垛口宽0.45～0.55、高0.8、墙厚0.8米。两垛口间距3.58米。在西墙和北墙外侧存有出水嘴各一，宽0.36、长0.25、厚0.15米。中间槽宽0.2、深0.3米（图［21］196D25）。

墩台顶部平坦，用大石板平铺，除火炕外无他物。这种墩台结构、作法都比较科学，从顶部残有瓦片、石块分析，顶部火炕上面可能有木棚防雨设置。

（一四三）黄土岭台143号

方向为正南北。

位于板厂峪西沟西侧山梁上，南为板厂峪，西为山神庙村，处疆石磖子山南缘。

楼体　梯柱形，结构基本保存，风化严重，顶部楼橹倒塌（图版［21］417L143）。

楼基　方形，基底用三至四层条石平铺，最下一层出台，条石以上用砖到顶（图［21］197L143）。东西长9.7、南北宽9.8、楼基高5.1、楼体高3.7米，通高8.8米（垛口墙高未计）。

楼体四墙　南、东两墙为一门两箭窗（图［21］198L143）。北墙三箭窗（图［21］199L143）。西墙四箭窗。

南墙　门居东，窗居中、北端。门为砖砌，两券两伏。门外口宽0.75、高1.83、进深0.25米。门内拱宽1.22、高2.38、进深0.82米。门下门枕石长1.35、宽0.67、厚0.25米。石中起门槛，槛内左右有门轴孔各一，门窗间距1.75米。两窗间距同。窗口宽0.55、高0.75、进深0.36米。窗内龛宽1.35、高2.35、进深0.61米，窗下无台面石。中窗北窗相距1.96米。

东墙　一门两窗，门居中，直对附边二的马道所以于此设门。门之两侧为箭窗。门窗间距1.7米。门外口宽0.75、高1.83、进深（门墙厚）0.25米。门内拱宽1.31、高2.38、进深0.82米。门下门枕石长1.15、宽0.67、厚0.25米。门距箭窗1.75米。两箭窗形制同南墙箭窗。

北墙　三箭窗，形制同南墙。无门。

西墙　四箭窗，并列，形制相同，窗两券两伏。窗间距1.3米。窗外口宽0.75、高1.83、进深（窗墙厚）0.25米。窗内龛宽1.25、高2.35、进深0.65米。

楼体内部结构　由南北三道筒拱东西两道隔墙组成（图［21］200L143；图版［21］418L143）。筒拱通长7.63、宽（中间）1.7、西宽1.86、东宽1.95米。东西两隔墙上各有门二，拱券形，大小相同。门宽1～1.04、高1.8、进深（隔墙厚）0.95米。在中筒拱北侧有天井口一（图［21］201L143）。

楼顶　周一箍拔檐砖三层，中作出棱角檐。以上作出垛口墙，每面四垛口，垛口内外口宽0.75、中间宽0.5、高0.9米。下有垛口石一块，中一盲孔。垛口墙总高1.9米，每段长1.4米。垛口下有风孔一。孔宽0.25、高0.2米（图［21］202L143）。

楼顶　中设楼橹一，南北宽6.1、东西长3.9、残墙高2.2、厚0.4米。东西各一门贯通，门宽0.95米。在楼橹中靠北部有梯井上口一，南北宽1.3、东西长0.8米。顶部东西长9.58、南北宽9.75米。从楼基到顶有0.35米的收分。在西北两墙拔檐砖位置，有出水嘴一个，嘴石质，出墙0.5、宽0.32、中间水槽宽0.2米，水畚箕厚0.1米。

墙体从敌台143号向南沿着较缓的山坡伸延。皆用毛石麻灰砌筑，墙宽2.9、高2.1～4米。顶部存部分垛口墙，宽0.8、存高0.5米，马道宽2.65米。

从敌台143号到敌台144号为118米。中途经过战台66号。

郭大安边（老边）——附边二

从敌台143号东侧有石墙伸出马道直对楼东门，此石墙东行接从敌台121号南行的老边即附边二，从敌台120号南下拐90°弯西行经板厂峪东沟、板厂峪西沟西行和敌台143号接茬。

战台66号

位于敌台143号南的墙体内侧。用毛石砌，已坍塌。东西长4.2、南北宽4.6、存高1.4米。

（一四四）黄土岭台144号

方向为正南北。

位于敌台143号南侧同一个山梁上。东为板厂峪西沟，西为山神庙村。

楼体　毁坏严重，百分之八十的墙体倒塌，门、窗已存残迹，顶部坍陷。

楼基　方形，基底用五至十层条石平铺，以上砖砌到顶，东西长8.15、南北宽8.5、高4米。

楼体内部结构　为东西两道筒拱中间一道隔墙组成，隔墙有二券门，门宽0.85、高1.6米。两门间距2.55米。

四墙、楼顶皆坍塌。

墙体从敌台144号沿山脊南行，随山势时而窄体墙，进而变成单边墙，皆毛石干砌，墙宽1～3、存高1.25～1.4米，部分利用山险墙（无筑墙）。

从敌台144号到敌台155号为482米，其中46米为山险墙。中途经过实心敌台1号。

实心敌台1号

位于敌台144号南268米墙体上。台西为山神庙村，台东是在板厂峪西沟。台体已毁坏（图版［21］419S1）。实心台基底为毛石铺基，以上用条石六层，再上砖砌到顶。台南、北各存门基石一块，是用软梯上下，台东西长6.8、南北宽9.9、总高5米。顶部建筑不存。

（一四五）黄土岭台145号

方向为正方向。

位于板厂峪西沟西山梁上，西为山神庙村，山向南北行，海拔350米左右。

楼体　梯柱形，风化严重，门窗外皆已毁坏，楼基以上和残垛口墙基本完好。

楼基　方形，基底顺山势，用多到十一层条石找平，最底一层错出0.1米的小台。东西长9.2、南北宽10.75、楼基高5.75、楼体高4.2米，通存高9.95米（图［21］203L145）。

楼体四墙　大体保存，但门、箭窗外口皆拆毁。东西两墙一门两窗（图［21］204L145）。南北两墙各二窗（图［21］205L145）。

东墙　门居中，窗分南北。门、窗间距1.95米。门外口宽0.95、门高1.75、进深（门墙厚）0.4米。门内拱宽1.25、高约1.9、进深1米。两窗形制相同。窗外口宽0.6、高约8、进深0.4米。窗内龛宽1.26、高1.9、进深1.1米。

西墙　结构同东墙。

南北两墙　皆二箭窗，形制大小同东墙，外口皆毁。不另述（图版［21］420L145、421L145）。

楼体内部结构　由东西三道筒拱和南北二道隔墙组成（图［21］206L145；图版［21］422L145）。筒拱东西长6.2、宽1.7、高3.4米。在中央筒拱西侧顶上设梯井一个。隔墙上有二券门，计四座，形制相同。门宽1.3～1.4、高1.9、进深（隔墙厚）1.35米（图［21］207L145）。

楼顶　周砌一箍拔檐砖（三层砖），上砌垛口墙，存高1.05、墙厚0.4米（图［21］208L145）。

楼橹　一座，存残墙，东西长3.8、南北宽7.5米。南北墙上设拱门一，门宽1米。在楼橹东南角有梯井上口，东西长7.8、南北宽1.2米。在北面拔檐砖下有出水嘴一个。

墙体从敌台145号向南延伸，全部毛石、白灰砌成，墙宽3.8、高0.8～4.5米。

从敌台145号到敌台146号为138米。

（一四六）黄土岭台146号

方向为北偏东25°。

位于板厂峪西沟西梁的漫坡上，楼西为山神庙村，南为板厂峪。

楼体　已毁坏，南、北、西三墙残甚，仅东墙上面两个箭窗。顶部残存垛口墙。

楼基　方形，基底用四至五层条石平铺，以上砖砌到顶。楼基东西长7.3、南北宽8.1、楼基高3.08米。楼基皆用石料粗加工而成。内部多用小型号砖。

东墙　存二箭窗，形制相同，两券两伏。窗口宽0.55、高1.1、进深（窗墙厚）0.3米。窗内龛宽1.15、高1.7、进深0.58米。二窗间距2.5米。

墙体从敌台146号沿山背南行，皆毛石、白灰砌，属于窄墙，墙宽2.6、高1.9～3米。墙体中段内侧随地势高下砌出上墙道一，共阶梯五层。长1.75、宽0.25、高0.3米（图版［21］423L146）。

从敌台146号到敌台147号全长252米。中途经过战台67号。

战台67号

位于敌台147号楼北墙体上，外侧用毛石平砌，东西长5.4、南北宽5.4、存高1.4～1.6米。

（一四七）黄土岭台147号

方向北偏东约40°。

位于板厂峪西沟的西梁上，南为板厂峪村，西距山神庙2600米，地势平缓。

敌台整体保存较好，仅门、箭窗有所毁坏，风化严重，内部结构顶周垛口、楼橹皆保存。

楼基　长方形，用三至四层条石平铺，最底一层错出，以上砖砌到顶。南北宽14.4、东西长7.8、楼基高5.45米，通存高9.55米（图［21］209L147）。

楼体四墙　南北两墙一门一箭窗（图［21］210L147）。东西两墙三箭窗（图［21］211L147）。

北墙　一门一箭窗，门东，窗西。门为拱券形，外口已毁（图版［21］424L147）。门外口宽0.8、高约1.8、进深0.25米。门内拱宽1.45、高2.6、进深1.75米。门枕石长1.45、宽0.45、厚0.2米。中起门槛，内两侧为门轴孔。门闩孔已毁。门西距箭窗2.05米。窗为双券双伏，外口宽0.6、高0.85、进深（窗墙厚）0.3米。窗内龛宽1.45、高2.3、进深1.6米。窗台宽0.45米。窗内有木边框槽的痕迹。

南墙　结构同北墙（图版［21］425L147）。

西墙　三箭窗，形制相同。皆两券两伏。窗间距3.05米。窗外口宽0.6、高0.8、进深（窗墙厚）0.37米。窗内龛宽1.45，高2.55、进深0.93米，窗台宽0.45米。

东墙　结构同西墙。

楼体内部结构　由南北两道筒拱中间一道隔墙组成（图［21］212L147；图版［21］426L147）。筒拱长9.78、宽0.9～0.95、高4.1米。隔墙上有三门，门宽2.28～2.3、高2.05～2.25、进深（隔墙厚）1.93米。在北拱门上有梯道一（图［21］213L147）。

楼顶　顶周砌一箍拔檐砖，作出棱角檐。上为垛口墙，墙存高1.45～1.75、厚0.5米，东西垛墙上各存垛口八座，垛口宽0.35、内外口宽0.6、高0.8米。垛口石长0.65、宽0.5、厚0.1米。上有盲孔一个。垛口间有望孔一，下有风孔，南北两墙垛口皆毁（图［21］214L147）。顶中有楼橹基址，东西长3.5、南北宽13.7、墙厚0.5、存高1.75～2.5米，东西墙中有门。门宽1.1米，两门相对。楼橹北靠西墙有梯井上口一，东西长1.65、南北宽0.8米。在南北墙上有出水嘴一个，水嘴出墙0.5、宽0.3米。楼顶平面东西长7.35、南北宽13.45米。

墙体从敌台147号向南顺坡而下，改为砖砌，加宽加高，底用一至二层条石平铺，以上卧砖到顶。与马道平齐有一层出檐石，以上为垛、宇墙。山陡处砌成阶梯状并有障墙出现（多残），马道上方砖铺墁，平缓处砌拦水砖。墙宽6.4、高4.8～6.6米，马道宽5.3米。内以碎石，沙土夯实（图版［21］

427L147）。

从敌台147到敌台148号为175米。

（一四八）黄土岭台148号

方向为正方向。

位于板厂峪西沟与山神庙北沟之间山梁上，山势较缓。

楼体　全部倒塌。从残迹推测，用二层窗上下排列等。观察年代较早（图版［21］428L148）。

楼基　方形，基底用毛料石五至十一层不等砌起，以上用砖。东西长11.2、南北宽10.2、楼基高5.7米。

楼体四墙　今存北墙箭窗上二、下三个，上下错列，外口皆毁。间距2米。窗内龛宽1.5、高1.55米，三窗上下错落。

楼体内部结构　为两道筒拱和一道隔墙组成。原为木结构，已毁坏。

楼顶　仅存一旗杆石（图版［21］429L148）。

墙体从敌台148号沿山背向南缓行，砖砌下用二至三层毛料石找平，以上砖砌到顶。墙宽5.1、高4.1～6米。

从敌台148号到敌台149号为140米。中途经过战台68号。

战台68号

位于敌台148号、149号墙体外侧。砖砌，保存完好（图版［21］430Z68）。台体跨出主体墙，基底方形，以四层条石为基，以上砖铺到顶。顶周一层出檐砖，上砌垛口墙。台体南北宽7.9、东西跨出墙体3.6、高6.9米。顶周垛口墙存高0.75、宽0.4米。

从敌台148号向南与长城平行相距25米，有削坡痕迹（图版［21］431L148－L149）。

（一四九）黄土岭台149号

方向为正方向。

位于板厂峪村西沟西山山凹处，楼东为板厂峪村，山西为北沟。

楼体　破坏严重。仅见楼基，铺条石二至七层。东西长10、南北宽10、楼基存高5.5米。其他结构不存（图版［21］432L149）。

墙体为砖砌，宽5.3、高2.7～6.6米。

从敌台149号到150号为93米。中途经过口门一。

无名口（长松堡口）

位于敌台149号南89米处一墙体上，口门东西贯通主墙，砖砌，内外口门皆毁。为拱券形，门宽1.15、高1.6米，门洞长5.9米。下碱为条石砌成。

此口门一般通称“无名口”，其原名不清，从地理分析，其东距板厂峪很近，南近义院口，《四镇三关志》记载板厂峪下有“长松堡口”，而同书《地形图》中专标，所以分析接板厂峪和义院口的小口门有可能为“长松口堡”的口门，这还需要进一步证实。“长松口堡”口门建于洪武年。[①]

（一五〇）黄土岭台150号

方向北偏东30°。

① 《四镇三关志·形胜》二十六乙，中国科学院图书馆藏本。

位于敌台149号南板厂峪西沟西侧山梁上，南为板厂峪，西为山神庙村。

楼体　已毁，仅存东侧残墙。

楼基　长方形，基底用六至七层条石平铺，以上砖砌到顶。南北宽11.19、东西长7.6、楼基高2.5米。

楼体四墙　南、北、西墙皆倒塌，东墙存残窗（图版［21］433L150）。从倒塌残迹看，此楼为木结构，东墙壁上存有木柱的凹槽，直径0.3米，二次改建为砖结构。

墙体从敌台150号向南，外皮砖砌，内侧用毛料石砌成，破坏十分严重。墙基用条石四层找平后再向上外砖内石砌成，墙宽5.1、高1.6米。

从敌台150号到敌台151号为98.7米。中途经过战台69号。

战台69号

位于敌台150号南墙体外侧。保存较好，南墙出现一道裂缝，顶部已毁（图版［21］434Z69）。台基用三层条石铺成，上用砖砌到顶。东西跨出墙体4.9、南北宽8.5米，通高5.7米。

（一五一）黄土岭台151号

方向为正南北。

位于板厂峪西沟的梁上，东南为板厂峪，西为山神庙。

楼体　保存完整，基本结构仍存。四墙风化严重，顶部垛口墙、楼橹多毁坏。

楼基　方形，基底用六至八层条石平铺，以上砖砌到顶。东西长9.95、南北宽10.05米、楼基高6.35、楼体高3.65米，通存高10米。

楼体四墙　因经过二次重建，结构稍复杂，四墙的箭窗大小不一，箭窗内龛呈“斗”式，既窄又长，而且窗口皆小。南、北两墙为一门两箭窗（图版［21］435L151）。东墙二窗，西墙三窗（图版［21］436L151）。

北墙　门居中，外口已毁。门内拱宽0.95、进深1.45、高1.65米。门下门枕石起门槛，石长0.95、宽0.55米。门东、西各有箭窗一个，形制相同。以东箭窗为例，窗口宽0.36、高0.65、进深0.3米。窗内龛宽0.4～0.65、进深0.6米，呈斜拱梯式到窗口，高1.65米，有二次加工痕迹。窗台下距楼地面1.45米。门窗间距2.2米。

南墙　结构同北墙。

西墙　三箭窗，形制相同，两券两伏。窗间距1.15～1.2米。窗外口宽0.4、高0.65、进深（窗墙厚）0.3米。窗内龛宽0.8、高1.6、进深1.65米，窗台宽0.45米。

东墙　二箭窗，形制同西墙，窗间距3.2米。

楼体内部结构　由于经过二次改建，结构则有变化。由南北向三道筒拱与中间两道隔墙组成。东隔墙有拱门二，西隔墙有拱门三。筒拱宽1.2～1.65米、高2.9、长6.2米。中央筒拱顶部有一梯井。拱脚有架孔。隔墙厚0.9米。东隔墙券门二，间距3.15、门宽0.95、高1.7米。西隔墙券门三，门宽0.85、高1.7米，门间距1.1米，进深皆0.9米。

楼顶　垛口墙皆毁坏，存高1.37、厚0.55米。楼橹存残基，东西长4.4、南北宽7.75米，东西各一门址，门宽0.73米。梯井设楼橹中，东西长0.85、南北宽1.45米。楼顶有收分，平面东西长9.57、南北宽9.25米。此楼经二次修复，原砌箭窗被堵死，形成上下两排，错落存在。而原窗只存痕迹而已。

墙体从敌台151号楼西偏南行，砖墙多倒塌，墙基铺以条石二至三层，以上砖砌。墙宽5、高1.8～6米。砖墙西南行40米后，又改为石墙。

从敌台151号到敌台152号为70米。中途经过战台70号。

战台70号

位于敌台151号南40米墙体外侧，今存东北角一部分。基底用条石铺，以上用砖包砌。外皮厚1.25米，台内用碎石、沙土填心。台面高4.25、宽5、跨出墙2.5米。顶部建筑不存（图版［21］437Z70）。

（一五二）黄土岭台152号

方向为正南北。

位于敌台151号南同一条山脊上，地势平缓，东南为板厂峪，西为山神庙。

楼体 梯柱形，毁坏严重，墙体风化，门、窗多残，顶部楼橹倒塌，垛墙不存。

楼基 方形，用一至六层条石平铺，以上砖砌。东西长9.75、南北宽9.75、基高1.5～6.5米，通存高8.9米（图［21］215L152）。

楼体四墙 南墙一门二箭窗（图［21］216L152）。北墙一门一箭窗，东西两墙各二箭窗。楼体经过二次改建，一些小窗已堵死（图［21］217L152）。

南墙 门居中，左右有箭窗各一，箭窗下有第一次建的箭窗二，上下成“品”字形，下窗已堵死（图版［21］438L152）。现存门和上面箭窗，门外口已毁，内拱宽1、高2.15、进深2米。门窗间距2.2米。上面两箭窗形制大小同，一券一伏，外口宽0.37、高0.75、进深（窗墙厚）0.51米。窗内龛平面细长喇叭状，内宽0.62、外宽0.44、高1.57、进深1.45米。

北墙 一门一箭窗，门外口已毁。箭窗形制同南墙（图版［21］439L152）。

西墙 箭窗上三下四，上下成“品”字形排列，现下四窗堵死，上三窗中间一窗也堵死，只存南北二箭窗。各窗形制相同。一券一伏。窗外口宽0.37、高0.76、进深（窗墙厚）0.28米。窗内龛宽0.61、进深1.44、高1.57米。窗间距1.7米。

东墙 二箭窗，结构同西墙，不另述。

楼体内部结构 此敌台原为木结构箱式框架，现四壁内仍存有壁柱凹槽痕迹，南北原为一门四窗，改为砖结构后为一门二箭窗，原来左右二箭窗（计四）被堵死。东西两墙为四箭窗改建后四窗堵死。上开三窗，后中间一窗也堵死，所以窗的尺寸极不统一。楼内为东西向两道筒拱，两端对窗，中间一道隔墙组成（图［21］218L152）。南北门直对墙体。筒拱长6.48、宽2.5、高2.44米。北侧筒拱顶部开一梯井。梯井长1.2、宽1、井壁厚1.1米。隔墙厚1米，上有券门二，间距1.52米。形制相同。门宽1.03～1.1、高1.36米，为一券一伏（图［21］219L152）。楼顶南侧有出水嘴二，出水嘴宽0.3、厚0.15、槽宽0.18米。

楼顶 周砌一箍拔檐砖，作出棱角檐。上作出垛口墙，存高1.4米，东西各四垛口，南一北二，垛口宽0.5米。下有垛口石一块，石中一盲孔。垛口间距1.45米。

楼橹 在顶中，长方形，东西长3.8、南北宽6.9、残墙厚0.5、存高2.9米。墙东西各一门，门宽1米。顶部塌陷。楼内西北角为梯井上口（图［21］220L152）。

在敌台东墙外的箭窗中间嵌有石碑一块，碑长1.1、宽0.55米，下距地面3.3米。碑周用滚砖砌出边框。碑文漶泐太甚，内容不清（图版［21］440L152）。

墙体从敌台152号沿山脊西南行，皆毛石、白灰砌，墙宽5、存高1.8米。

从敌台152号到敌台153号为51米。

（一五三）黄土岭台153号

方向北偏西25°。

位于敌台152号南面的平缓山脊上，东临洼道沟，东南为板厂峪，西为青龙山神庙北沟村。

楼体　长梯柱形，为二次修成，由木结构改为砖结构，所以毁坏严重，窗、门、顶部存残基址。

楼基　长方形，基底用毛料石一层平铺错出台，上用条石一至五层不等，以上砖铺，东西长8.2、南北宽11.15、楼基高6.1米，通存高9.2米。

楼体四墙　北墙一门两箭窗，东西两墙各四箭窗。南墙已毁（图版［21］441L153）。

北墙　门居中，门窗间距1.2～1.35米。门外口宽0.75米，已毁。门内拱宽1.05、高2.4、进深0.65米。石门额长1、宽0.25、厚0.15米。二箭窗形制相同，箭窗外口已毁。窗内龛宽0.7、高2.1、进深0.65米。

南墙　已坍塌。

东墙　四箭窗，并列，间距1.4～1.6米。拱券形，形制相同，两券两伏。窗外口宽0.6、高0.9、进深（窗墙厚）0.3米。窗内龛宽0.95、高1.75、进深1.25米。窗台石厚0.45、窗台厚0.35米。

西墙　结构同东墙。

楼体内部结构　有南北两道筒拱。在两道筒拱北侧又砌一道东西向筒拱，成“T”字形。南北筒拱宽1.85、高3.1米，中间有一道隔墙，上砌三个小券门。三券门形制相同，门宽1.15、高1.55、门间距1米，隔墙厚1.1米。东西筒拱在南北筒拱的北侧，宽1.5、长4.8、高3.1米。上筑券门两道，门宽1.5、高1.7米，二门间距1.5米。南北筒拱和东西筒拱的结合不清。此楼内部结构较特殊，由于塌陷，未能测出原图。

楼顶　周砌一箍拔檐砖，作出棱角檐。上垛口墙多毁坏。一般存高0.6～1.6、墙厚0.55米，墙上有上下两排风孔。

楼橹　已毁。长方形，东西长4.1、南北宽5.5、墙高0.3米。楼橹内角有梯井口一，口宽0.85、长2米。顶部有收分，平面东西长7.8、南北宽11.3米。

墙体从敌台153号顺山体西南行，皆毛石、白灰砌，墙宽4.4、高2.4～3.6米。

从敌台153号到敌台154号为112米。

（一五四）黄土岭台154号

方向北偏东35°。

位于敌台153号南偏西的山梁上，东南是板厂峪，西北为山神庙北沟村。

楼体　毁坏严重，仅存残破楼基。

楼基　长方形，基底用三至九层条石平铺，以上砖砌，东西长9.9、南北宽10.4、楼基高4.6米。以上结构不存（图版［21］442L154）。

墙体从敌台154号顺山体西南行，皆毛石、白灰砌，墙宽3.6、高0.8～2.6米。

从敌台154号到敌台155号为115米，墙体北有一道削坡。中途经过战台71号。

战台71号

位于敌台154号与155号之间墙体外侧。毛石、白灰砌。东西长8.3、南北跨出墙5、残高3.1米。

（一五五）黄土岭台155号

位于青龙、抚宁两县交界梁的凹处，东南为板厂峪，西为山神庙北沟村。

楼体　已毁，仅存楼基。

楼基　方形，基底用二至三层条石平铺，以上砖砌，东西长10.5、南北宽10、楼基高5.5米。

墙体从敌台155号顺山势西南行，直趋义院口。石筑墙宽3.2、高1.6米。

从敌台155号到敌台156号为65米。

（一五六）黄土岭台156号

位于敌台155号西南山梁上，山体从南北转向西南，趋于平缓，直奔义院口，东为板厂峪，西为北沟。

楼体　全部毁坏，仅存楼基（图版［21］443L156）。

楼基　长方形，基底用一至八层不等条石铺成，以上用砖。东西长8.5、南北宽12.6、楼基高2.7米。

墙体全部倒塌，皆毛石、白灰砌。墙宽2.8、存高0.8～3米。部分墙体不存。

从敌台156号到敌台157号为141米，其中有50米墙体不存。

（一五七）黄土岭台157号

方向为正南北。俗称“独边楼”。

位于敌台156号南侧偏西较高的一个山顶上，山峰陡峭，西南平缓。东北临板厂峪，西为西沟，西南近义院口村。

楼体　梯柱形，四墙风化，门、窗毁坏，存基址和顶部楼橹残基址（图版［21］444L157）。

楼基　方形，基底先用毛石六层砌成高2米的台基，以上再用四层条石平铺，再上用砖到顶。东西长9.7、南北宽10、楼基高4.7米，通存高9.35米。

楼体四墙　南墙一门二窗，毁于地震，余西、东、北三墙各筑三箭窗。形制相同，以北墙为例，窗外口已毁。内龛宽1.35、高2.15、进深0.88米。窗间距0.95米。

楼体内部结构　由东西向三道筒拱中间两道隔墙组成。筒拱宽1.55、高3.65、拱道长6.05米。隔墙厚1.3米，上有拱门二，门宽1.45、高2.25米，门间距3.3米。

楼顶　垛口墙、楼檐皆毁，存楼橹残墙。在楼橹东墙内侧有梯道可以上下。唯梯道下因墙体塌陷结构不清。

墙体从敌台157号楼峰顶顺山背向西南行，皆毛石、白灰砌，墙宽3.5、高1.3～1.8米。大部倒塌（图版［21］445L157－L158）。

从敌台157号到敌台158号为136米。

（一五八）黄土岭台158号

方向为正南北。俗称“二楼”。

位于义院口东北抚宁、青龙两县分界岭上，山坡平缓，东北为板厂峪，西为北沟村。

楼体　梯柱形，顶部毁坏。

楼基　方形，基底用一至二层条石平铺，以上砖砌。东西长10.6、南北宽10.4、楼基高5、楼体存高4.9米，通存高9.9米。

楼体四墙　南北两墙一门一箭窗，东西两墙各三窗（图版［21］446L158）。

北墙　门西箭窗东，门窗间距4.1米。门外口已毁。内拱宽1.4、高2.7、进深1.05米。箭窗外口毁。内龛宽1.45、高2.45、进深1.5米。

南墙 结构、现状同北墙。

西墙 三箭窗，并列，形制相同。窗间距1.45米，窗外口皆毁。内甃宽1.45、高2.45、进深1.15米。

东墙 结构同西墙。

楼体内部结构 由东西向三道筒拱和中间两道隔墙组成（图版［21］447L158）。筒拱宽1.75～1.85、高4.15、长7.3米。隔墙厚1.1米。上各三券门，形制相同。门宽0.8、高2.45、进深1.1米。门间距2.1米。中央筒拱北部存梯井一。

楼顶 周砌一箍拔檐砖，作出棱角檐。上为垛口墙，墙存高0.2、宽0.5米。南北檐下存出水嘴各一个。楼顶有收分，东西长10.2、南北宽10.2米。顶中楼橹残基一，长方形，东西长3.55、南北宽6.9、墙厚0.4米，门已毁。楼橹北侧墙内存梯井上口一，东西长1.8、南北宽0.8米。

墙体从敌台158号顺山体西偏南行，多倒塌，皆毛石、白灰砌，内以碎石、沙土填心。墙宽3.4、高0.9～2.2米。

从敌台158号到敌台159号为62米。

（一五九）黄土岭台159号

方向为正南北。

位于敌台158南梁上，东北为板厂峪，西为山神庙北沟。西南为义院口村。地势平缓。

楼体 梯柱形，已严重风化，箭窗多残破，部分倒塌。

楼基 方形，基底用六至十四层条石平铺，最下一层错出台，条石上砖砌到顶。东西长10.1、南北宽10.75、楼基高3.1、楼体高3.16米，通存高6.26米。

楼体四墙 南墙一门两箭窗，北墙一门一箭窗，东墙三箭窗，西墙倒塌。

南墙 一门两箭窗，门居东，两窗居中、西（图版［21］448L159）。门为拱券形，石质。自下而上为门枕石、石门柱、一字石、石券脸。门外口宽0.88、高1.92、进深（门墙厚）0.35米。门内拱宽1.15、高2.5、进深1.3米。门柱石上刻有宝瓶生花、轮纹等图案。门窗间距1.2米。两窗形制相同。外口皆毁。窗内甃宽1.1、高2.15、进深1.2米。

北墙 一门一箭窗，门东窗西，间距3.3米。窗外口宽0.85、高1.65、进深0.35米。门内拱宽1.25、高2.2、进深1.28米。窗为两券两伏，外口不存。窗内甃宽1.25、高2.3、进深1.2米。窗台厚0.37米。

东墙 三箭窗，形制相同，两券两伏。窗间距1.68米。窗外口皆毁。窗内甃宽1.35、高2.17、进深2米。窗台石长0.91、宽0.4、厚0.08米。台中起栏，两侧有扇门轴孔痕迹。

西墙 结构同东墙。

楼体内部结构 由东西向三道筒拱和两道隔墙组成。筒拱宽1.59～1.62、长6.3、高3.75米。隔墙厚1.35米。每道隔墙上设券门一、形制相同，门宽1.55、高2.2、进深1.35米。

楼顶 由于楼体西部倒塌，楼橹等已毁。在东墙内存有梯井上口。顶残留部分拔檐砖。西墙存出水嘴一个。

墙体从敌台159号南行，又沿山脊西行，直奔义院口，皆毛石干砌，多已倒塌，墙宽4.1、高0.8～1.2米。

从敌台159号到敌台160号为106米。

（一六〇）黄土岭台160号

位于板厂峪西面栗子村山梁上，楼西为北沟村。西南为义院口，山势平漫。

楼体　已彻底破坏，仅存楼基（图版［21］449L160）。

楼基　长方形，基底用五层条石平铺，最下一层错出。东西长7.5、南北宽10.15、楼基高5.3米，其他结构不存。

从敌台160号西行皆石墙，宽4、高1.1～1.3米。

从敌台160号到敌台161号为164米。

（一六一）黄土岭台161号

方向为正方向。俗称“平台楼”。

位于板厂峪村西山梁上，梁西南为义院口，西为山神庙北沟。

楼体　梯柱形，整体结构保存，但门、窗毁坏严重，楼顶垛墙、楼橹多倒塌。

楼基　方形，基底用四至八层条石平铺，下二层错出小台面，条石上用砖到顶。东西长9.3、南北宽10.6、楼基高4.9米（图［21］221L161）。

楼体四墙　东西两墙一门两箭窗（图［21］222L161）。南北两墙三窗（图［21］223L161）。

东墙　门南、窗居中、北。门外口宽1米，已毁。门内拱宽1.1、高2.6、进深1.16米。门窗间距2.08米。窗外口已毁。窗内龛宽1.1、高1.95、进深0.85米。窗台墙厚0.55、窗侧墙厚0.35米（图版［21］450L161）。

西墙　结构同东墙。

北墙　三箭窗，并列，形制相同，间距1.3～1.35米。窗外口已毁，宽0.45、高约0.8、窗墙厚0.38米。窗内龛宽1.15、高1.95、进深0.8米。

南墙　结构同北墙（图版［21］451L161）。

楼体内部结构　由南北三道筒拱中间两道隔墙组成（图［21］224L161）。中央筒拱宽1.55、两侧筒拱宽1.6米。筒拱通长7.8、高3.85米。两道东西隔墙上各设门三，形制相同。门宽1.18、高2.42、进深0.93米。门间距2.65米（图版［21］452L161）。在西侧拱道的东端上顶设梯井一，南北宽1.5、东西长1米（图［21］225L161）。

楼顶　周砌一箍拔檐砖，作出棱角檐。上砌垛口墙，墙存高0.95、厚0.4米。垛口皆毁（图［21］226L161）。

顶中　楼橹一，东西长6.8、南北宽3.9、墙存高0.8米。已塌陷。南北墙中设门，门宽1.3、厚0.45米。梯井上口位于楼橹西侧。东西垛口墙下有残出水嘴一个。

墙体从敌台161号沿山坡而下，直奔西南方向义院口。皆毛石砌、白灰勾抹，墙宽3.2、高1.6～2.6米。

从敌台161号到敌台162号为143米。

（一六二）黄土岭台162号

方向为正方向。

位于敌台161号西侧东西走向的山梁上，北为山神庙北沟村，南距义院口村500米。直对抚、青公路。

楼体　梯柱形，整体保存完好，四墙风化严重，结构、楼顶、门、窗多保存，外口毁坏。楼橹存基址。

楼基　方形，基底用条石九层平铺，最下一层错出台，以上用砖铺到顶。东西长10.3、南北宽10.3、楼基高3.94米，楼体通高10.94米（图［21］227L162）。

楼体四墙　东西墙一门二箭窗（图［21］228L162）。南北墙各三箭窗（图［21］229L162）。

西墙　一门二箭窗，门居南侧直对墙体马道，窗居中、北端。门外口已毁。门内拱宽1.2、高2.3、进深1.08米。门下门枕石长1.2、宽0.68米，中起门槛，内左右有门轴孔一个。门窗间距1.78米。两窗形制相同，皆两券两伏。窗外口宽0.57、高0.85、进深0.27米。窗内龛宽0.8、高1.6、进深1.49米（图版［21］453L162）。

东墙　结构同西墙（图版［21］454L162）。

北墙　三箭窗，并列，形制相同，皆两券两伏。间距1.8米。窗口宽0.55、高0.85、进深0.3米。窗内龛宽0.86、高1.6、进深1.58米。窗顶券用小砖（0.15×0.16×0.5米），下有窗台石，多不存。窗内存有“Ⅱ”形木边框槽痕迹。

南墙　结构同北墙，不另述。

楼体内部结构　由东西三道筒拱中间两道隔墙组成（图［21］230L162）。筒拱宽1.67～1.72、高2.62、长6.65米。两道隔墙各砌三券门，形制相同，门宽0.82～0.86、高1.6、进深（隔墙厚）0.45米。门间距1.7米。在中央筒拱中部有梯井一（图［21］231L162）。

楼顶　方形，顶周砌一箍拔檐砖，作出棱角檐。东西长9.6、南北宽9.9米。上筑垛口墙，每面设四垛口，四墙对称。垛口两侧为抹角，内口宽0.52、外口宽0.81米，口下垛口石一块。中间垛口间距1.24～1.36米，两侧间距0.74～0.81米。垛墙存高1.5、厚0.5米。垛口间有长方形望孔，顶作“人”字形，高0.2、宽0.26米。下有风孔，宽0.32、高0.48米。东西两侧拔檐砖下有出水嘴各一（图［21］232L162）。

楼橹　顶中有楼橹基址一，长方形，四框为“Ⅱ”形。东西长6.8、南北宽5.7、残墙高0.5～1.2、墙厚0.45米。南北墙各一门，宽1米。楼橹内南侧有梯井上口一，东西长1.5、南北宽0.8米。

墙体从敌台162号顺山脊西行，直奔义院口村，皆毛石、白灰砌，墙宽3.3、高1.8～2.5米。内部用碎石屑、沙土夯实（图版［21］455L162－L163）。

从敌台162号到敌台163号为80米。

（一六三）黄土岭台163号

方向为正南北。

位于敌台162号西侧平缓山梁上，北为山神庙北沟，南500米为义院口村。

楼体　梯柱形，整体结构大部保存，门窗风化严重，顶部楼橹不存。

楼基　方形，基底因山势用七至十二层条石取平后，以上砖砌。东西长10.5、南北宽11、楼基高4.3米，通存高7.7米（图［21］233L163）。

楼体四墙　东西墙一门二箭窗（图［21］234L163）。南北墙各三箭窗（图［21］235L163）。

东墙　门南，箭窗居中、北端。门为石质，拱券形，自下而上为门枕石、石门柱、一字石、石券脸。门外口宽0.85、高1.7、进深0.32米。门内拱宽1.55、高2.27、进深1.25米。门枕石长1.5、宽0.7米。中起门槛，门槛内两侧有门轴孔（图［21］236L163）。门宽间距1.4～1.8米。二窗形制相同，皆双券双伏。窗外口宽0.6、高0.8、进深0.3米。窗内拱宽1.1、高2.05、进深1.2米。窗台长1.04、宽0.45米。中起栏，两端有槽，内有扇门轴孔。窗台下有风孔。

西墙　结构同东墙。中门窗已毁（图版［21］456L163）。

南墙　三箭窗，并列，形制相同，两券两伏。窗间距2米。窗外口宽0.65、高0.8、进深0.3米。窗内龛宽1.1、高2.05、进深2.1米。窗台石长1.04、厚0.15米。中起栏，栏两端有长方槽，栏内有扇门轴孔各一。窗台下有拱形通风孔（图版［21］457L163）。

北墙　三箭窗，结构同南墙。

楼体内部结构　由南北三道筒拱东西两道隔墙组成（图［21］237L163）。筒拱宽1.6、长6.85、高3.4米。隔墙上各有三券门，计六座。大小相同。门宽1.05～1.5、高2.05、进深（隔墙厚）1.3米。在南墙中部箭窗龛券内两侧有梯道口各一，两梯道口相对，形制相同。梯道口宽0.9米。下为石阶，宽0.23～0.25、高0.32～0.35米。顶部已毁，结构不清（图［21］238L163）。

楼顶　顶周砌一箍拔檐石，上砌垛口墙，厚0.45米，多毁坏。顶部平面东西长10.1、南北宽10.8米（图［21］239L163）。

楼橹　中部存楼橹基址，东西长6、南北宽4.6米，南墙不存。在南墙的东西两角各有梯道上口一个，东西长0.9、南北宽1.35米。两口相距4.9米。东、北两侧拔檐石下存出水嘴一个。在敌台163号内有石碑一方，为万历二十四年修台记事碑，字多漶泐不清。

墙体从敌台163号顺山脊向下向西行墙体皆石砌，白灰勾抹。墙宽3.5、高1.2～2.7米。

从敌台163号到敌台164号为196米。中途经过战台72号。

战台72号

位于敌台163号与敌台164号之间的墙体上，长方形，毛石砌，东西长6.5、南北跨出墙体3.5米。

（一六四）黄土岭台164号

方向为正方向。

位于敌台163号南山脊上、从西向南的拐弯处的山顶上。南近义院口村，北为山神庙北沟村。

楼体　只存北墙，东、西、南墙大半倒塌，顶部楼橹亦毁。

楼基　方形，基底用九层条石平铺，以上砖砌。东西长9.2、南北宽10.7、楼基高4.7米。

楼体四墙　只北墙存两箭窗，形制相同。窗外口宽0.65、高0.8、进深（窗墙厚）0.3米。窗内龛宽0.95、高2.03、进深0.82米。两窗间距2.37米。

楼体内部结构　分析是东西三道筒拱两道隔墙组成。今存北面筒拱，拱道宽2.1、高3.3、长6.9米。隔墙厚1.05米。存一门，门宽0.87、高1.6米。内部结构均毁。

墙体从敌台164号顺山坡南下，南近义院口。皆毛石、白灰砌，宽3.3、高3.1米。

从敌台164号到敌台165号为191米。

（一六五）黄土岭台165号

方向为正方向。

位于敌台164号南侧山坡上，南距义院口500米，楼西为抚、青公路和山神庙北沟。

楼体　梯柱形，东部已坍塌。门、窗残破，楼顶楼橹只存残迹。

楼基　方形，基底用四至八层条石铺，砌找平，以上砖砌到顶。东西长11.5、南北宽9.85、楼基高4.4、楼体高3.9米，通存高8.3米。

楼体四墙　南墙已毁（图版［21］458L165）。北墙一门两箭窗，东、西墙各三箭窗。

北墙　东为门，中、西为箭窗。门窗间距1.55米。内外门口皆毁（图版［21］459L165）。

西墙　三箭窗，皆两券两伏。外口皆毁，窗内龛宽1.25、高约2.2、进深0.7米，窗台宽0.5、窗墙厚0.4米。

东墙　结构同西墙。

楼体内部结构　由东西三道筒拱和两道隔墙组成。筒拱通宽1.65～1.7、高3.85、长7.68米。两隔墙上各有三门，计六座。门宽1.3～1.45、券门高2.1、进深（隔墙厚）1.2米。

楼顶　周砌一箍拔檐砖，作出棱角檐。上为垛口墙，高1.6米，西墙残存垛口高0.7、宽0.53米。垛口下距地面0.93米。垛口石长1、宽0.65米。垛口下有风孔一。在北面拔檐砖下有出水嘴一。

楼橹　顶中有残楼橹一，存四墙。东西长3.7、南北宽5.1、高1.65米。西墙有门，宽1.3米。顶部不存。

墙体从敌台165号向南折又西行顺坡而下直趋义院口。皆毛石、白灰砌，墙宽3.2、高2.7～3.5米。

从敌台165号到敌台166号为240米。中途经过战台73号。

战台73号

位于敌台156号到敌台166号之间的墙体外侧，长方形，石砌。东西长6、南北宽5、存高约3米。

（一六六）黄土岭台166号

方向为正方向。

位于抚、青公路东侧山坡上。北为山神庙北沟，南为义院口，楼西侧山坡下为大石河。

楼体全部破坏，仅存基址。下铺条石，以上砖砌，因毁坏已成一堆废墟。东西长8.4、南北宽12米。楼基废墟存高3.7米，其他不存。

墙体从敌台166号顺山坡而下进入谷底，毛石墙，白灰勾抹。墙宽2.3、高1.1～1.6米。

从敌台166号到敌台167号为127米。

（一六七）黄土岭台167号

方向为正方向。

位于青、抚公路东侧山坡下，距公路50米，公路西为大石河、南为义院口村，北为山神庙村。

楼体　此楼因距公路较近，楼体全部人为破坏拆毁，仅存基址。下用条石，上包砖。东西长10、南北宽10、存高3.7米。

墙体　从敌台167号向西顺山坡到谷底，穿越青、抚公路和路西河滩，西行30米为义院口门东侧，再西和西面的第二十测区口门西侧相接。北为第二十测区战台1号。

第二节　第二十一测区附边

（一）平顶峪—百道沟山附边（附边一）

平顶峪附边位于平顶峪村龚家楼北主边敌台107号北侧的山梁上（图［21］040、041）。并从此北行，石墙断断续续沿着石东山北稍偏东行，山体皆南北走向，东为东沟，石墙多倒塌，皆毛石干砌，少用白灰，北行到百道沟山、长城村（河口村），台东山脚下是“欢喜岭”，向东横过欢喜岭、旱河，南即河口村。从欢喜岭村再东，石墙模糊不清而中止。全长2608米。下面具体记述这道附边上的战台情况。从主边上敌台107号分出一支石墙沿石东山北行472米到达战台1号，其中石墙202米，无墙270米，石墙宽2、高0.3～0.6米，毛石干砌。中途经过战台三座。

战台1号

位于龚家楼北沟西山背上，地势平缓，南1100米是水门寺。台体砖砌，长方形，西侧跨出石墙，南北宽8、东西出墙4.6、存高0.9～1.3米。墙体顺山脊北行，墙西为东沟，东是龚家楼北沟。石墙宽1.5～2、高0.7～1.5米，皆毛石干砌。从战台1号到战台2号为338米。

战台2号

位于石东山中段山背上，西山下为“东沟”，台方形，跨于石墙中间，毛石干砌，东西长6.1、南北宽8.1、存高1.35米（图版［21］460附边一Z2）。石墙顺山背北行，北侧一段石墙进入“东山根”村，墙北是欢喜岭村。墙宽2.1、存高1.5米。从战台2号到战台3号为807米，其中石墙794米，无墙13米（图版［21］461附边一Z2）。大部倒塌。地势较高而开阔。从百道沟山墙体东行。

战台3号

位于龚家楼北沟东侧山峰顶部，东侧是绝壁，东南山脚下是长城村（原名河口村），台东为欢喜岭。台体已毁，皆用毛石干砌，台东西长6、南北宽7.5、存高1.2米（图版［21］462附边一Z3）。石墙从战台3号东行，下山到季节河口（河口村北）地势平缓。全长991米，其中有石墙311米，无墙体680米。欢喜岭东一段石墙尚存，北行向东进入辽宁绥中，墙体模糊不存。

平顶峪—百道沟山附边全长2608米，其中石墙1645米，无墙963米。中途经过战台三座。

（二）板厂峪“郭大安”边（附边二）

板厂峪东沟—板厂峪西沟

位于板厂峪北，从主边敌台121号南300米山崖下“天井沟”东沿山势西南行，呈半圆形，穿过板厂峪东沟，西行，过板厂峪西沟到疆沟碯子山南侧与主边的敌台143号会合（图［21］042～046）。总之，这一段山势较缓。当地俗称“郭大安”边（意不明）或“老边”（图版［21］463附边二）。

这段石边，属于内边，主要由战台、墩台、石墙组成。大部毁坏，墙体用毛石干砌，多用白灰勾抹，险段不筑墙，一般墙宽2.2～3.5、高0.6～4.1米。从主体墙敌台121号南行的分支“郭大安”边，到敌台143号会合，全长5095米，其中石墙体长4513米，无墙体582米。中途经过战台十四座、墩台七座、口门2处。

战台1号

从主体墙敌台121号南行364米为战台1号，其中石墙64米，山险（无墙）300米。台体筑在山背上。毛石、白灰砌，长方形，东西长1.2、南北宽3.5、存高3.1米。石墙南行58米到战台2号。

战台2号

东依山坡西接墙体。长方形，东西长1.8、南北宽3.9、存高2.1米（图版［21］464附边二Z2）。

从战台2号到战台3号为10米。墙宽3、高3.7米。

战台3号

位于墙体外，山势平缓。台体用毛石、白灰砌，东西长5、南北宽6、存高2.1米（图版［21］465附边二Z3）。墙体西南行，穿过“天井沟”与战台4号相接，墙宽3.1、高3.2米。

从战台3号到战台4号为532米。中途经过口门一、墩台1号（图版［21］466附边二Z3—Z4）。

“天井沟”口（今称）

位于两山相夹的谷底，形成一大墙豁，原有口门一，今已毁，口门存宽2.5、门边长3.5米，“天井沟”口门，南为板厂峪堡，分析此口和板厂峪关系密切，其或为堡下一偏口亦未可知（图版［21］

467附边二）。

墩台1号

位于“天井沟”口西侧的山背上，石墙东侧1米处。墩台西南为“东沟村”（图版［21］468附边二D1）。台体平面方形，毛石、白灰砌，东西长7.8、南北宽7、存高2.7米。

在战台3与战台4号之间墙外有石炮一个，为圆柱形。石墙外侧有削坡一道，距石墙7.8～10米，今存壕沟，弥漫不清，沟内侧石墙多倒塌，沟宽3.5～6.5、深2.6米。

战台4号

在石墙西、台西是板厂峪东沟。用毛石、白灰砌，东西长4、南北宽5、高4.7米。墙体从战台4号顺山背南行，山梁缓漫，石墙宽窄不一，皆毛石、白灰砌，墙宽1.2～3.2、高0.8～2.7米（图版［21］469附边二Z4）。

从战台4到战台5号为1975米。中途经过墩台2、3、4号和口门（水门）两座。

墩台2号

位于石墙东侧山背上，地势稍平，东南是庄河，南是大岭沟，台北是南道洼，西南为“东沟村”。台体方形（图［21］240附二D2）。保存基本完好。台上部有收分（图［21］241附二D2）。用毛料石砌四角，中间用毛石、白灰。东西长7.2、南北宽7、存高5.1米（图版［21］470附边二D2；图［21］242附二D2）。在D2附边发现有石炮一，滚圆柱状，上一长方槽，空心，长45、直径28厘米（图［21］243；图版［21］471附边二）。

墩台3号

位于庄河西北380米山梁上，皆毛石干砌。长方形，东西长6、南北宽6.9、存高2.1米。用沙、碎石填心（图版［21］472附边二D3；图版［21］473附边二D3-D4）。

墩台4号

位于板厂峪东沟东侧200米平坦的山坳上，南300米为半壁山村。台体自然倒塌。墩台北距石墙2米。方形。东西长6、南北宽6、存高2.7米（图版［21］474附边二D4）。墙体从墩台4号西下，从东沟东山坡下至山脚，继续西行，穿过东沟河床——东水门（板厂峪口），向西135米山脚下过西水门。河床将石墙拦腰斩断。水门两侧石墙宽4.5～5、高2.6～3.1米。两水门中间有上墙道一处（图版［21］475附边二D4）。

水门（板厂峪口）

两座，皆在板厂峪东沟沟谷底部，中间相距135米，一东一西称为“老边门”。今皆为豁口，两侧为石墙。原有水门楼类建筑，已不存，估计东侧水门因河道宽为正门，西近山脚可能为偏门。门道宽2.5、长5米。两门道大小同（图版［21］476附边二）。此水门从南距板厂峪堡较近，分析这里今叫水门，可能是当年的板厂峪口。上墙道位于两水门中间，侧视呈三角斜面形，毛石砌，石阶已毁，道长2.5、宽1.4米，上墙道上通墙顶，左右有石阶。

战台5号

位于东沟西侧40米山梁上。台体已倒塌。长方形，毛石干砌。东西长3.4、南北出墙2.3、存高0.6～1.2米。石墙西行，毛石、白灰砌，宽4.5、高1.2～2.1米。从战台5号到战台6号为60米。继续沿山势西行。

战台6号

位于较平坦的山丘上。东南300米为东沟村，位于墙体南侧，台西北250米为西沟口。台长方形，石砌，周有垛口墙，东西长11、南北出墙8、跨出墙体6、高0.5～1.2米（图版［21］477附边二Z6、Z7）。石墙从战台6号顺山脊西行，经过一山坳向上，过一上墙道，已残，存宽1.6米。西过台沟，南侧山脚下为西脚村。

从战台6号到战台7号为953米。中途经过墩台5号。

墩台5号

位于东沟西北山顶上，台西为炮台沟。台体早年倒塌，正方形，东西长6、南北宽6、高1.5～2.1米（图版［21］478附边二D5）。墙体从墩台5号西北行到战台7号。

战台7号

位于炮台沟东侧平缓的山背上。西临板厂峪西沟。台体已毁，平面长方形，南北宽3.5、东西跨出墙体2、存高1.4米。墙体从战台7号顺山势西北行，墙北为北洞子沟，墙宽2.5、高1.5～3.4米。从战台7号到战台8号为85米。

战台8号

位于北洞子沟南侧山坡上，地势平缓。北侧与墙体平行，有削坡痕迹。壕沟宽5～7、内侧石墙厚0.8～1.5米。台体平面长方形，南北宽4、东西跨出墙体2、存高2.1米。墙体上山过北洞子沟底到达战台9号。

从战台8号到战台9号为43米。北洞子沟底墙上一大豁口，此豁口南对板厂峪西沟，估计此处原有水门，已毁。

战台9号

位于北洞子沟底部。长方形，用毛料石、白灰砌，东西长2.5、南北宽4.1、存高1.5米。墙体由沟谷上行，墙北有明显削坡。墙宽3.4、高3.2米。

从战台9号到战台10号为48米。

战台10号

位于北洞子沟西半山坳上。方形，用大型毛石、白灰砌，东西长2.4、南北宽4.5、高2.5米。墙体顺山脊南向西北行，穿过瓦窑地沟西南行。皆毛石、白灰砌，墙顶石板平铺，宽3、高1.4～2.6米。墙外有削坡。

从战台10号到战台11号为350米，其中20米无墙体。中途经过墩台6号。

墩台6号

位于北洞子北山顶部，石墙从墩台南向西北绕行。台方形，用大型毛料石砌，东西长6.5、南北宽6.5、高2.5米（图版［21］479附边二D6、480附边二D6）。

战台11号

位于瓦窑地沟北半山坳上。南距沟底60米。长方形，毛石、白灰砌，东西跨出墙0.9、南北宽2.3、存高0.8米。墙体从战台11号向西北行，西为房后沟，墙宽2.7、高1.1～2米，外有明显削坡痕迹。

从战台11号到战台12号为61米。

战台12号

位于战台11号西山梁上，台西为房后沟，台体南、西、北三面跨出墙体。长方形，东西长4.1、南北跨出墙体1.8、高1.2米。墙体从战台12号顺山背西北行，直奔疆沟磖子山南坡。

从战台12号到战台13号为230米。中途经过墩台7号。

墩台7号

位于战台12号西北135米的山顶上，地平缓。台西为房后沟。石砌，长方形，底用大块毛石、白灰砌，东西长6.1、南北宽6、存高3.5米（图版［21］481附边二D7）。

战台13号

位于房后沟东梁上，南距瓦窑地400米。台体较完整。长方形，用毛料石白灰砌成，东西长3.7、南北跨出墙体1.8、高1.7米。墙体从战台13号顺山势西行，倒塌严重。墙体有二次加工的痕迹。墙宽2.6、高1.7～2.6米。外有削坡。

从战台13号到战台14号为105米。

战台14号

位于疆沟碏子山东南山背上，台西为房后沟，西南为板厂峪村。台体保存较好，平面长方形，石砌，东西跨出墙体1.7、南北宽3.8、高2.1米。墙体顺山脊西行，西南是房后沟，东北为瓦窑地。墙体成弧形向上行，墙宽2.6、高1.7～2.6米。西行西与主体墙上的敌台143号东侧砖墙相接。至此，此道板厂峪旧边——“郭大安”边结束。

从战台14号到主体墙敌台143号为221米。

这道边墙多称“老边”，从结构以及上面所筑的战台、墩台情况分析基本都是石筑，和北边的主体城墙截然不同。这里不见砖墙，两座水门一座偏门也是石砌的，这些特点不见于主体墙，所以称其旧边有其道理，其时代约为明初，北边的主边修筑较晚，至少是明万历以前加筑而成。

（三）董家口北附边（附边三）

位于主体长城敌台71号北313米的山梁上（图［21］047～050）。这里出现一道石砌外边，大体从董家口北与主体墙平行，并东西行，西过椴木峪、大毛峪、董家口门北、山神庙子南、窑门沟、大海岭沟门东、旧关村、大海岭沟西入辽宁。此附边在河北境内全长3556米。中途经过战台九座、庙址一处、下面依次叙述各遗迹情况。

从主体墙敌台71号向北313米为战台1号。

战台1号

位于主体墙敌台71号向北分支的山梁上。附边石砌，宽1.5、存高0.4～1米。台体已倒塌，用毛石干砌，方形，边长6.6、存高2.2米（图版［21］482附边三Z1）。墙体从战台1号顺山脊向西北行，因山险墙体倒塌不连贯。皆用毛石干砌，墙宽1.7、存高0.5～0.8米。

从战台1号到战台2号墙体全长300米，其中石墙长277米，山险墙（无墙）23米。

战台2号

位于战台1号西北高山顶上。台南为东西向大毛山峪和大毛山。台体倒塌，方形，用大块毛石砌，东西长6.6、南北宽6.6、高0.5～1.2米（图版［21］483附边三Z2）。墙体从此台西北行，山势陡峭，山脊上怪石嶙峋，石墙若断若续，皆窄体墙，墙宽1.6、高0.5～1.2米。

从战台2号到战台3号为394米，其中石墙长264、山险墙（无筑墙）130米。墙体在东西向的山脊行。

战台3号

位于董家口北800米的山顶上。董家口即大毛峪沟南侧的沟口，台北为椴木峪沟口。台体倒塌。方形，毛石、白灰砌，东西长7、南北宽7.1、高1.2～2.6米。上部不存（图版［21］484附边三Z3）。从战台3号向西北山势十分陡峭，山顶瘦若马脊，窄体墙断续相接，皆残墙，墙宽1.6、高0.5～1.2米。

从战台3号到战台4号为370米，其中石墙长225米、山险墙（无筑墙）145米。

庙址

石墙体北过山神庙址。山神庙建于沟里西侧山脚下，地势较缓。庙东西为一南北向沟谷，沟谷南800米即董家口。庙早年倒塌，今存围墙，大致圆形，直径12、高2.1、存厚0.7米。墙南一石阶，存四级。庙内仅存一面山墙，存高1米。其他建筑遗物皆无。

战台4号

位于冲台沟北东西向山脊上，北为窄沟门。台体倒塌。方形、毛石砌，东西长7.8、南北宽7.4、存高2～3.1米。石墙从战台4号顺山脊西行20米，墙体分出南北两道，短墙到沟里而中止（图[21]中未测）。石墙继续西行，皆毛石、白灰砌的窄体墙。墙宽1.8、高0.4～0.8米（图版［21］485附边三Z4）。

从战台4号到战台5号为697米，其中石墙长657米，山险墙（无筑墙）40米。

战台5号

位于窄门沟西山梁石墙的内侧，其南即沟外。台体倒塌。长方形，毛石、白灰砌。东西跨出墙体6.1、南北宽6.1、存高2.1米。石墙从战台5号顺山脊西北行，山势陡峭，墙皆窄体，断续若有若无。用毛石、白灰砌，墙宽仅1.2、高0.4～1米。

从战台5号到战台6号全长432米。

战台6号

位于战台5号西一山峰顶部，台西700米为绥、抚公路和大海岭沟。台体已自然倒塌，长方形，东西长9.4、南北宽7.4、存高2.1米。墙体从战台6号西北行，沿山坡而下到谷底后又上坡与战台7号接。由于山势险峻，墙体断断续续。皆毛石干砌，墙宽1.1～2.4、存高0.4～0.7米。

从战台6号到战台7号为649米，其中石墙长512米、山险墙（无筑墙）137米。

战台7号

台体建于山顶上。台西北600米山脚下为绥、抚公路和“旧关”村。台体倒塌。毛石干砌，长方形、东西长6、南北宽7.4、存高1.8米（图版［21］486附边三Z7）。墙体从战台7号西行，分为南北两支，南支只有战台而少墙体。石墙西行至大海岭沟底而中断，然后又顺山坡西行。墙多倒塌，用毛石干砌，墙宽0.8～1.4、墙高0.5～1.1米。

从战台7号到战台8号为218米。

战台8号

位于墙体南侧约65米的山顶上，北200米为旧关村（属辽宁），西280米为抚、绥公路。台体已毁，用毛石干砌，长方形，东西长7、南北宽6、存高2.7米（图版［21］487附边三Z8）。

从战台8号西行131米，山势险峻而窄，多毛石筑窄体墙或单边墙，墙宽0.6～0.8、高0.3～0.5米。

战台9号

位于墙体南110米山包上，东和战台8号相距约150米。二台遥相呼应。台北山脚下210米为“旧关”村，已达谷底部。台体方形，毛石干砌，东西长6、南北宽6、存高1.7米（图版［21］488附边三Z9）。

此段董家口外的附边，从战台9号向北52米，入辽宁。河北段调查至“旧关”而终止（图版［21］489附边三）。

第三节　第二十一测区城址

（一）黄土岭关城

位于长城主体墙内约1000米。城址建在近似东西沟谷南侧平坦的山脚下，西北1000米是东贺庄乡，南2500米是夕阳口村，再南为庙山口，北距甘城子约3000米。地理坐标坐标为东经119°43′50″，北纬40°09′25″。现住居民52户，200余口人。[①]（图［21］244；图版［21］490）。

城址平面为东西向长方形，四墙不直，城址是旱河谷地，城周平坦，故于此处筑城可东扼黄土岭口，西控通往内地的大道，位置适中而重要。

城四垣大部倒塌、毁坏，但存明显的基址，城内民房栉比，住房多在城垣之上。墙体皆用大块毛石砌成，用白灰勾抹，石间隙用碎石片支垫，墙心用碎石、沙土充填后夯筑。现墙上石块皆为百姓拆走盖房。西墙保存较好，存下半部残墙和西北门址一处。东墙也属残墙，东南有门址一，南墙存下半部残墙，北墙多人为拆毁。

南墙　长168米（图版［21］491）。

北墙　长163米。

东墙　长107米。南段有门址一处，拱形，已毁。门宽4、门边长6米（图版［21］492）。

西墙　长115米。西段有门一，砖砌，拱形，上顶不存。门宽1.8、门道长8米。函洞内膛宽4米。原有门洞，已毁。西门南北存残墙约60米一段，存宽4、高约1.5米。余为基址（图版［21］493）。

城内民房已破坏了城址内的建筑格局。原存遗迹不清，遗留物也少。

据《四镇三关志》石门路下“黄土岭关，洪武年建，通辽东大川。关南黑谷墩、关北石山墩、小山墩、大鸡关墩，通单骑，衝。余墩，空通步缓。”[②]是黄土岭关建于明初洪武年。另据清《永平府志》“黄土岭关在临榆县东北四十里，关设岭脊，西南二里许有山园，小堡枕其下，地势广五、六里，长倍之……”[③]另据沈朝阳主编《秦皇岛长城》转引旧志“明万历年间城为石筑，高二丈二尺，周长一百七十余丈，设西、北两门，门上有城楼，原有居民七十二家。至光绪二年（1876年）。城周长一里，设东、西二门，已倾圮不用”[④]万历时期仍为石城，历清光绪未改。

（二）杜城子城址

城址坐落在杜城子村内，北为一东西向的季节河，城东1000米为无名口（杜城子旱河口）。可直接通往辽宁绥中。城西南角有一庙址，今存古松一棵。西南距刘城子1000米，西北距苗城子约800米。地理坐标东经119°44′25″，北纬40°11′50″。城内现住20户，80人。[⑤]（图［21］245）。

城址平面为长方形，东偏南30°，方位不正，现城垣已大部倒塌，仅存残迹。墙体皆为石砌，墙宽

① 沈朝阳主编：《秦皇岛长城》第一编第二章36页，方志出版社，2002年。
② 《四镇三关志·形胜》二十五乙，中国科学院图书馆藏本。
③ 《永平府志》卷四十，《建置》十一关隘，清光绪二年刻本。
④ 沈朝阳主编：《秦皇岛长城》第一编第二章36页，方志出版社，2002年。
⑤ 沈朝阳主编：《秦皇岛长城》第一编第二章36页，方志出版社，2002年。

4.1～4.3、存高0.5～2.5米。

南墙　长53、墙宽4.1、高0.5～1.8米。南垣中部有门一，门宽4、门道长4.1米。在南门东侧墙外有石结构战台一座，长3.2、宽1.3米。

东墙　长123米。墙体基本已毁，现存高0.5～1、宽4.2米。

西墙　长118米。墙宽4.1、存高1～2.5米。墙中部有一门（即西门），门宽3、门道长4.1米。西墙破坏严重，有的段落已不存。

北墙　长55米，保存最好。墙宽4.3、高2～3米。在墙西端36米处内收4.3米。

四墙皆为当地开采的大块毛料石砌筑，两侧包皮，内以碎石、砂土填夯，外用白灰勾缝。

此城东近无名口，而城址主要控扼此口，所以此口有可能为无名口堡。据《四镇三关志》蓟镇地形图无名口北有大青山口。又据《临榆县志》“无名口即大青山关，在临榆县东北五十里，明弘治中移建，今似以无名口称，山势自西北蜿蜒而来，南折为岭、南一山顶园而微高，边缘岭上关倚北山可通马，关南有空城一，砖石坠毁”[①]。是无名口即大青山关，明弘治中移此。志中所谓“关南空城”应是指原“大青山关”的关堡，指无名口堡。

（三）刘城子城址

刘城子城址方向为北偏西30°，城址建于长城内，城子西南1000米。城西北1600米是苗城子村，城南约1000米为甘城子村。城址坐落在东靠山坡平坦处村北侧，西侧有一条南北向的旱河沟，两侧山高路狭。地理坐标为东经119°43′30″，北纬40°10′45″。城内无人居住，荒草没膝（图［21］246；图版［21］494）。

城址为斜长方形，石结构，用较大的毛料石块砌筑，底以巨石为基，内外虎皮石包，用碎石、沙土填夯。外用白灰勾抹。墙宽3、高2.1～2.4米。

城址平面近长方形，西墙一门、墙中段凸出，东墙南北设角楼。

西墙　全长88.7米。石墙宽4.2、高2.3米。墙中门设一门，门今存豁口，南北外口宽2.9、门内口宽2、门边长8米。门外两侧有门垛（下碱）石。门两侧石墙保存较好（图版［21］495）。

东墙　全长79米。南北端设角楼，全部石砌，二角楼形制相同。北楼较好。楼南北宽5、东西跨出墙体2.8、存高1.2～1.4米。东墙宽3～4.2、存高1.2～2.5米。墙内用碎石、沙土充填、夯实。

南墙　全长37.3米。东端与角楼处和北垣会合。墙宽3、高2.4米。

北墙　全长43米。结构同南墙。

在城东侧的墙外山坡上100米处有石砌墩台一座，台石已自然倒塌，长方形，南北宽6、东西长4、存高2.6米。

刘城子城址，未见记载。刘城子亦非原名，从城址结构、有角楼、石砌等特点分析，似应明初所建，属于城内侧边堡无疑，其真实的城址名是否和“大青山关”有关，尚待进一步考证，

（四）破城子城址

位于两山相夹的沟谷中筑起，方向为正东西。此城原名“旧营城”沟城，又名“高丽城”。城址在南侧山脚下，城北4～5米为东西向的旱沟一道。破城子北距小毛沟口1000米，东南距娃娃峪西沟1200米。东500米为炮沟。地理坐标为东经119°40′25″，北纬40°12′45″[②]。现城内无人居住（图

① 《永平府志》卷四十二关隘，清光绪二年刻本。

② 沈朝阳主编：《秦皇岛长城》第一编第二章“破城子”36页，方志出版社，2002年。

［21］247）。

城址平面为长方形，石砌，今已面目全非，仅存基址。四墙均用毛料石砌成，用白灰勾抹。残墙存宽2、高0.4～2.3米。西墙上有一门址。已残破。门宽2米，东门道长2米，东垣长50、西垣长53、南垣长96米。破城子西北距小毛山关约1000米，而且顺道，从位置推断，应属于小毛山关下的属堡，即小毛山堡。《四镇三关志》大毛山下“小毛山堡，洪武年建，正关，并东西二墩，空通单骑，衝，余墩，空通步缓”①。堡即今破城子，因东为娃娃峪，西为大毛山堡。

（五）大毛山关城

方向为东偏南24°。大毛山城址位于大毛山村西南侧，北高南低，北倚东西向的山坡，城垣就在山脚下筑起，南近季节性旱河，城东北100米为大毛山顶峰。长城在城址沿大毛山东西展开。东北1000米为双蛤蟆沟，可直登长城。城西1000米为董家口堡，东南1500米为破城子村。地理坐标为东经119°40′45″，北纬40°12′55″。城内原住居民，现多迁往城外居住（图［21］248）。

城址平面为近似平行四边形，四角均设有角楼，北墙上设真武阁，东、南墙各设门一，城内原设有十字街，居民分布在东、西城（图版［21］496）。城址面积不大，但构筑相当讲究，四墙基全部用毛料石铺砌，以上石包外皮到顶。顶上砖砌垛口墙。门、角楼皆石基，以上砖包。城墙有明显二次加厚的痕迹。

南墙　全长101米。东西两端各有角楼一，中间有门一，墙宽3.8、高1.2～3.7米。二次墙体加厚约1米（图版［21］497）。

南门　位于中部，城门南北两侧跨出墙体。门为拱券形，城门基座较大，东西长13.5、南北宽8.5米，墙南侧跨出墙体2.3、内侧出墙0.5米。门底用毛料石九层砌基高2.6米，以上砖坐白灰到顶。门总高5.1米，拱顶为五券五伏，门外顶上嵌石匾一块，匾长0.7、宽0.4米。因风化字迹不清。拱门宽2.4、高3.9米，从门口向内2.25米为内拱，向上1.5米为拱顶，门内腹宽3.05、高4.4米。拱顶长6米。拱门内两侧墙壁上有门闩孔石一，孔长0.3、深0.45米，下距地面1.2米。拱门内有长方木边框槽。门下两侧有门轴石各一。两孔间距2.5米。门函洞用条石铺墁。

角楼　东西各一。东角楼靠内，不在角上，石基高3.2米，东西长8.3、南北出墙1.9米。石基以上砖砌到顶，顶部已毁。西角楼位于西、南两墙交角处，长方形基高4.1米，南北出墙2.1、东西出墙2米。楼基平面长方形，东西长6.3、南北宽9米，砖砌到顶，上部分被拆除，顶部方砖铺墁，垛口墙已不存。

东墙　全长138.8米。南北两端各有角楼一处，中间门一处。石墙体宽4.65、存高1.2～3.5米。有第二次加厚1.1米的痕迹。基底用大毛料石块为基，外皮到顶用小毛石块砌成。沙土充填墙心、夯实。城门位于东墙中间，北距角楼85米。门外侧与墙体平行，内侧出墙体1米（图版［21］498）。因不是正门，气魄远不如南门。门为拱券形，为五券五伏。顶部用条砖拱起。底部下碱用条石五层为基。拱门宽1.6、高2.8、门墙厚1.5～1.6米。内侧向上1米与拱顶相接。门内门道宽2.2、高3.55、函洞长3米。拱门内两侧各有门闩孔石一块，孔长0.18、深0.65米，下距地面1.12米。门内拱两侧有边框槽的痕迹。门口地面上有门枕石一，两侧各有门轴孔一个，相距1.66米。城门现存高（从地面到门楼地面）4.2米。因砖墙风化严重，多处已残。

北墙　全长91米。东西两端各有角楼一处，墙中段砌有真武阁。角楼形制相同，仅存基址，东西出墙0.8、南北出墙1.7米。平面长方形，东西长7.3、南北宽4.1、存高3.1米。结构同南墙角楼。真武阁

① 《四镇三关志·形胜》二十六乙，中国科学院图书馆藏本。

位于北墙中间距西墙25.2米。阁基平面长方形，东西长10.5、南北宽11.5、其南侧出墙4.75米。残基高1～4.1米。基底用大块毛料石砌，用碎石沙土填心夯实。顶部皆毁（图版［21］499）。

北墙　宽3.8（内二次加厚1米）、存高1.2～3.7米，墙皮外用白灰勾抹。

西墙　全长122米。墙总宽4.6、二次加厚1.8、存高1.45米，南北两端有角楼一，前已叙及。

大毛山堡城，规模不大，但气势雄伟，有东南两门、角楼、真武阁，具备一般营城的规模，东北大毛山直达长城线上，西近董家口，东南为破城子，可见其位于东西两城拱卫之中，地理位置十分重要。《四镇三关志》大毛山下“大毛山堡，洪武年建，正关，西山墩东，空，通单骑，衝，余通步缓”[①]。洪武初年建关堡时，堡为石砌，至今部分石皮墙仍存。门、角楼砖包可能在万历时期，其规模与今相当。

（六）董家口关城址

董家口一名“等将口”，城址坐落于村子的西北角，城内住部分居民（图版［21］500）。城北山势东西行，200米是董家口口门，主体长城横立于口门东西，城南为旱沟。西距城子峪1200米，地势西高东低。地理坐标为东经119°9′28″，北纬40°12′40″。城址方向为北偏东48°，城内有住户725口人。[②]

城址平面随山向为不规则的方形，西墙不正。四墙大部倒塌。城为砖砌，四角设角楼，南侧一门，门洞风化严重，城垣西南角已不存（图［21］249）。

南墙　长82米。中间一门，墙体宽5.6、高3～4.4米。墙基用五至六层红褐色条石砌成。以上内用毛石砌墙，外又用砖包到顶，墙内用碎石、沙土填充，上用三合土夯实。墙顶外垛、内宇，马道方砖铺墁。南门在南墙中间，门外左右跨出墙体1.7米，内与墙体平行。门外顶起券，外观两券两伏，下用五层条石砌基。高1.6米，以上条砖平铺纵砌。城门底盘基座东西长12.25、南北宽8.2、城门通高5.5米。城门洞外宽2.3、高3、门侧墙厚2.3米。门券内拱向上1.5米为函洞即内拱顶，五券五伏。拱高4.2、宽2.8、门洞长5.9米。函洞下铺枕石一块，两侧有门轴各一个（图版［21］501）。

角楼　在南墙东西两端，东角楼砖包，内用沙土夯实。长方形，东西长5.8、南北宽7、存高5米。西角楼已毁（图版［21］502）。

西墙　全长87米。中部弯曲墙体内石砌，外砖包到顶。显然砖包外皮乃二次形成。墙基用大条石二至三层砌成。墙宽4、高3～4.6米。

东墙　全长64米。墙宽4.8、高3.1～4.2米。

北墙　全长66米。东西两端各角楼各一。北墙宽4.8、高4.8米。北墙全部为石墙，未用砖包。角楼底部用三至四层条石砌基，以上砖砌到顶。平面长方形。西侧角楼东西长7、南北宽6.8、高4.8米。东侧角楼东西长6.9、南北宽6.7、存高3.9米。角楼东西跨出墙体2、南北宽1.8米。《四镇三关志》大毛山下“董家口堡，洪武年建，迤西至柳河衝界平漫，通众骑，极衝，余山通步缓”[③]。洪武初建为石城，砖包可能在万历时期。《永平府志》“董家口关在临榆县北七十里，山多平易登惟左侧一山陡起如狮形，南向东首横扼其顶，又东即大毛山背，地势其狭，口外群山纠纷，沟路坳窄仅通匹马……嘉靖初移石门儿，柳河衝，二堡于此。”[④]

① 《四镇三关志·形胜》二十六乙，中国科学院图书馆藏本。

② 沈朝阳主编：《秦皇岛长城》第一编第二章董家口37页，方志出版社，2002年。

③ 《四镇三关志·形胜》二十六乙，中国科学院图书馆藏本。

④ 《永平府志》卷四十二关隘，光绪二年刻。

（七）城子峪城址

位于长城内侧800米处的城子峪村，北为山神庙村，南为大刘庄邹庄，城西南6000米是驻操营，城东2000米为董家口村（图版［21］503）。城址建于山坡上，北高南低。城南150米有山神庙址一处。南门东150米有军教场一，城北200米土山顶上有墩台一座。地理坐标为东经119° 37′ 20″，北纬40° 13′ 15″（图［21］250）。

城墙为石筑，用大块毛料石砌成。四角筑有角楼，北墙中有真武阁，西南垣上城门各一。现墙体多倒塌，墙宽4.3、高4.8米左右。

南墙　长97米，毛料石砌，墙宽4.3、高4.8～5.8米，有明显二次加厚1.1米的痕迹。南门拱券形，门外券高3.4、内拱高5、宽4米，券门顶为五券五伏。门道长5米。城门内两侧各有门闩孔一个。门下碱铺以石基（图版［21］504）。

西墙　长99米。结构同南墙。墙中一门，只存一豁口，东西长7、南北宽4.8、存高2米。

东墙　长95米。墙宽4.3、高4.8～5.8米。

北墙　长97米。墙中外侧有真武阁基址一处，东西长7、南北宽4.8、存高2米。

城垣四角皆存角楼基址，长6.5、宽6.5、存高2.5米（图版［21］505）。

在城子峪南山上，有山神庙基址一处，今存石碑两块，一为明万历时期（图版［21］506）。另一为清同治时期。明万历石碑原为“三元祠”物，有龟趺和二龙戏珠的碑首，雕刻细致，碑高2.54、宽0.79、厚0.14米（因技术工具限制，碑文未录）。城南门东有石狮一，原在老爷庙前，似为清代物。

《四镇三关志》大毛山下“城子峪堡，弘治十二年建，通川一道，西城迤东至东山墩东崖俱平漫，通众骑，极衝，余山通步缓”①。是城为石砌，建于明弘治十三年。

（八）平顶峪城

位于群山环抱中的一个小盆地上，城北是一条东西向山弯，长城横其上，城东为石东山，翻山为龚家楼、水门寺，石城在平顶峪村中，内外住满居民，城北原有关帝庙一（图版［21］507）。

城垣为石砌，平面作正方形，墙体多遭人为拆毁或倒塌，但基址尚存，南墙保存较好。一般墙宽4.2、高1.6～2米。城四角设角楼，东南两墙中部各设一门（图［21］251）。

南墙　全长132米。中偏东有门，现已成为豁口，宽2.5、门道长4.6米。墙体皆用毛石坐泥砌成，外皮用白灰勾缝，墙内用碎石、沙土填夯。墙宽4.6、高2.6～4米。有1.2米加宽的痕迹。南墙东西有角楼一，长方形，东西长5.5、南北宽4.7、跨出墙体1.2～1.8米。

北墙　全长132.5米。仅存残基。墙宽4.6、存高0.6米，多段被拆掉。东西两端设角楼一，已倒塌，角楼基东西长5.5、南北宽4.7、高0.6米。

东墙　长136.8米。中一门，拱形，已毁。今存门豁口，宽2、门道长4.2米。东垣残墙宽4.2、高1.6～2米。

西墙　长135.5米。墙宽4.7、高2.1～3.78米。《四镇三关志》大毛山下“平顶峪，洪武年建，通步缓”②。

（九）板厂峪城

板厂峪城位于义院口乡板厂峪村北半部，城址面积较小。城北800米是板厂峪西城，东北600米是板

① 《四镇三关志·形胜》二十六乙，中国科学院图书馆藏本。

② 《四镇三关志·形胜》二十六乙，中国科学院图书馆藏本。

厂峪东城，城正北3500米山梁上为长城主体墙。地理坐标为东经119°34′10″，北纬40°11′30″。现城内无人居住。城附近遗迹较多，城北角为关帝庙，城南200米为“五道庙”，南100米山脚下为马神庙，由于遗迹较多，未及详细调查其和城址的关系（图［21］252）。

城墙　用本地毛石砌成，墙基用大块石铺垫，以上毛石包皮，厢内填碎石沙土。一般墙宽3.95、存高不足2米。

城址平面长方形，东垣128、西墙129、南墙113、北墙118.5米。南墙上有门址一，宽4、门道长3米。

《四镇三关志》义院口下“板厂峪堡，洪武年建，通大川平漫，通众骑，极衝”[①]。城垣皆用石砌，保存着明初的特征。

（一〇）板厂峪东城

位于板厂峪东沟，石门（水门）口南侧150米的沟口上，沟北山坡平缓，该城就建在山坡之上，北依山坡，南近小公路，坐北向南筑起，公路从东南向西南800米通往板厂峪村，城北为老边石门口，可攻可守，地势理想，既可就食又可屯兵。现城内已住有十几户人家（图［21］253；图版［21］508）。

城平面长方形，四垣皆用毛石砌成，外用白灰勾抹，内用碎石、沙土填夯。墙宽3.5～4、外高3.3、内高2.3米。东南二墙中各有一门，城四角设有角楼。现城内东侧为民房，西为耕地。

东墙　长105米。偏南一门，用本地毛料石砌筑，白灰勾抹。门道宽2、长4米。门外左右砌出翼墙，长6、厚1米。加大了门洞的长度。东墙南北两端各设角楼一座，已倒塌，但残迹清晰。楼体用毛石依山势而筑，平面方形，外用白灰勾抹，内用碎石，沙土夯实。楼基东西长6、南北宽4、高1.6～2米。

西墙　长108米。墙体中部略凸出，西墙南北端有角楼一，尺寸同东垣。

南墙　长74米。中段靠东有门一，即南门。今存一豁口，门道宽2、长4米，门外左右有翼墙，长6、厚1米。南墙东西角楼即东、西两墙南端角楼，不另述。

北墙　长78米。墙体结构同东墙。

此城为板厂峪堡城东北800米前沿的一座边堡叫“东城”，板厂峪西北800米也有一座边堡守卫西沟口叫“西城”，都受板厂峪堡的牵制，形成了一个小的完整的防御体系，可相互呼应。

（一一）板厂峪西城

位于板厂峪西沟（亦称北洞子沟）东侧平缓的坡地上。北近老边，再北距长城主体墙3500米。城东侧山梁上有墩台一座，城南为沟口，800米是板厂峪村（堡）。

城址平面为方形（图［21］254）。全部石砌，东侧依山而筑，用本地毛料石、白灰砌成，多半倒塌，今存残基。四面墙体宽度不一，东墙宽3米，其他北、西、南墙宽为6米，一般存高0.8～1.2米。墙体南北两墙中部各有门一，城四角无楼。

南墙　长103米。墙宽6、高1.5米。中一门址。门宽2、门长6米。

北墙　长94米。墙宽6、高1.5米。中一门、门道宽2、长6米。

东墙　长102米。因靠近山坡、墙窄。宽仅3、高0.8～1.2米。

这是一座小堡，主要是为守卫西沟小口，是附属于板厂峪西北的一座边堡，在东山梁上有方形墩台一座，边长6、高1.5米。

---

① 《四镇三关志·形胜》二十六乙，中国科学院图书馆藏本。

（一二）驻操营城

驻操营城位于四面环山的平坦之地，东南1500米为白云山，西南2000米为老尖顶，西北是青龙山。城东为潘庄，北为张庄，西为六瓦房和义院口。从驻操营东北经贺庄可直达董家口。地理坐标为东经119°35′40″，北纬40°10′25″。现住486户，1920口人。①

驻操营城面积较大，平面正方形，方位不正。全部用灰白色毛料石砌成，内用碎石、沙土填心，夯实（图［21］255）。现存西、北、南三面残墙，城墙总宽5.75、高4.3米。在北、西、南三垣中部皆有门址。

南墙　长169米。中部一门，用毛料石砌成，左右石门垛，外侧出墙1.6、内侧出墙0.5米，城门侧墙厚3米。门道宽外6.2、内6.7米。门道长9.7米。南垣墙宽5.75、高4.3米。

西墙　长113米。中一门，形制同南门。城墙宽5.7、高4.3米（图版［21］509）。

北墙　长145米。城门宽4、门道长5米。门以东墙体较好。石墙总宽5.6、高4～5米（图版［21］510）。

东墙　长164米。残存南段。墙宽5、高4～6.7米。

城四角设角楼，形制相同，方形，东西长5.5、南北宽6、现存高1.2～2.6米。楼体内用碎石、沙土夯实。外错出墙体1.4～1.6米。

由于城内居民较多，墙体破坏较甚。据《秦皇岛长城》引旧志“驻操营城，石筑、高2丈4尺，周长214丈4尺”。又据《临榆县志》“驻操营城高五丈，周四里”，和现今之周长591米皆不符，或可是晚期城址有缩小的可能。

① 沈朝阳主编：《秦皇岛长城》第一编第二章38页，地方志出版社，2002年。

附表一 蓟二十一测区黄土岭—义院口段空心敌台统计表 单位:米 P1

编号	形制	结构	尺 寸(长×宽×高)	外部(门、箭窗)				内部		楼顶	时代	边 墙				备考
				东	西	南	北	结构	梯道			台距	砖	石	山险	
L1	梯柱形完好	下条石上砖	9.5×9.8×10	2窗	1门2窗	2窗	2窗	2筒拱1隔墙	双梯道	楼橹1	明	439	235	204		
L2	梯柱形存部分	下条石上砖	7.65×11.3×8.7	3窗	3窗			2筒拱1隔墙			明	224	146	78		
L3	梯柱形完好	下条石上砖	8.6×8.7×9.2	无窗	1门无窗	无窗	无窗		单梯道	楼橹1	明	219.3		219.3		
L4	梯柱形完好		10.3×10.3×4.7	3窗	3窗	1门2窗	1门2窗	3筒拱2隔墙	双梯道	楼橹1	明	444.4		444.4		
L5	梯柱形存部分	下条石上砖	8.3×9×7.1	3窗	3窗	1门2窗	1门2窗				明	259		259		
L6	梯柱形基本保存	下条石上砖	10.2×10×8.3	3窗	1门2窗	1门2窗	3窗	3筒拱2隔墙	双梯道	楼橹1	明	383.3		264.3	119	
L7	毁坏	下条石上砖	9.9×10.2×4.5								明	76.9		76.9		
L8	毁坏	下条石上砖	8.9×8.8×4								明	119	119			
黄土岭口																
L9	毁坏	直接砖砌	11.1×9.9×2.4								明	64	64			黄土岭口便门口
便门口																
L10	毁坏	下条石上砖	10.5×10.5×5.4								明	108	108			
L11	方柱形存部分	下条石上砖	10×9.8×6.8	上3下4窗	上3下4窗	1门2窗	1门2窗				明	159	159			
L12	梯柱形基本保存	下条石上砖	10.1×9.9×8.9	4窗	4窗	1门2窗	1门2窗	3筒拱2隔墙	梯井	楼橹1	明	113	113			
L13	梯柱形存部分	下条石上砖	8.6×9×7.5	3窗	1门	3窗	3窗				明	187	187			
L14	梯柱形基本保存	下条石上砖	8.1×11.4×4	3窗	3窗			3筒拱2隔墙	梯井	楼橹1	明	216	216			
L15	梯柱形基本保存	下条石上砖	11.3×10.9×5.4	3窗	3窗	1门2窗	1门	3筒拱2隔墙	梯井	楼橹1	明	197	197			
L16	梯柱形实心台完好	下条石上砖	8.4×8.4×8.25	无门窗	1门	无门窗	无门窗	实心	单梯道		明	150		150		
L17	毁坏	下条石上砖	8.65×16.5×6			1门2窗	1门2窗				明	248		248		
L18	梯柱形基本保存	下条石上砖	10.3×12×7	3窗	3窗	1门2窗	1门2窗	3筒拱2隔墙	双梯道	楼橹1	明	537	198	339		
											小计	4143.9	1742	2282.9	119	

续附表一 蓟二十一测区黄土岭—义院口段空心敌台统计表 单位：米 P2

编号	形制	结构	尺寸（长×宽×高）	外部（门、箭窗）				内部		楼顶	时代	边墙				备考
				东	西	南	北	结构	梯道			台距	砖	石	山险	
L19	梯柱形存部分	下条石上砖	8×15×9		3窗						明	302	243	59		
L20	毁坏	下条石上砖	11.5×10.5×8.5		3窗						明	183		183		计
L21	毁坏	下条石上砖	8.7×15.3×3	4窗							明	234		234		
L22	毁坏		7.75×15.25×5.8	3窗	3窗						明	373.5		373.5		
L23	毁坏	下条石上砖	7×15×9.5								明	197		197		
L24	梯柱形完好	下条石上砖	7.1×12.2×5.25	4窗	1门3窗	2窗	1窗	单筒拱室	双梯道	楼橹1	明	198		198		
L25	梯柱形完好	下条石上砖	7.9×9.2×4.3	3窗	1门2窗	1门2窗	3窗	3筒拱2隔墙	双梯道	楼橹1	明	857.5		857.5		
L26	梯柱形基本保存	下条石上砖	11×10×4.7	3窗	3窗	1门2窗	1门2窗	3筒拱2隔墙	双梯道	楼橹1	明	326		326		
L27	毁坏	下条石上砖	5.9×10.2×5.7								明	93	93			
L28	梯柱形存部分	下条石上砖	10.45×10.45×7.1		上3下3窗	1门	1门	4筒拱3隔墙			明	146.5	146.5			
L29	梯柱形存部分	下条石上砖	10.3×10.3×8.6		上3下4窗			3筒拱2隔墙			明	292	292			
无名口（吾名口）																
L30	毁坏	砖砌	9×11.2×2								明	219.5	40	179.5		
L31	毁坏	下条石上砖	8.9×12×7.7	4窗	1门2窗						明	281		281		
L32	毁坏	砖砌	10.45×10.45×3.8		上3下4窗		1门				明	254		254		
L33	梯柱形完好	下条石上砖	10.4×10.4×4.6	3窗	3窗	1门2窗	1门2窗	3筒拱2隔墙	双梯道	楼橹头房	明	123		53	70	
L34	梯柱形完好	下条石上砖	10.1×10.1×11	3窗	1门2窗	3窗	3窗	围廊中心室	双梯道	楼橹头房	明	182.5		182.5		
L35	毁坏	下条石上砖	10.4×10.4×2.5								明	156.5		156.5		
L36	梯柱形完好	下条石上砖	10.4×10.4×7.95	3窗	3窗	1门2窗	3窗	3筒拱2隔墙	双梯道	楼橹头房	明	395		205	190	
											小计	4814	814.5	3739.5	260	

续附表一 蓟二十一测区黄土岭—义院口段空心敌台统计表 单位:米 P3

编号	形制	结构	尺 寸（长×宽×高）	外部(门、箭窗)				内部		楼顶	时代	边 墙				备考
				东	西	南	北	结构	梯道			台距	砖	石	山险	
L36 D5	冀辽长城分支点	下条石上砖									明	273	62	91	120	锥子山到辽宁段接触地。冀辽长城分界地。
L37	梯柱形存部分	下条石上砖	10.5×11×1.72	4窗	4窗	1门	1门	单筒拱室			明	124.5	124.5			
L38	梯柱形基本保存	下条石上砖	10.2×10.2×4.2	1门2窗	1门2窗	3窗	3窗	3筒拱2隔墙	双梯道	楼橹头房	明	426.5	70	219.5	137	
L39	梯柱形基本保存		10.7×10.7×4.3	1门2窗	1门2窗	3窗	3窗	3筒拱2隔墙	双梯道	楼橹头房	明	274.5		124.5	150	
L40	梯柱形完好	下条石上砖	8.9×9.15×4.5	2窗	1门2窗	2窗	2窗	单筒拱室	单梯道	楼橹1	明	285		140	145	
L41	梯柱形基本保存	下条石上砖	10.8×10.8×5		1门2窗	3窗	3窗	3筒拱2隔墙	双梯道	楼橹头房	明	399		188	211	
L42	毁坏	下条石上砖	9.5×9.6×4.3	1窗		1窗	1窗				明	247		115	132	
苗城子口(坑儿峪)																
L43	毁坏	下毛石上砖	11×9.85×9.1			3窗		3筒拱2隔墙	双梯道		明	160		141	19	
L44	梯柱形完好	下条石上砖	8.1×10.2×9.35	2窗	2窗	1门2窗	2窗	2筒拱1隔墙	双梯道	楼橹1	明	181		181		
L45	梯柱形基本保存	下条石上砖	9.9×10.5×9.45	1门2窗	1门2窗	3窗	3窗	3筒拱2隔墙	双梯道	楼橹1	明	424		279	145	
L46	梯柱形完好	下条石上砖	11×11×9.50	1门	1门2窗	3窗	3窗	围廊中心室	双梯道	楼橹头房	明	98	98			
小河口																
L47	毁坏	下条石上砖	13×8×3.5	3窗	1窗	1门2窗	3窗	3筒拱2隔墙	双梯道	楼橹头房	明	111	111			
L48	梯柱形完好	下条石上砖	10×10×5	3窗	1窗	1门2窗	3窗	3筒拱2隔墙	双梯道	楼橹头房	明	211		211		
L49	梯柱形完好	下条石上砖	10.1×10.1×6.6	2窗	1门2窗	2窗	2窗	3筒拱2隔墙	双梯道	楼橹1	明	499	45	454		
L50	存部分	下条石上砖	14.25×8.3×4.8	1门1窗	1门1窗	5窗					明	240	240			
L51	梯柱形完好	下条石上砖	13.5×11.2×6.4	1门2窗	1门2窗	3窗	4窗	围廊中心室	双梯道	楼橹头房	明	183.5	183.5			
L52	存部分	下条石上砖	10.92×10.75×7.4		1门2窗	3窗	3窗			头房	明	395.5	108.5	287		
L53	梯柱形基本保存	下条石上砖	10.2×10.2×5	1门2窗		3窗	3窗	3筒拱2隔墙	双梯道	楼橹头房	明	358		298	60	
											小计	4890.5	1042.5	2729	1119	
娃娃峪口																

续附表一 蓟二十一测区黄土岭—义院口段空心敌台统计表 单位:米 P4

编号	形制	结构	尺寸（长×宽×高）	外部(门、箭窗)				内部		楼顶	时代	边墙				备考
				东	西	南	北	结构	梯道			台距	砖	石	山险	
L54	梯柱形基本保存	下条石上砖	8.68×11.12×9.6	4窗	3窗	1门2窗	1门1窗	2筒1隔墙	双梯道	楼橹头房	明	337.5	157	180.5		
L55	毁坏	下条石上砖	11×11×5.5								明	151	151			
L56	梯柱形基本保存	下条石上砖	10.5×10.4×8.8	3窗	1门1窗	无门窗	3窗	3筒2隔墙	单梯道	楼橹头房	明	137.5	81.5	56		
L57	毁坏		10.2×10.2×5								明	161	161			
L58	毁坏	下条石上砖	10.5×9.6×5					3筒拱2隔墙			明	150	85	65		
小毛山(无名口)																
L59	毁坏	下条石上砖	11.1×9.6×1.5					围廊中心室			明	132	132			
L60	梯柱形基本保存	下条石上砖	10.4×10.2×11.4	3窗	3窗	1门2窗	1门1窗	3筒拱2隔墙	单梯道	楼橹1	明	135	135			
L61	方柱形毁坏	砖木结构	10.43×10×6.1	3窗							明	260	260			
L62	梯柱形基本保存	下条石上砖	10.15×10.15×9.6	3窗	1门2窗	3窗	1窗	3筒拱2隔墙	梯井	楼橹1	明	81	60	21		
L63	梯柱形基本保存	下条石上砖	10.7×10.8×9.35	3窗	3窗	1门2窗	1门2窗	2筒拱2隔墙	双梯道	楼橹1	明	160		160		
L64	毁坏	下条石上砖	9.5×12.2×2.5								明	168.5		168.5		
大毛山口																
L65	毁坏	下条石上砖	10.5×10.5×2.75								明	481	60	121	300	
L66	梯柱形完好	下条石上砖	10.1×10.2×7.7	1门2窗	1门2窗	3窗	3窗	3筒拱2隔墙	单梯道	楼橹头房	明	110.5	110.5			
L67	梯柱形实心台完好	下条石上砖	6.23×6.5×5.4	无门窗	无门窗	无门窗	无门窗	实心	双梯道	楼橹1	明	87.5	87.5			
L68	梯柱形完好	下条石上砖	10.35×10.35×9.95	3窗	3窗	1门2窗	1门1窗	3筒拱2隔墙	双梯道	楼橹头房	明	138	20	118		
L69	毁坏	下条石上砖	10.5×11.1×5	2窗							明	352.5		252.5	100	
L70	梯柱形基本保存	下条石上砖	9.5×10.45×9.75	3窗	1门2窗	3窗	3窗	3筒拱2隔墙	双梯道	楼橹头房	明	214		214		
L71	梯柱形完好	下条石上砖	9.7×10.75×9.7	3窗	3窗	1门2窗	1门1窗	围廊中心室	双梯道	楼橹头房	明	68.5	68.5			
											小计	3325.5	1569	1356.5	400	

续附表一 蓟二十一测区黄土岭—义院口段空心敌台统计表 单位:米 P5

编号	形制	结构	尺寸（长×宽×高）	外部(门、箭窗)				内部		楼顶	时代	边墙				备考
				东	西	南	北	结构	梯道			台距	砖	石	山险	
L72	梯柱形完好	下条石上砖	9.25×9.45×9.2	3窗	3窗	1门1窗	1门1窗	3筒拱2隔墙	双梯道	楼橹头房	明	1327	140	107	1080	
L73	梯柱形完好	下条石上砖	11.7×8.6×8.8	1门1窗	1门1窗	3窗	3窗	2筒拱1隔墙	双梯道	楼橹头房	明	270		270		
L74	梯柱形基本保存	下条石上砖	10.4×10.65×7.2	1门2窗	1门2窗	3窗	3窗	3筒拱2隔墙	双梯道	楼橹头房	明	268.5	175	93.5		
L75	毁坏		11.4×11.4×1.25								明	256		256		
L76	毁坏	下条石上砖	11×10.5×1.9								明	113.5		113.5		
董家口																
L77	毁坏	下条石上砖	10.2×12×2.4								明	73		73		
L78	毁坏	砖木结构	10×9×1.15								明	321	261	60		
L79	梯柱形完好	下条石上砖	10.8×10.5×8.1	1门2窗	1门2窗	3窗	3窗	围廊中心室	双梯道	楼橹头房	明	144		144		
L80	梯柱形完好	下条石上砖	10.3×10.3×9.4	1门2窗	1门2窗	3窗	3窗	围廊中心室	双梯道	楼橹头房1	明	224		224		
L81	梯柱形基本保存	下条石上砖	10.3×10.26×7.6	1门2窗	1门2窗	3窗	3窗	3筒拱2隔墙	双梯道	楼橹头房	明	155.5	155.5			
L82	梯柱形基本保存	下条石上砖	7×15.7×9.7	1门1窗	1门1窗	6窗	6窗	2筒拱1隔墙	梯井		明	269.5	37.5	232		
L83	梯柱形完好	下条石上砖	10.8×10.87×6.65	1门2窗	3窗	3窗	3窗	3筒拱2隔墙	双梯道	楼橹头房	明	157		157		
L84	梯柱形完好	下条石上砖	10.9×11.3×9.55	1门2窗	1门2窗	3窗	3窗	3筒拱2隔墙	双梯道	楼橹头房	明	78		78		
L85	梯柱形完好	下条石上砖	11.5×11×5.9	1门2窗	1门2窗	3窗	3窗	围廊中心室	梯井	楼橹1	明	183.5		183.5		
L86	梯柱形基本保存	下条石上砖	10.55×9.8×10.15	1门1窗	1门1窗	3窗	3窗	3筒拱2隔墙	梯井		明	214	134	80		
L87	毁坏	下条石上砖	11.4×8.4×4								明	137		137		
L88	梯柱形存部分	下条石上砖	10.35×10.55×3			3窗	3窗				明	119		119		
L89	毁坏	下条石上砖	10.35×10.55×3			3窗	3窗				明	85		85		
桃峪沟口(柳河冲口)																
L90	毁坏	下条石上砖	11.3×8×1.34								明	71.5		71.5		
											小计	4467	903	2484	1080	

续附表一 蓟二十一测区黄土岭—义院口段空心敌台统计表 单位:米 P6

编号	形制	结构	尺寸（长×宽×高）	外部(门、箭窗)				内部		楼顶	时代	边墙				备考
				东	西	南	北	结构	梯道			台距	砖	石	山险	
L91	梯柱形基本保存	下条石上砖	11.5×10×5.55	1门2窗	3窗	3窗	3窗	3筒拱2隔墙	梯井	楼橹1	明	232	232			
L92	毁坏	下条石上砖	10×10×1.5								明	81	81			
L93	毁坏	下条石上砖	10×10×1								明	173	173			
L94	梯柱形基本保存		11×11×3.75	1门2窗	1门2窗	3窗	3窗	3筒拱1隔墙	双梯道	楼橹头房	明	232	232			
L95	梯柱形基本保存	下条石上砖	9.9×9.9×5.1	3窗	1门2窗	3窗	3窗	3筒拱2隔墙	双梯道	楼橹头房	明	186	114	72		
L96	方柱形基本保存	下条石上砖	10.8×11.3×9.7	3窗	1门2窗	1门2窗	3窗	3筒拱2隔墙	双梯道	楼橹头房	明	182		182		
L97	长方柱形基本保存	下条石上砖	7.7×14.9×8.7	5窗	5窗	1门2窗	1门2窗	2筒拱1隔墙	单梯道	楼橹头房	明	154		154		
L98	毁坏	下条石上砖	10.25×10×4.7	3窗		1门2窗					明	145	26	119		
L99	毁坏	下条石上砖	10.7×11.2×3.2								明	263		263		
小河口口门																
L100	毁坏	下条石上砖	10.9×10.9×1.3								明	92		92		
L101	毁坏	下条石上砖	11.5×10.1×3.8								明	80		80		
L102	毁坏	下条石上砖	11.3×11.2×7.5								明	116		116		
L103	梯柱形完好	下条石上砖	12.35×8.6×8.8	2窗	2窗	1门2窗	4窗	2筒拱1隔墙	双梯道	楼橹头房	明	225		175	50	
L104	梯柱形完好	下条石上砖	9.2×7.7×8.2	1门1窗	1门1窗	3窗	3窗	3筒拱2隔墙	梯井	楼橹1	明	210	125	85		
L105	方柱柱形基本保存	下条石上砖	10.4×10.4×9	1门2窗	1门2窗	3窗	3窗	3筒拱2隔墙	双梯道		明	161	25	136		
水门(寺)口																
L106	方柱柱形完好	下条石上砖	13.1×9.8×10.8	1门1窗	1门1窗	3窗	4窗	围廊中心室	单梯道	楼橹1	明	255		238	17	
L107	长梯柱形完好	下条石上砖	9.65×11.7×9.05	1门2窗	3窗	3窗	3窗	3筒拱2隔墙	单梯道	楼橹1	明	211		170	41	
L108	梯柱形完好	下条石上砖	10×12.5×12.1	3窗	3窗	1门窗	1门1窗	3筒拱2隔墙	单梯道	楼橹1	明	277		269	8	
											小计	3275	1008	2151	116	

续附表一　　蓟二十一测区黄土岭—义院口段空心敌台统计表　　单位:米　P7

编号	形制	结构	尺　寸 (长×宽×高)	外部(门、箭窗)				内部		楼顶	时代	边　墙				备考
				东	西	南	北	结构	梯道			台距	砖	石	山险	
L109	梯柱形 基本保存	下条石 上砖	10.1×10.35×10	1门 2窗	1门 2窗	3窗	3窗	3筒拱 2隔墙	单梯道	楼橹1	明	138		138		
L110	毁坏	下条石 上砖	9.45×10.3×4.9								明	234		234		
平顶峪口																
L111	毁坏	下条石 上砖	10.3×10.6×4.6								明	99		99		
L112	毁坏		9.1×10.1×4.2								明	224		224		
L113	梯柱形 完好	下条石 上砖	10.1×10×10.2	1门 2窗	1门 1窗	3窗	3窗	3筒拱 2隔墙	双梯道	楼橹 头房	明	173		173		
L114	梯柱形 完好	下条石 上砖	7.6×9.3×6.3	1门 1窗	1门 1窗	3窗	3窗	3筒拱 2隔墙	梯井	楼橹1	明	131		131		
L115	梯柱形 基本保存	下条石 上砖	8.8×8.8×10	不存	1门 2窗	2窗	2窗	2筒拱 1隔墙	双梯道	楼橹1	明	158		158		
L116	梯柱形 完好	下条石 上砖	10.5×10.5×9.5	1门 2窗	1门 2窗	3窗	3窗	围廊中 心室	双梯道	楼橹 头房	明	235		235		
L117	梯柱形 完好	下条石 上砖	10.6×10.6×8.5	3窗	3窗	1门 L2窗	1门 2窗	3筒拱 2隔墙	梯井	楼橹1 已塌	明	214		185	29	
L118	梯柱形 完好	下条石 上砖	10.2×10.2×8.4	1门 2窗	1门 2窗	3窗	3窗	3筒拱 2隔墙	双梯道	楼橹 头房	明	207		193	14	
L119	梯柱形 完好	下条石 上砖	10.7×10.75×10.5	1门 2窗	3窗	3窗	3窗	3筒拱 2隔墙	双梯道	楼橹 头房	明	198		48	150	
L120	梯柱形 完好	下条石 上砖	9.5×10.65×7.8	3窗	1门 2窗	3窗	3窗	3筒拱 2隔墙	单梯道	楼橹 头房	明	238	194	44		
L121	梯柱形 存部分	下条石 上砖	10.3×10.45×5			3窗	3窗	3筒拱 2隔墙			明	139		119	20	
L122	存部分	下条石 上砖	13.75×6.7×4.7		存 2窗	2窗		2筒拱 1隔墙			明	294		184	110	主边“郭大安边”分界点
L123	毁坏	下条石 上砖	10.5×12×10.1				3窗				明	318		18	300	
L124	梯柱形 基本保存	下条石 上砖	10.26×9.88×9.65	1门 1窗	1门 1窗	3窗	3窗	3筒拱 2隔墙	双梯道	楼橹 头房	明	272		42	230	
L125	长梯柱 形完好	下条石 上砖	9.94×11×8.85	1门 2窗	3窗	3窗	2窗	3筒2 隔墙	双梯道	楼橹 头房	明	193		93	100	
L126	长梯柱 形完好	下条石 上砖	9.6×6.95×10	2窗	2窗	1门 2窗	3窗	3筒拱 2隔墙	梯井	楼橹1	明	151		101	50	
											小计	3616	194	2419	1003	

续附表一 蓟二十一测区黄土岭—义院口段空心敌台统计表 单位：米 P8

编号	形制	结构	尺寸 （长×宽×高）	外部（门、箭窗）				内部		楼顶	时代	边墙				备考
				东	西	南	北	结构	梯道			台距	砖	石	山险	
L127	梯柱形 存部分	下条石 上砖	11.6×8.95×8.85	3窗	3窗			3筒拱 2隔墙	梯井		明	267		267		
L128	梯柱形 完好	下条石 上砖	10.3×10.3×9.2	1门 2窗	1门 2窗	3窗	3窗	3筒拱 2隔墙	梯井	楼橹1	明	353		283	70	
L129	梯柱形 存部分	下条石 上砖	10.8×10.8×7.4			1门 2窗	3窗	3筒 2隔墙	单梯道		明	215		215		
L130	梯柱形 完好		10.2×6.8×9	1门 1窗	1门 1窗	3窗	3窗	3筒拱 2隔墙	梯井	楼橹1	明	130		130		
L131	毁坏	下条石 上砖	12.7×9.8×8.8		1门 1窗		6窗			楼橹 头房	明	146		146		
L132	梯柱形 基本保存	下条石 上砖	9.8×9.7×7.6	1门 2窗	1门 2窗	3窗	3窗	3筒拱 2隔墙	双梯道	楼橹 头房	明	253		153	100	
L133	梯柱形 完好	下条石 上砖	10.58×10.58×10.4	3窗	1门 2窗	1门 2窗	3窗	3筒拱 2隔墙	双梯道	楼橹 头房	明	195	147	48		
L134	梯柱形 完好	下条石 上砖	9.45×9.5×9.8	1门 2窗	1门 2窗	3窗	3窗	单筒拱 2隔墙	梯井	楼橹1	明	3505.5	188.5	22	140	
L135	梯柱形 完好	下条石 上砖	10.35×10.25×8.5	1门 2窗	1门 2窗	3窗	3窗	3筒拱 2隔墙	梯井	楼橹1	明	352	325			
L136	梯柱形 完好	下条石 上砖	9.9×9.7×10.8	1门 2窗	1门 2窗	3窗	3窗	3筒拱 2隔墙	双梯道	楼橹 头房	明	237	237			
L137	梯柱形 存部分	下条石 上砖	9.8×7.5			3窗	3窗	3筒拱 2隔墙	梯井		明	214	214			
L138	梯柱形 完好	下条石 上砖	8.2×11.94×9.7	3窗	3窗	1门 1窗	1门 1窗	3筒拱 2隔墙	梯井		明	263	263			
L139	梯柱形 毁坏	下条石 上砖	9.5×6.6×3.9	2窗	1门 2窗	1门 2窗	3窗				明	585	285	160	140	
L140	长梯柱 形完好	下条石 上砖	8.4×12×9.45	3窗	3窗	1门 1窗	1门 1窗	3筒拱 2隔墙	梯井	楼橹1	明	490		170	320	
L141	长梯柱 形完好	下条石 上砖	9.4×12.9×10.86	3窗	3窗	1门 1窗	1门 1窗	3筒拱 2隔墙	梯井	楼橹1	明	220		120	100	
L142	梯柱形 存部分	下条石 上砖	9.2×9.6×5.25	1门 2窗	4窗		1 门窗	3筒拱 2隔墙	梯井	楼橹1	明	252		160	92	
L143	梯柱形 基本保存	下条石 上砖	9.7×9.8×8.8	1门 2窗	4窗	1门 2窗	3窗	3筒拱 2隔墙	梯井	楼橹1	明	118		118		
L144	毁坏	下条石 上砖	8.15×8.5×4					3筒拱 2隔墙			明	482		436	46	郭大 安边
											小计	5122.5	1686.5	2428	1008	

续附表一 蓟二十一测区黄土岭—义院口段空心敌台统计表 单位：米 P9

编号	形制	结构	尺 寸（长×宽×高）	外部（门、箭窗）				内部		楼顶	时代	边 墙				备考
				东	西	南	北	结构	梯道			台距	砖	石	山险	
L145	梯柱形完好	下条石上砖	9.2×10.75×9.95	1门2窗	1门2窗	2窗	2窗	3筒拱2隔墙	梯井	楼橹1	明	138		138		
L146	毁坏	下条石上砖	7.3×8.1×3.08	2窗							明	252		252		
L147	梯柱形完好	下条石上砖	7.8×14.4×9.55	3窗	3窗	1门1窗	1门1窗	2筒拱1隔墙	单梯道	楼橹1	明	175	175			
L148	毁坏		11.2×10.2×5.7				上2下3窗	2筒拱1隔墙			明	140	140			
L149	毁坏	下条石上砖	10×10×5.5								明	93	93			
无名口（长松堡口）																
L150	毁坏	砖木结构	11.19×7.6×2.5								明	98.7	98.7			
L151	梯柱形完好	下条石上砖	9.95×10.05×10	2窗	3窗	1门2窗	1门2窗	3筒拱2隔墙	梯井	楼橹1	明	70	40	30		
L152	梯柱形完好	下条石上砖	9.75×9.75×8.9	2窗	2窗	1门2窗	1门窗	2筒拱1隔墙	梯井	楼橹1	明	51		51		原为砖木结构
L153	梯柱形完好	下条石上砖	11.15×8.2×9.2	4窗	4窗	1门2窗	1门2窗	2筒拱1隔墙	梯井	楼橹1	明	112		112		原为砖木结构
L154	毁坏	下条石上砖	9.9×10.4×4.6								明	115		115		
L155	毁坏	下条石上砖	10.5×10×5.5								明	65		65		
L156	毁坏	下条石上砖	8.5×12.6×2.7								明	141		91	50	
L157	梯柱形基本保存	下条石上砖	9.7×10×8.35	1门2窗	3窗	3窗	3窗	3筒拱2隔墙	单梯道	楼橹1	明	136		136		
L158	梯柱形完好	下条石上砖	10.6×10.4×9.9	3窗	3窗	1门	1窗	3筒拱2隔墙	梯井	楼橹	明	62		62		
L159	梯柱形基本保存	下条石上砖	10.1×10.75×6.26		3窗	1门2窗	1门1窗	3筒拱2隔墙	梯井	楼橹	明	106		106		
L160	毁坏	下条石上砖	7.5×10.15×5.3						梯井		明	164		164		
L161	梯柱形完好	下条石上砖	9.3×10.6×4.9	1门2窗	1门2窗	3窗	3窗	3筒拱2隔墙	梯井	楼橹1	明	143		143		
L162	梯柱形完好	下条石上砖	10.3×10.3×10.94	1门2窗	1门2窗	3窗	3窗	3筒拱2隔墙	梯井	楼橹1	明	80		80		郭大安边
											小计	2141.7	546.7	1545	50	

续附表一 蓟二十一测区黄土岭—义院口段空心敌台（敌楼）统计表 单位：米 P10

编号	形制	结构	尺 寸 （长×宽×高）	外部（门、箭窗）				内部		楼顶	时代	边 墙				备考
				东	西	南	北	结构	梯道			台距	砖	石	山险	
L163	梯柱形 完好	下条石 上砖	10.5×11×7.7	1门 2窗	1门 2窗	3窗	3窗	3筒拱 2隔墙	双梯道	楼橹1	明	196		196		
L164	毁坏	下条石 上砖	9.2×10.7×4.7				2窗	3筒拱 2隔墙			明	191		191		
L165	梯柱形 存部分	下条石 上砖	11.5×9.85×8.3	3窗	3窗		1门 2窗	3筒拱 2隔墙			明	240		240		
L166	毁坏	下条石 上砖	8.4×12×3.7								明	127		127		
L167	毁坏	下条石 上砖	10×10×3.7								明	30		30		
											小计	784		784		
											总计	36580.1	9506.2	21918.9	5155	

附表二 蓟二十一测区平顶峪—百道沟山附边段空心战台统计表 单位：米 P1

编号	形制	结构	尺 寸 （长×宽×高）	时代	边 墙				备考
					台距	砖	石	山险	
从主边 L107始		砖砌		明	472		202	270	
Z1	长方柱形 毁坏	毛石干砌	8×4.6×1.3	明	338		338		
Z2	方柱形 毁坏	毛石干砌	6.1×8.1×1.35	明	807		794	13	
Z3	毁坏		6×7.5×1.2		991		311	680	
				总计	2608		1645	963	

附表三 蓟二十一测区板厂峪东沟—板厂峪西沟段空心战台统计表 单位：米 P2

编号	形制	结构	尺 寸 （长×宽×高）	时代	边 墙				备考
					台距	砖	石	山险	
从主墙L121始				明	364		64	300	
Z1	长方形毁坏	毛石白灰砌	1.2×3.5×3.1	明	58		58		
Z2	长方形毁坏	毛石白灰砌	1.8×3.9×2.1	明	10		10		
Z3	长方形毁坏	毛石白灰砌	5×6×2.1		532		532		

续附表三

编号	形制	结构	尺 寸 （长×宽×高）	时代	边 墙				备考
					台距	砖	石	山险	
天井沟口（今称）									
Z4	长方形毁坏	毛石白灰砌	4×5×4.7	明	1975		1713	262	
北门（板厂峪口）									
Z5	长方形毁坏	毛石干砌	3.4×2.3×1.2	明	60		60		
Z6	长方形毁坏	毛石干砌	11×8×1.2	明	953		953		
Z7	长方形毁坏	毛石干砌	3.5×2×1.4	明	85		85		
Z8	长方形毁坏	毛石干砌	4×2×2.1	明	43		43		
Z9	长方形毁坏	毛石白灰砌	2.5×4.1×1.5	明	48		48		
Z10	长方形毁坏	毛石白灰砌	2.4×4.5×2.5	明	350		330	20	
Z11	长方形毁坏	毛石白灰砌	2.3×0.9×0.8	明	61		61		
Z12	长方形毁坏	毛石白灰砌	4.1×1.8×1.2	明	230		230		
Z13	长方形毁坏	毛石白灰砌	3.7×1.8×1.7	明	105		105		
Z14	长方形毁坏	毛石白灰砌	3.8×1.7×2.1	明	221		221		下接主体墙 L143 号
				总计	5095		4513	582	

附表四 蓟二十一测区董家口北附边段空心战台统计表 单位：米 P3

编号	形制	结构	尺 寸 （长×宽×高）	时代	边 墙				备考
					台距	砖	石	山险	
从主边 L171 始				明	313		188	125	
Z1	方形毁坏	毛石白灰砌	6.6×6.6×2	明	300		277	23	
Z2	方形毁坏	毛石白灰砌	6.6×6.6×1.2	明	394		264	130	
Z3	方形毁坏	毛石白灰砌	7×7.1×2.6	明	370		225	145	
Z4	方形毁坏	毛石白灰砌	7.8×7.4×3.1	明	697		657	40	
Z5	方形毁坏	毛石白灰砌	6.1×6.1×2.1	明	432		432		
Z6	长方形毁坏	毛石白灰砌	9.4×7.4×2.1	明	649		512	137	
Z7	长方形毁坏	毛石白灰砌	6×7.4×1.8	明	218		218		
Z8	长方形毁坏	毛石干砌	7×6×2.7	明	131		131		
Z9	方形毁坏	毛石干砌	6×6×1.7	明	52		52		至辽宁界
				总计	3556		2956	600	

实测图

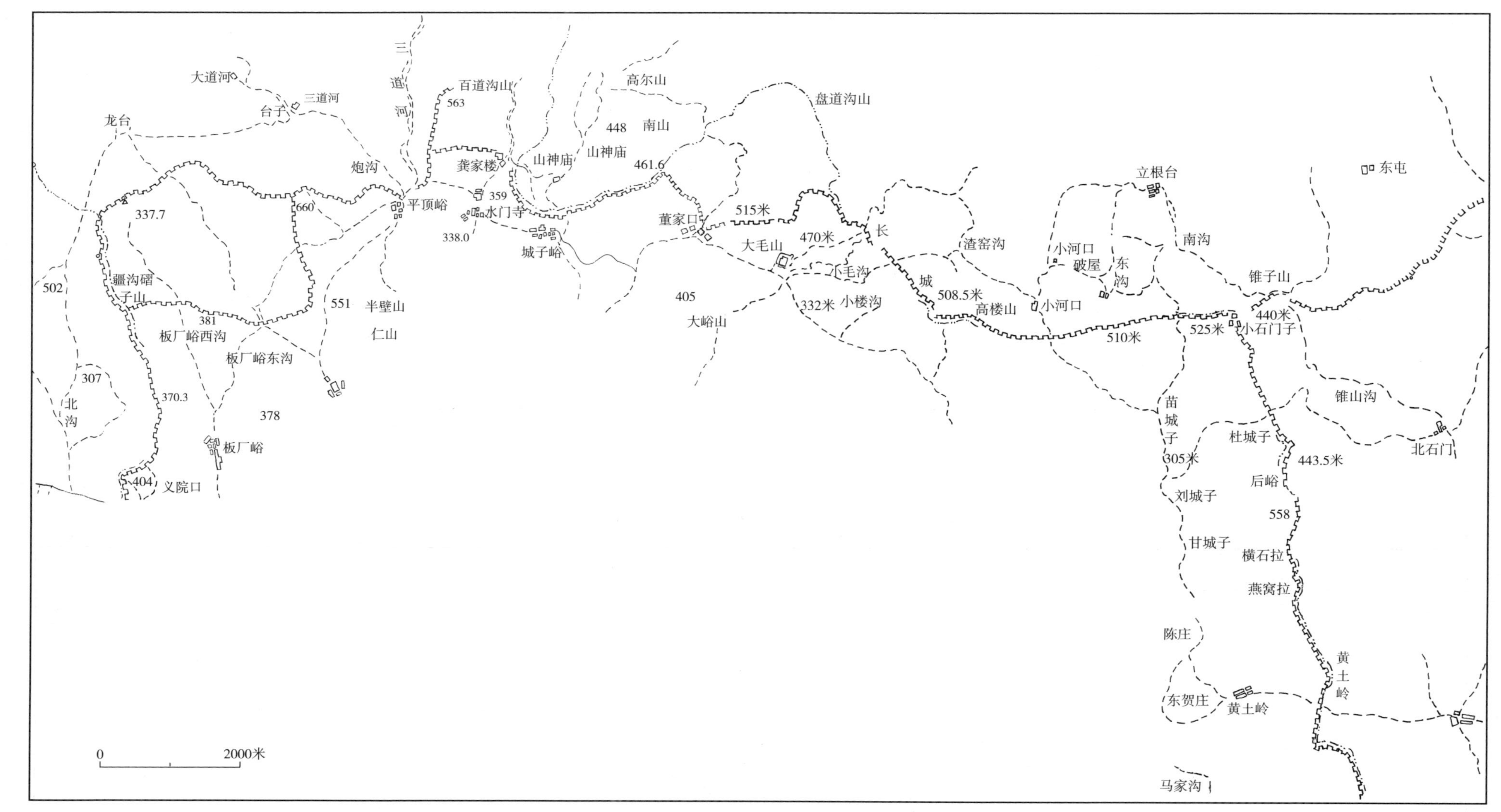

图［21］001　第二十一测区长城地段图（用五万分之一图）

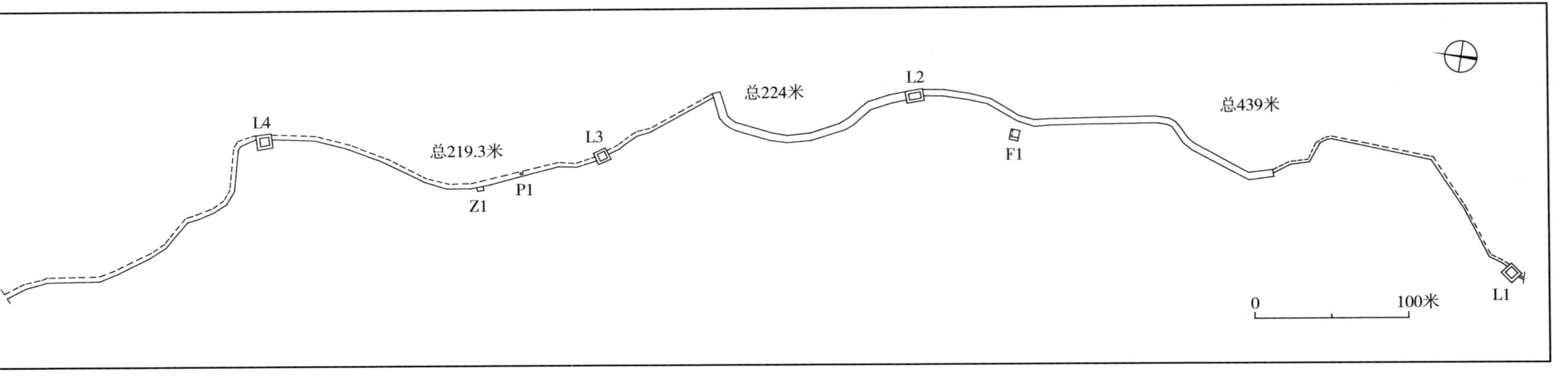

图［21］002　C1黄土岭测区边墙建筑遗迹分布图

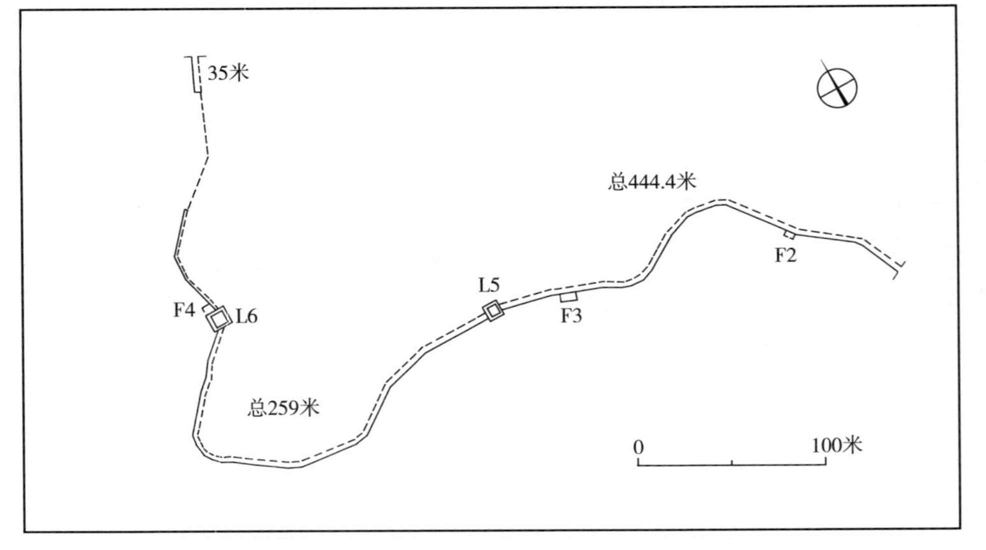

图［21］003　C2黄土岭测区边墙建筑遗迹分布图

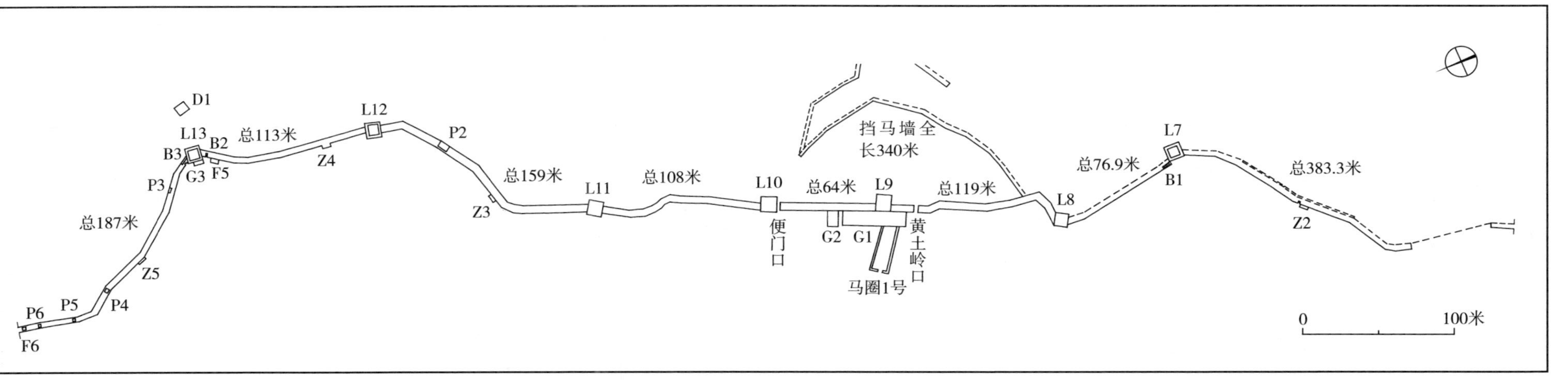

图［21］004 C3黄土岭测区边墙建筑遗迹分布图

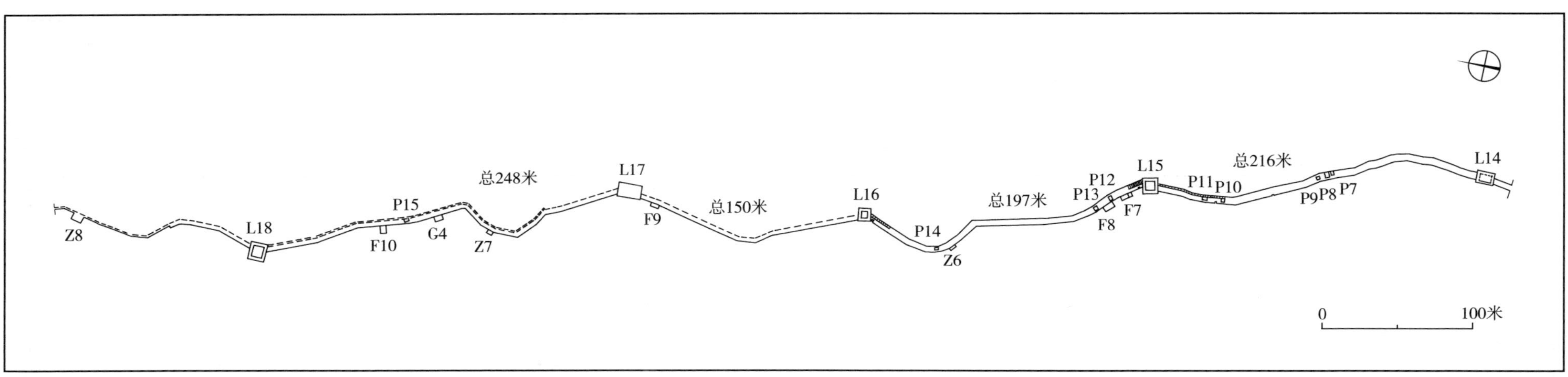

图［21］005 C4黄土岭测区边墙建筑遗迹分布图

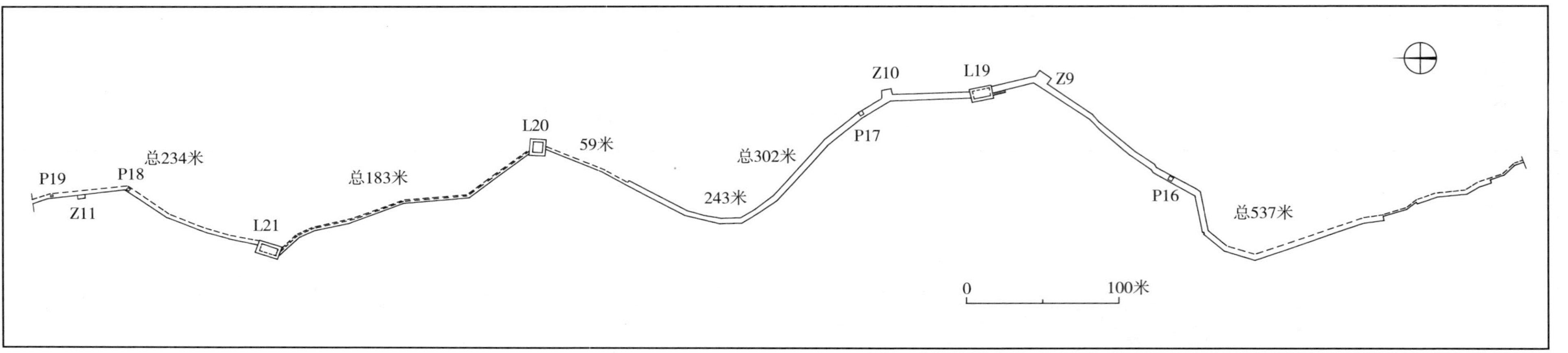

图［21］006　C5黄土岭测区边墙建筑遗迹分布图

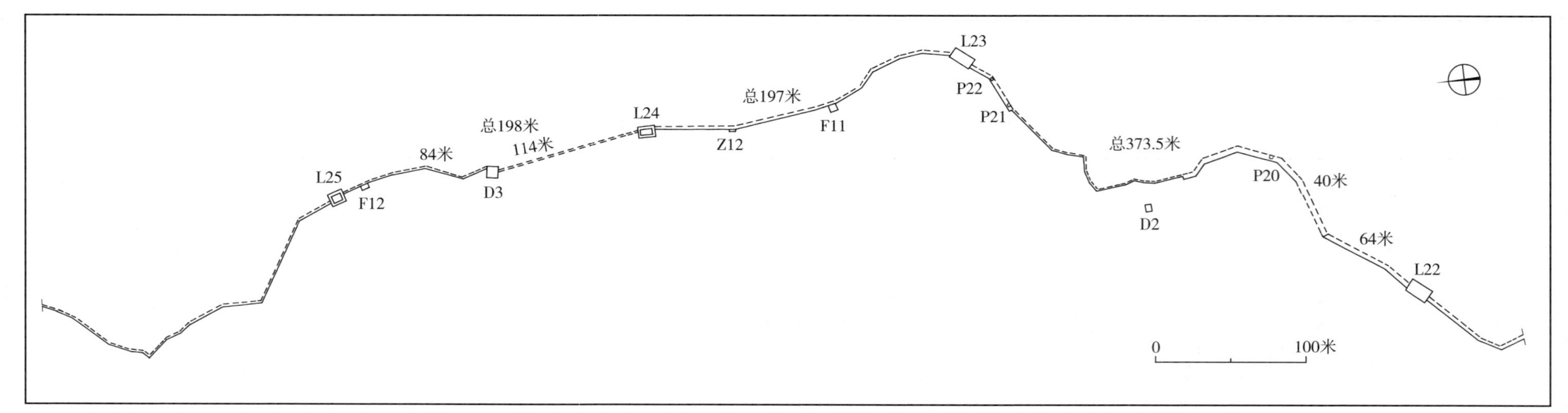

图［21］007　C6黄土岭测区边墙建筑遗迹分布图

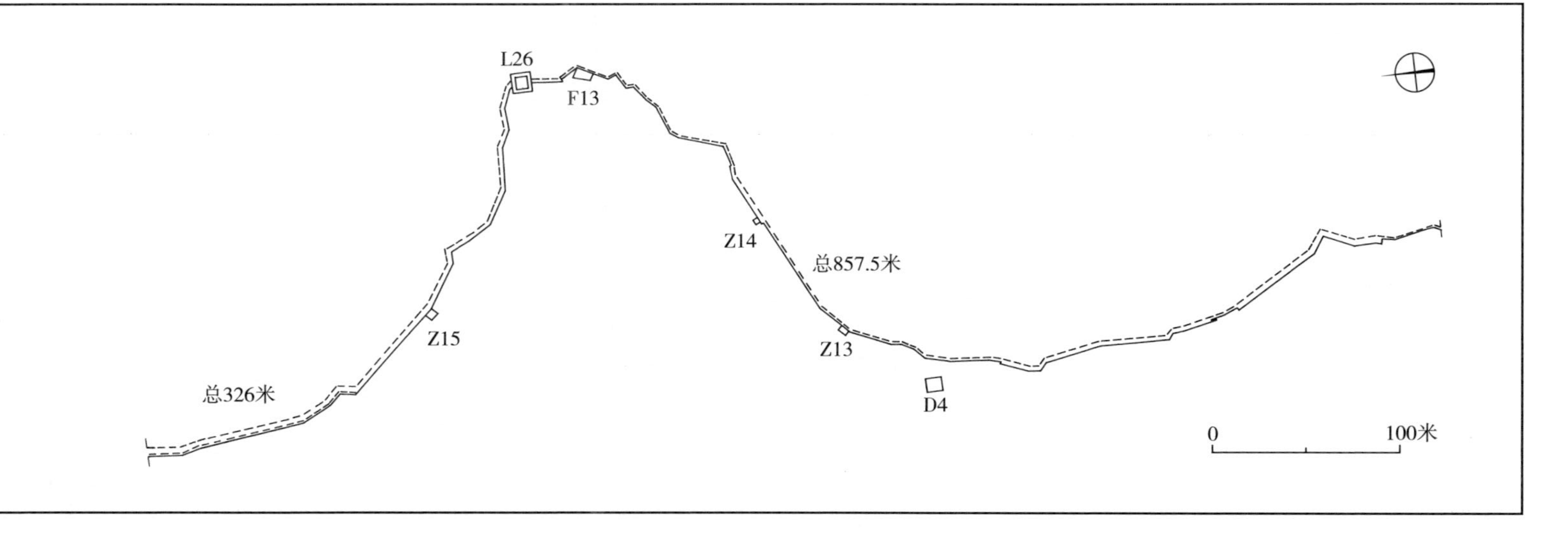

图［21］008　C7黄土岭测区边墙建筑遗迹分布图

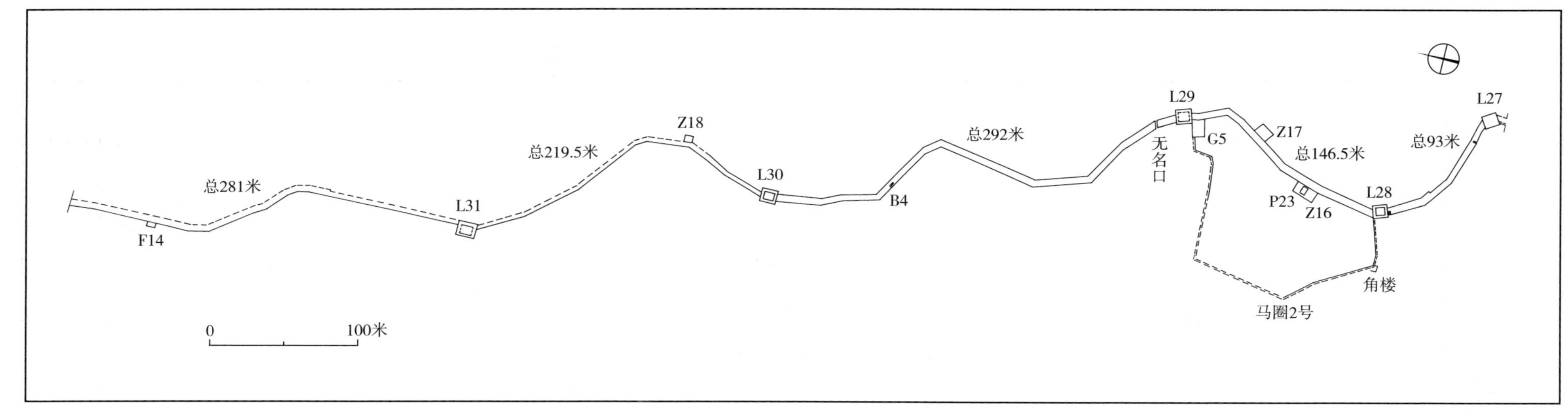

图［21］009　C8黄土岭测区边墙建筑遗迹分布图

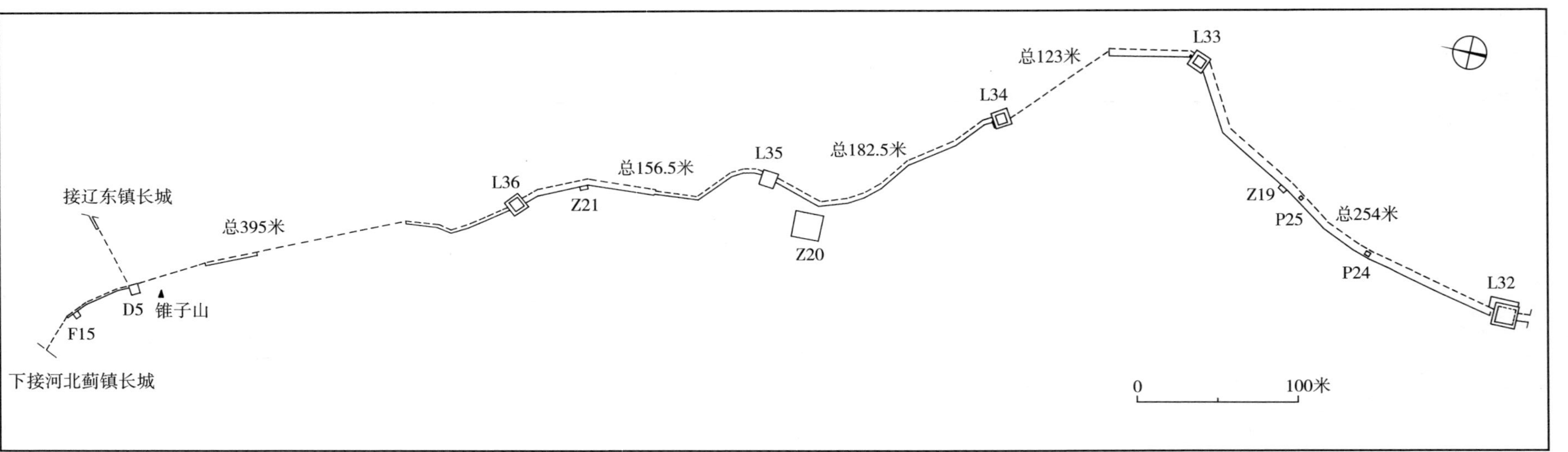

图［21］010 C9黄土岭测区边墙建筑遗迹分布图

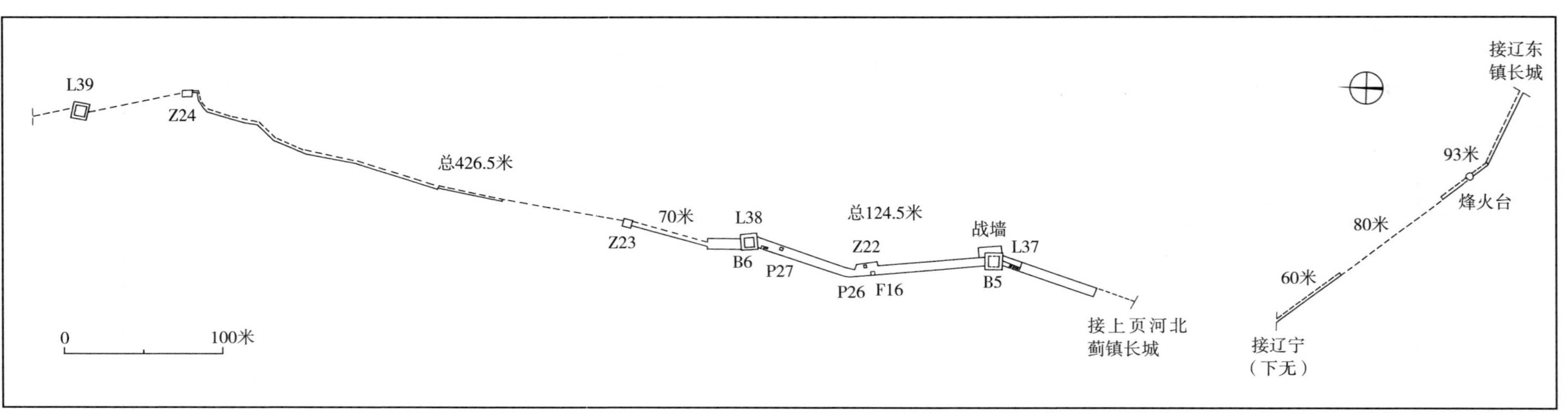

图［21］011 C10黄土岭测区边墙建筑遗迹分布图

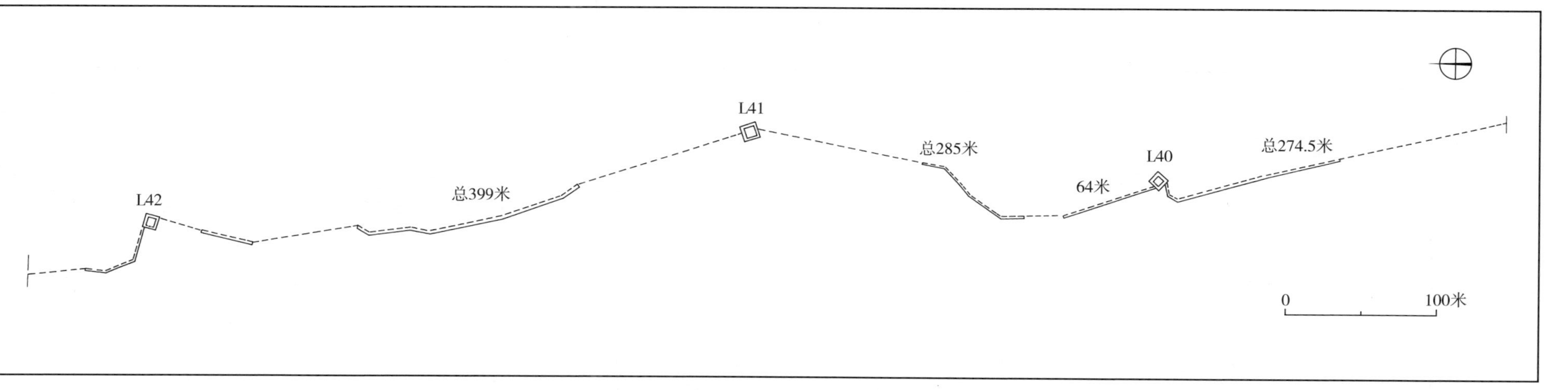

图［21］012　C11黄土岭测区边墙建筑遗迹分布图

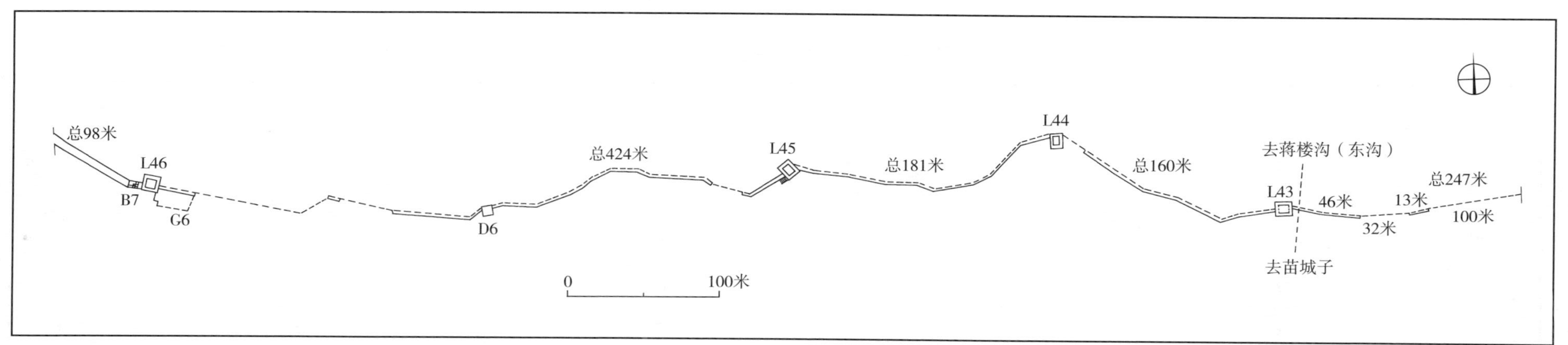

图［21］013　C12黄土岭测区边墙建筑遗迹分布图

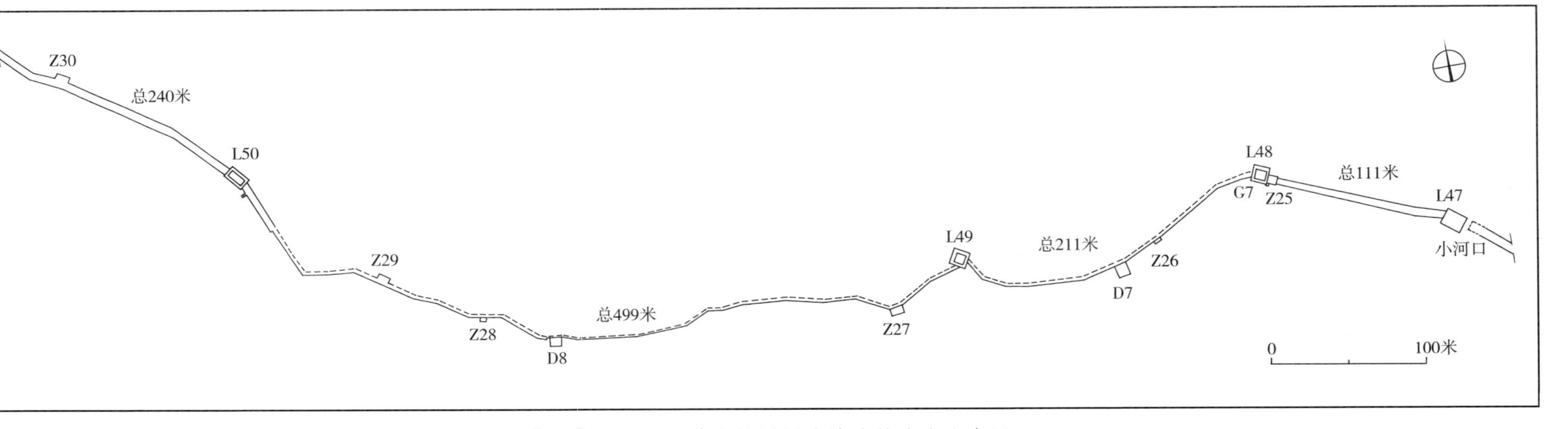

图［21］014　C13黄土岭测区边墙建筑遗迹分布图

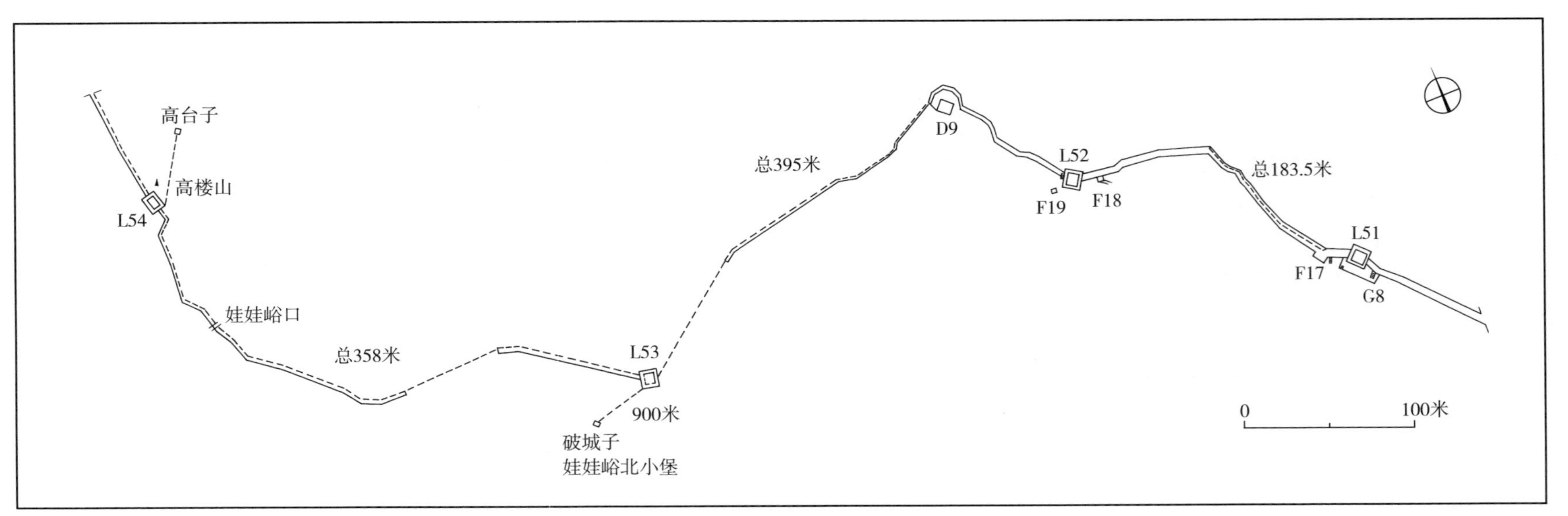

图［21］015　C14黄土岭测区边墙建筑遗迹分布图

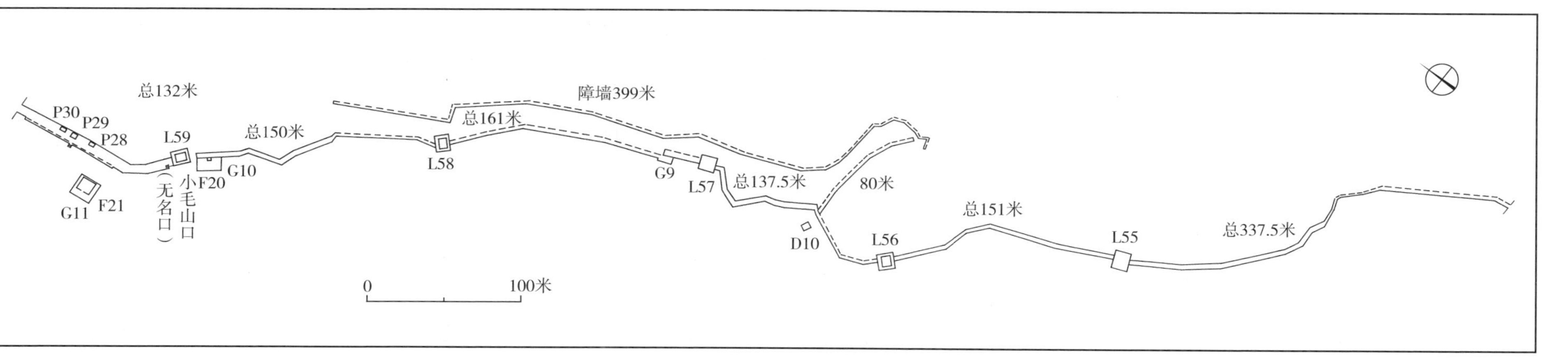

图［21］016　C15黄土岭测区边墙建筑遗迹分布图

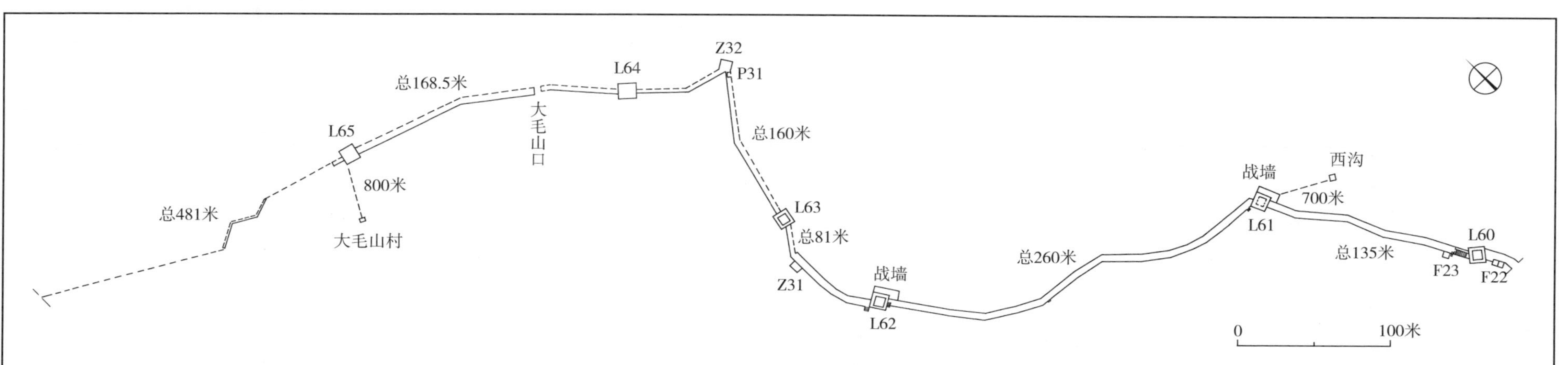

图［21］017　C16黄土岭测区边墙建筑遗迹分布图

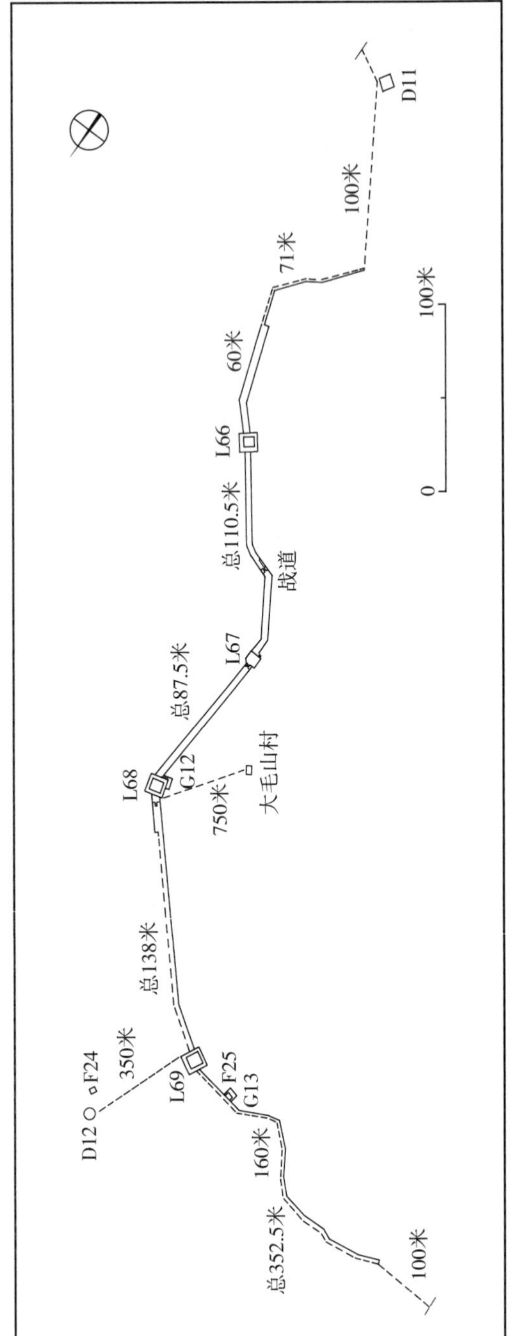

图［21］018　C17黄土岭测区边墙建筑遗迹分布图

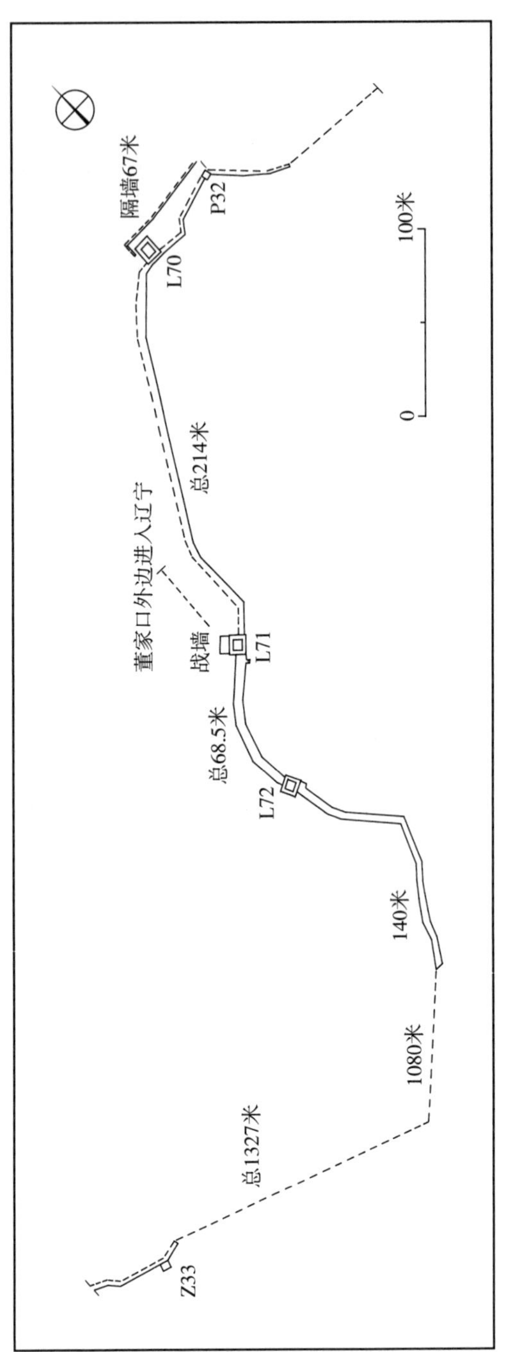

图［21］019　C18黄土岭测区边墙建筑遗迹分布图

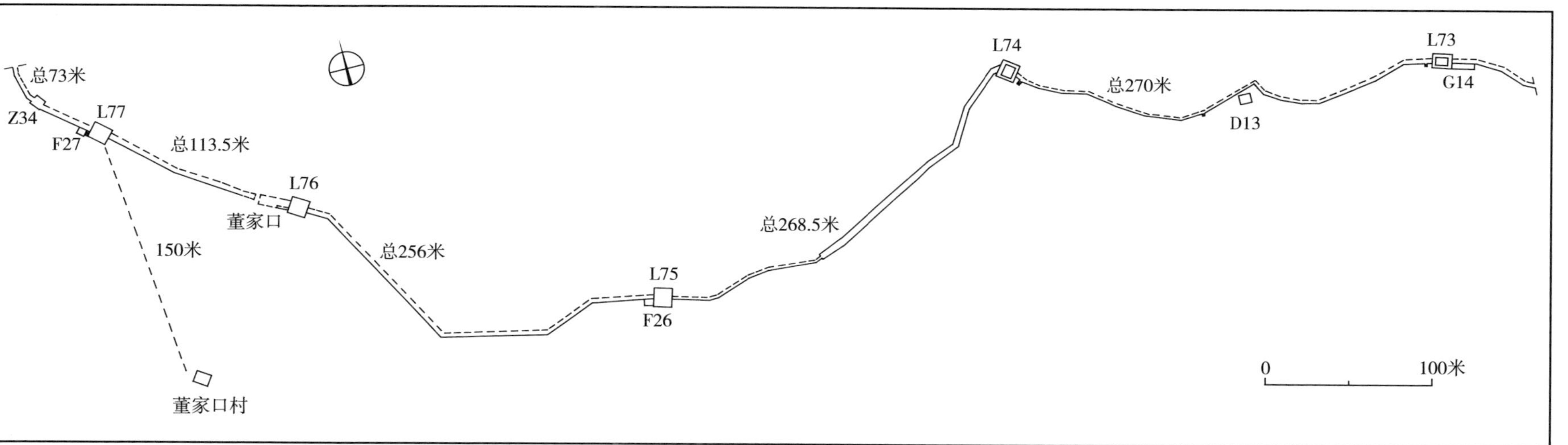

图［21］020 C19黄土岭测区边墙建筑遗迹分布图

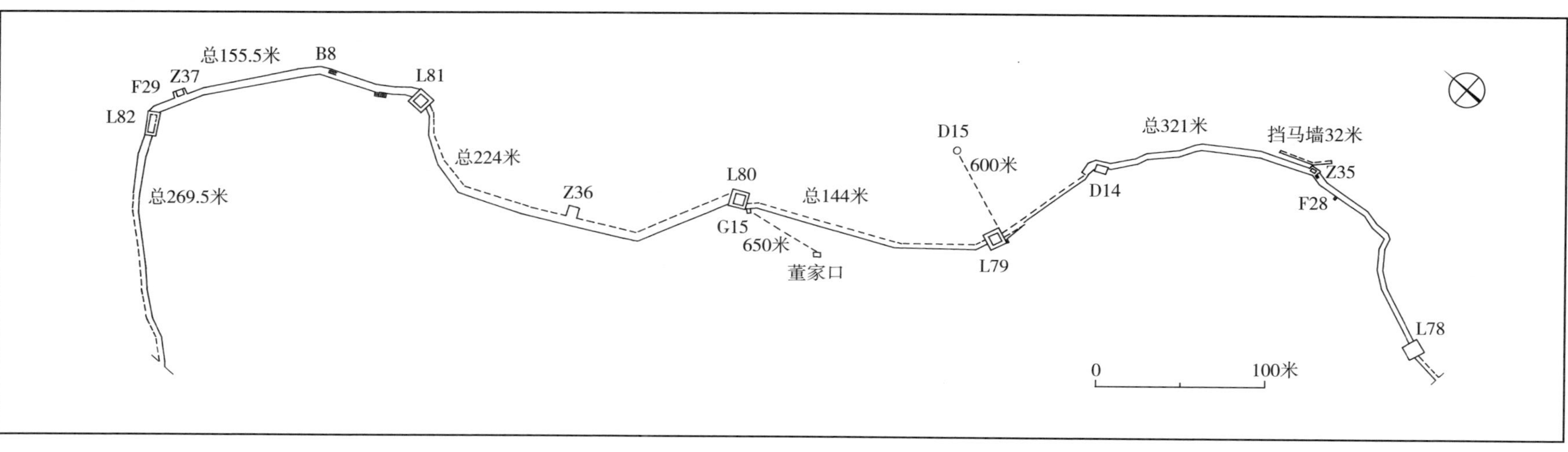

图［21］021 C20黄土岭测区边墙建筑遗迹分布图

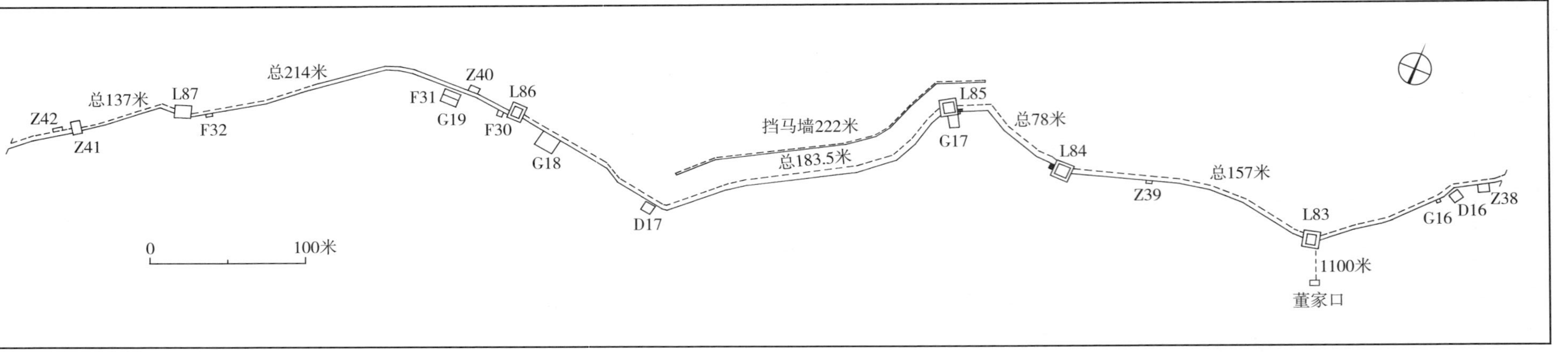

图［21］022　C21黄土岭测区边墙建筑遗迹分布图

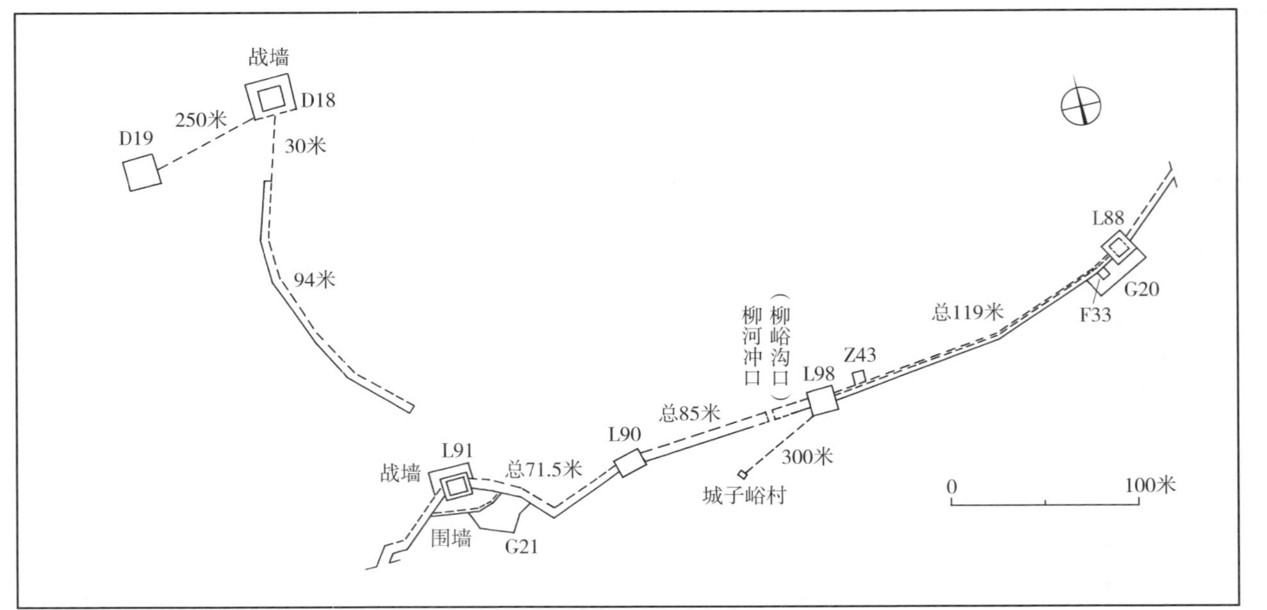

图［21］023　C22黄土岭测区边墙建筑遗迹分布图

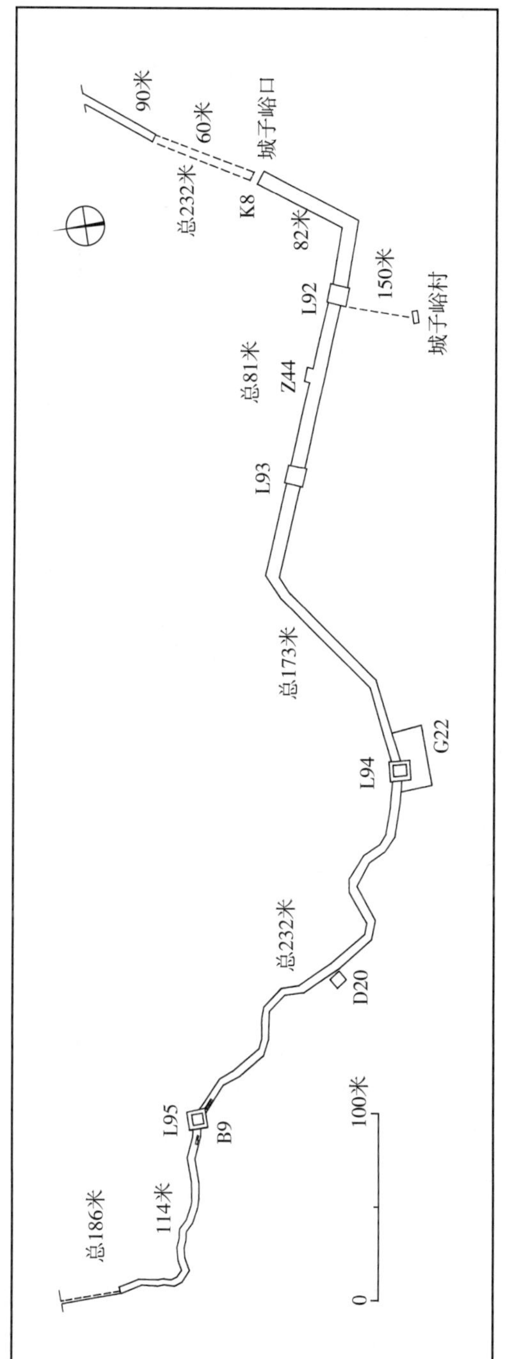

图［21］024　C23黄土岭测区边墙建筑遗迹分布图

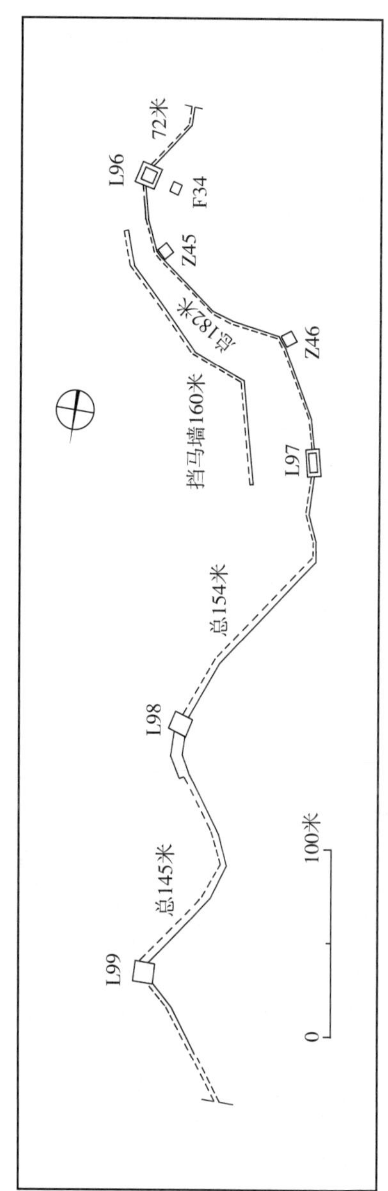

图［21］025　C24黄土岭测区边墙建筑遗迹分布图

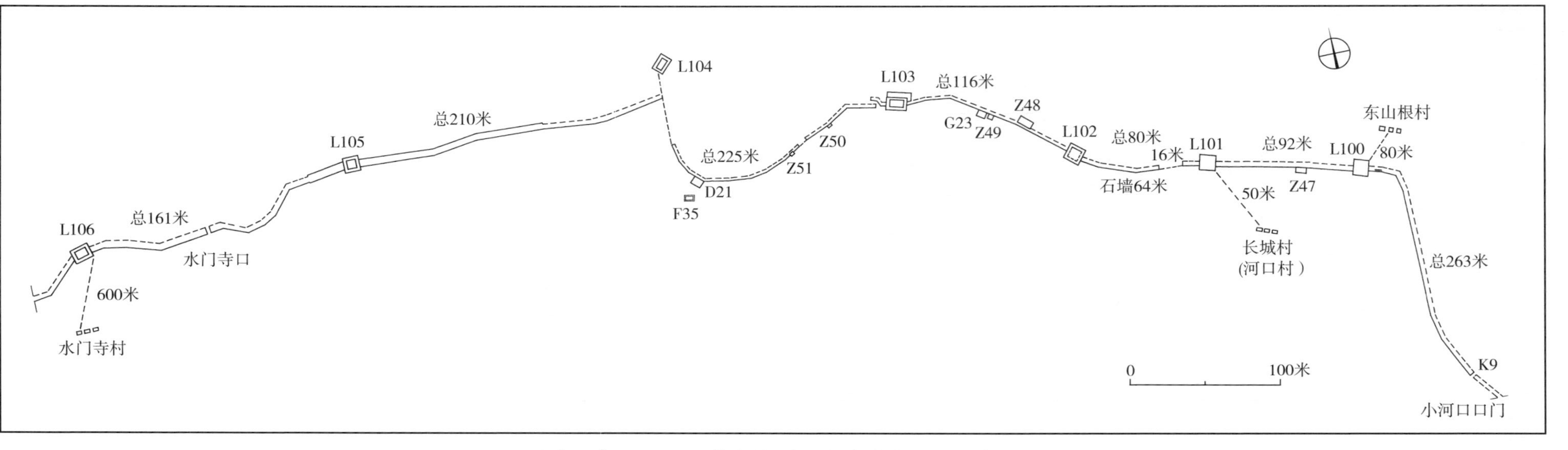

图［21］026　C25黄土岭测区边墙建筑遗迹分布图

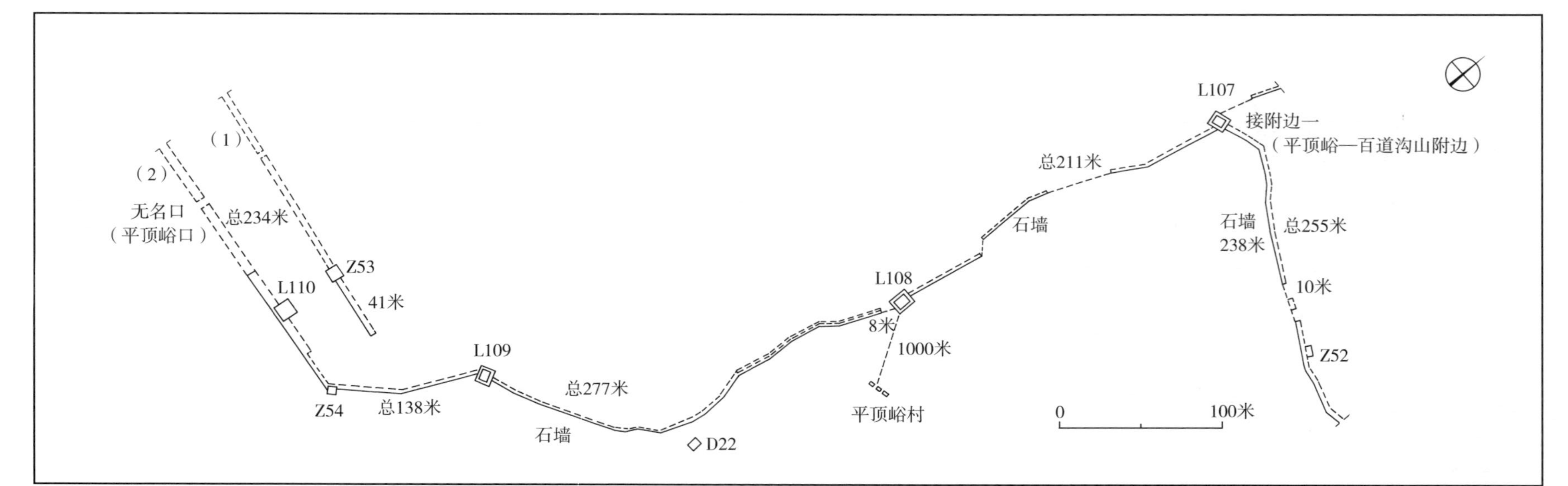

图［21］027　C26黄土岭测区边墙建筑遗迹分布图

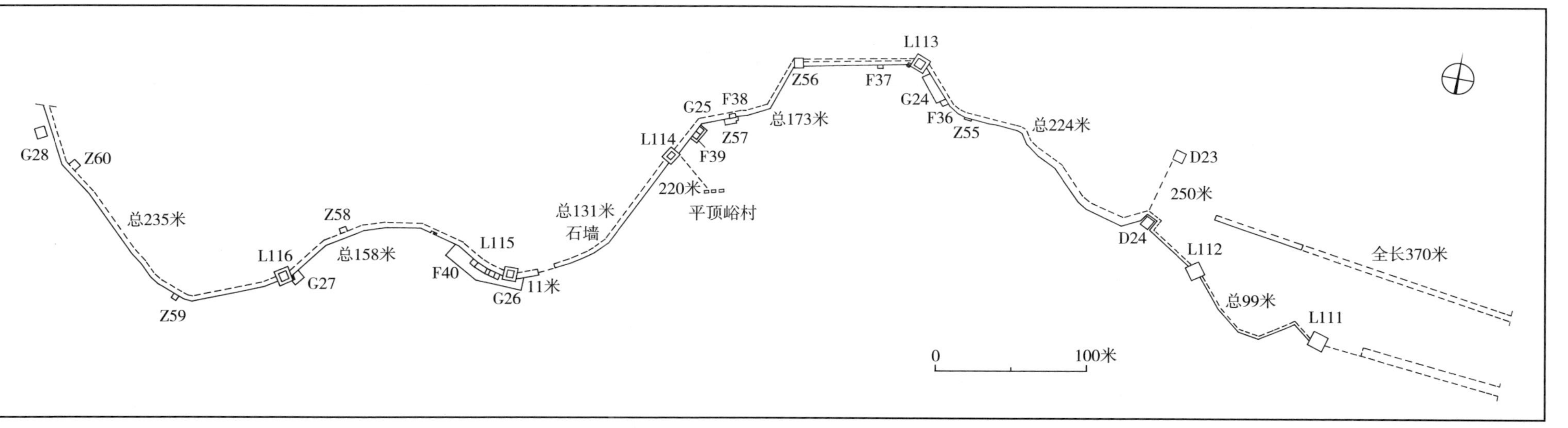

图［21］028 C27黄土岭测区边墙建筑遗迹分布图

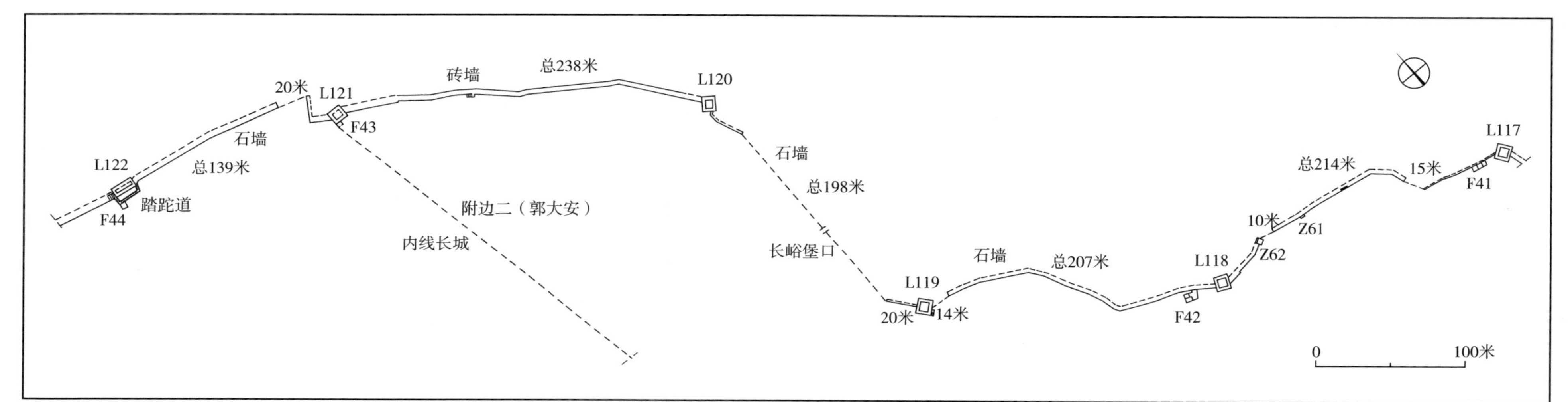

图［21］029 C28黄土岭测区边墙建筑遗迹分布图

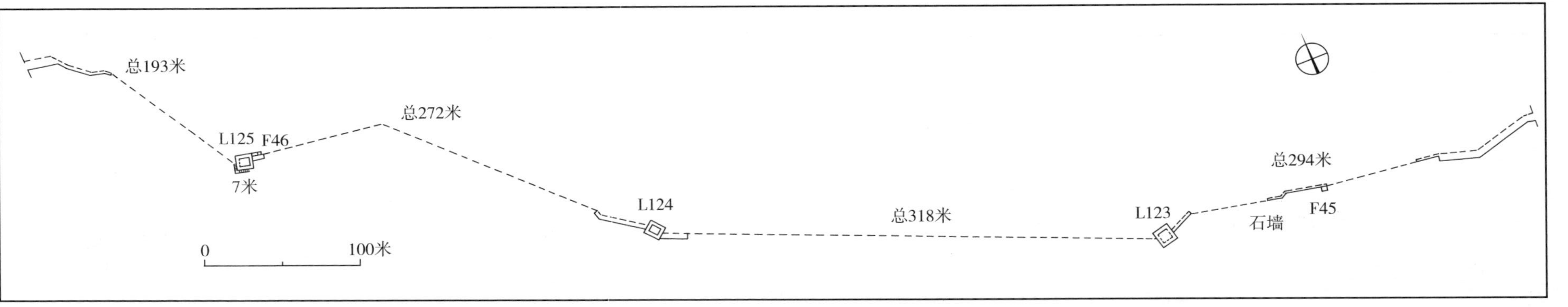

图［21］030 C29黄土岭测区边墙建筑遗迹分布图

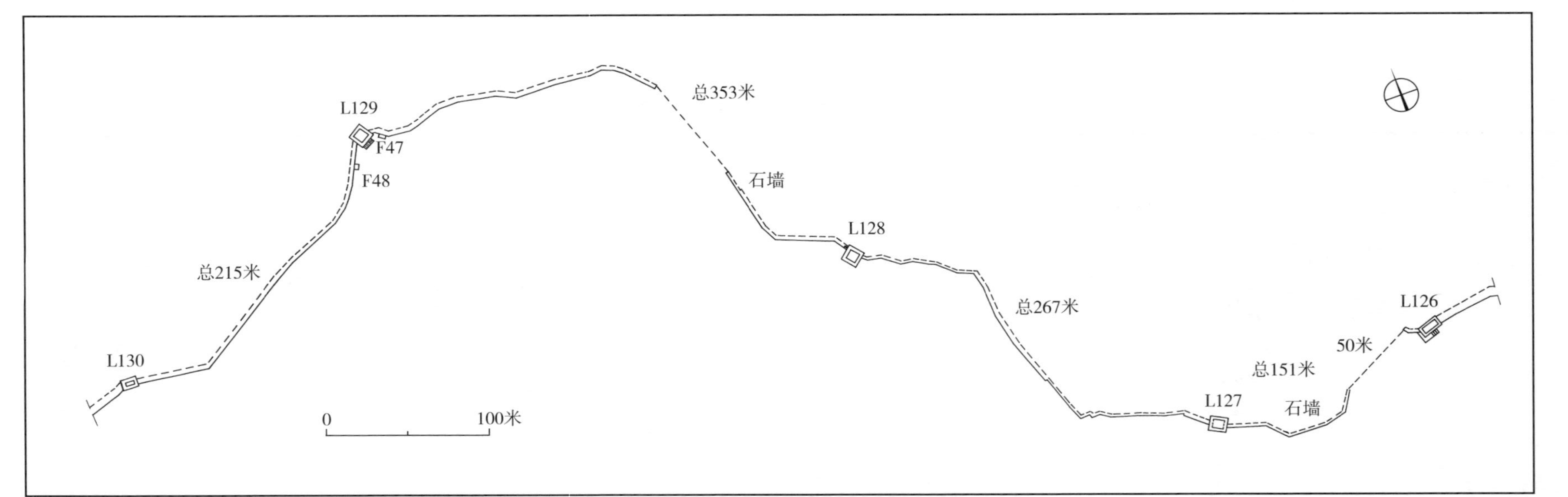

图［21］031 C30黄土岭测区边墙建筑遗迹分布图

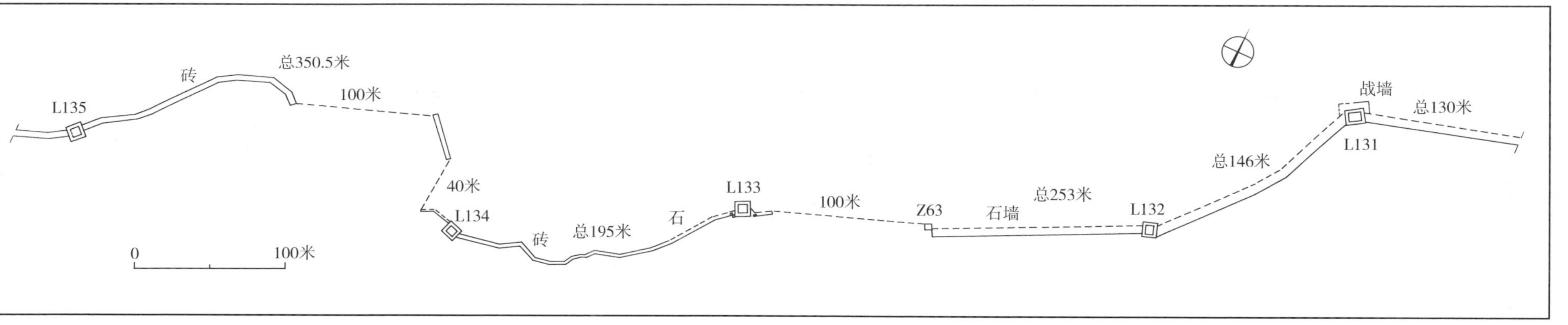

图［21］032　C31黄土岭测区边墙建筑遗迹分布图

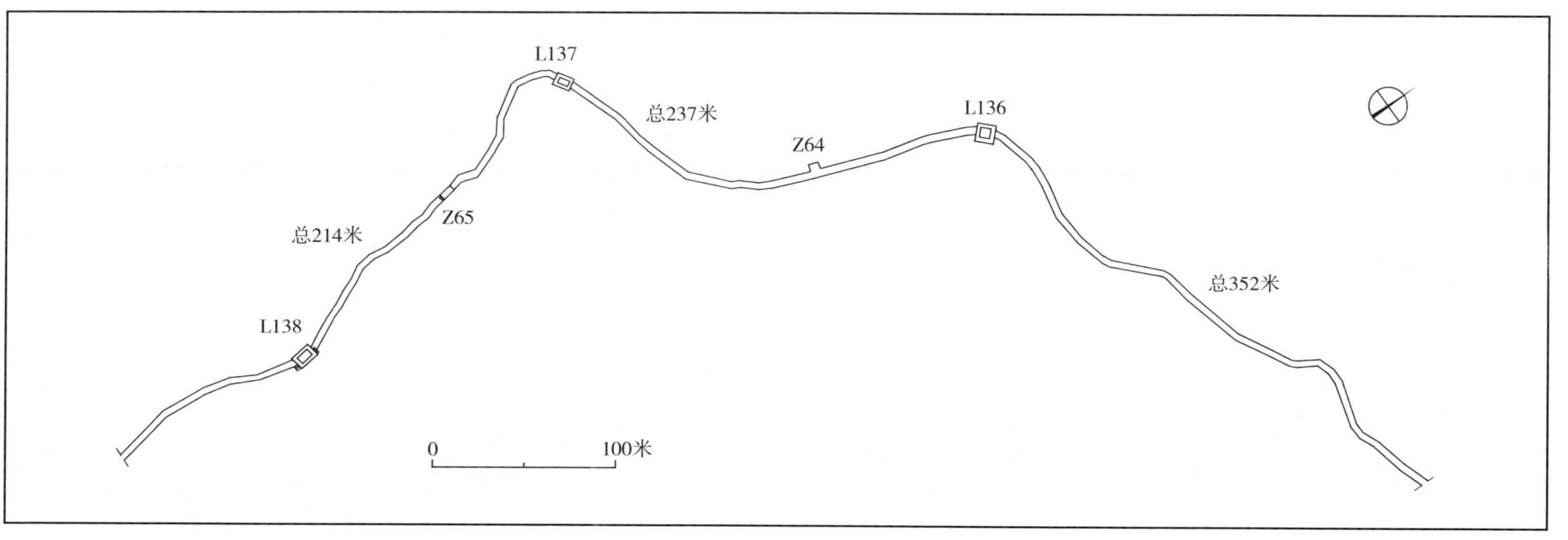

图［21］033　C32黄土岭测区边墙建筑遗迹分布图

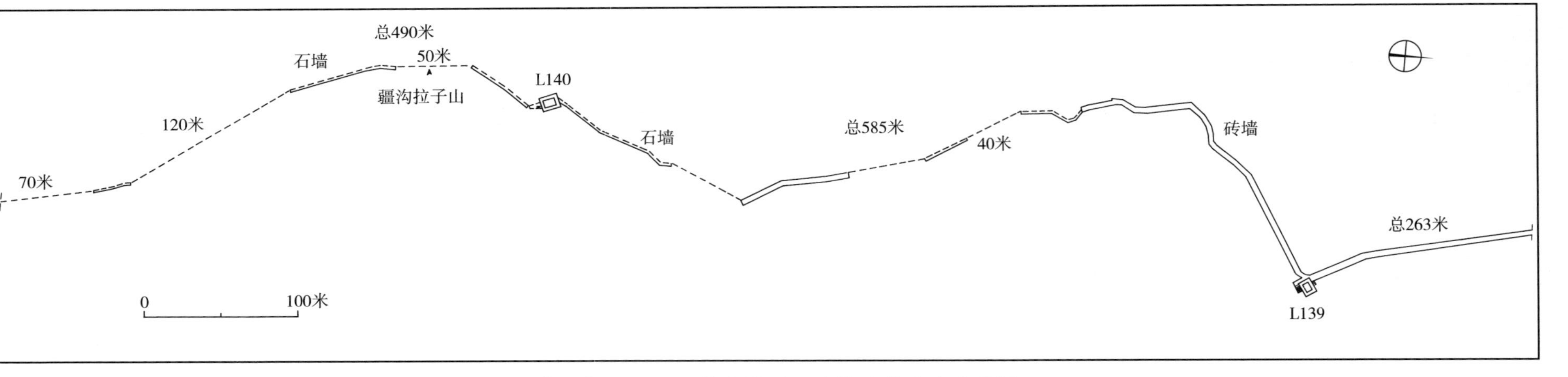

图［21］034　C33黄土岭测区边墙建筑遗迹分布图

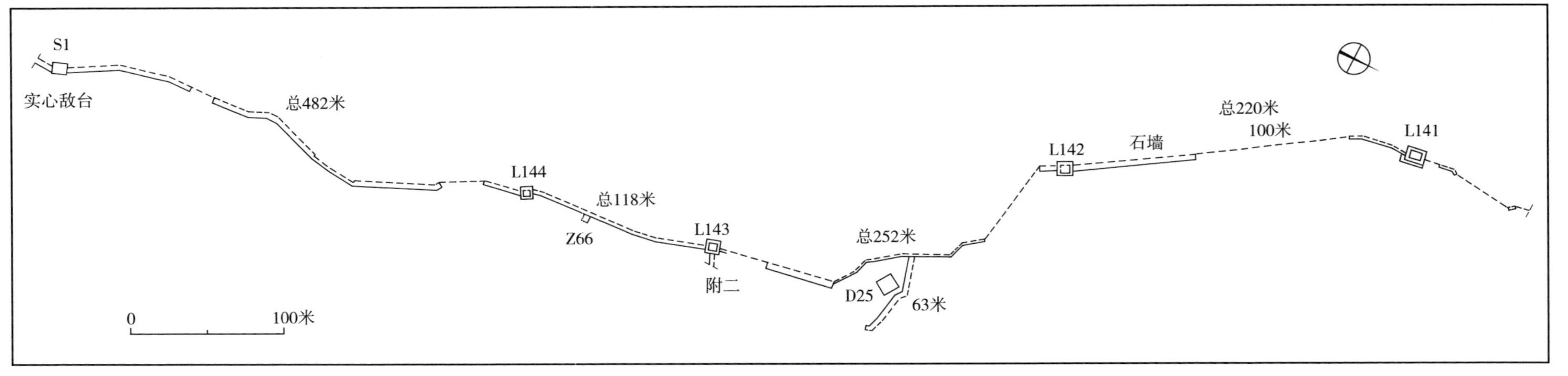

图［21］035　C34黄土岭测区边墙建筑遗迹分布图

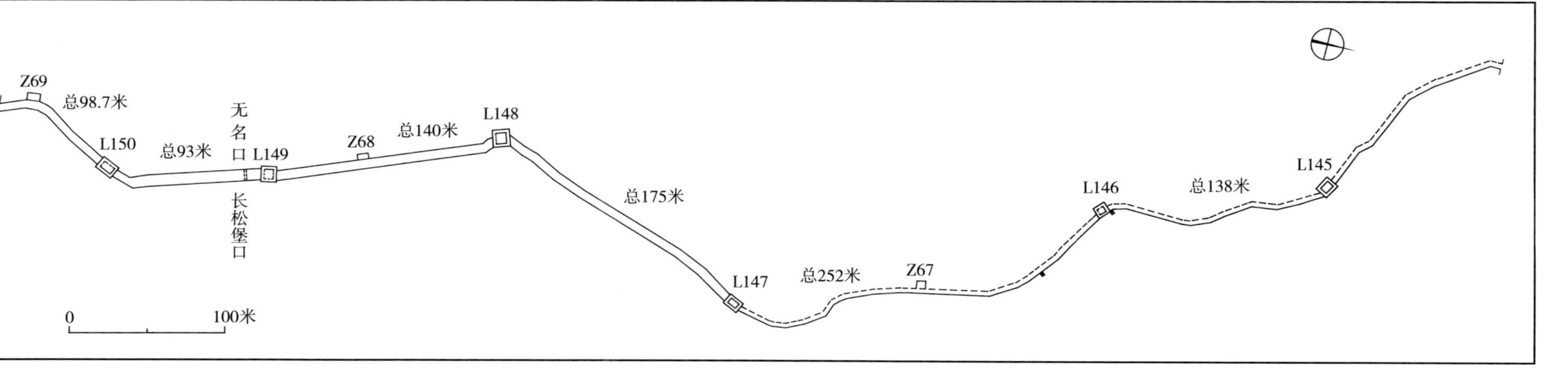

图［21］036　C35黄土岭测区边墙建筑遗迹分布图

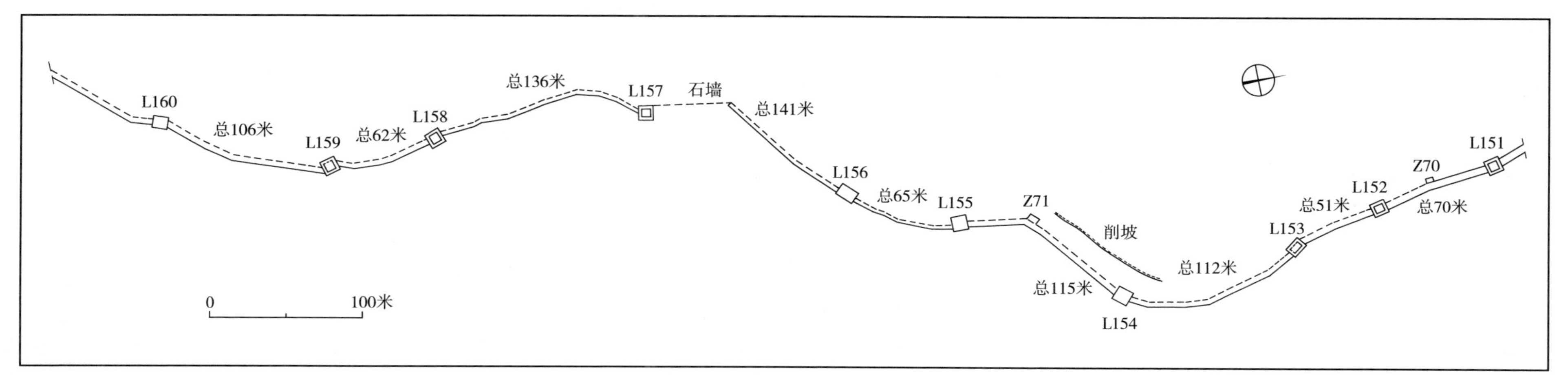

图［21］037　C36黄土岭测区边墙建筑遗迹分布图

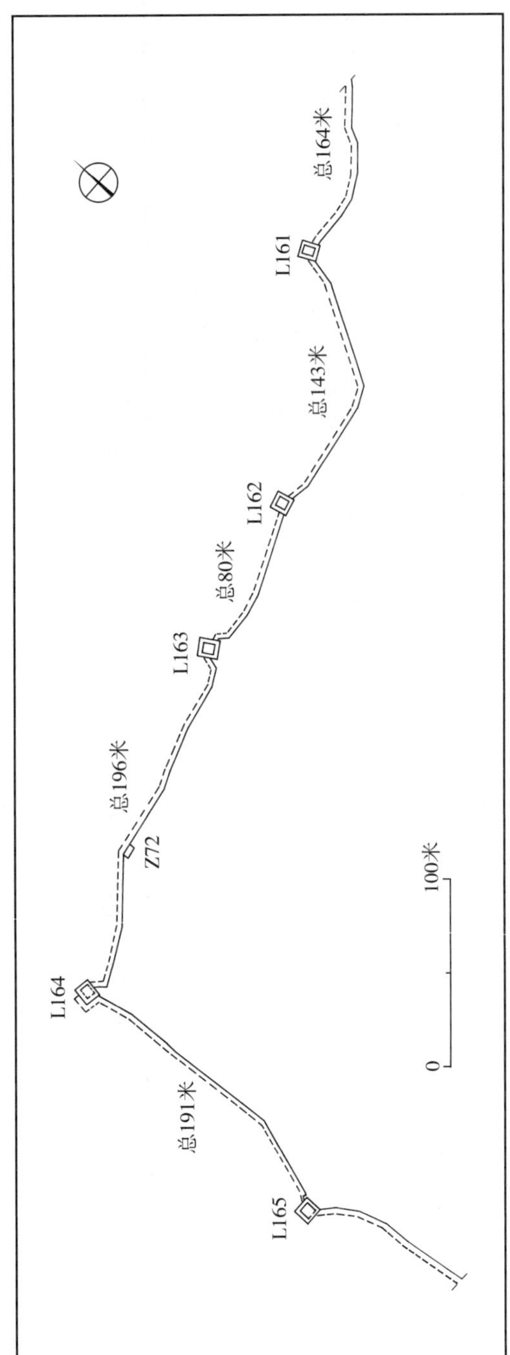

图［21］038　C37黄土岭测区边墙建筑遗迹分布图

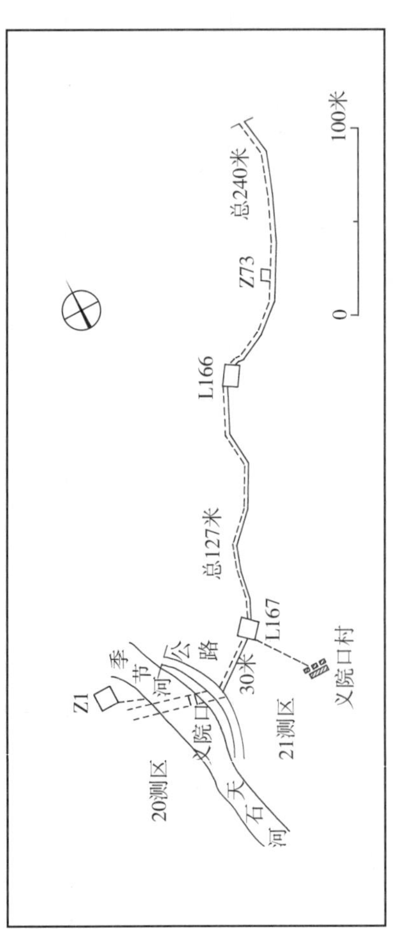

图［21］039　C38黄土岭测区边墙建筑遗迹分布图

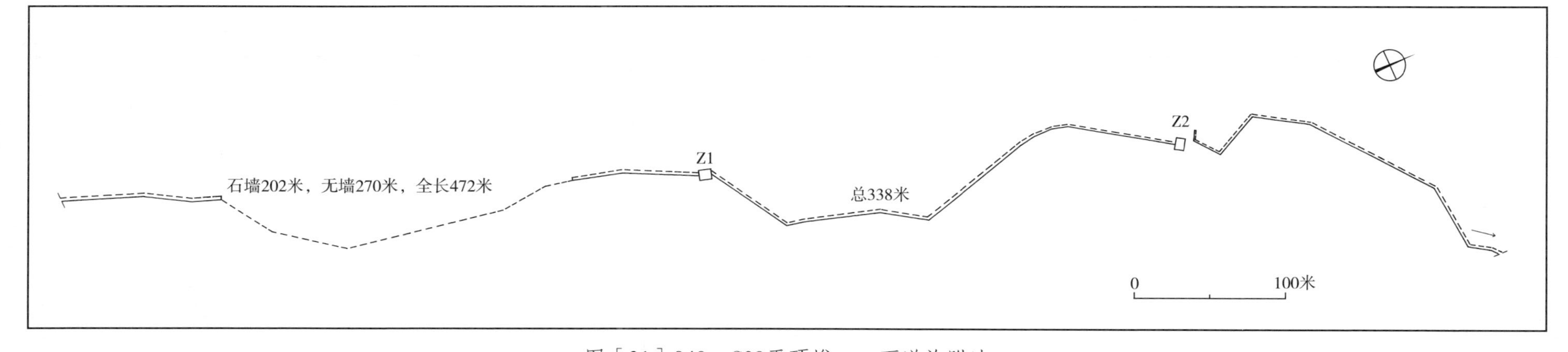

图［21］040　C39平顶峪——百道沟附边

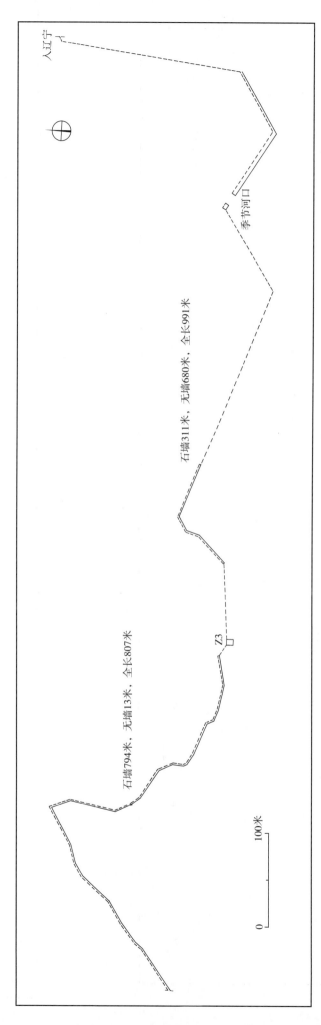

图［21］041　C40平顶峪——百道沟附边

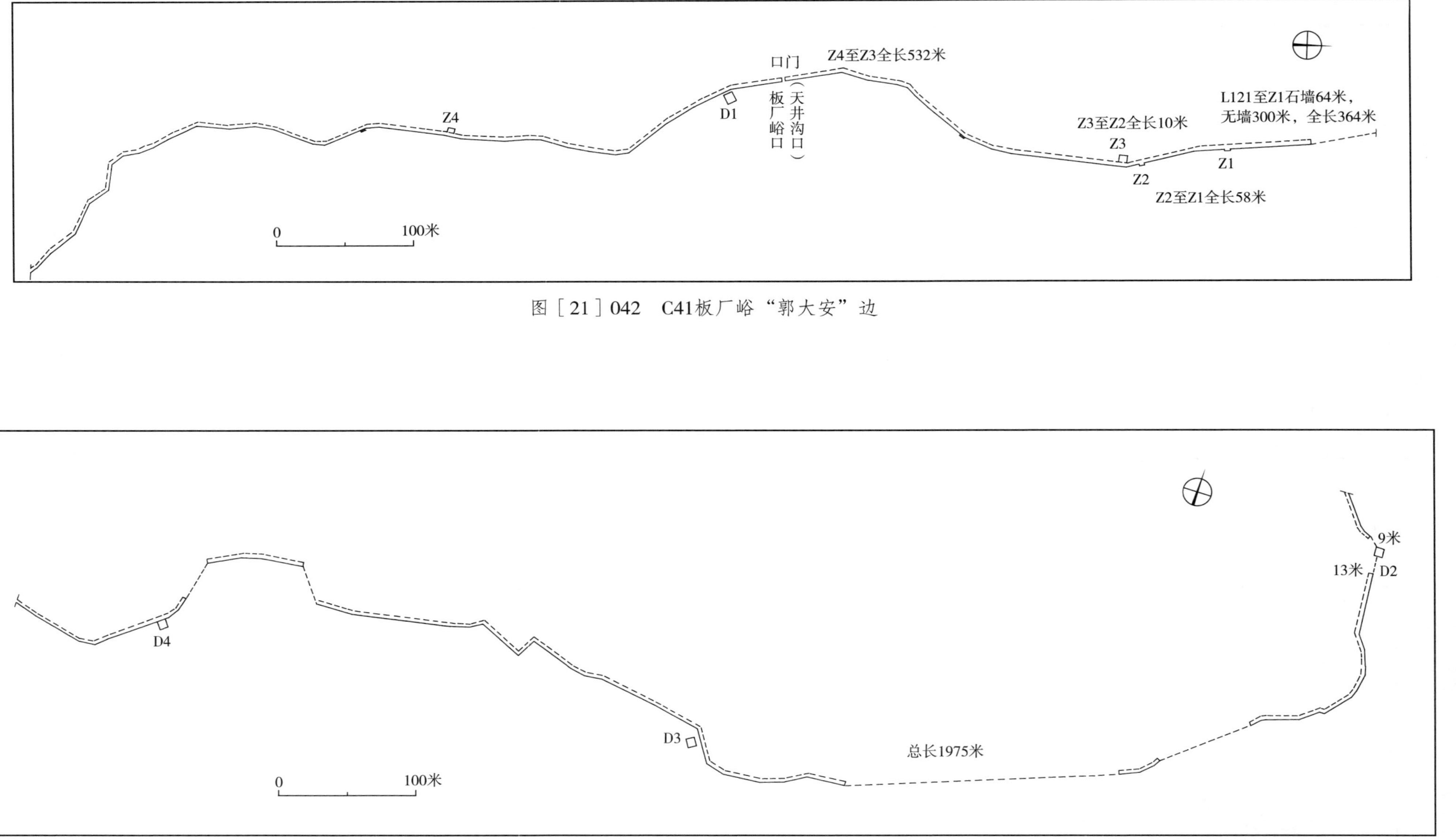

图［21］042　C41板厂峪“郭大安”边

图［21］043　C42板厂峪“郭大安”边

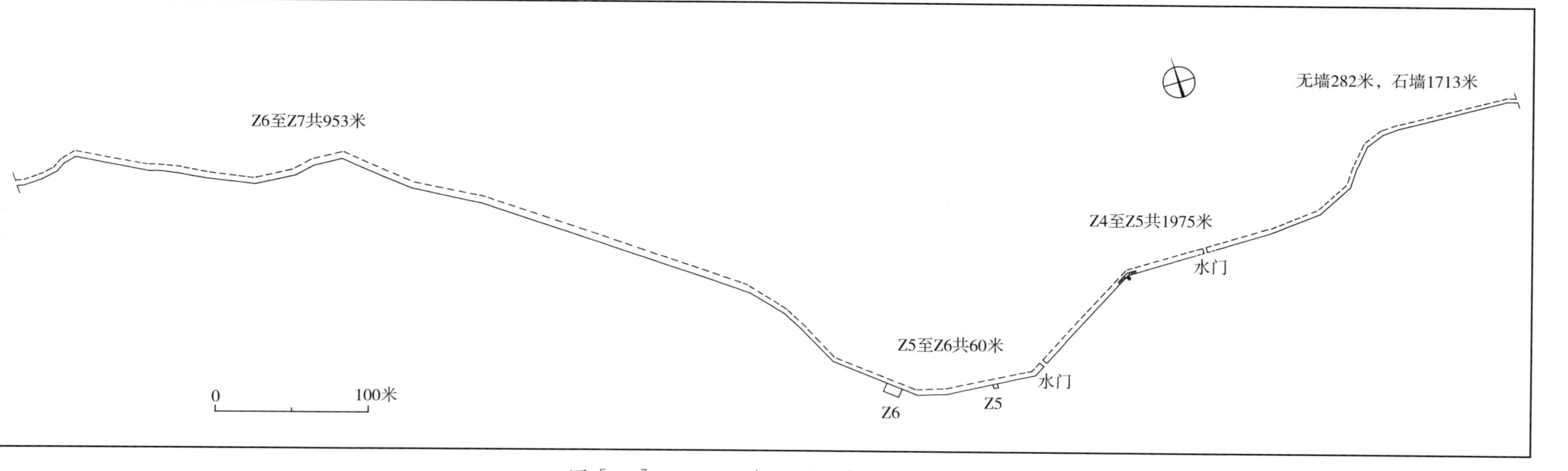

图［21］044　C43板厂峪“郭大安”边

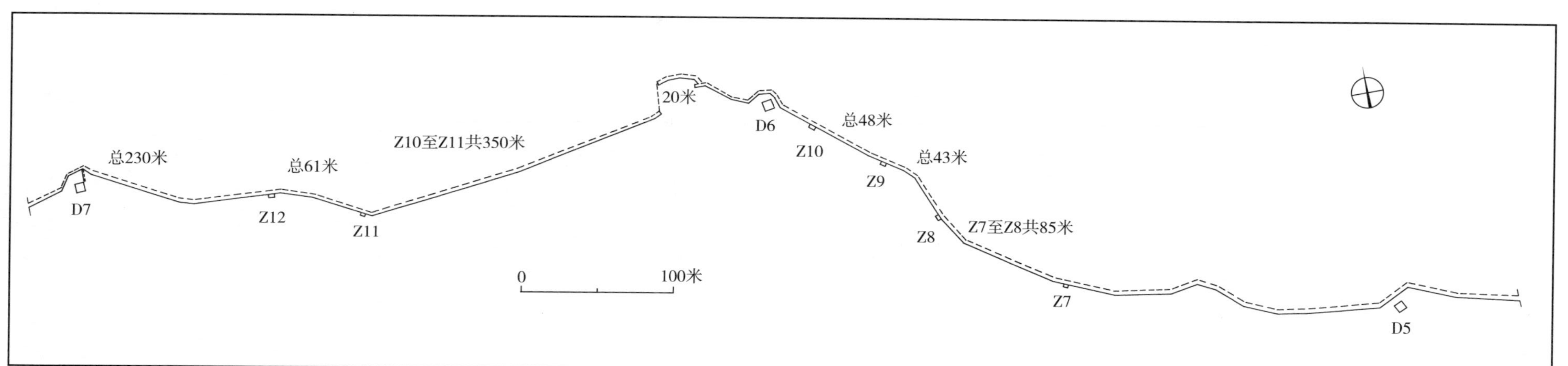

图［21］045　C44板厂峪“郭大安”边

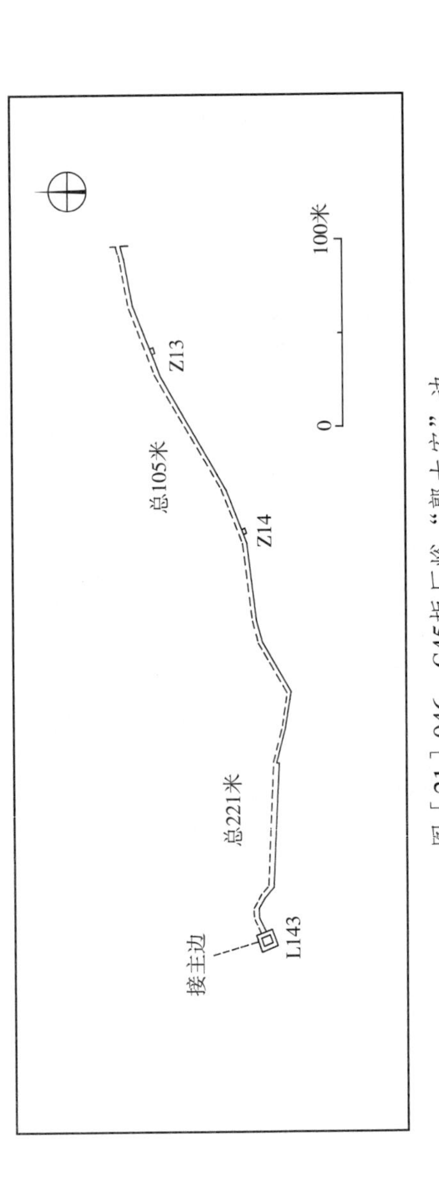

图［21］046 C45板厂峪“郭大安”边

L71
总313米
Z1
总300米
Z2
总394米
100米
0
Z3
80米

图［21］047 C46董家口北附边

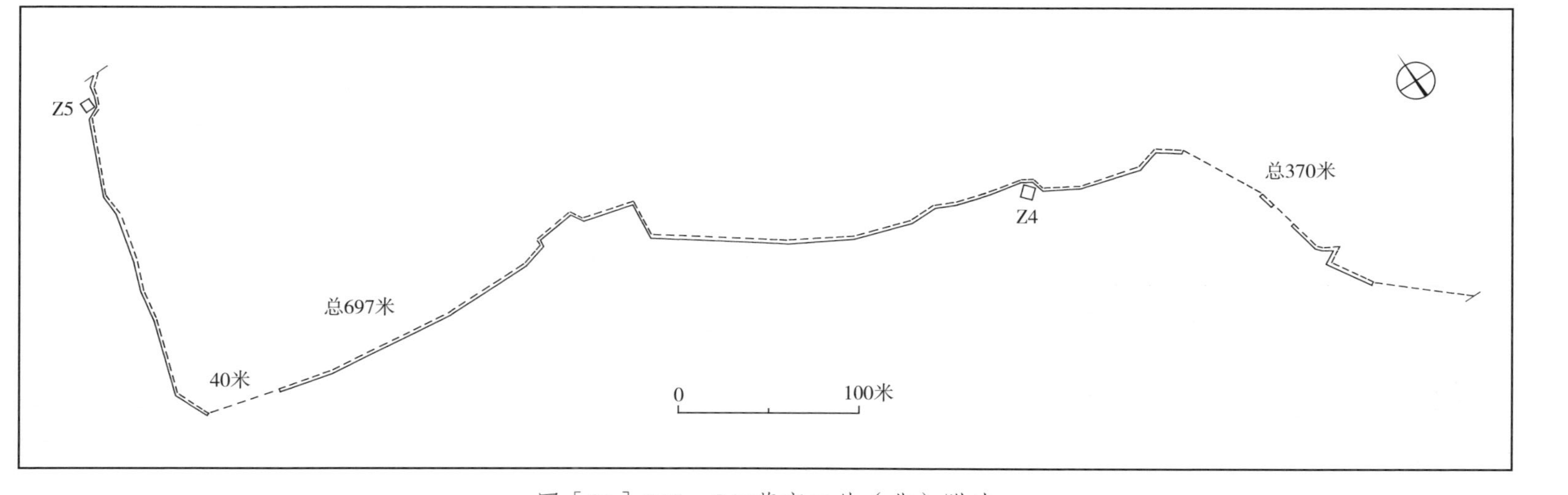

图［21］048　C47董家口外（北）附边

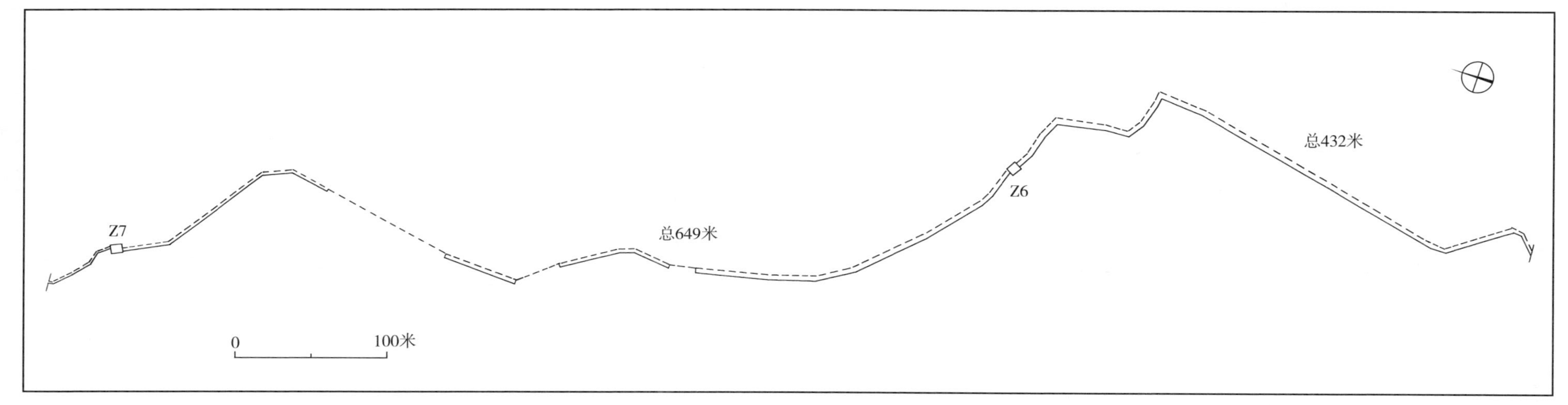

图［21］049　C48董家口外（北）附边

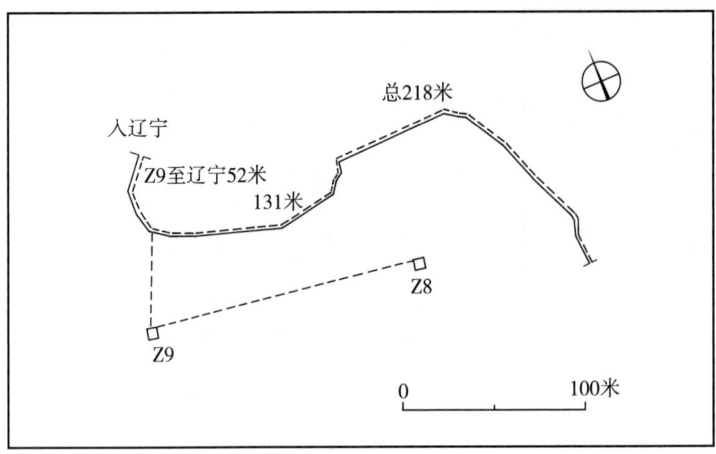

图［21］050　C49董家口外（北）附边

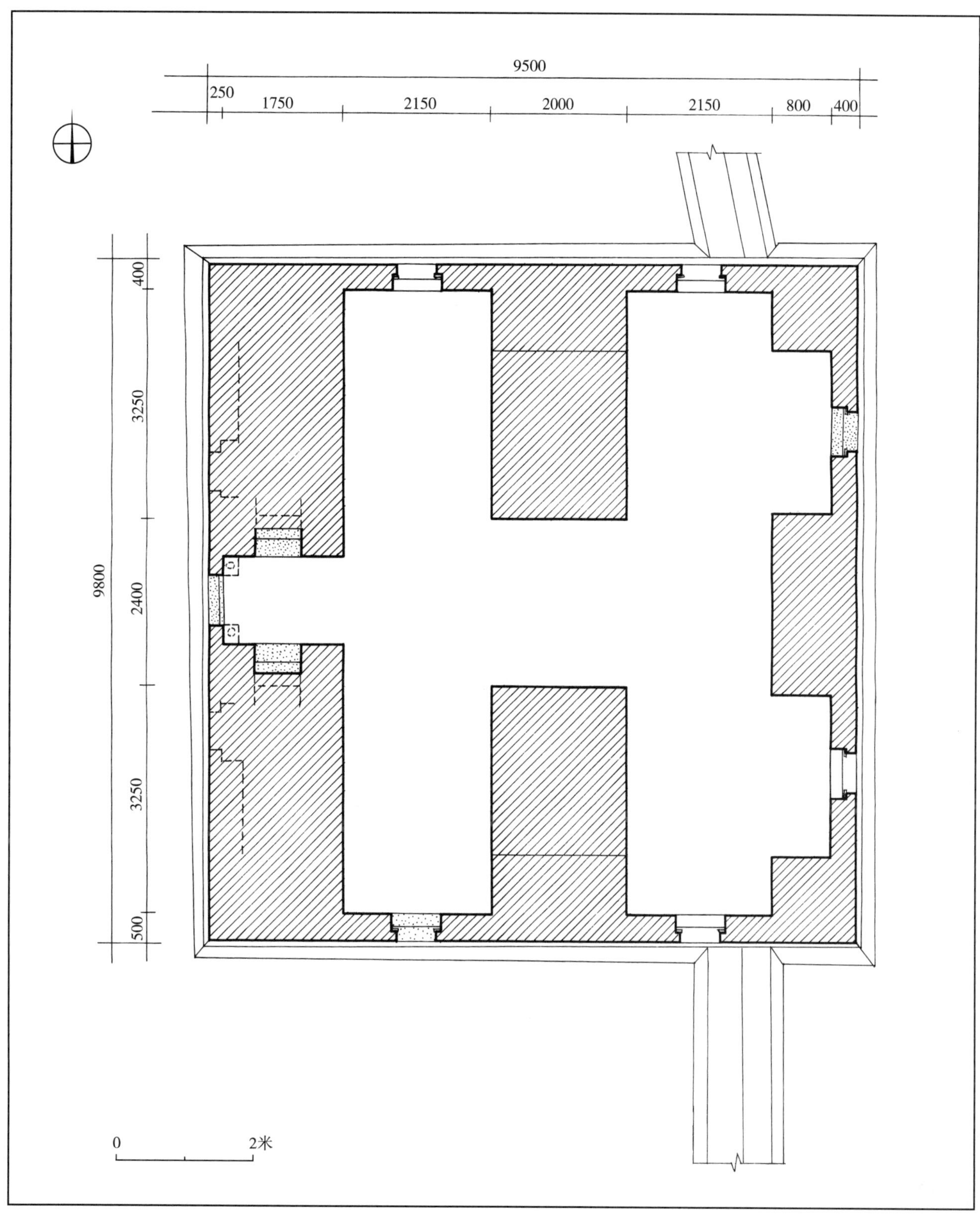

图［21］051　L1中层平面图

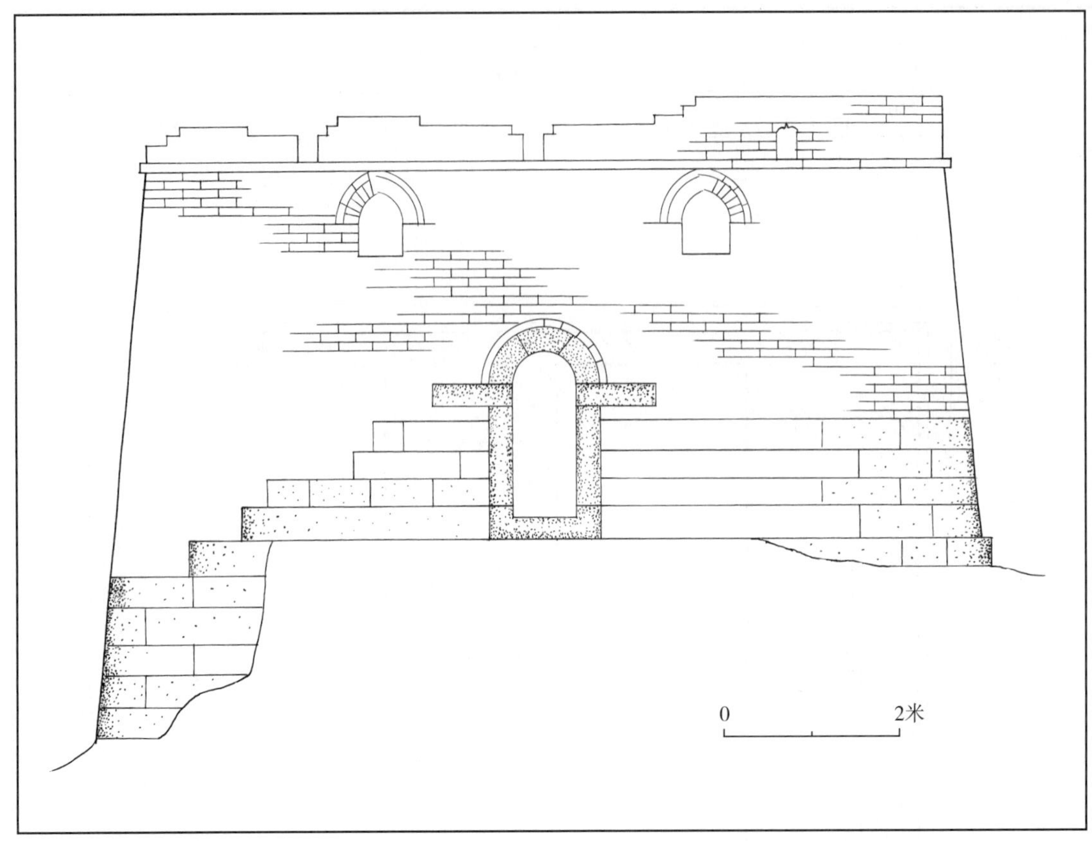

图［21］052 L1西立面图

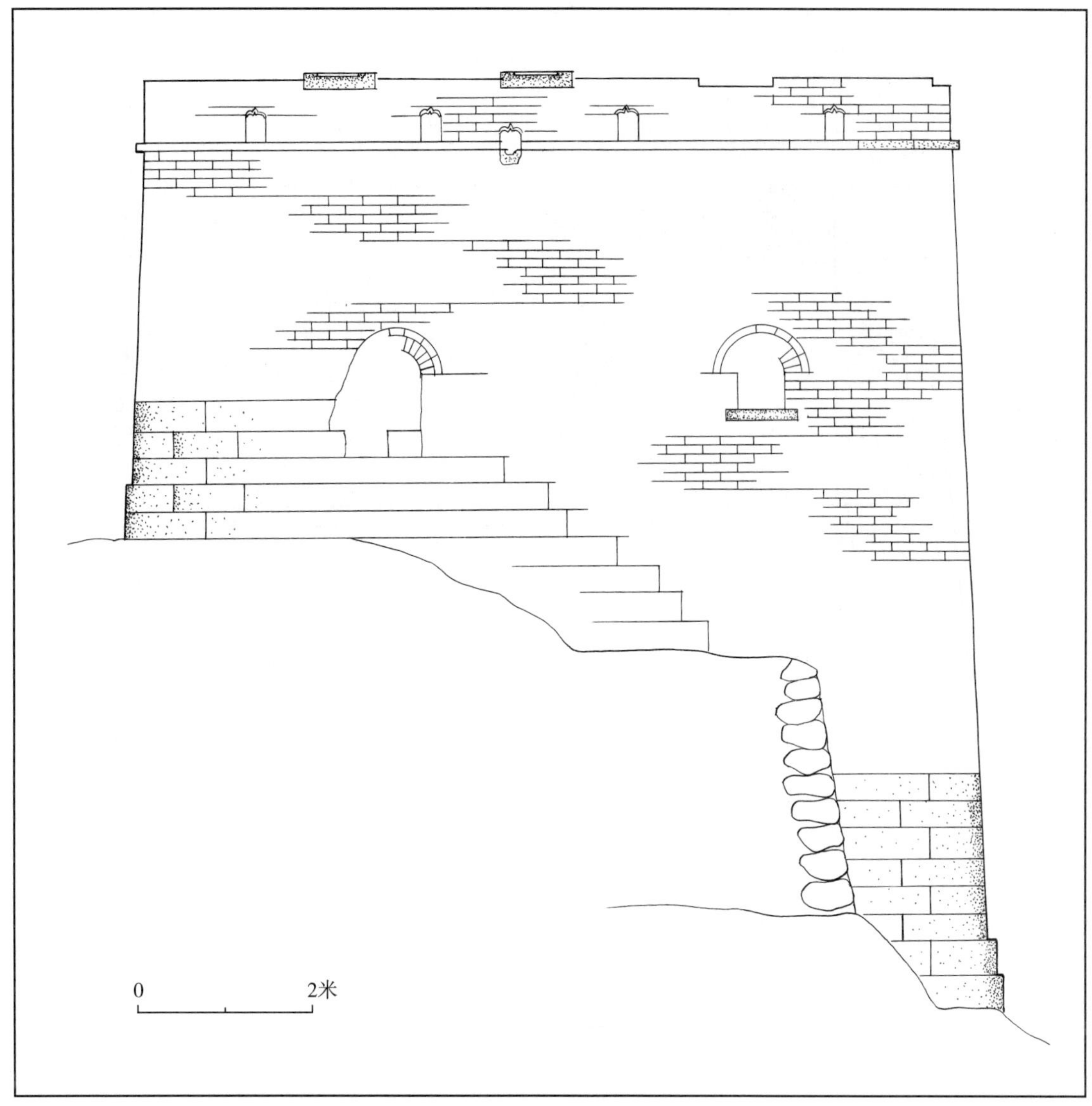

图［21］053　L1南立面图

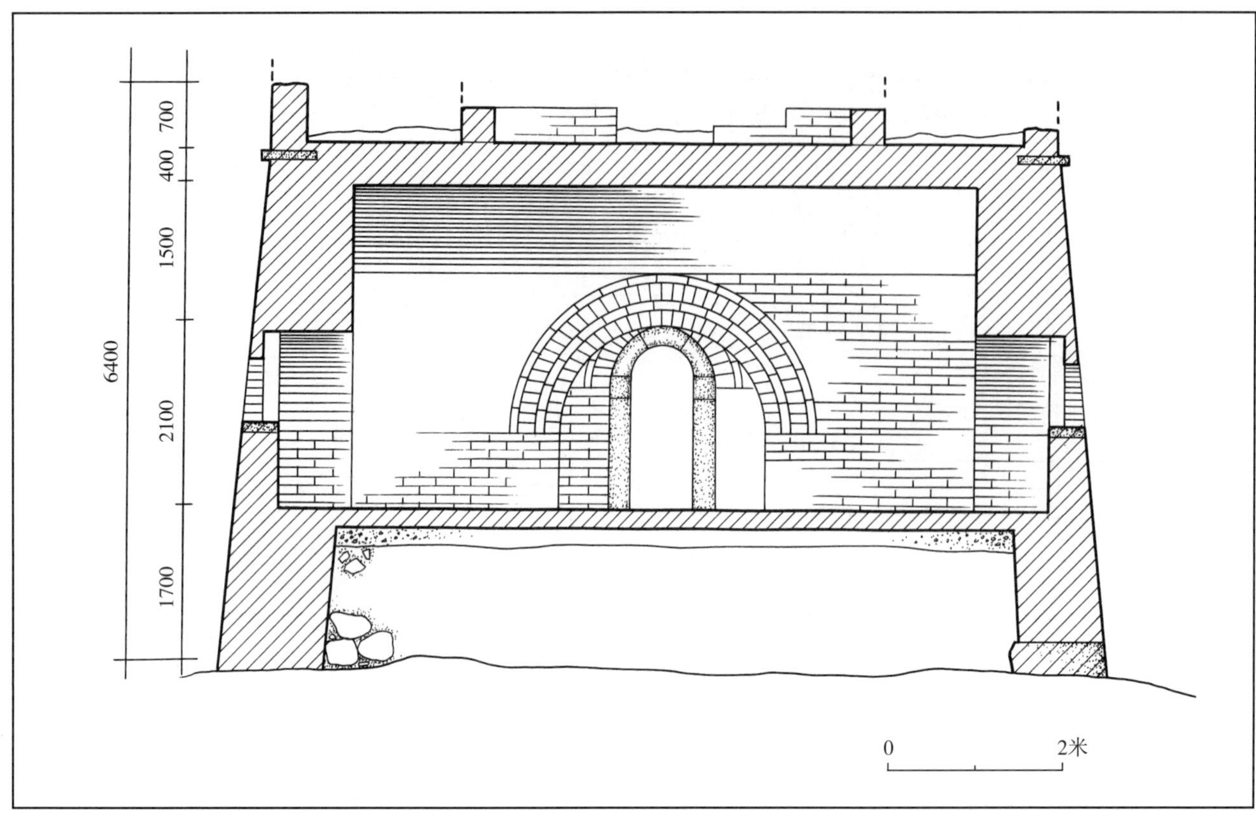

图［21］054 L1纵剖面图

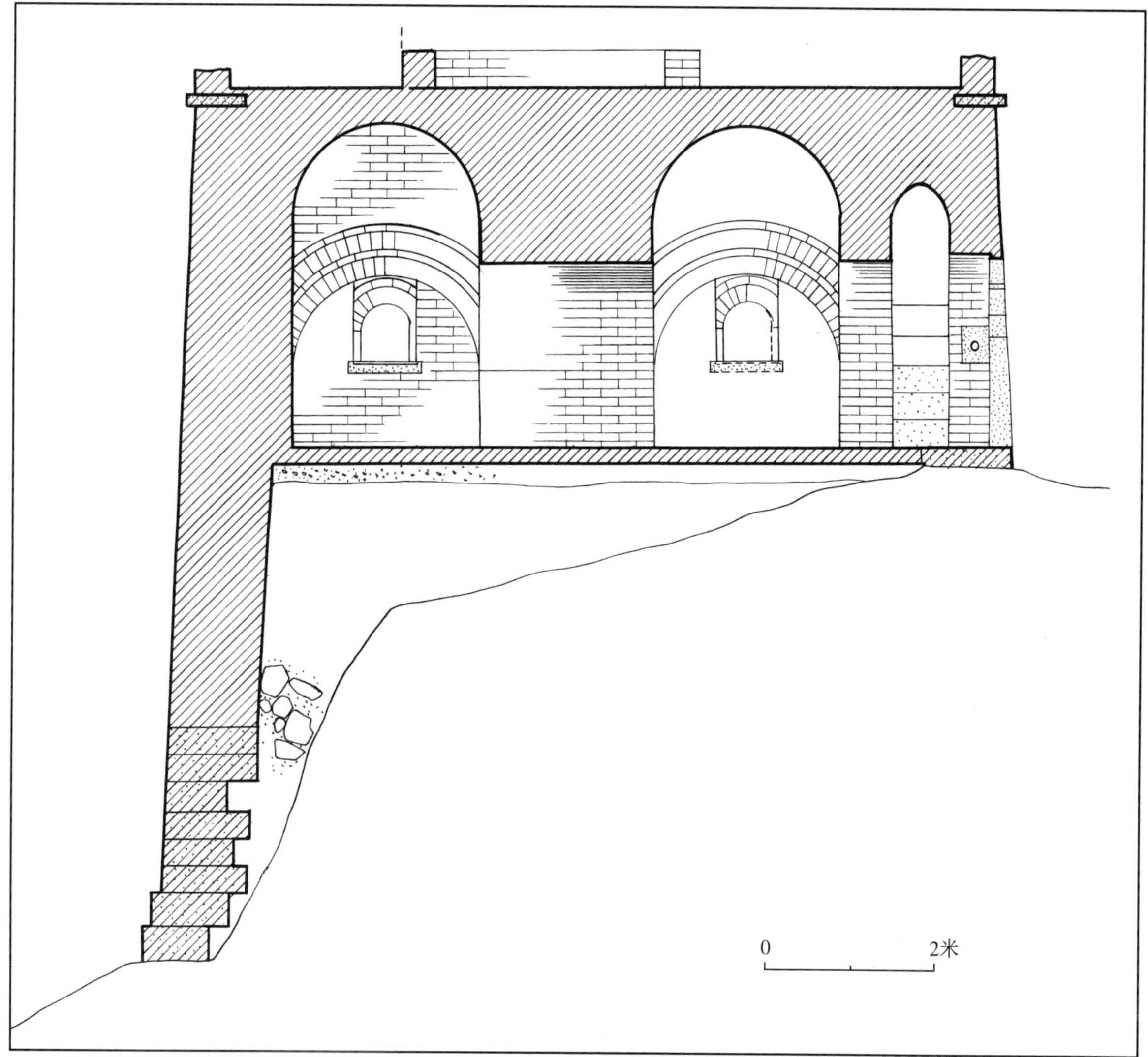

图［21］055　L1横剖面图

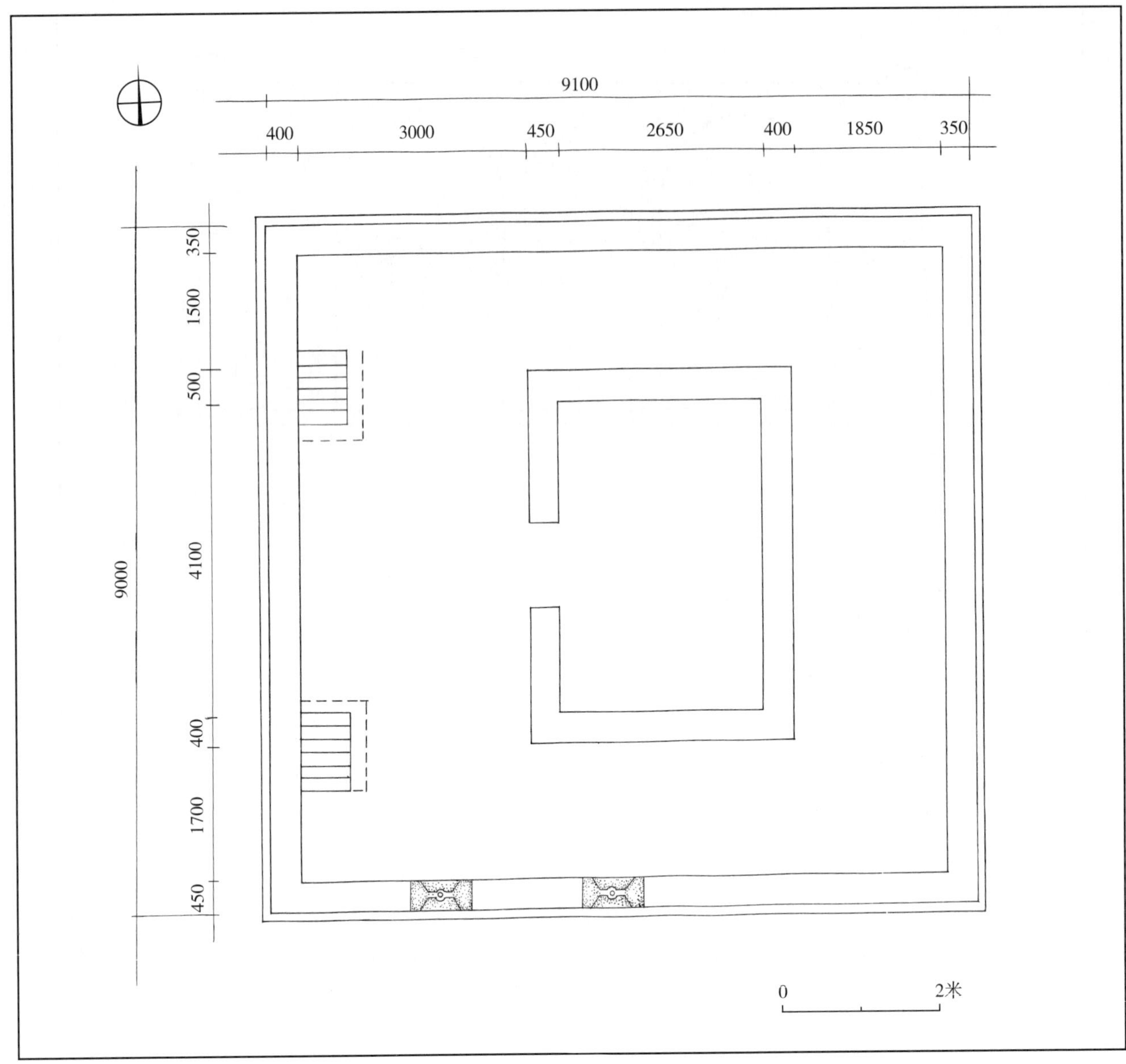

图［21］056 L1上层平面图

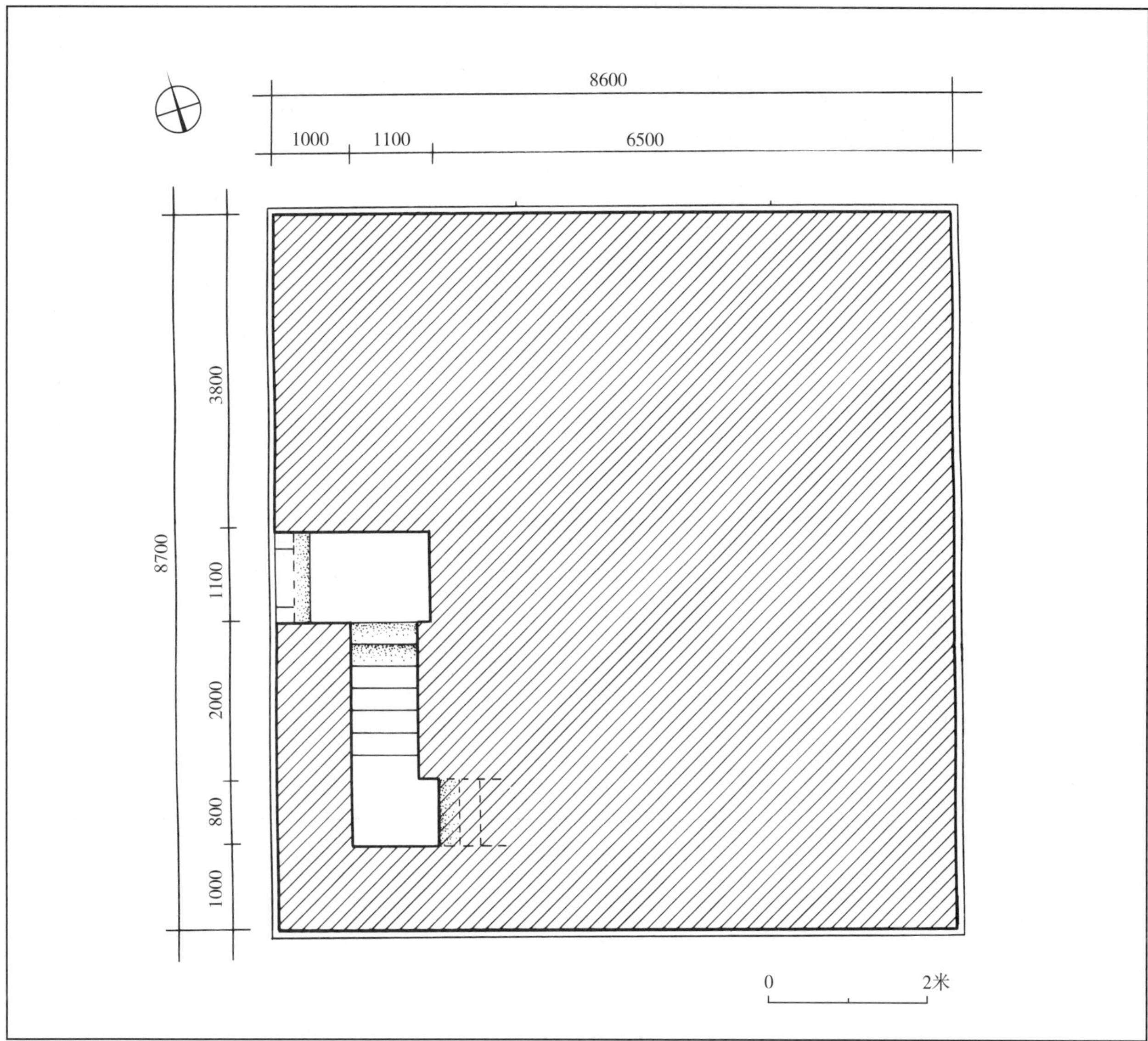

图［21］057　L3中层平面图

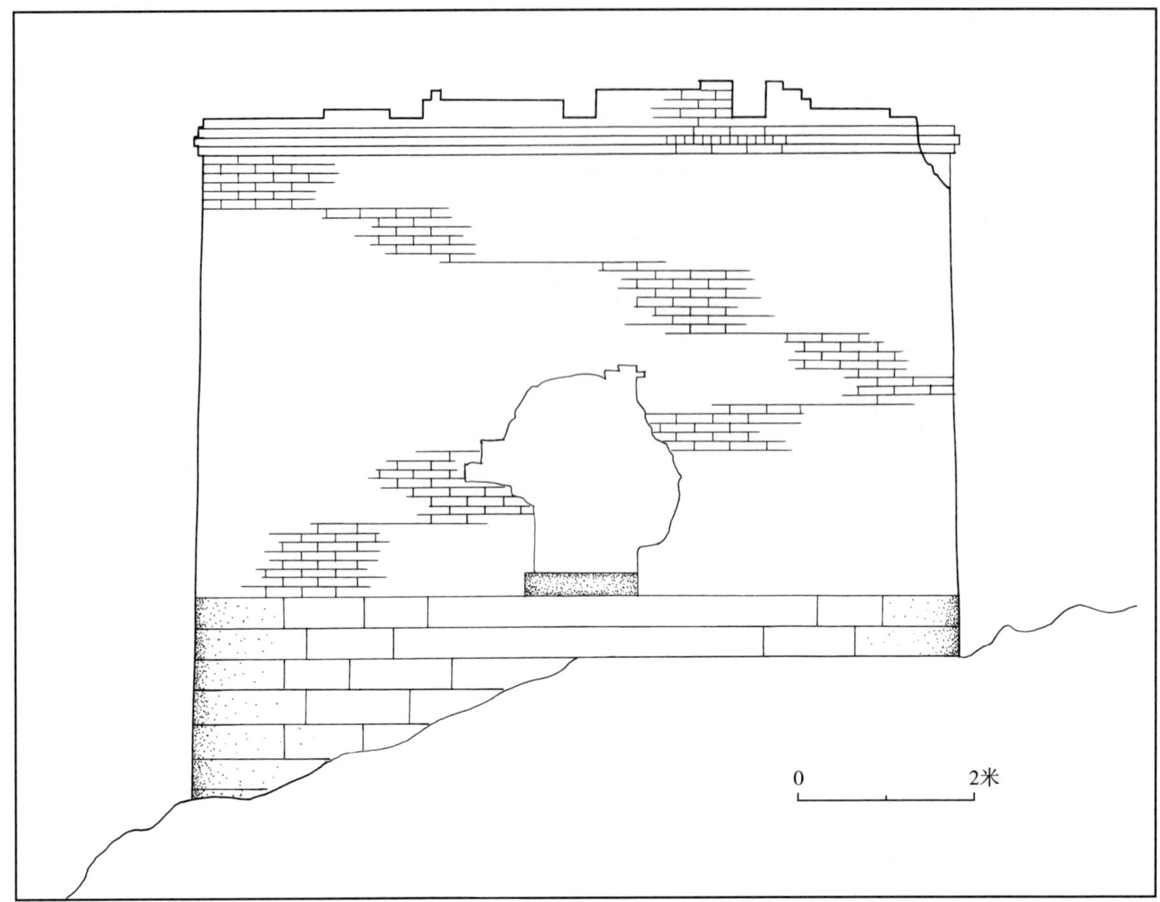

图［21］058 L3西立面图

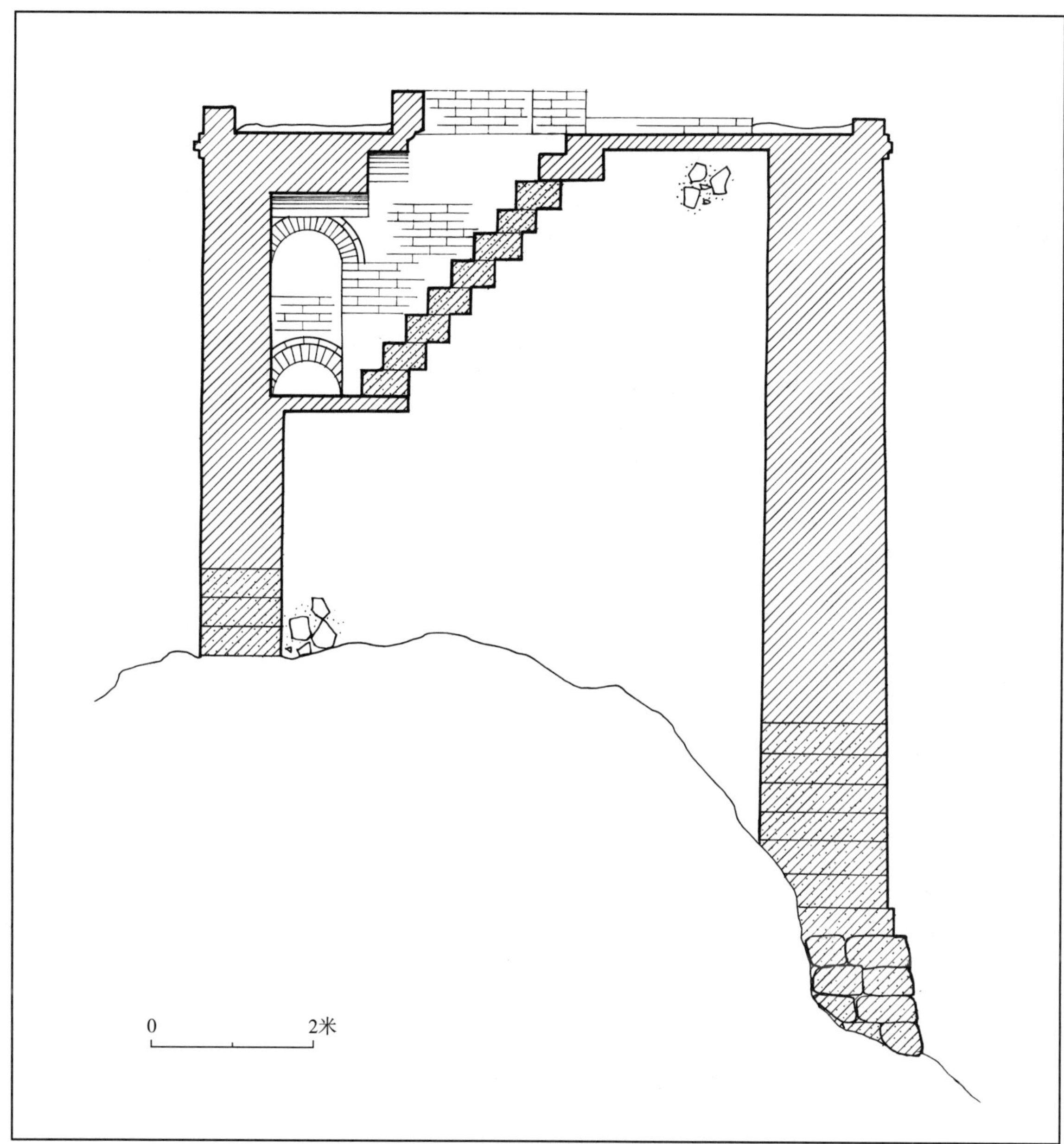

图［21］059　L3横剖面图

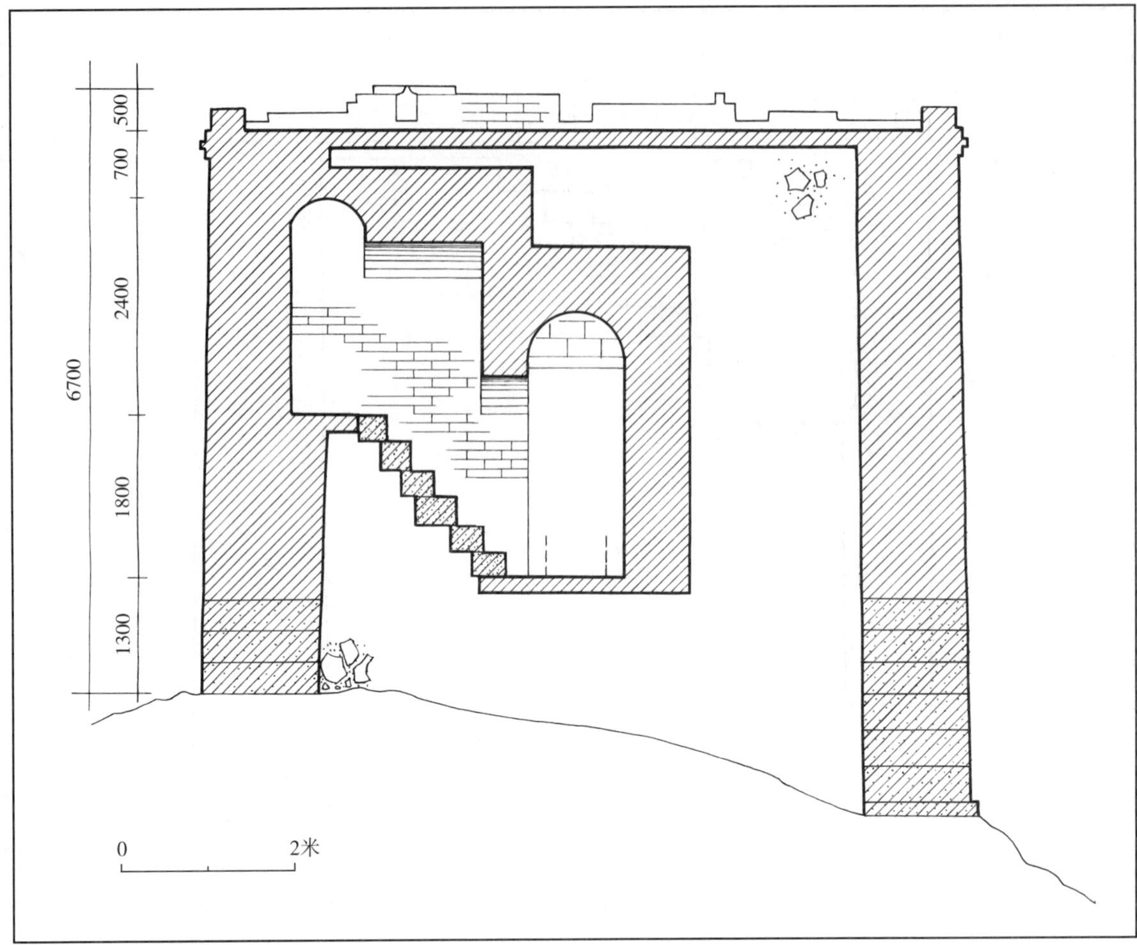

图［21］060 L3纵剖面图

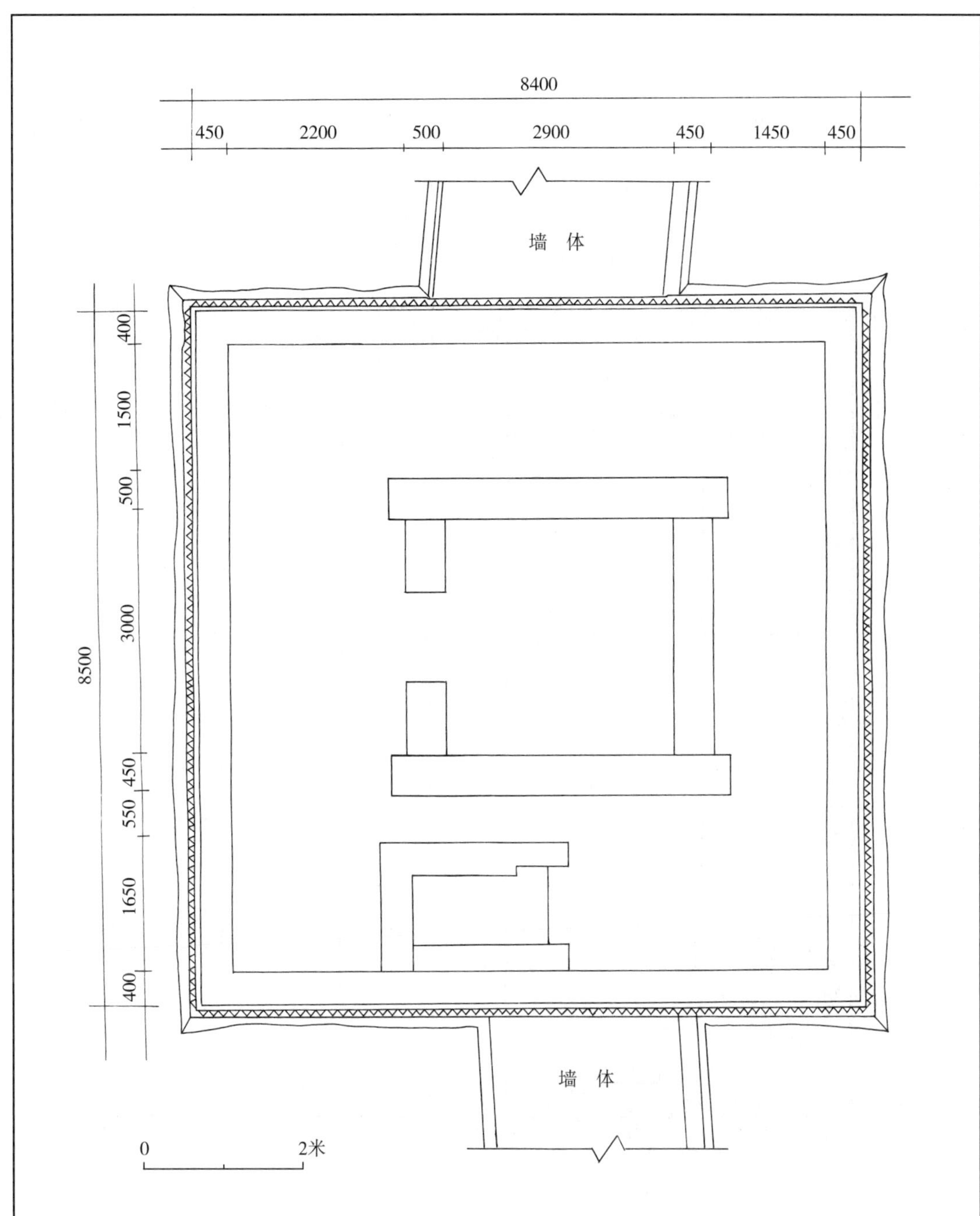

图［21］061　L3上层平面图

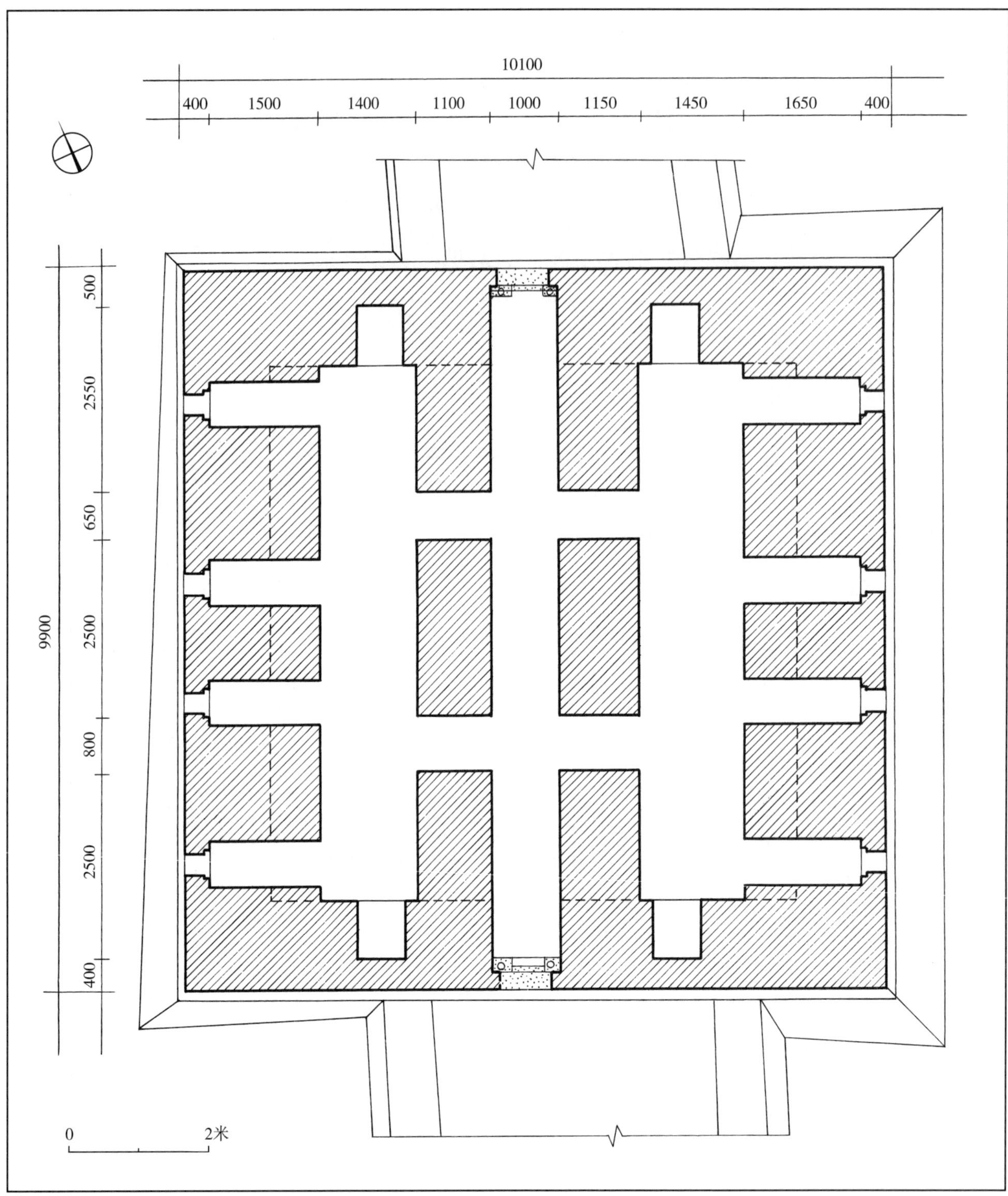

图［21］062　L12中层平面图

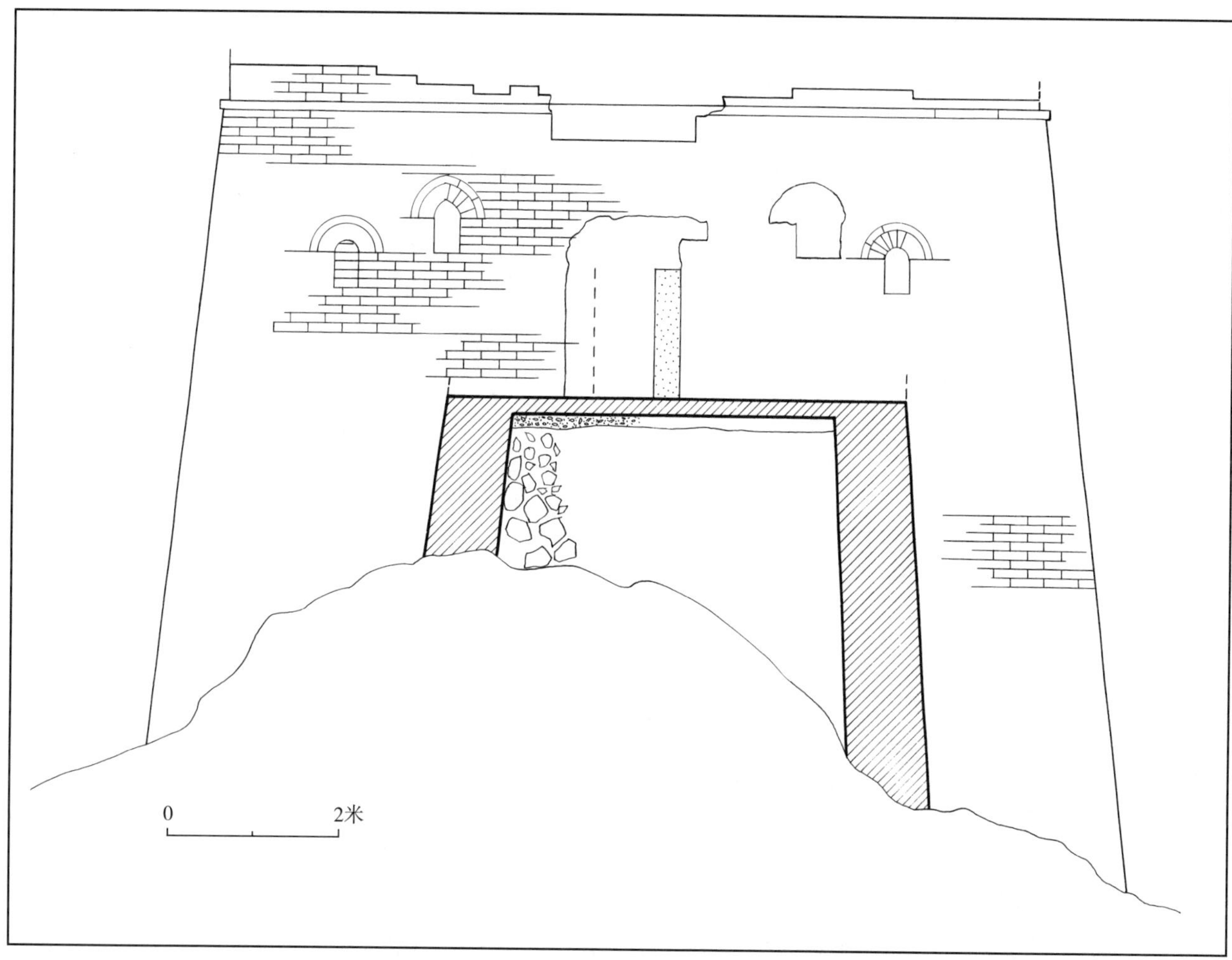

图［21］063　L12南立面图

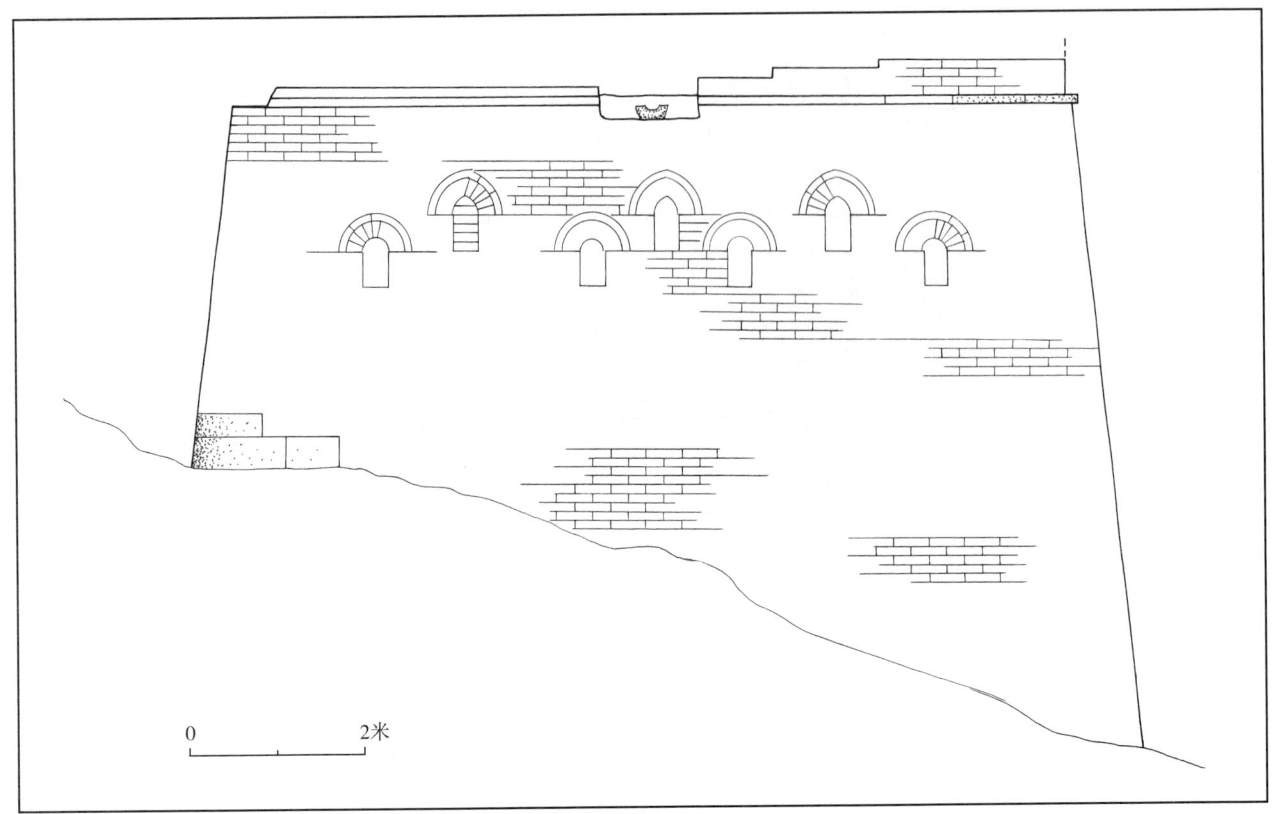

图［21］064 L12西立面图

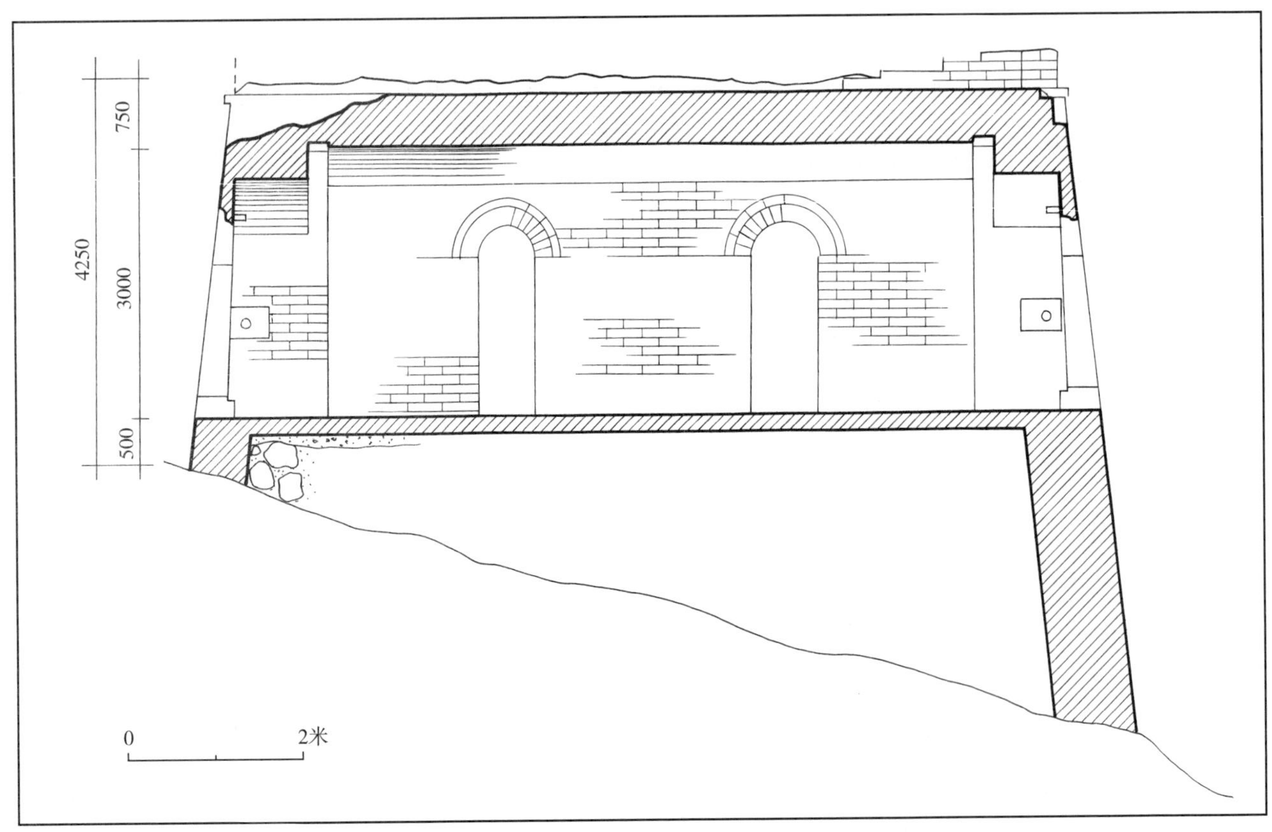

图［21］065 L12纵剖面图

图［21］066 L12横剖面图

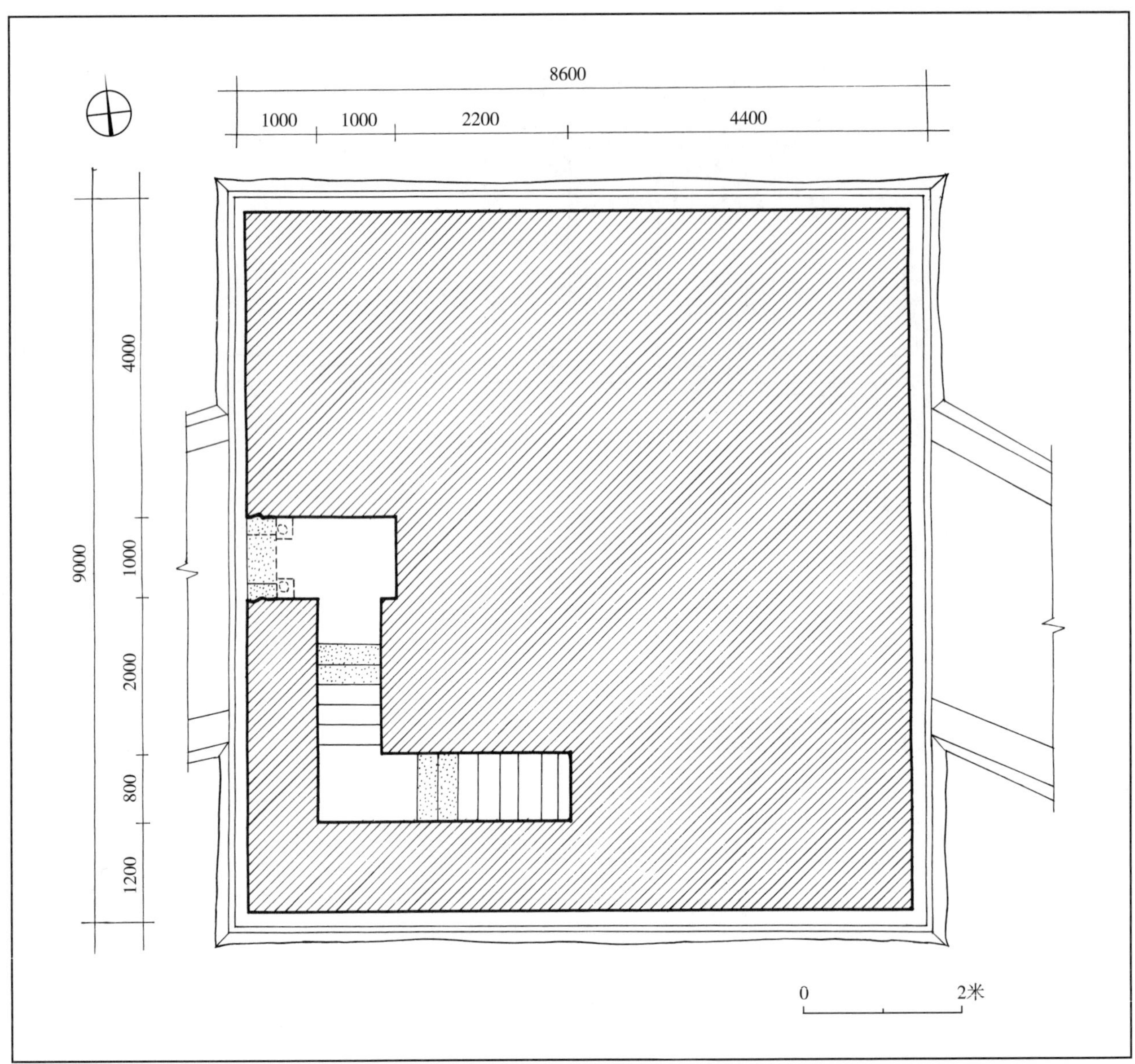

图［21］067　L13中层平面图

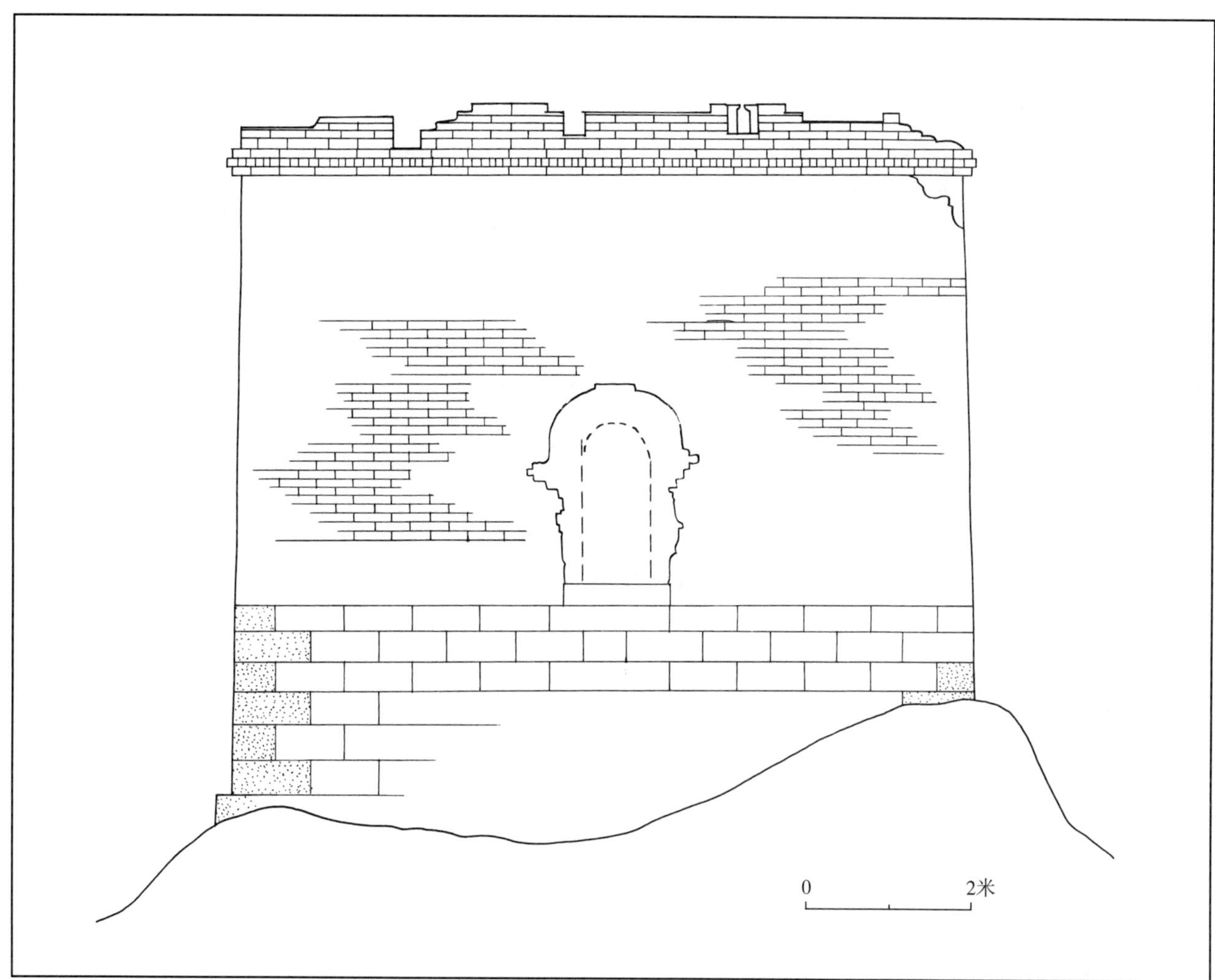

图［21］068　L13西立面图

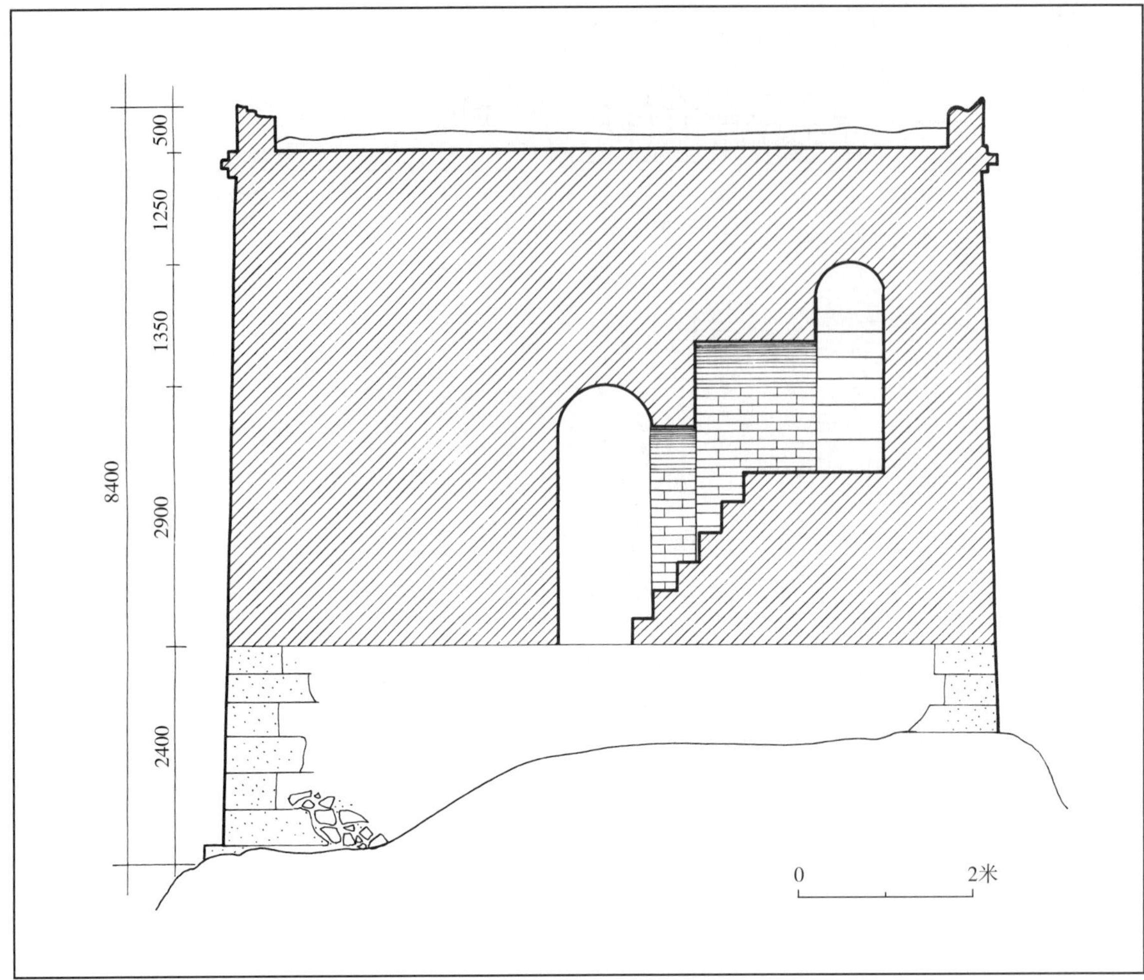

图［21］069 L13横剖面图

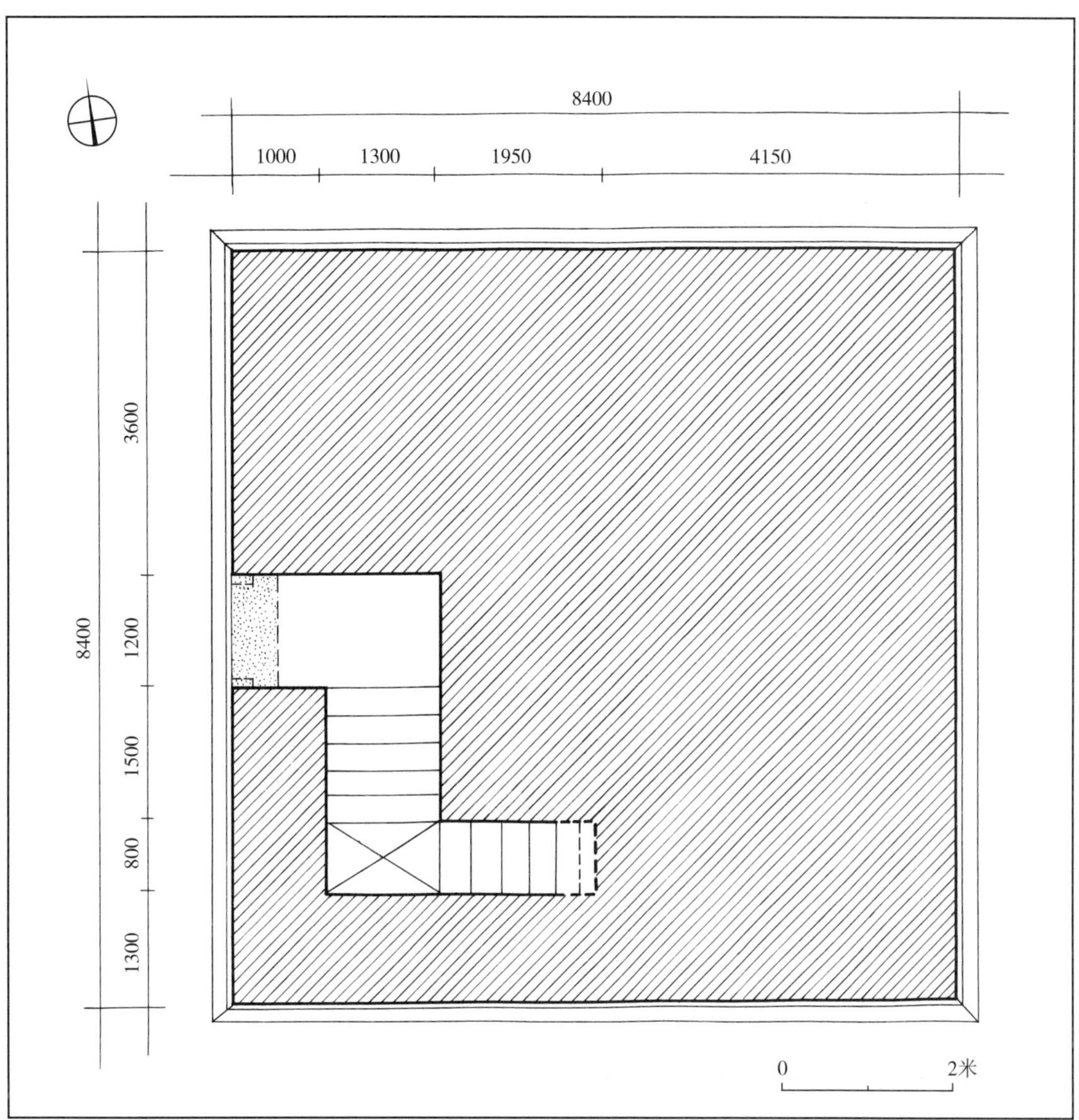

图［21］070　L16中层平面图

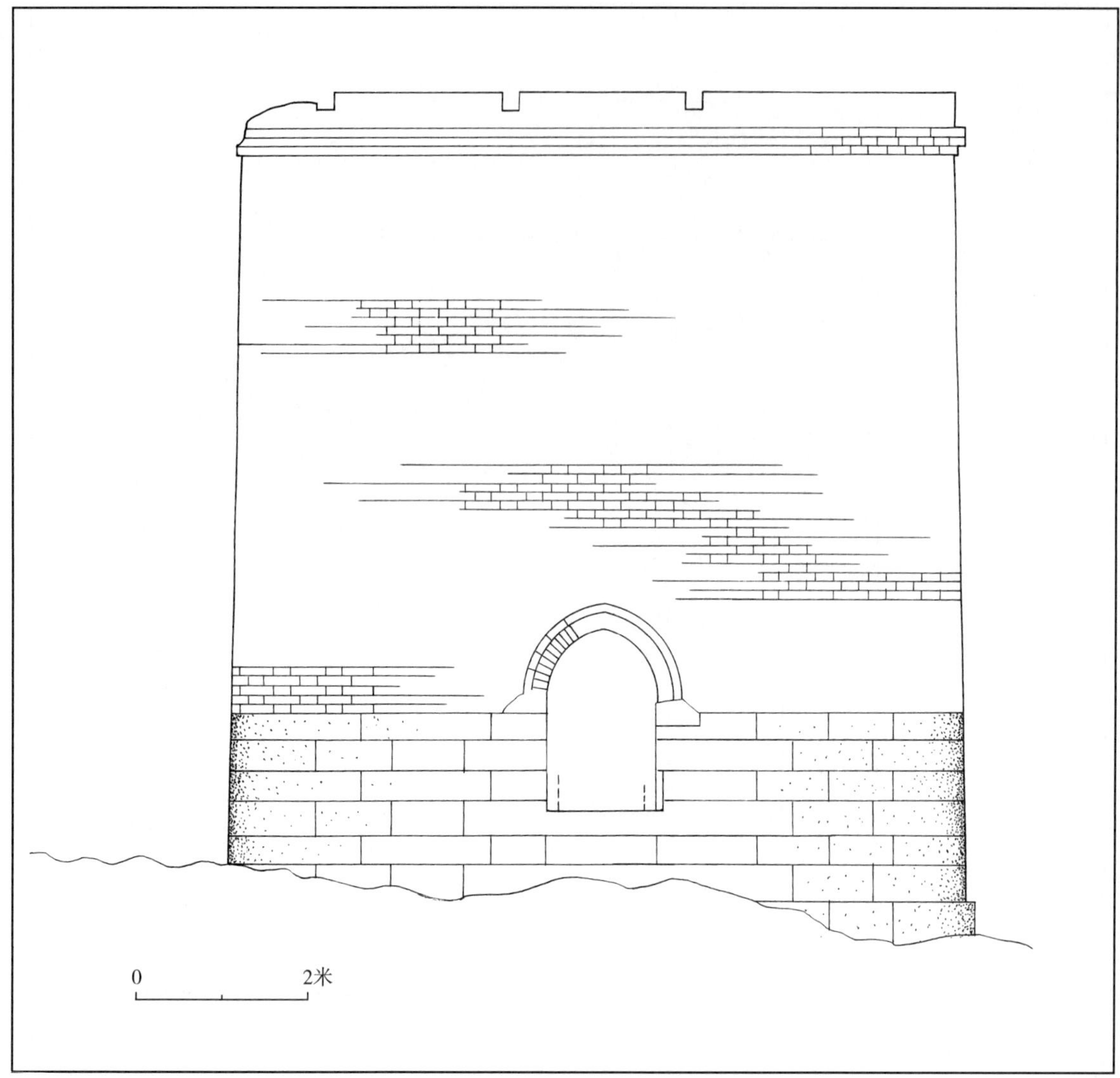

图［21］071　L16西立面图

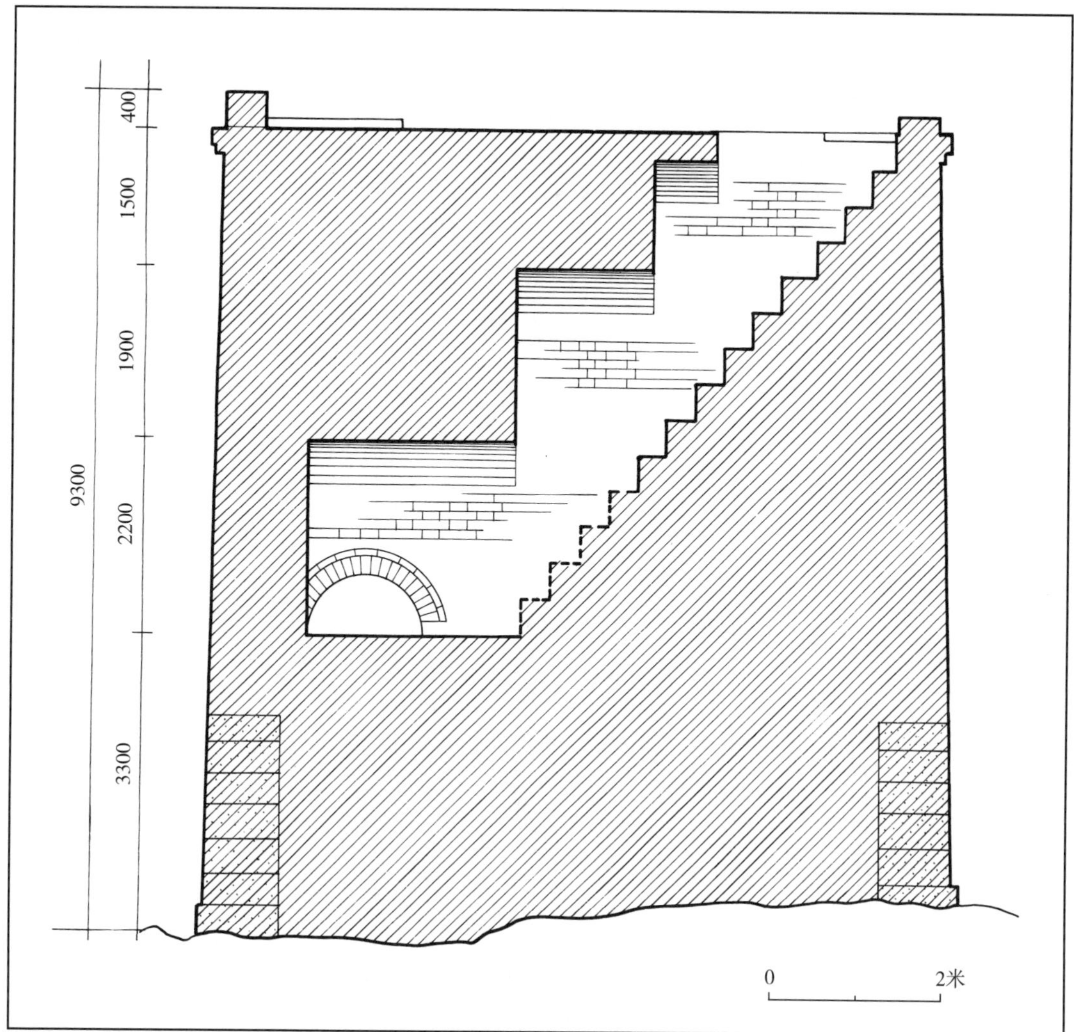

图［21］072　L16横剖面图

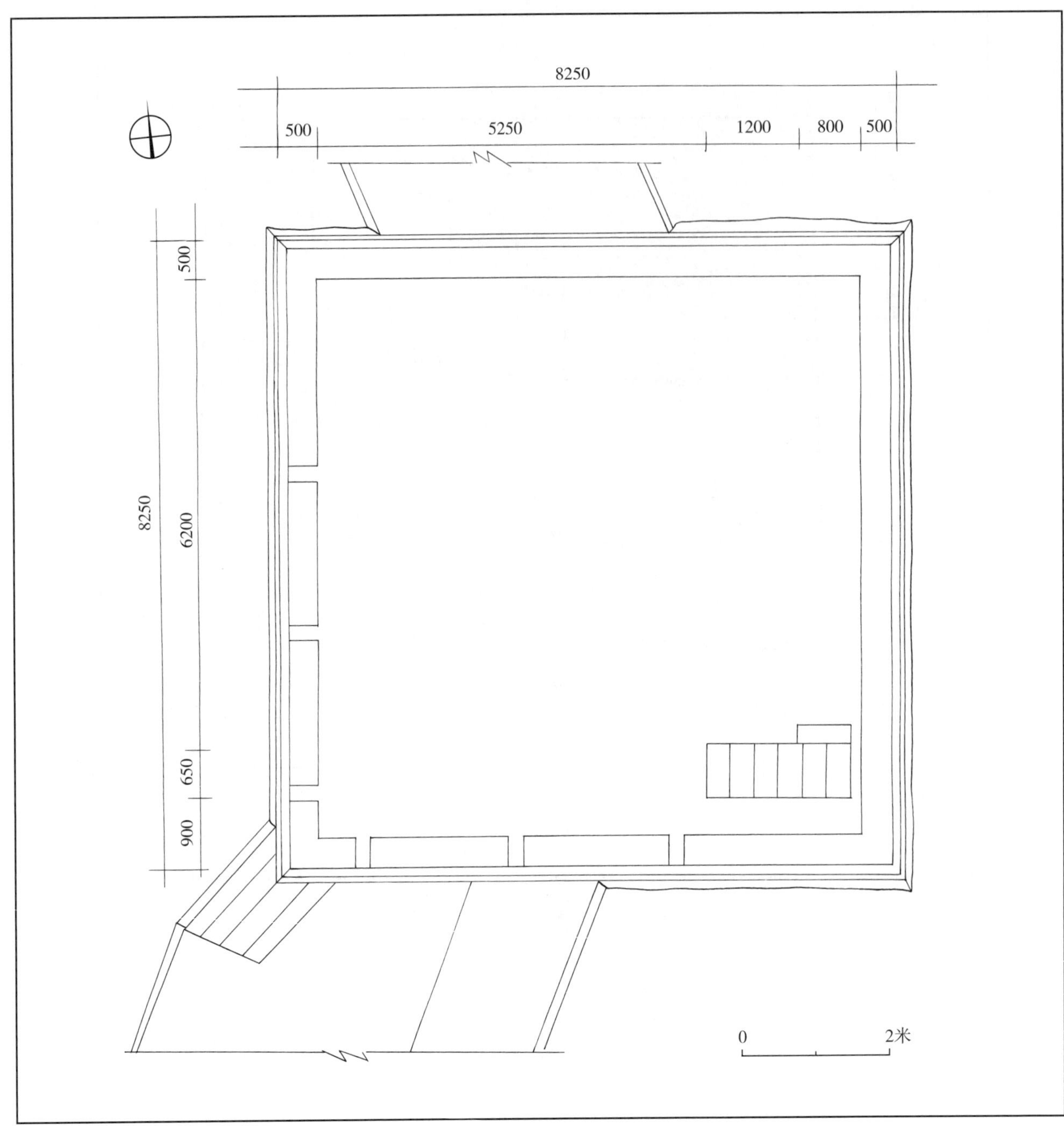

图［21］073　L16上层平面图

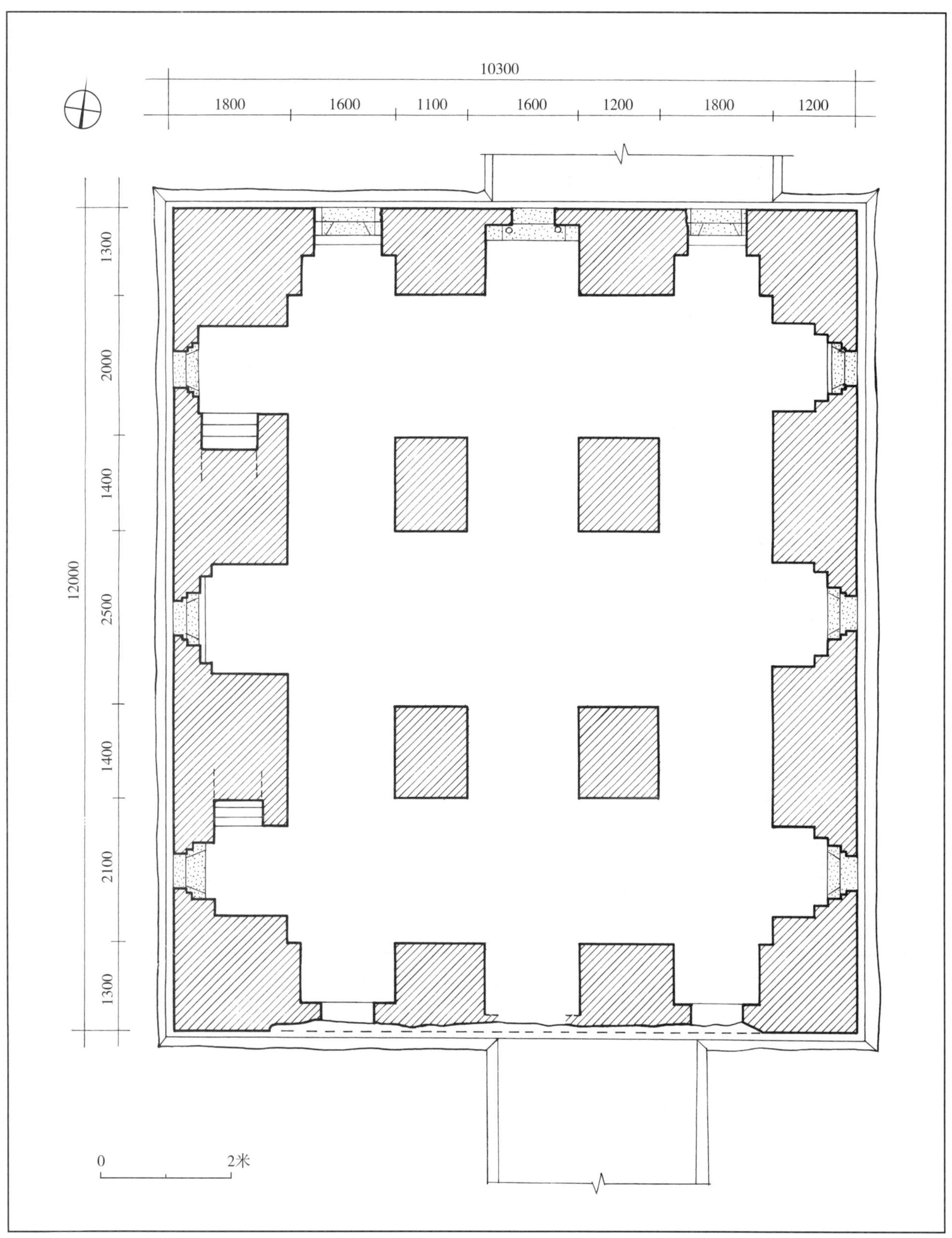

图［21］074　L18中层平面图

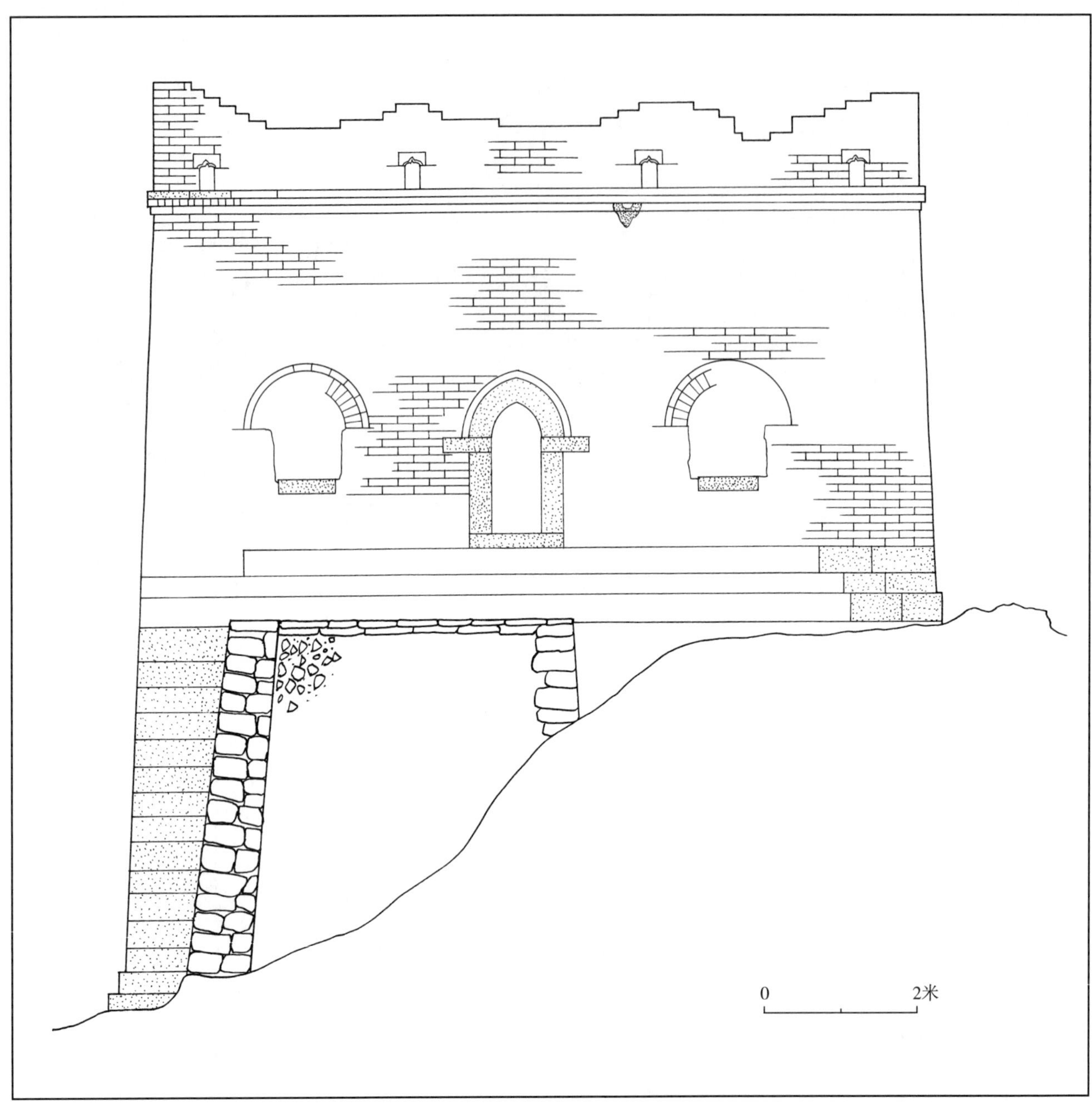

图［21］075　L18北立面图

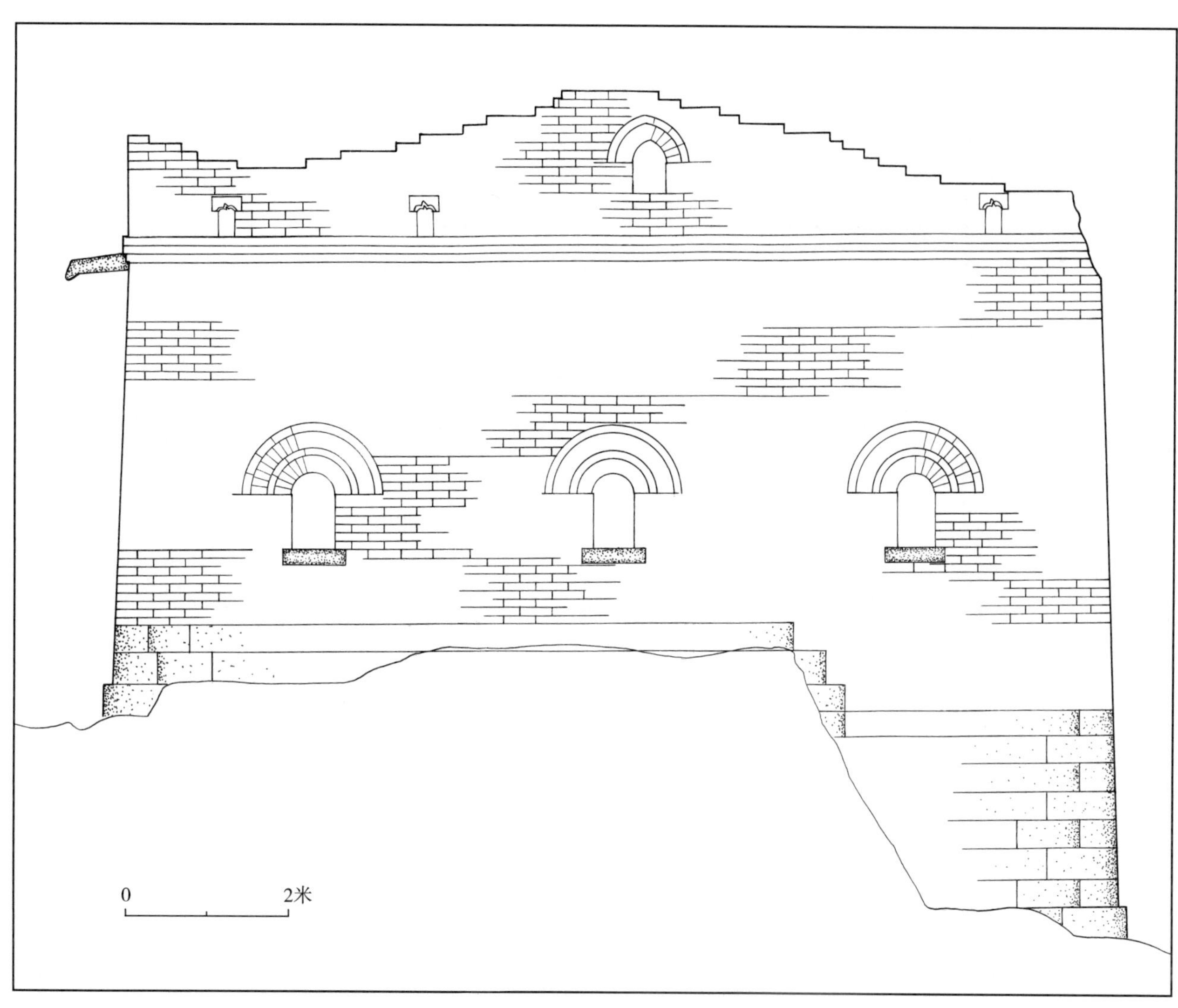

图［21］076 L18西立面图

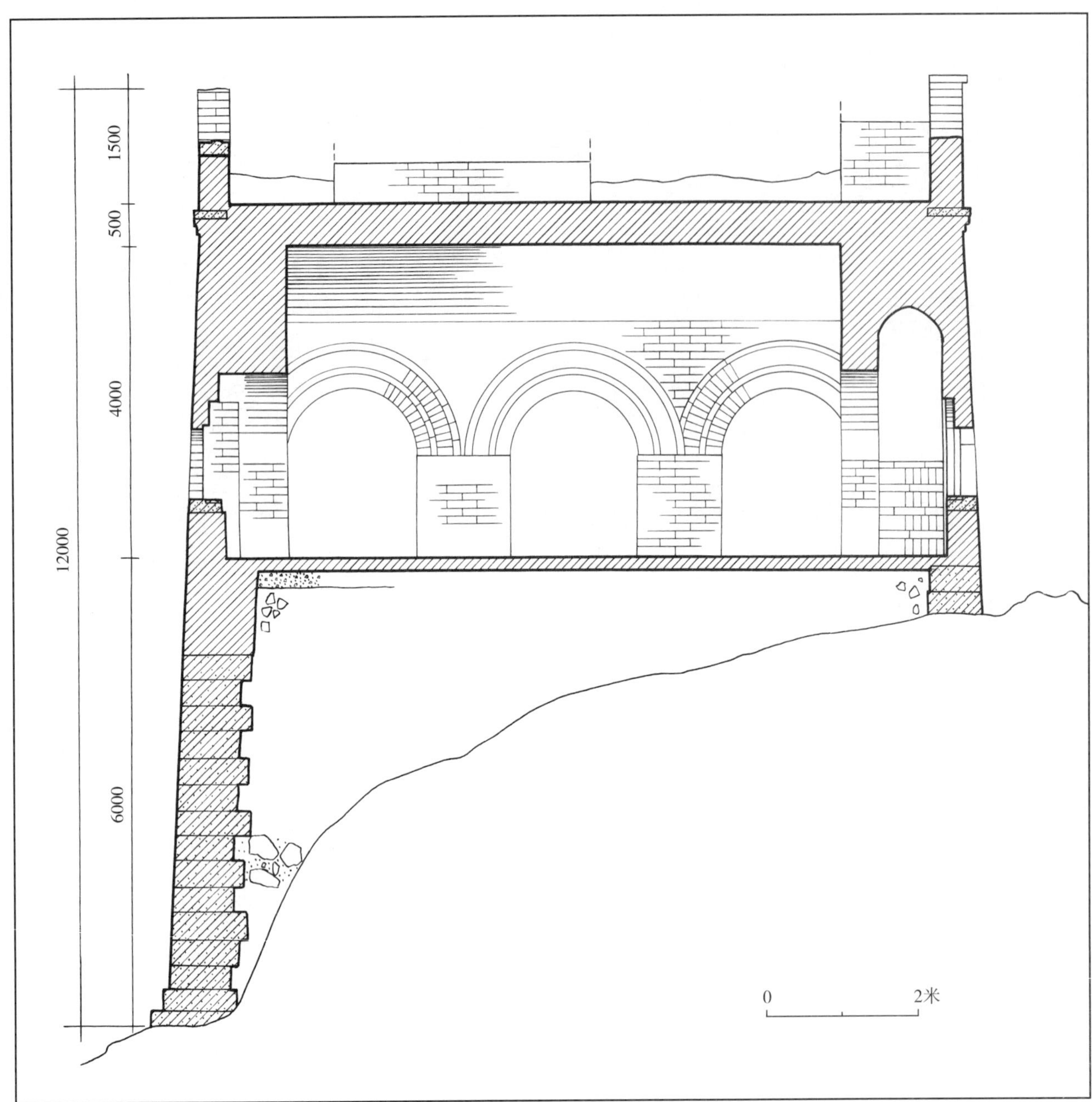

图［21］077 L18横剖面图

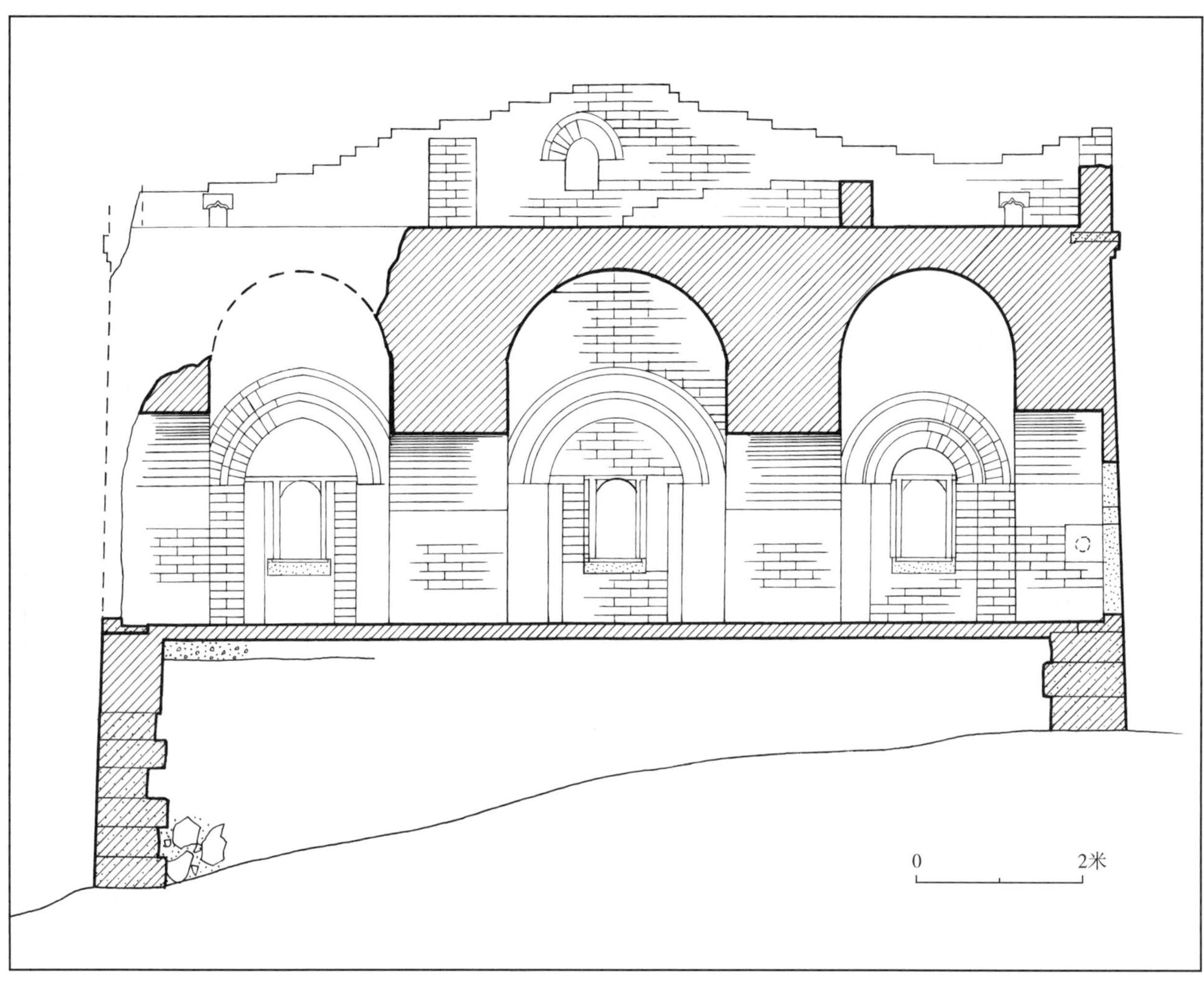

图［21］078　L18纵剖面图

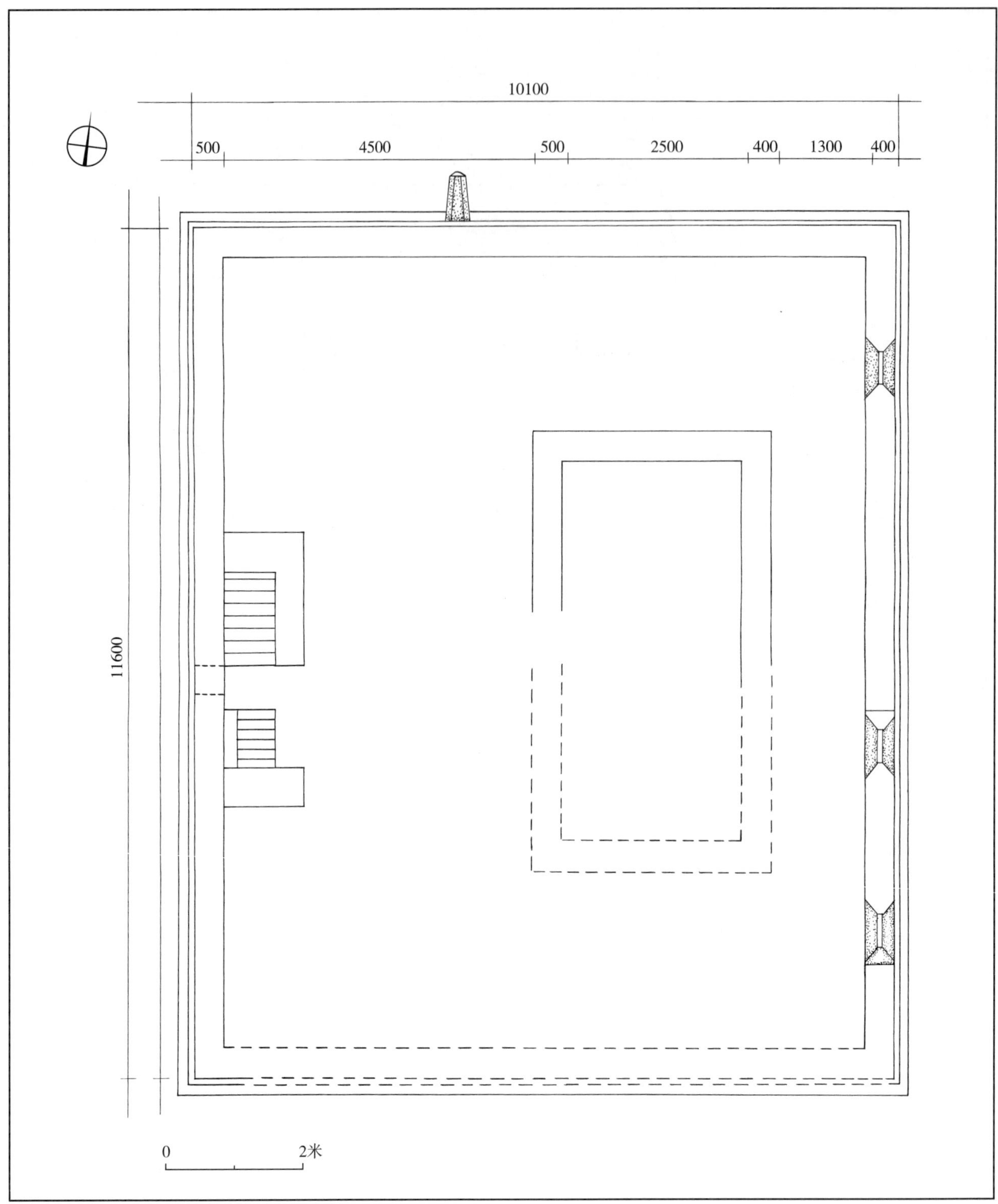

图［21］079　L19上层平面图

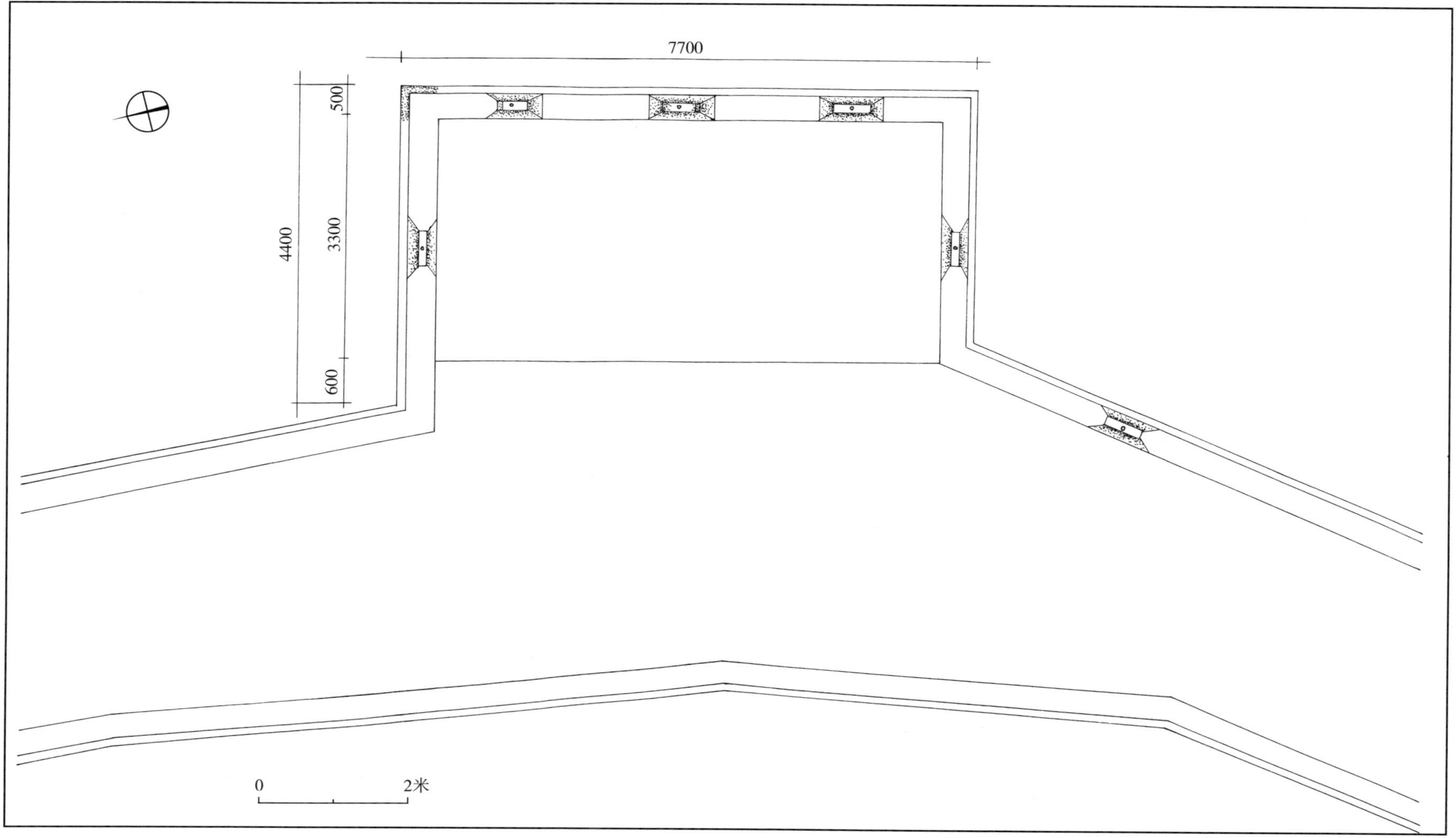

图［21］080 Z10平面图

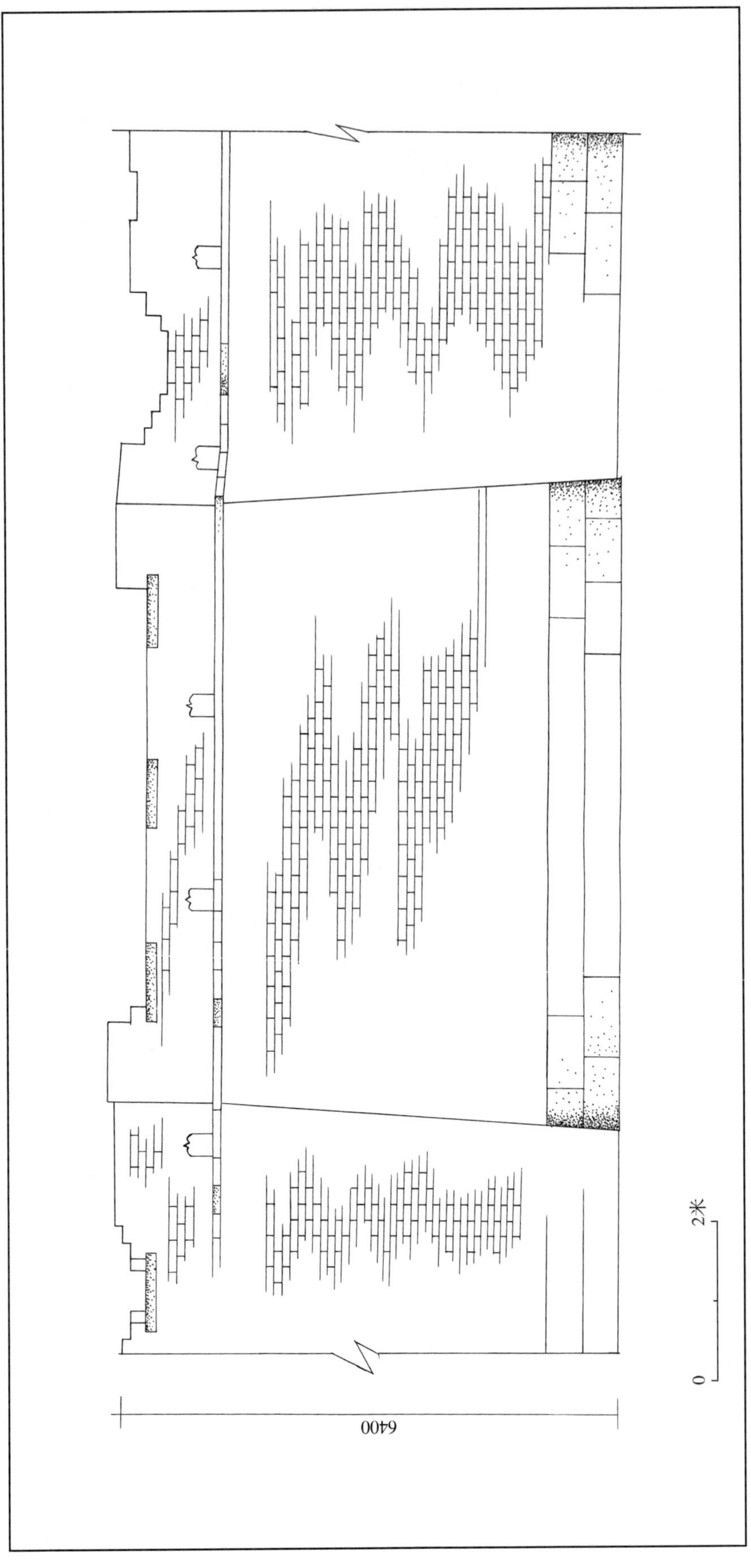

图［21］081　Z10正立面图

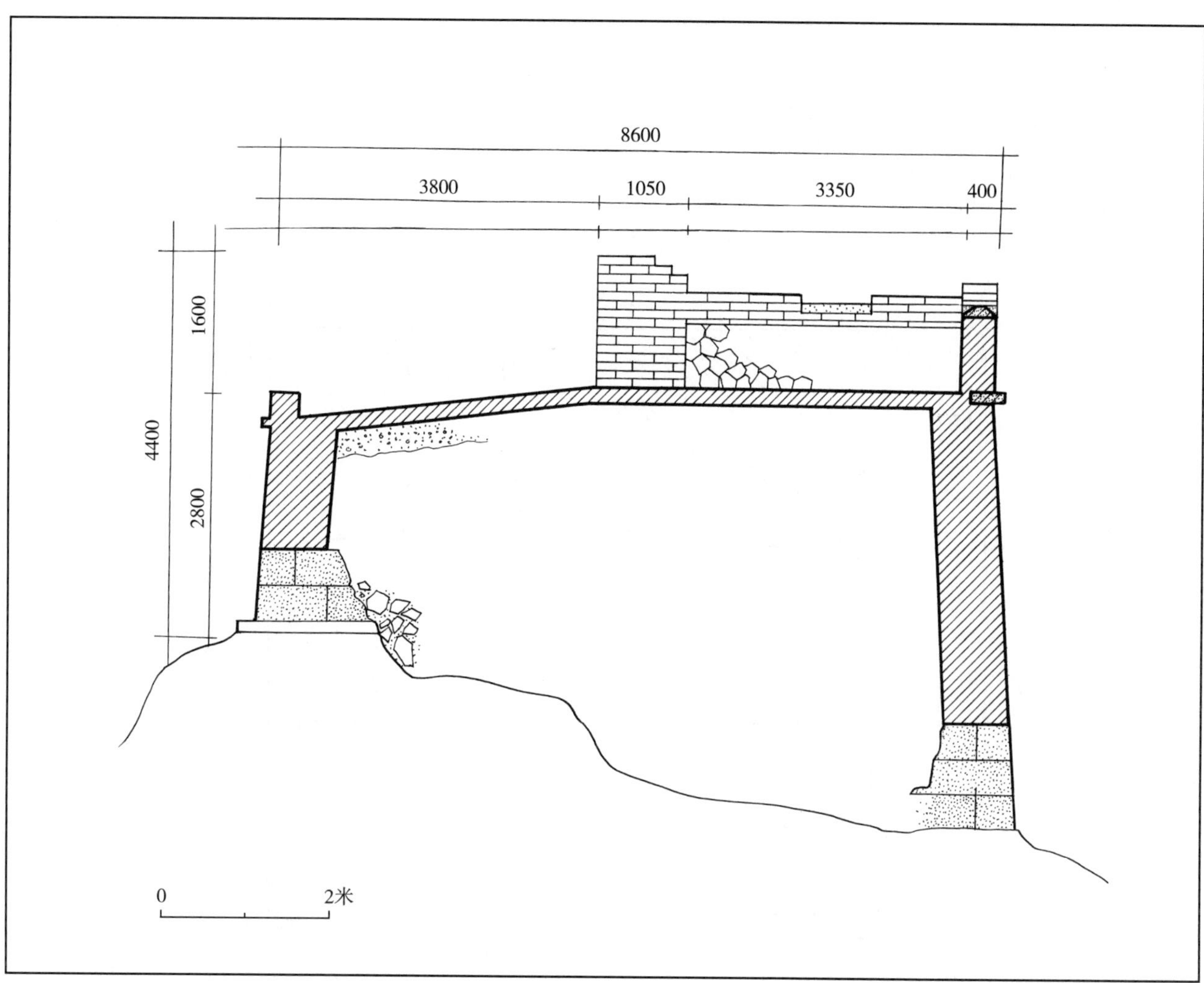

图［21］082　Z10剖面图

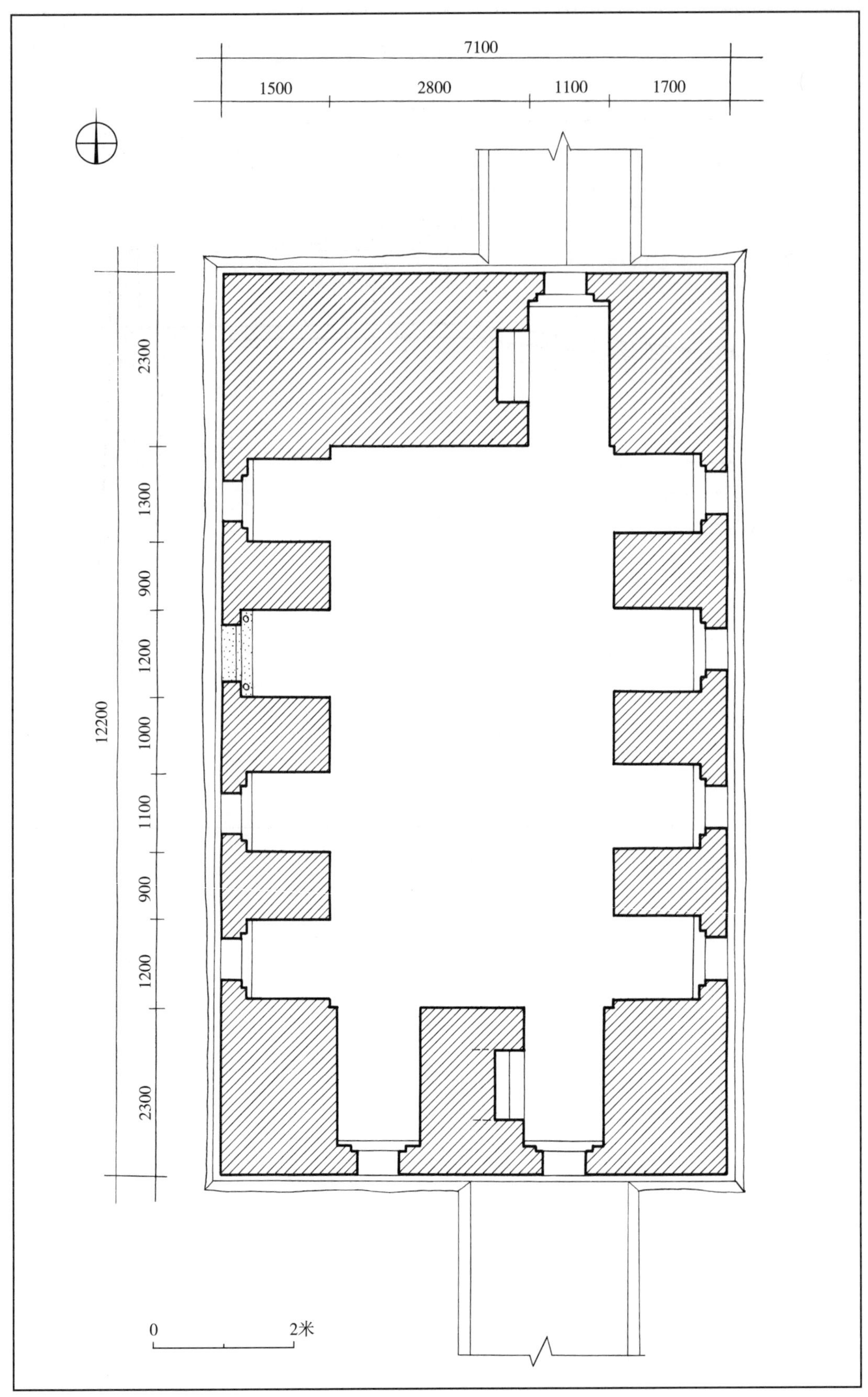

图［21］083　L24中层平面图

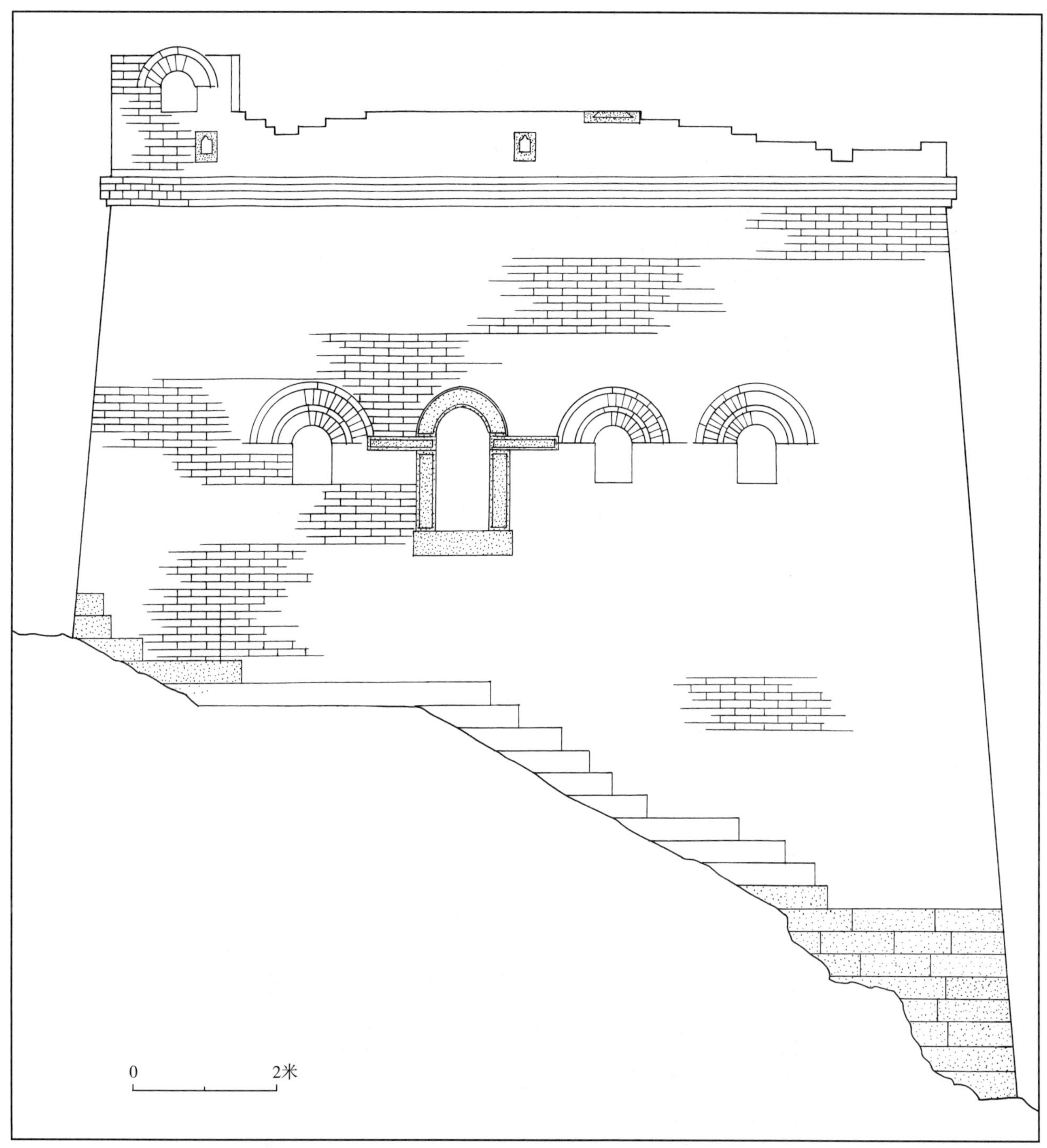

图［21］084　L24西立面图

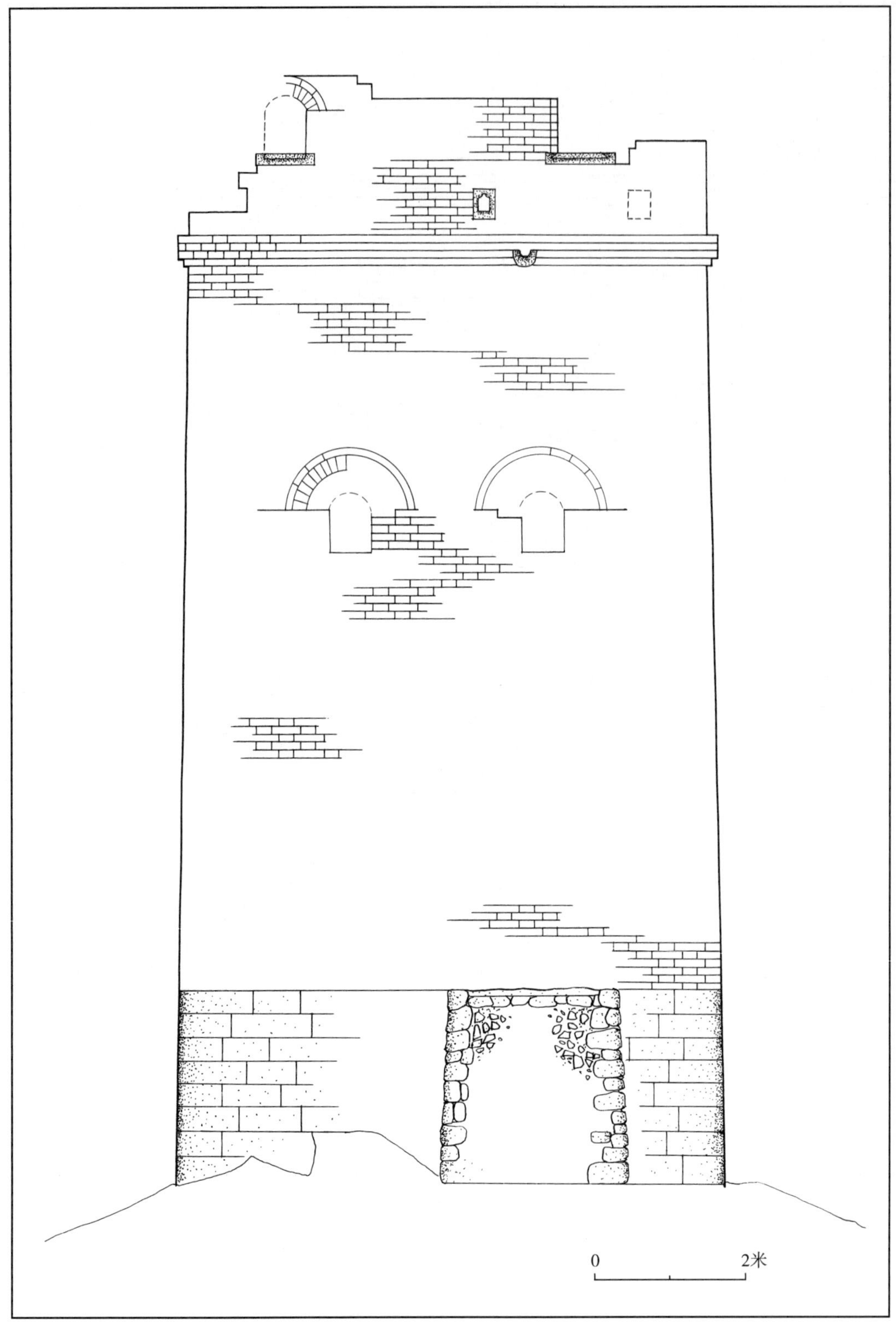

图［21］085　L24南立面图

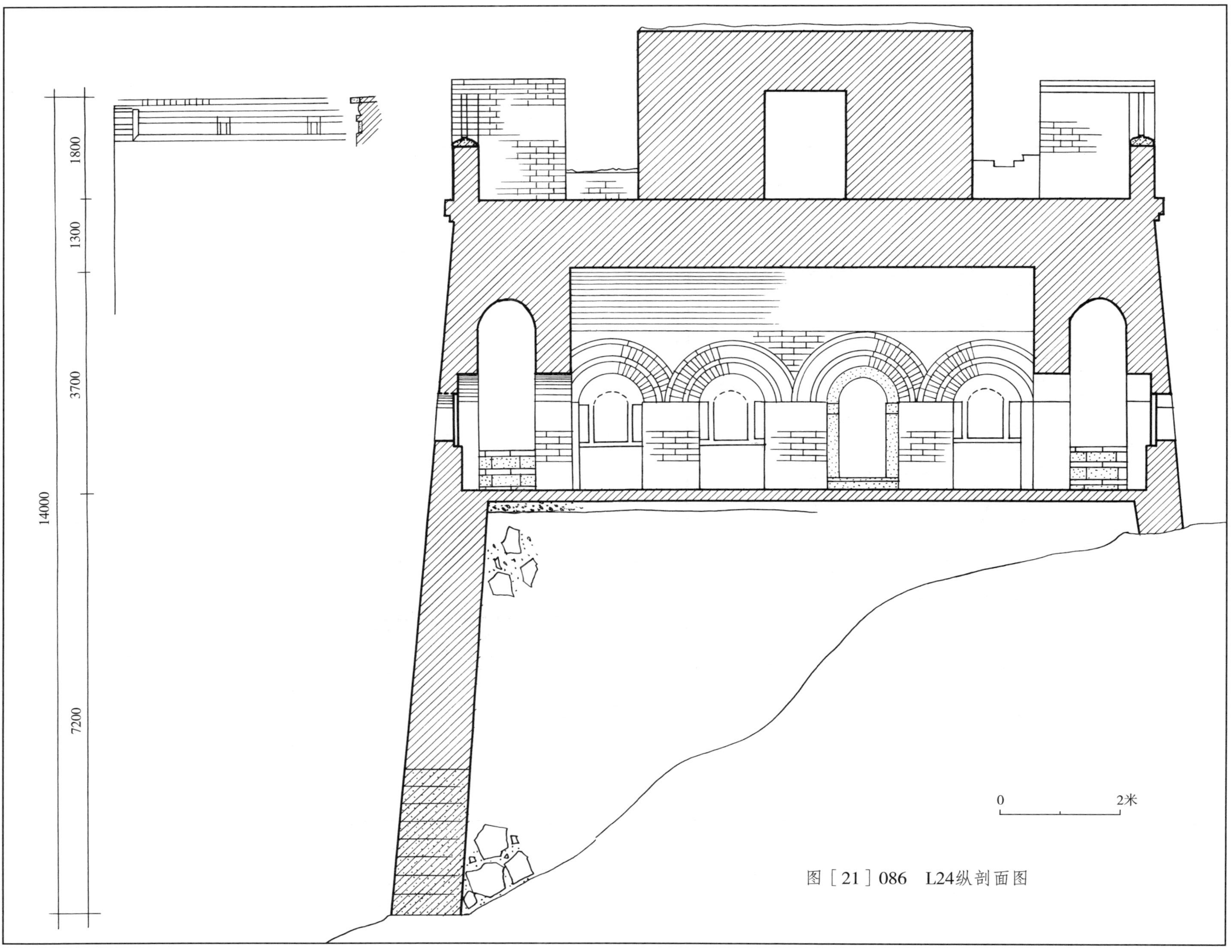

图［21］086 L24纵剖面图

图［21］087　L24横剖面图

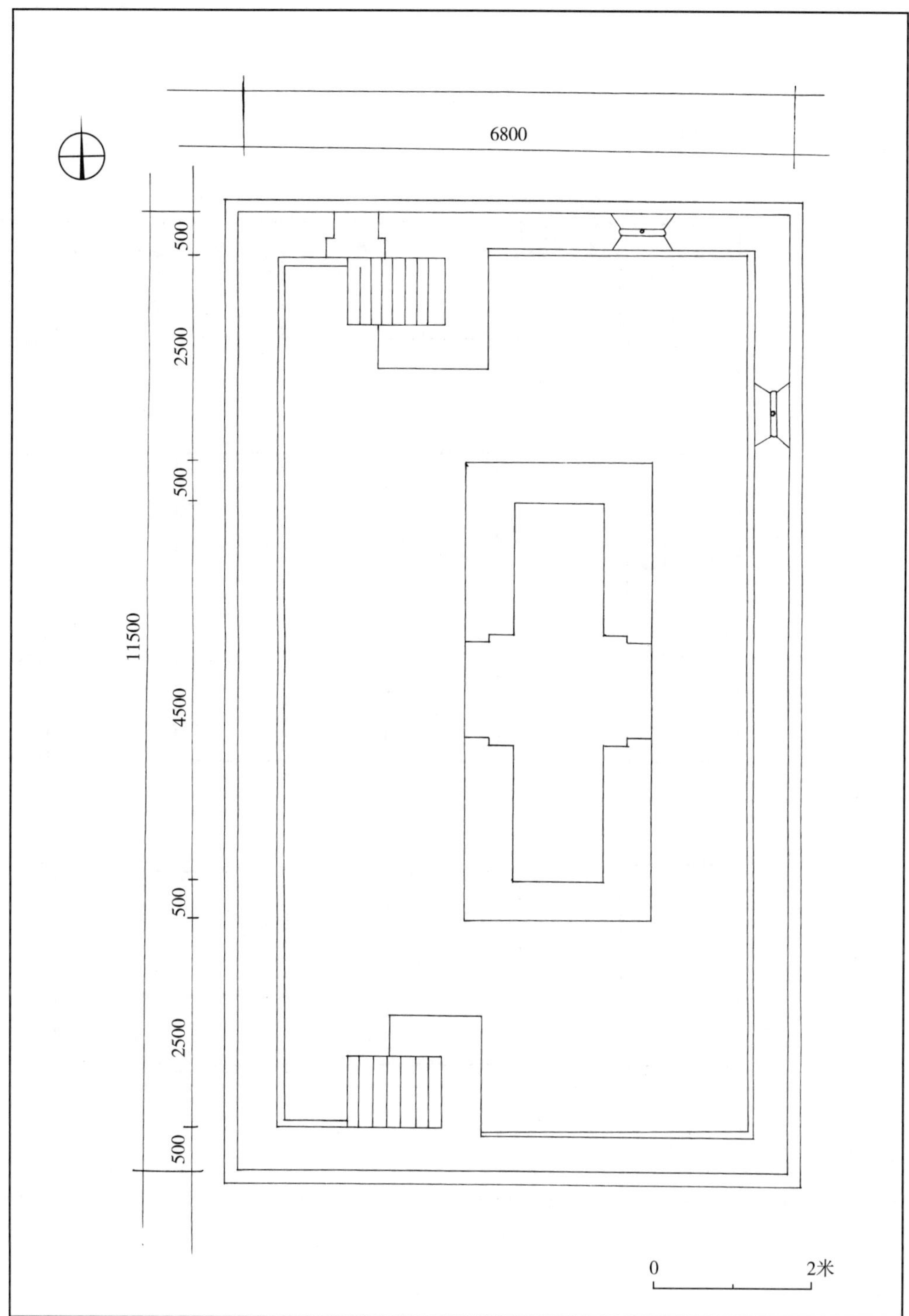

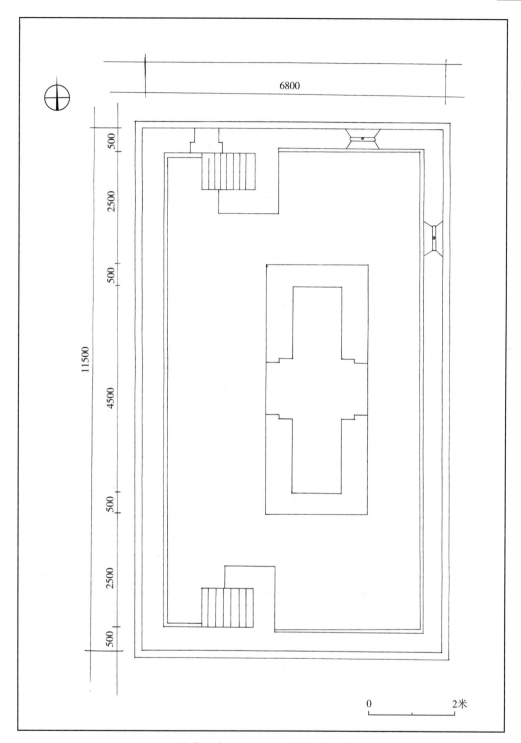

图［21］088　L24上层平面图

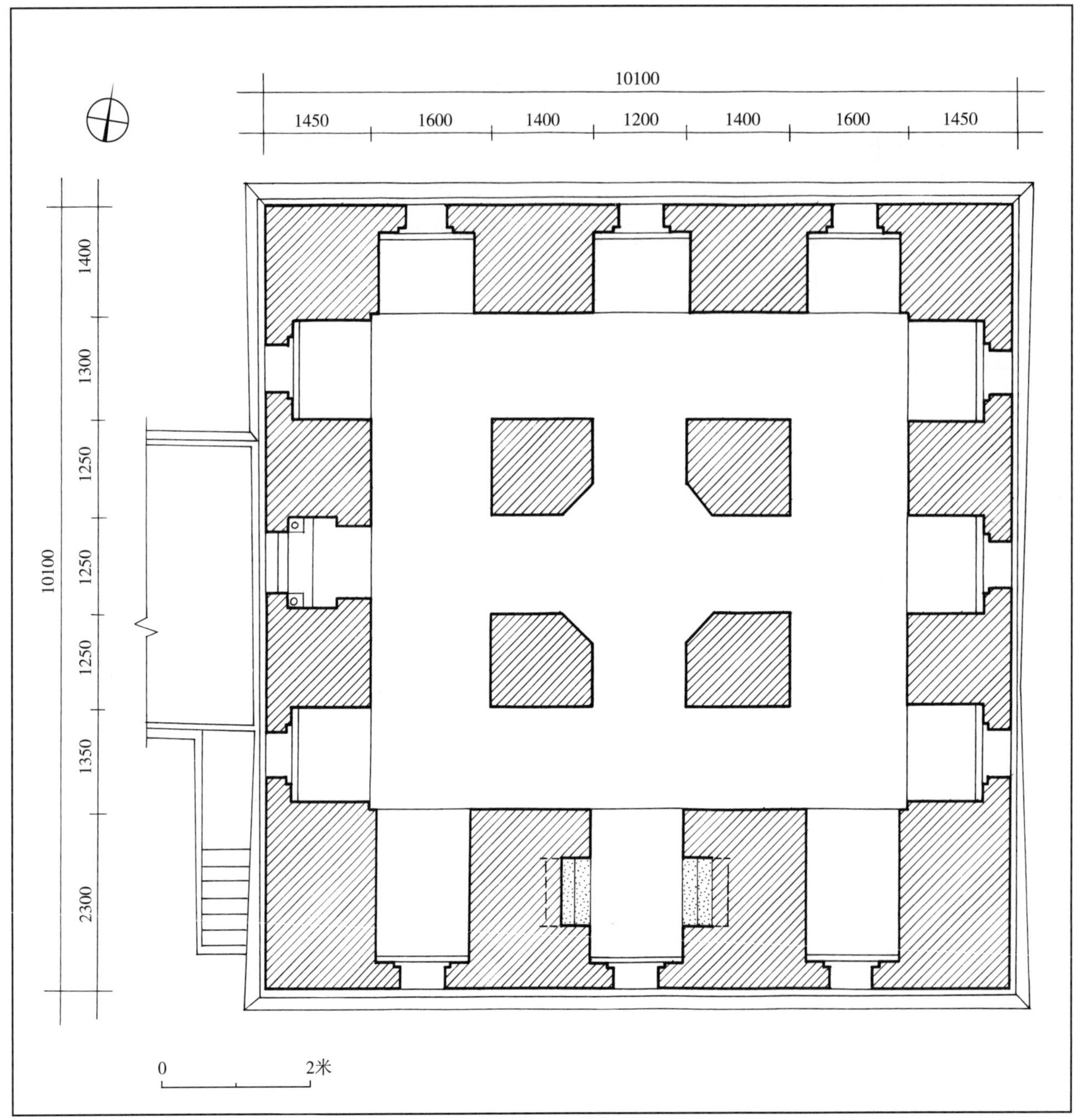

图［21］089　L34中层平面图

图［21］090　L34西立面图

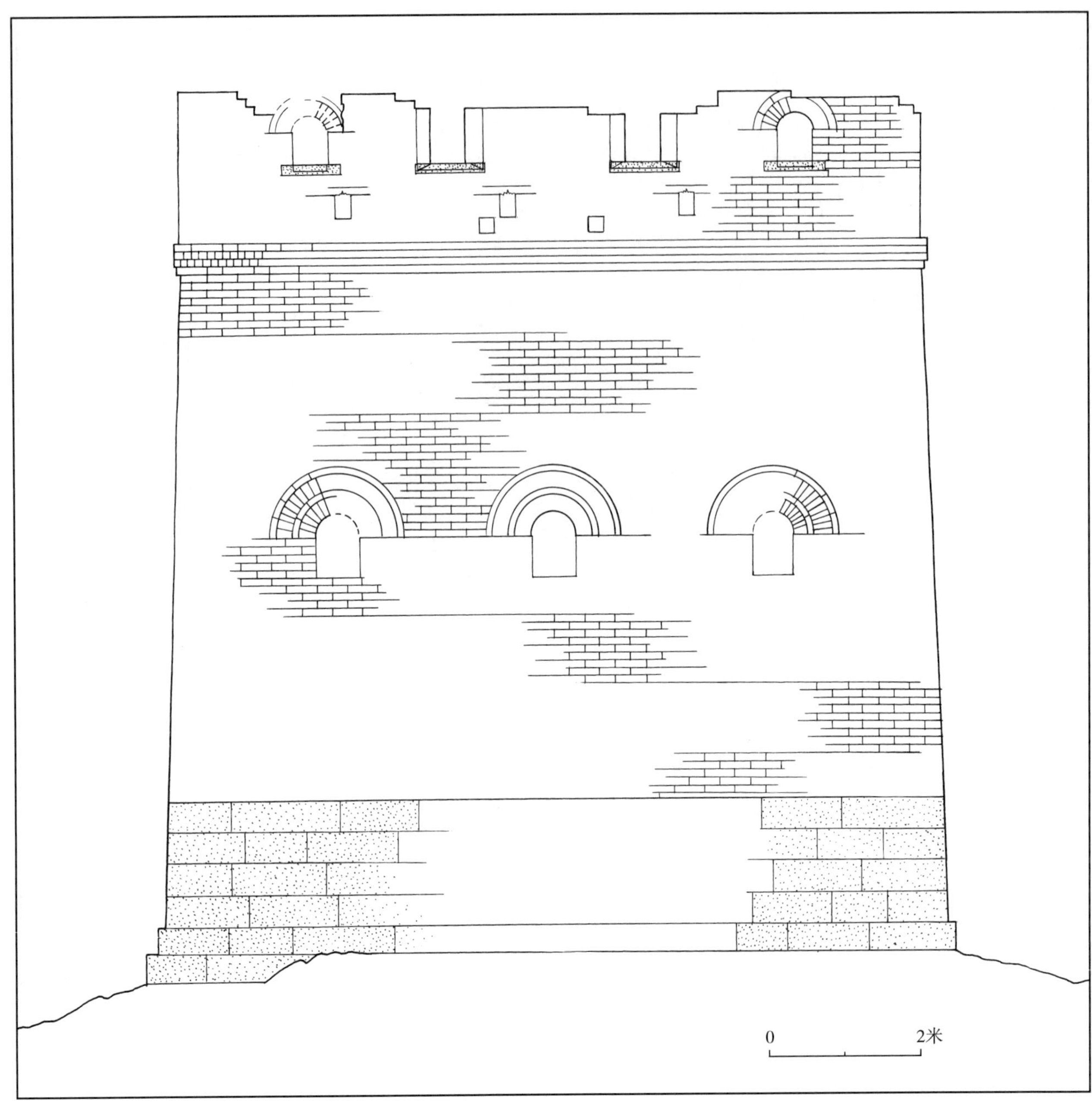

图［21］091 L34南立面图

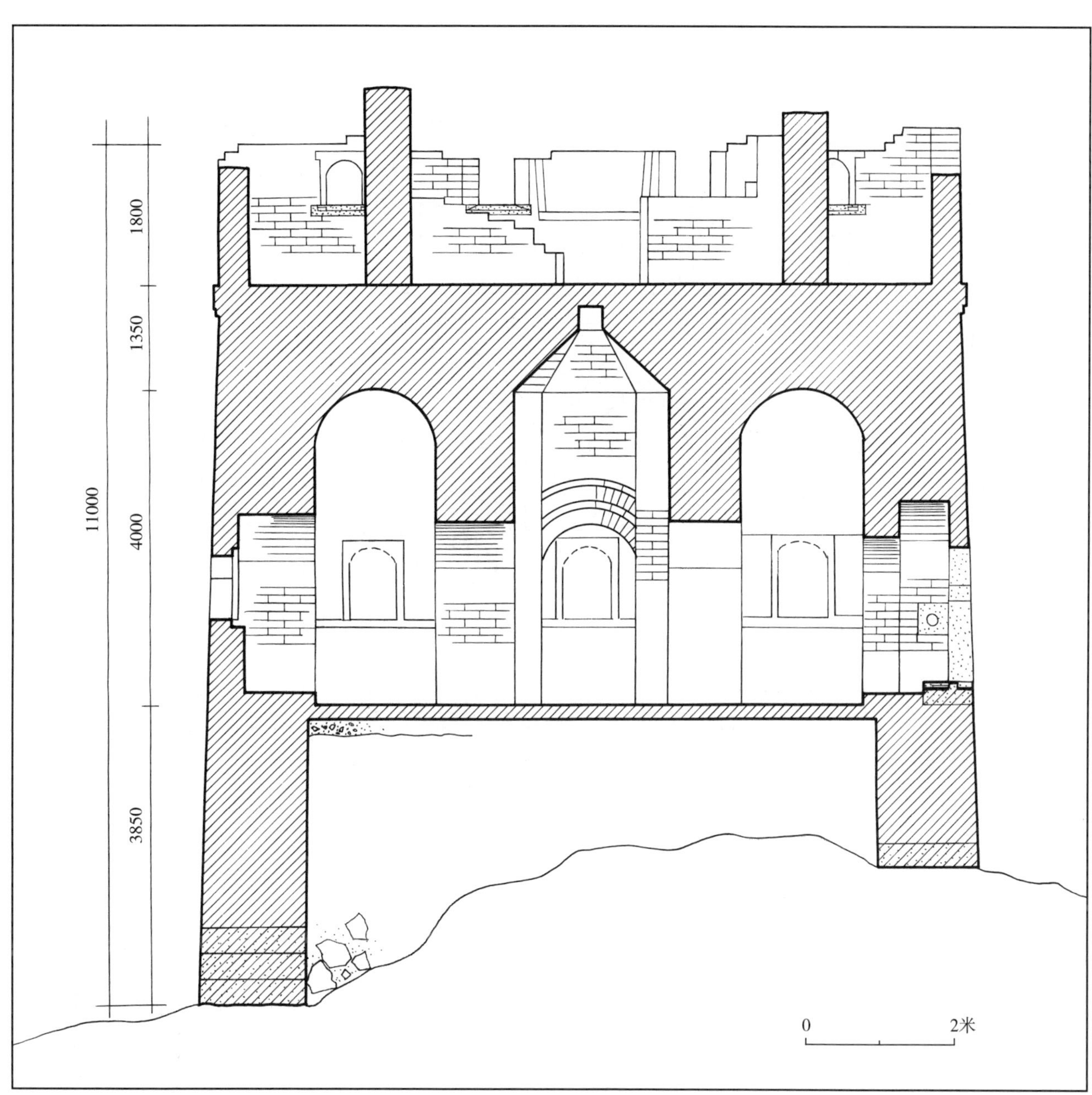

图［21］092　L34纵剖面图

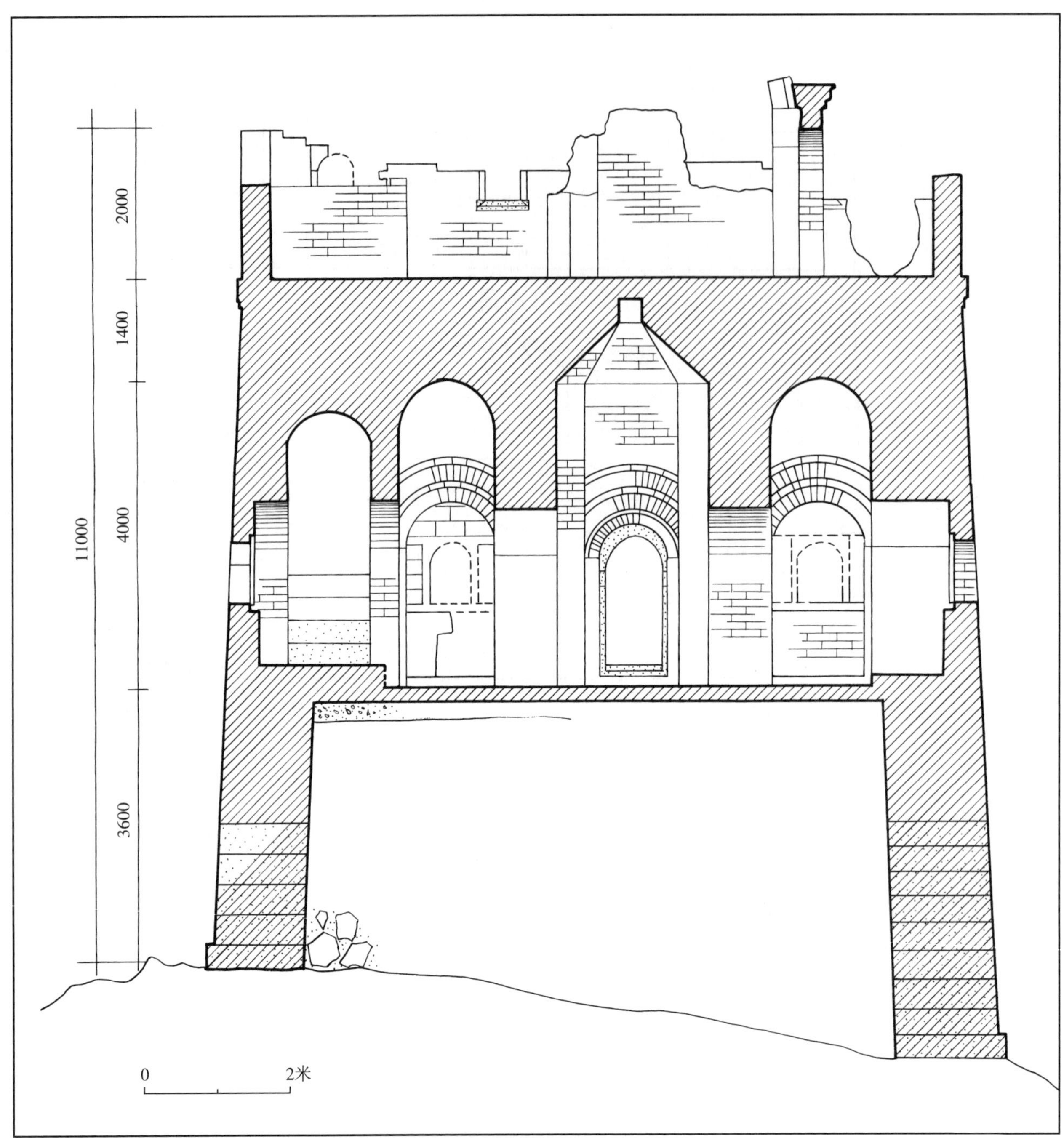

图［21］093 L34横剖面图

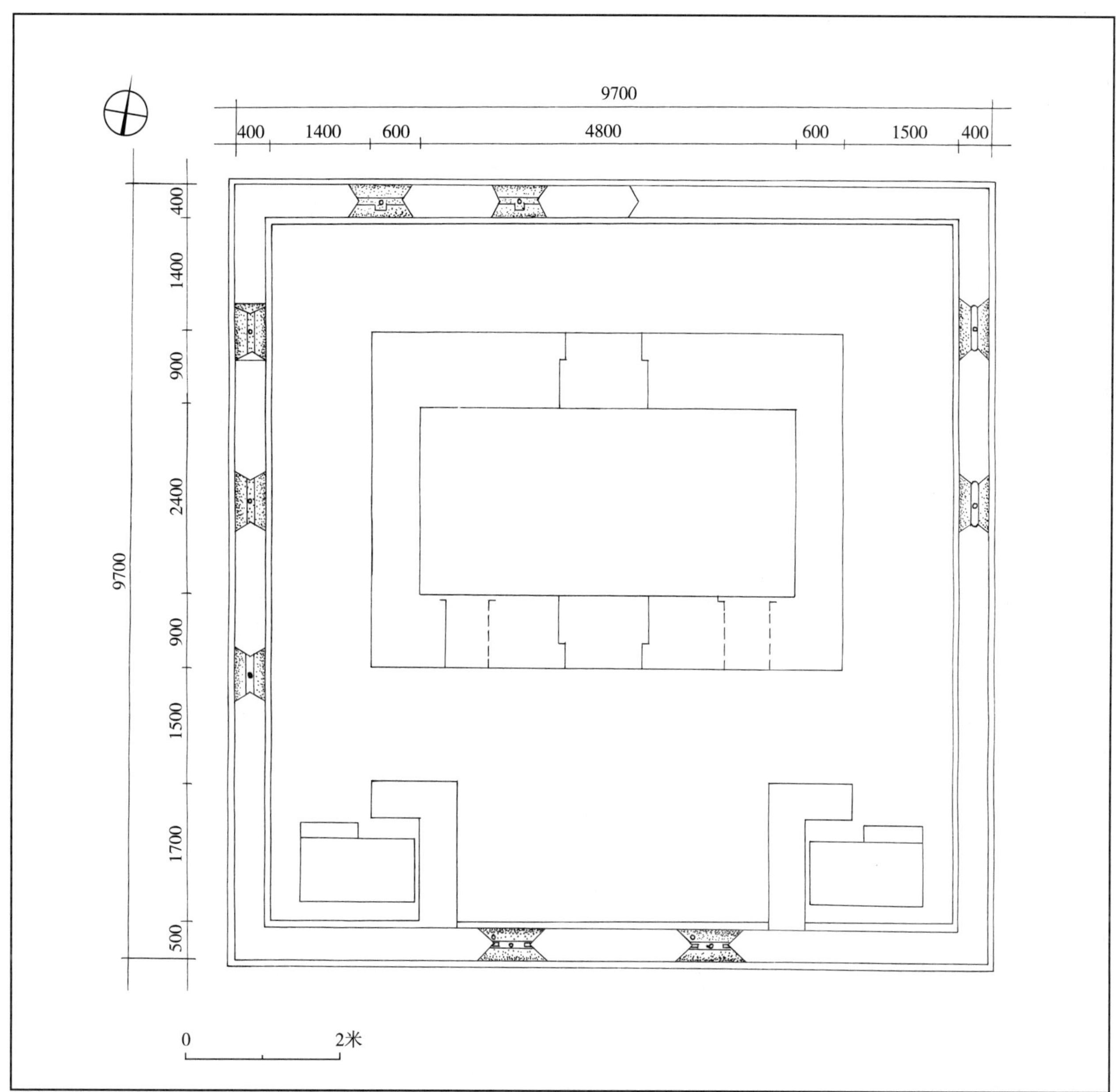

图［21］094　L34上层平面图

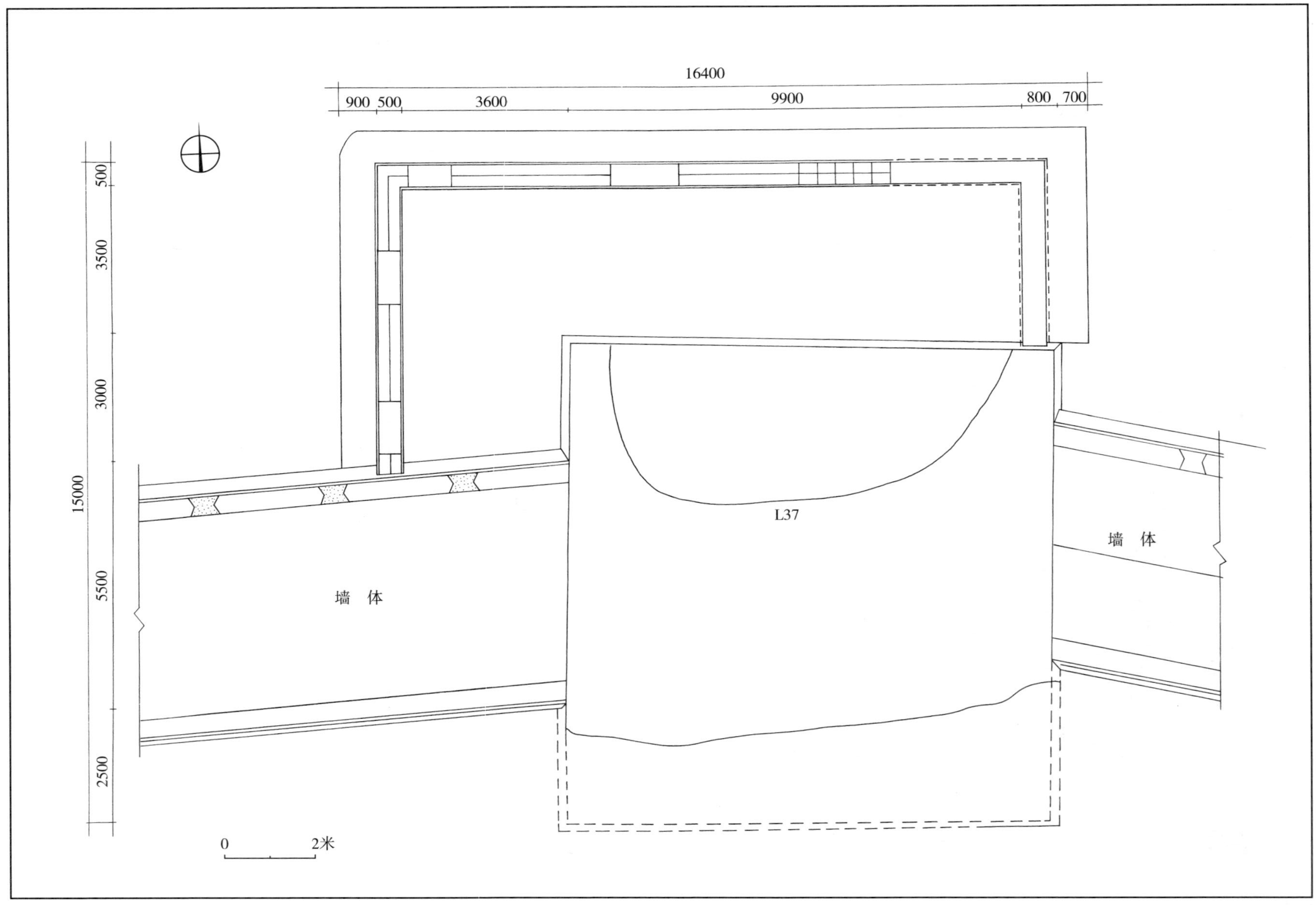

图［21］095　L37敌台、战台平面图

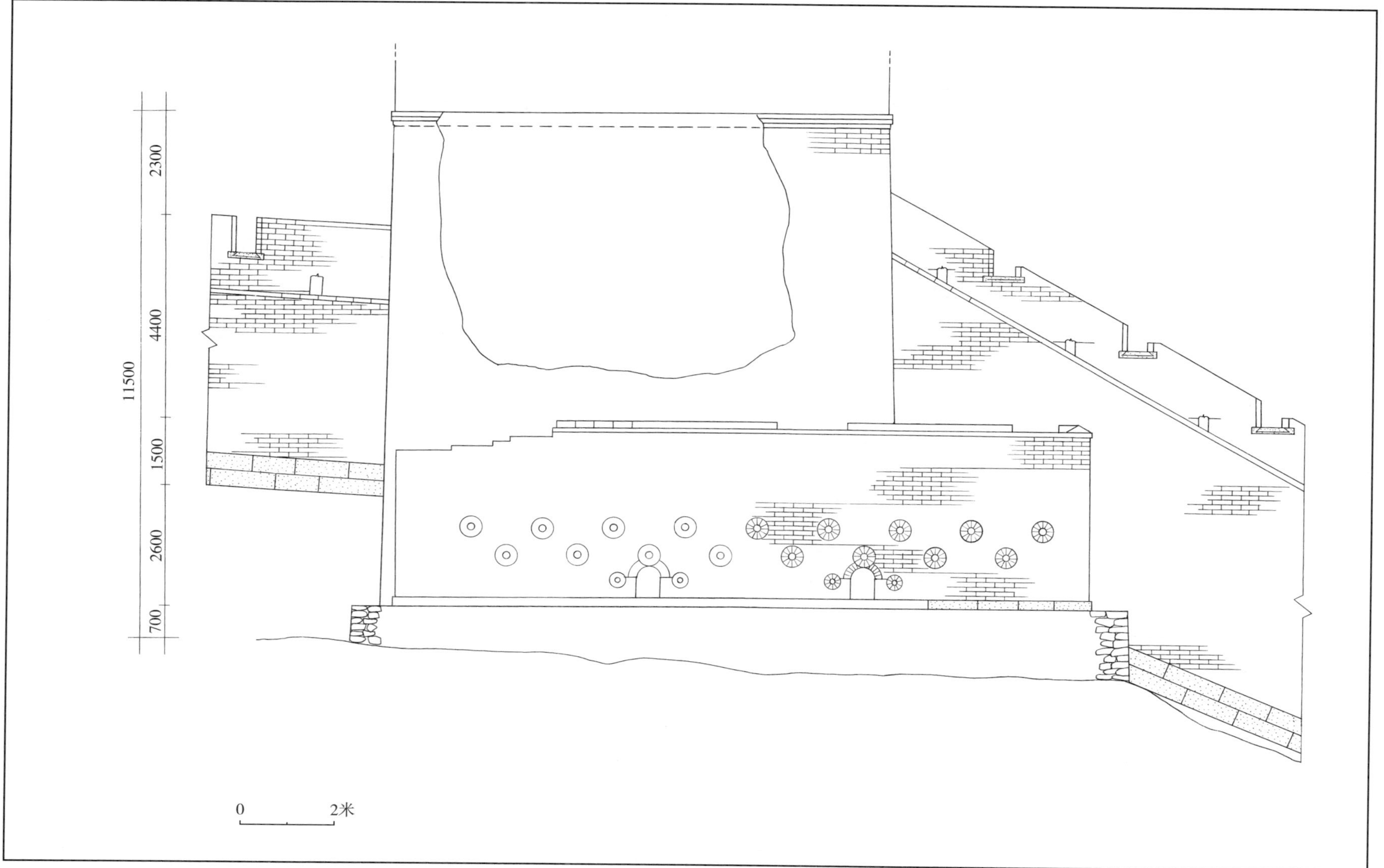

图［21］096 L37敌台北立面及战墙

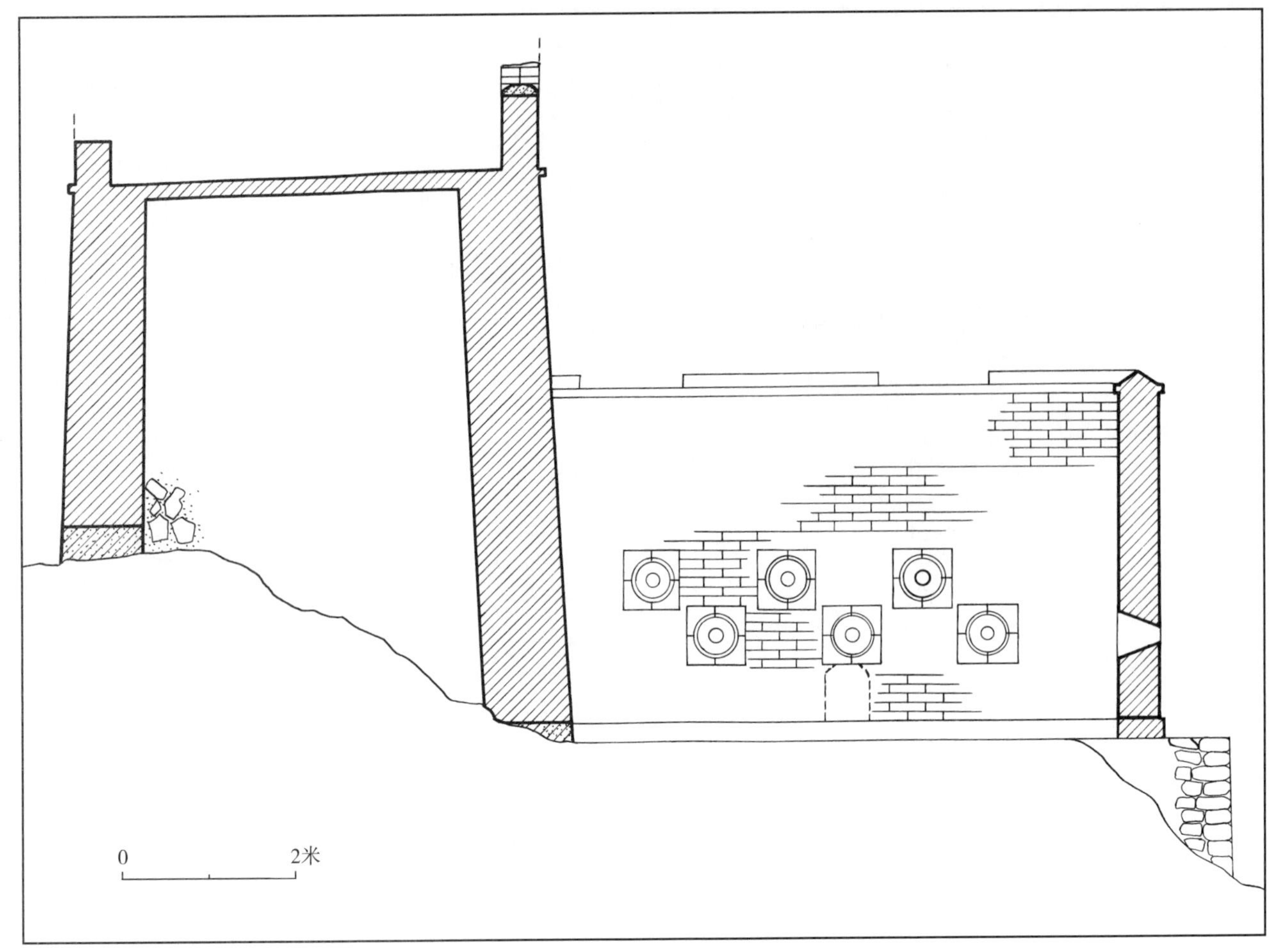

图［21］097 L37墙体、战台横剖面图

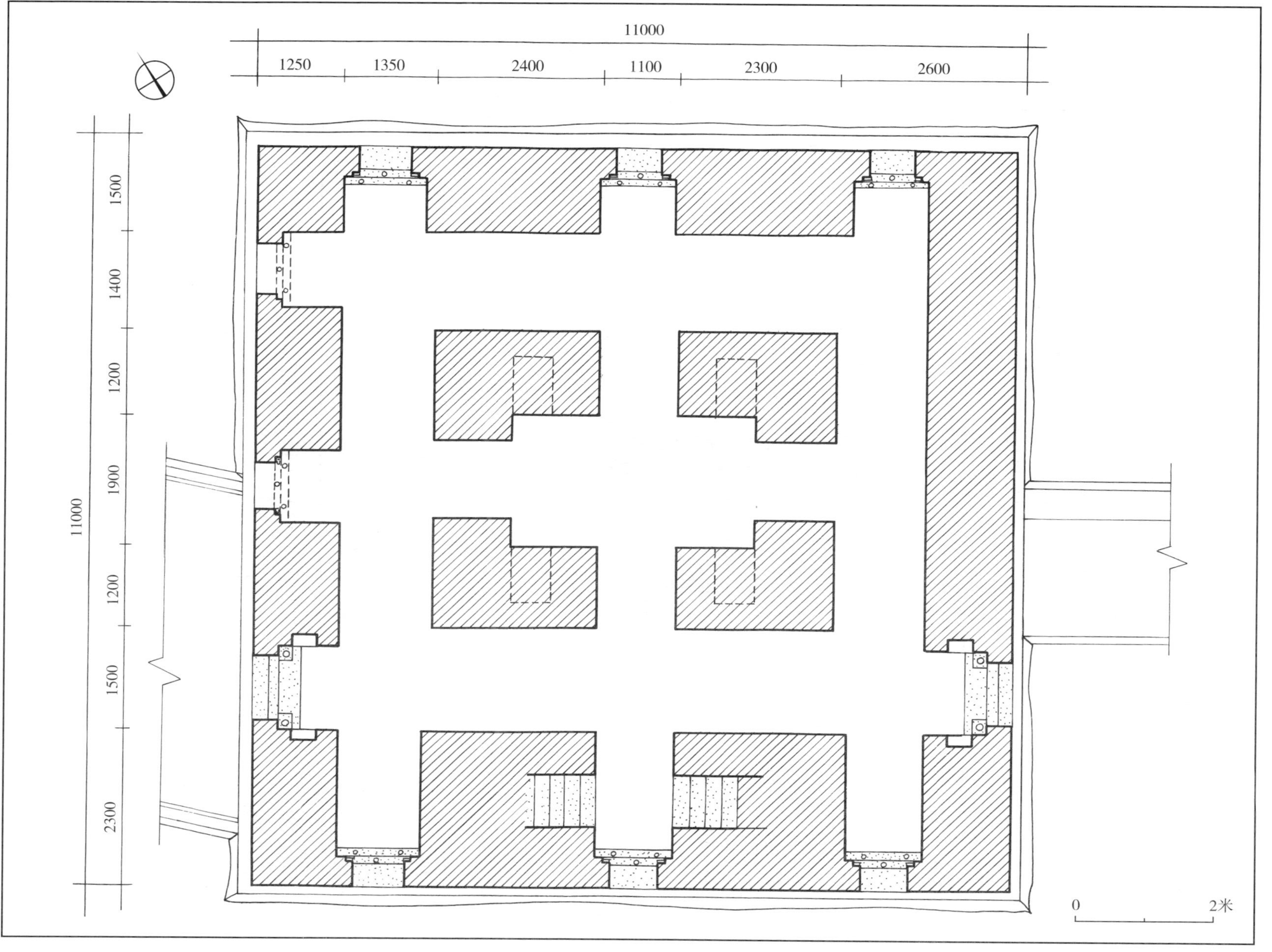

图［21］098 L46中层平面图

图［21］099 L46东立面图

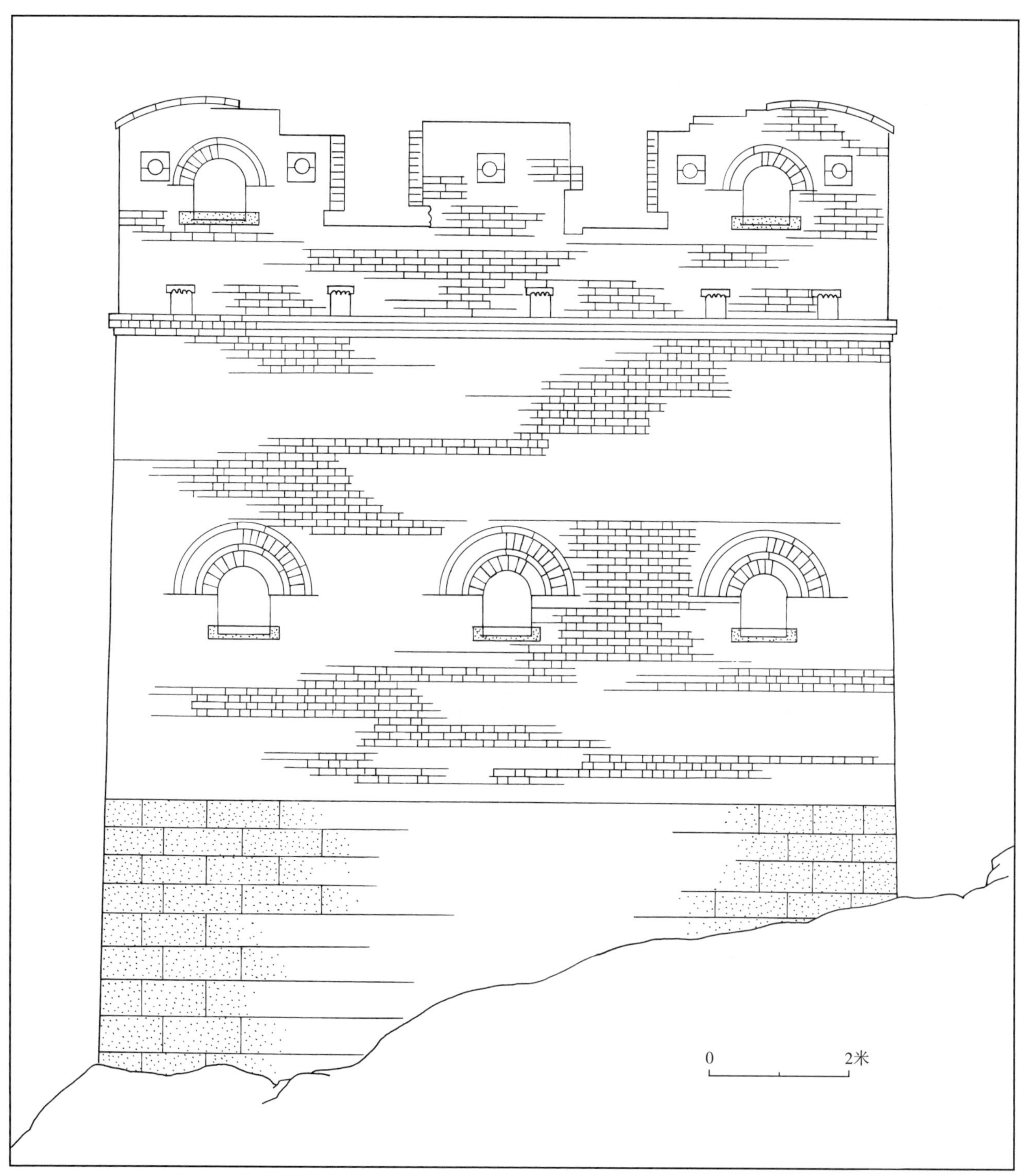

图［21］100 L46南立面图

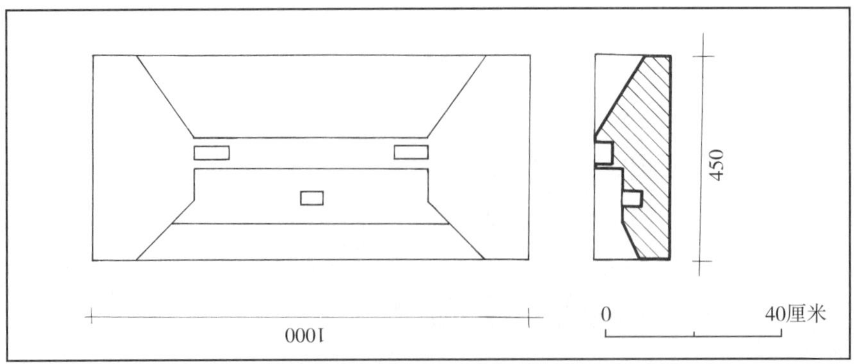

图［21］101　L46窗台石平剖面图

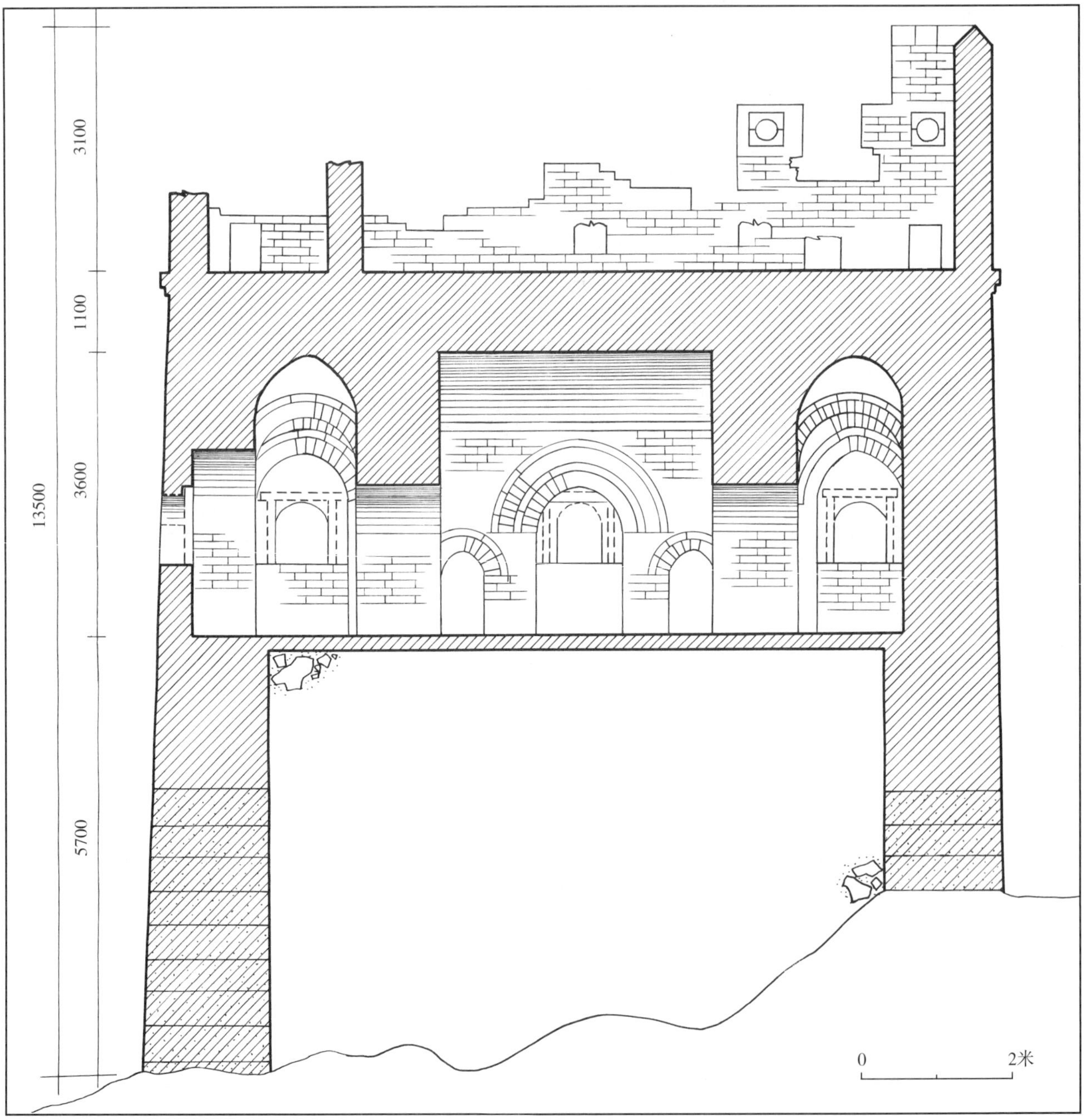

3100
1100
3600
13500
5700
0
2米

图［21］102　L46纵剖面图

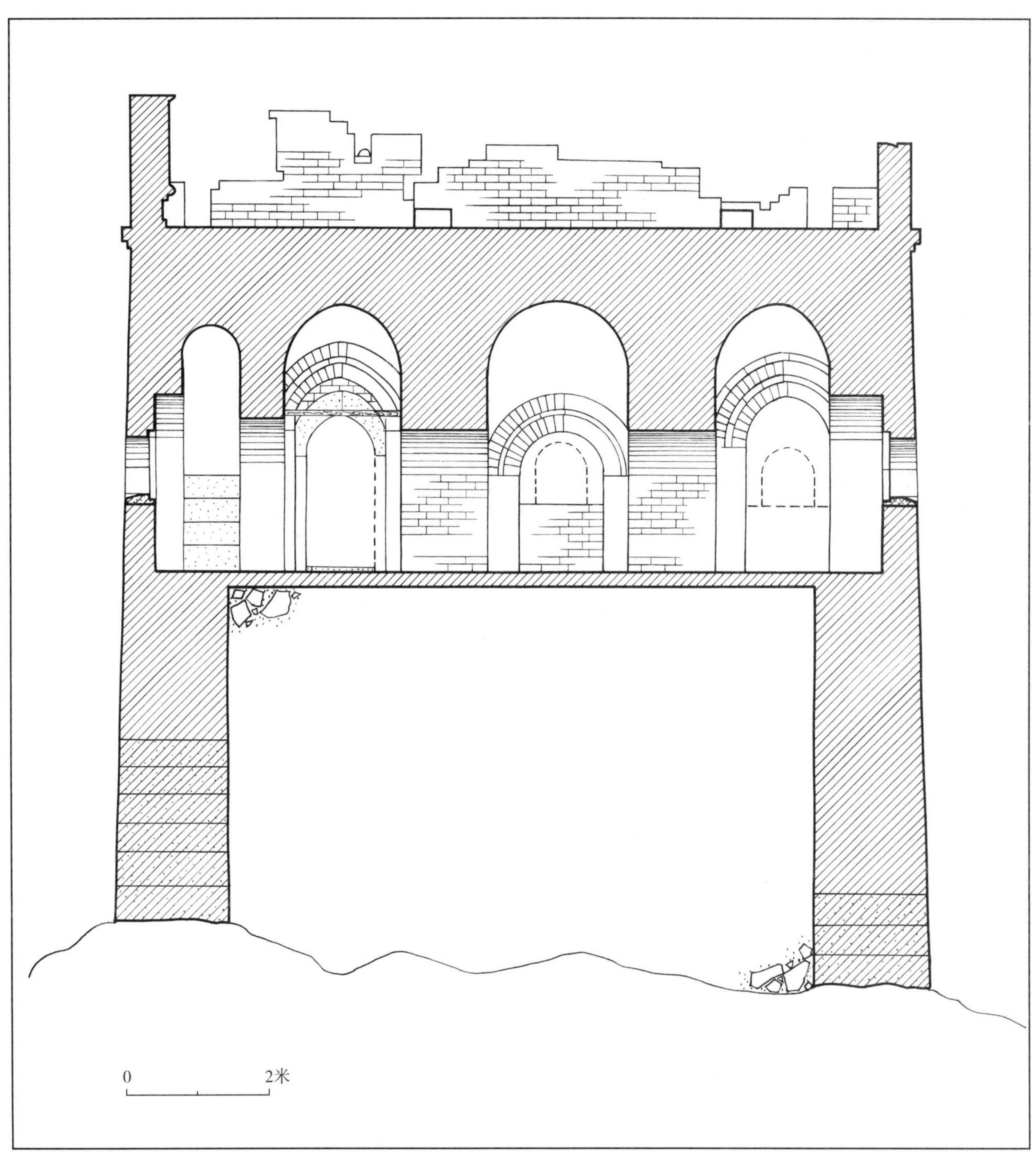

图［21］103 L46横剖面图

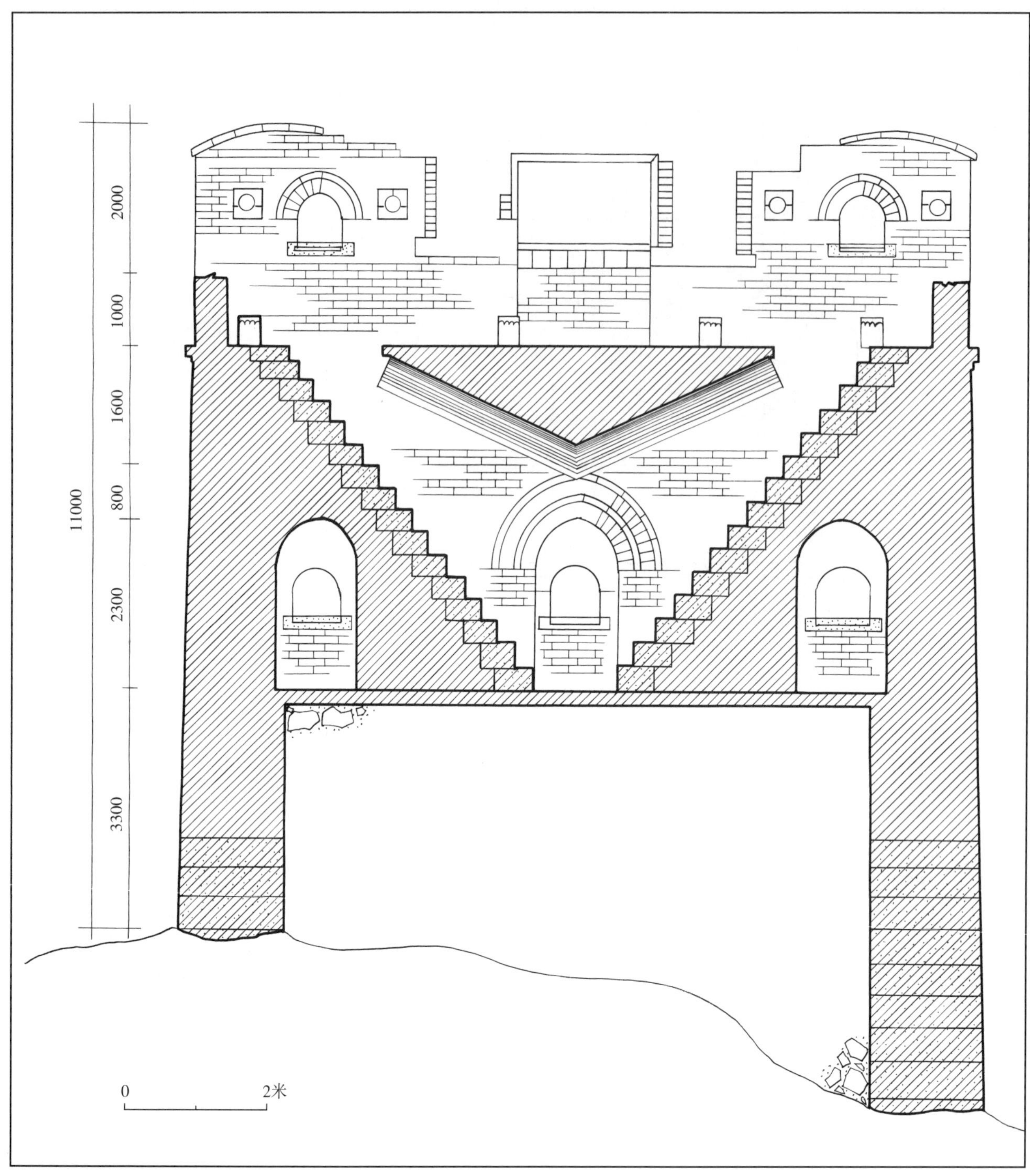

图［21］104　L46梯道剖面图

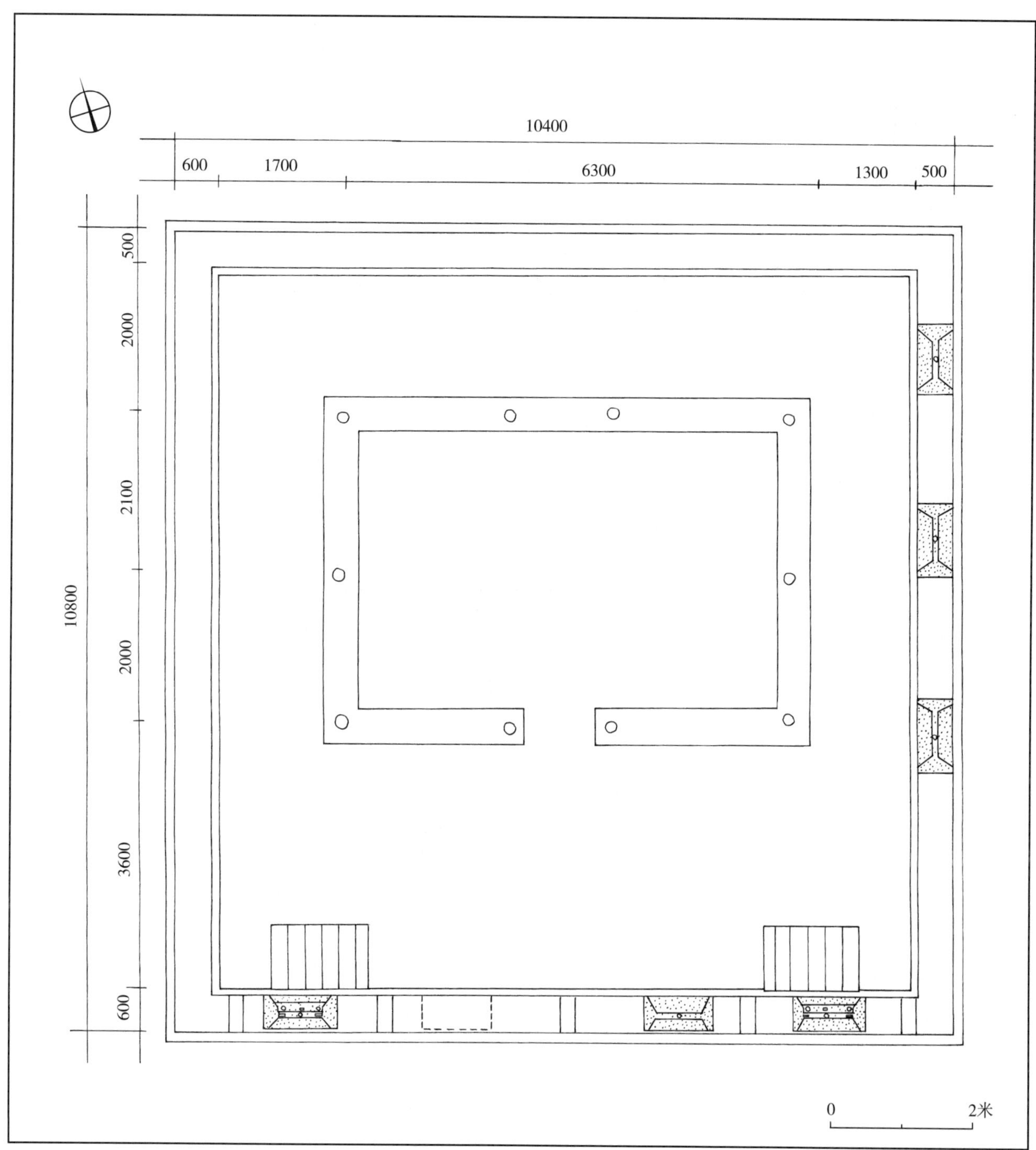

图［21］105　L46上层平面图

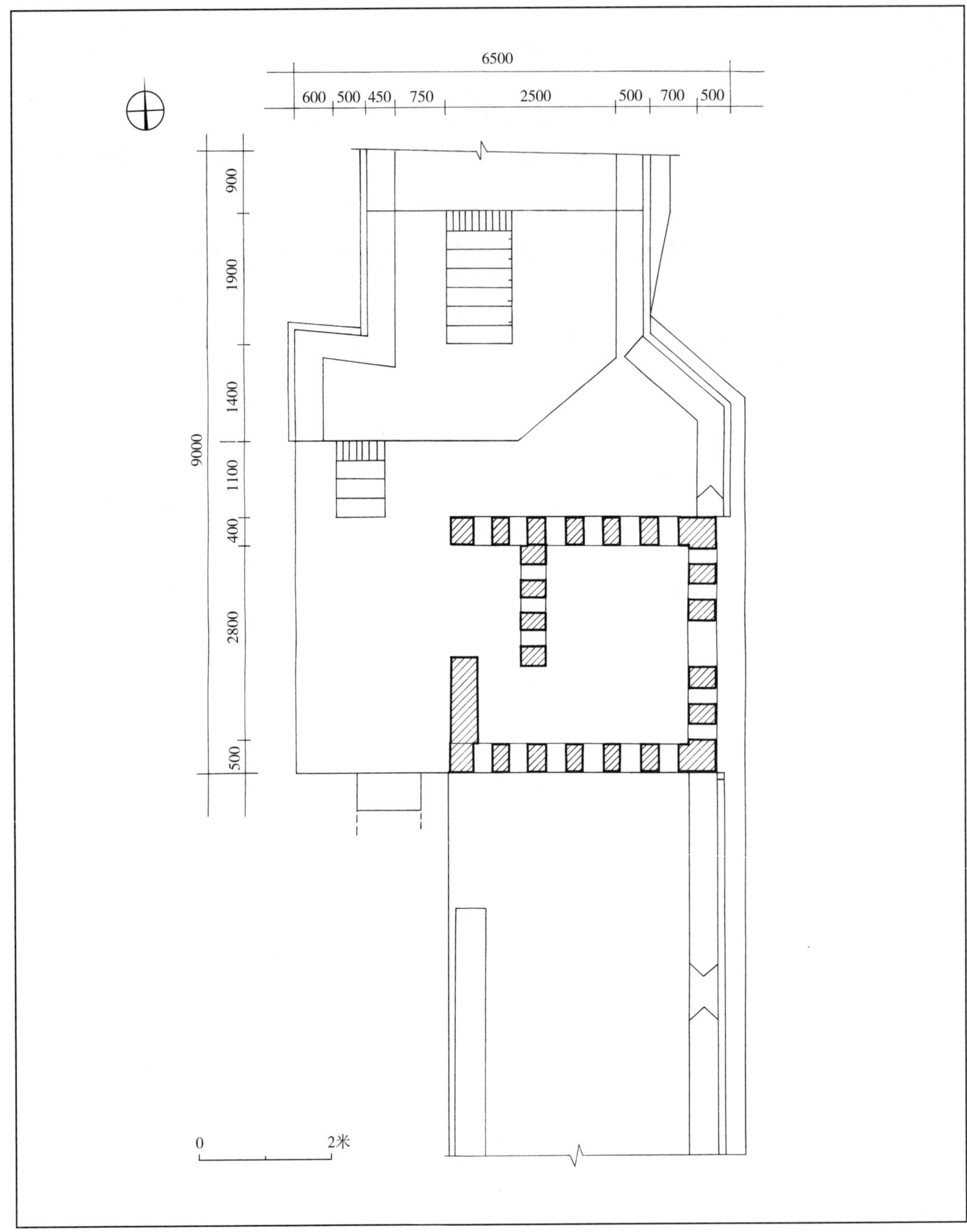

图［21］106 L67平面图

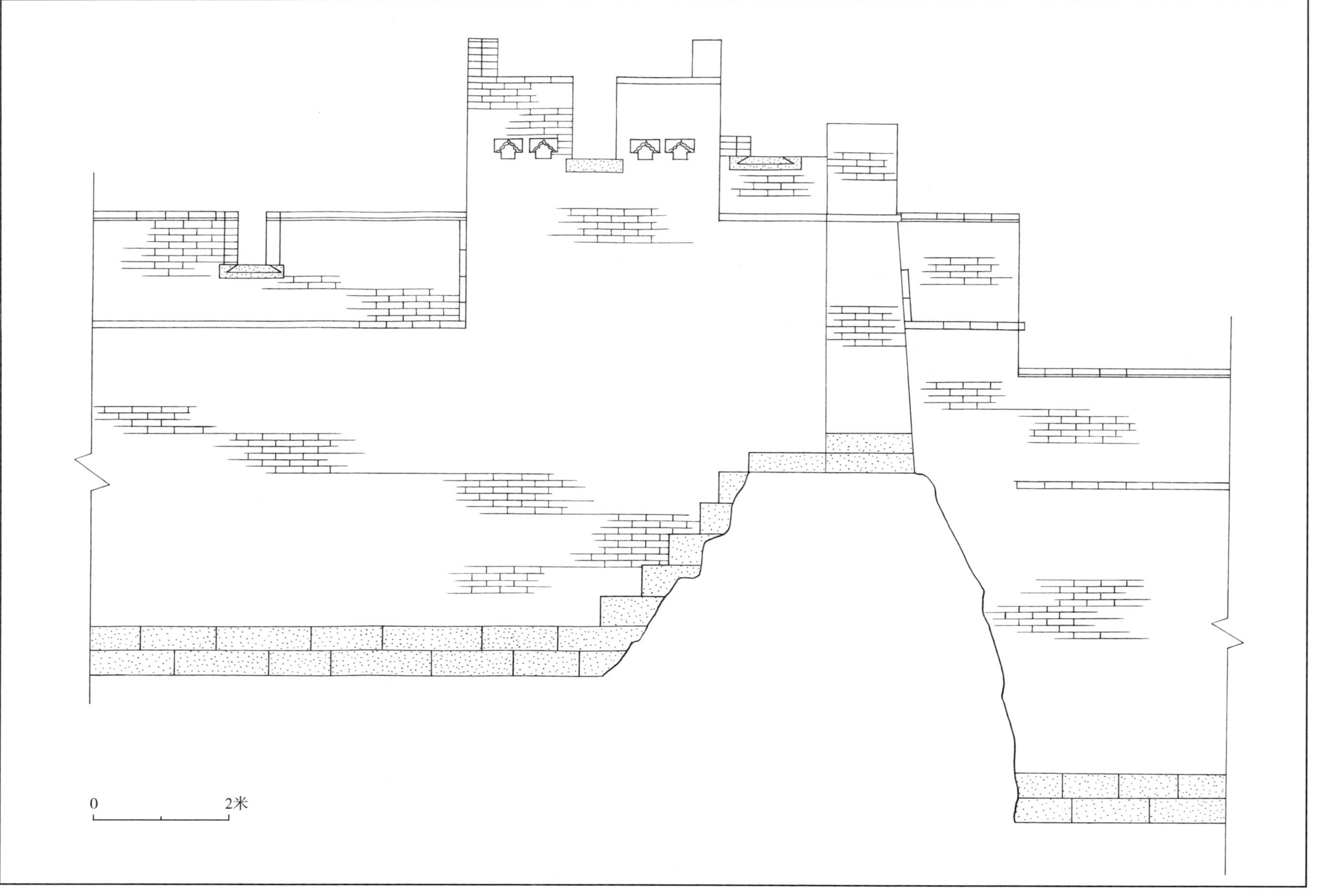

图［21］107 L67东立面图

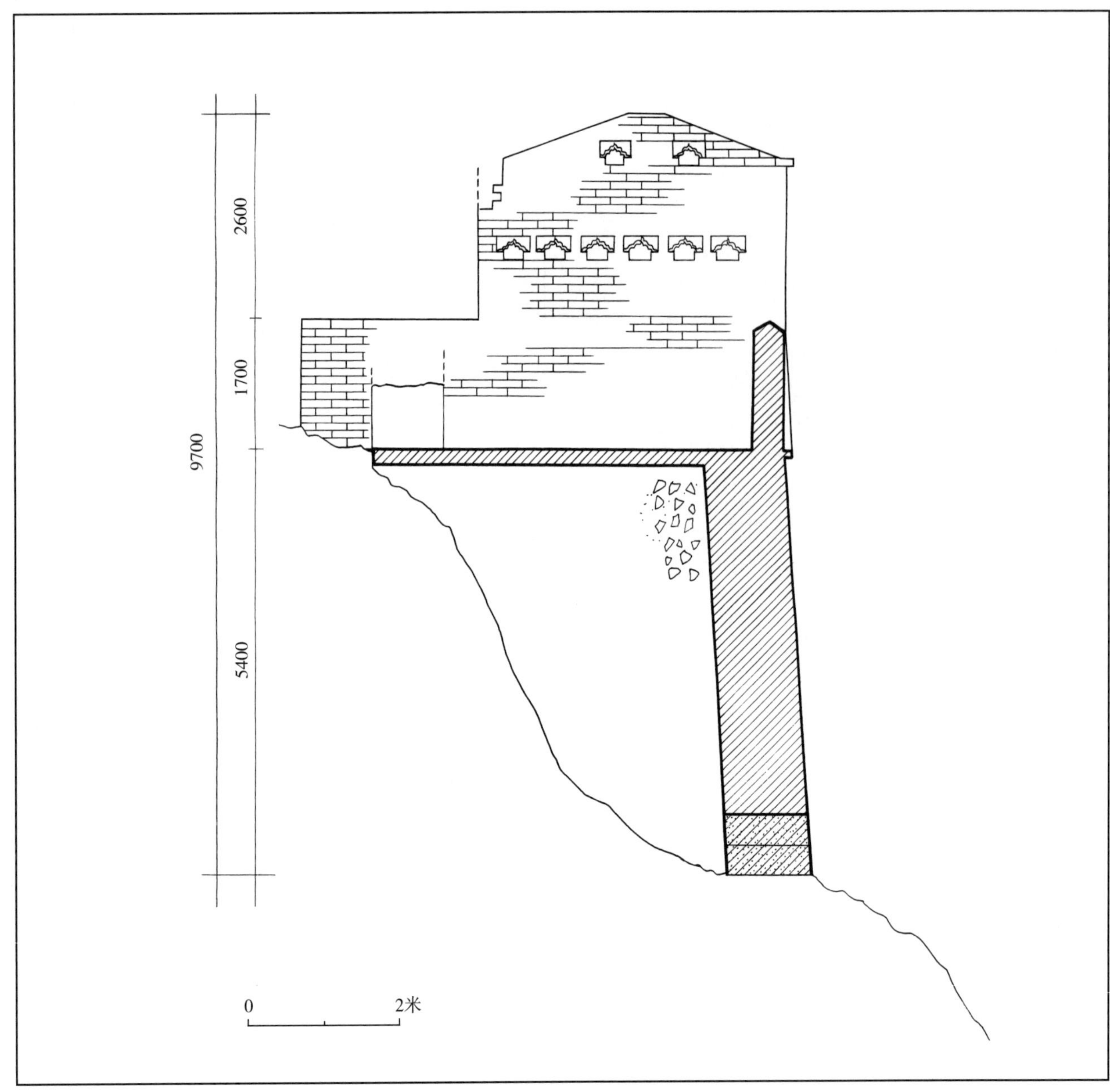

图［21］108 L67南立面图

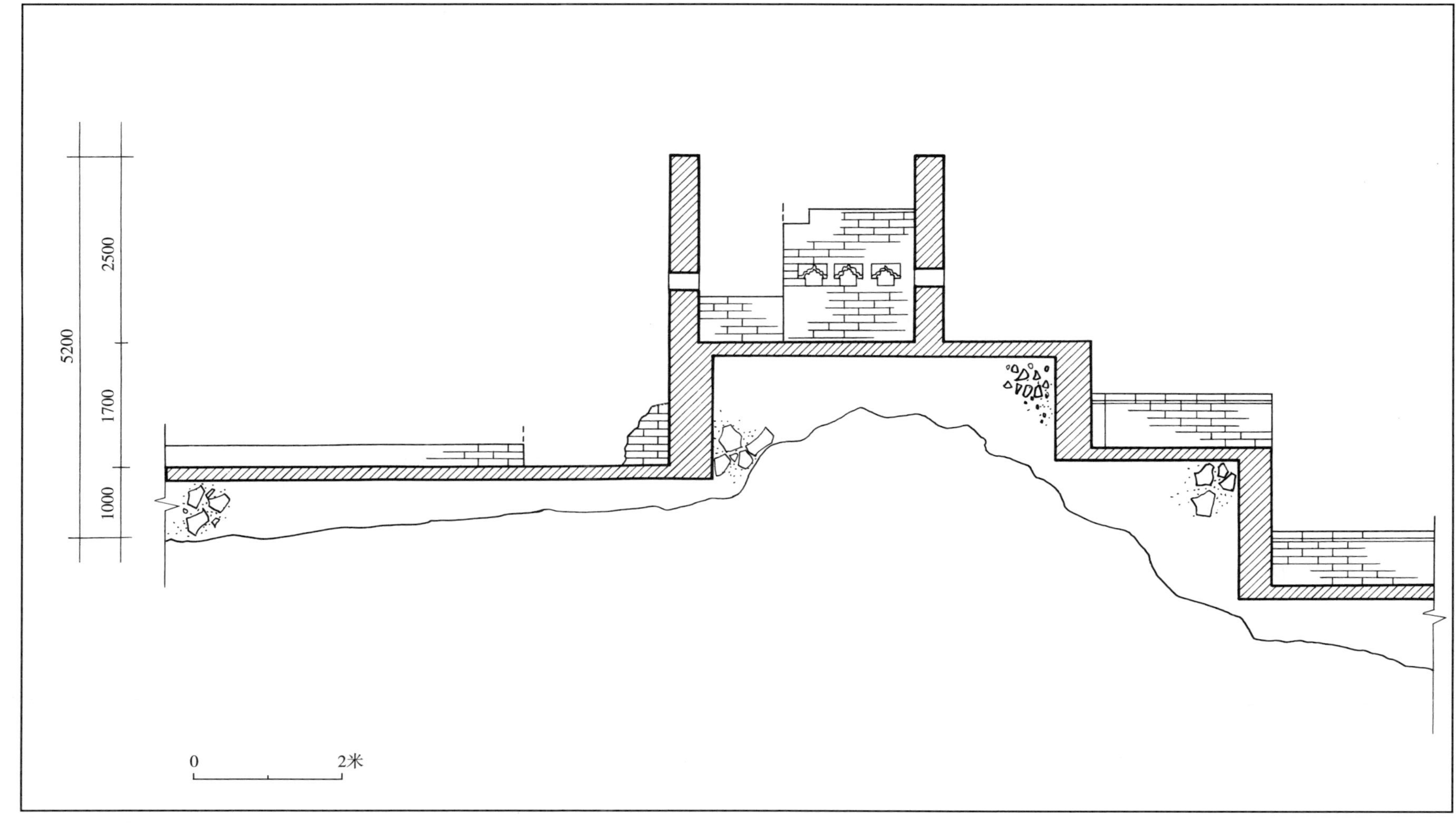

图［21］109 L67纵剖面图

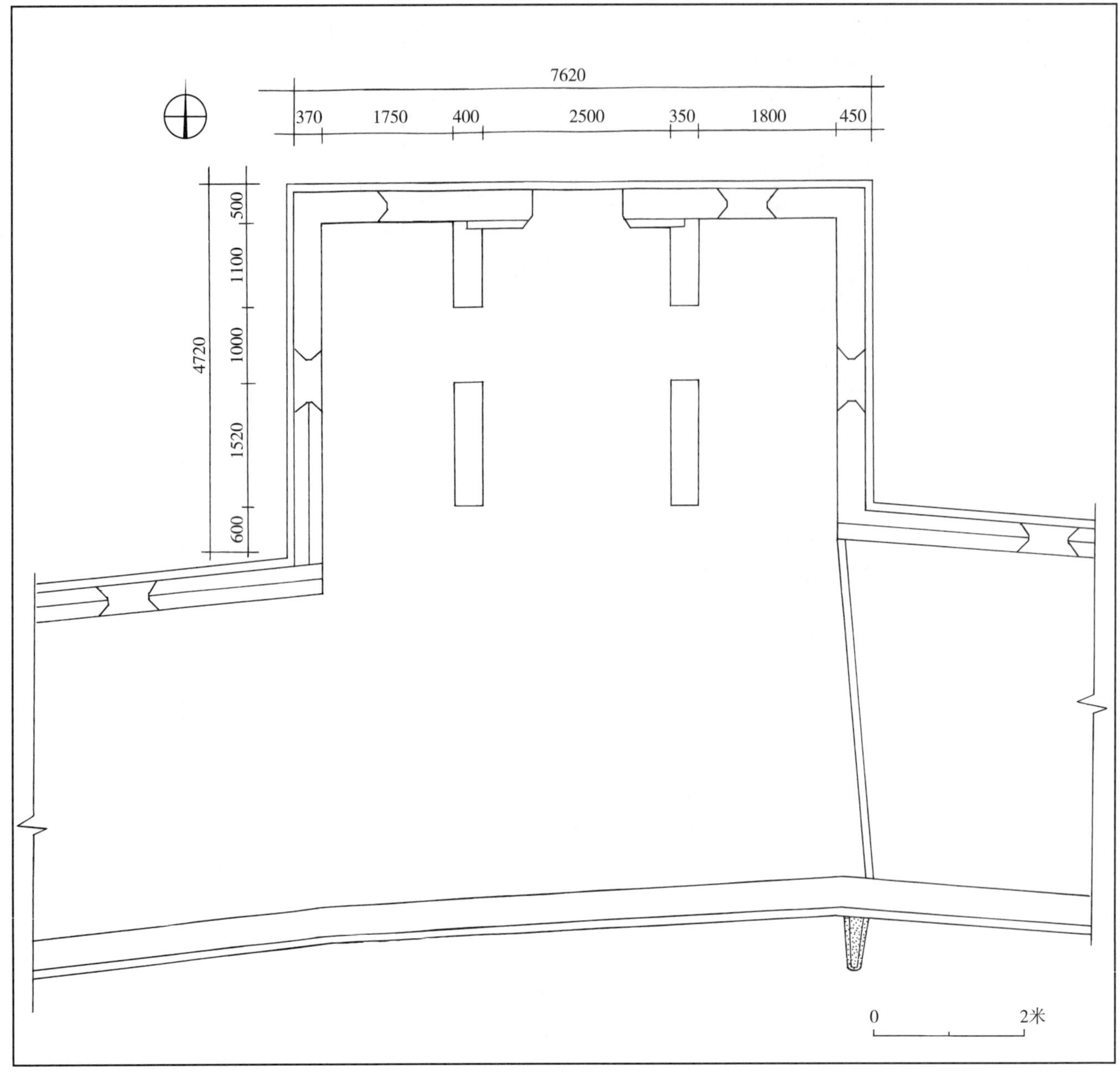

图［21］110 Z37平面图

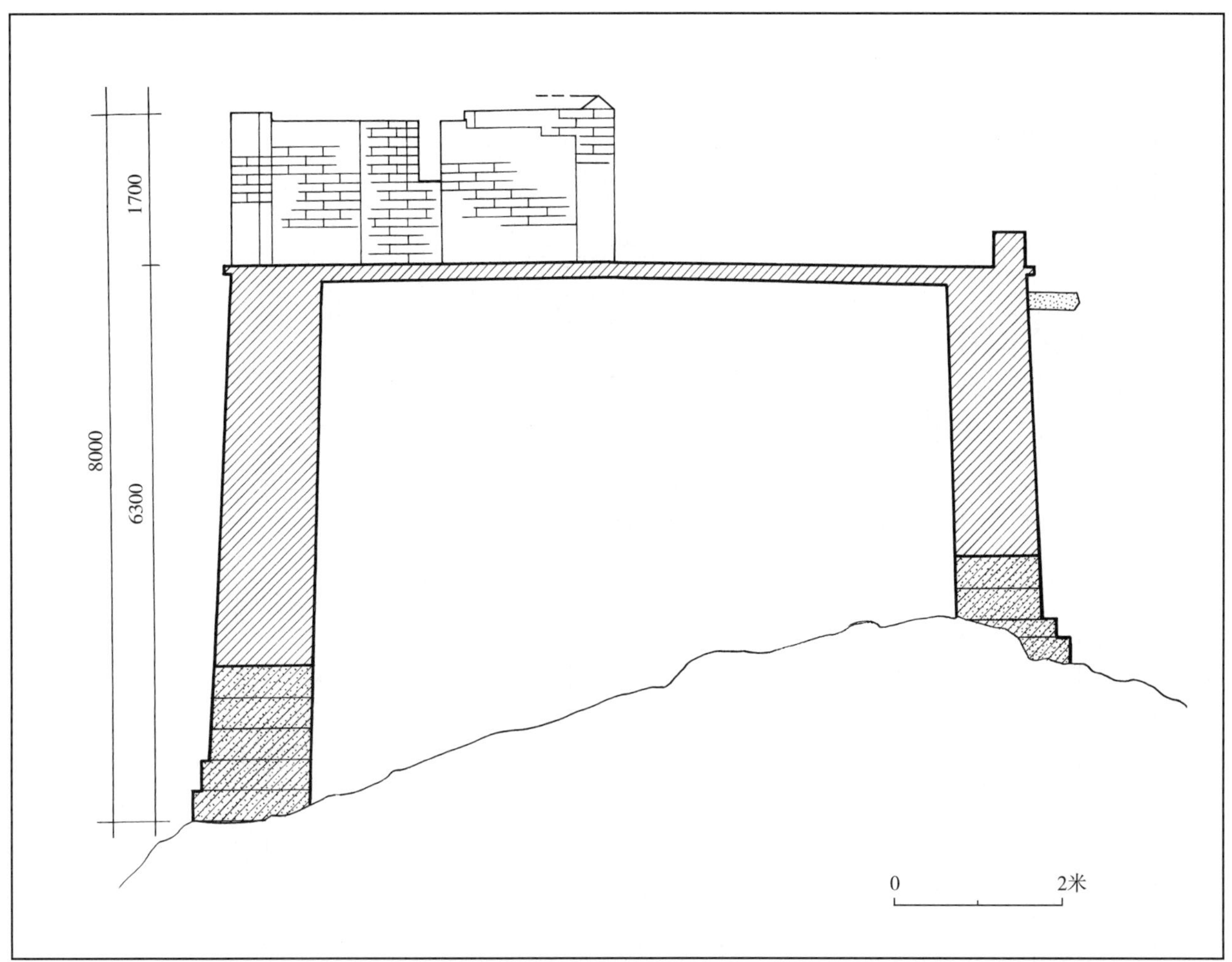

图［21］111　Z37横剖面图

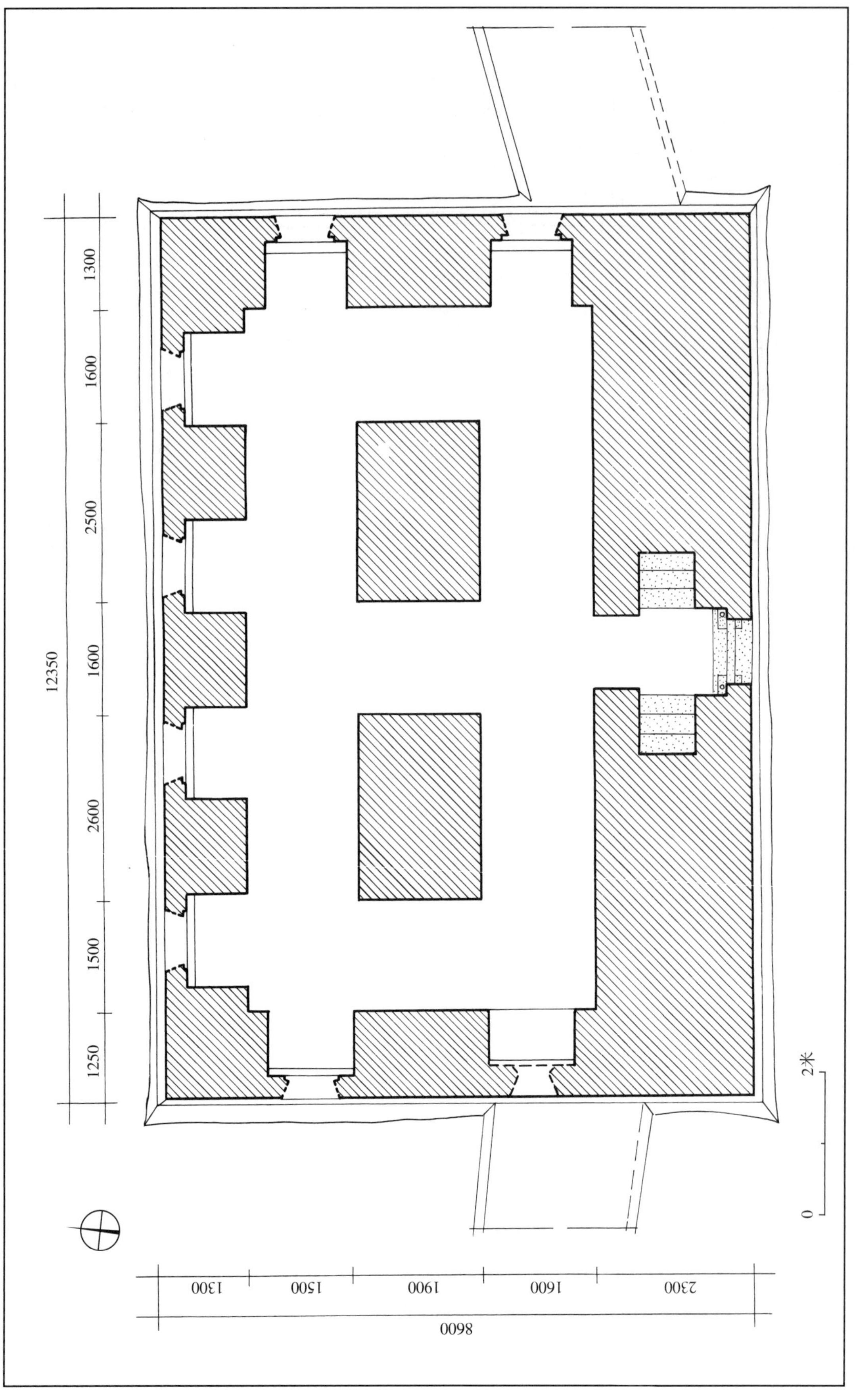

图［21］112　L103中层平面图

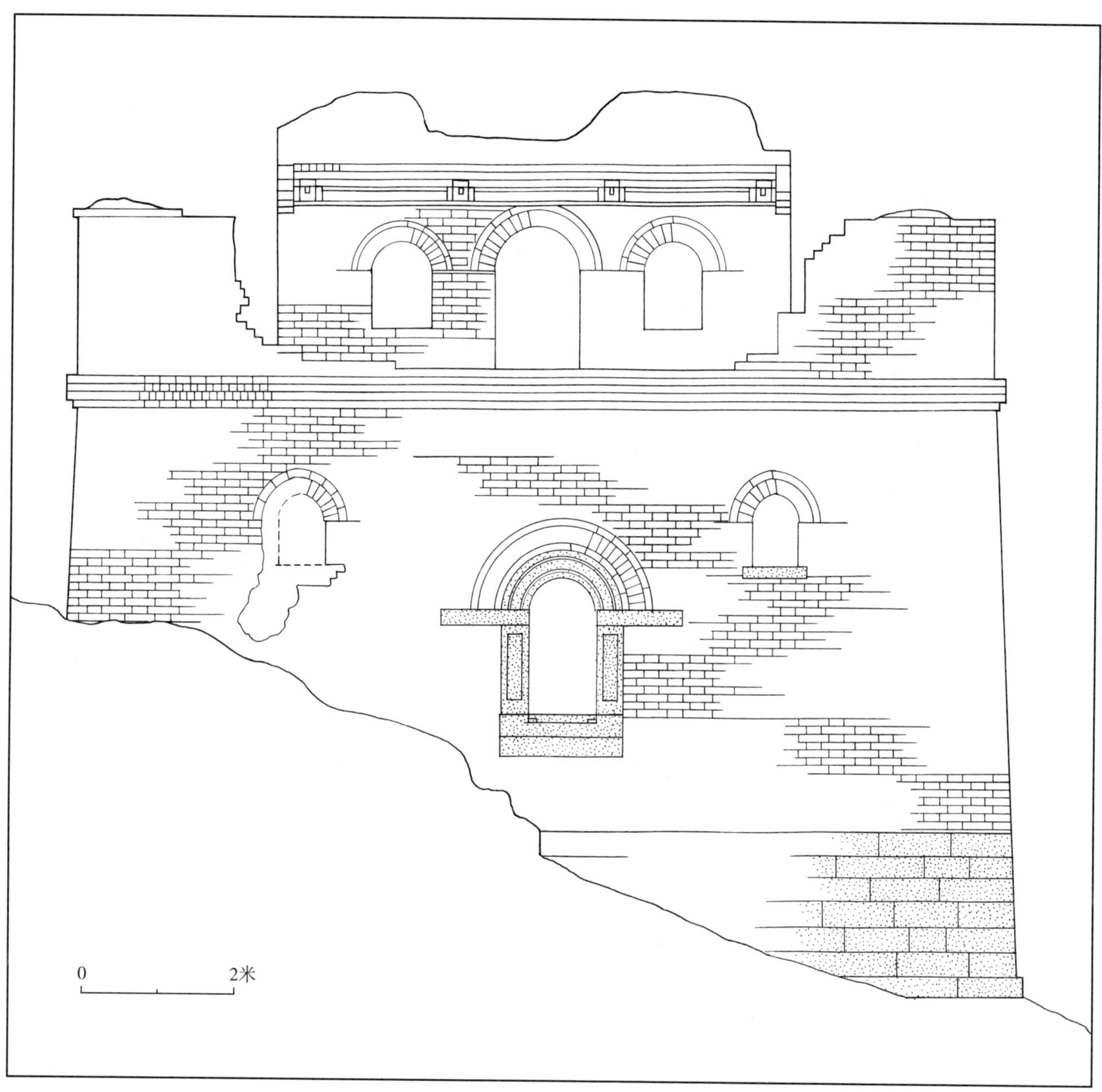

图［21］113　L103南立面图

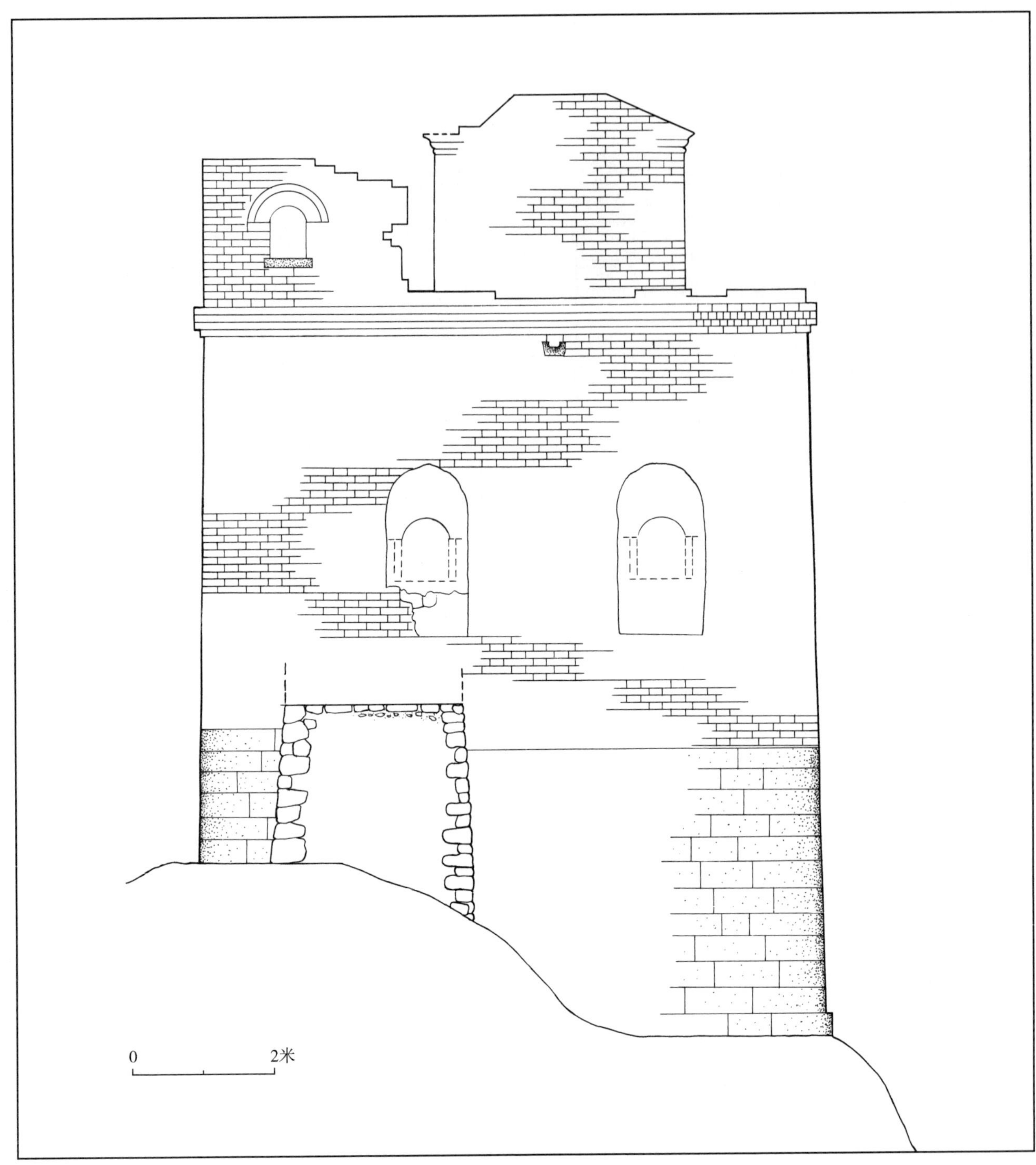

图［21］114 L103东立面图

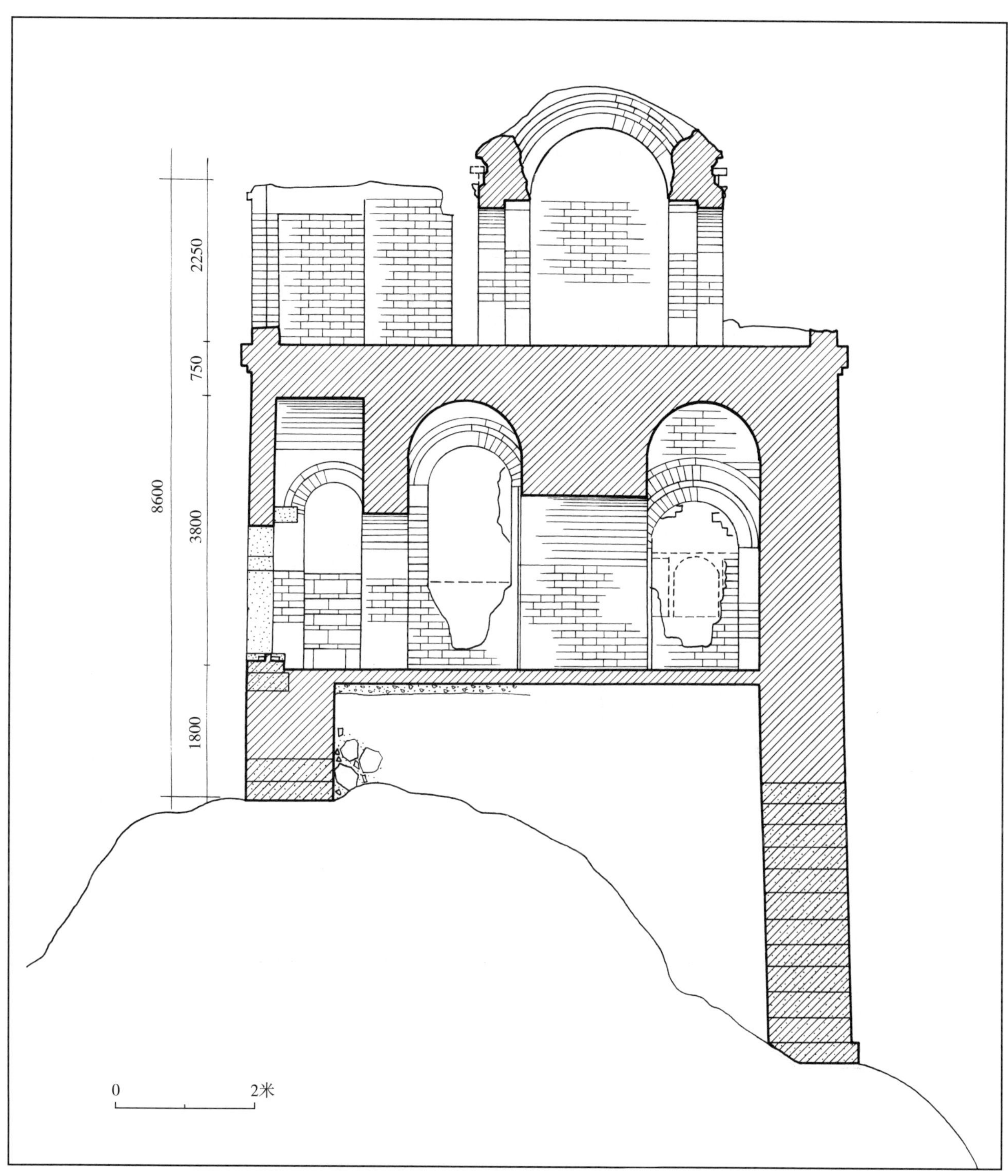

图［21］115 L103横剖面图

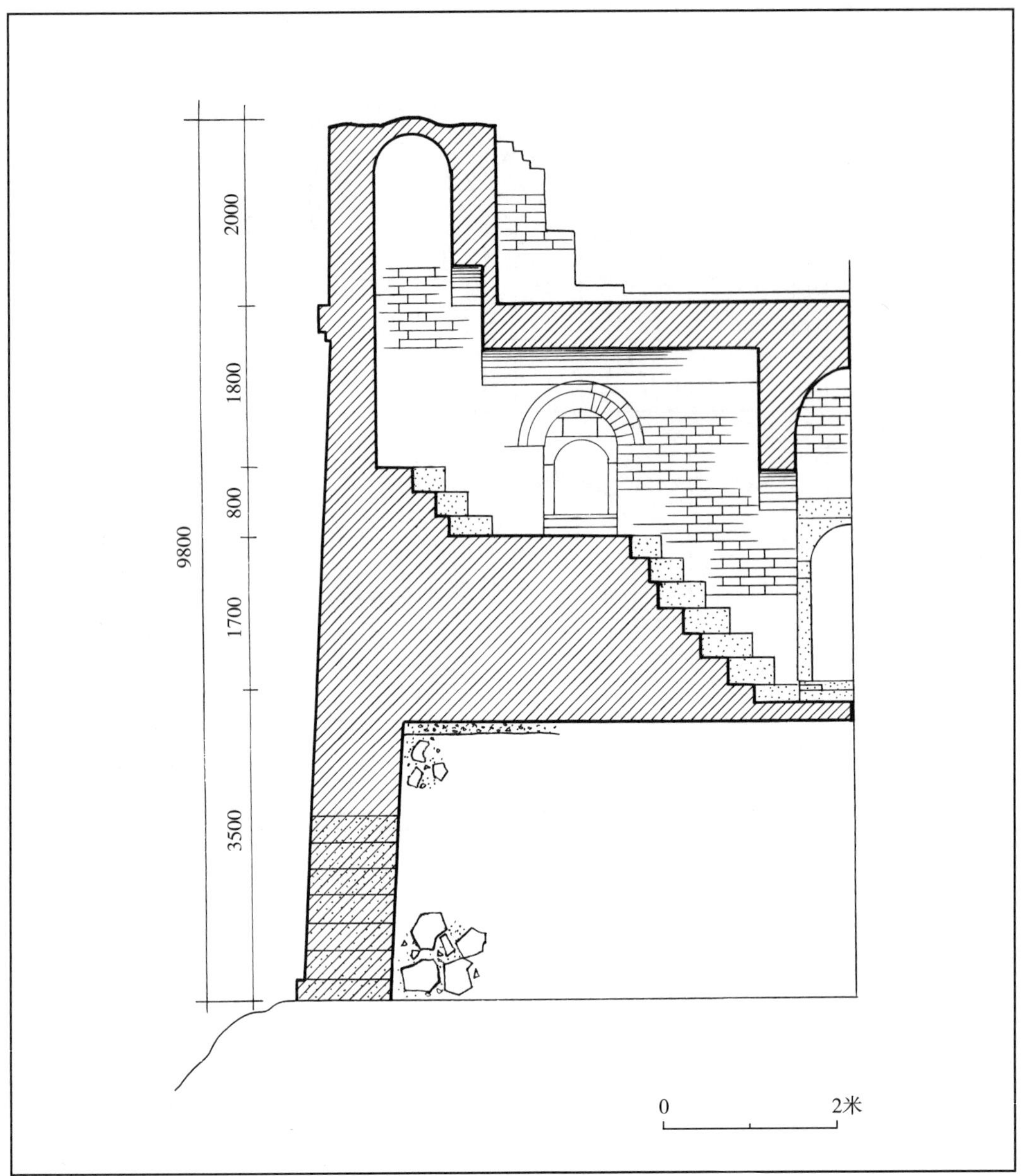

图［21］116 L103梯道剖图

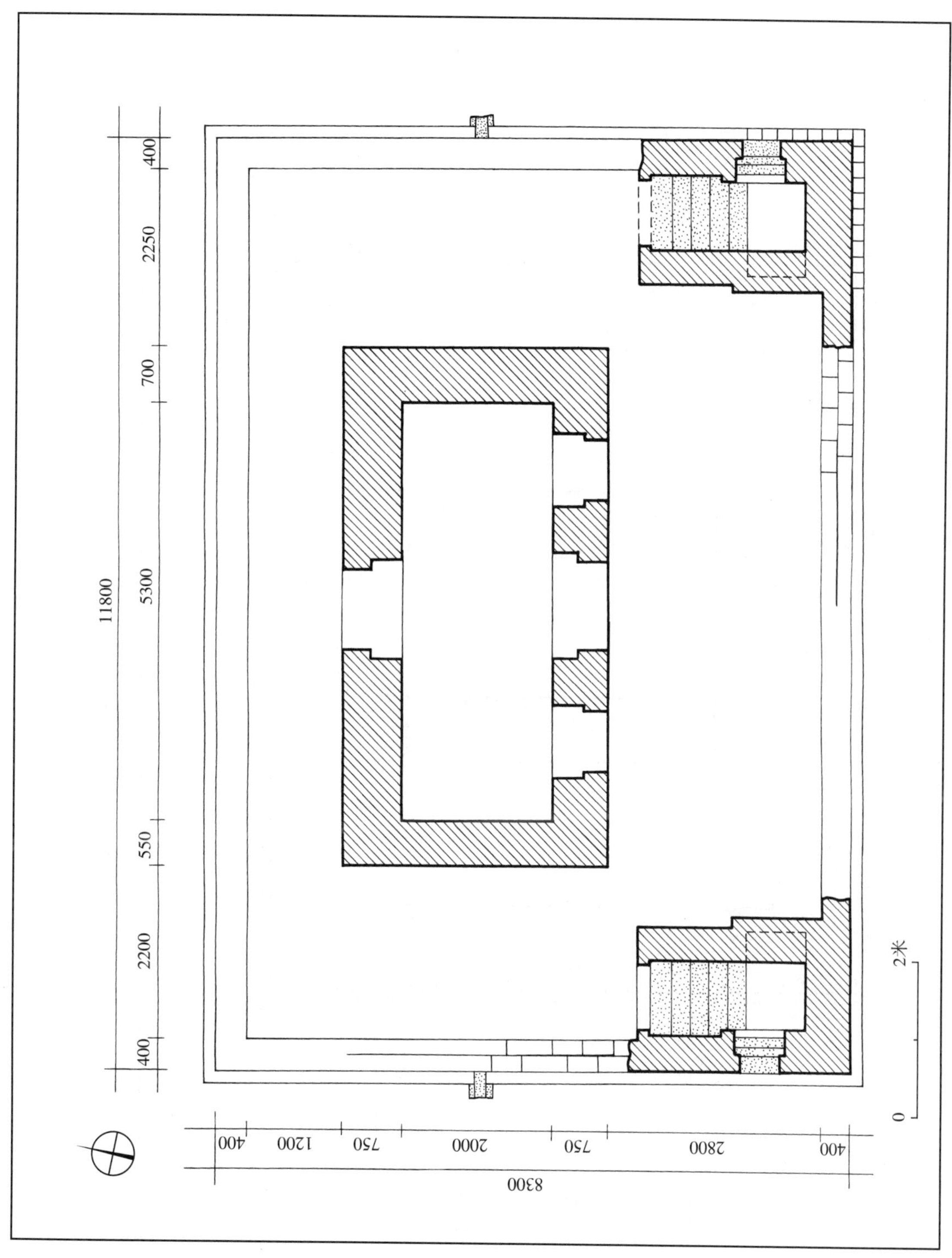

图［21］117 L103上层平面图

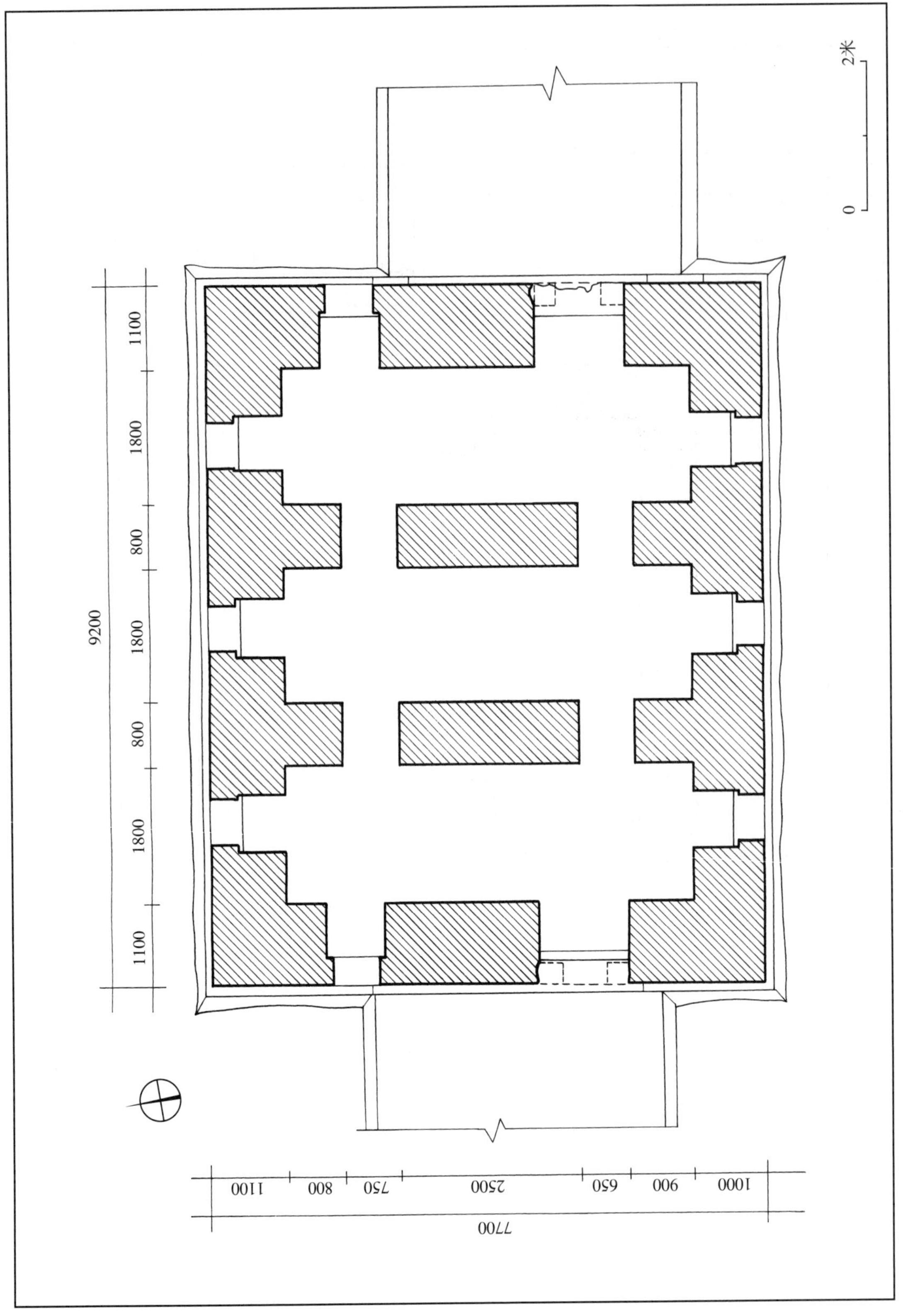

图［21］118 L104中层平面图

图［21］119　L104东立面图

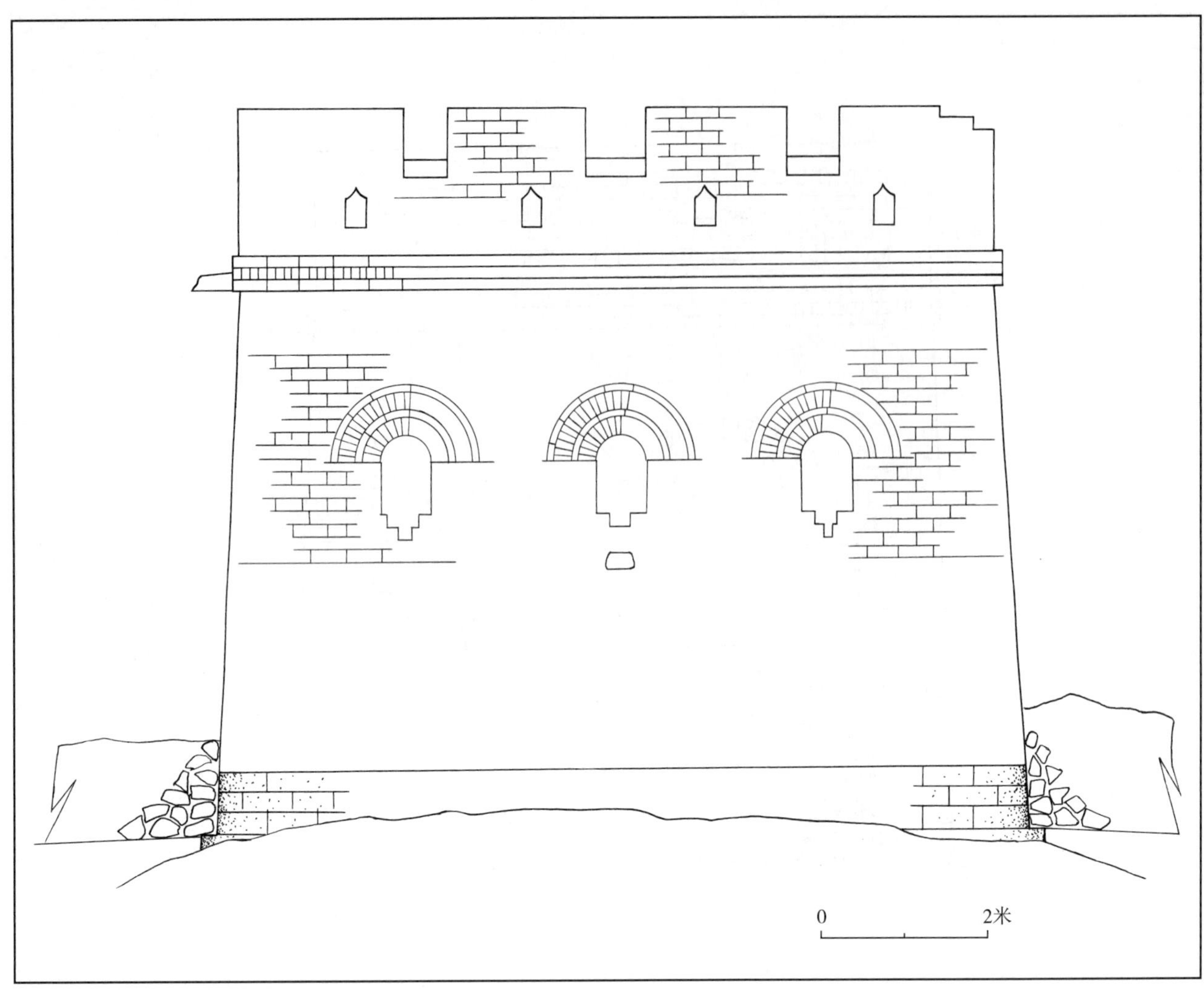

图［21］120　L104南立面图

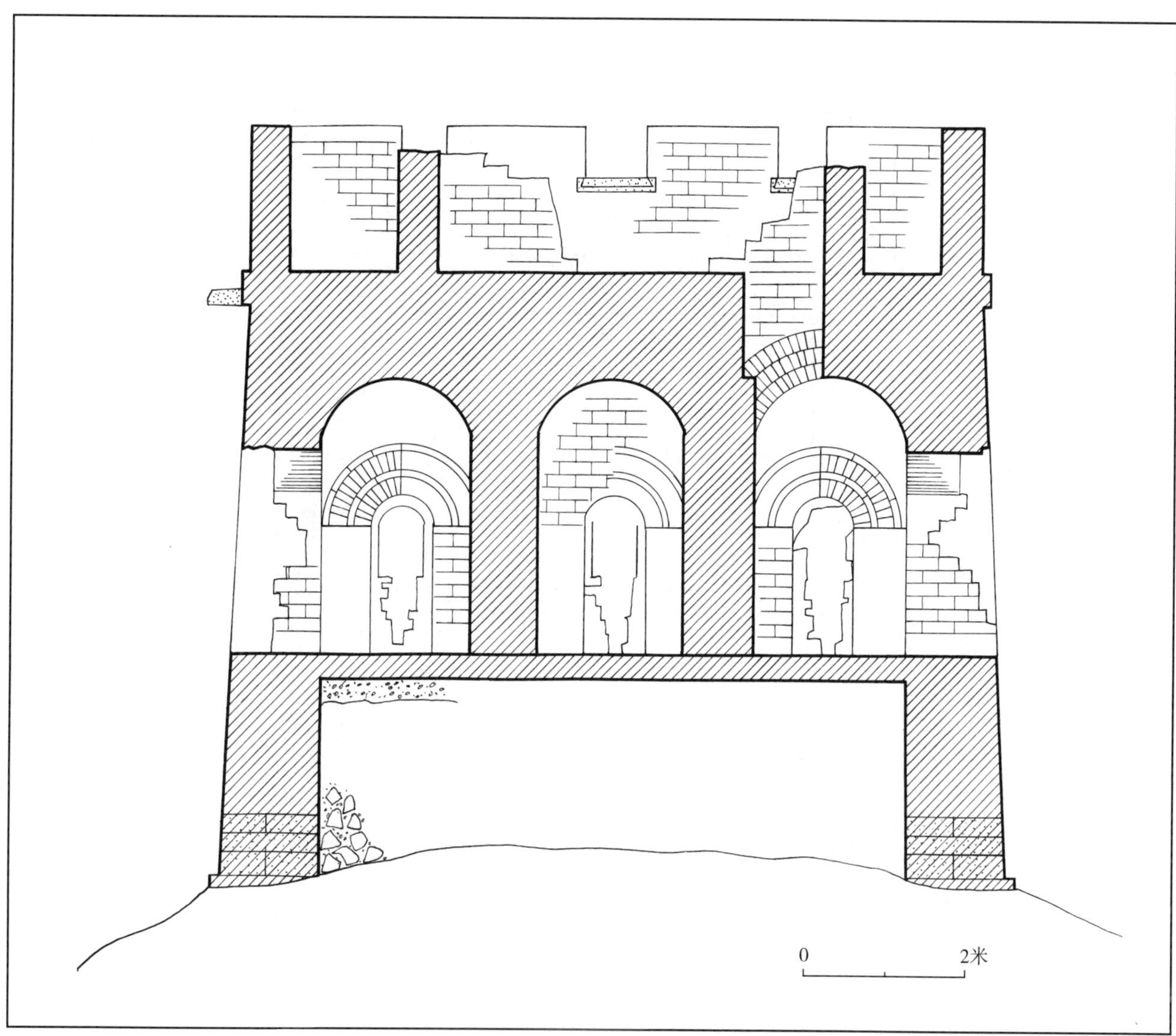

图［21］121　L104纵剖面图

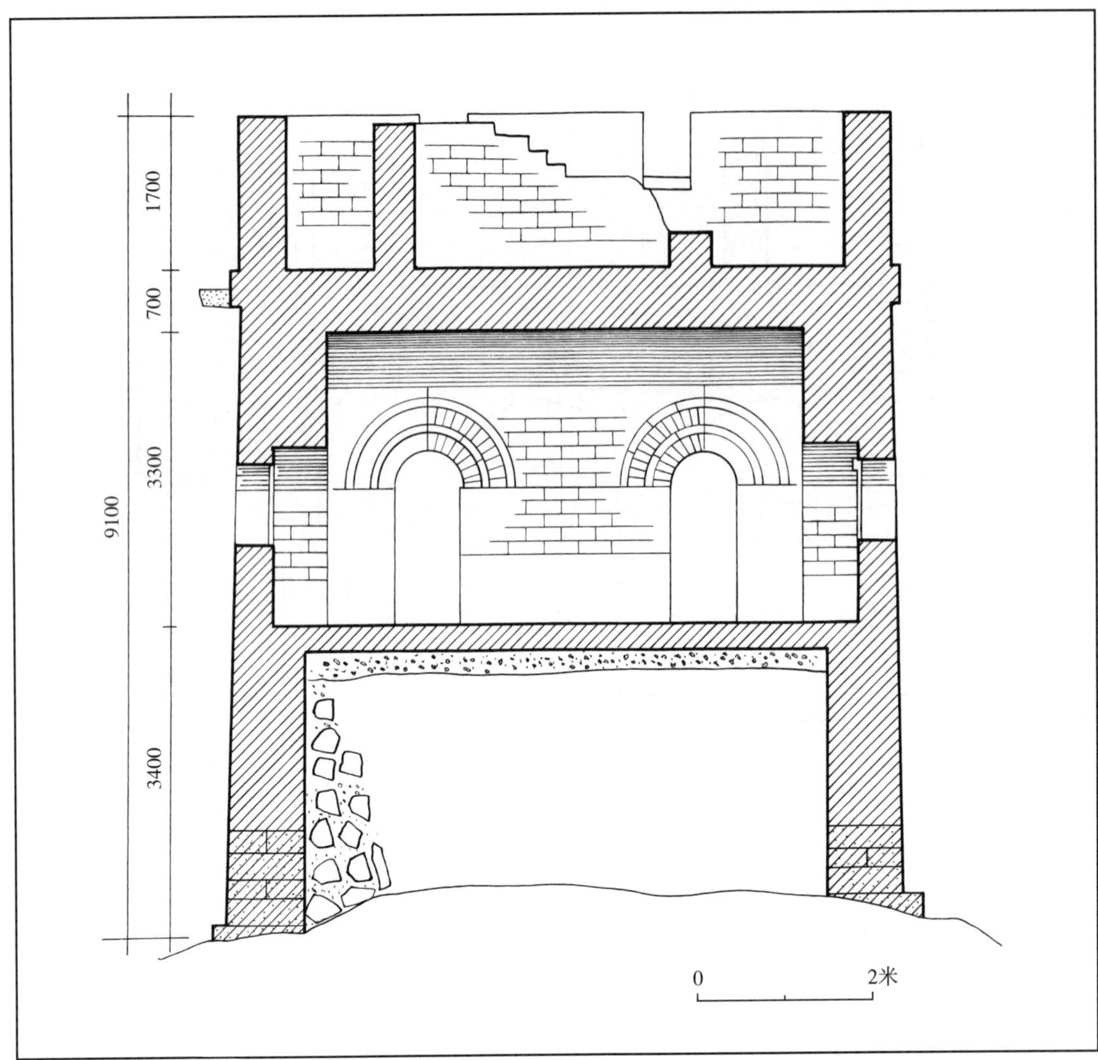

图［21］122 L104横剖面图

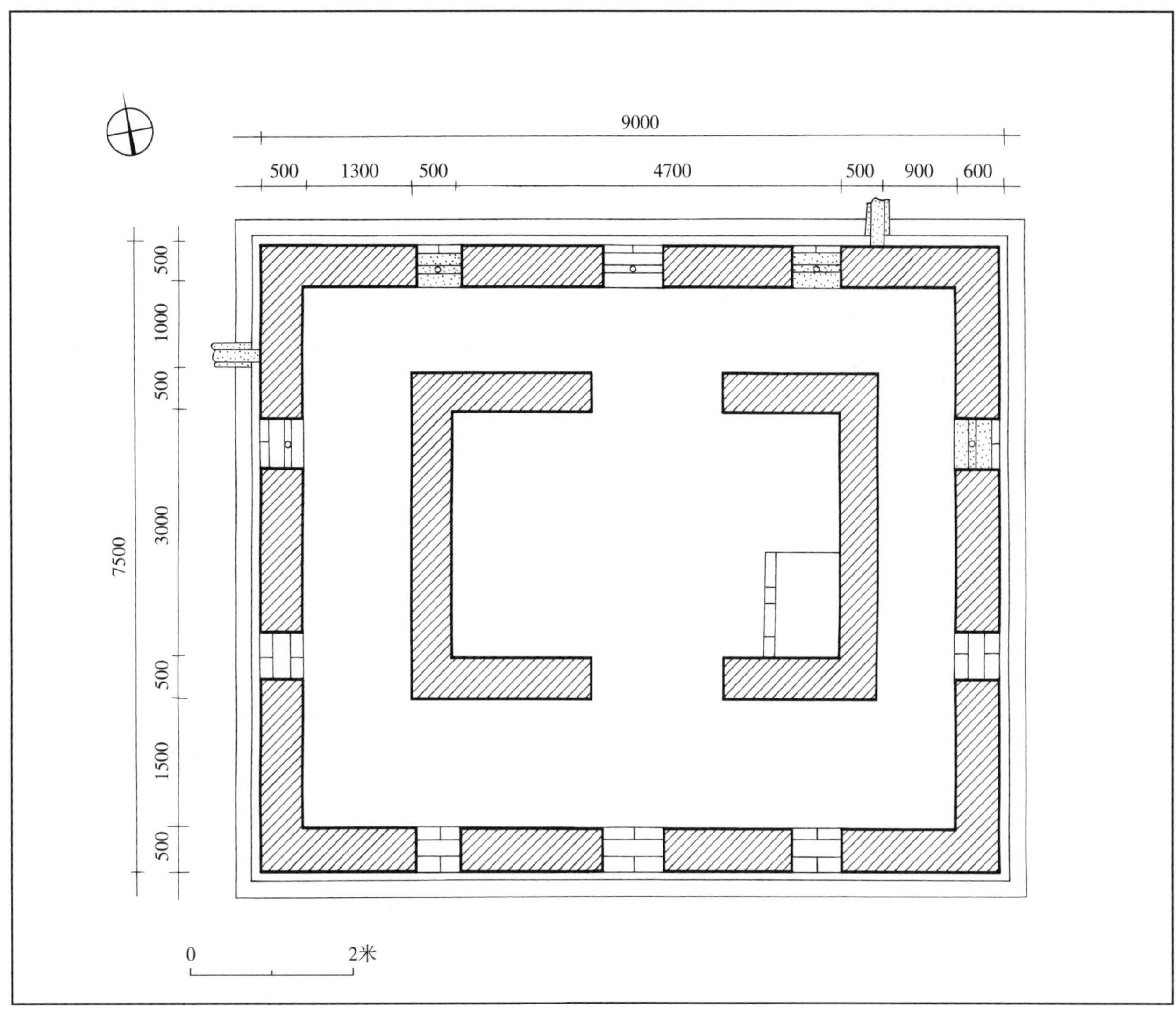

图［21］123 L104上层平面图

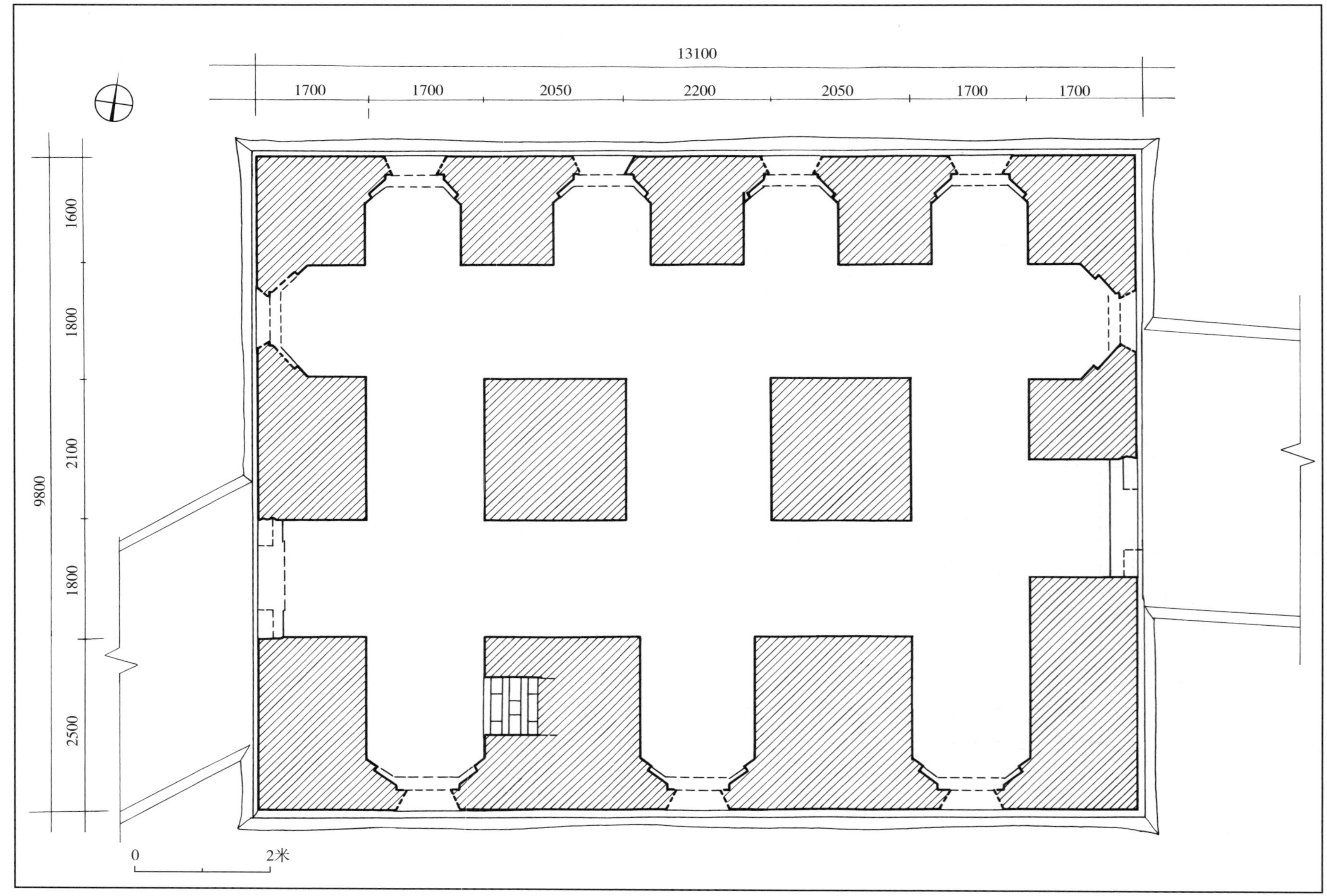

图［21］124　L106中层平面图

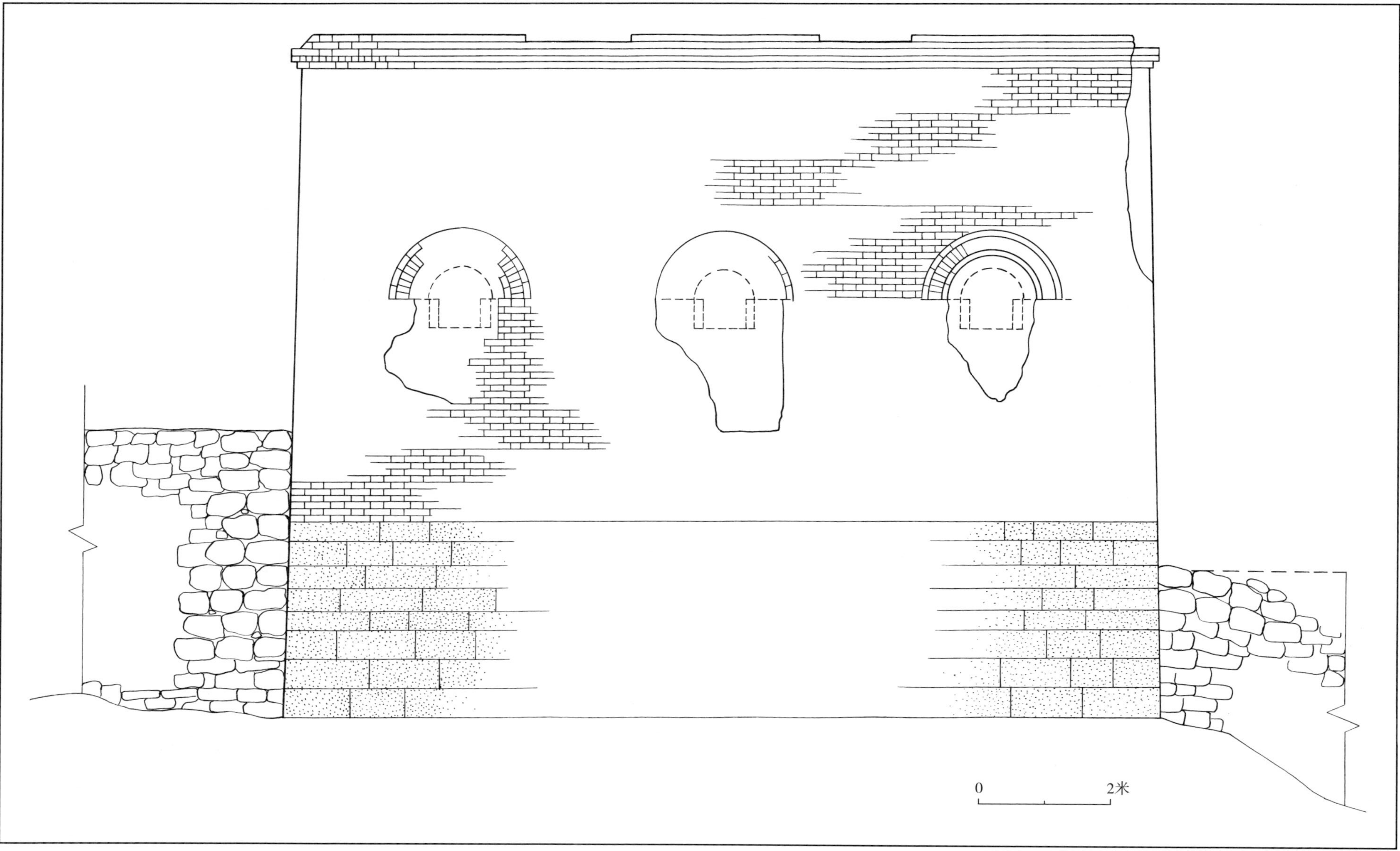

图［21］125　L106南立面图

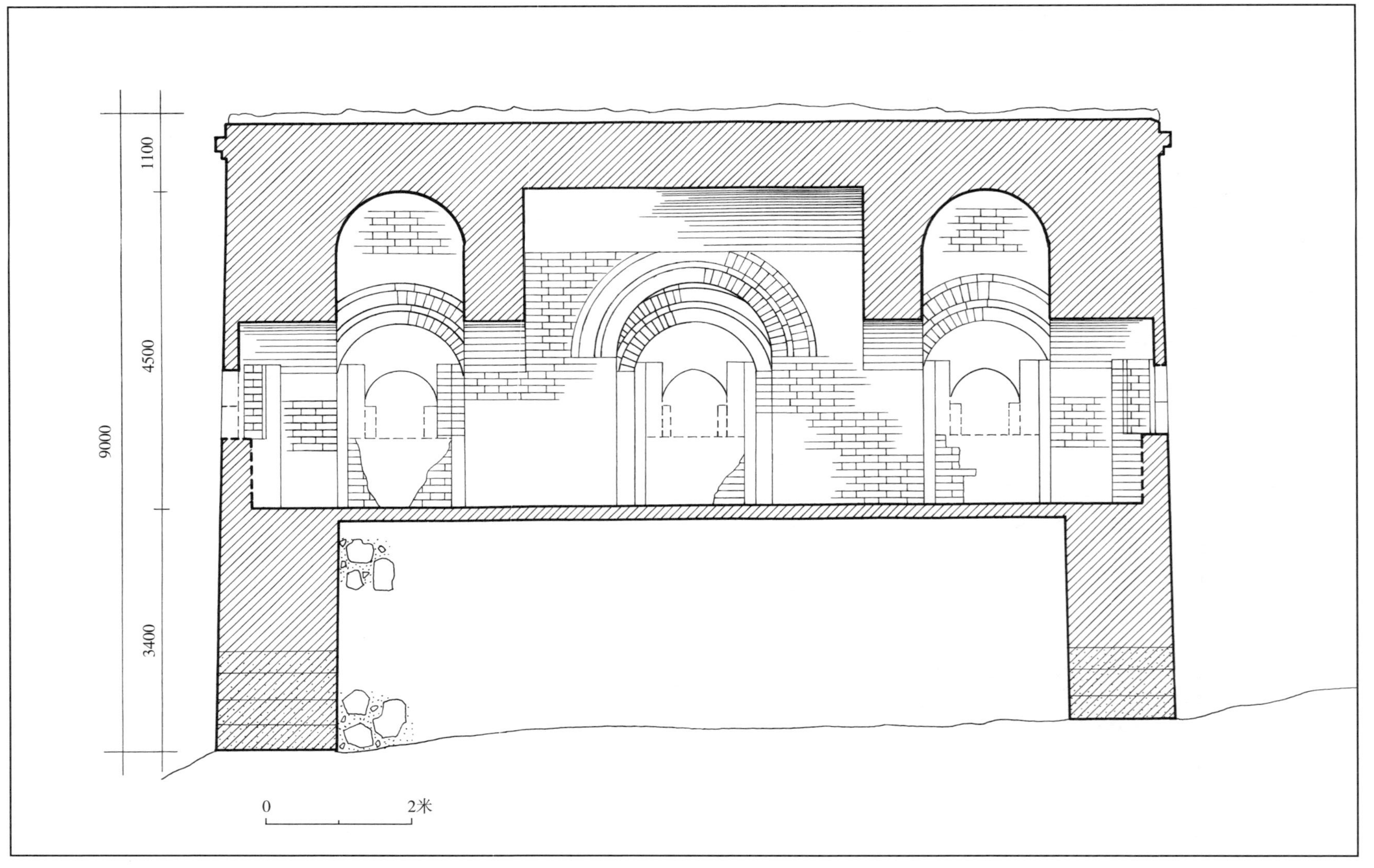

图［21］126 L106纵剖面图

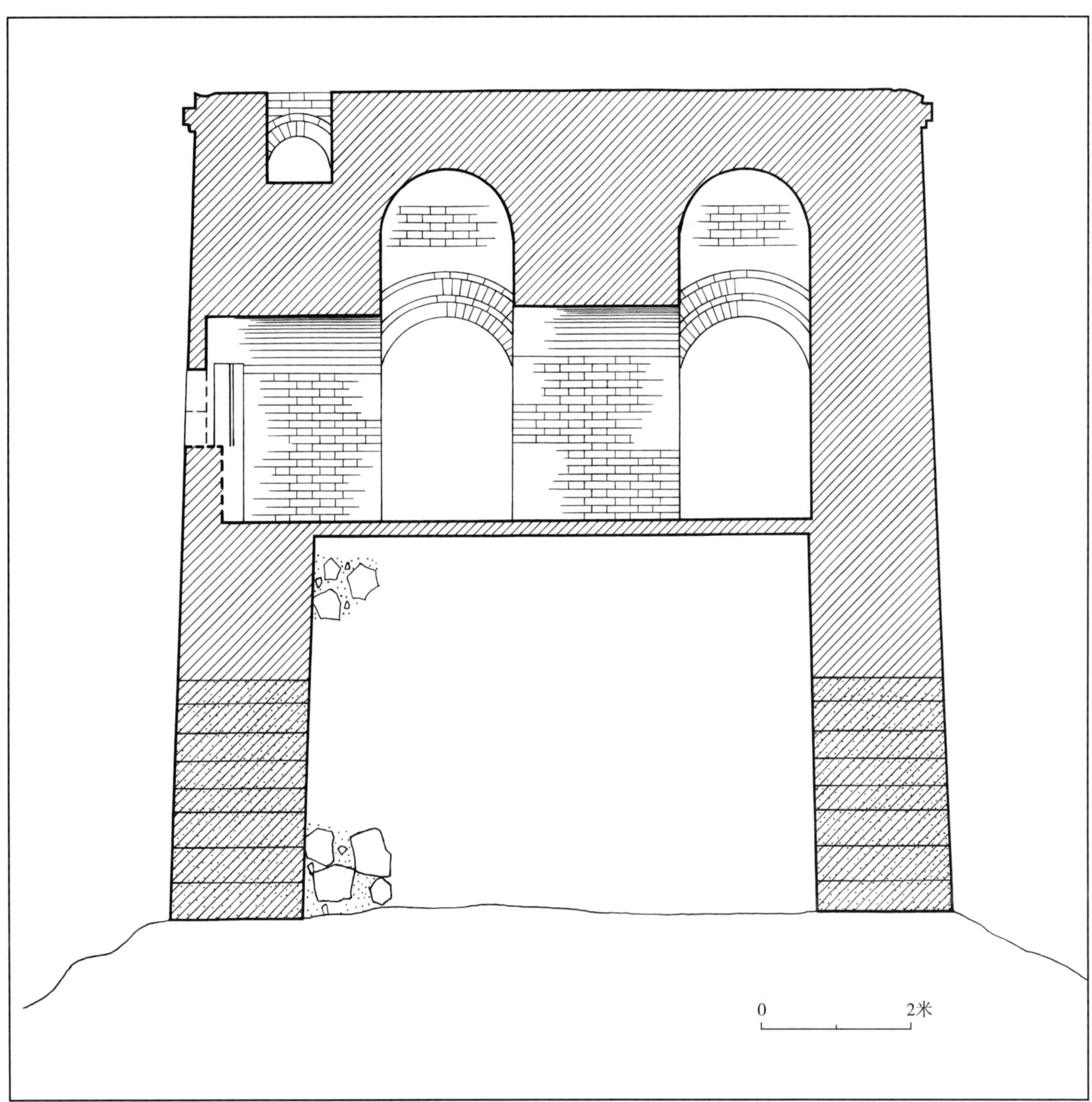

图［21］127　L106横剖面图

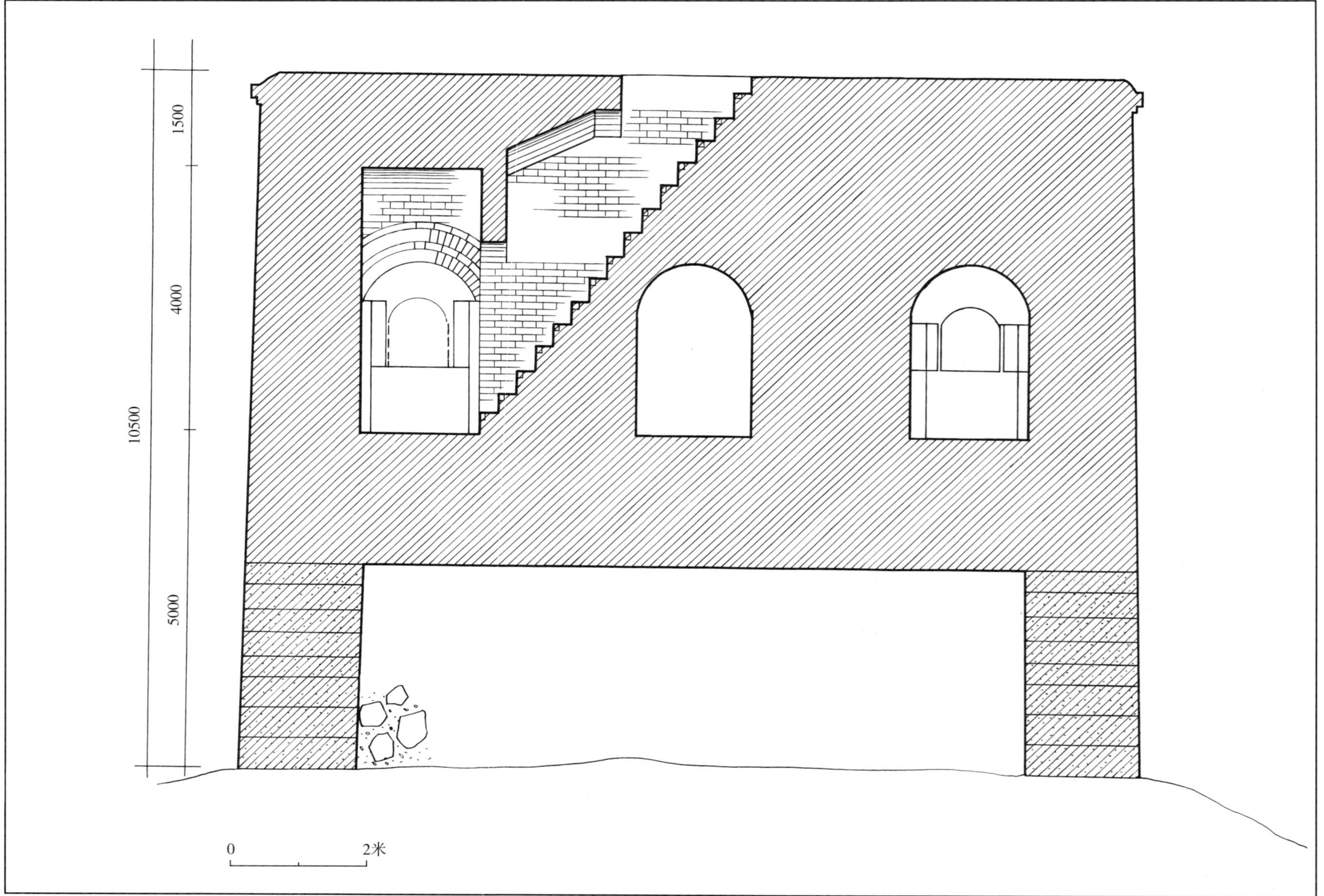

图［21］128　L106梯道剖面图

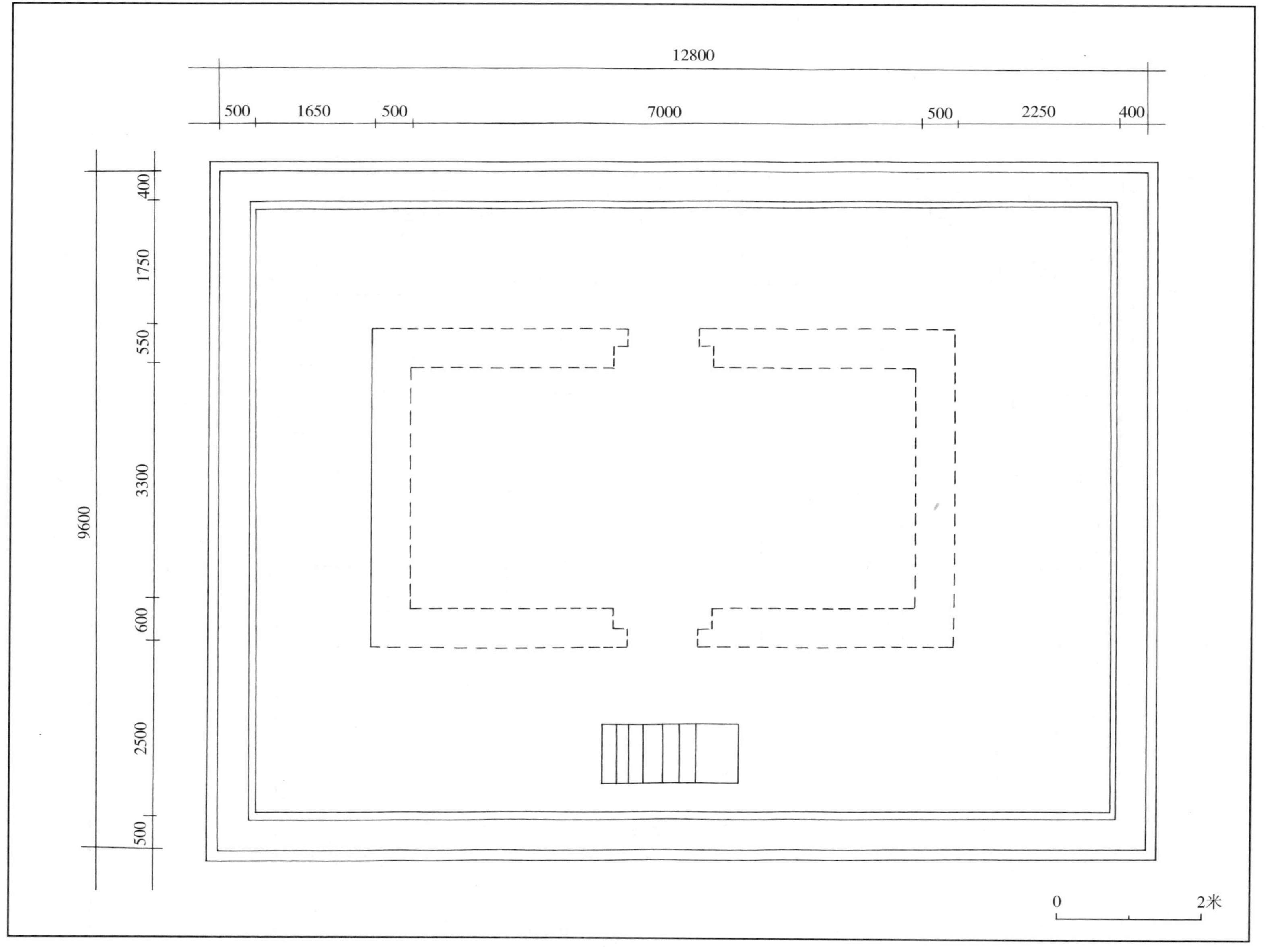

图［21］129 L106上层平面图

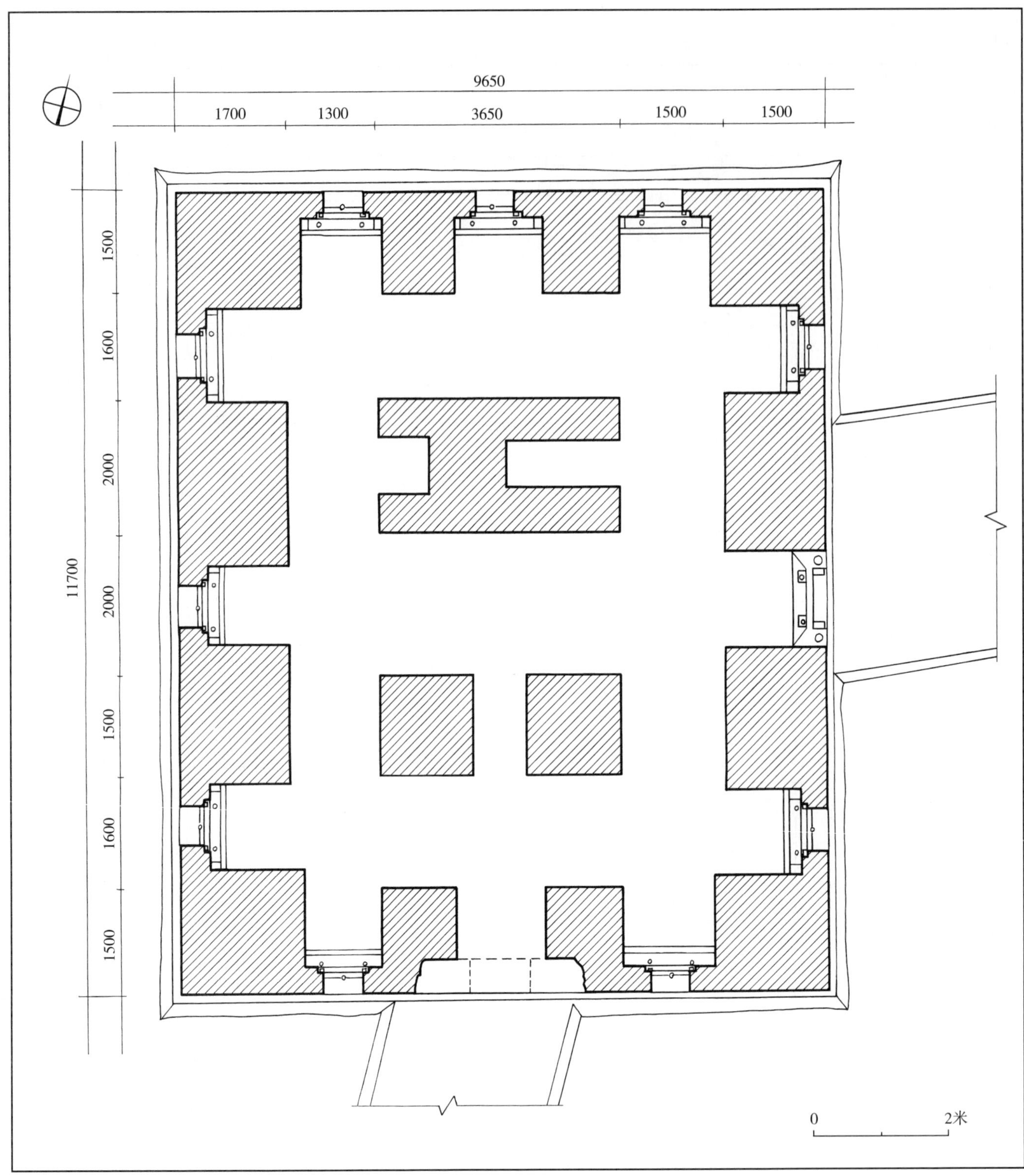

图［21］130　L107中层平面图

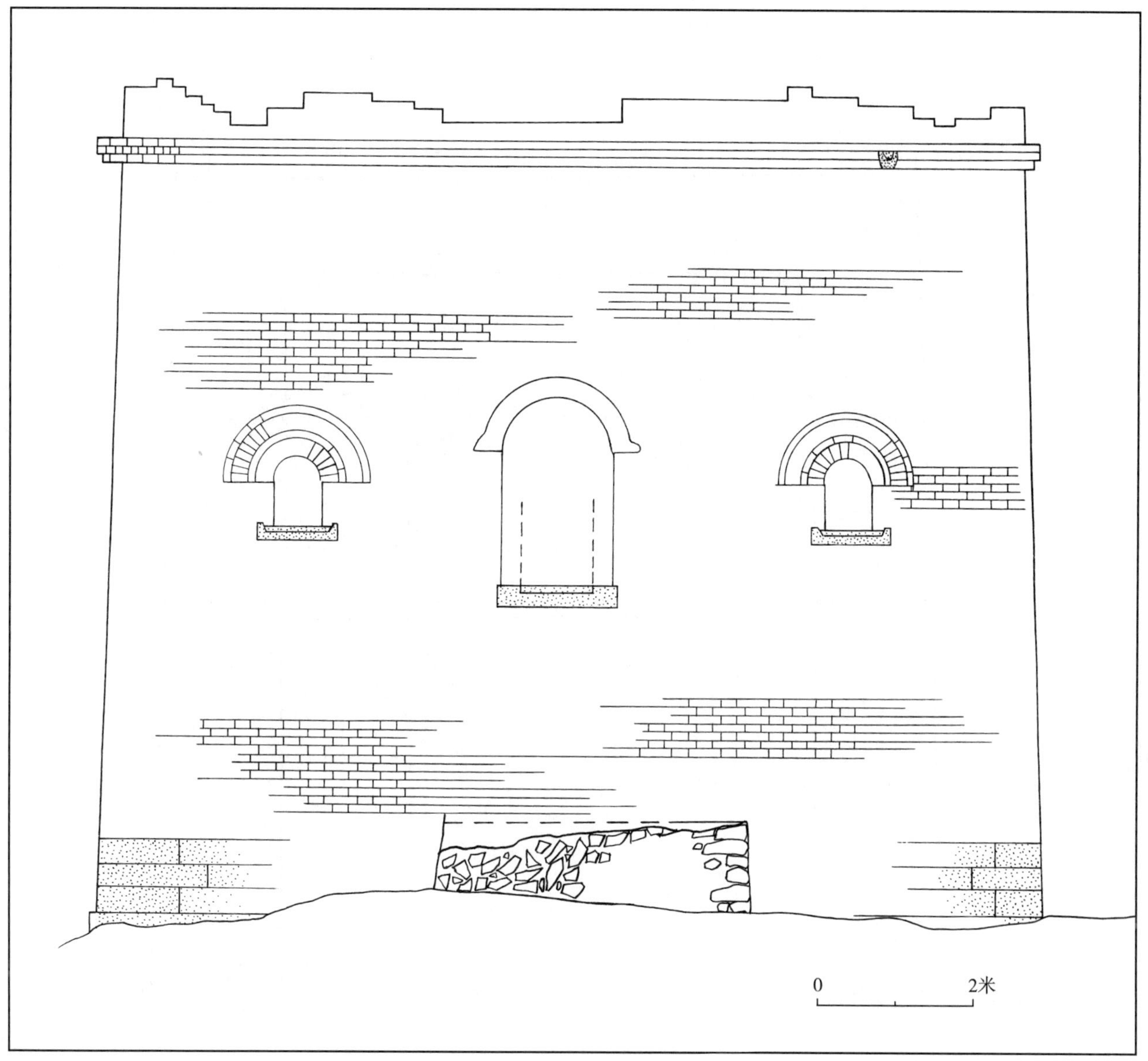

图［21］131 L107东立面图

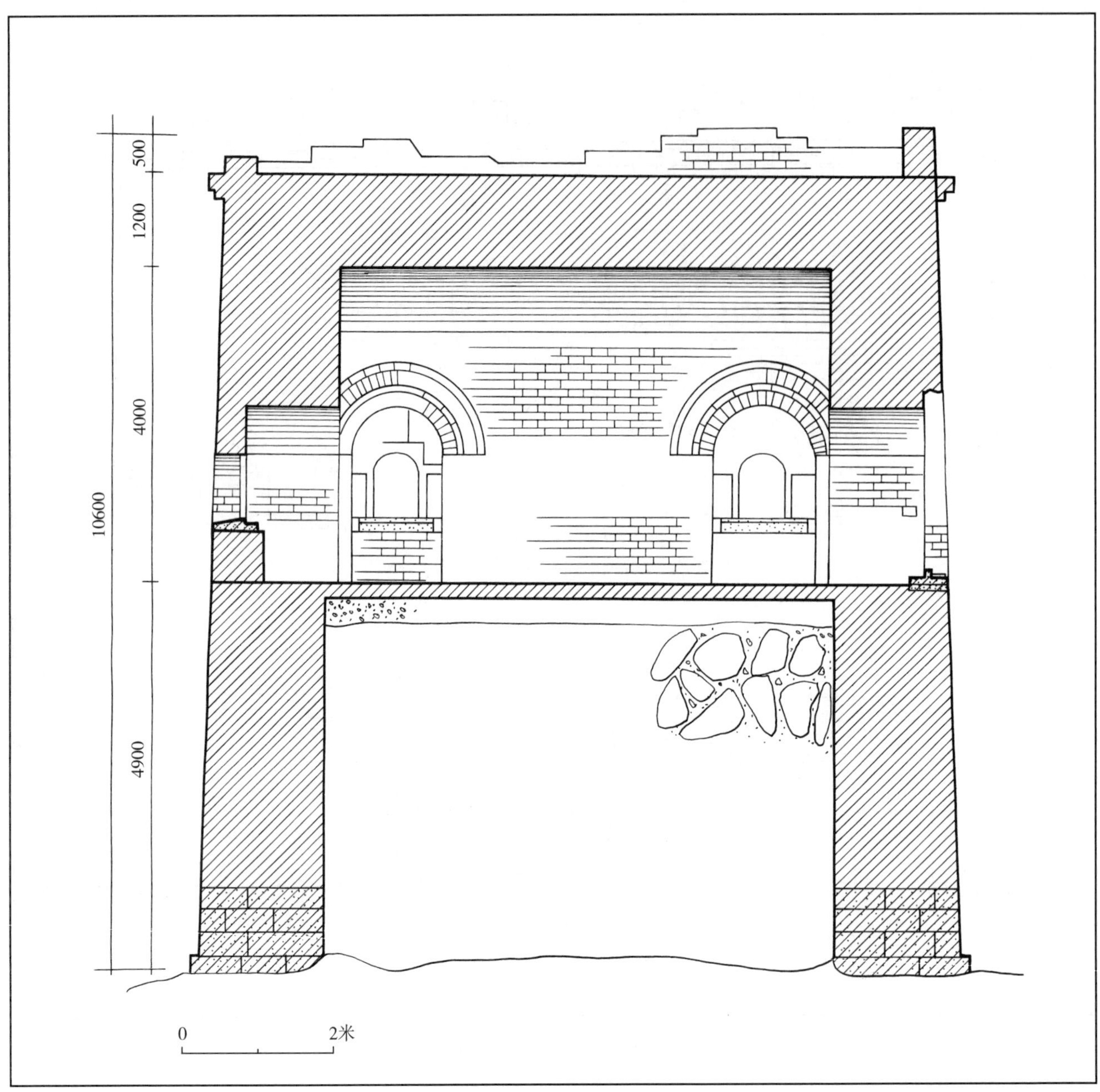

图［21］132 L107纵剖面图

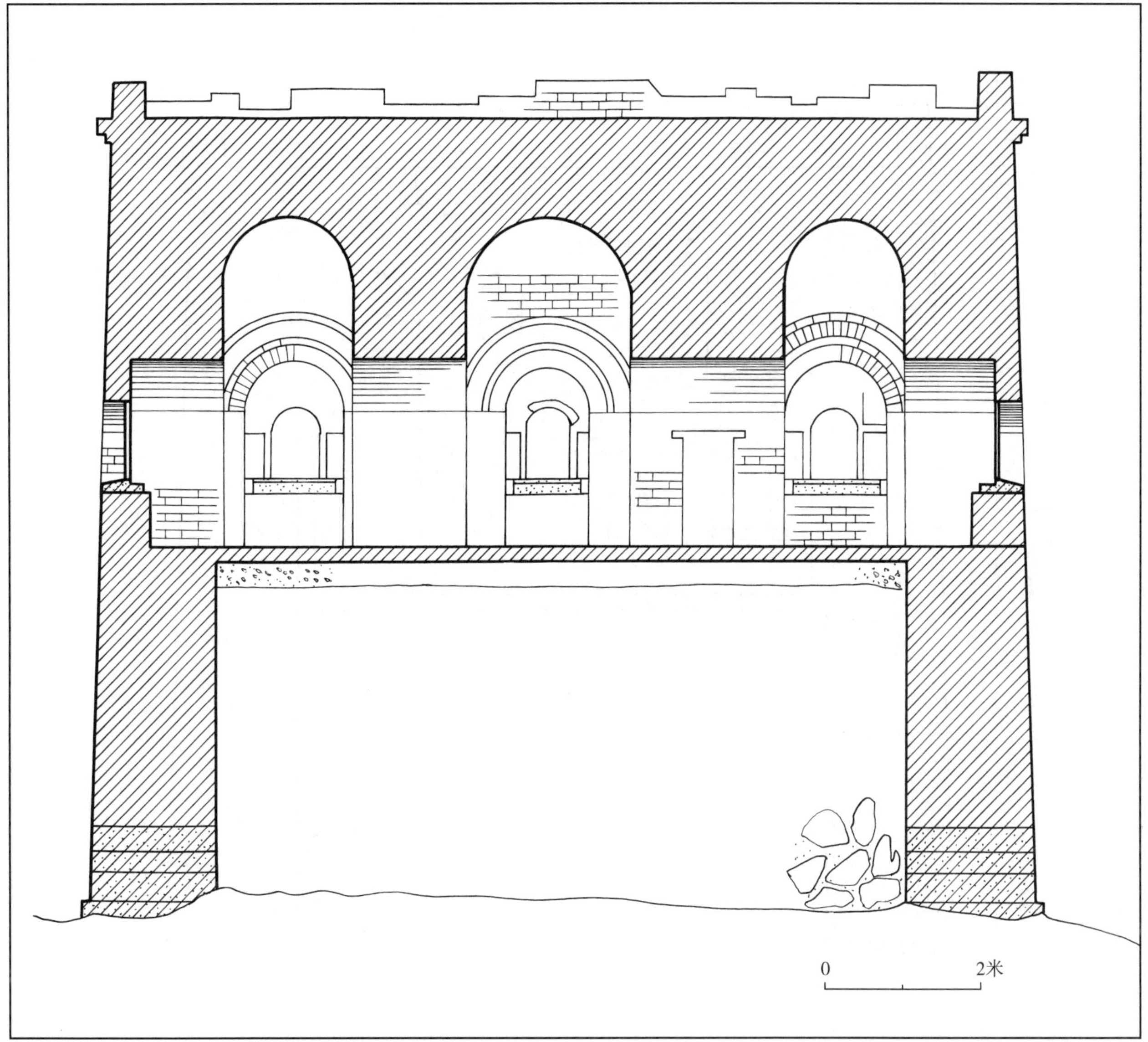

图［21］133　L107横剖面图

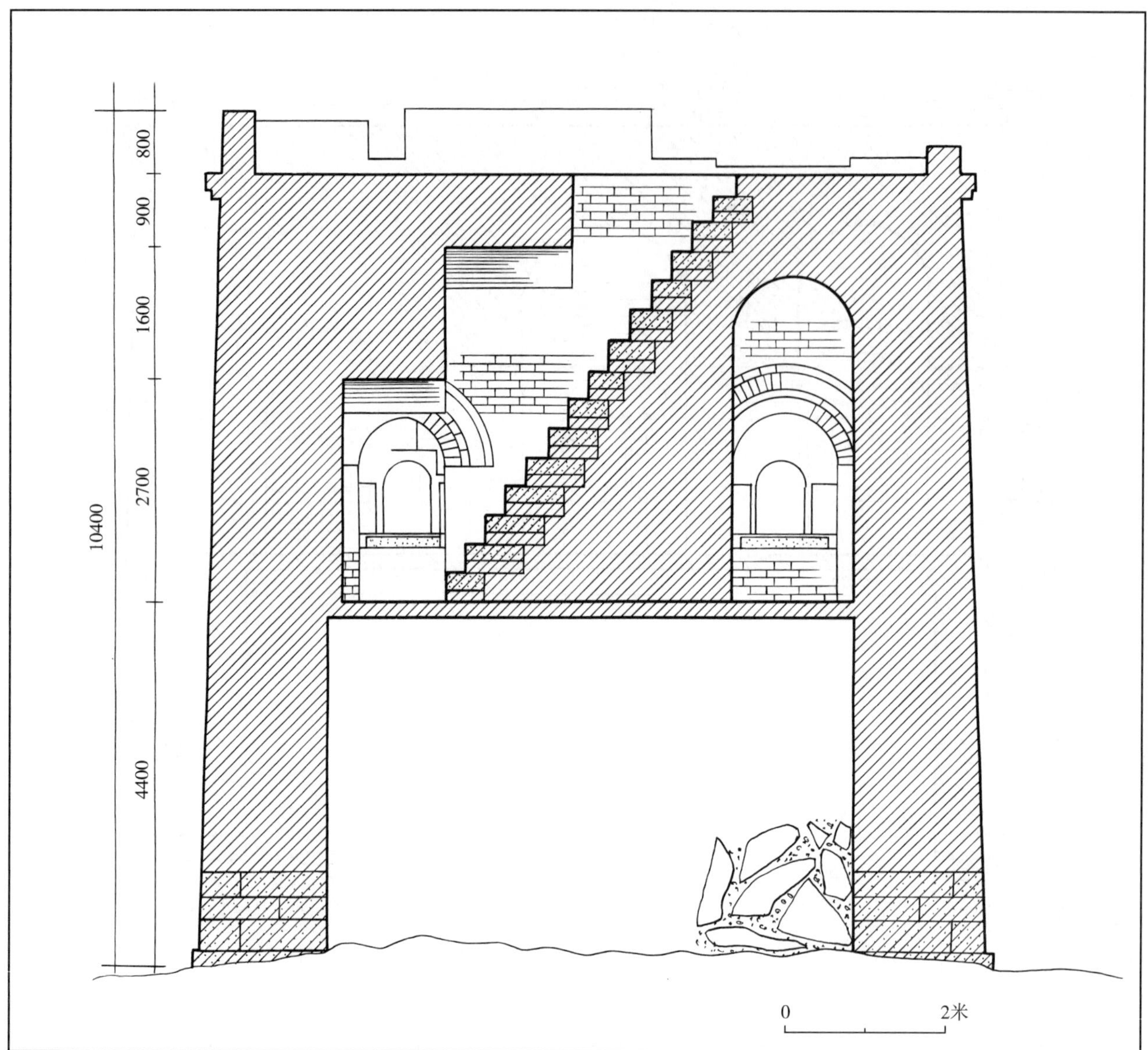

图［21］134 L107梯道剖面图

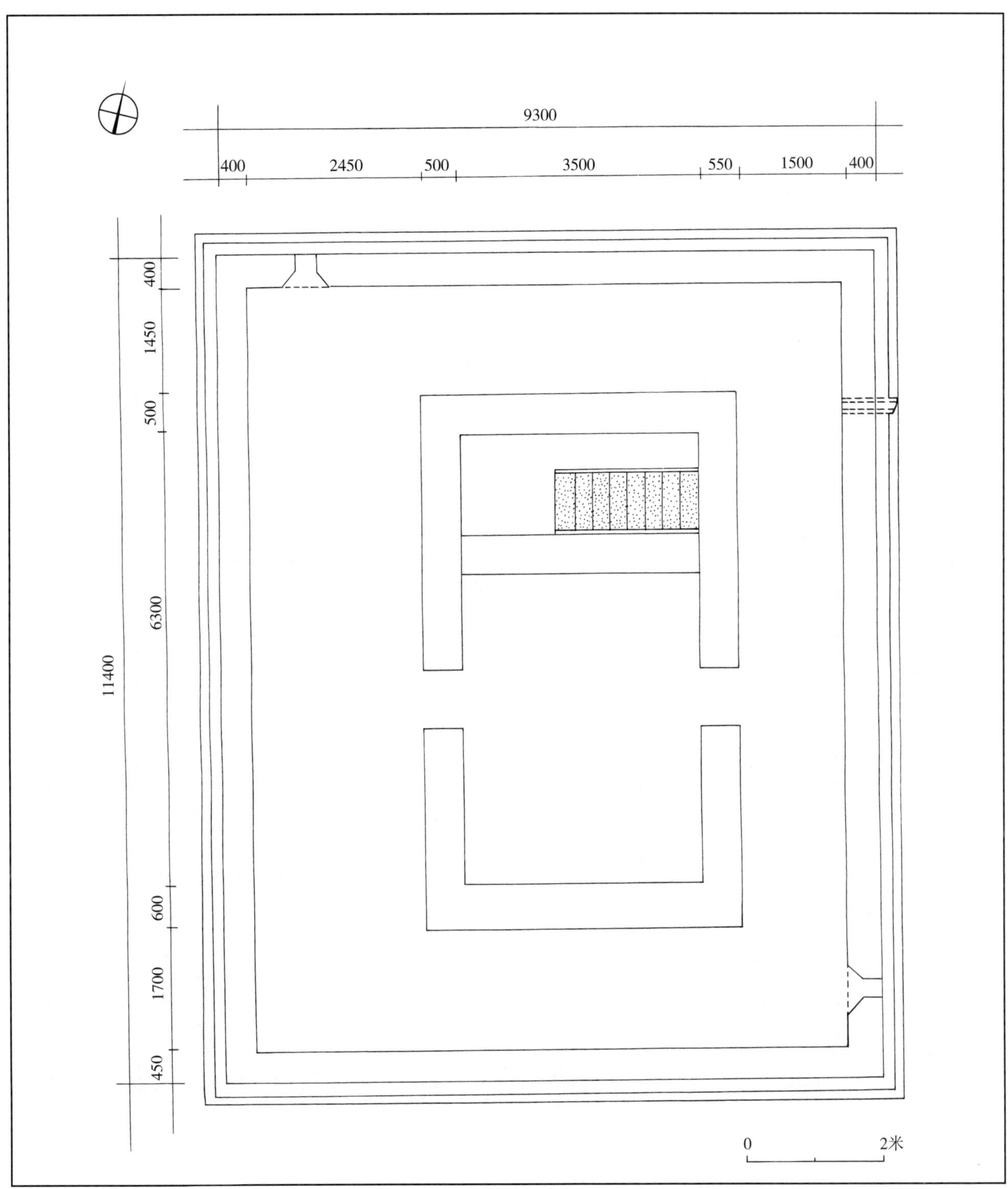

图［21］135 L107上层平面图

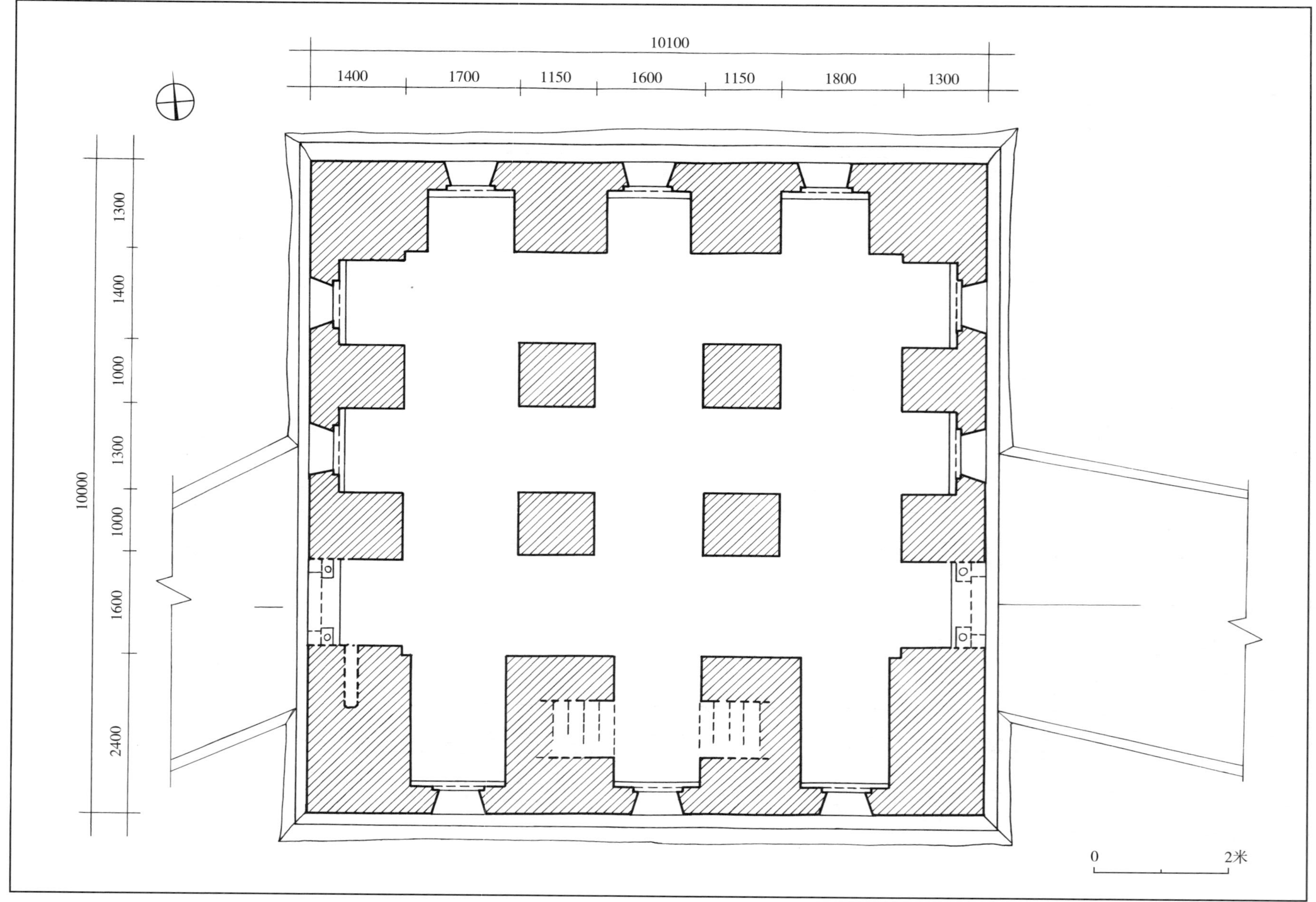

图［21］136　L113中层平面图

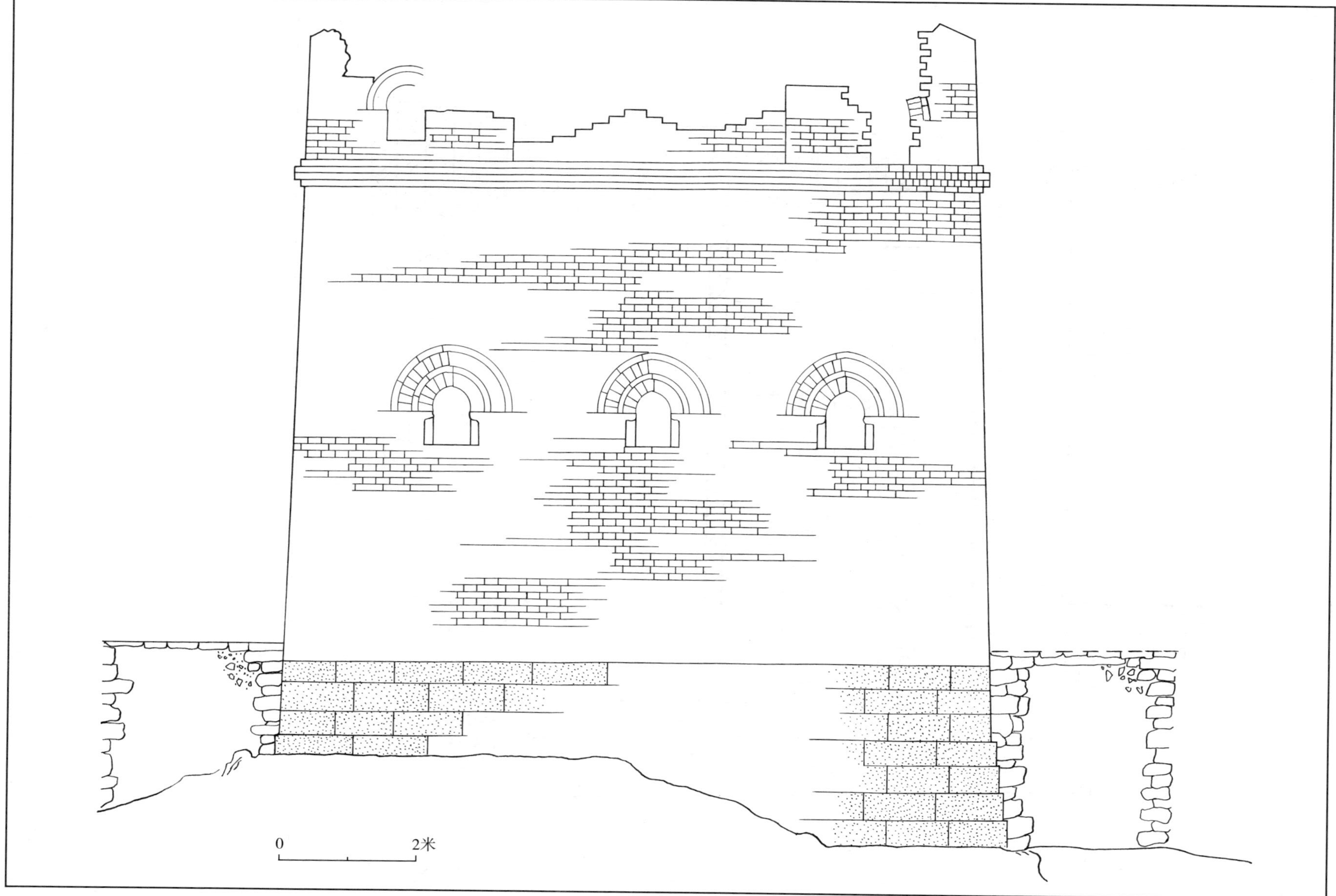

图［21］137 L113南立面图

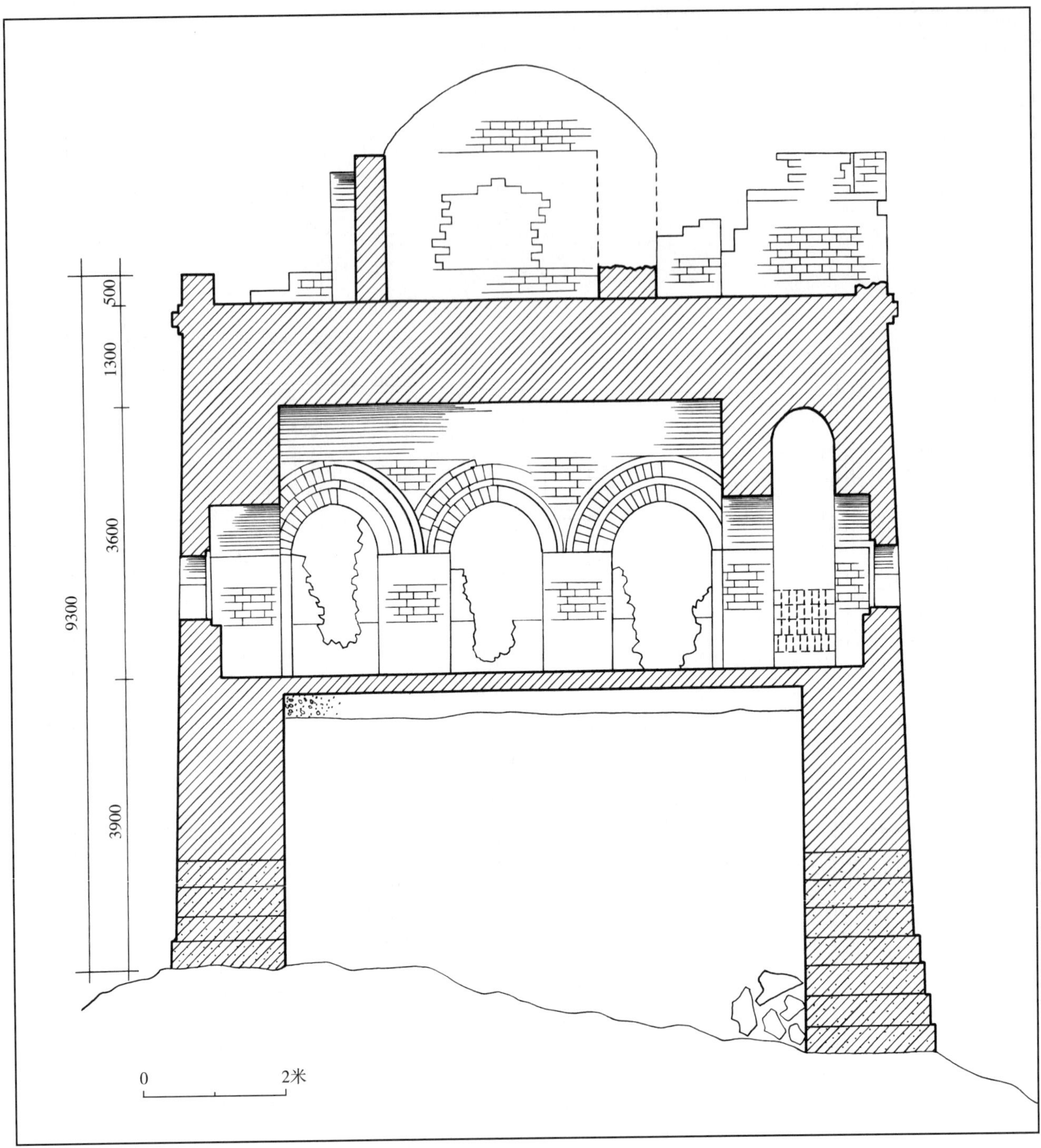

图［21］138　L113纵剖面图

图［21］139　L113横剖面图

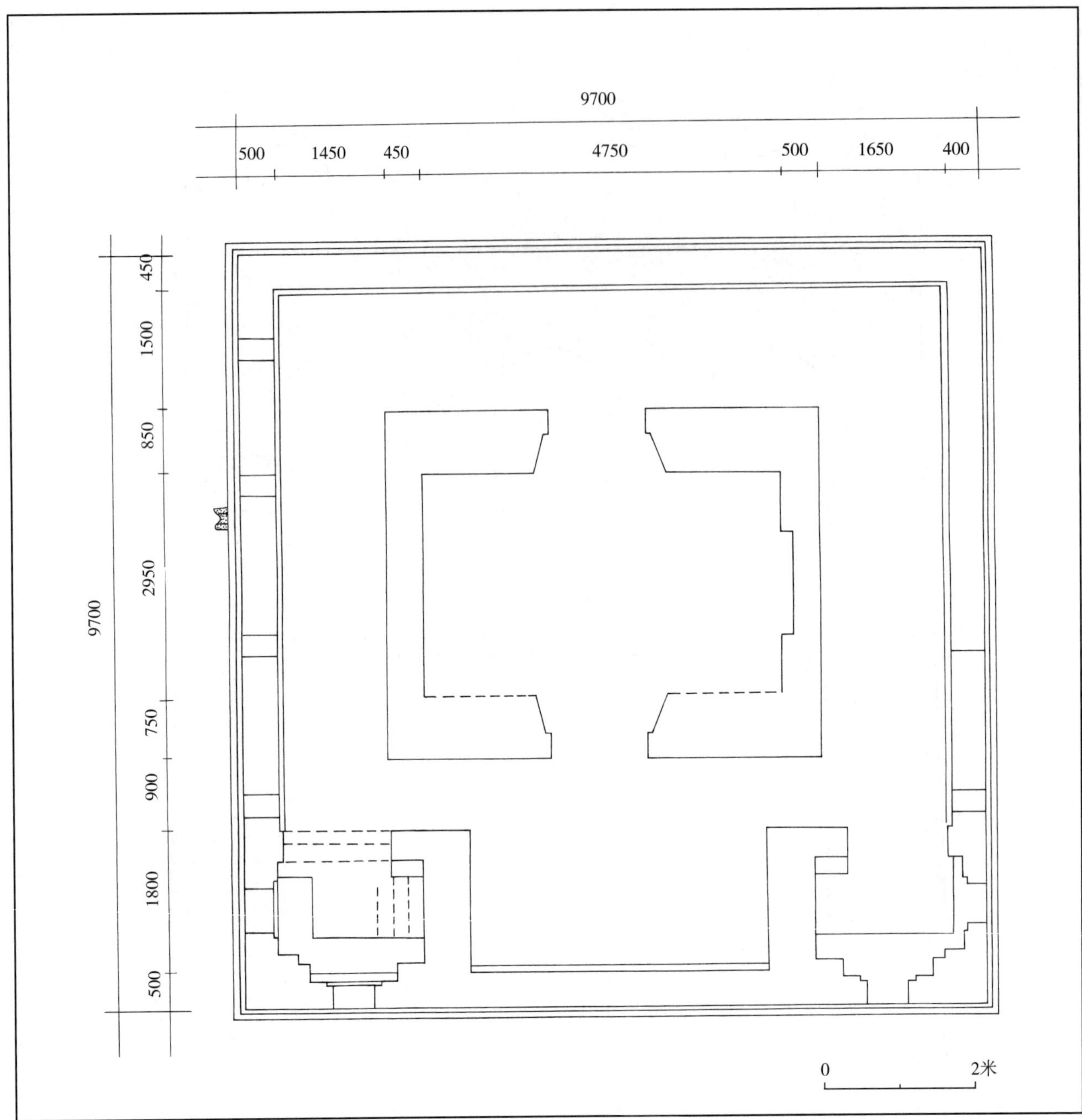

图［21］140　L113上层平面图

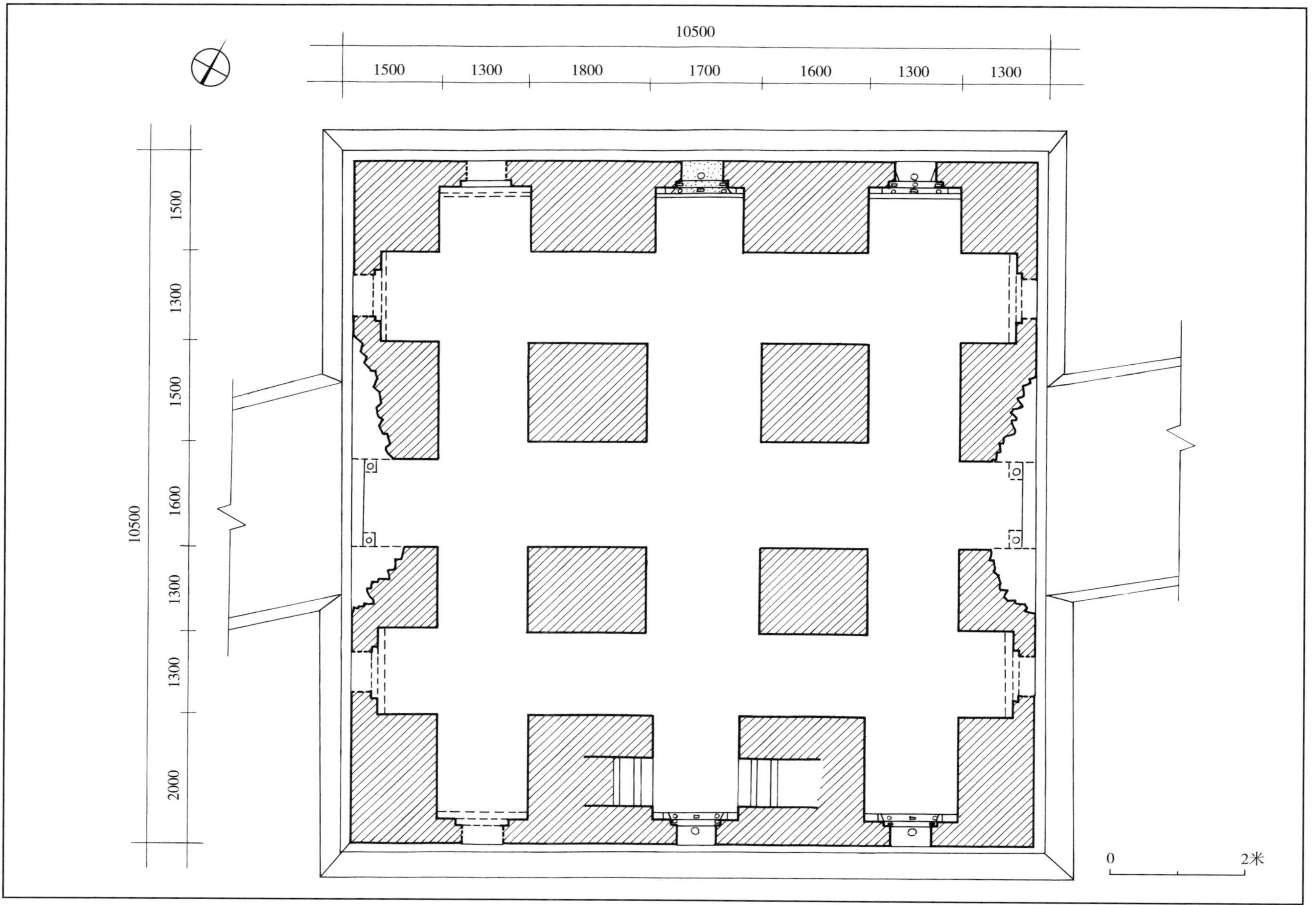

图［21］141　L116中层平面图

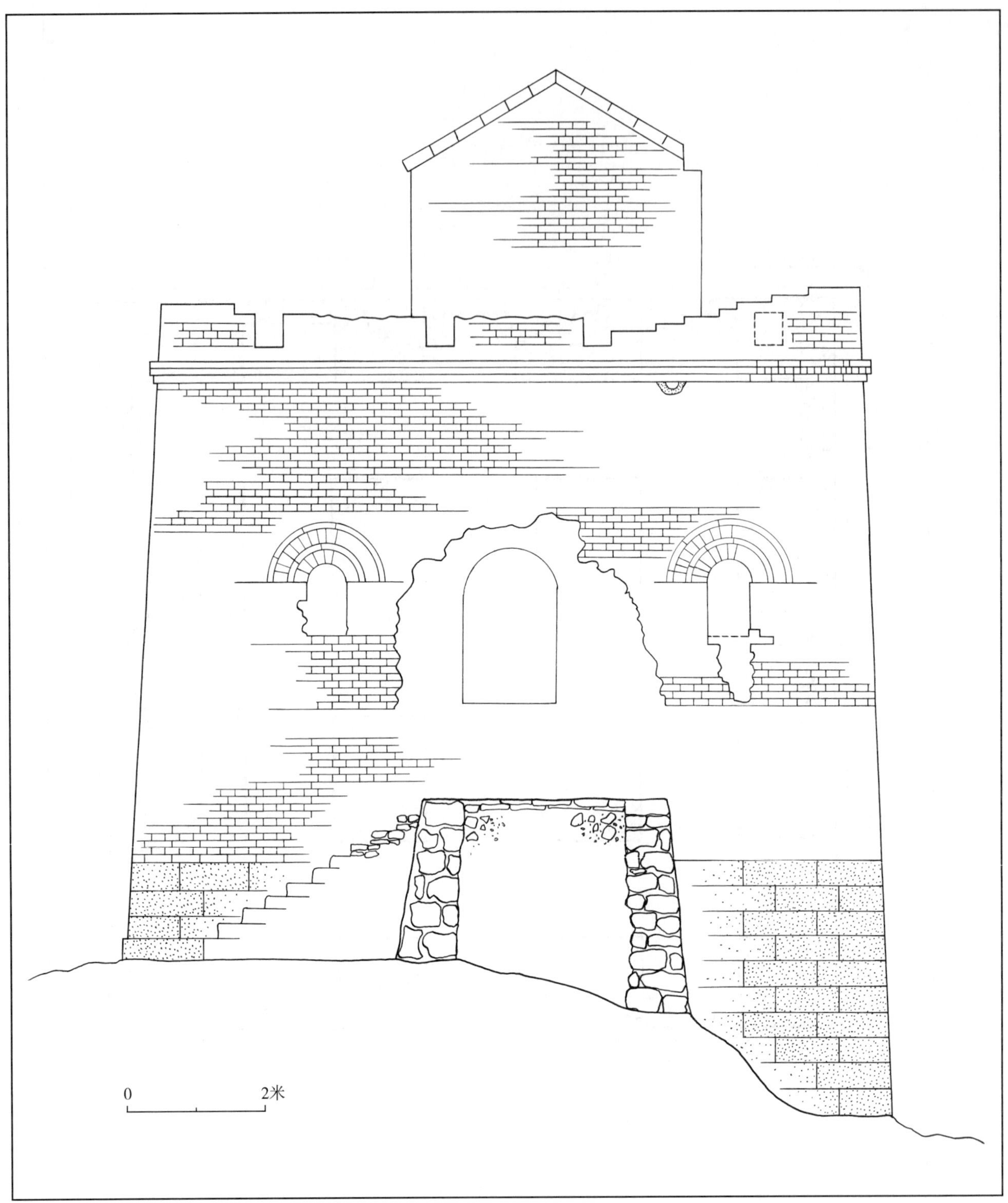

图［21］142　L116东立面图

图［21］143　L116南立面图

图［21］144　L116纵剖面图

图［21］145　L116横剖面图

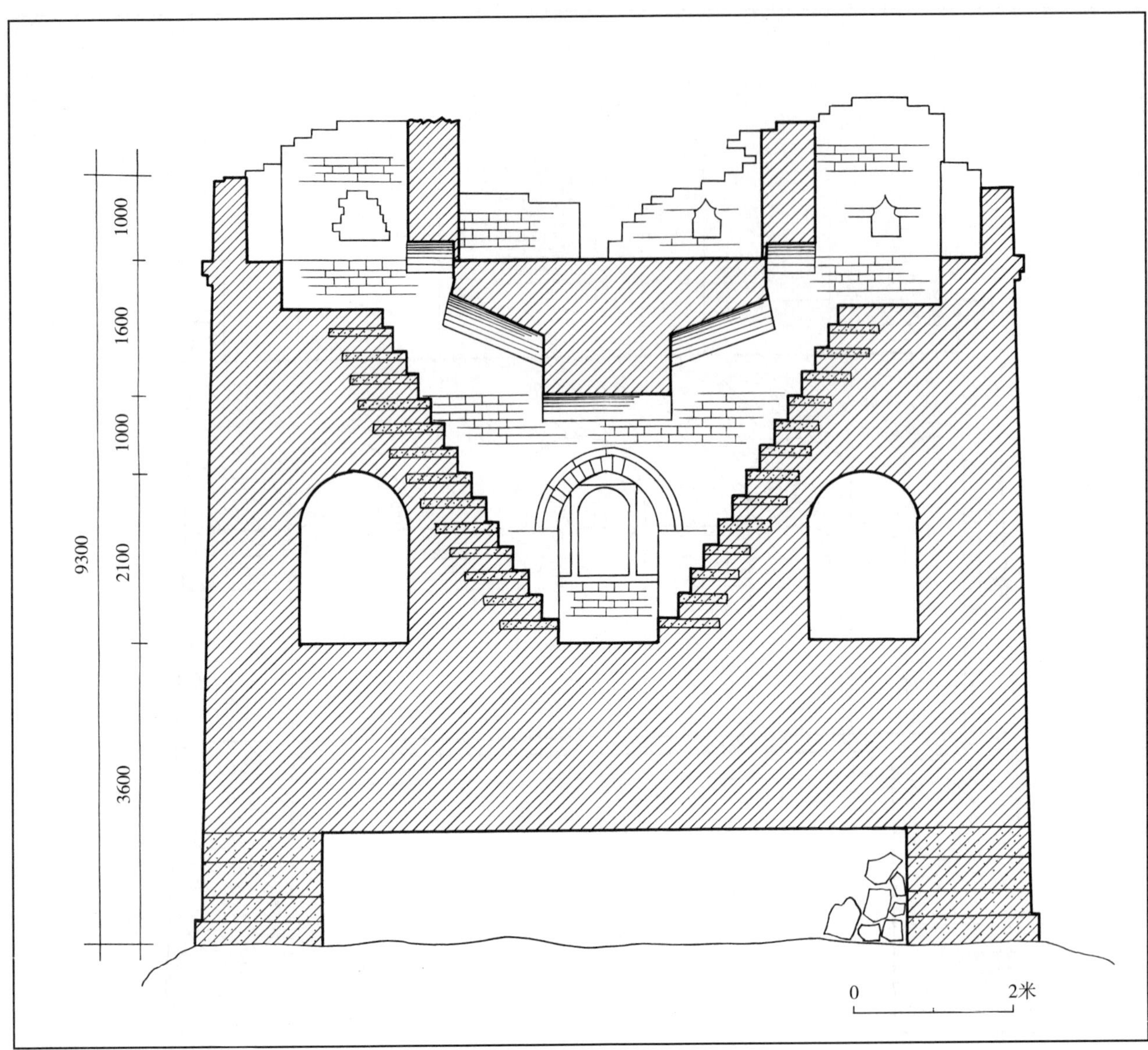

图［21］146 L116梯道剖面图

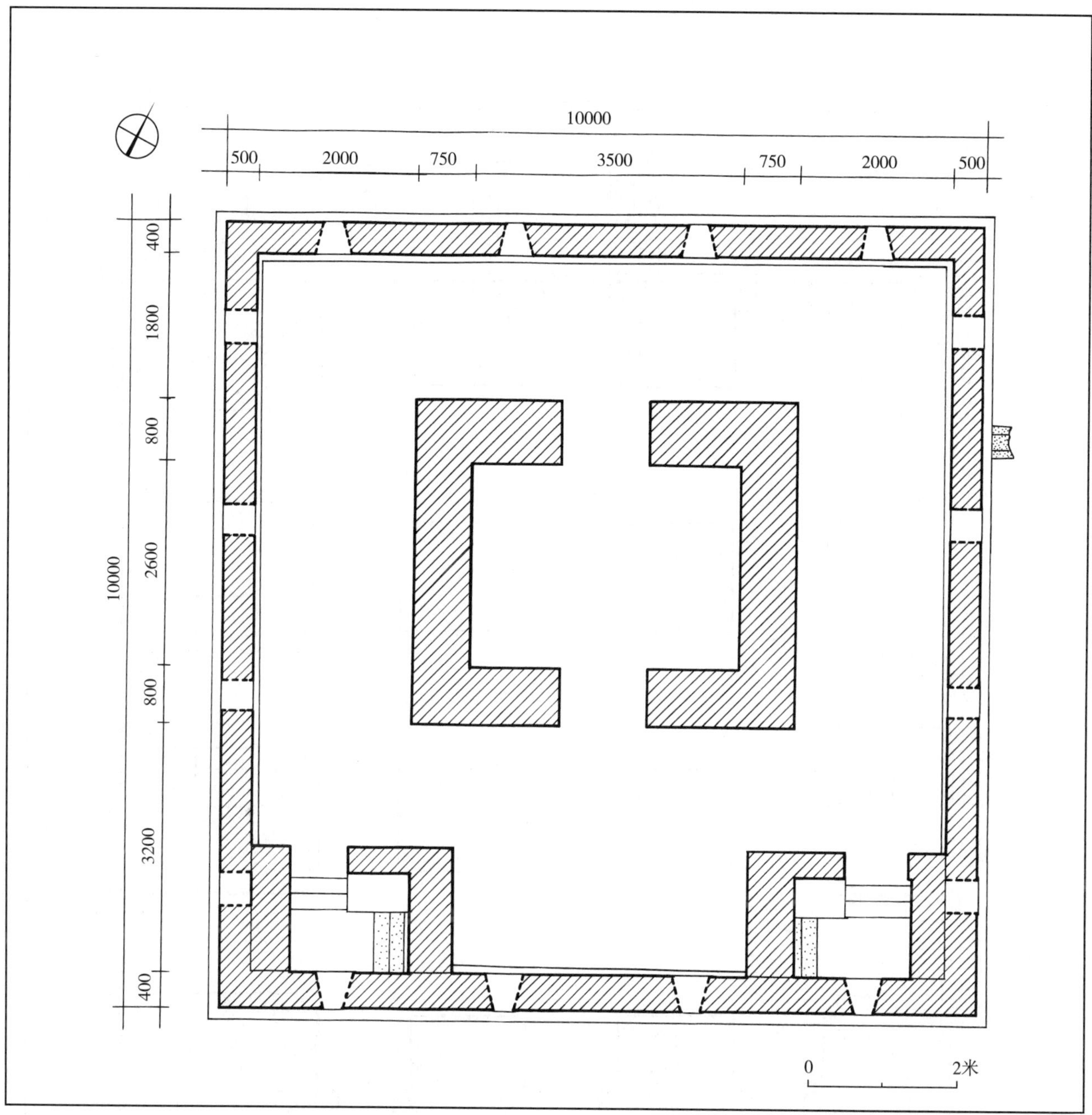

图［21］147　L116上层平面图

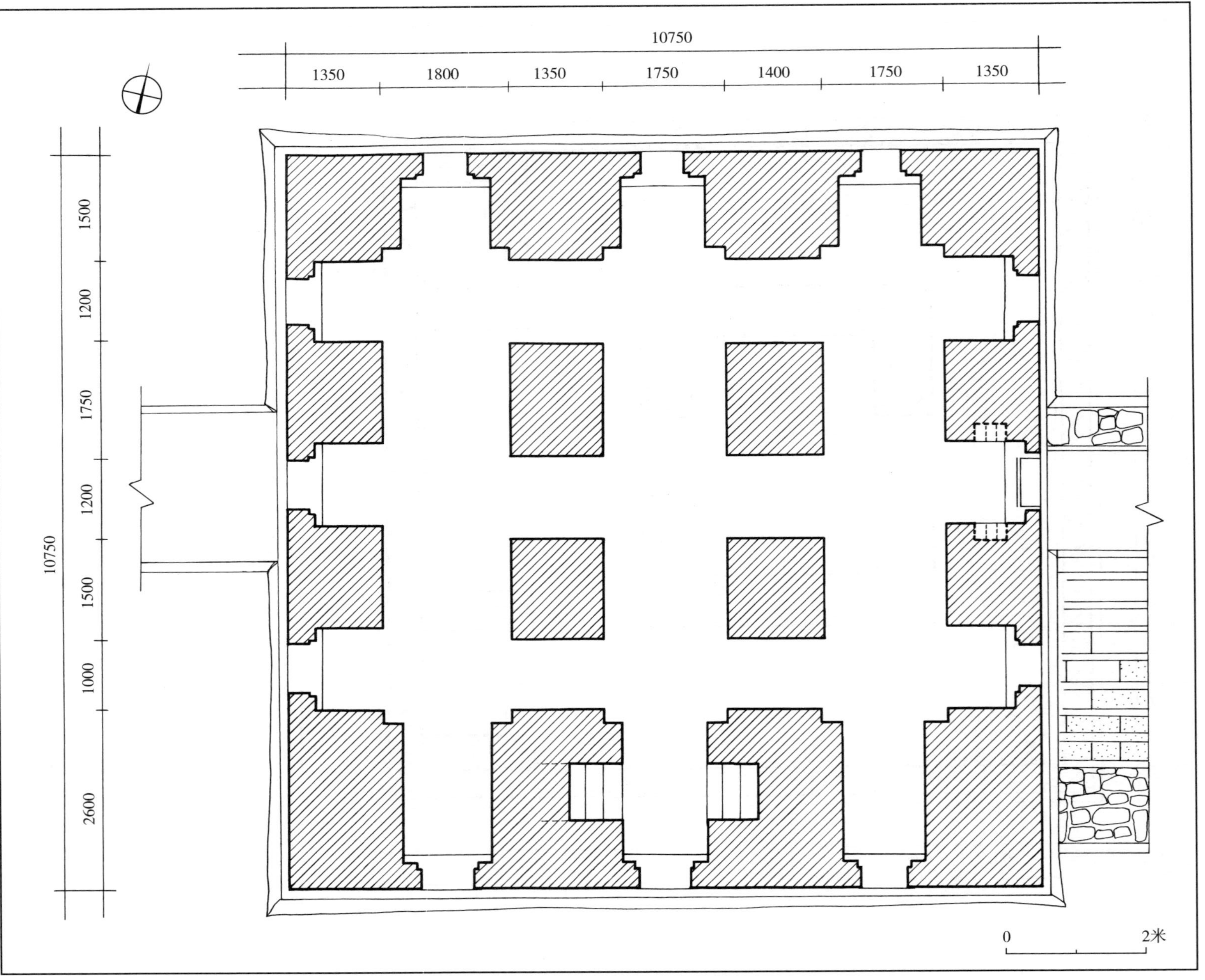

图［21］148　L119中层平面图

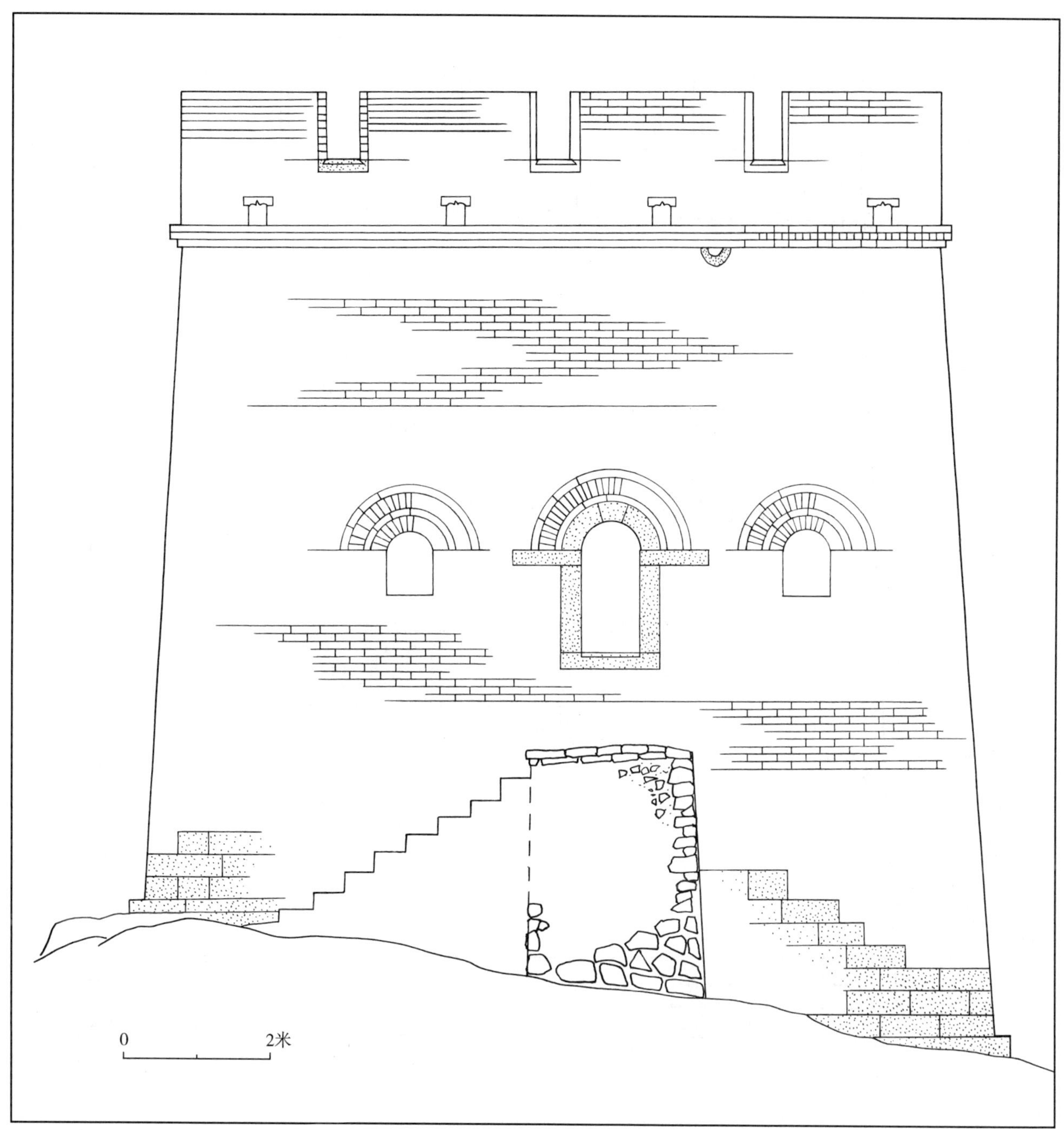

图［21］149　L119东立面图

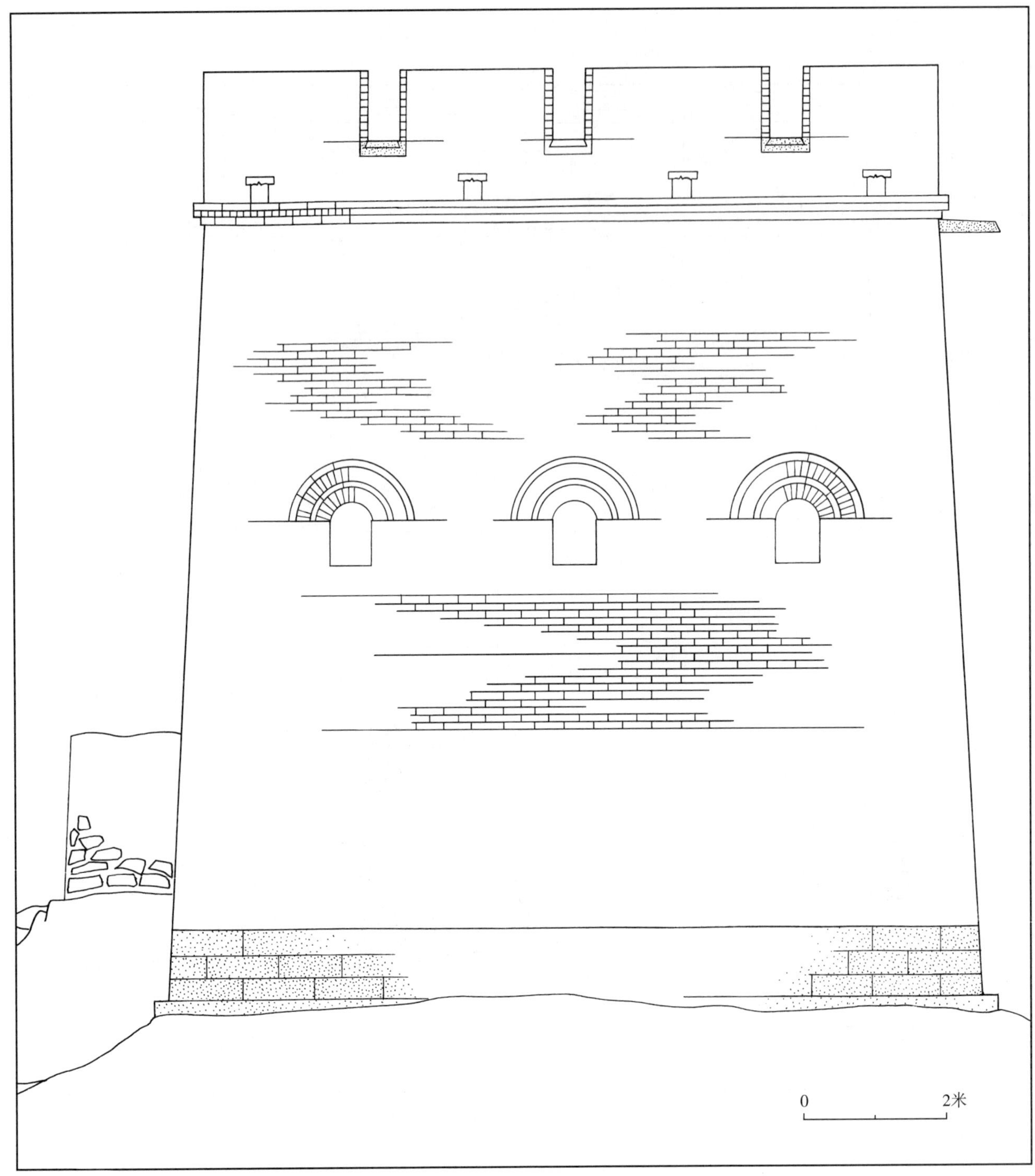

图［21］150 L119北立面图

图［21］151　L119纵剖面图

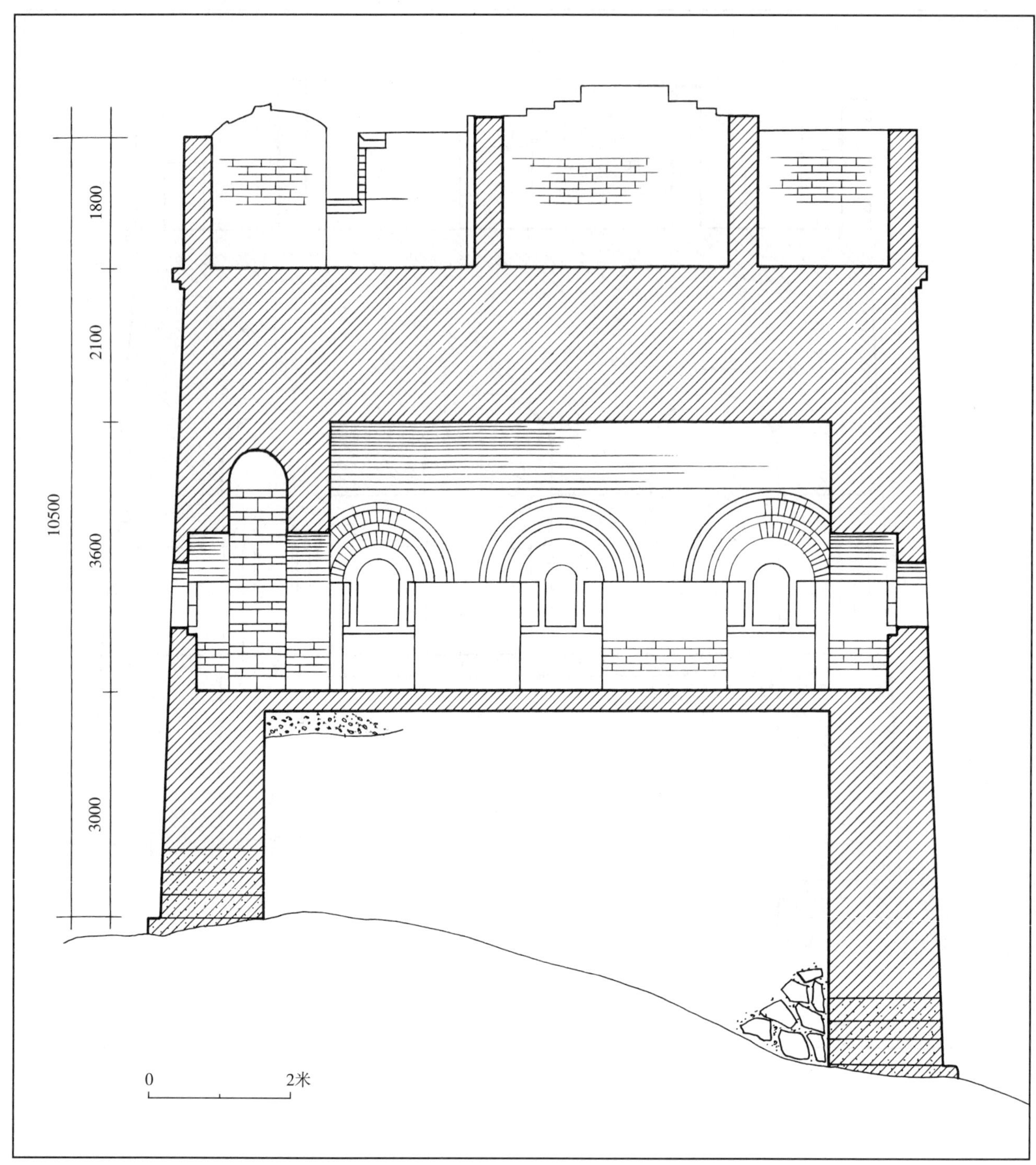

图［21］152　L119横剖面图

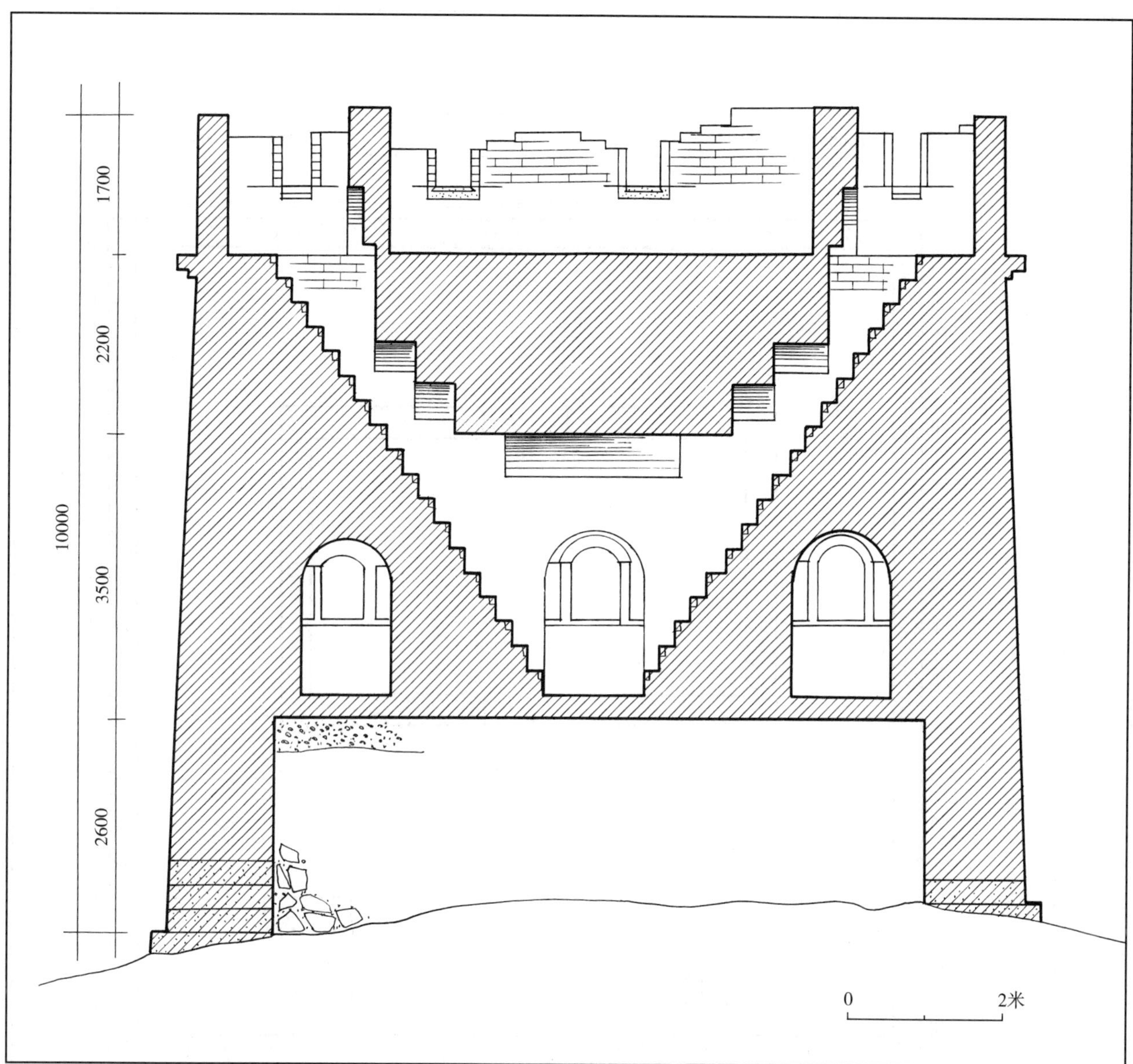

图［21］153　L119梯道剖面图

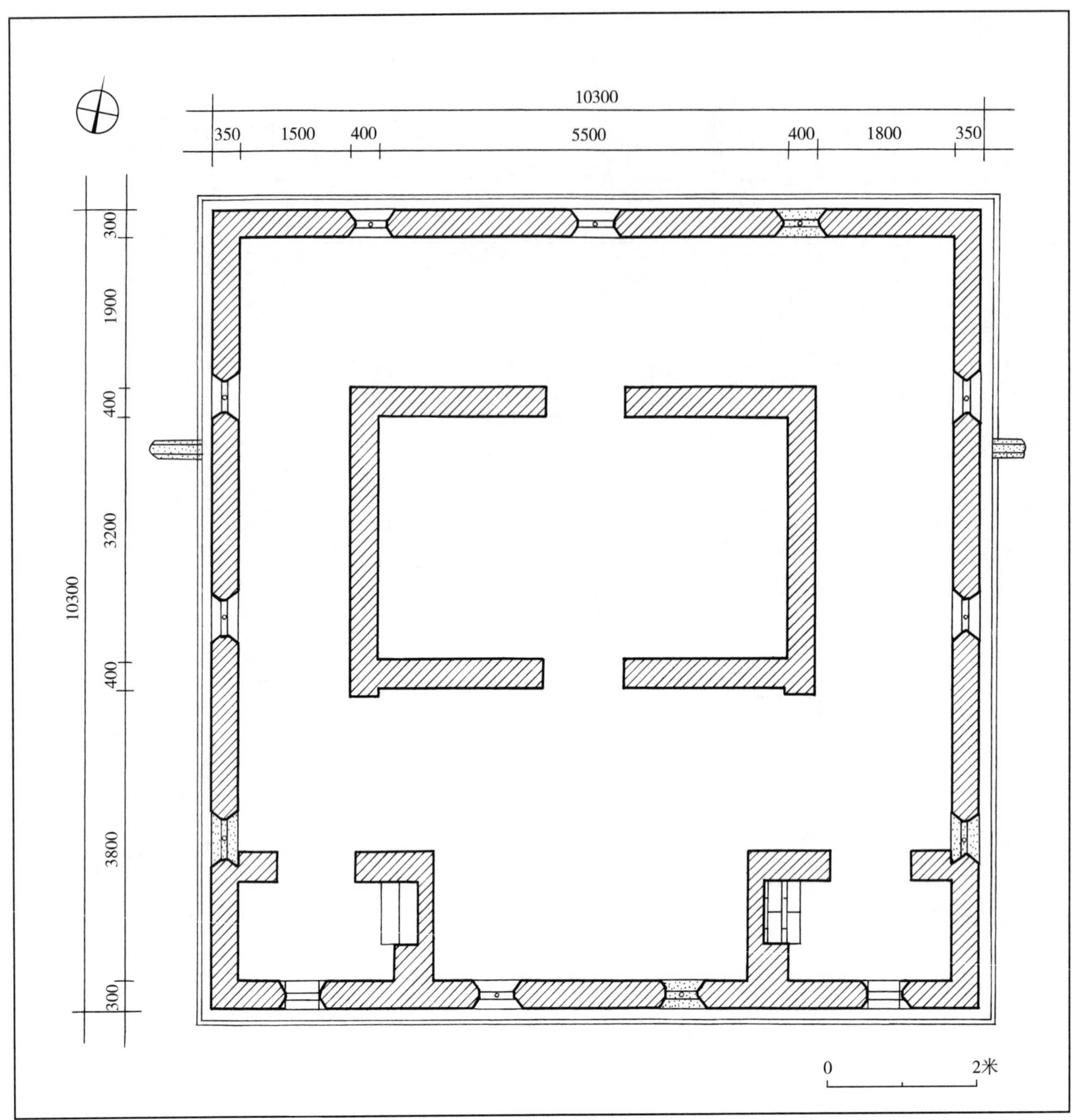

图［21］154　L119上层平面图

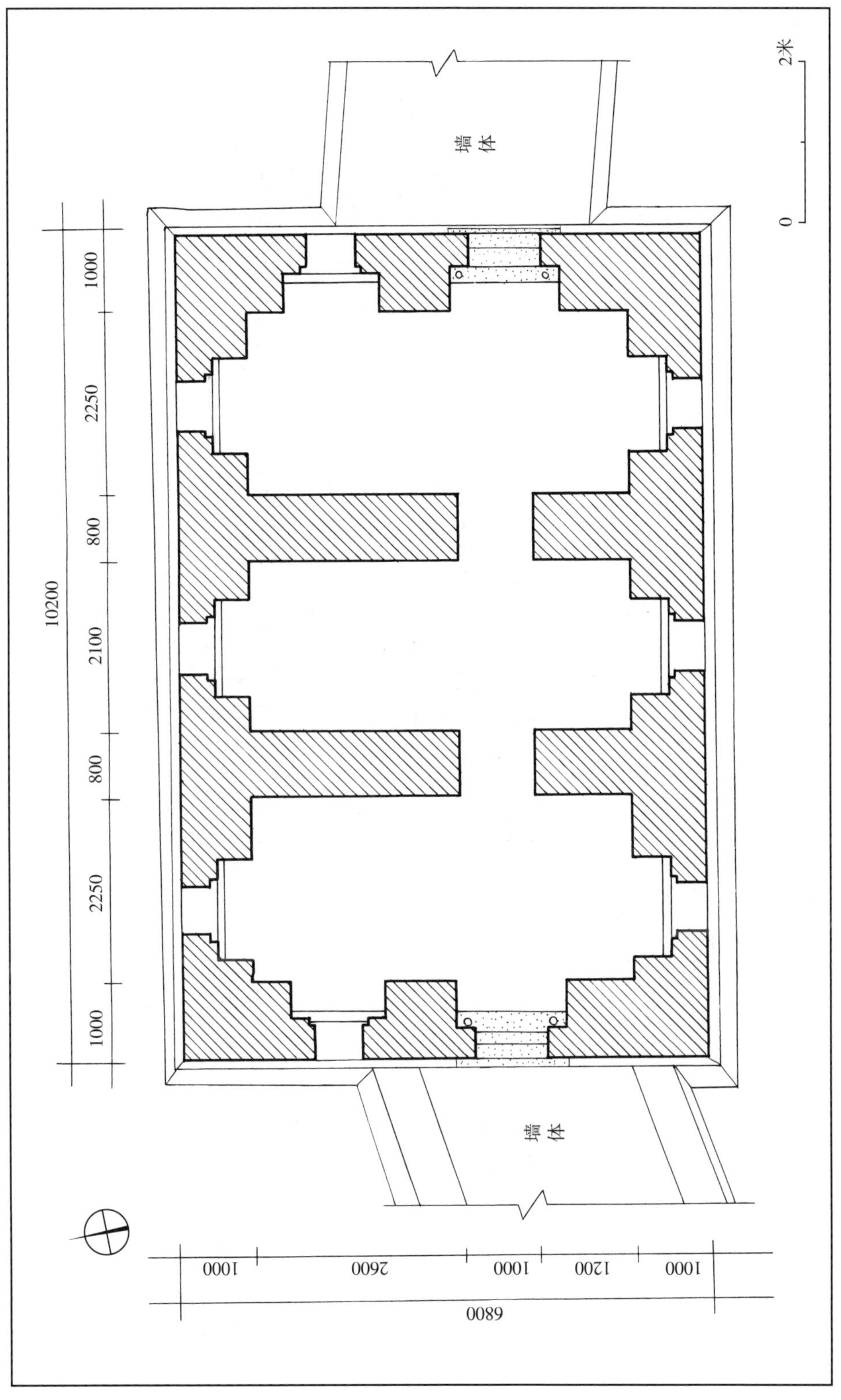

图［21］155　L130中层平面图

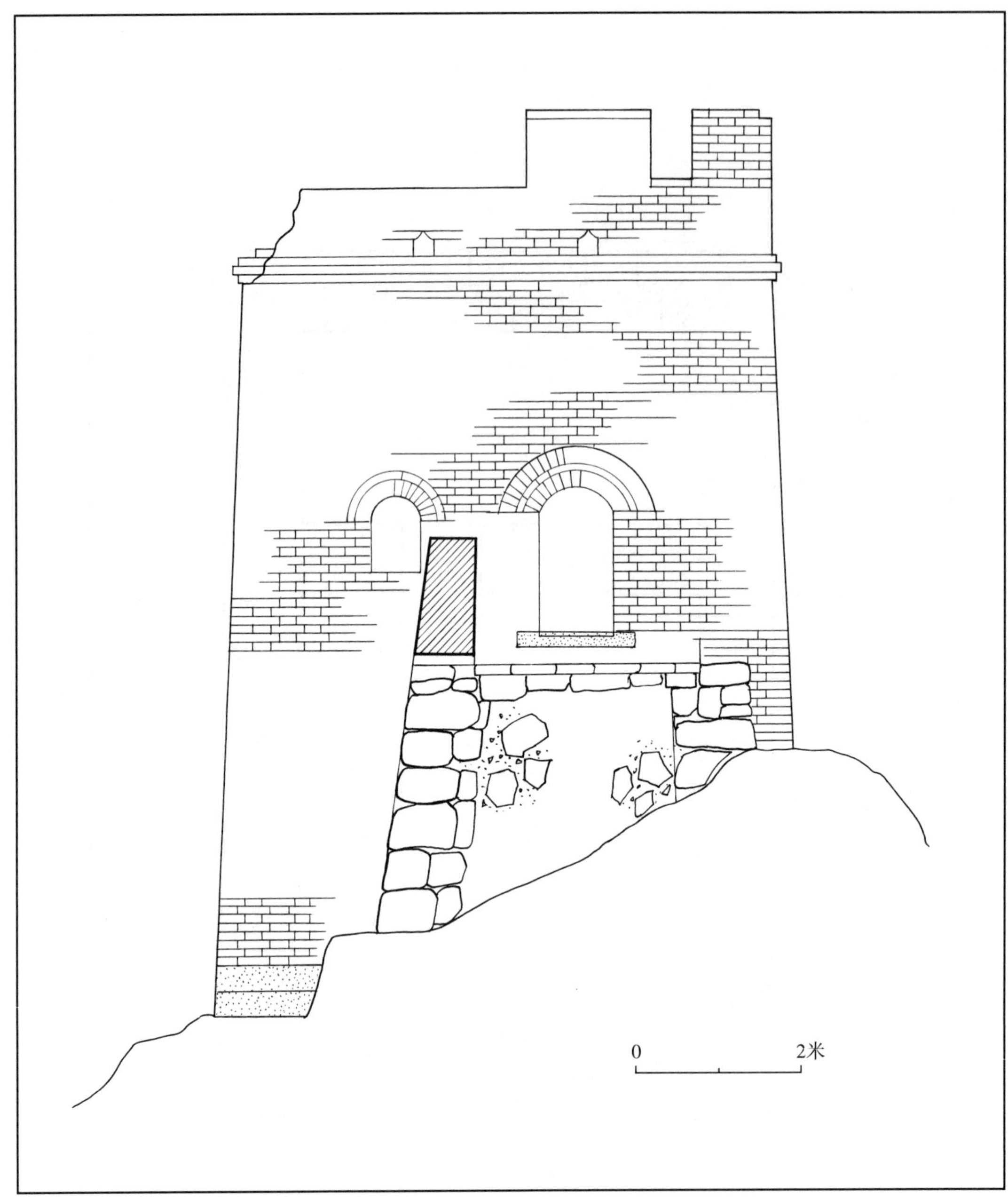

图［21］156 L130西立面图

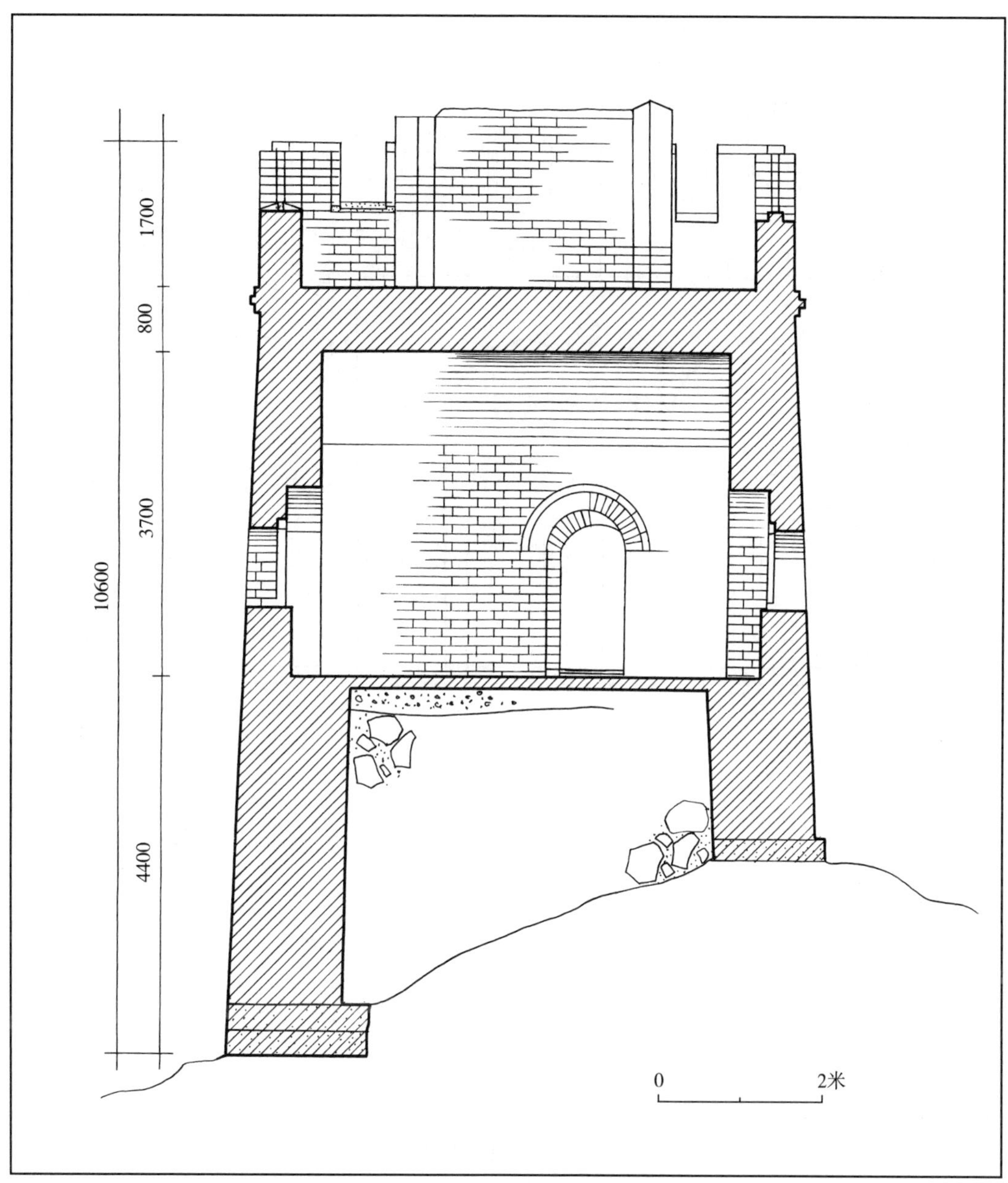

图［21］157 L130纵剖面图

图［21］158 L130横剖面图

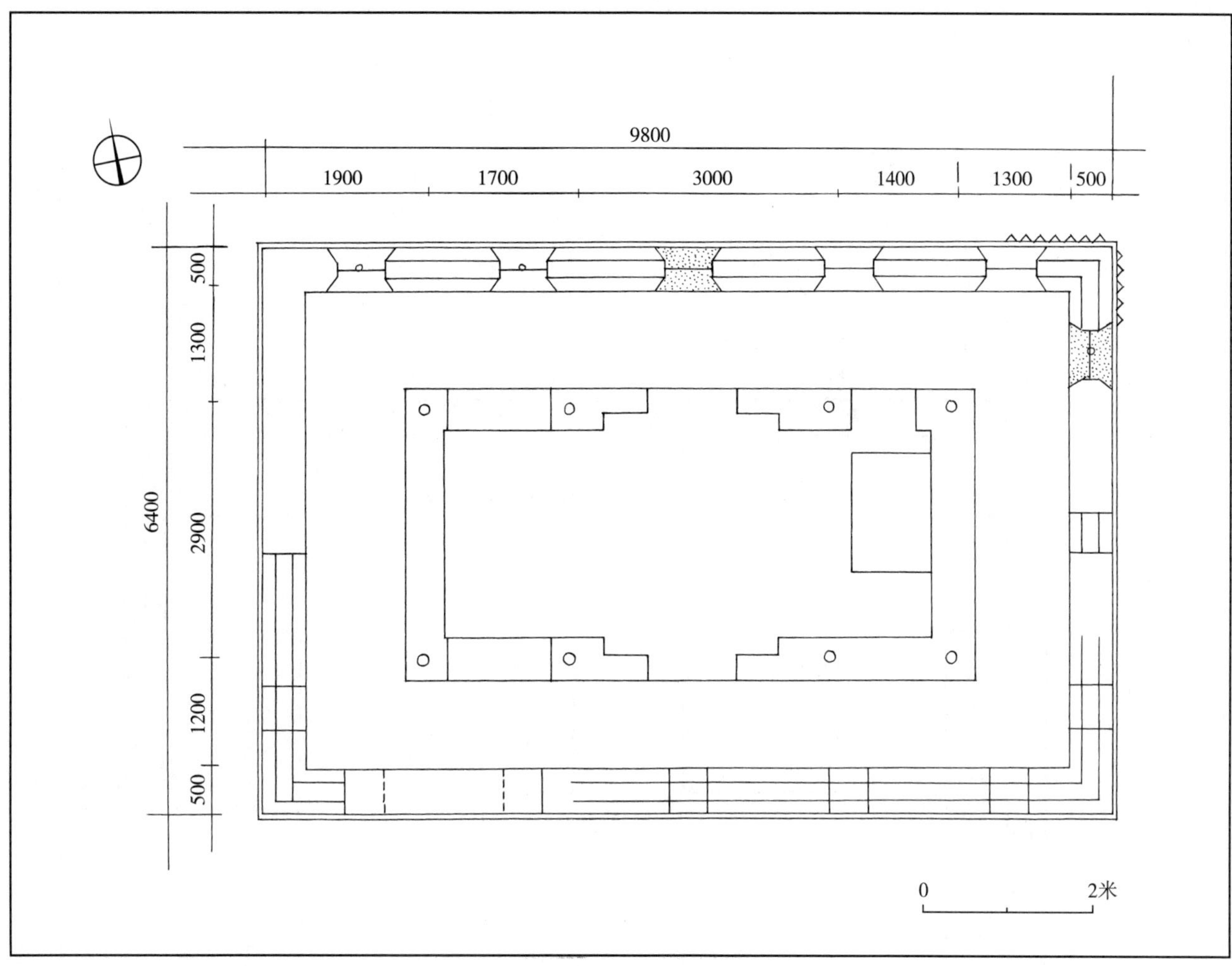

图［21］159　L130上层平面图

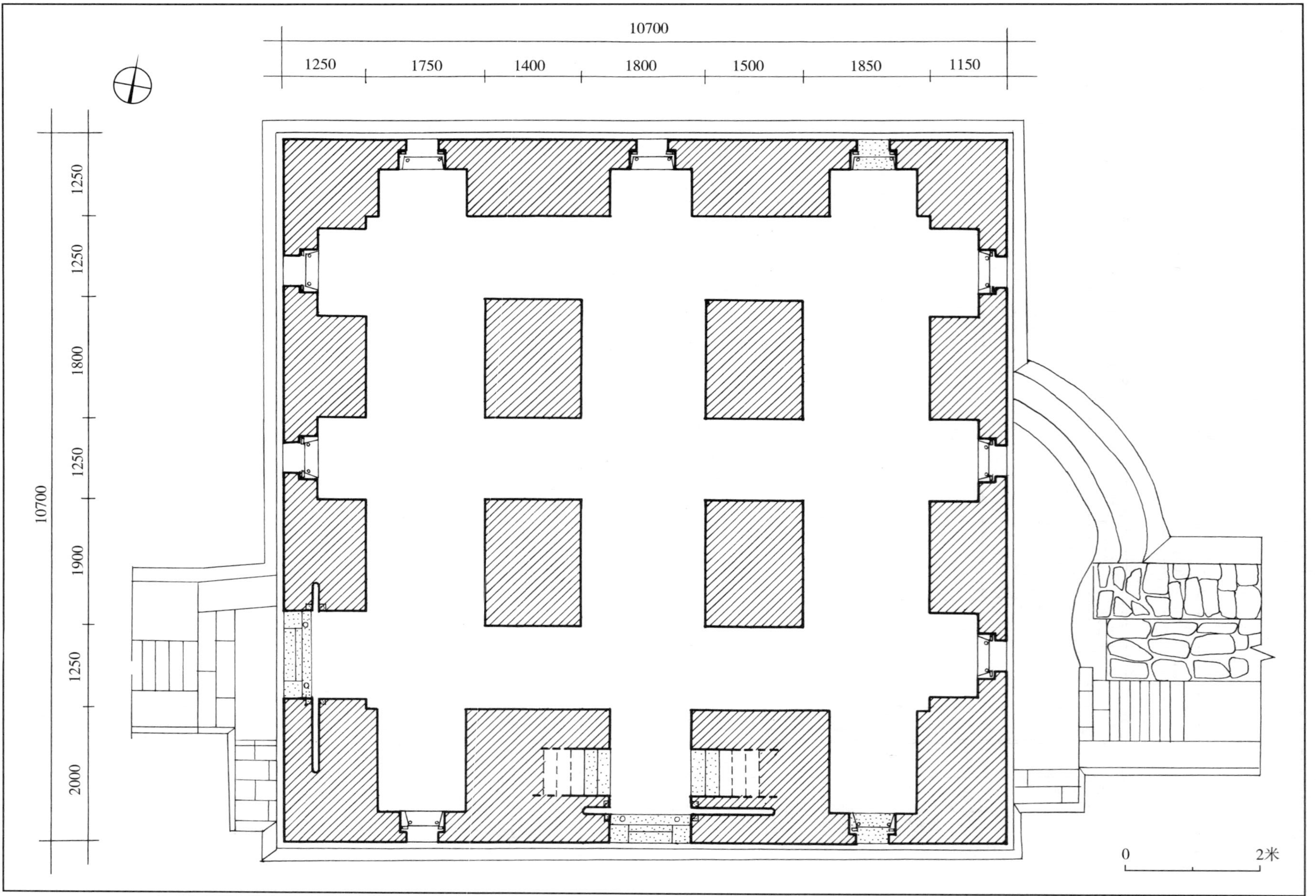

图［21］160 L133中层平面图

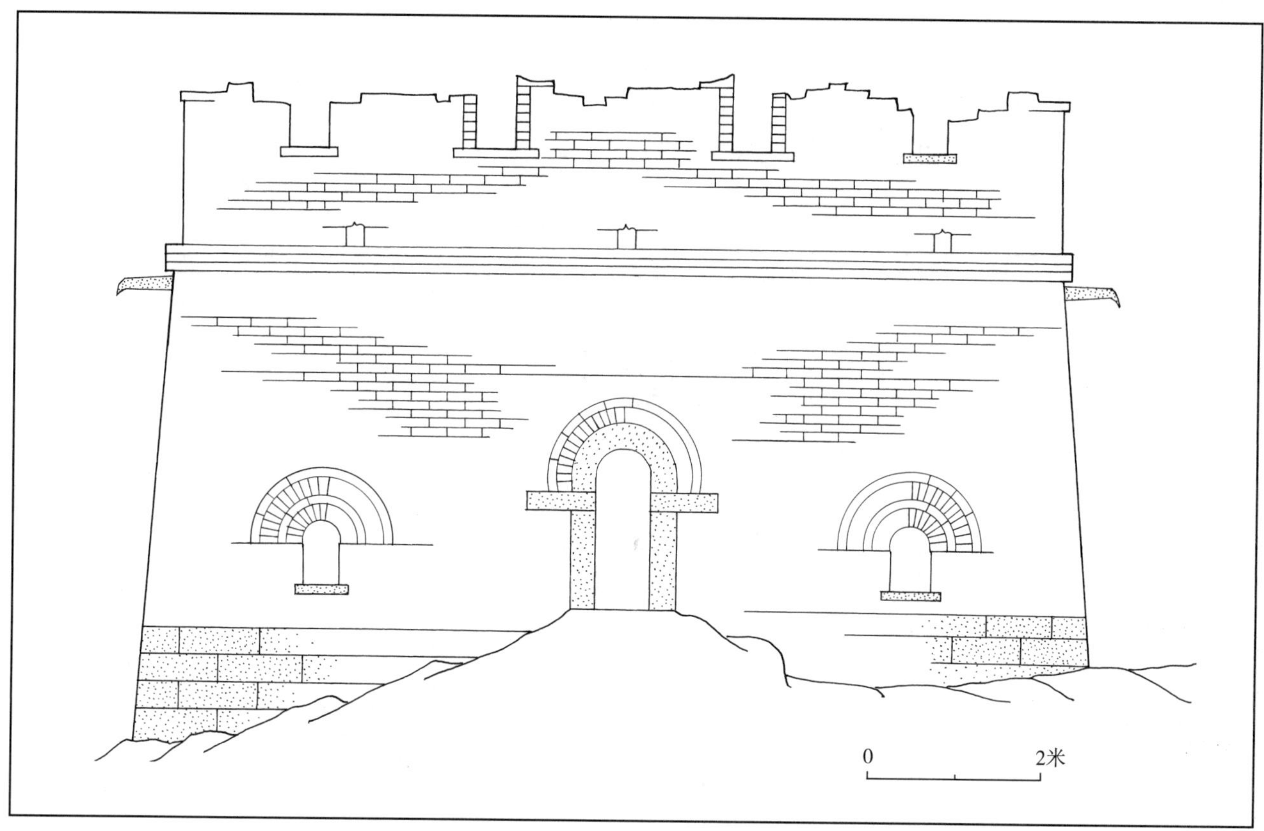

图［21］161 L133南立面图

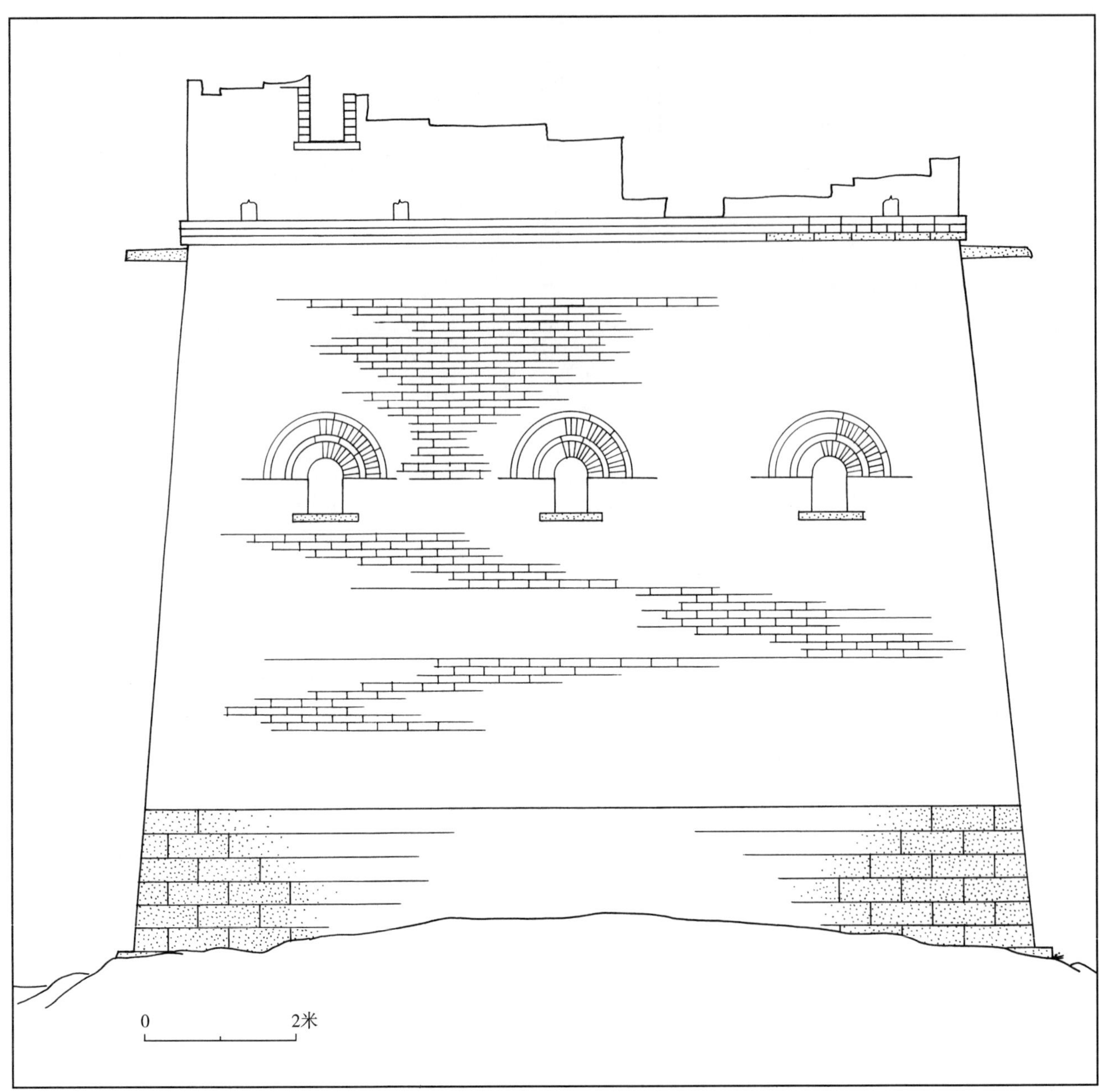

图［21］162　L133北立面图

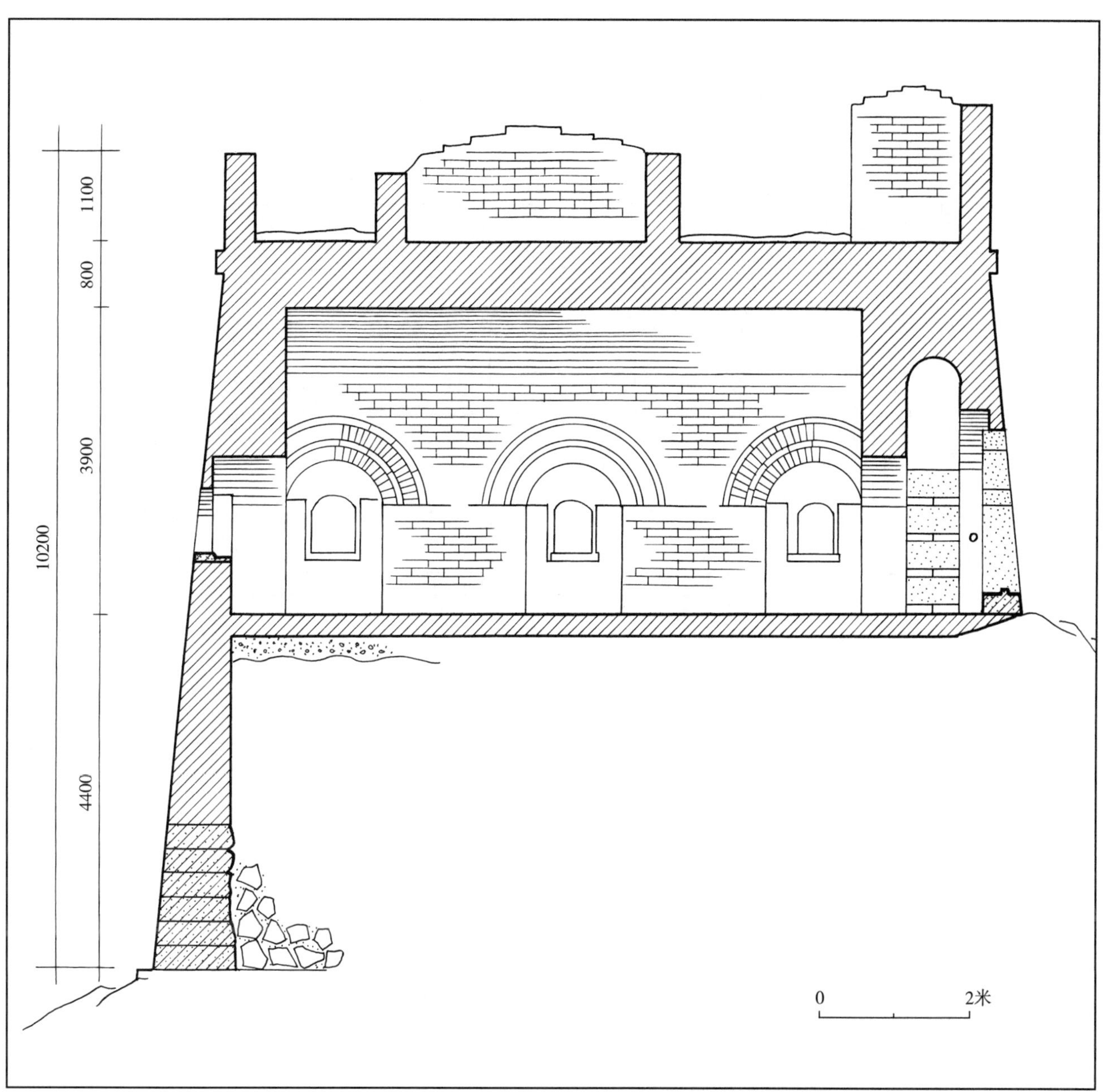

图［21］163　L133纵剖面图

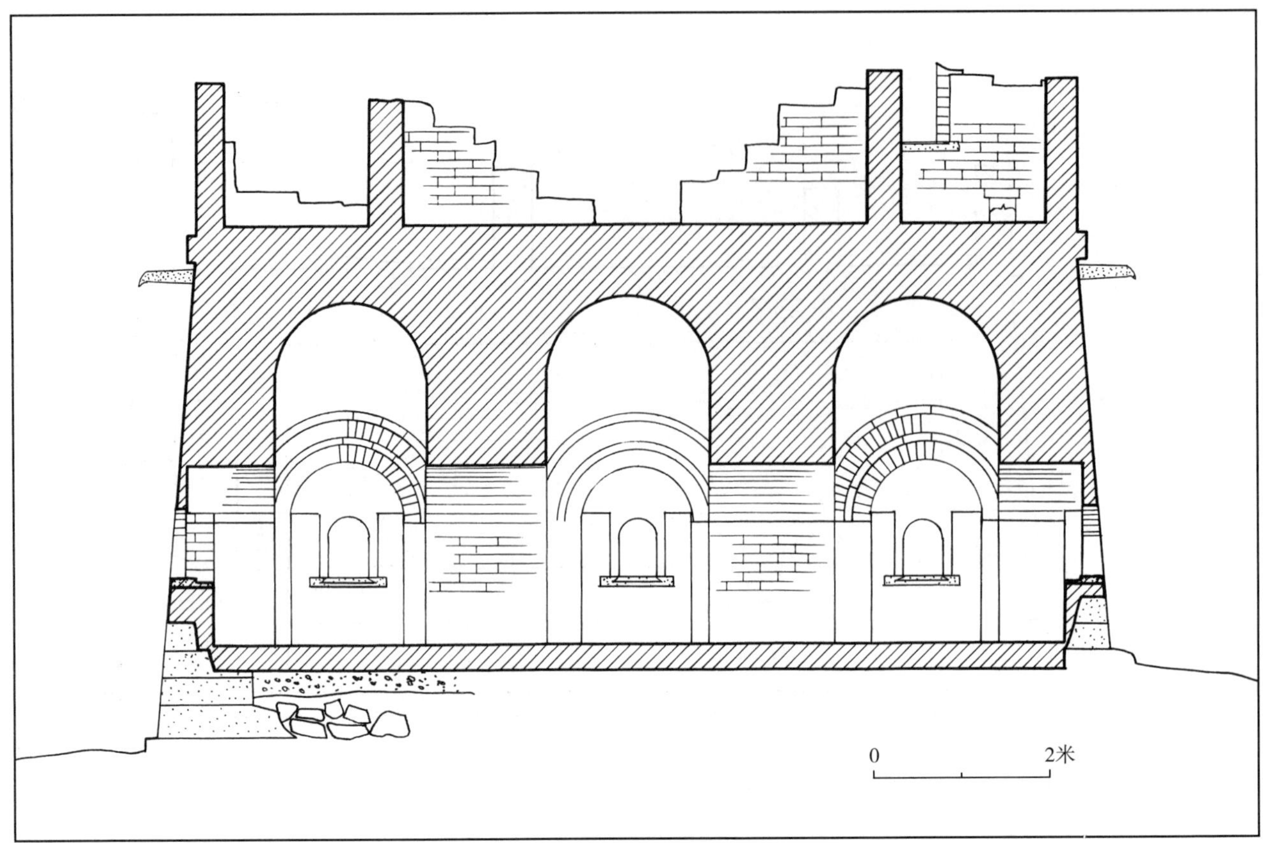

图［21］164　L133横剖面图

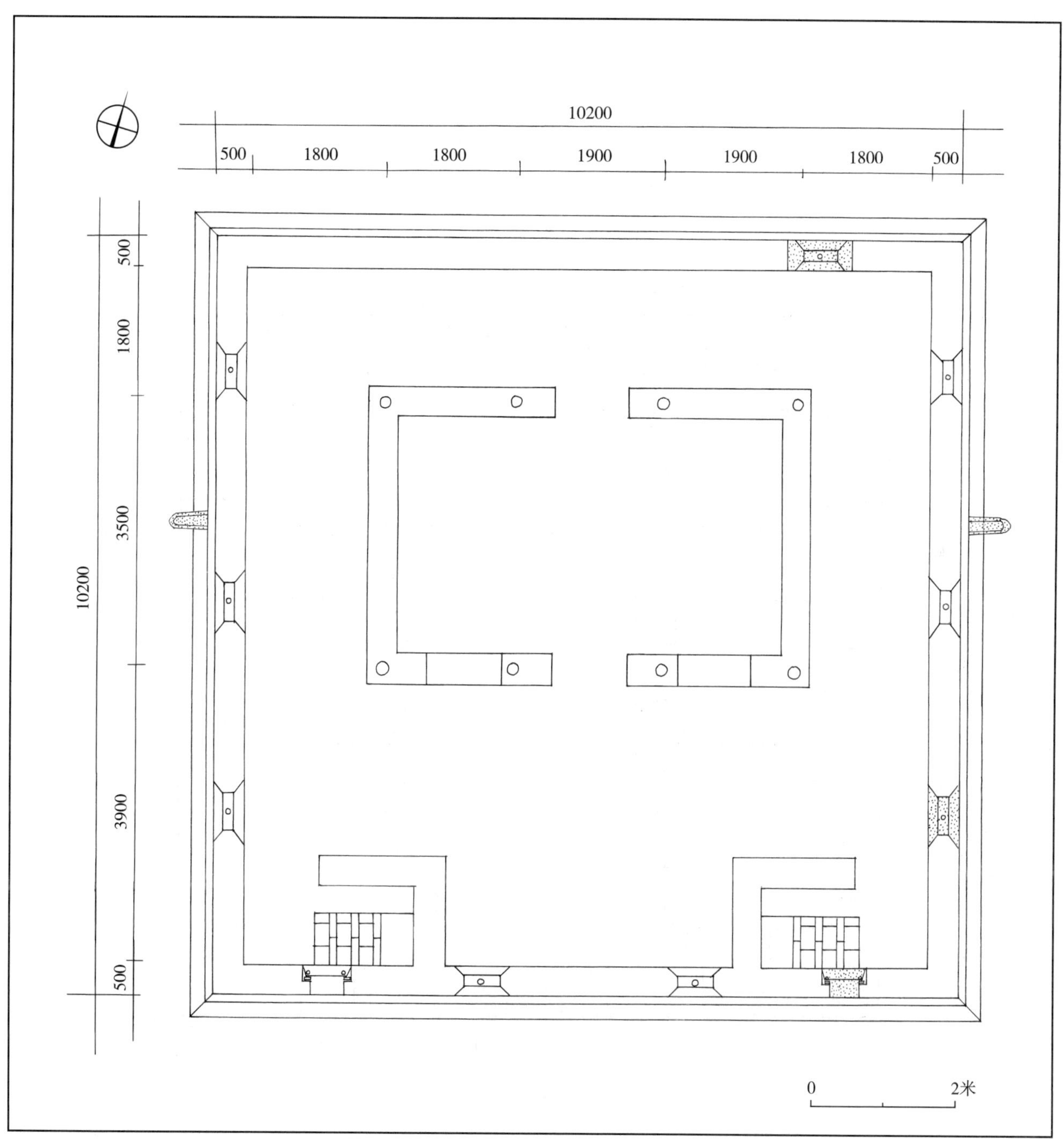

图［21］165 L133上层平面图

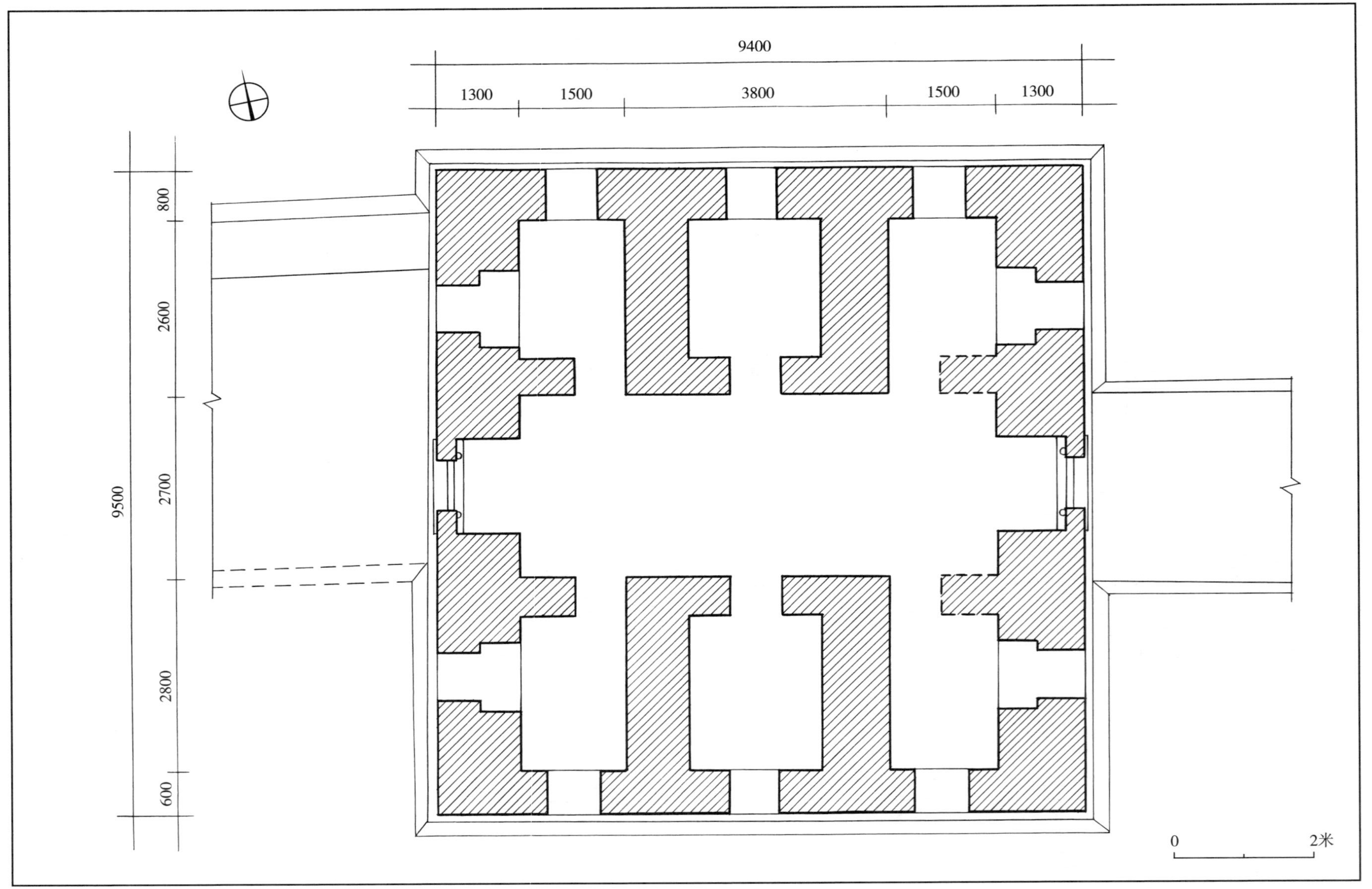

图［21］166　L134中层平面图

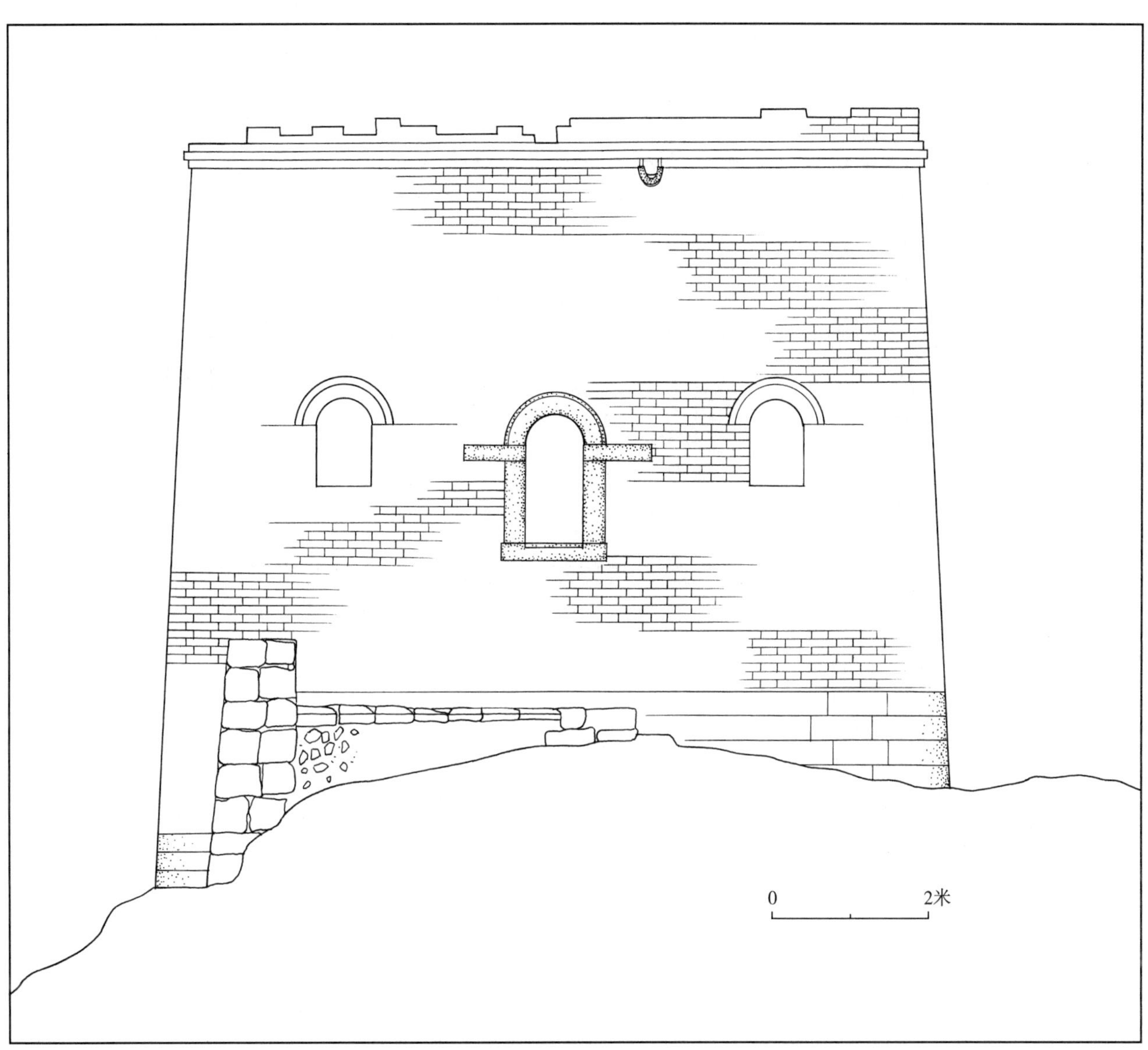

图［21］167 L134西立面图

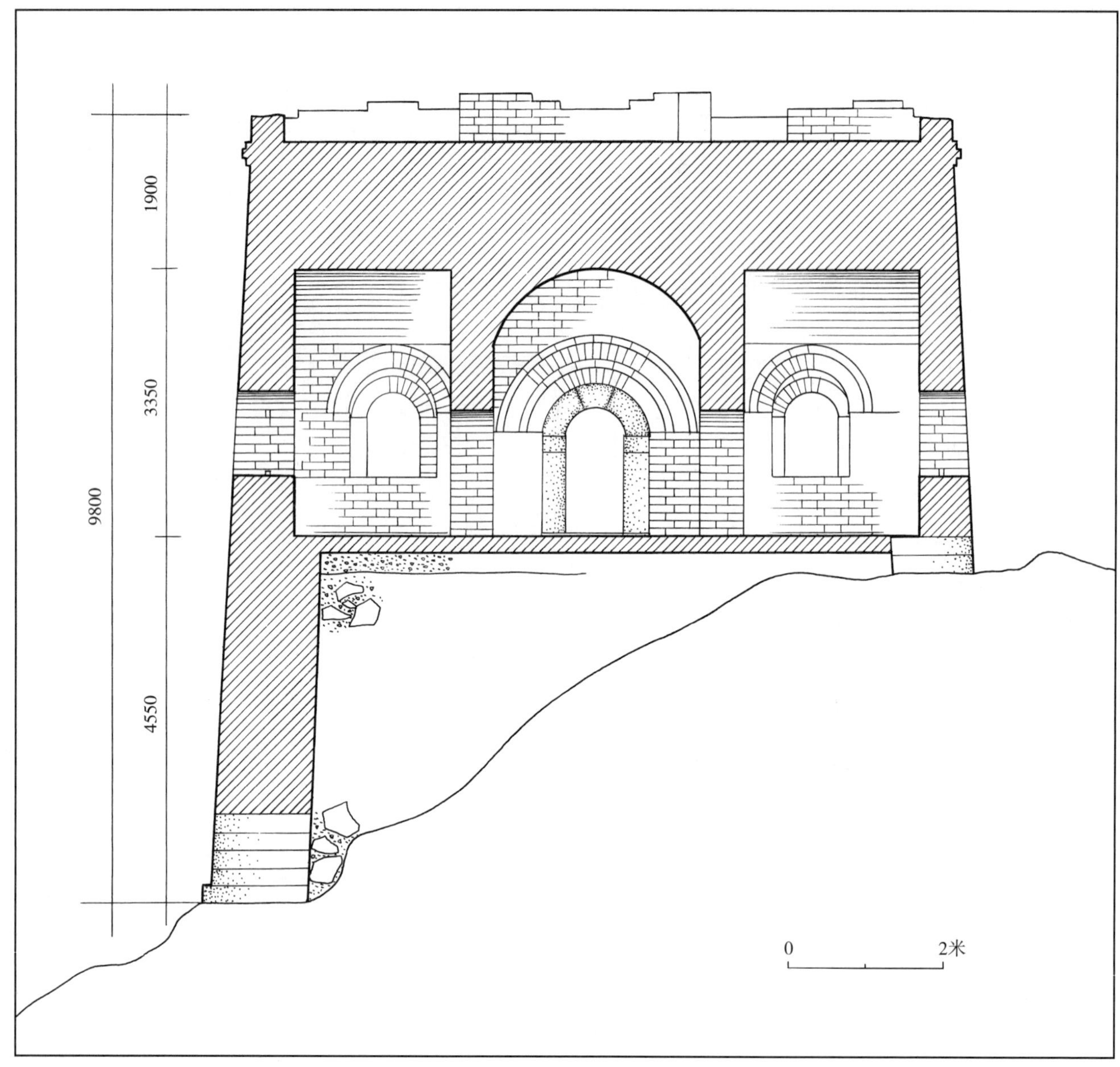

图［21］168 L134纵剖面图

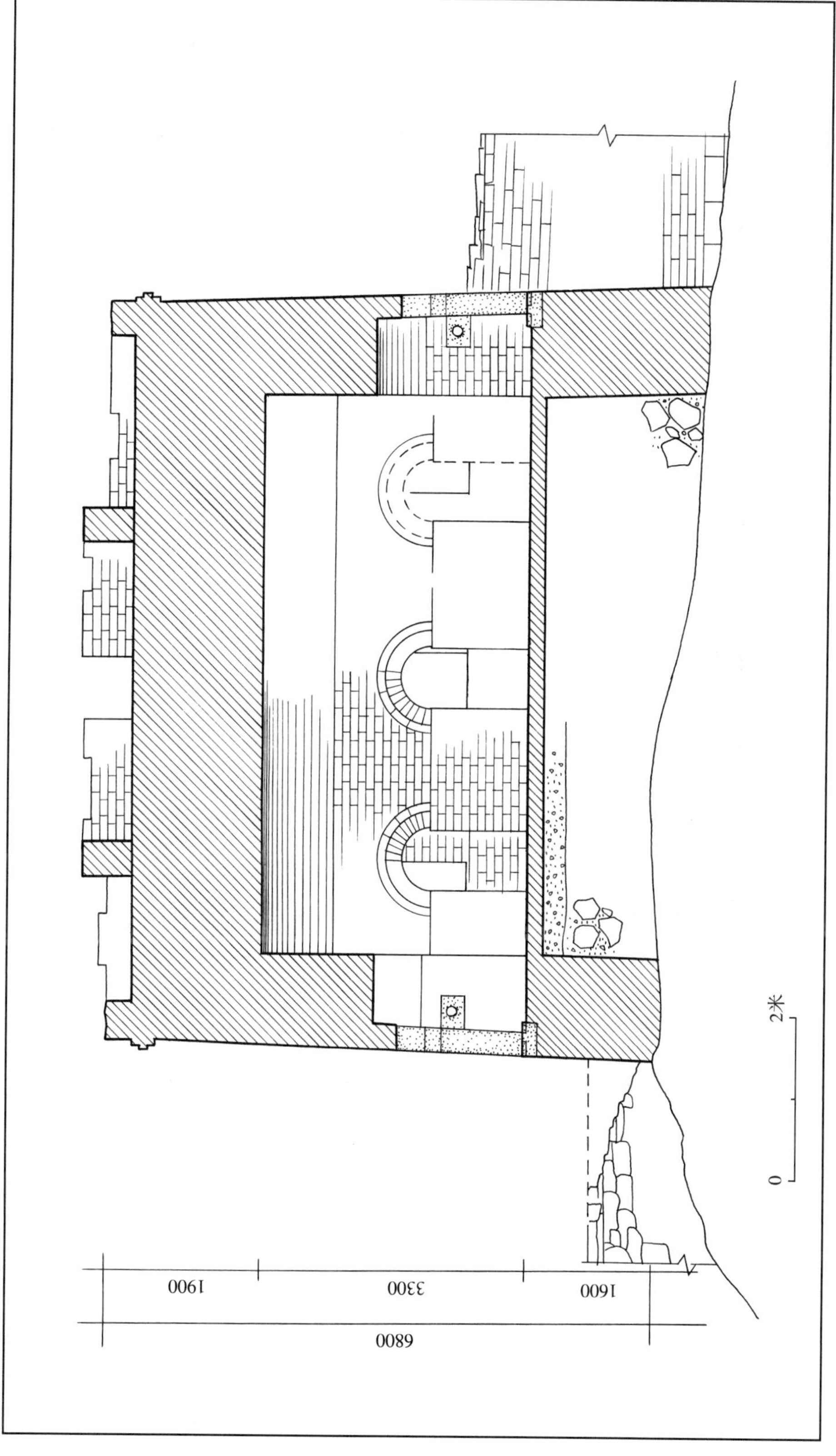

图［21］169 L134横剖面图

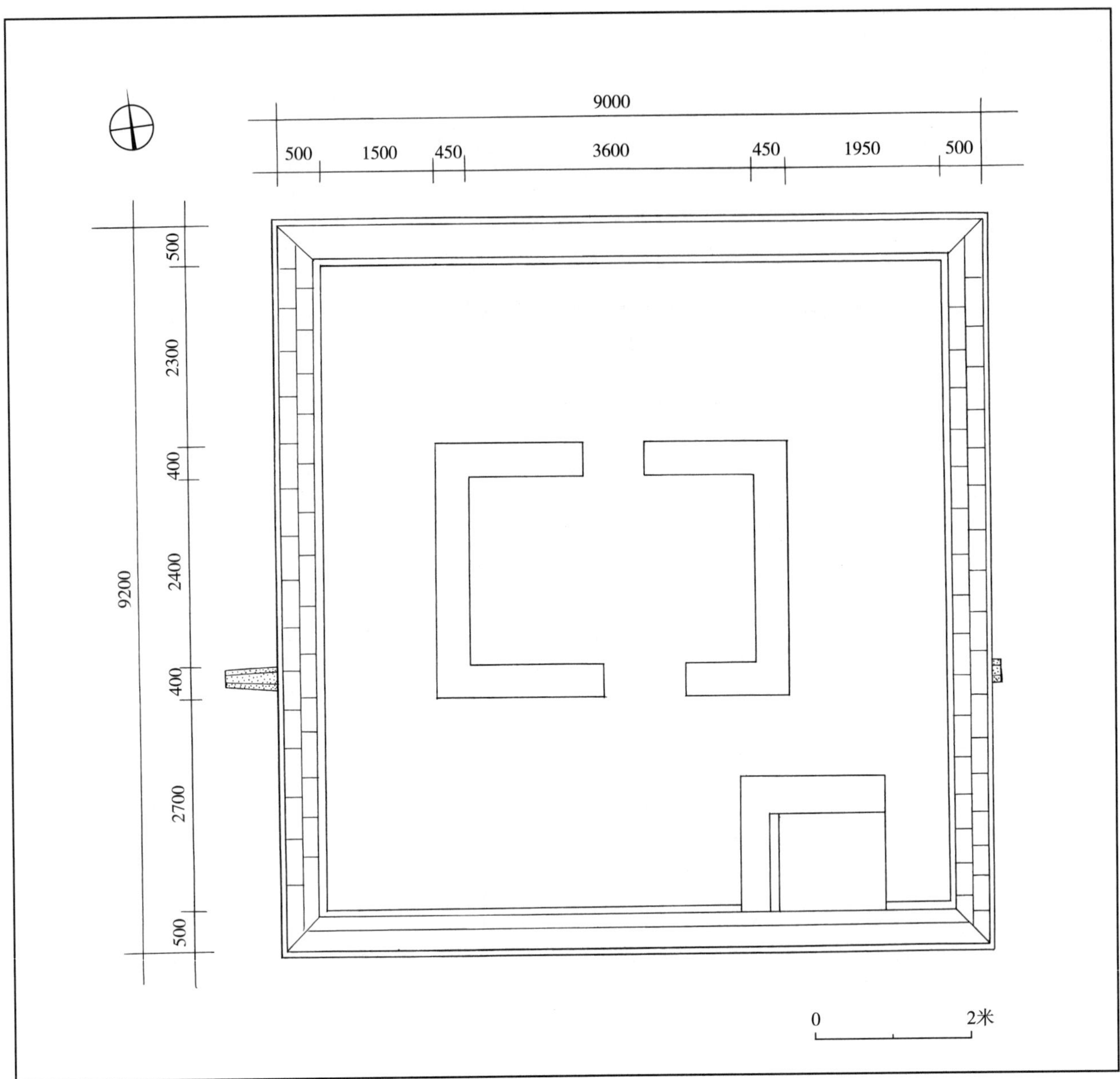

图［21］170　L134上层平面图

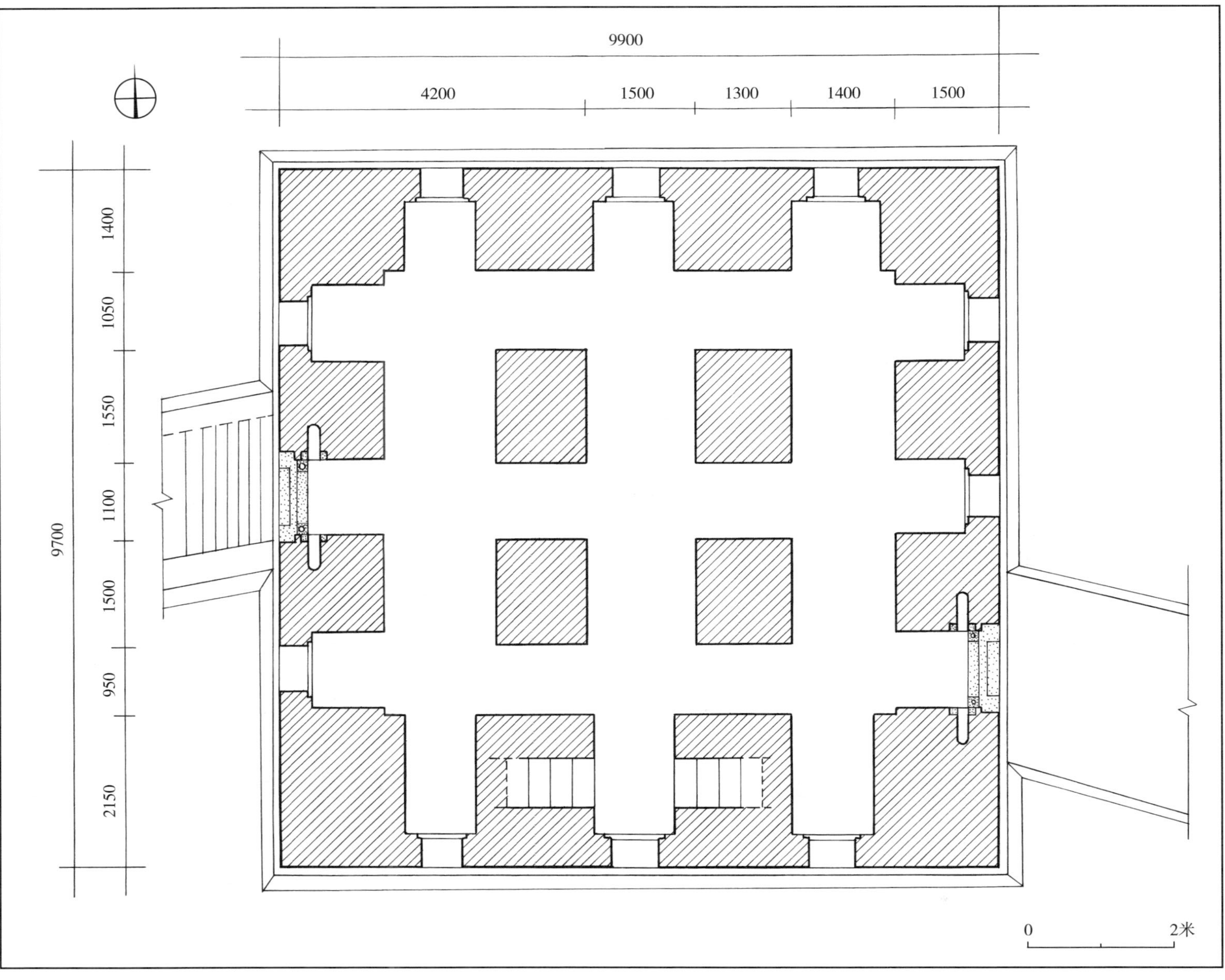

图［21］171 L136中层平面图

图［21］172　L136西立面图

图［21］173　L136纵剖面图

图［21］174　L136梯道剖面图

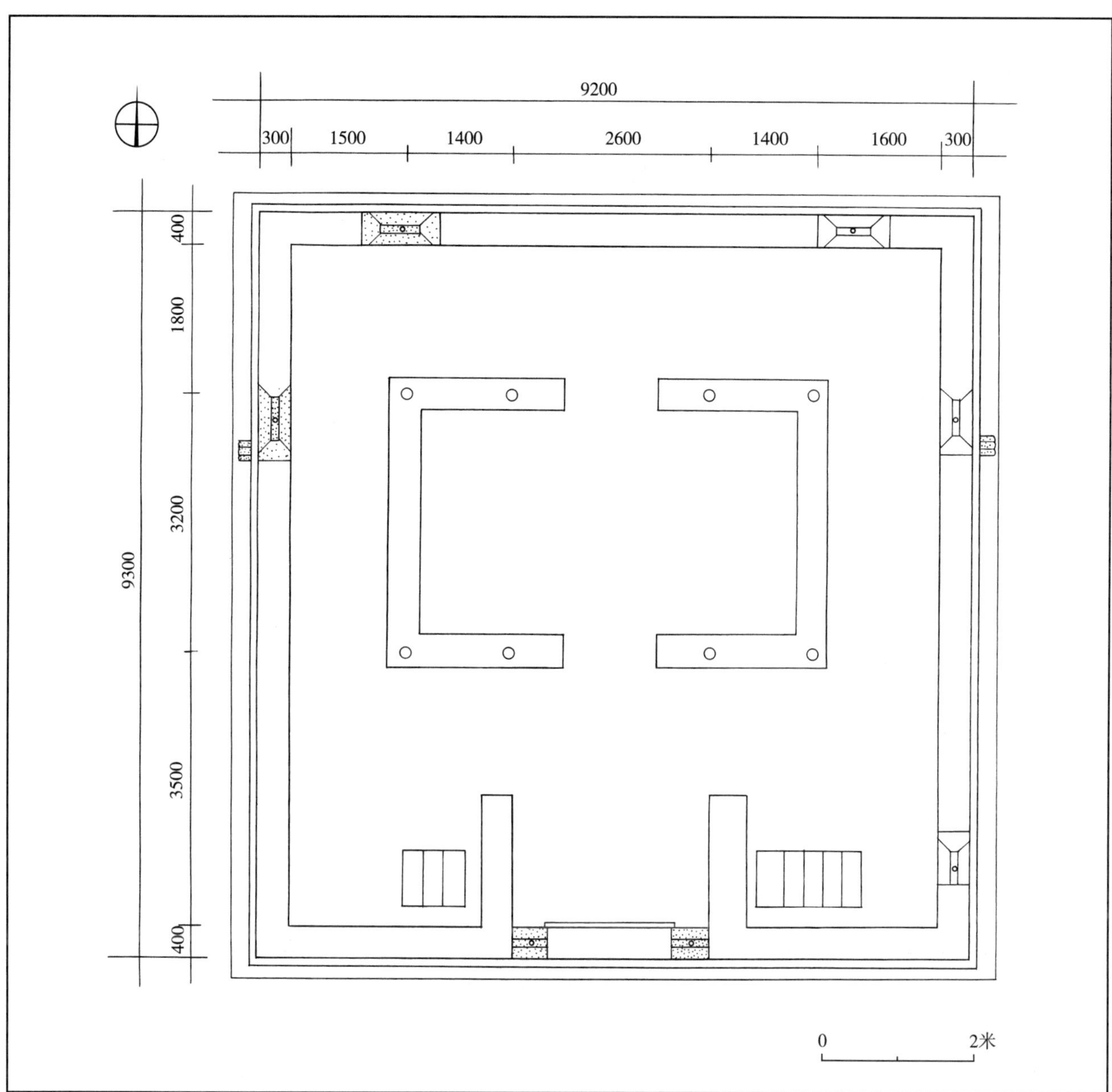

图［21］175 L136上层平面图

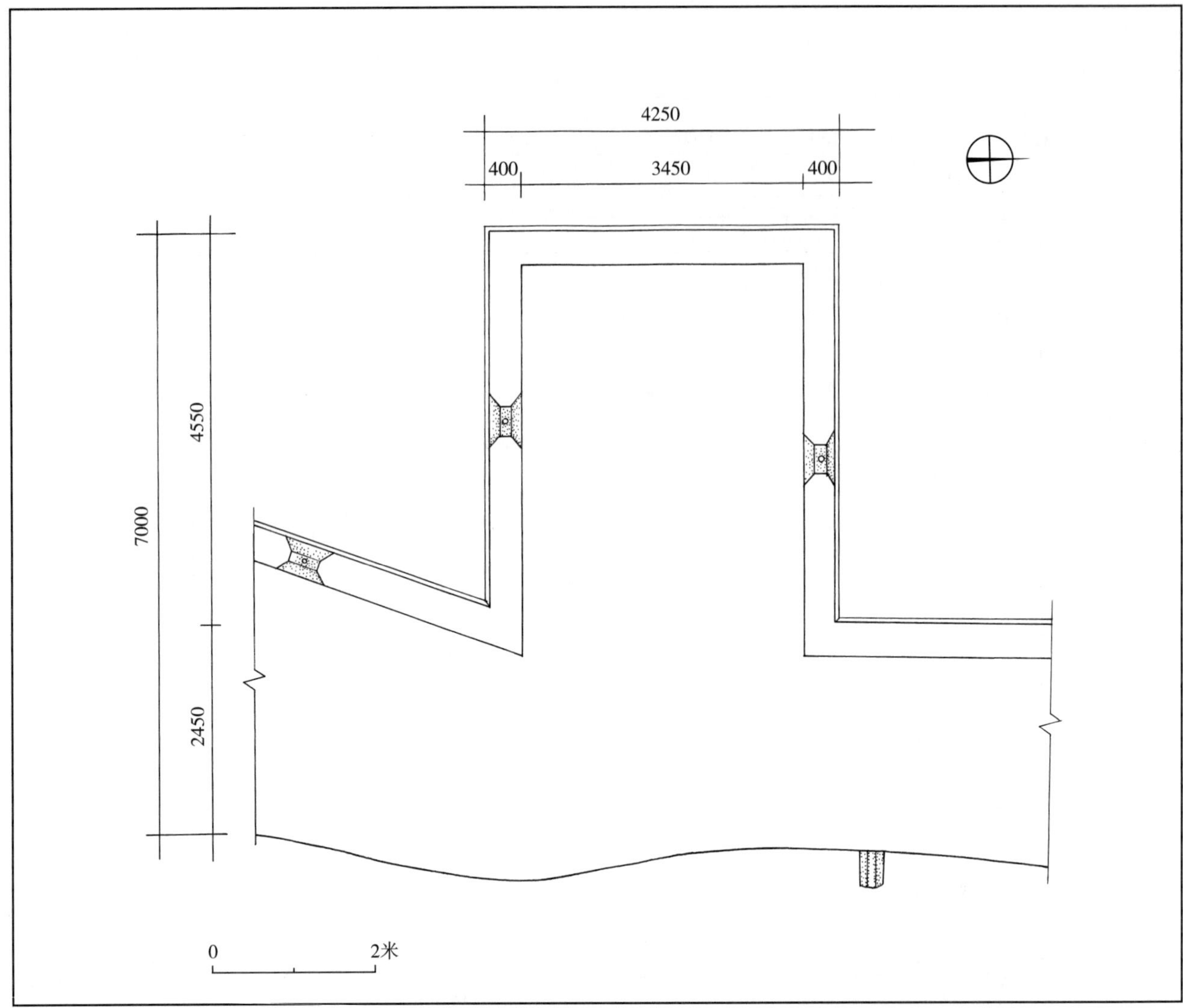

图［21］176　Z64平面图

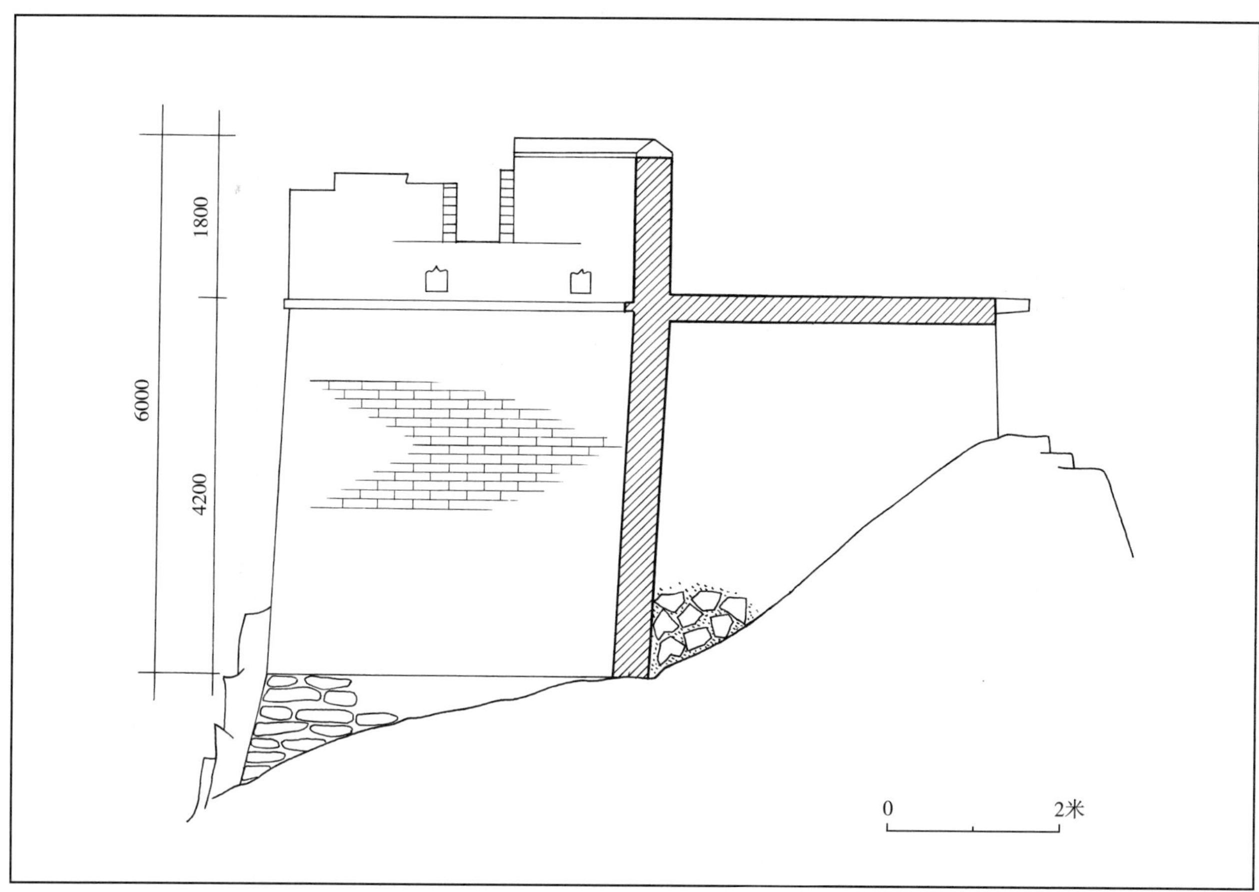

图［21］177　Z64南立面图

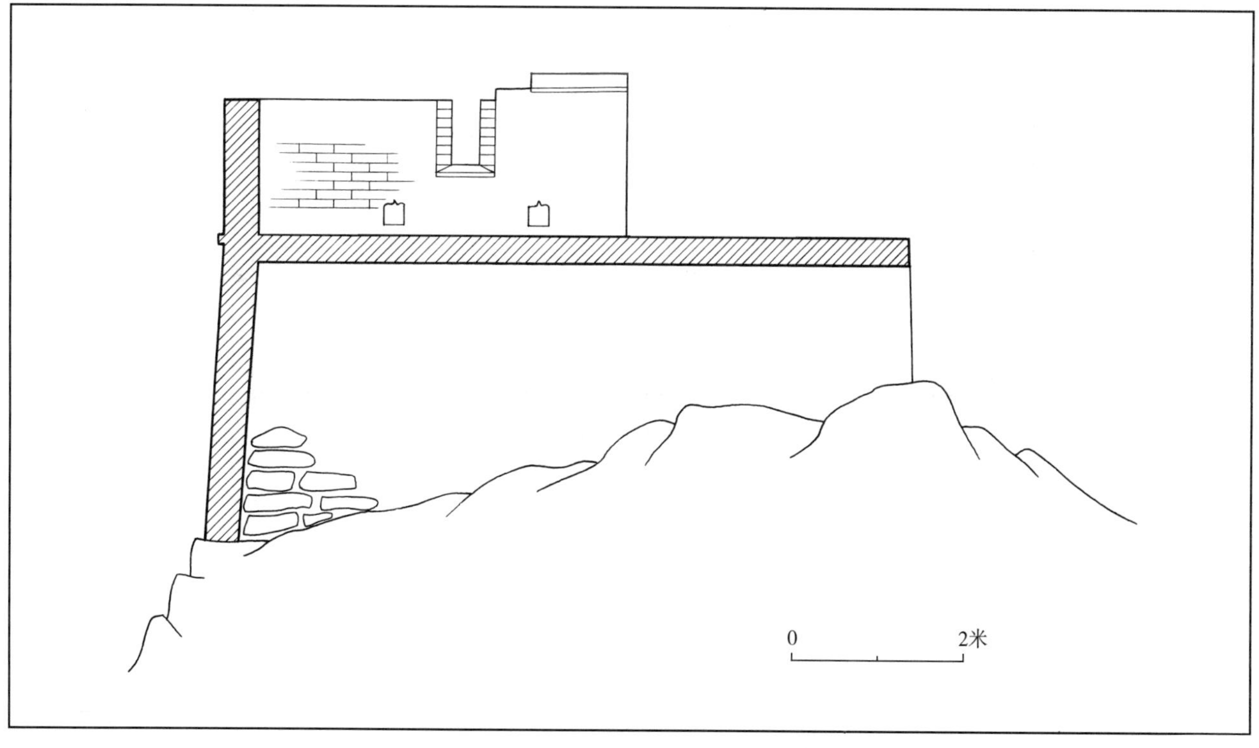

图［21］178　Z64中部横剖面图

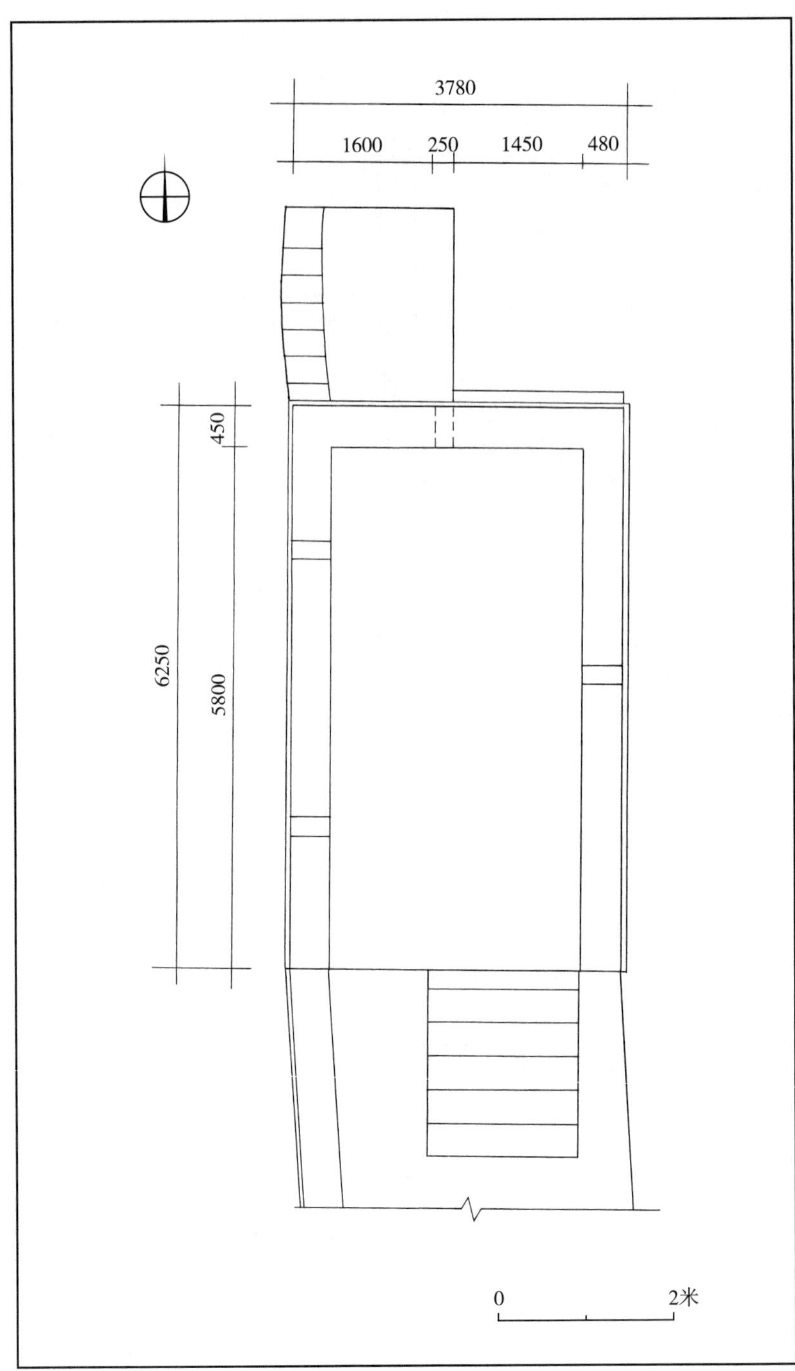

图［21］179　Z65平面图

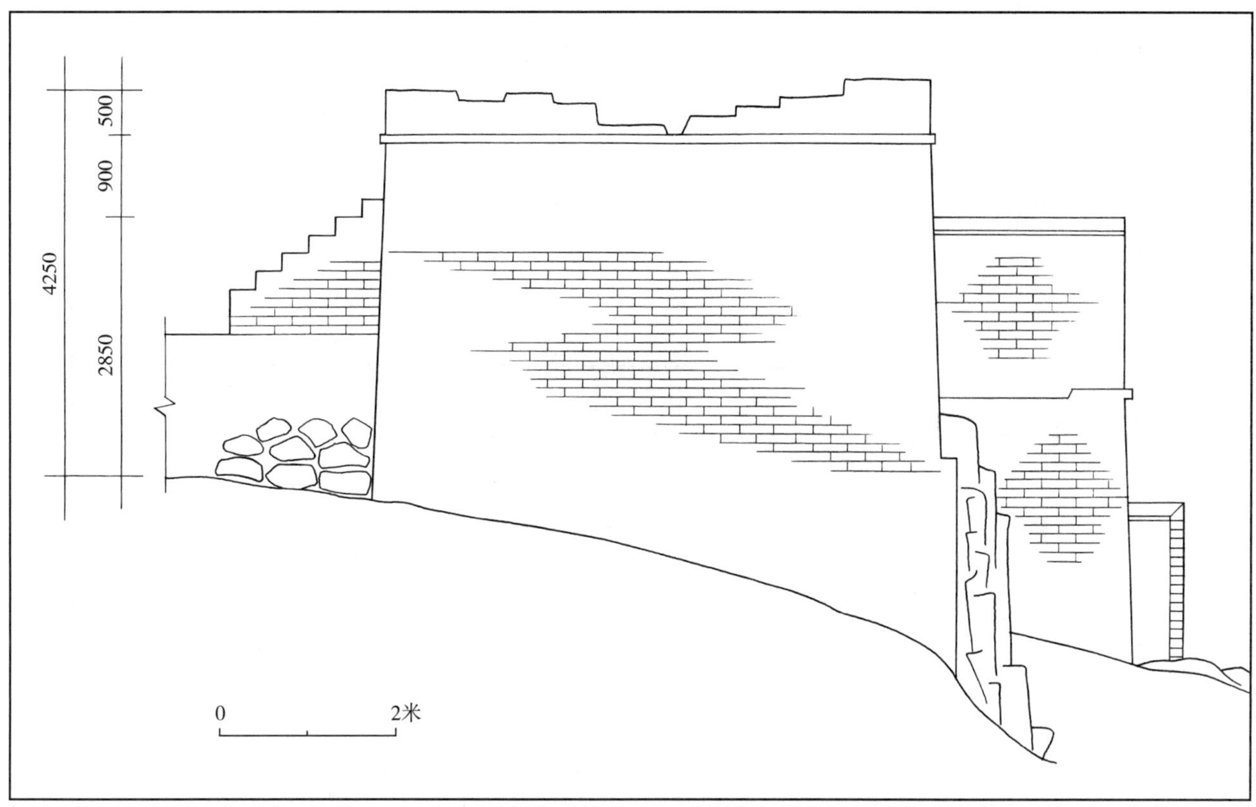

图［21］180　Z65东立面图

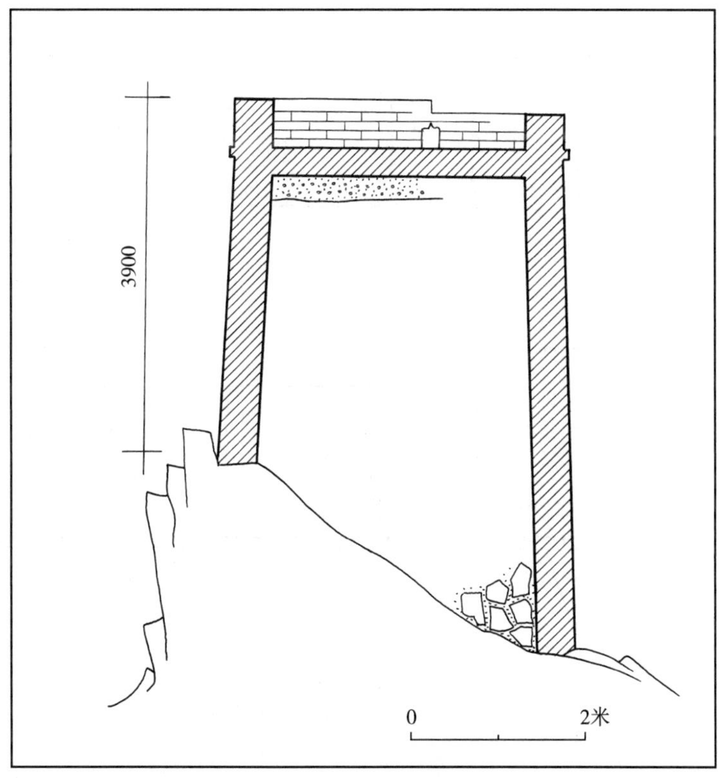

图［21］181　Z65横剖面图

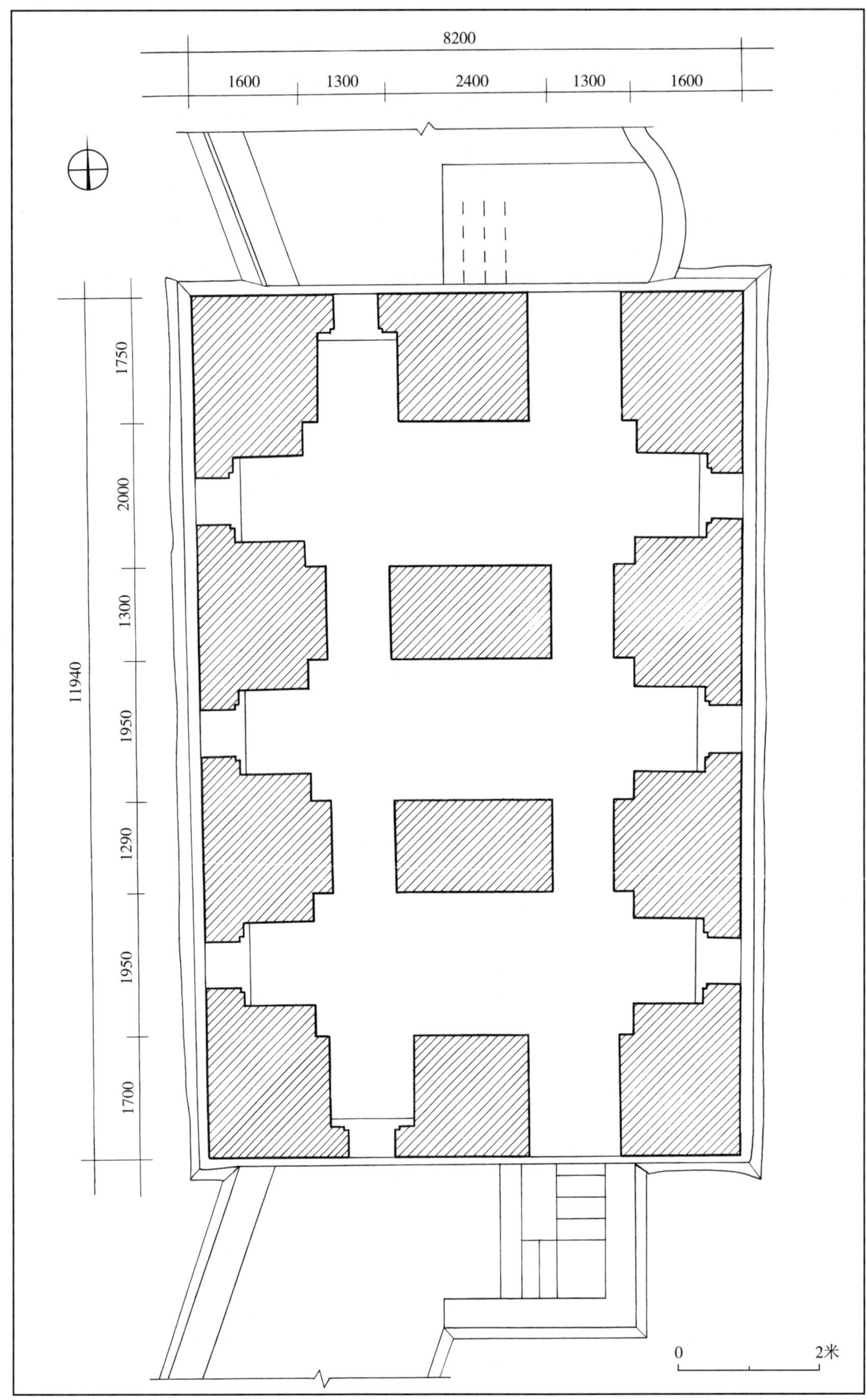

图［21］182　L138中层平面图

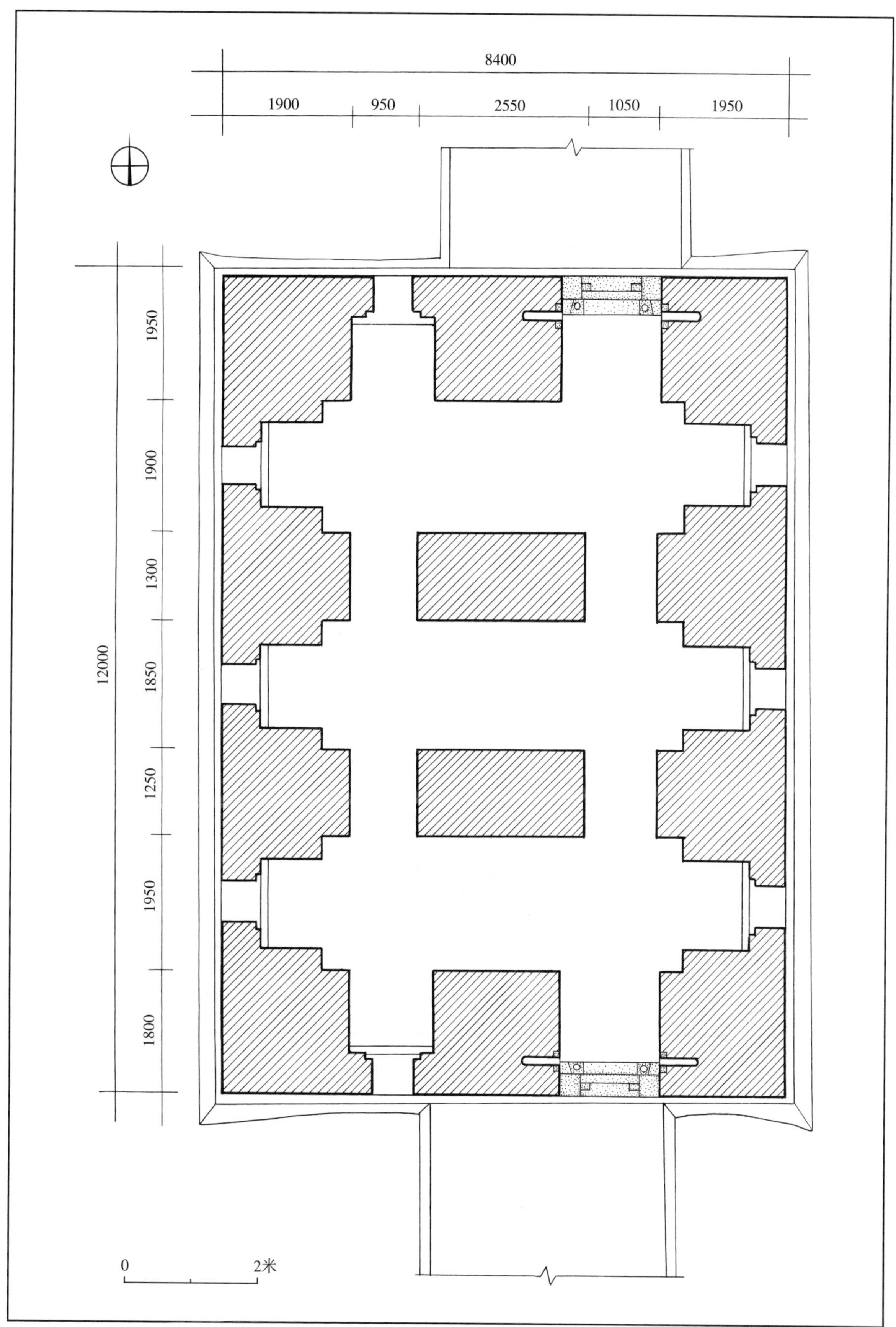

图［21］183　L140中层平面图

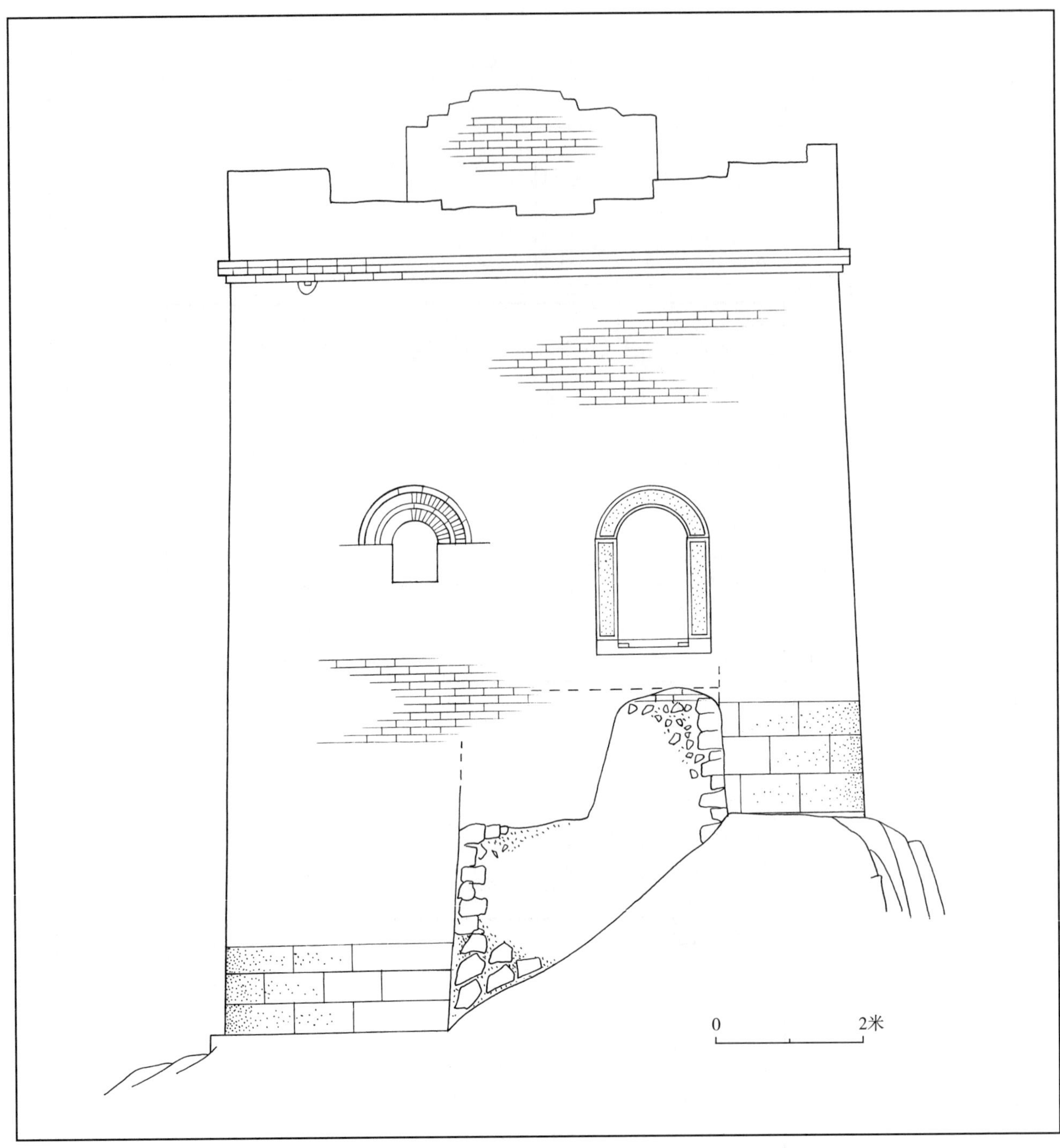

图［21］184　L140南立面图

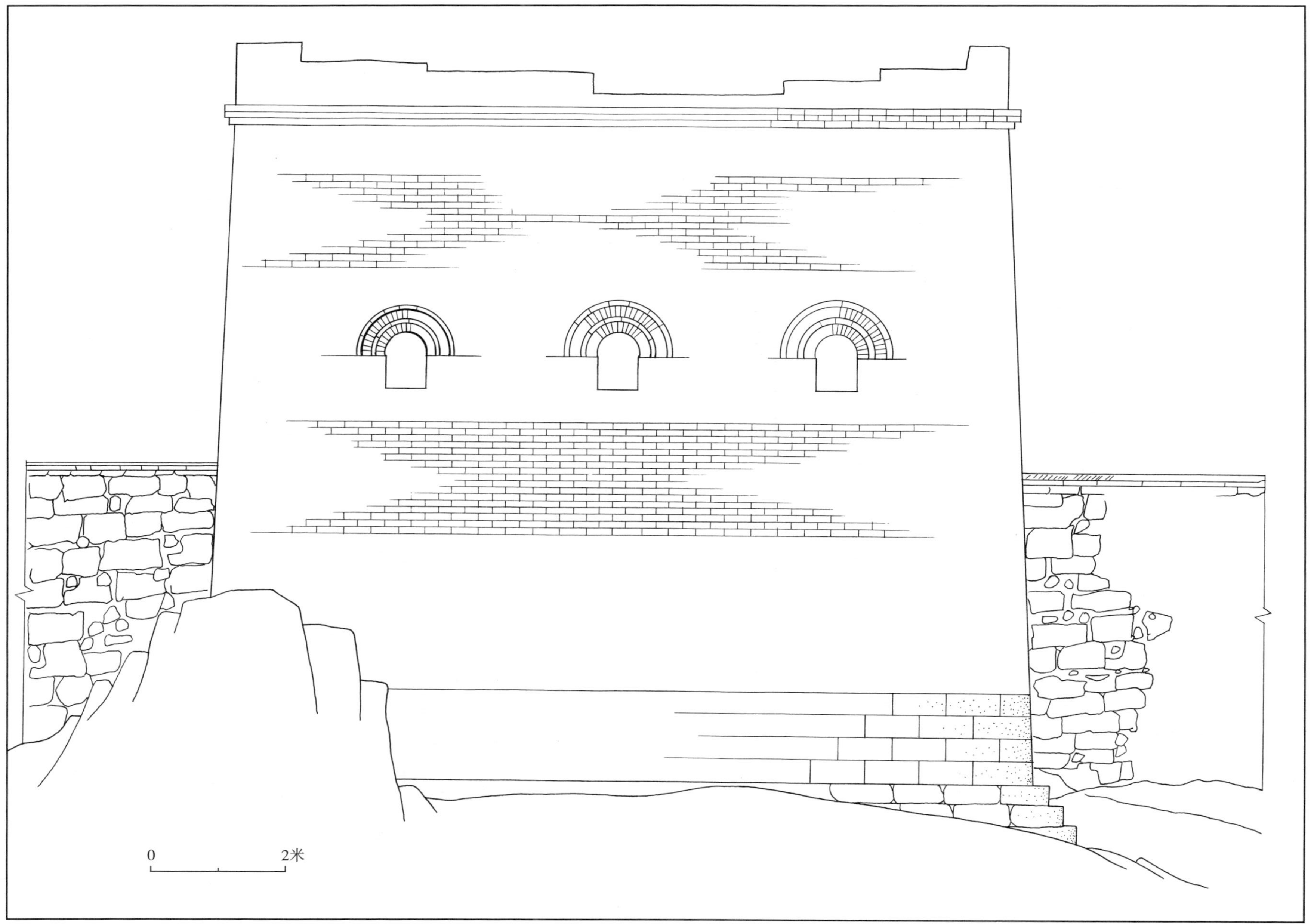

图［21］185　L140东立面图

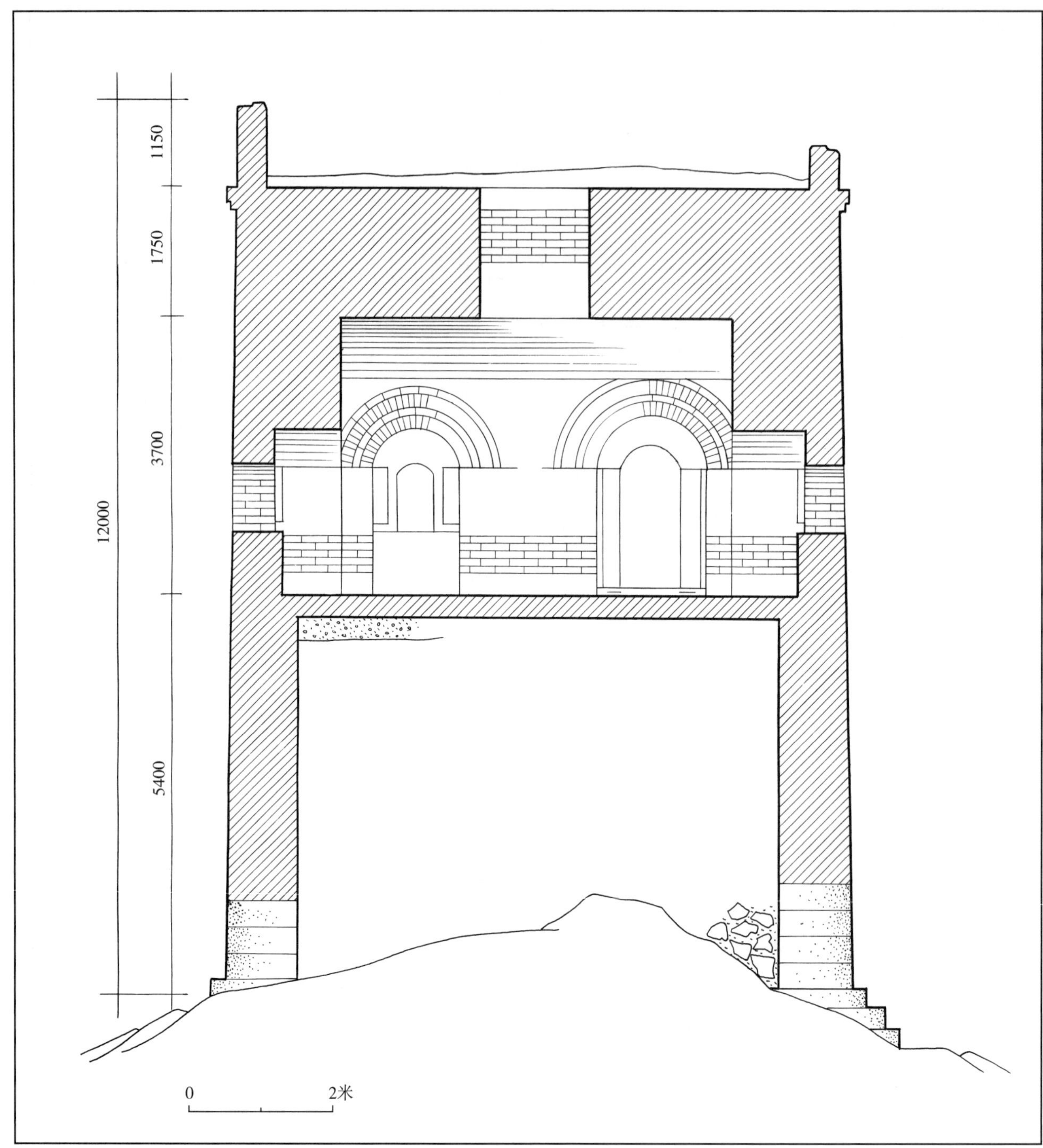

图［21］186　L140纵剖面图

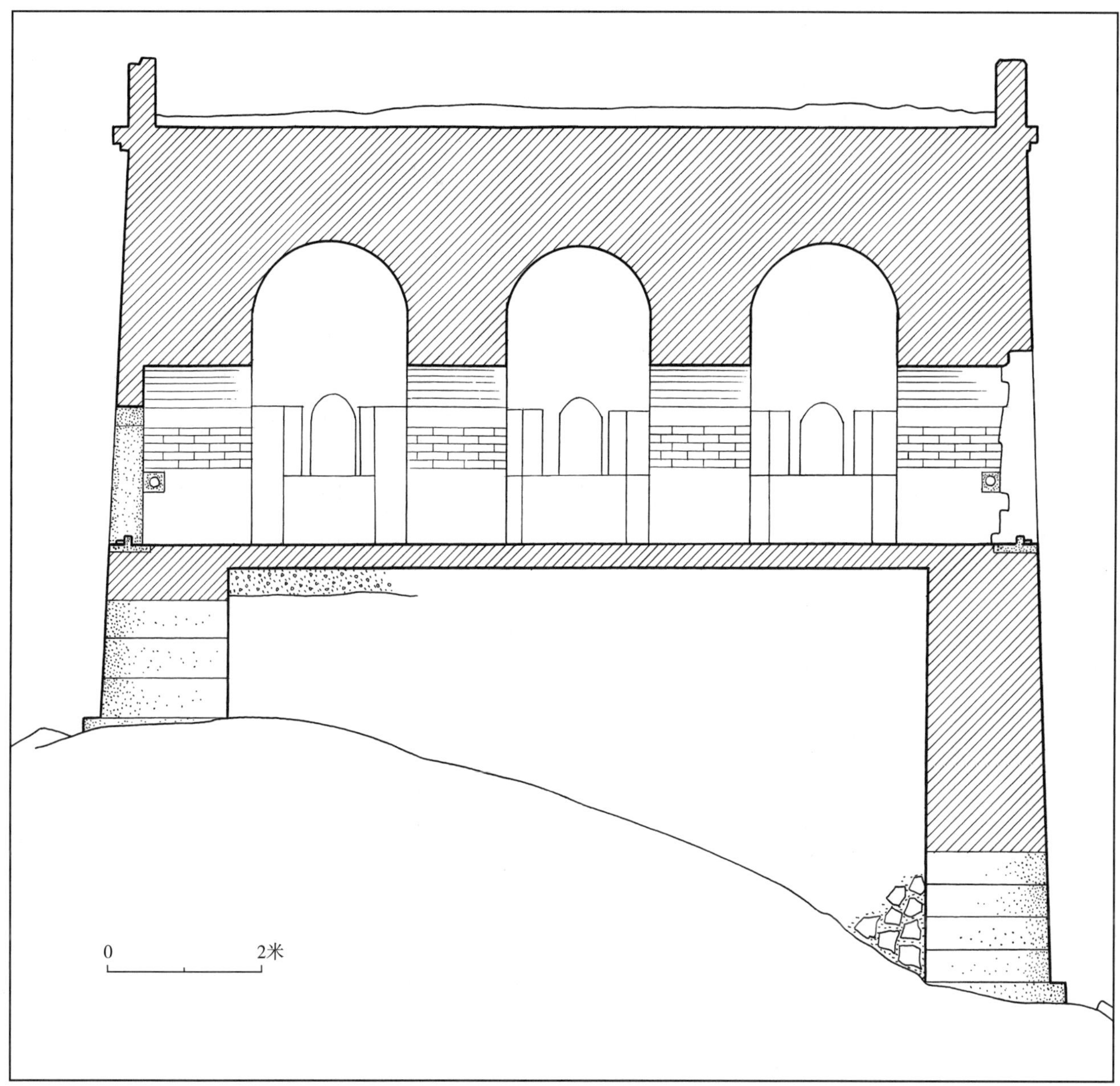

图［21］187　L140横剖面图

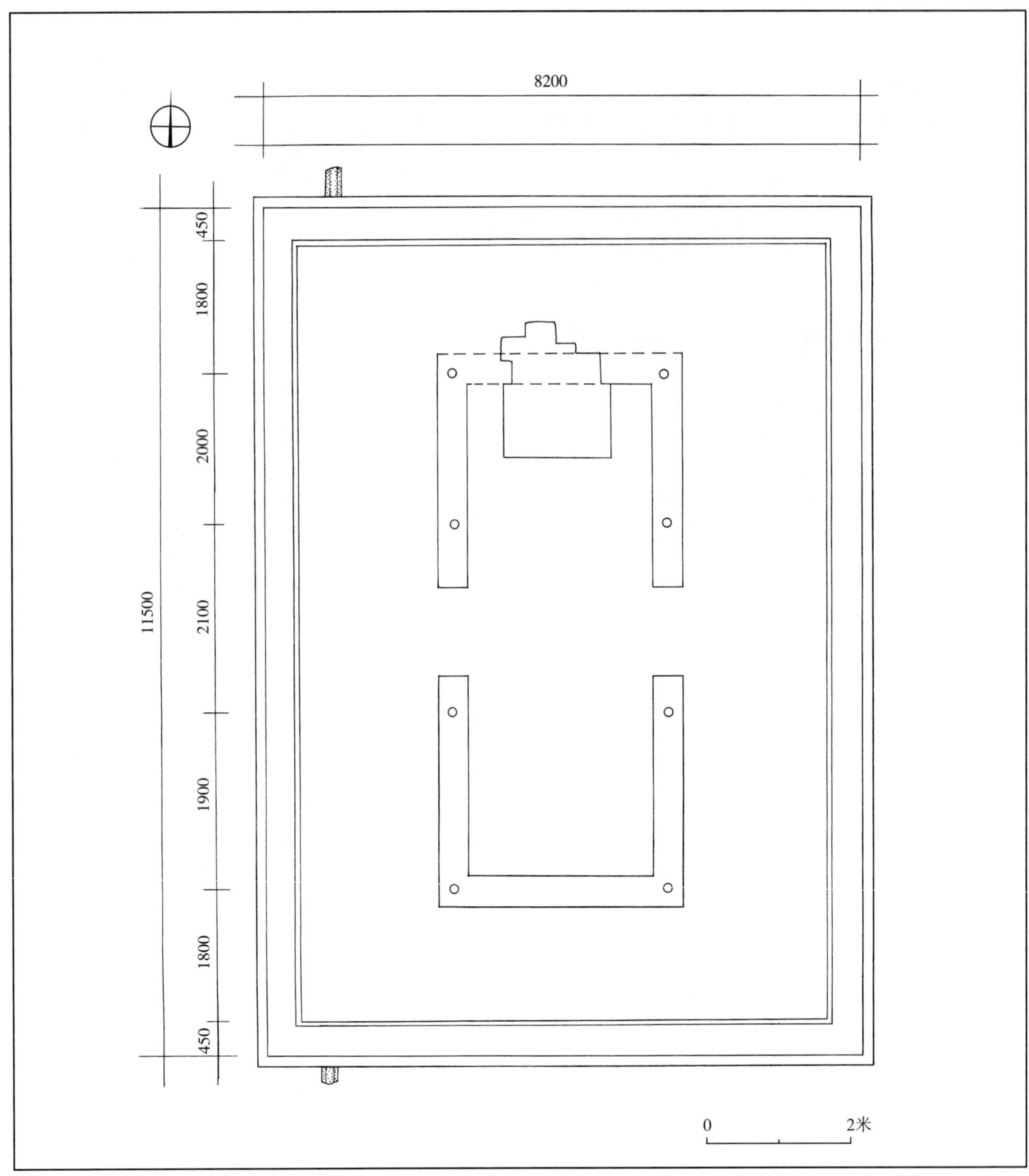

图［21］188　L140上层平面图

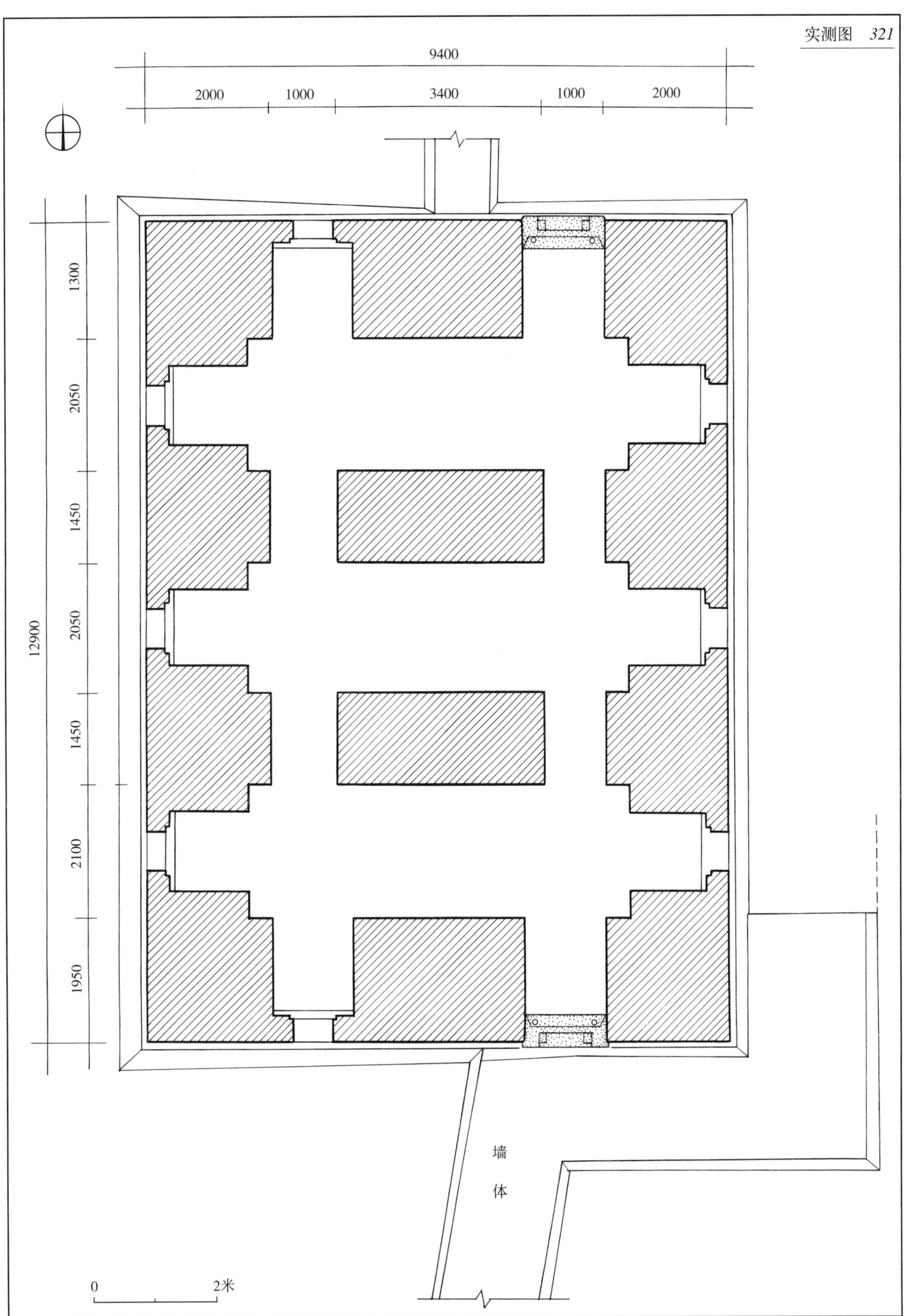

图［21］189　L141中层平面图

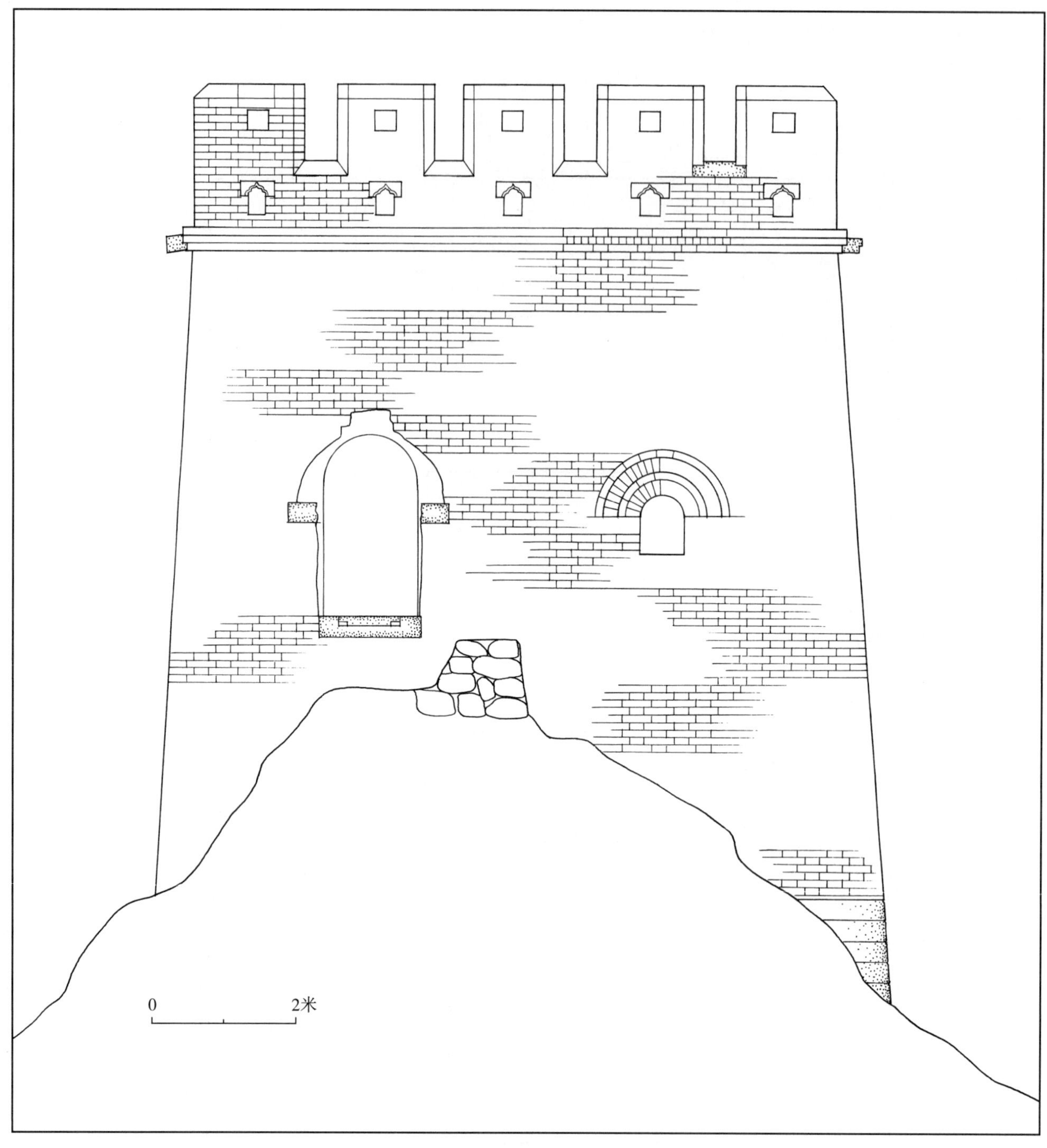

图［21］190　L141北立面图

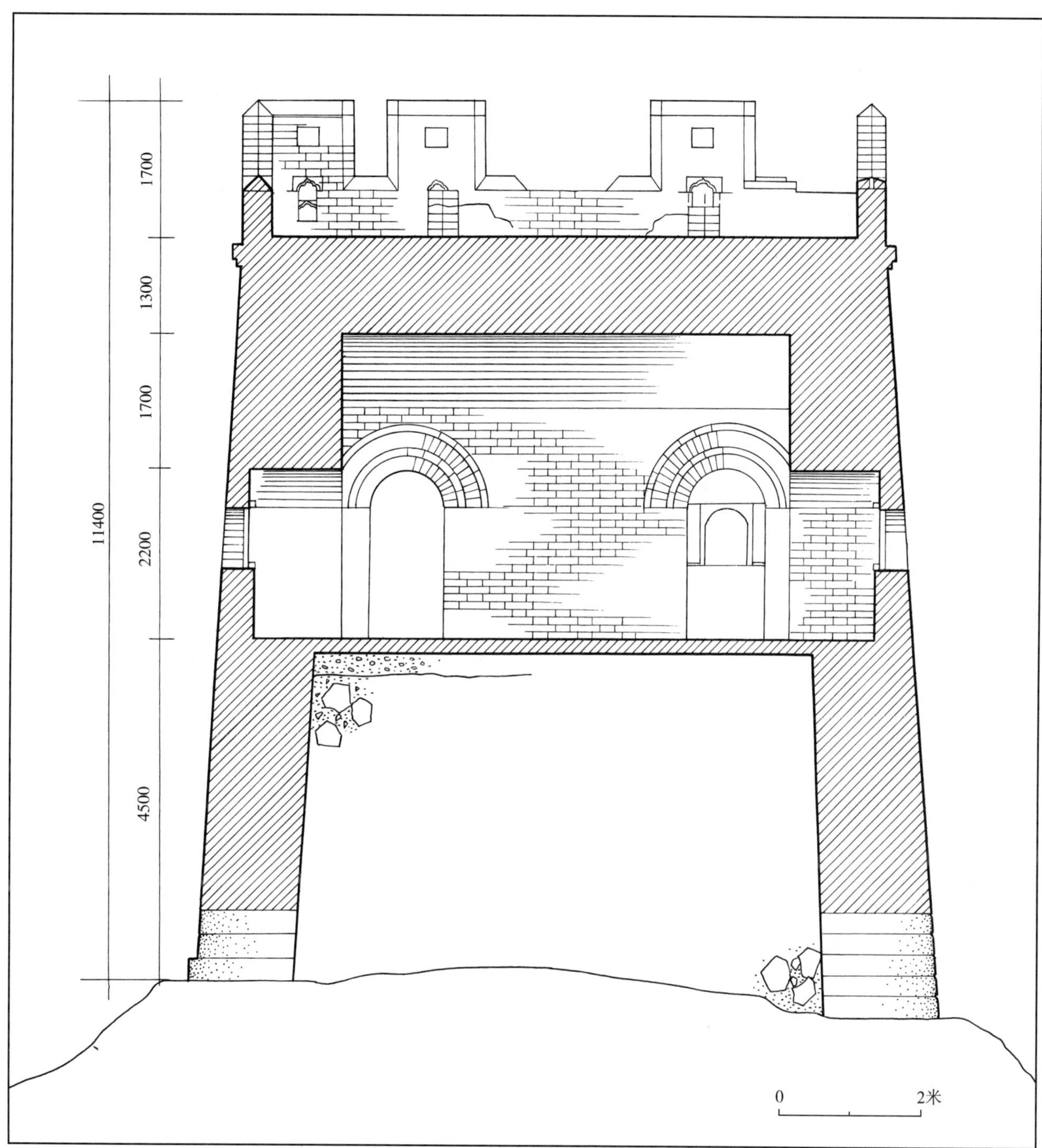

图［21］191　L141纵剖面图

图［21］192 L141横剖面图

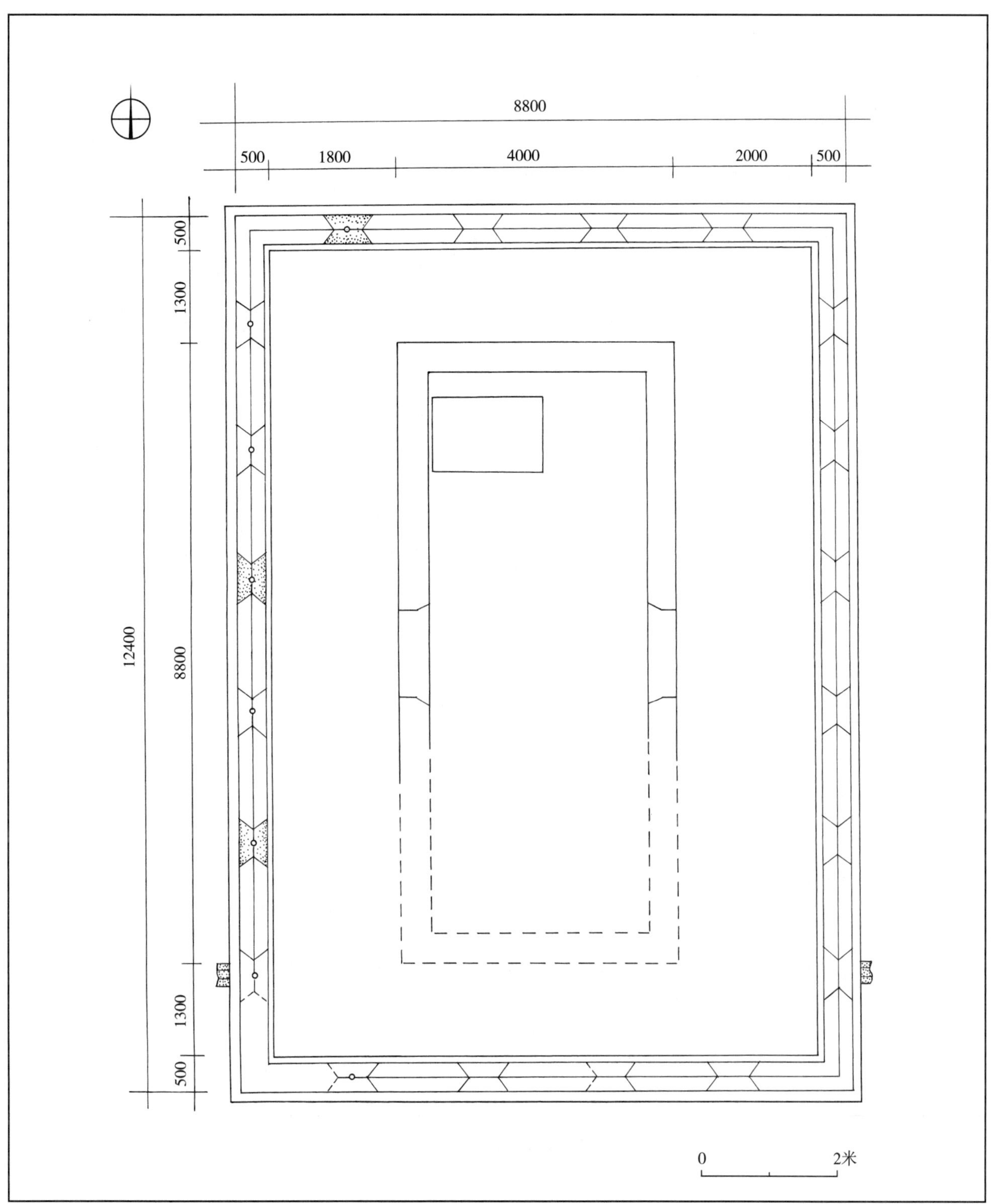

图［21］193　L141上层平面图

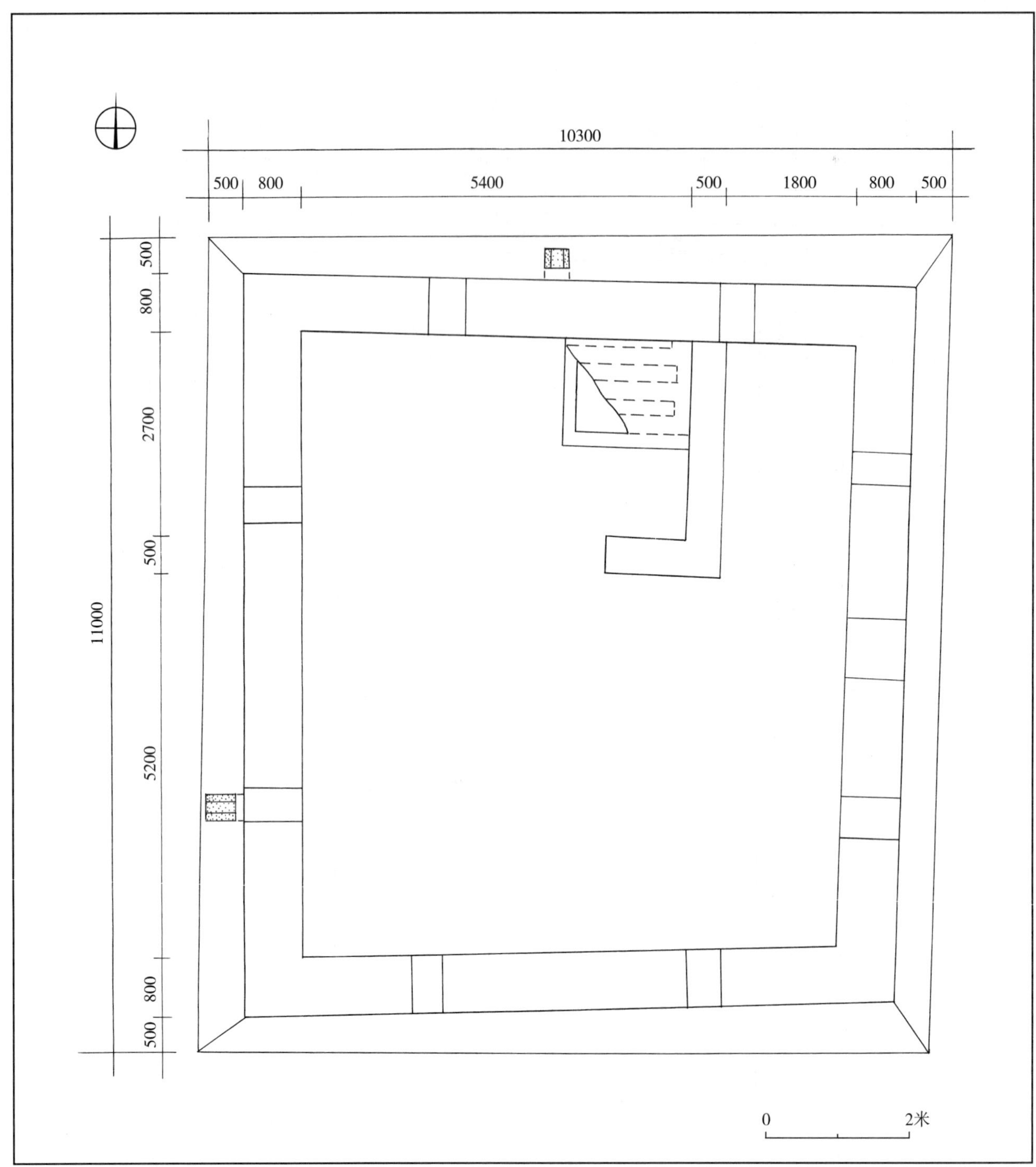

图［21］194　D25顶部平面图

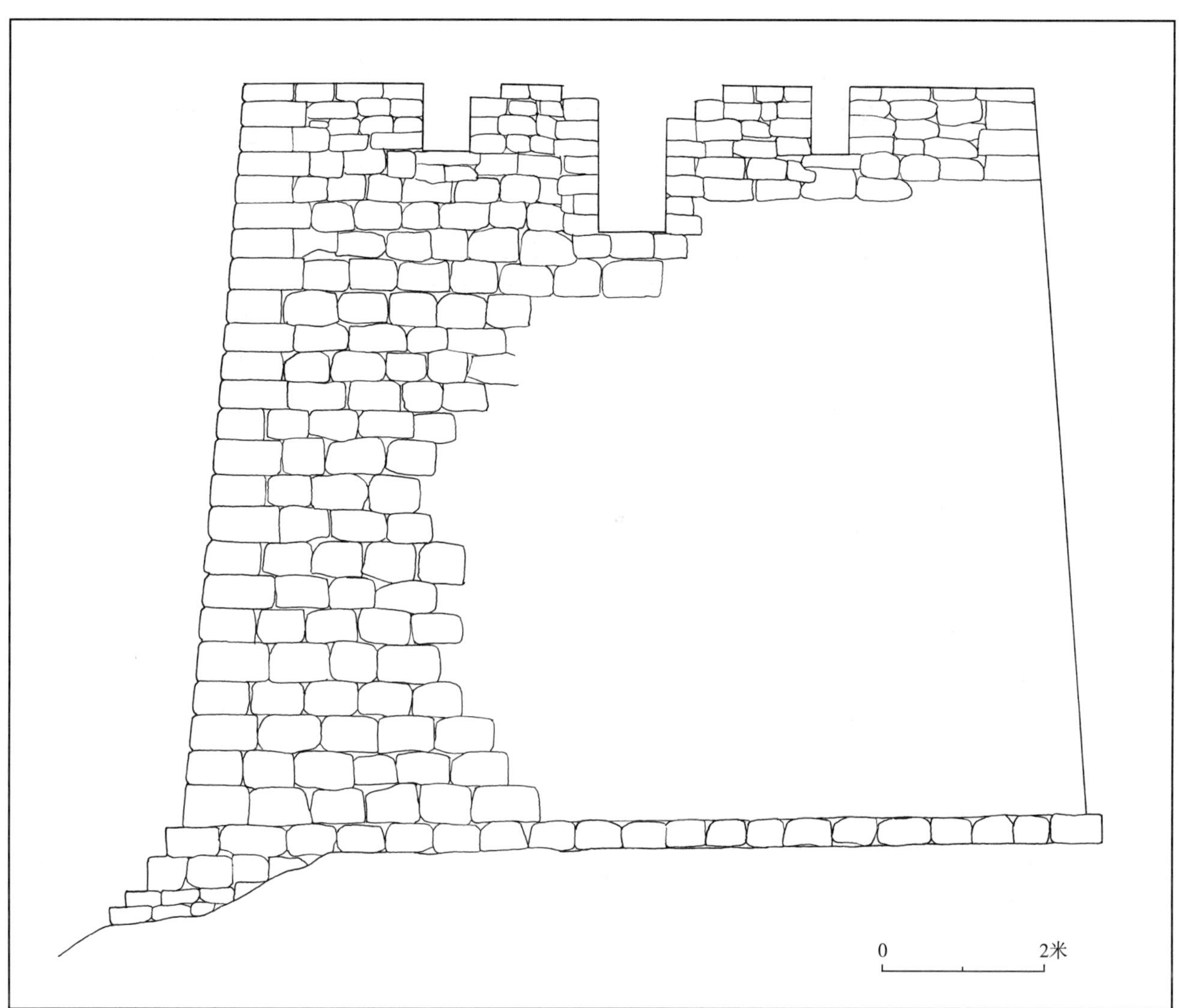

图［21］195　D25东立面图

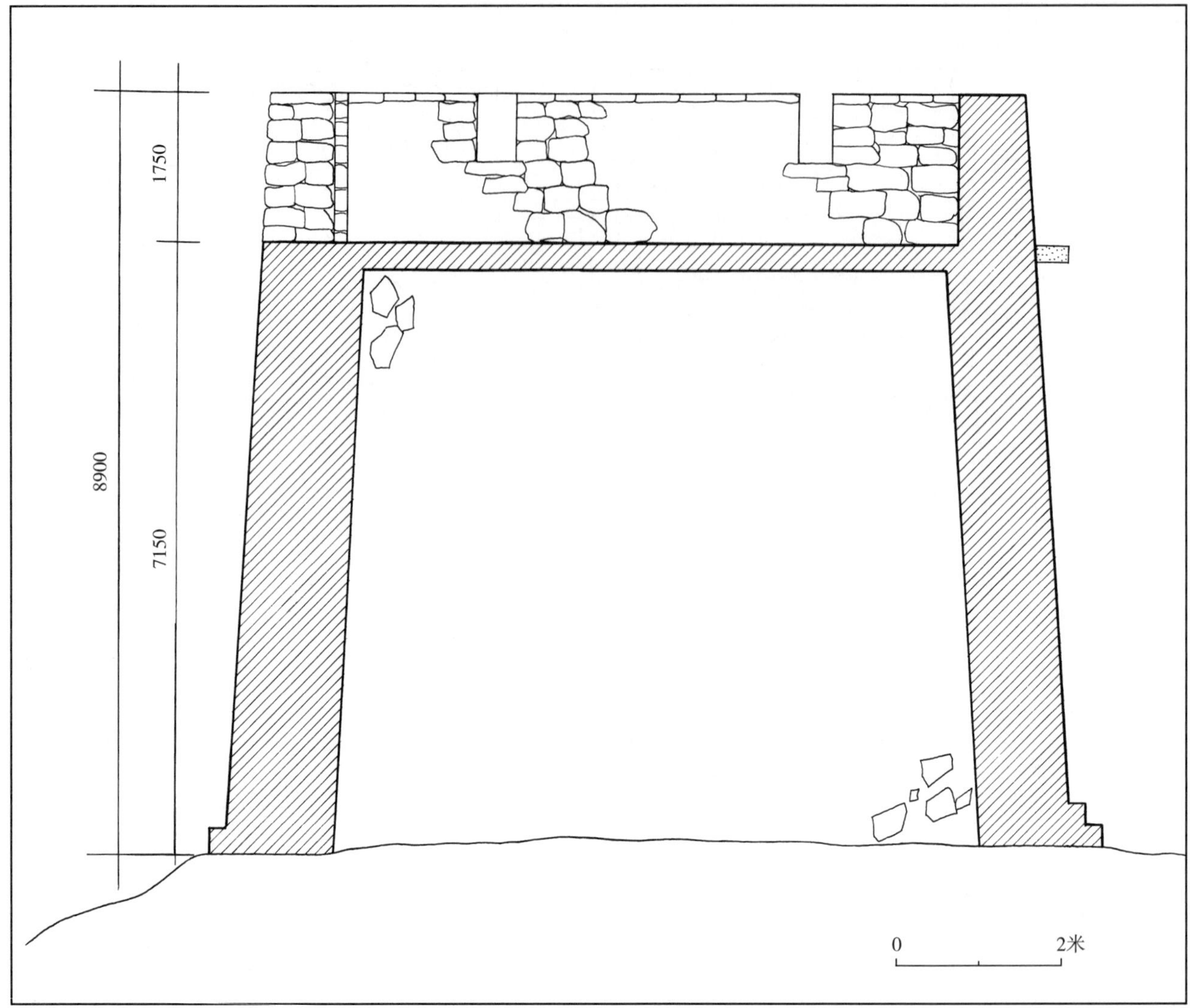

图［21］196 D25剖面图

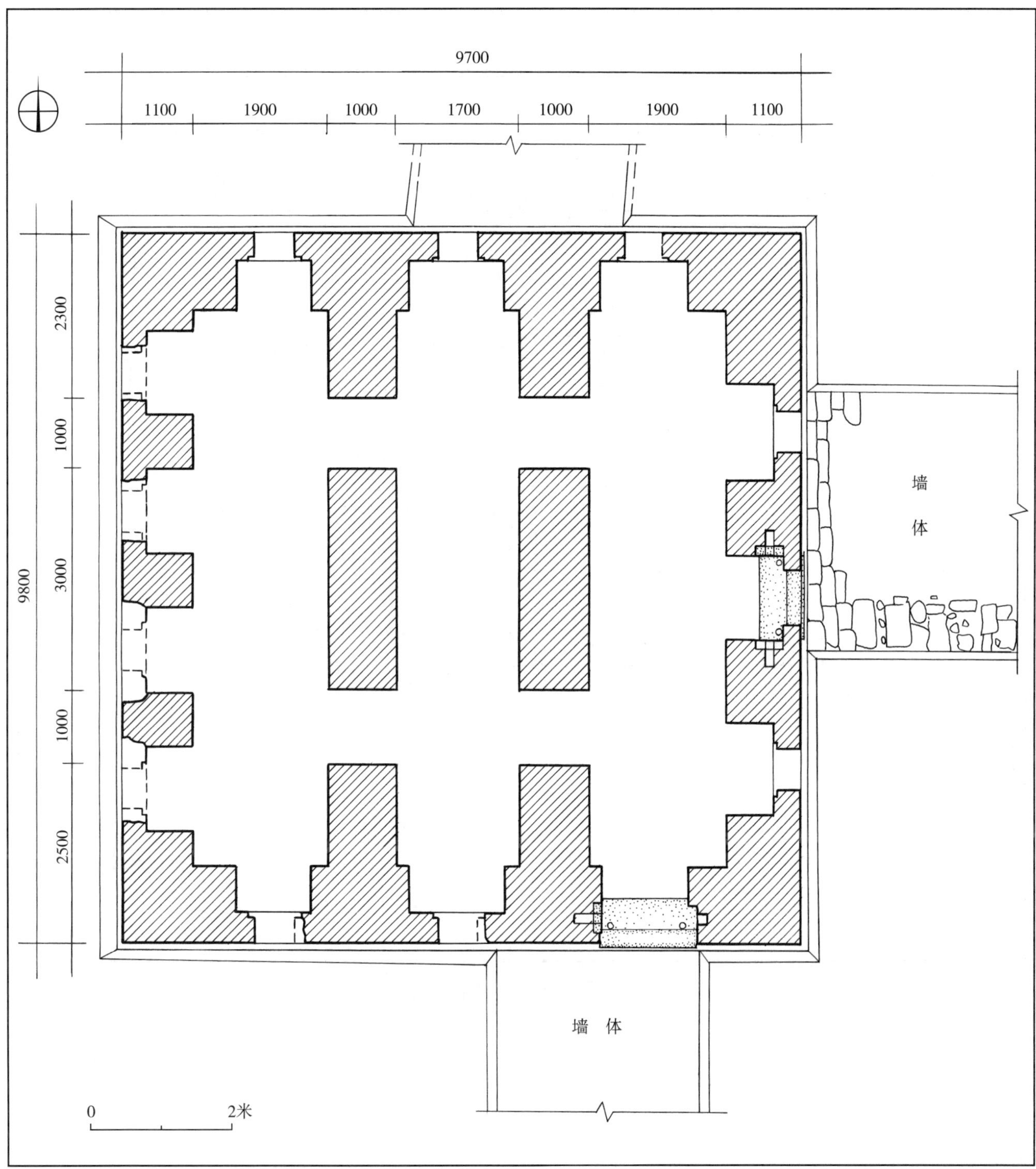

图［21］197 L143中层平面图

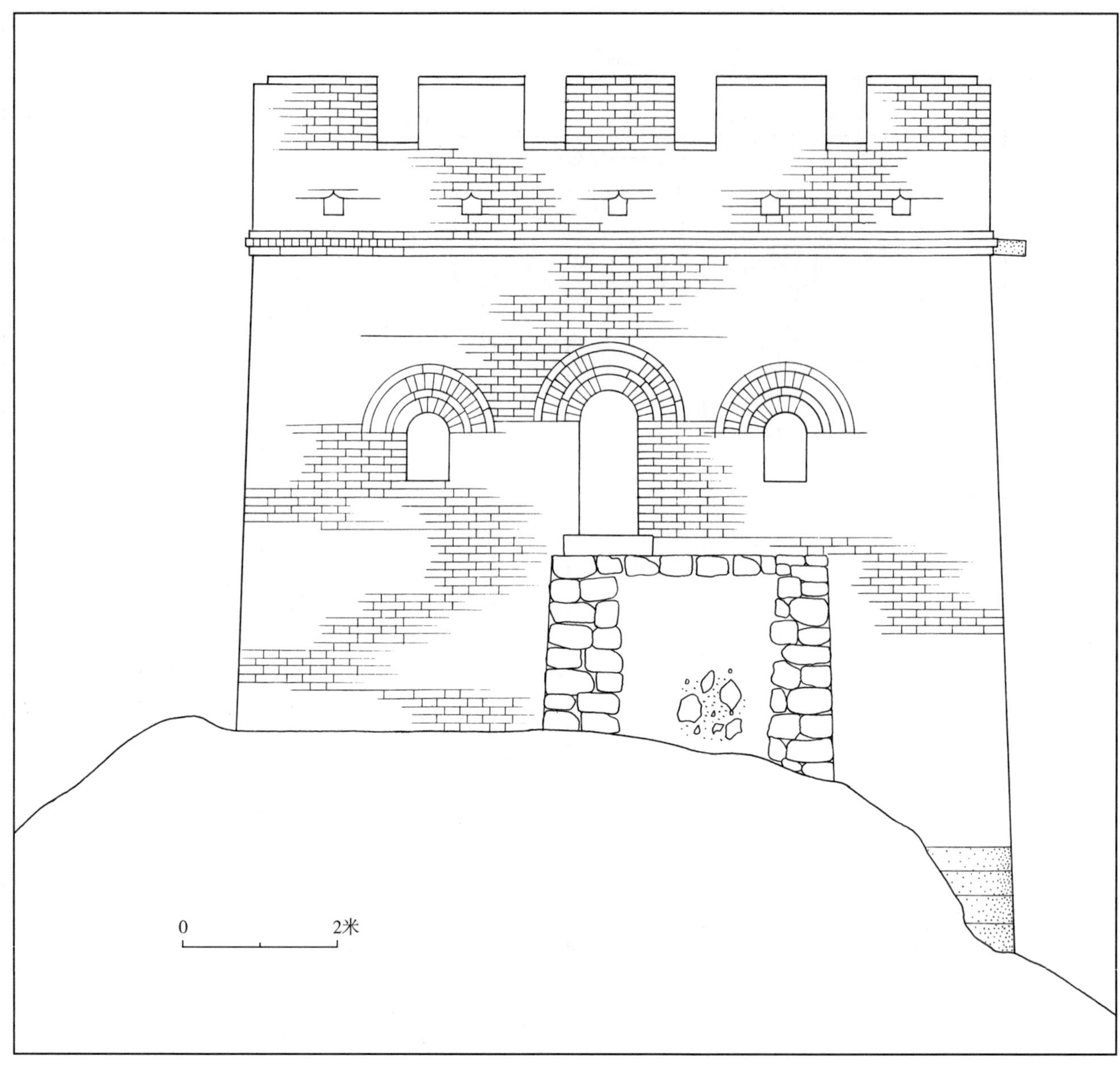

图［21］198　L143东立面图

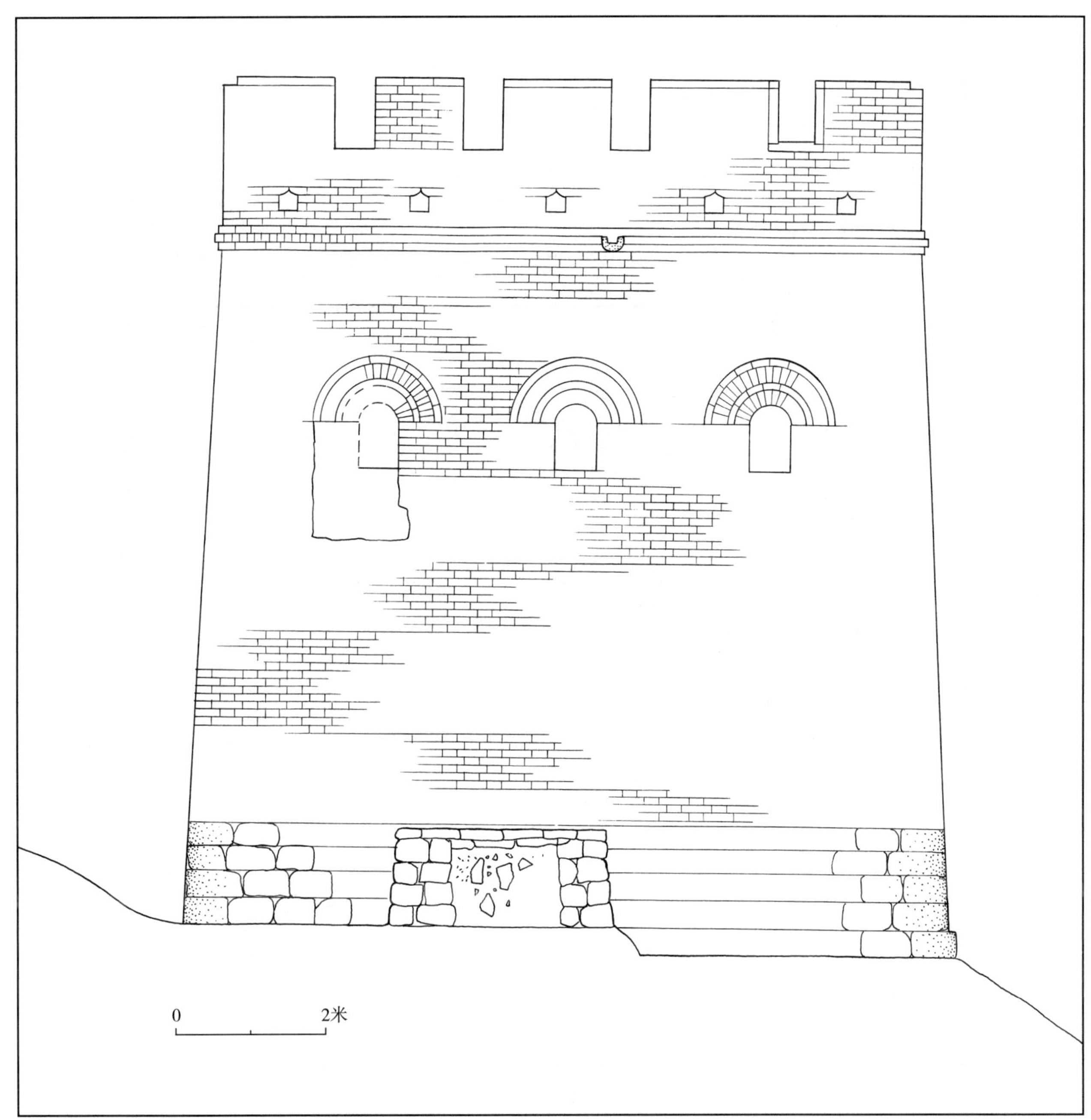

图［21］199　L143北立面图

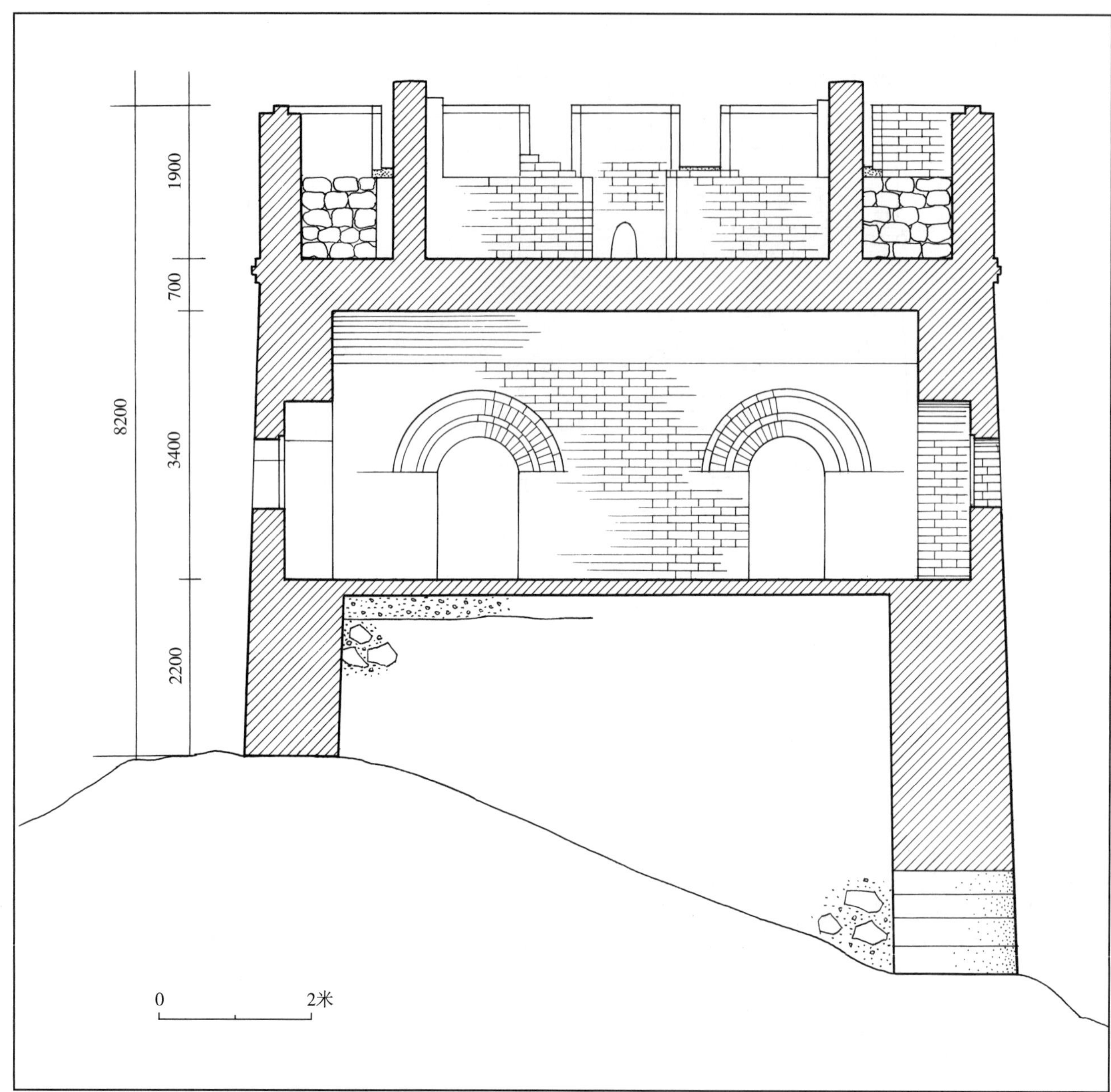

图［21］200 L143纵剖面图

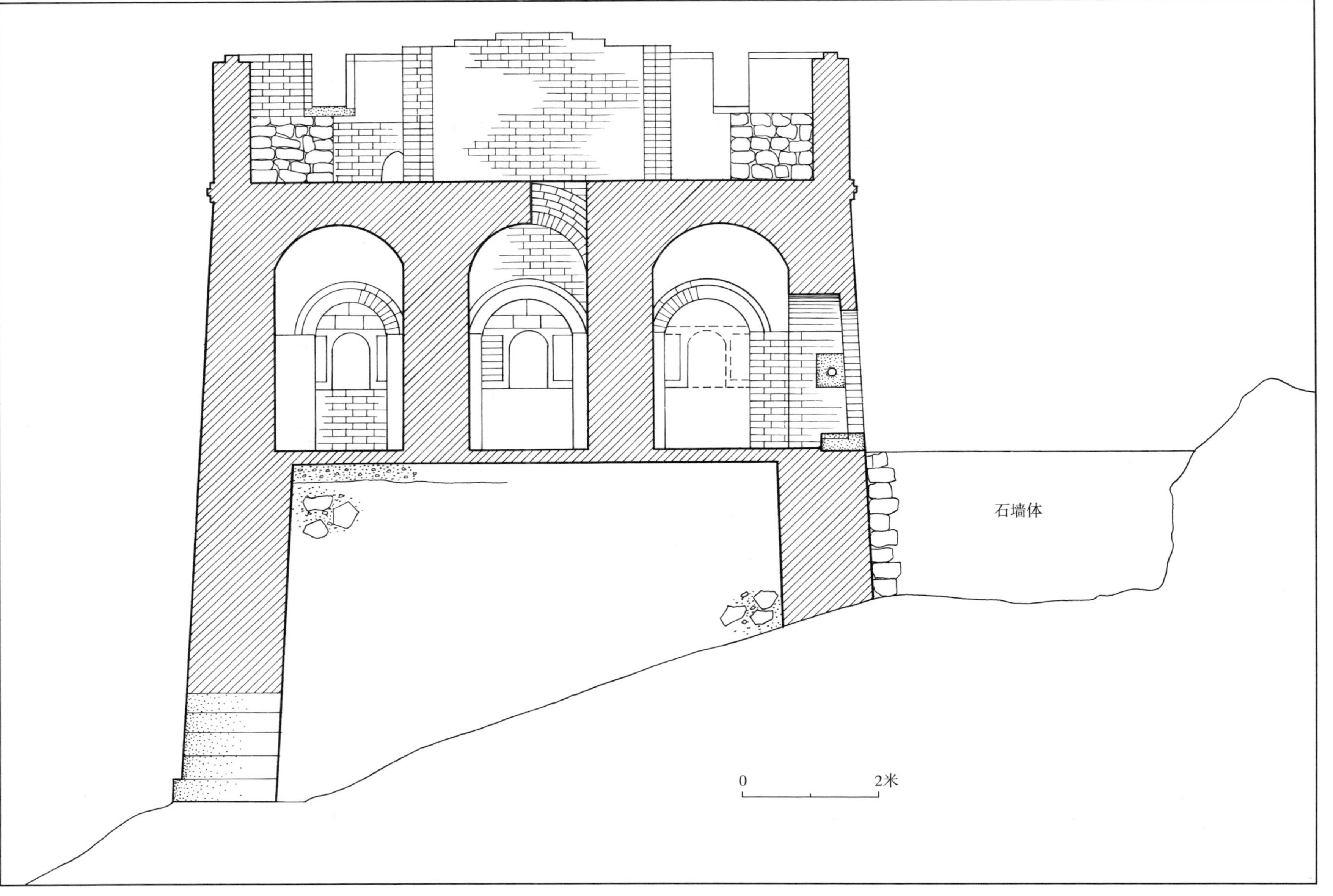

图［21］201 L143横剖面图

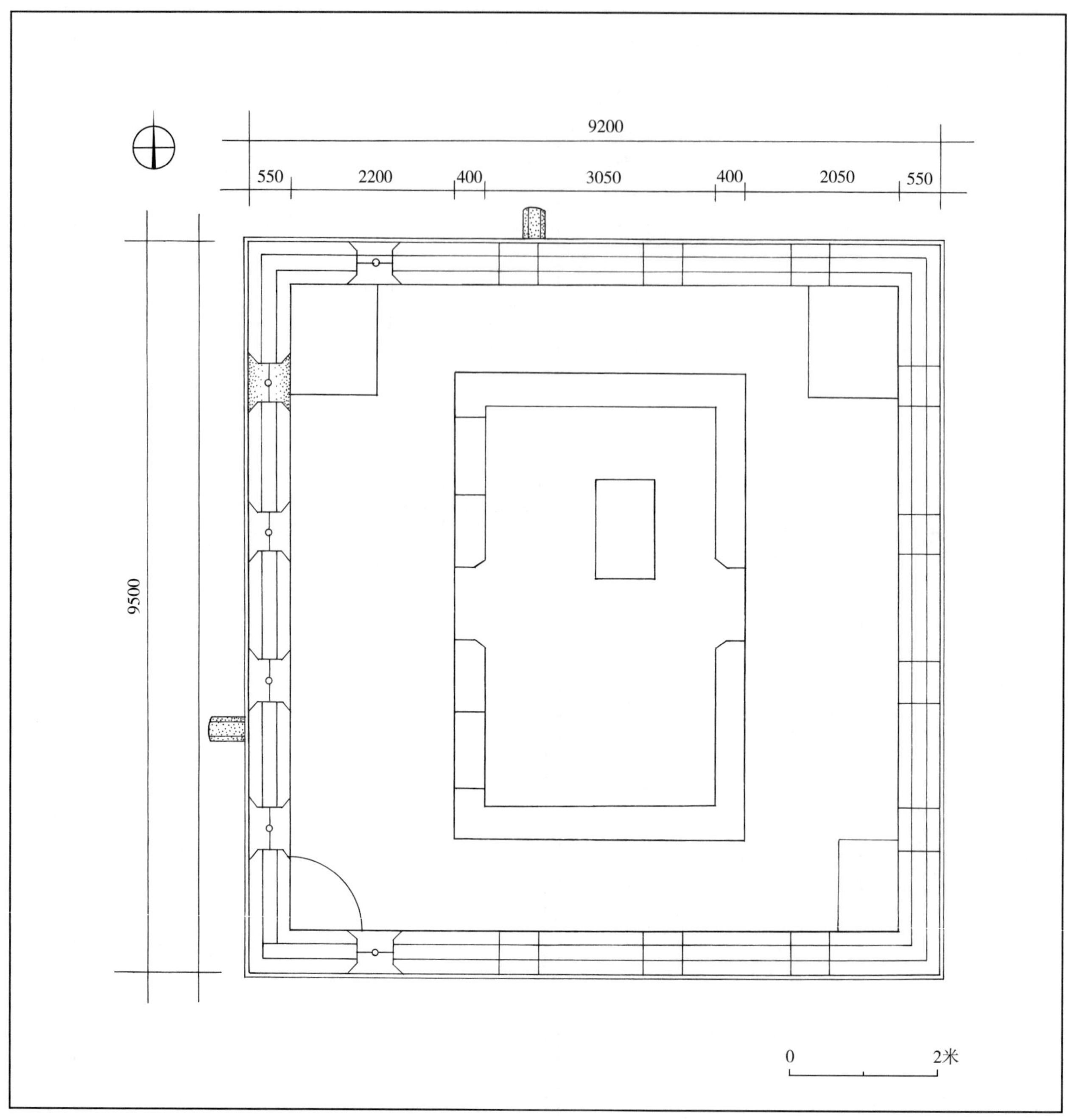

图［21］202 L143上层平面图

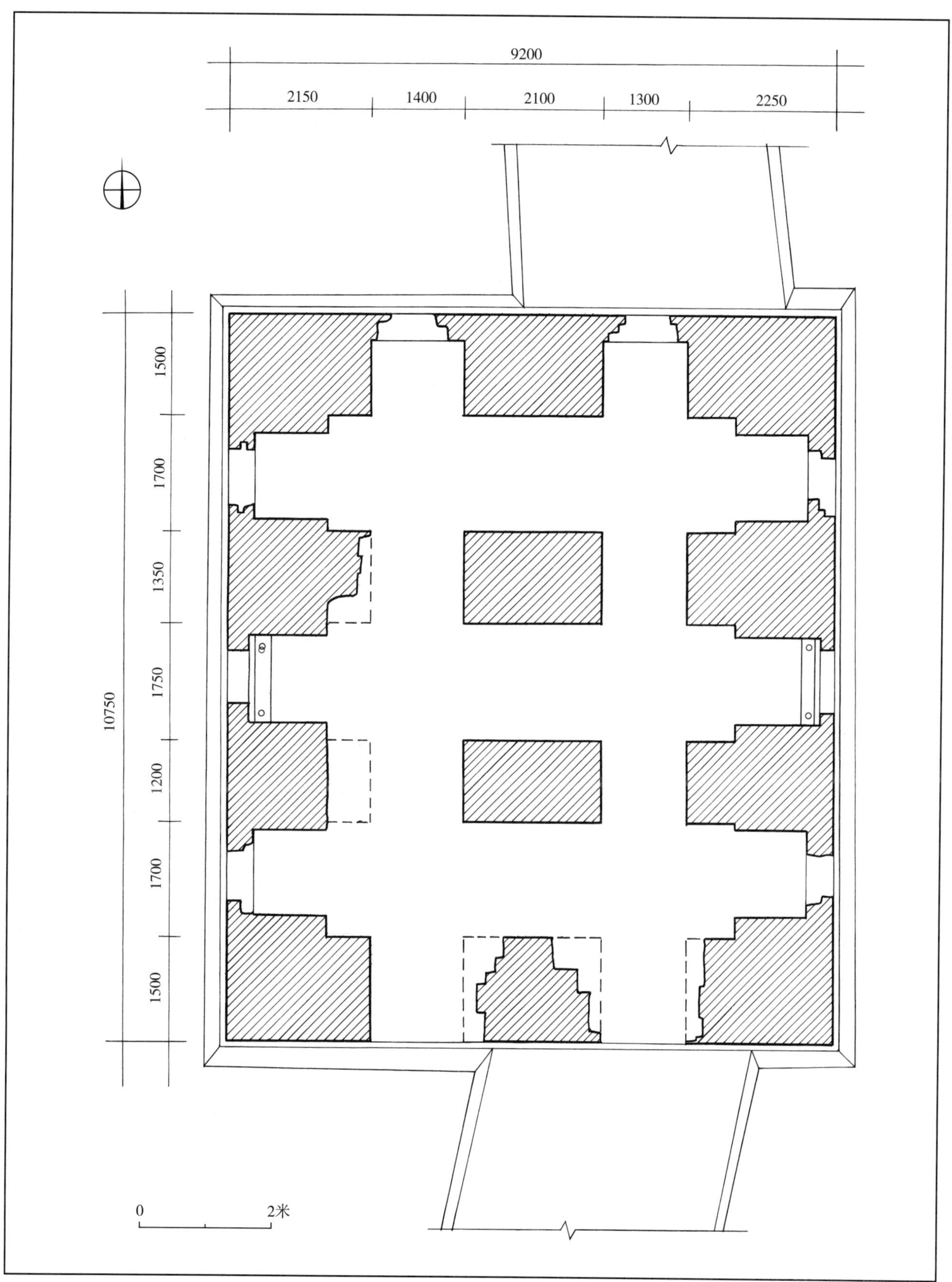

图［21］203　L145中层平面图

图［21］204 L145西立面图

图［21］205　L145南立面图

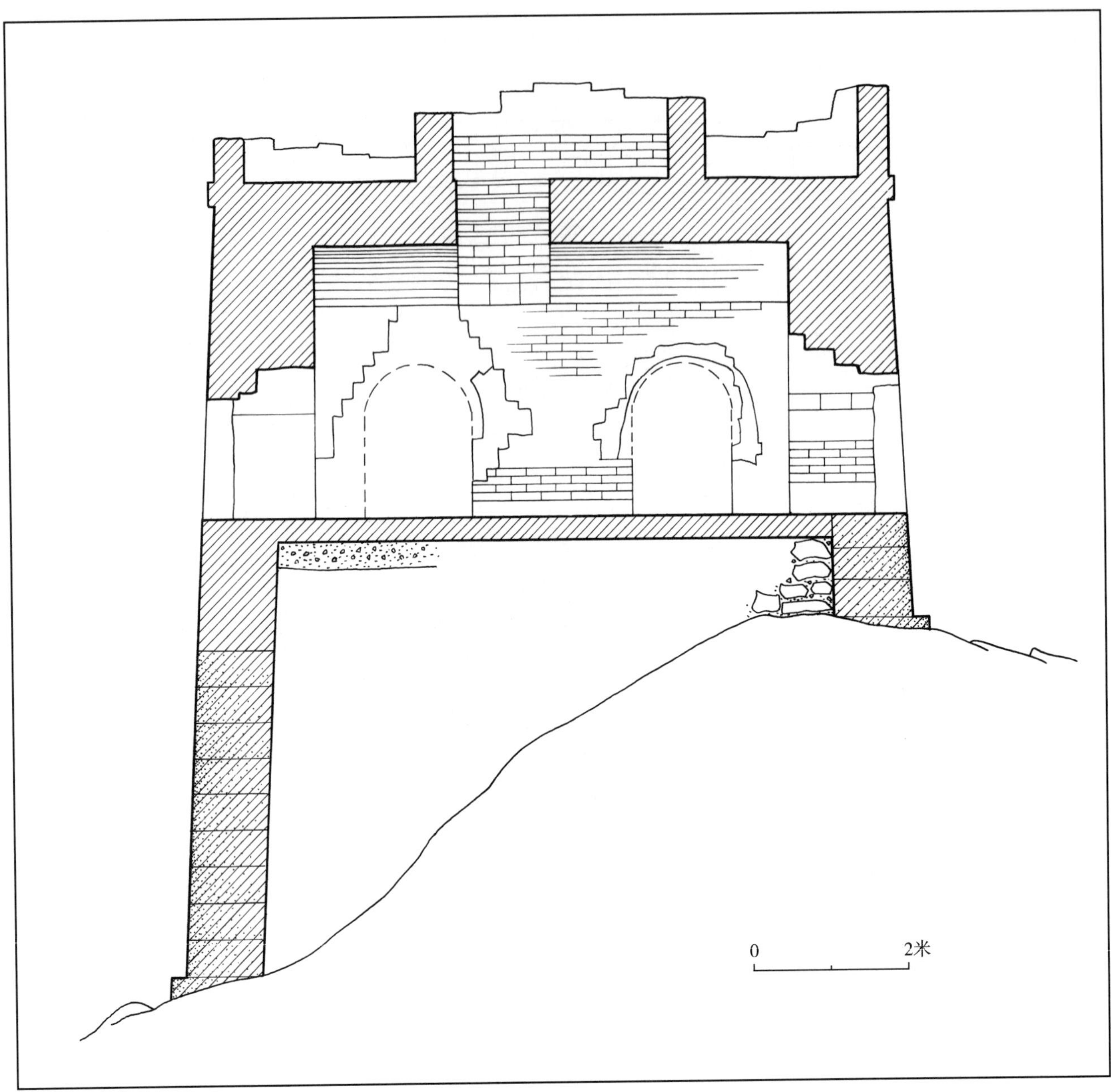

图［21］206　L145纵剖面图

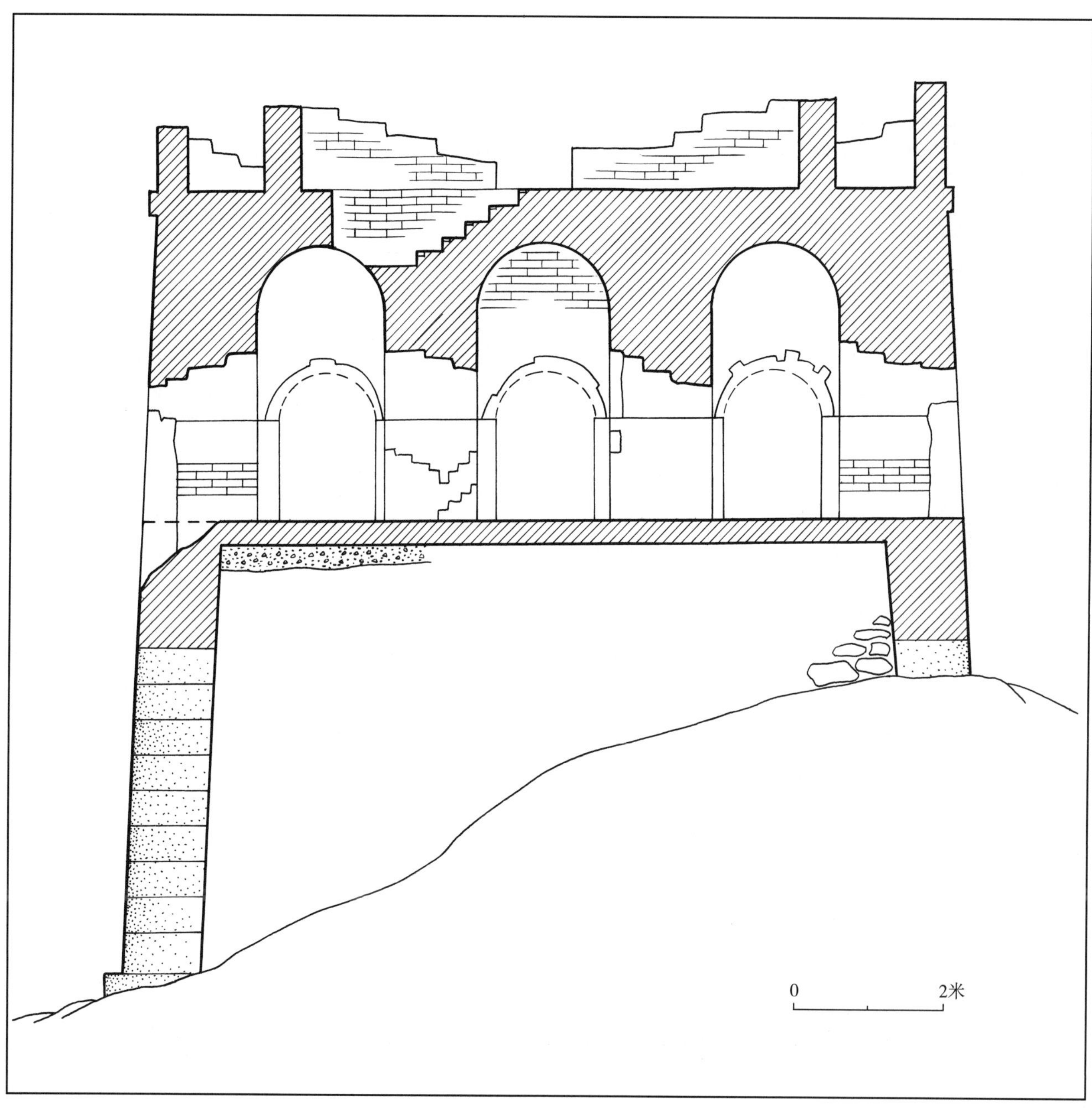

图［21］207　L145横剖面图

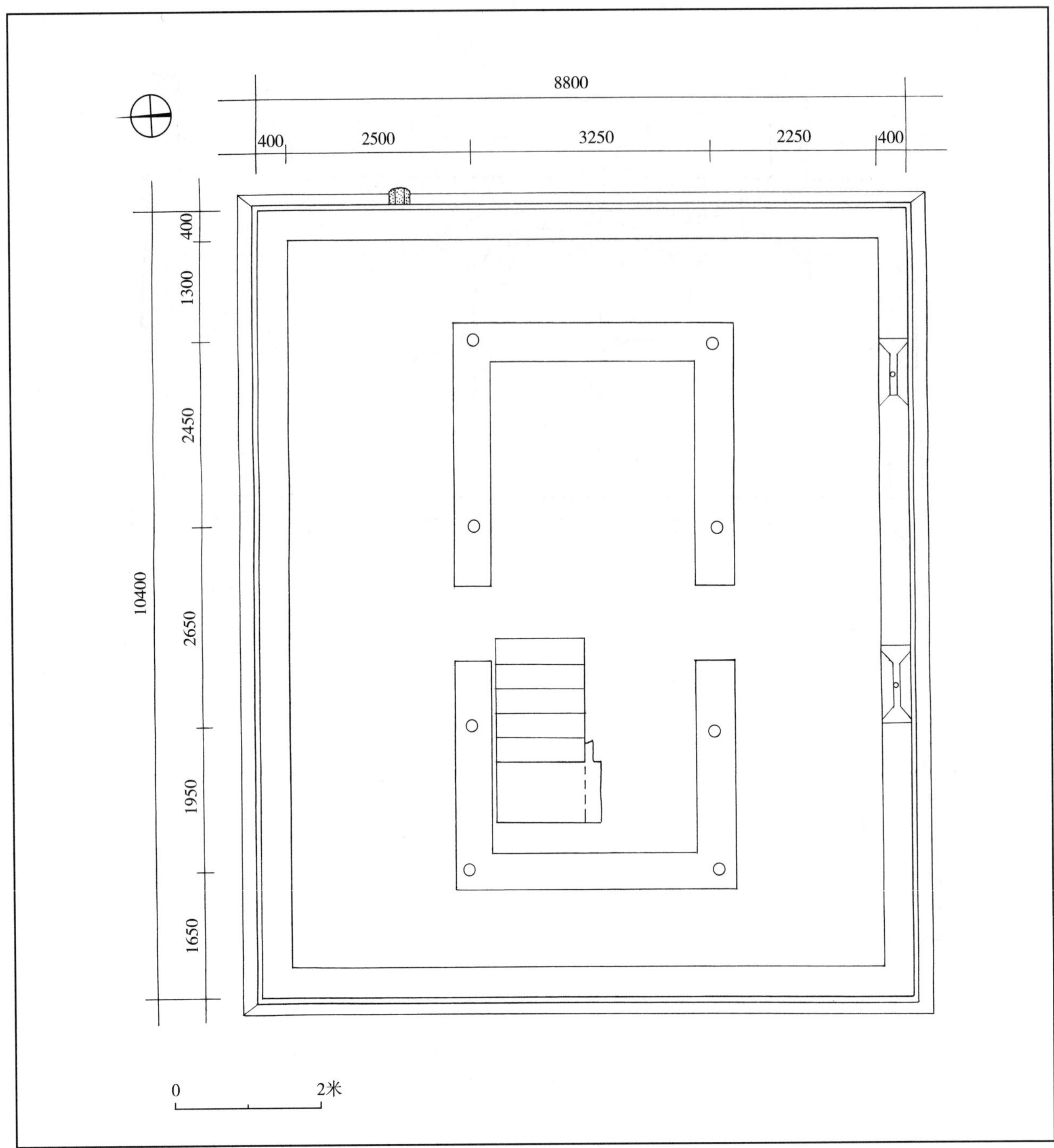

图［21］208　L145上层平面图

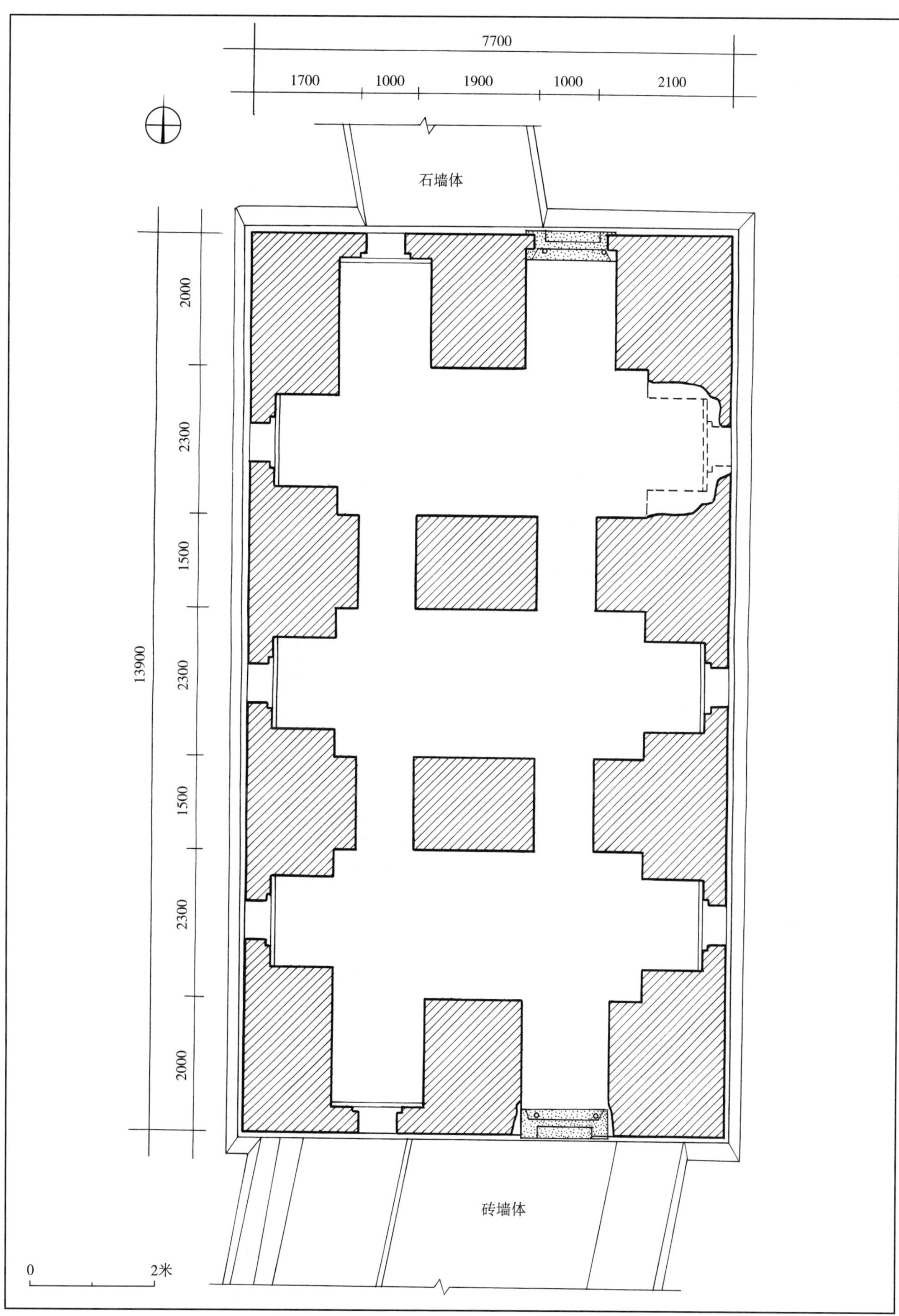

图［21］209 L147中层平面图

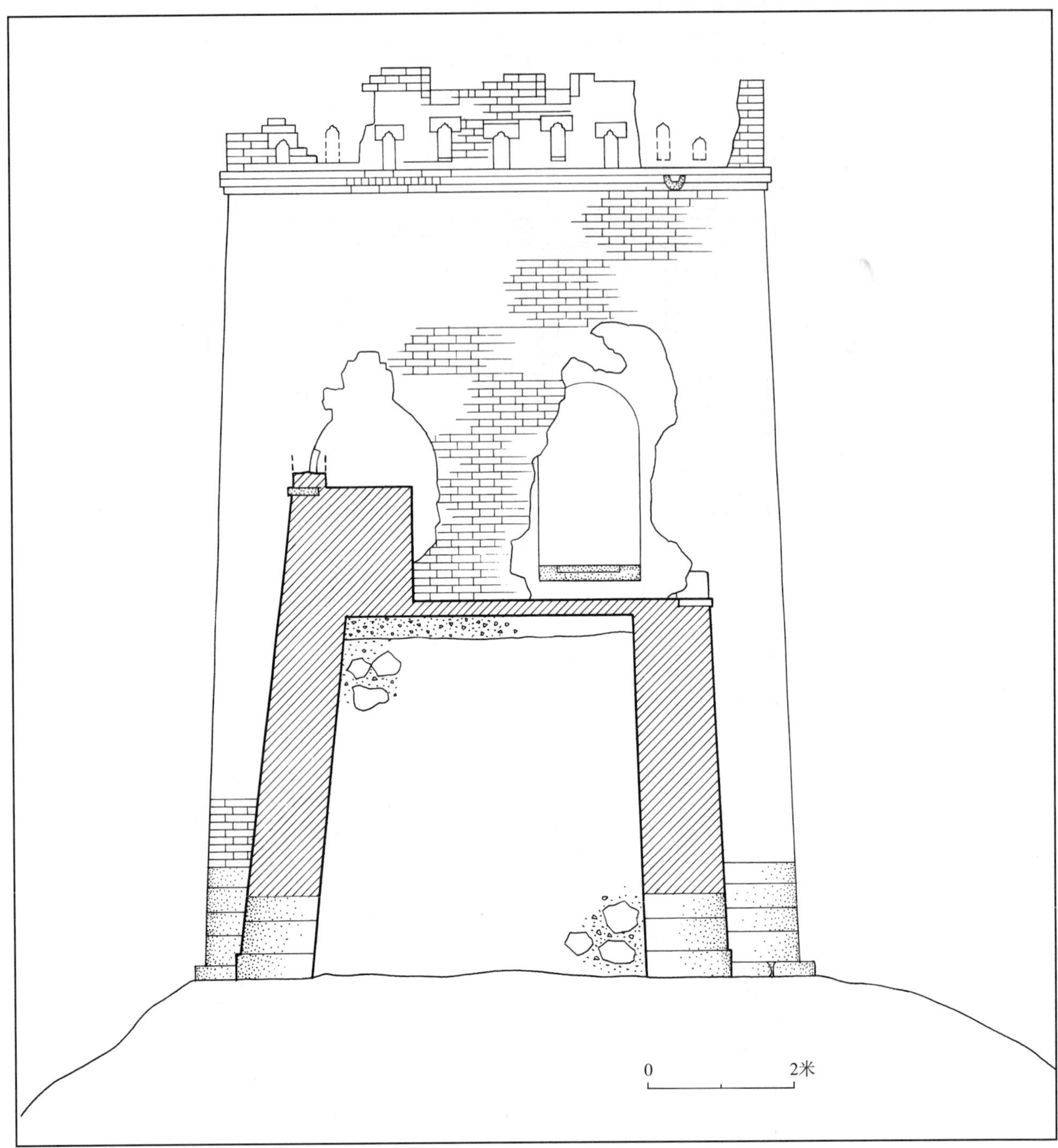

图［21］210 L147南立面图

图［21］211 L147西立面图

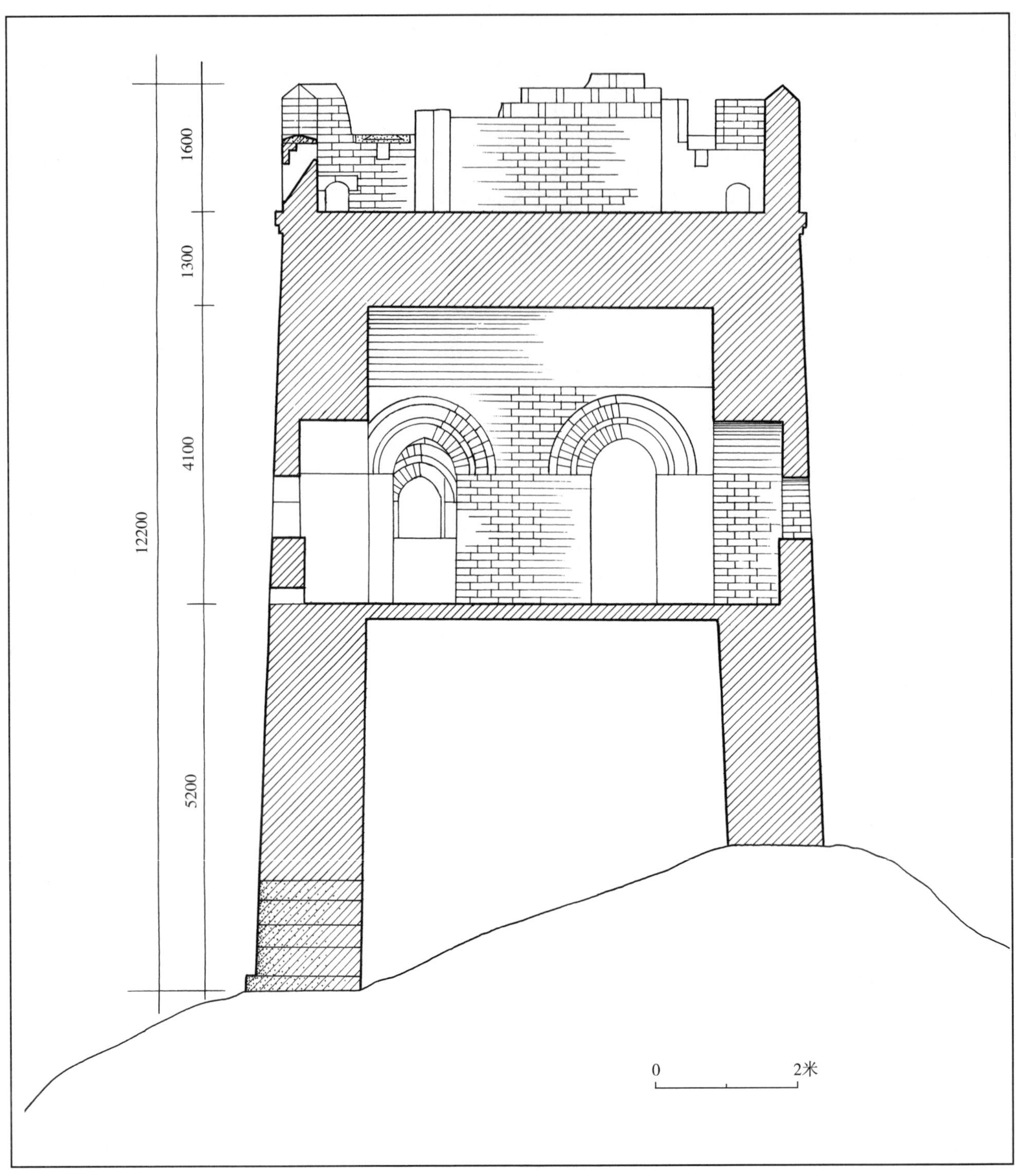

图［21］212 L147纵剖面图

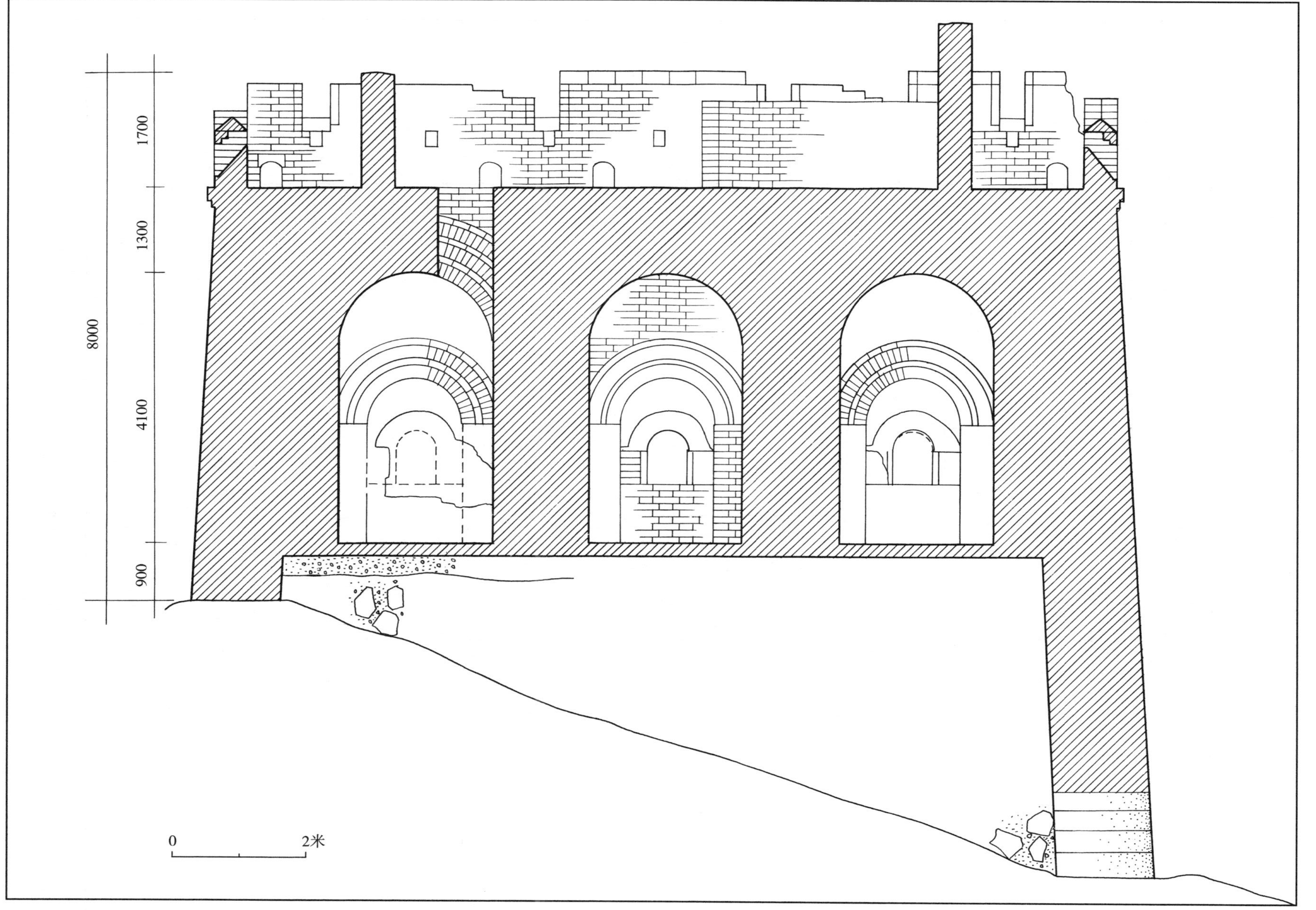

图［21］213 L147横剖面图

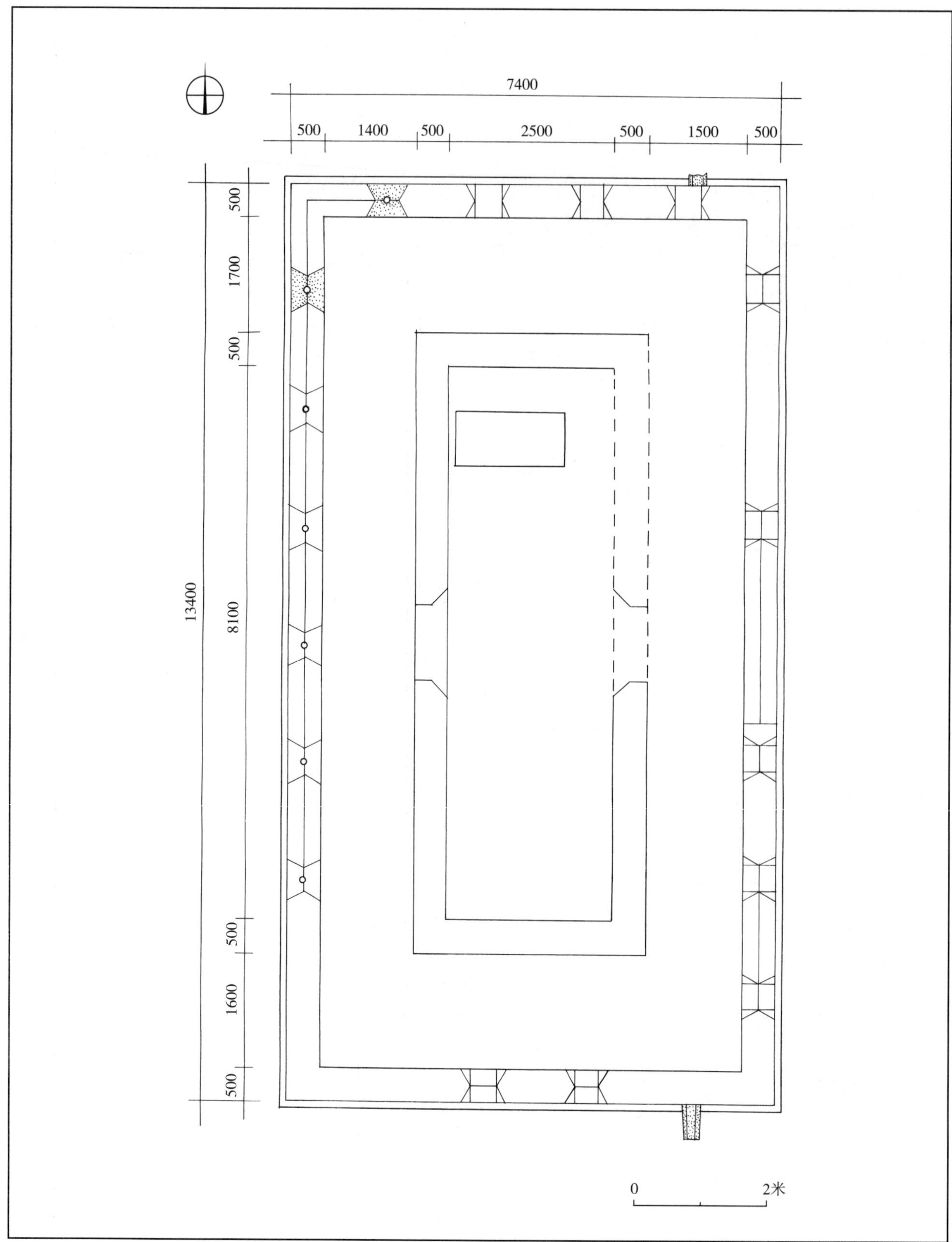

图［21］214　L147上层平面图

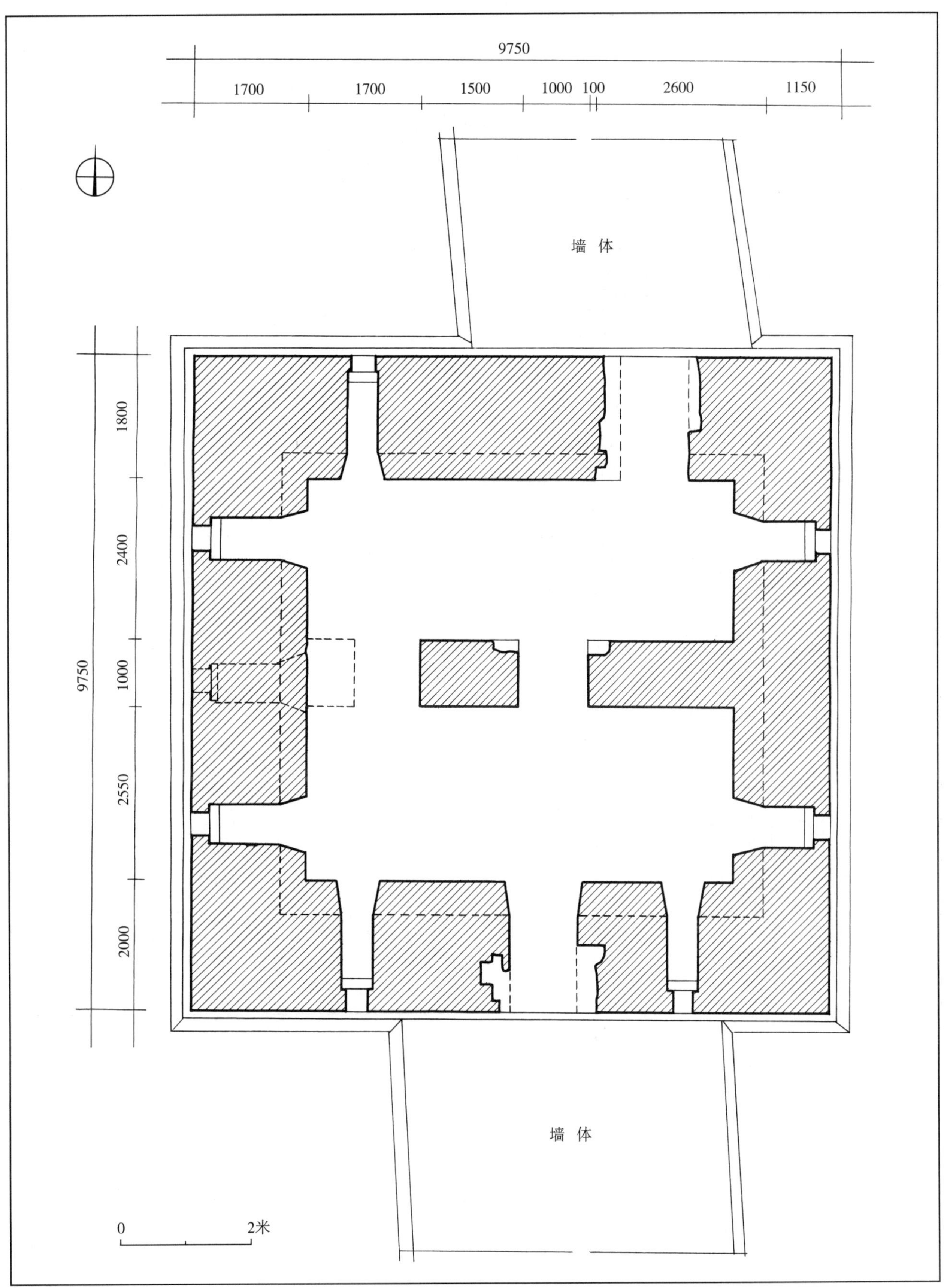

图［21］215 L152中层平面图

图［21］216　L152南立面图

图［21］217　L152西立面图

图［21］218　L152纵剖面图

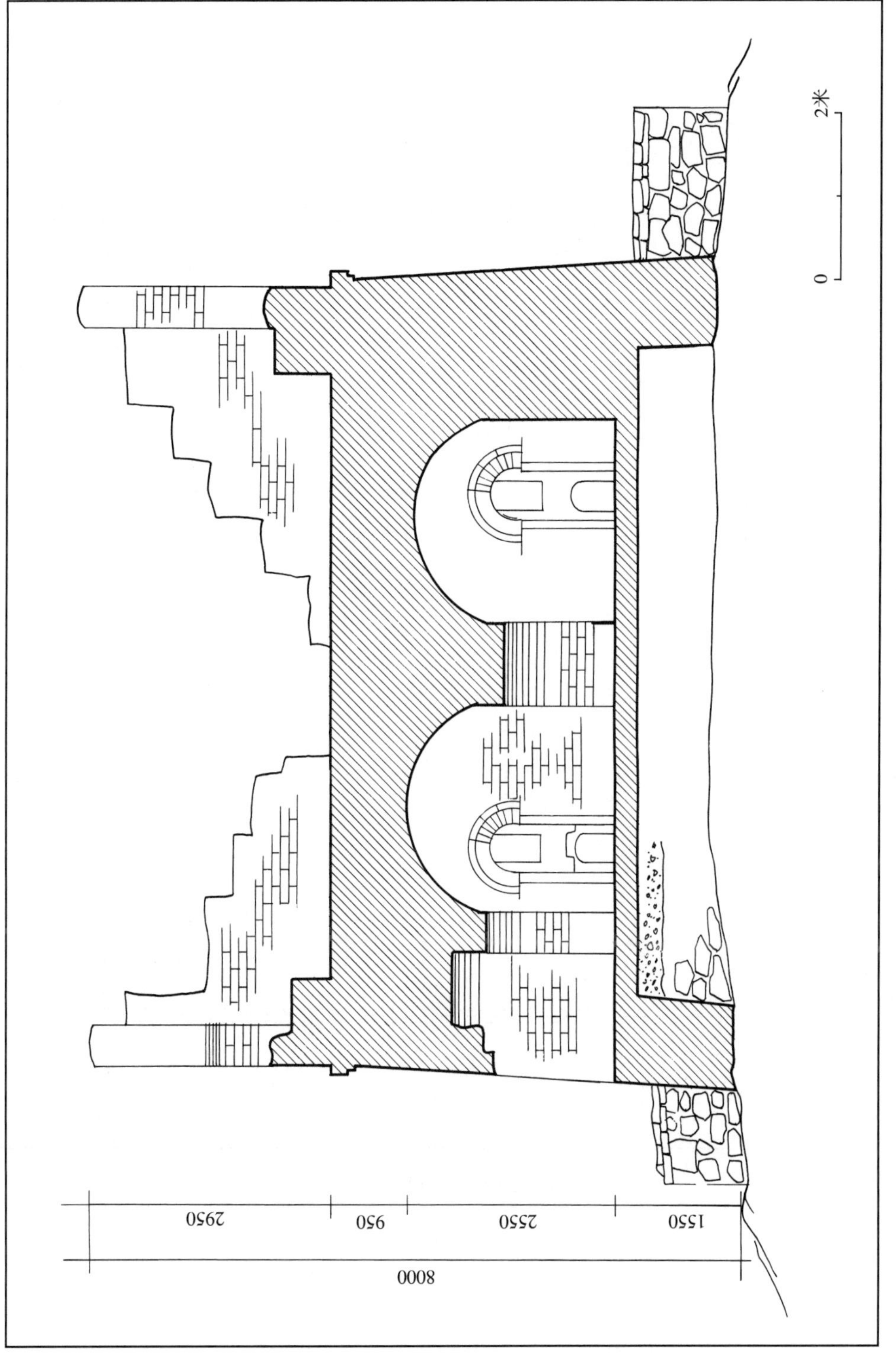

图［21］219　L152横剖面图

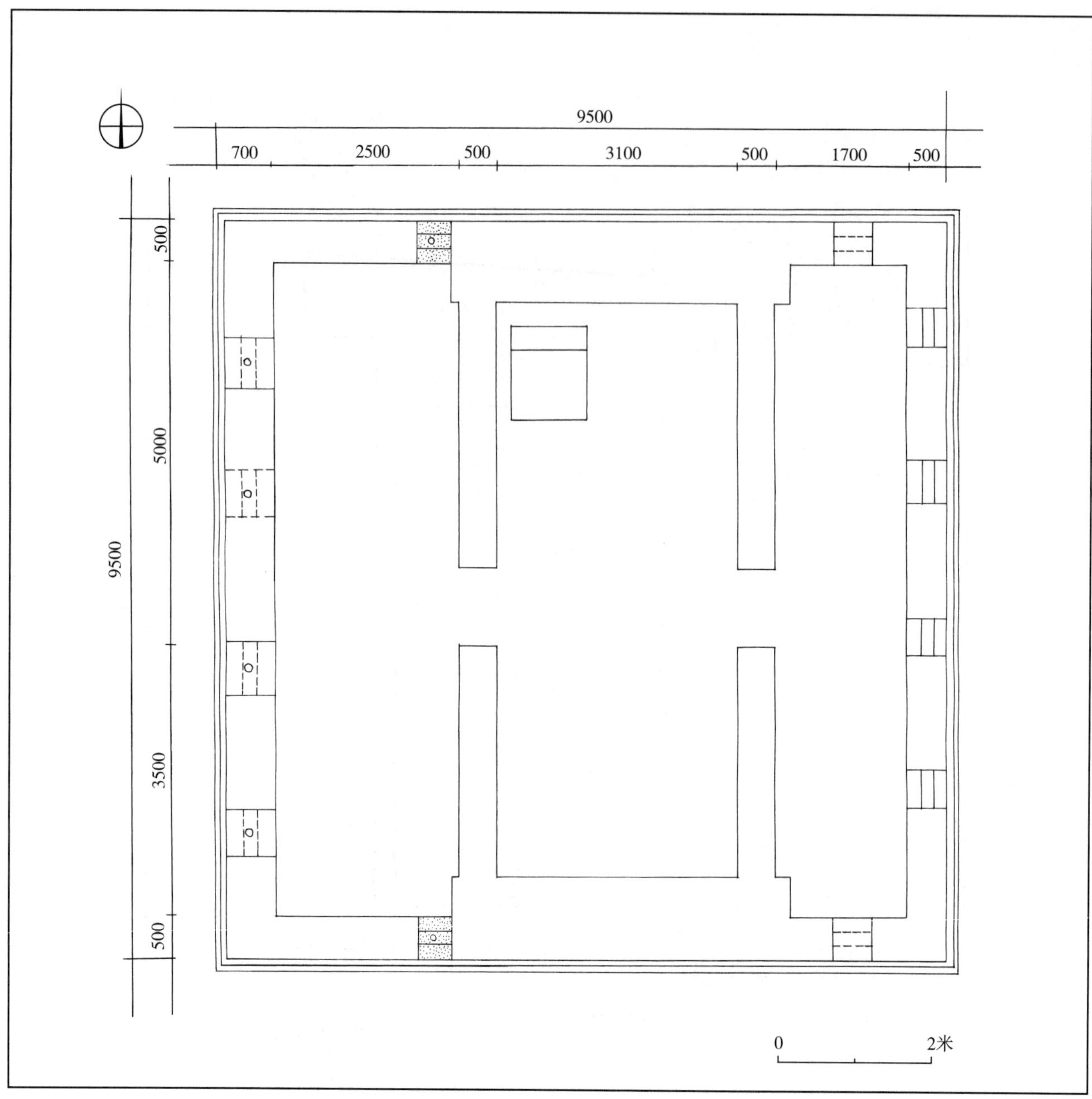

图［21］220　L152上层平面图

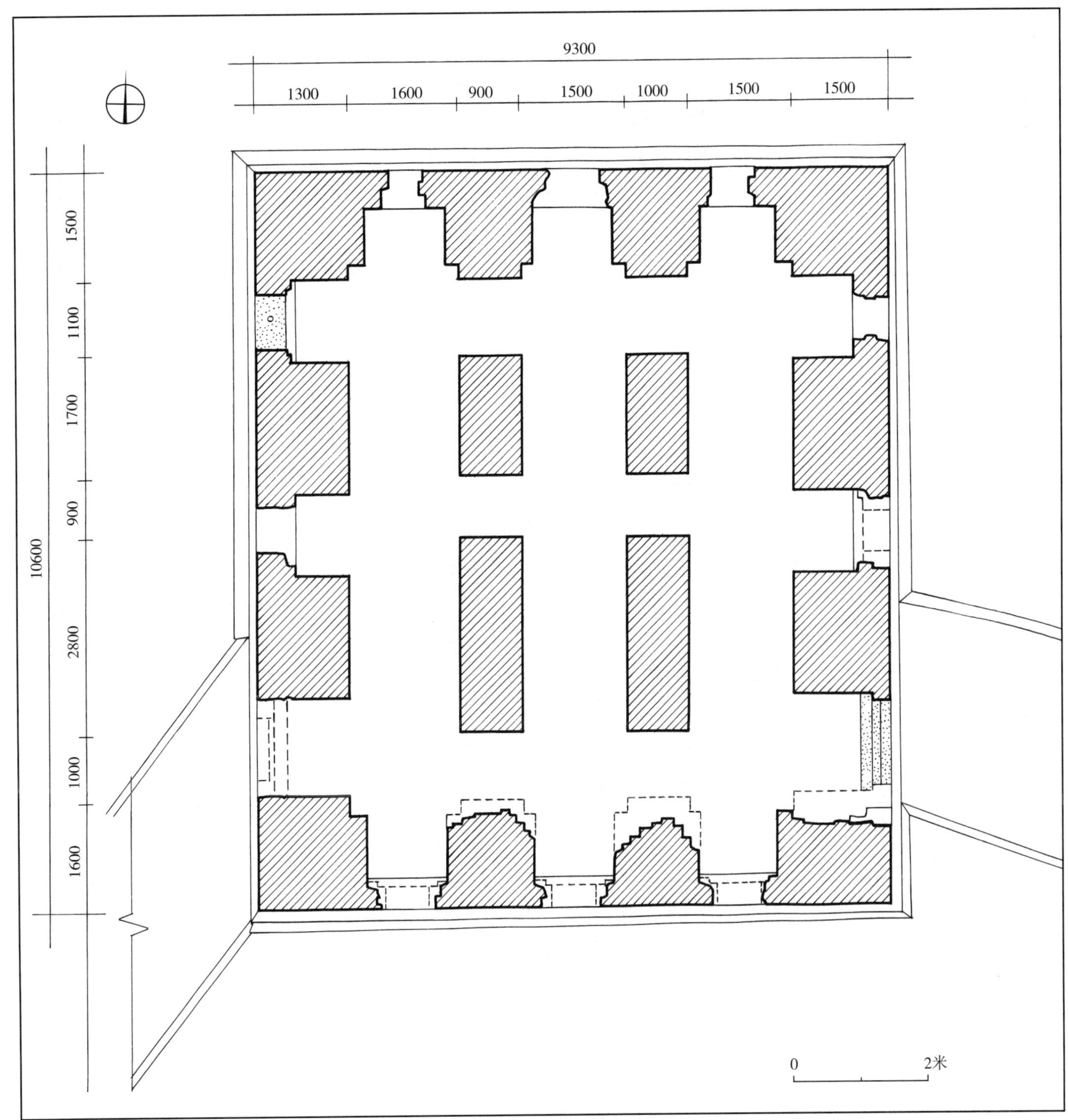

图［21］221　L161中层平面图

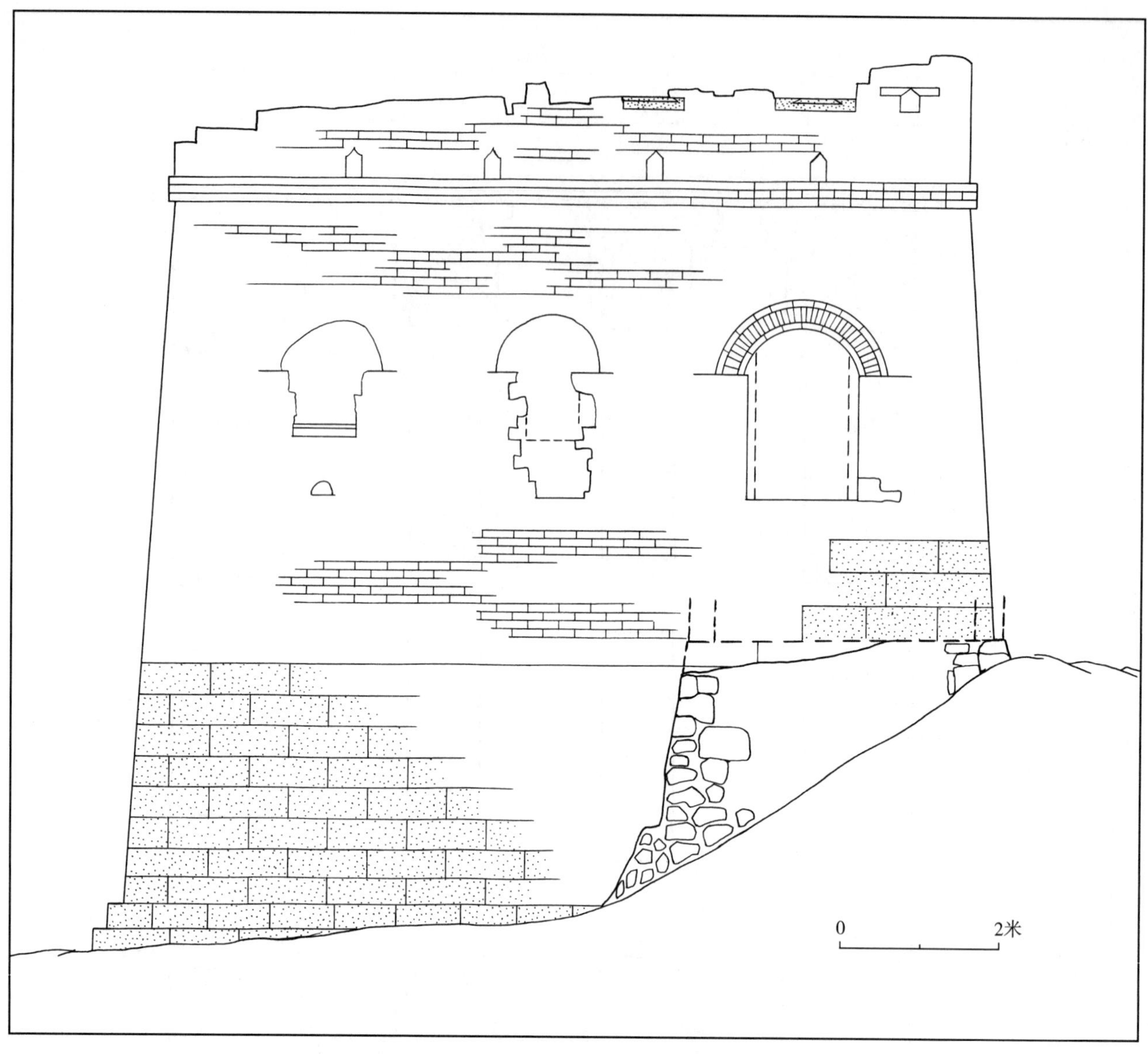

图［21］222　L161西立面图

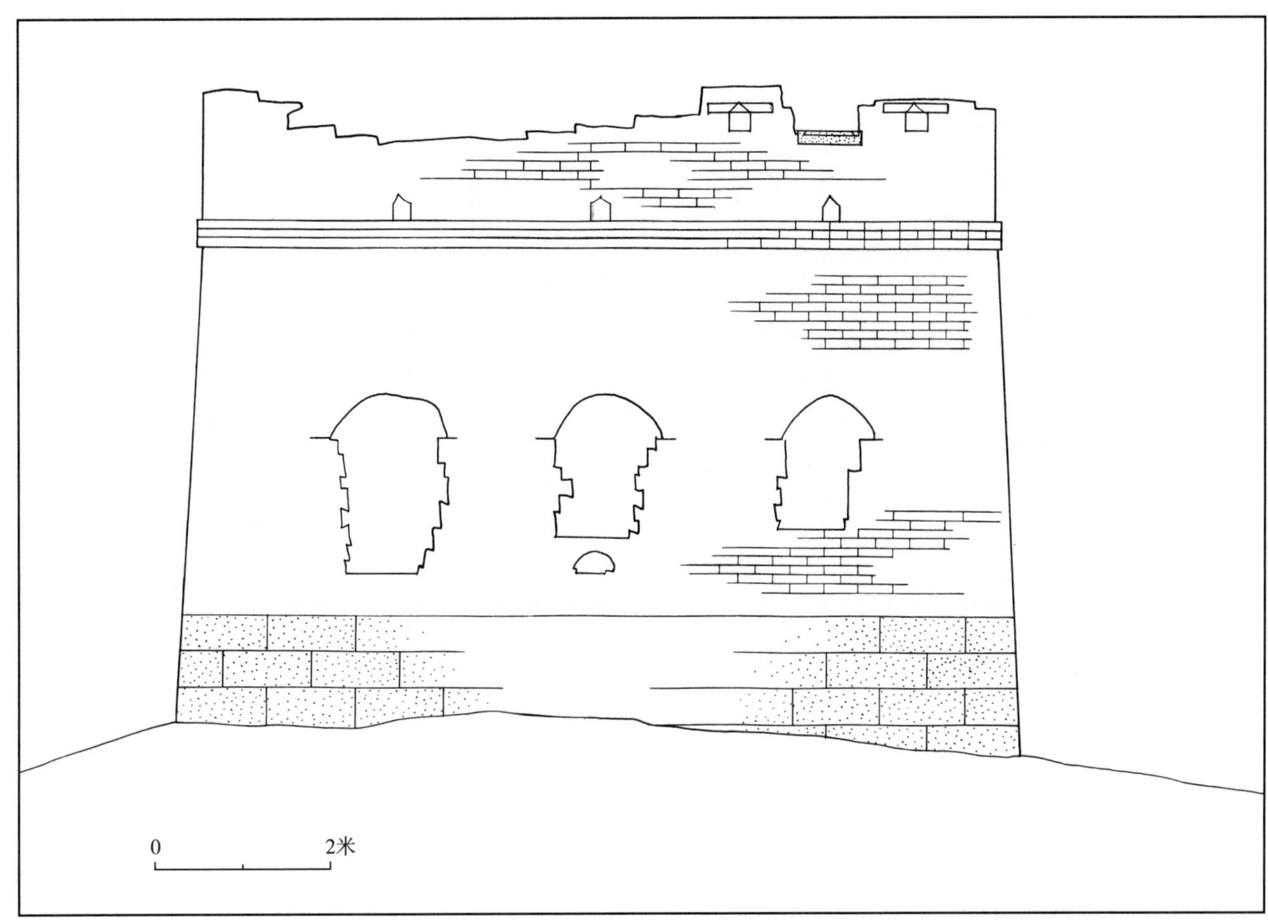

图［21］223 L161南立面图

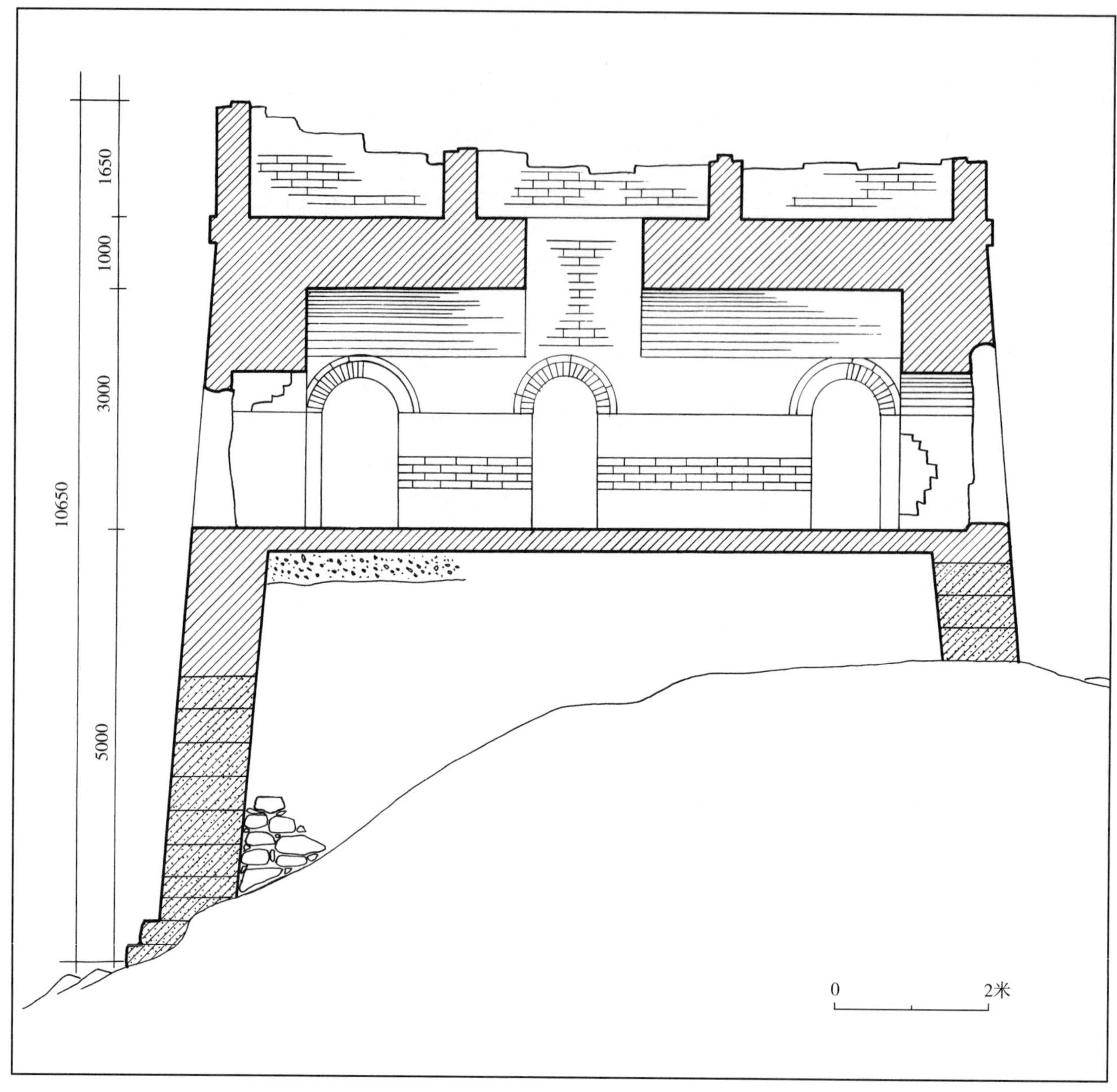

图［21］224　L161纵剖面图

图［21］225 L161横剖面图

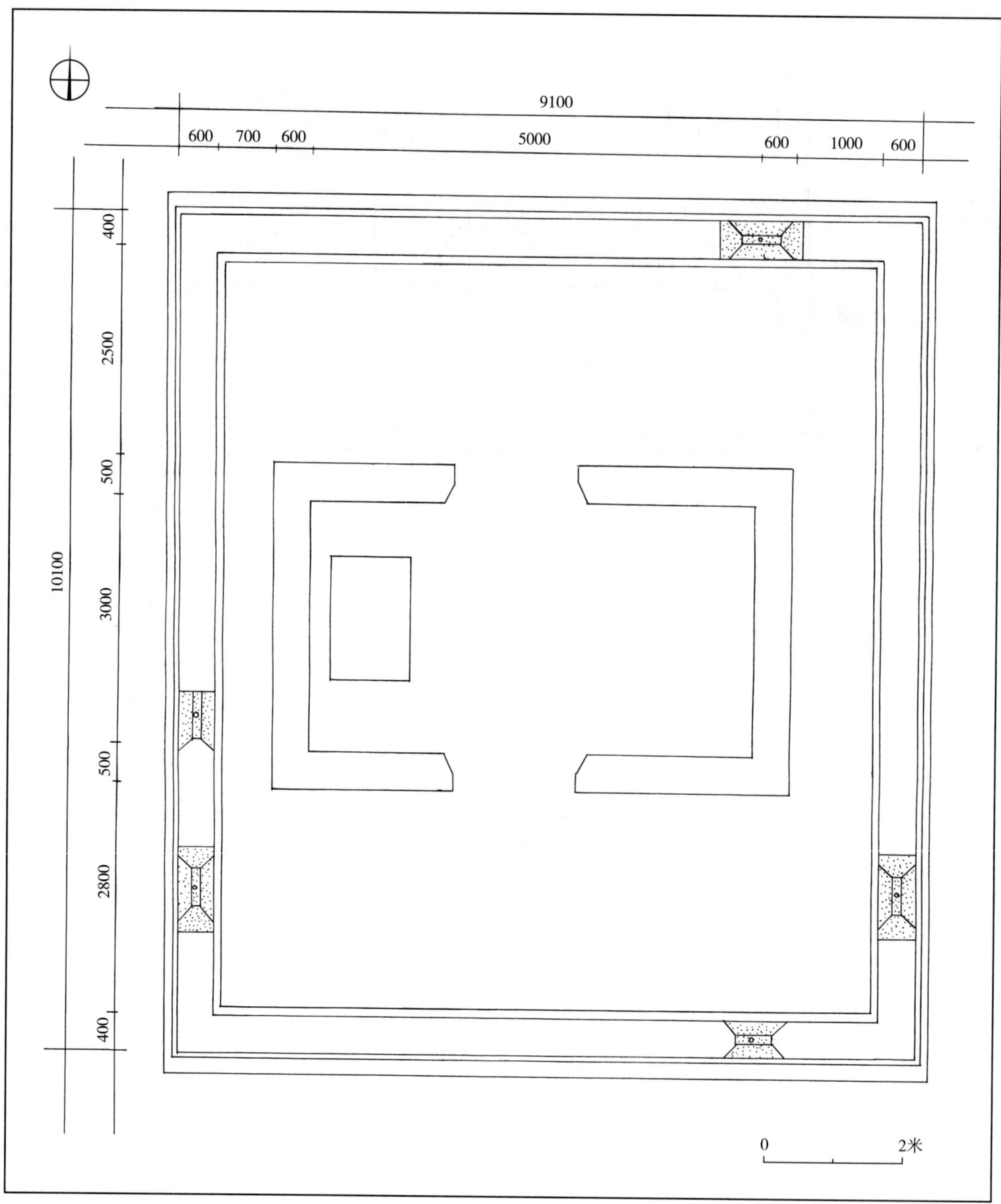

图［21］226 L161上层平面图

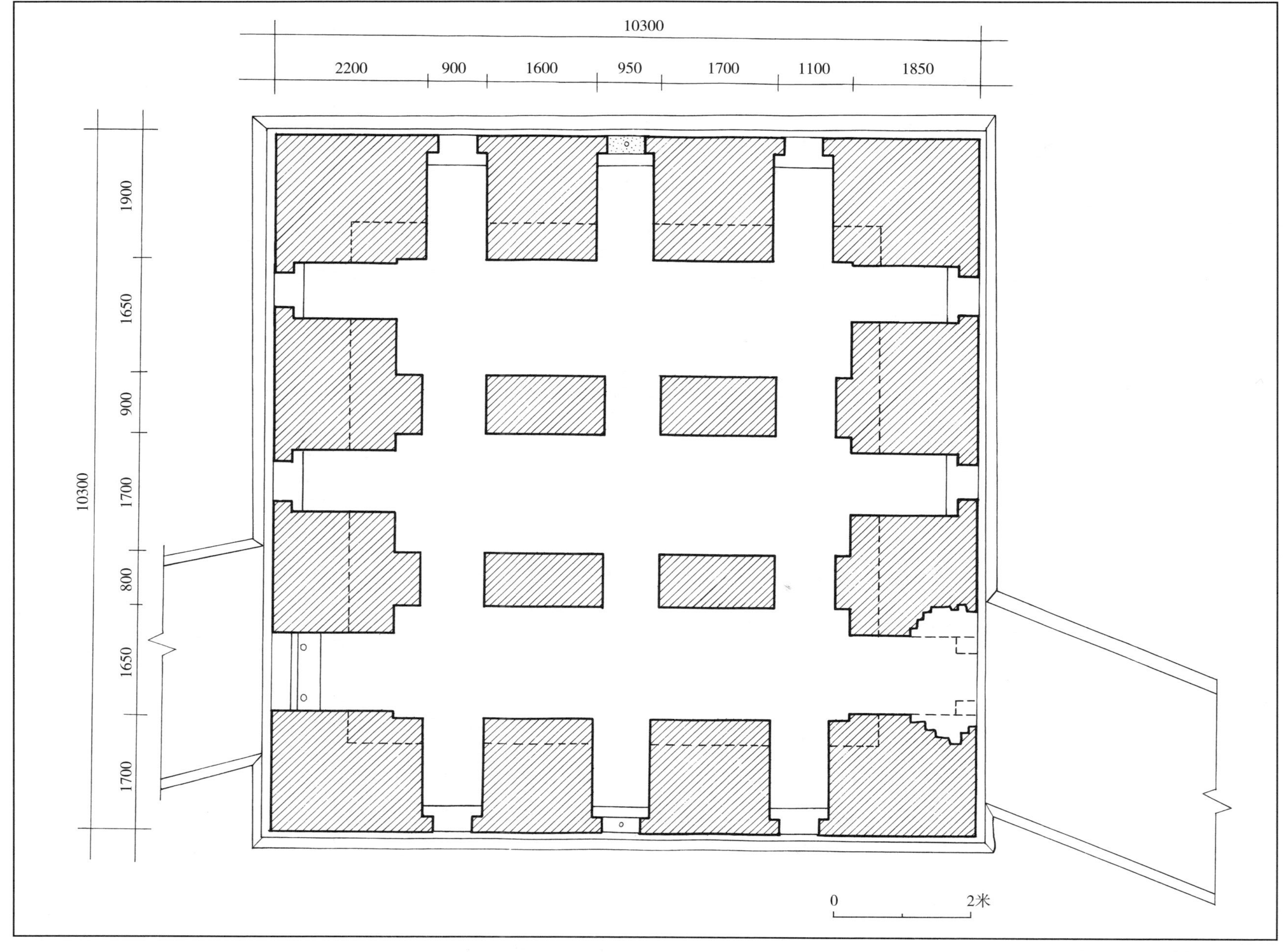

图［21］227 L162中层平面图

图［21］228　L162西立面图

图［21］229 L162北立面图

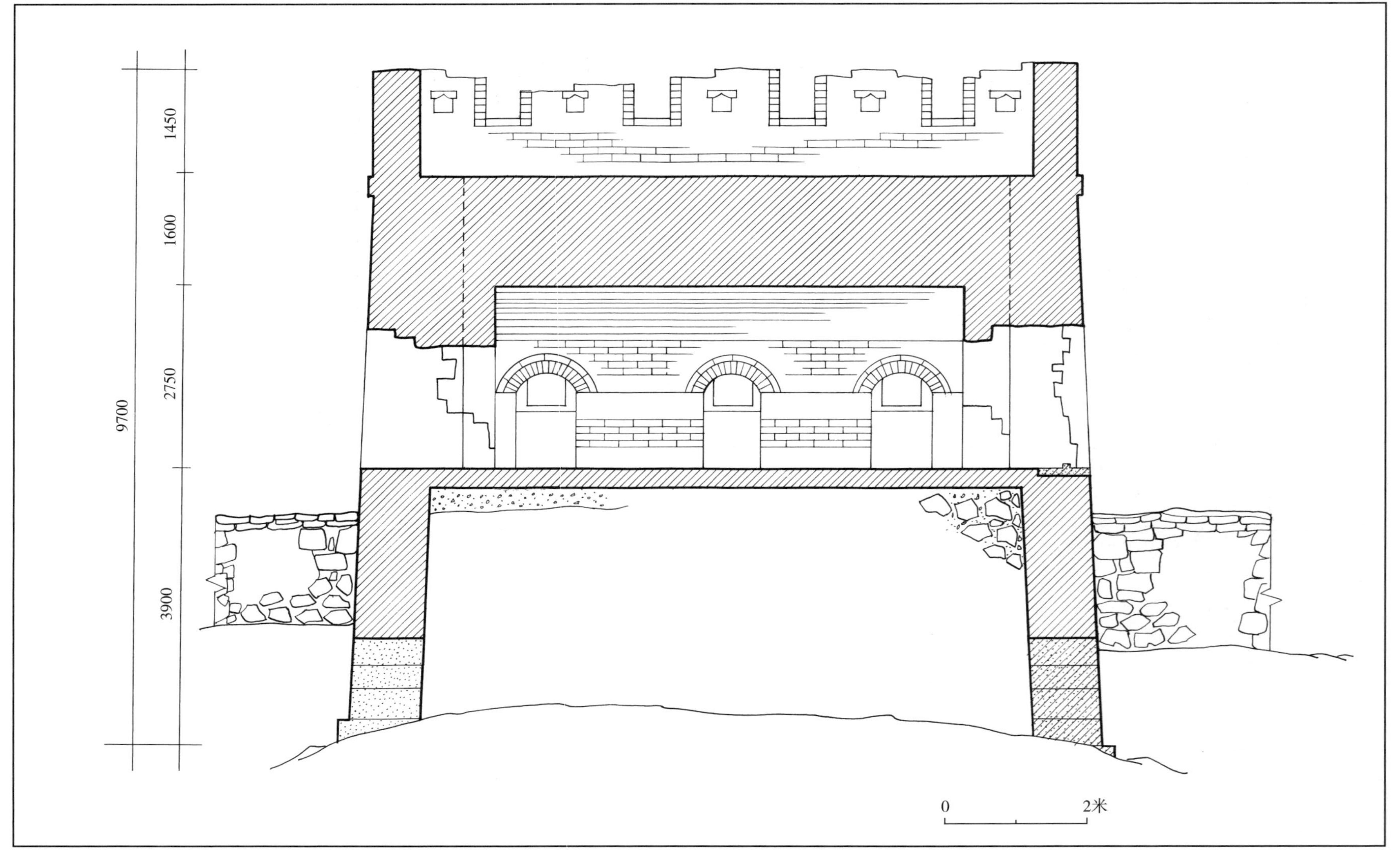

图［21］230 L162纵剖面图

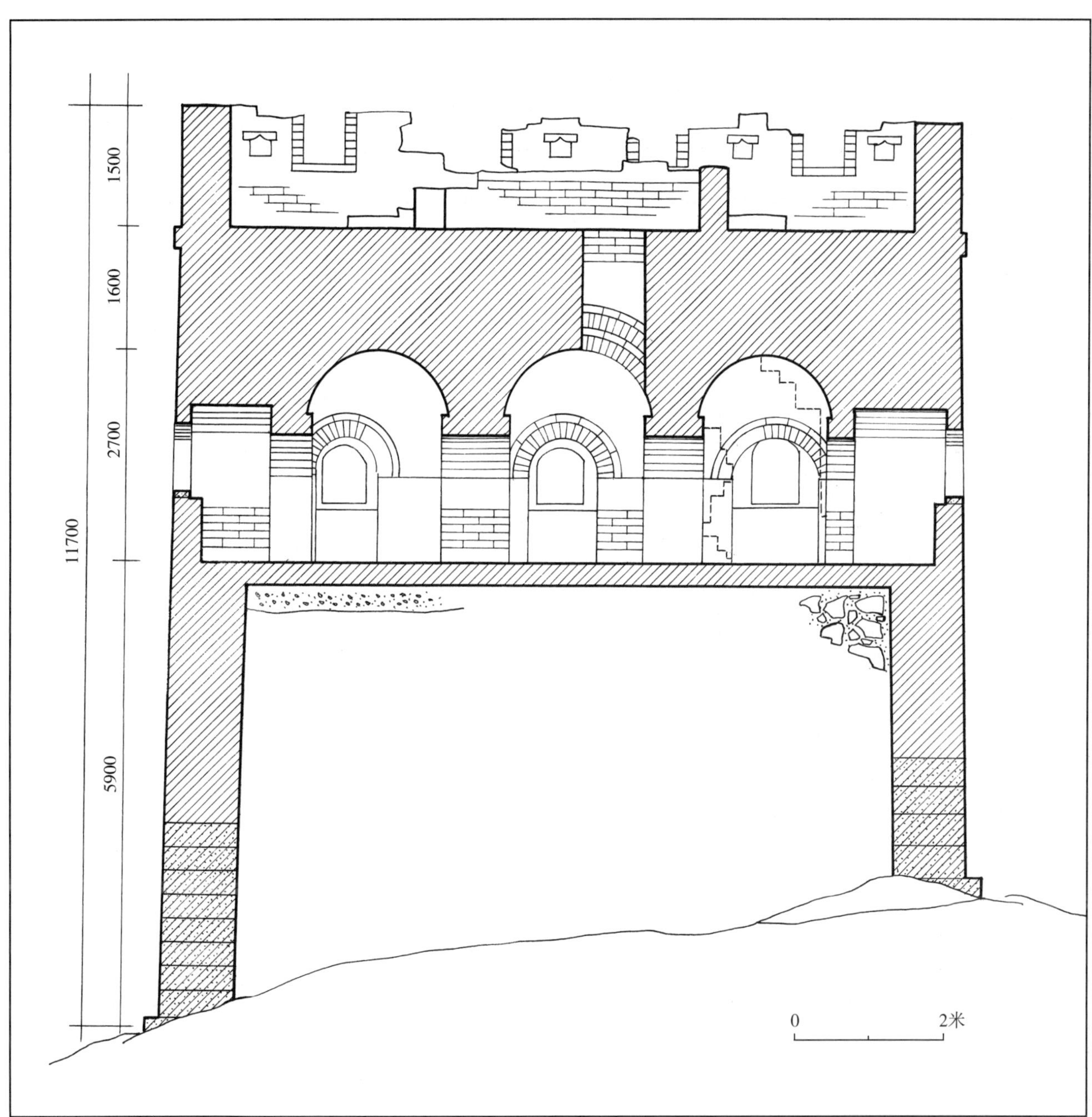

图［21］231　L162横剖面图

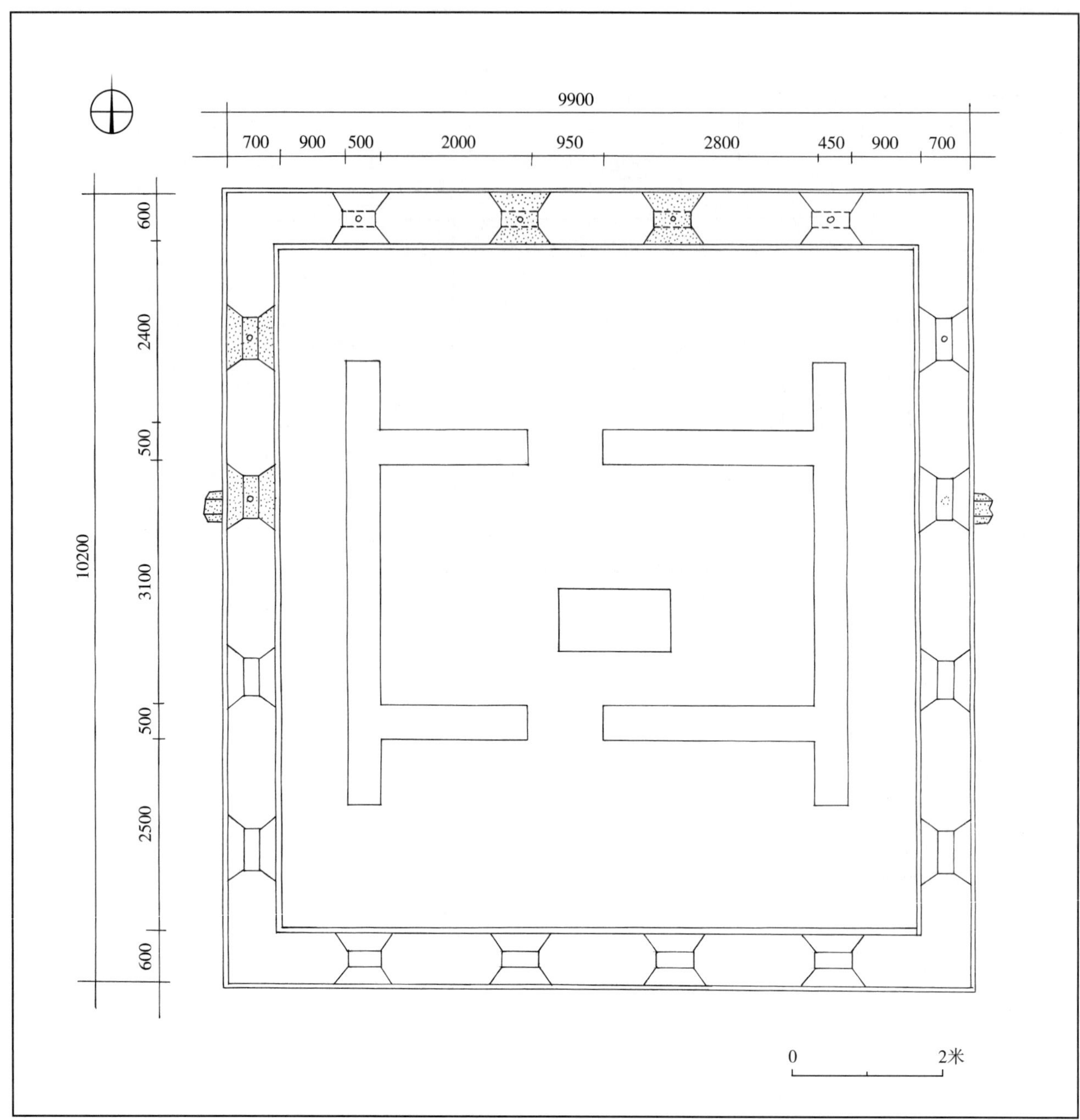

图［21］232　L162上层平面图

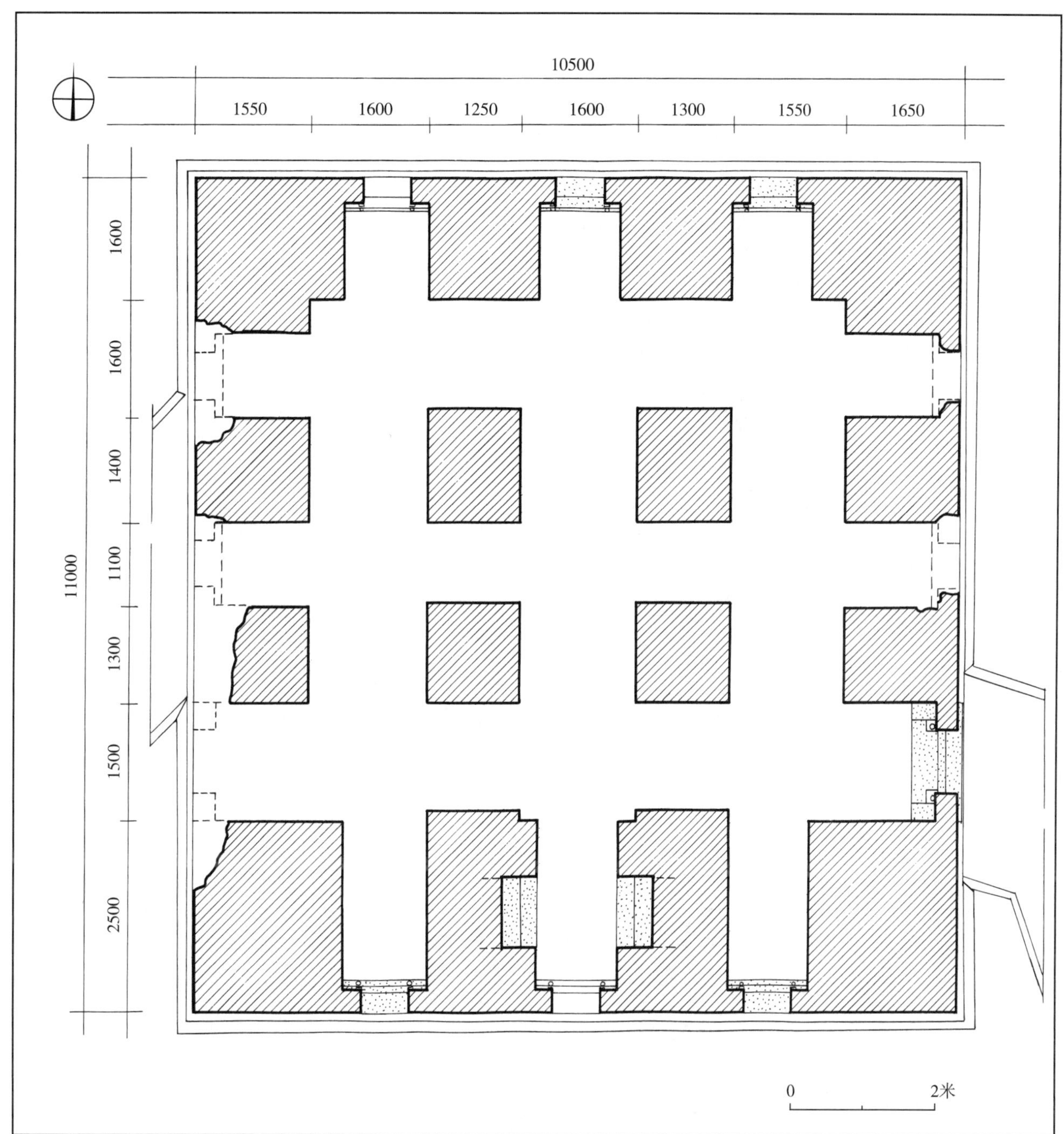

图［21］233　L163中层平面图

图［21］234　L163东立面图

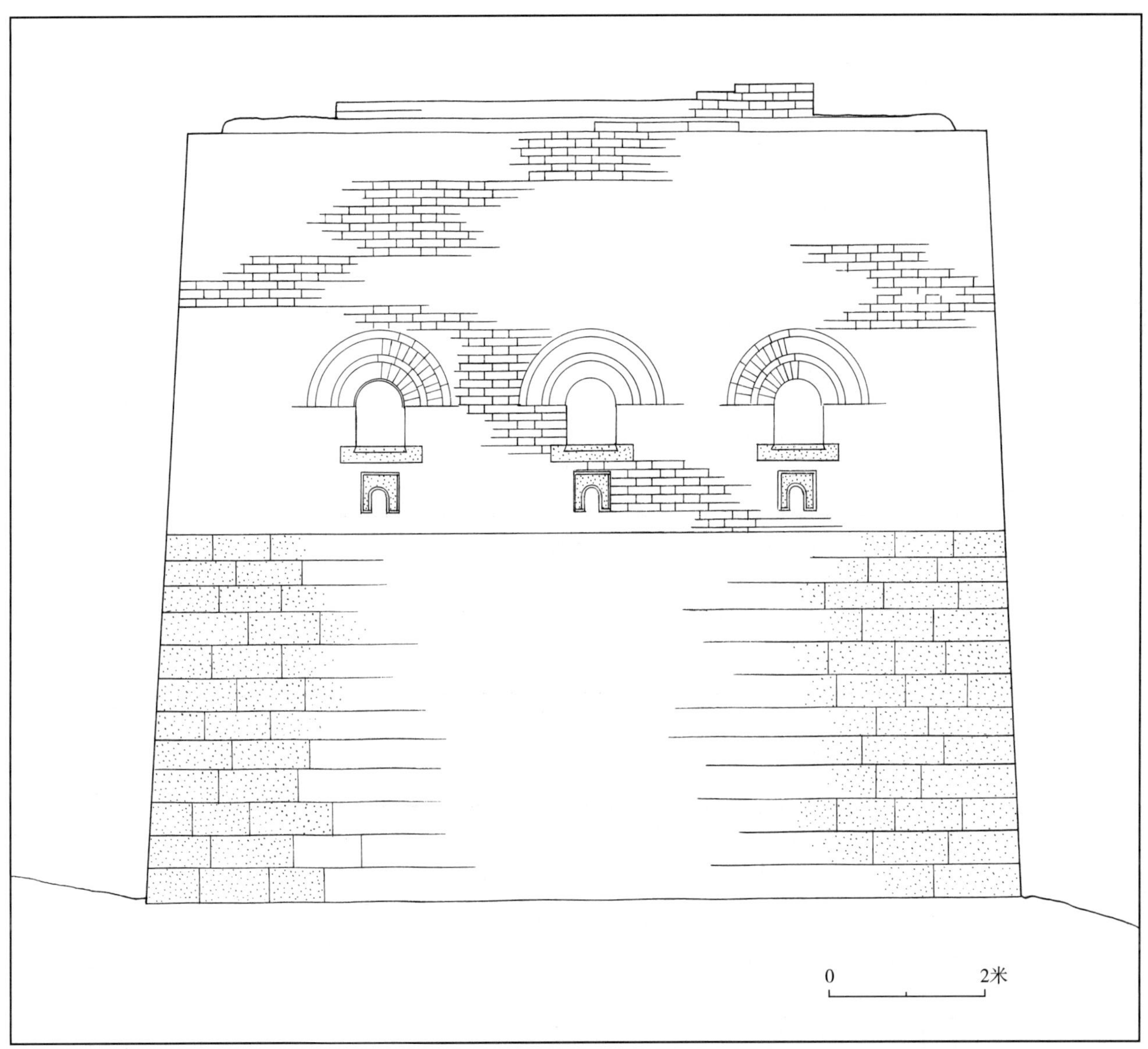

图［21］235　L163北立面图

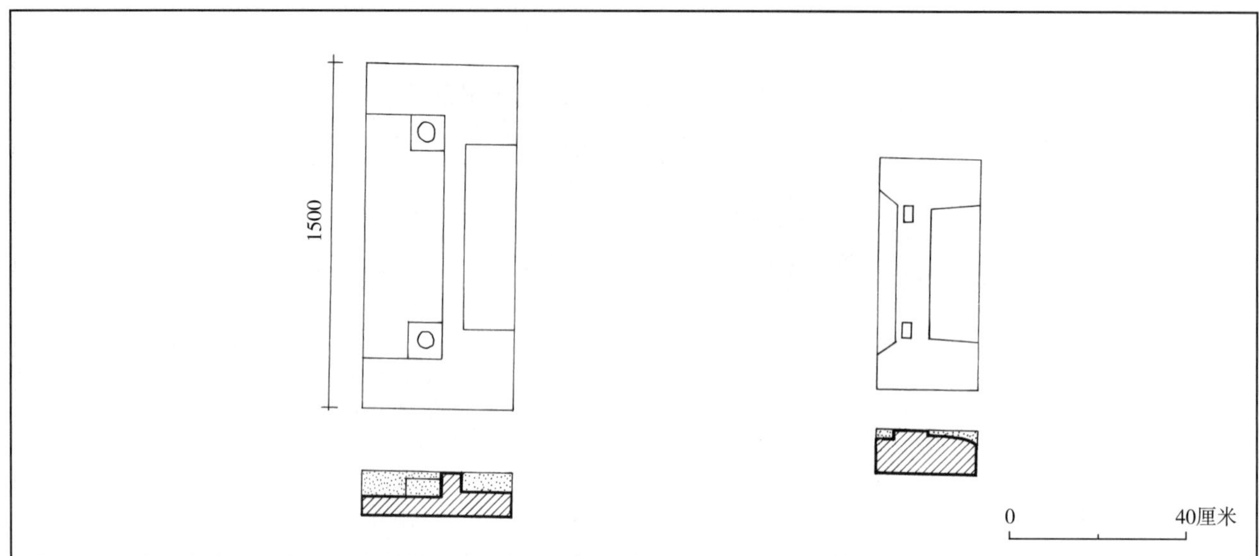

图［21］236　L163门枕石结构图

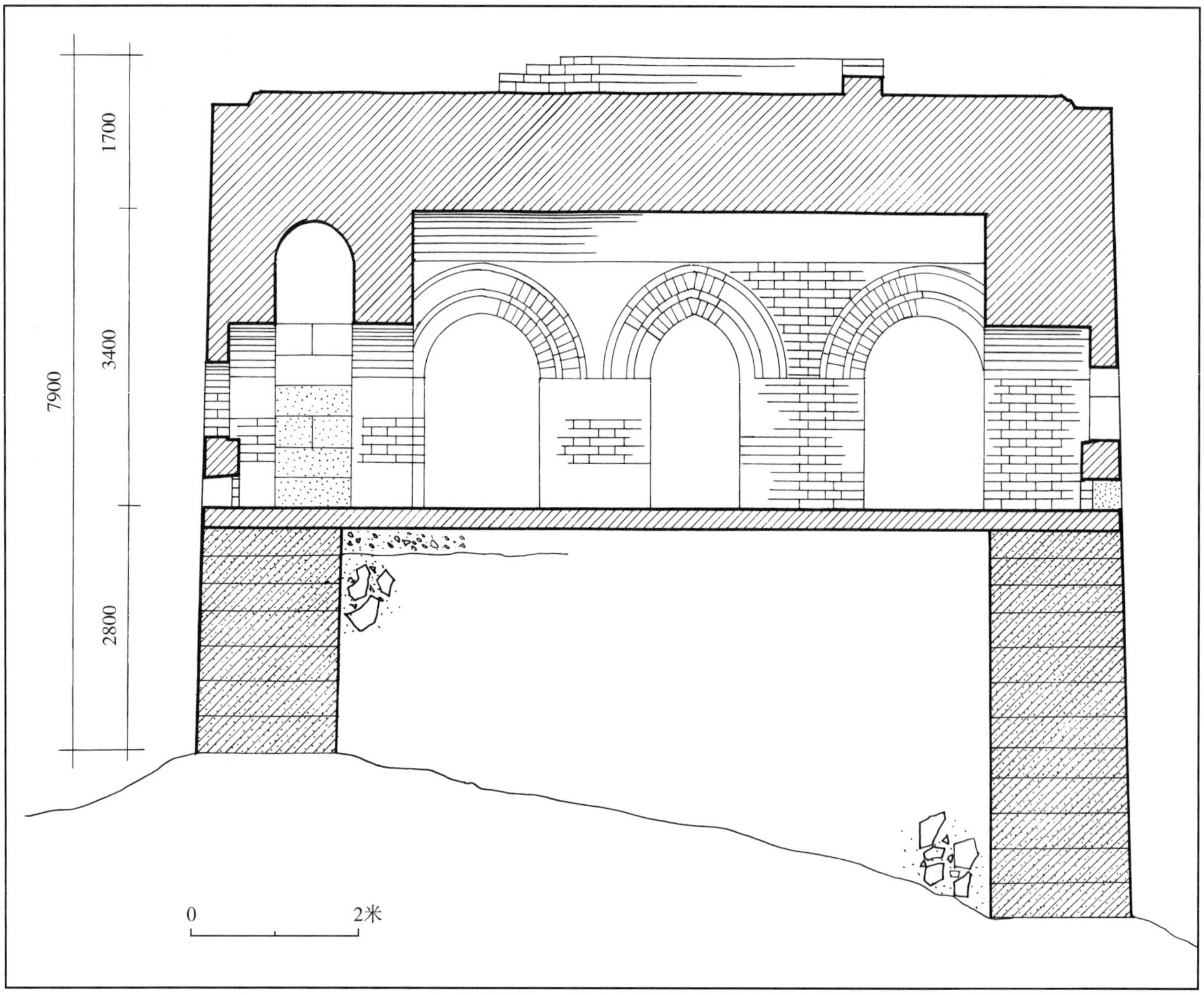

7900
1700
3400
2800
0
2米

图［21］237　L163纵剖面图

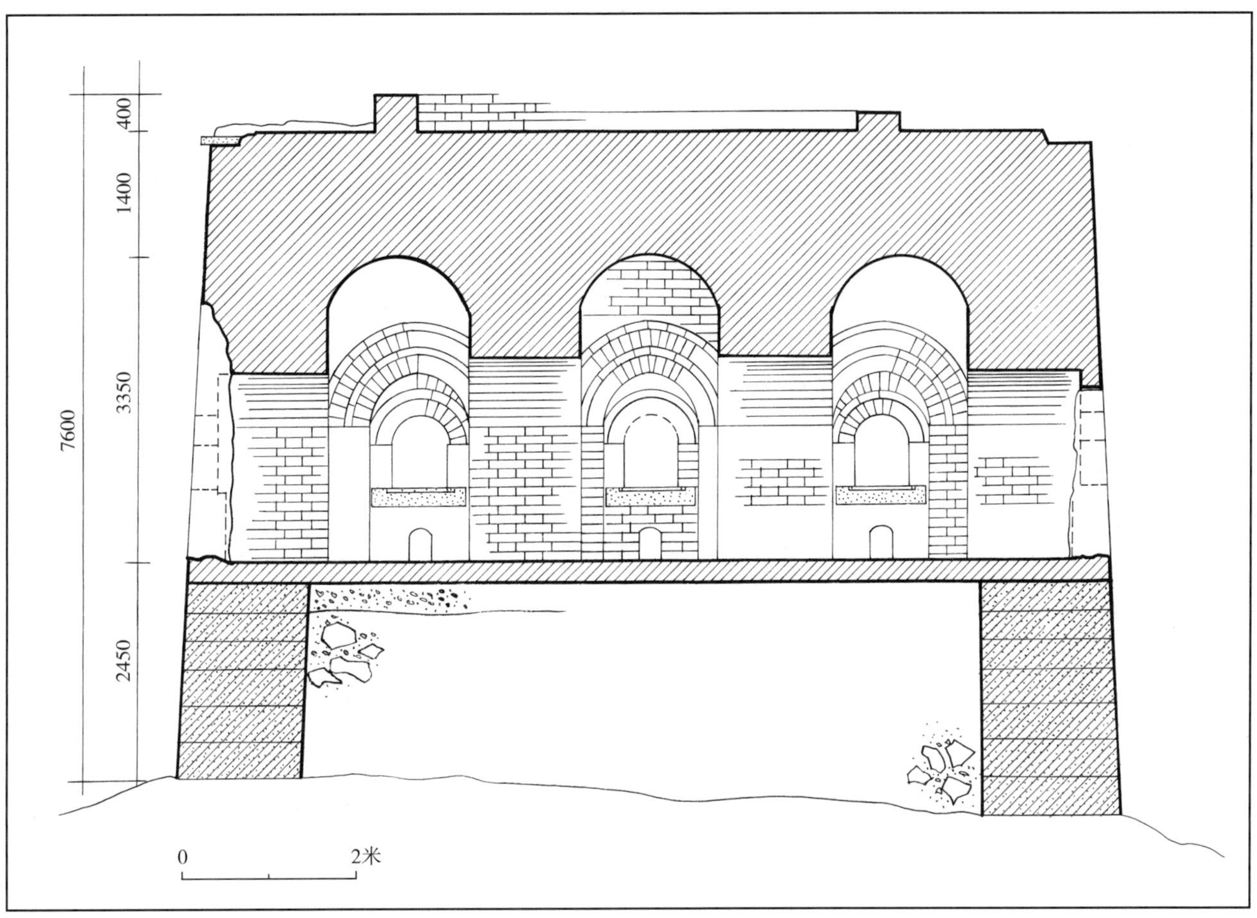

图［21］238　L163横剖面图

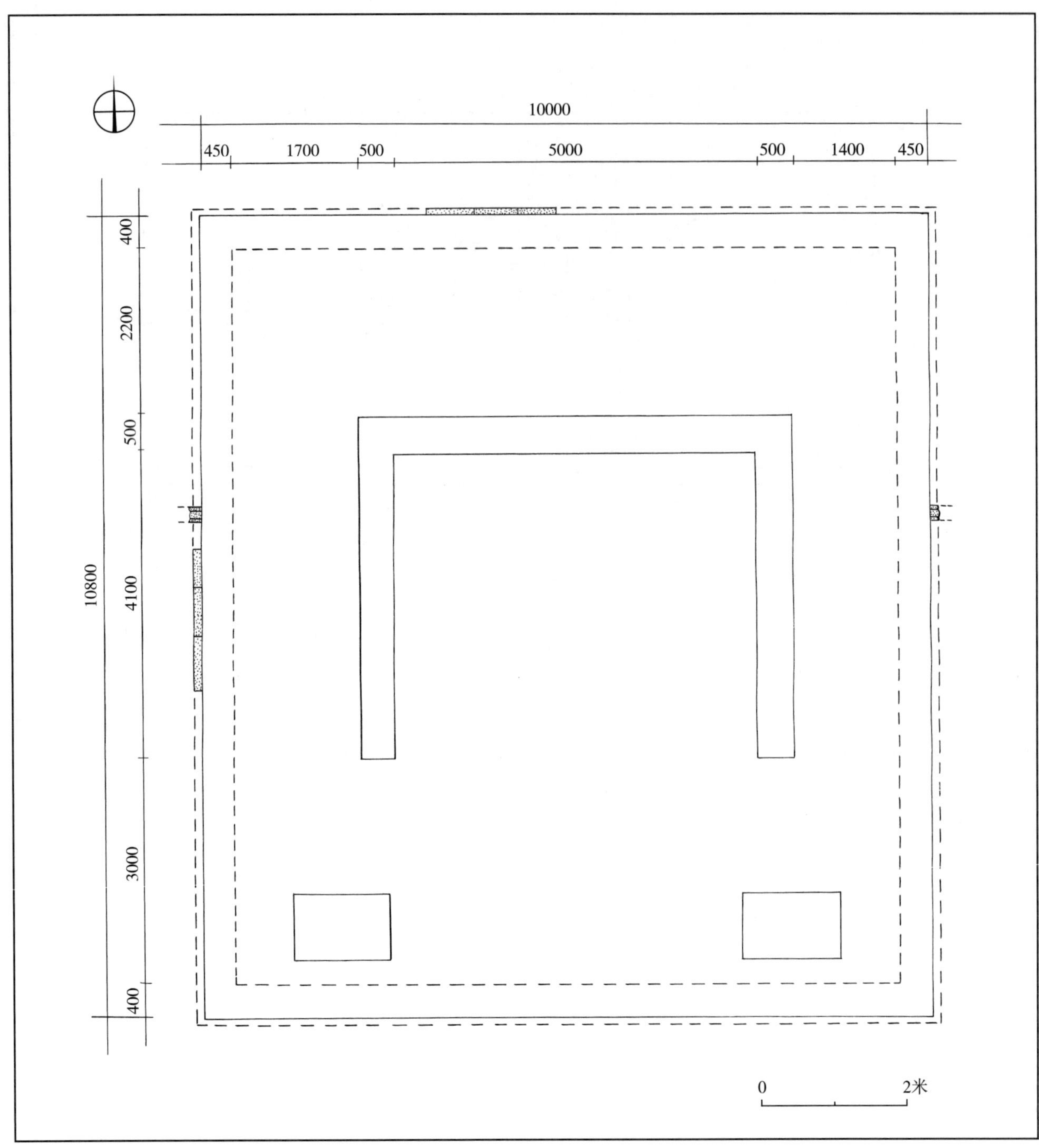

图［21］239　L163上层平面图

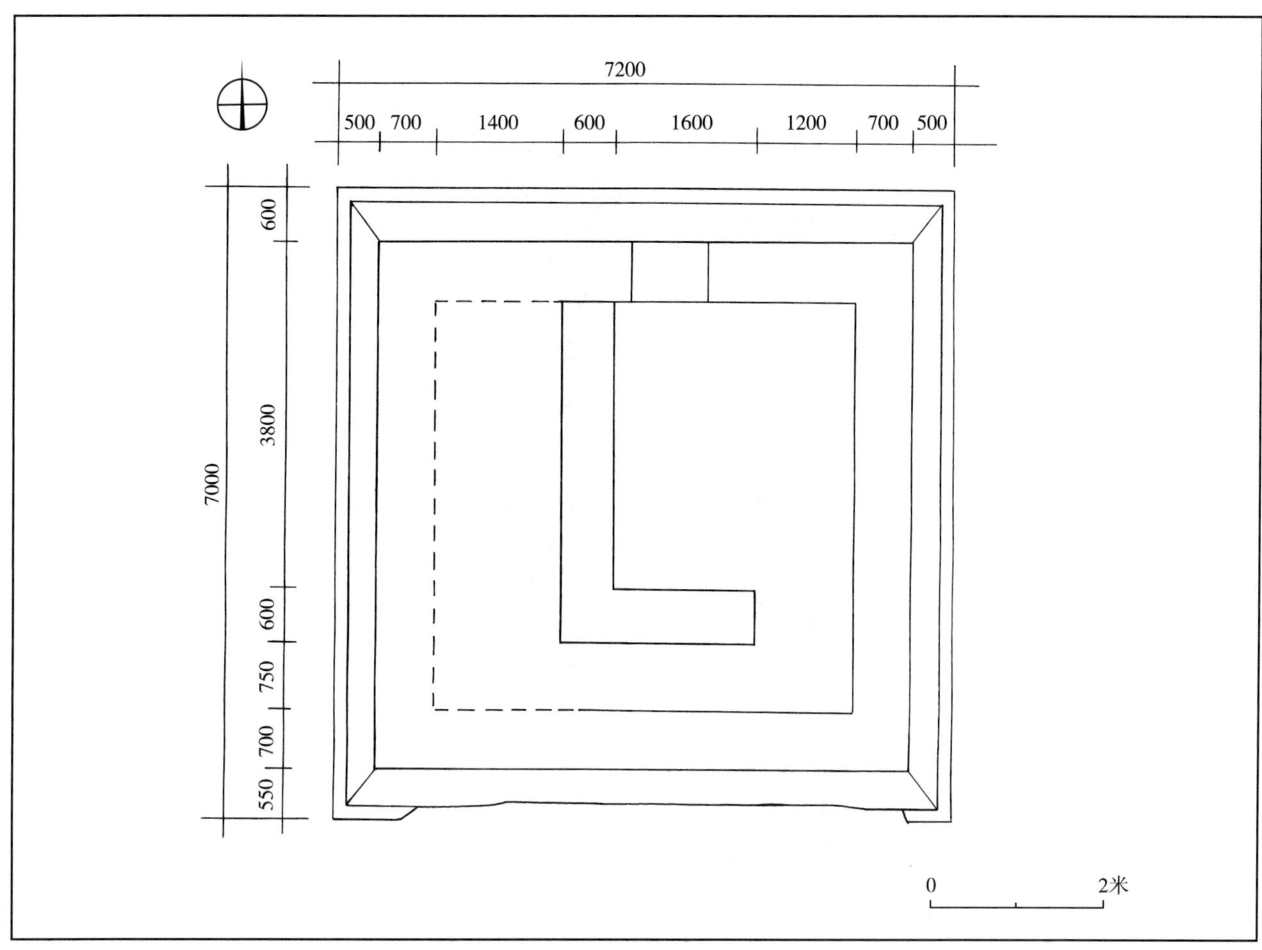

图［21］240 “郭大安”边（附边二）D2平面图

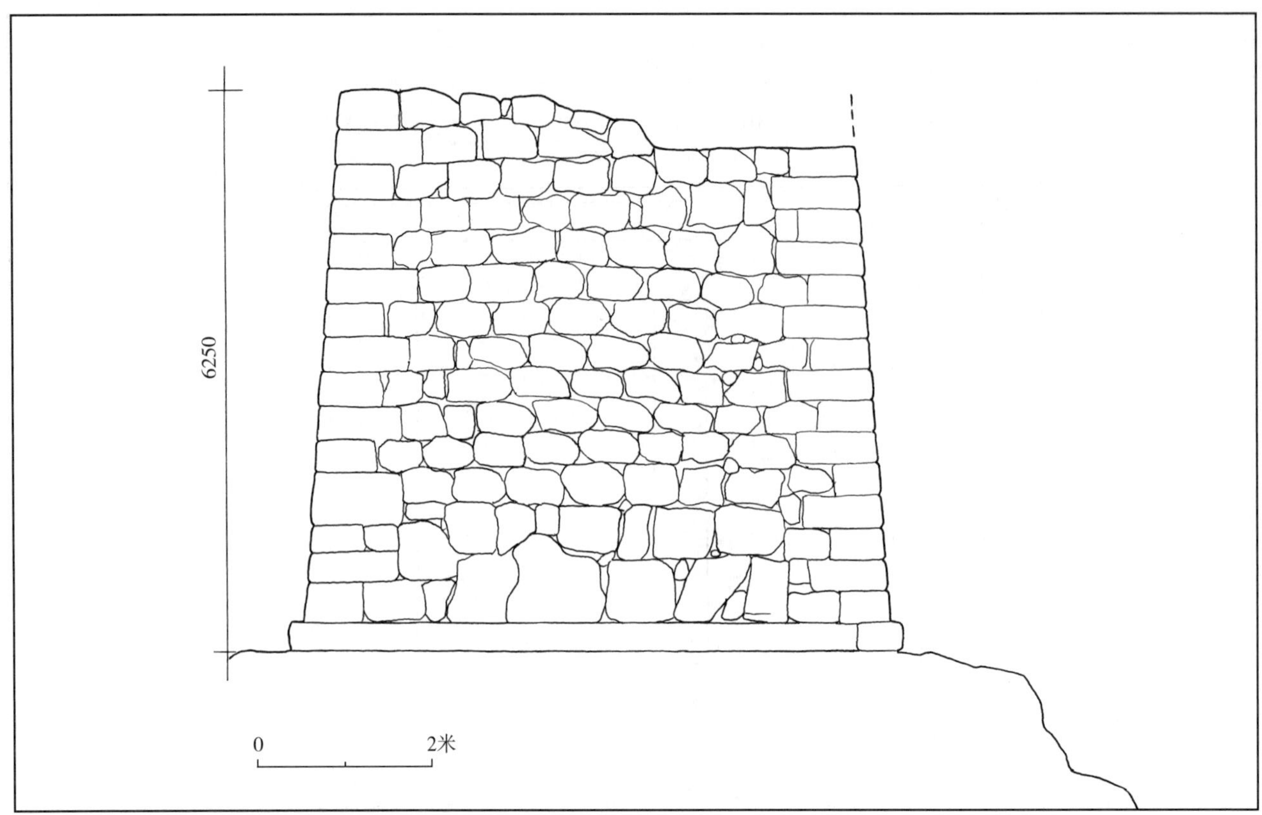

图［21］241 “郭大安”边（附边二）D2南立面图

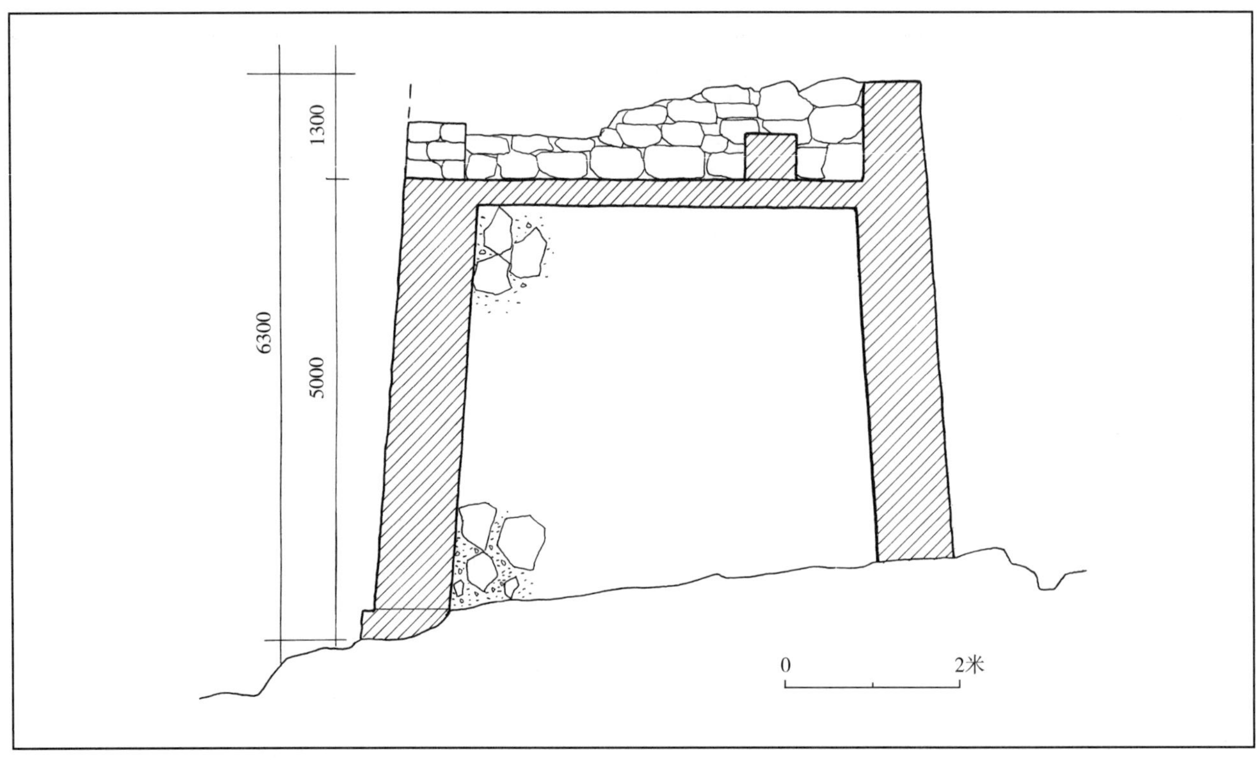

图［21］242 “郭大安”边（附边二）D2剖面图

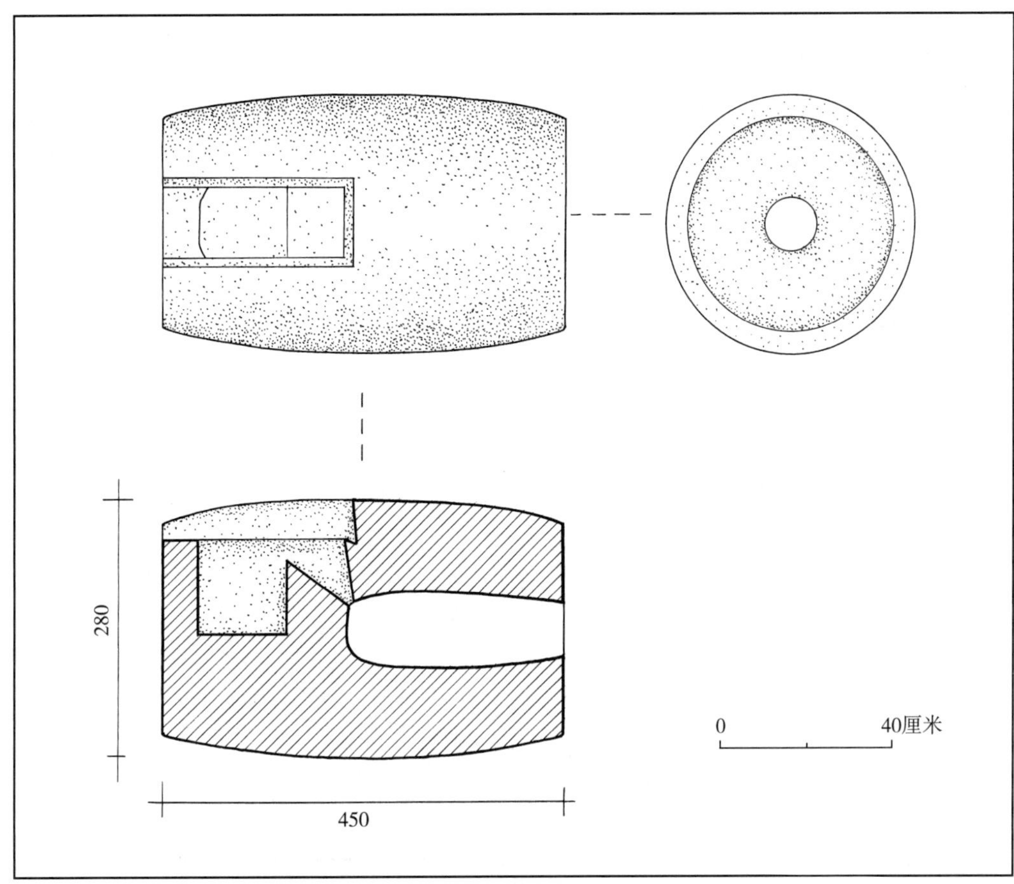

图［21］243　“郭大安”边石炮结构图

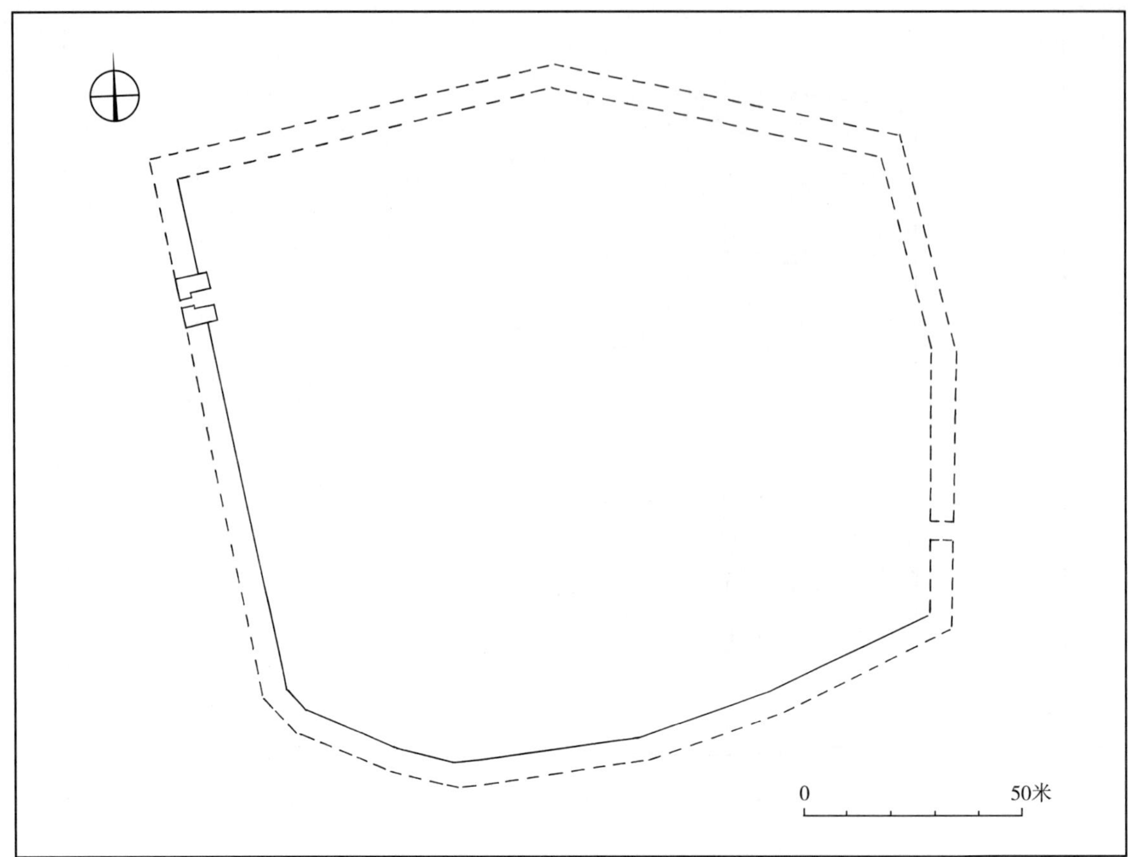

图［21］244 黄土岭关城平面图

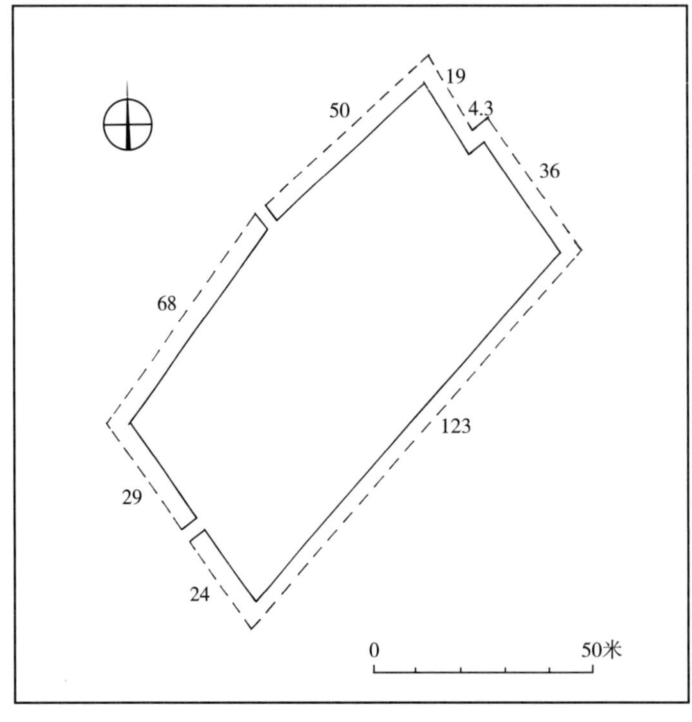

图［21］245 杜城子城址平面图

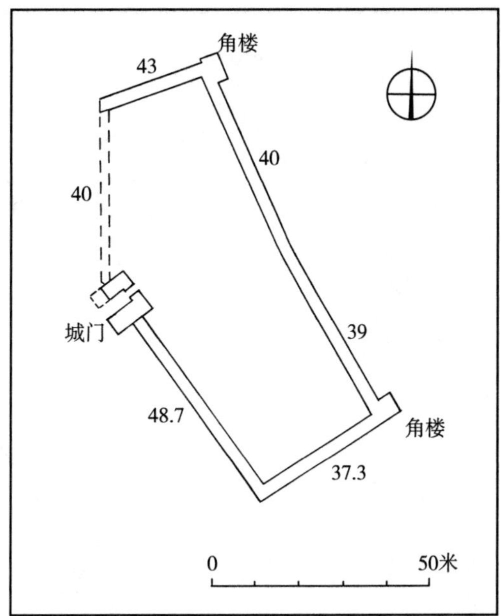

图［21］246　刘城子城址平面图

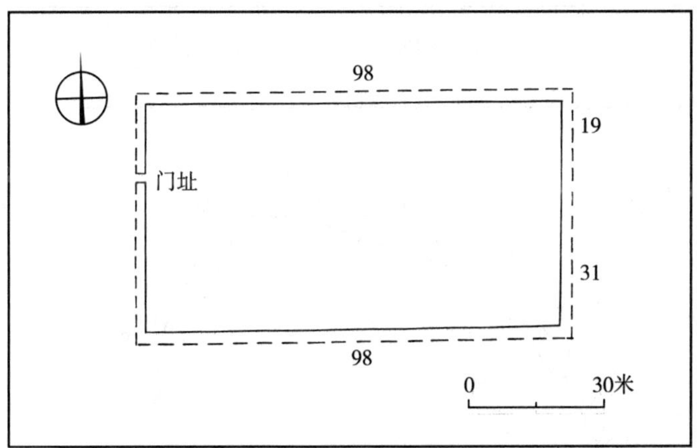

图［21］247　破城子城址平面图

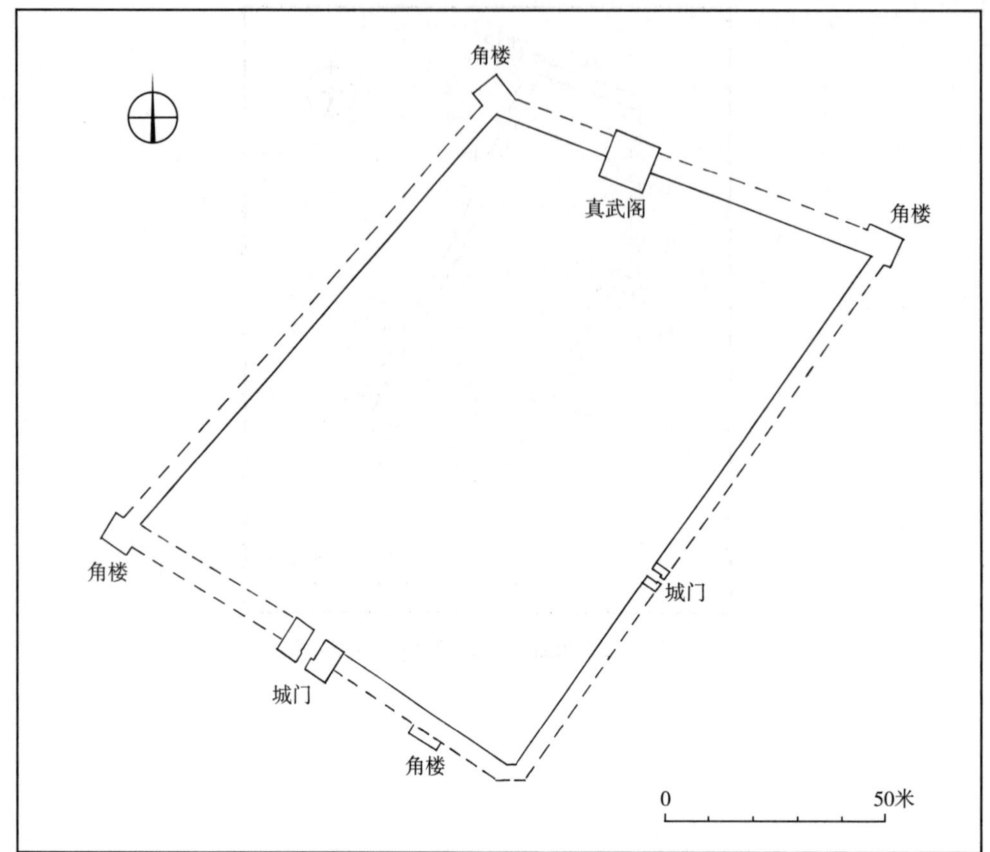

图［21］248　大毛山关城平面图

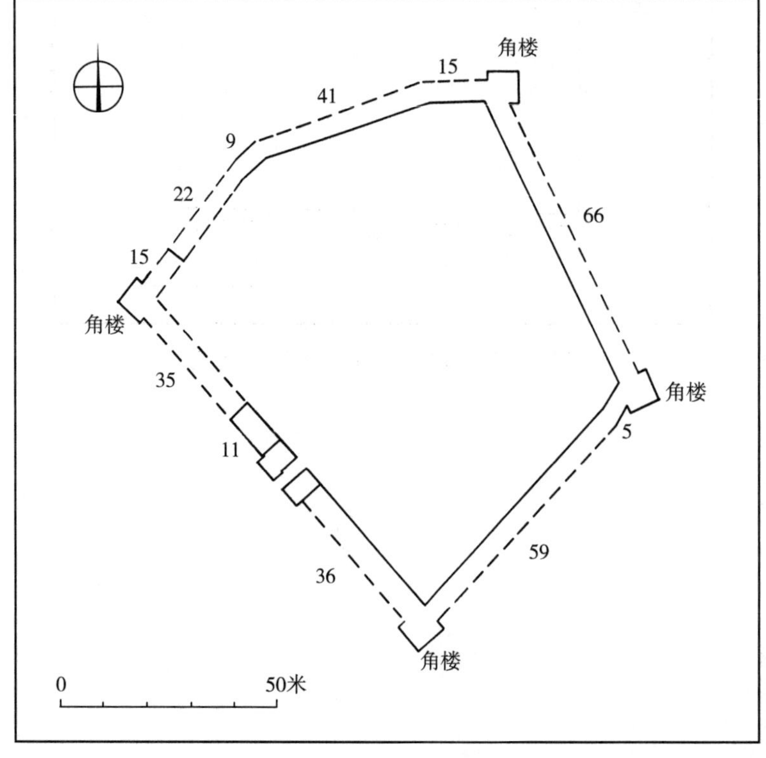

图［21］249　董家口关城平面图

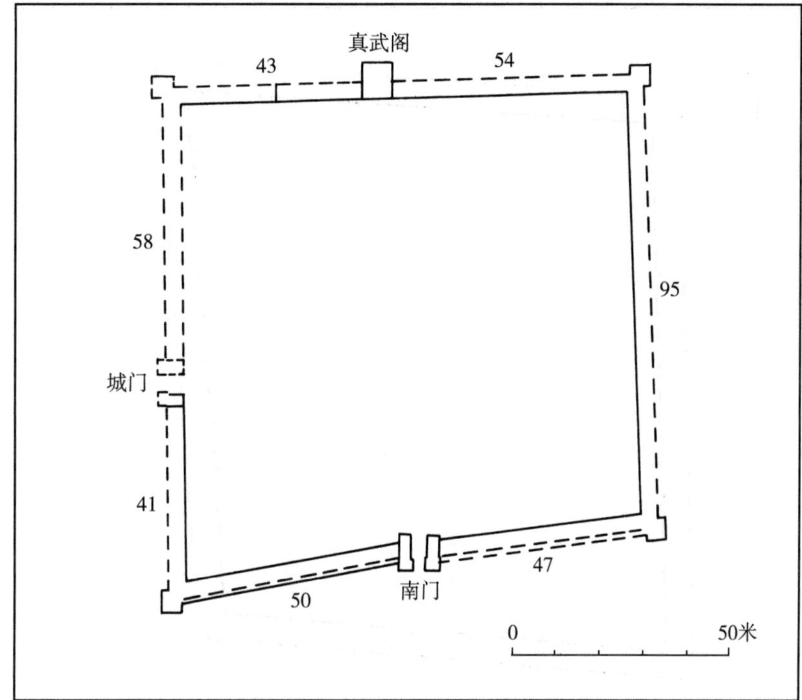

图［21］250　城子峪城址平面图

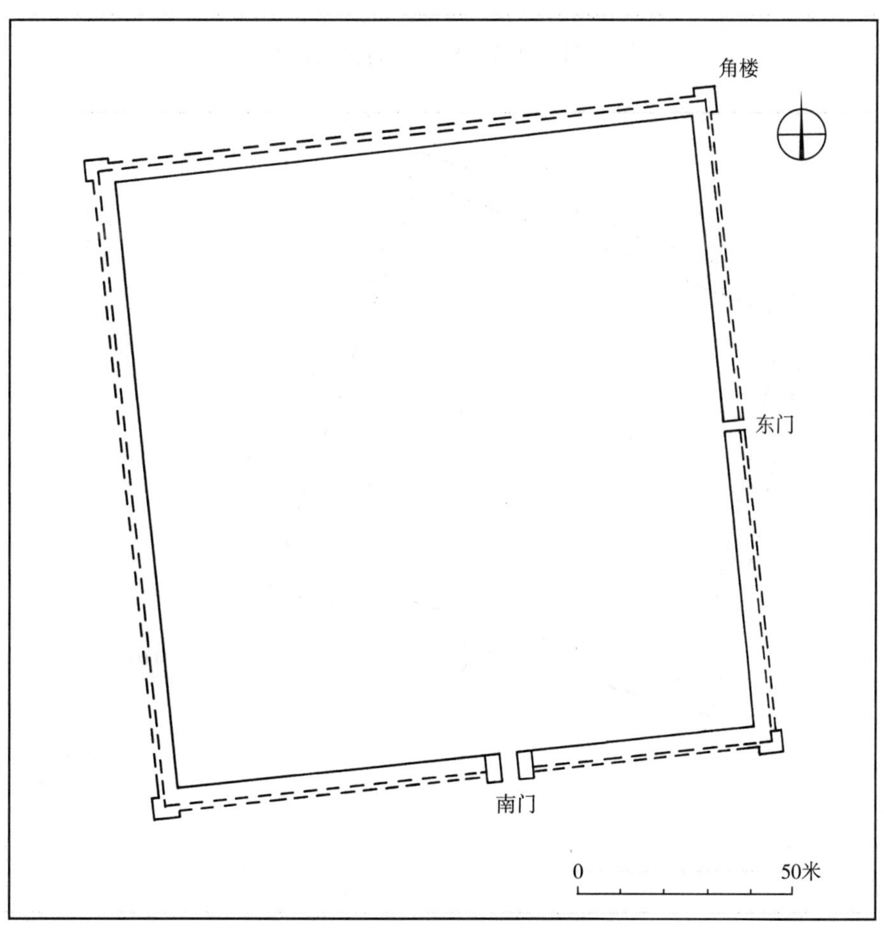

图［21］251　平顶峪城平面图

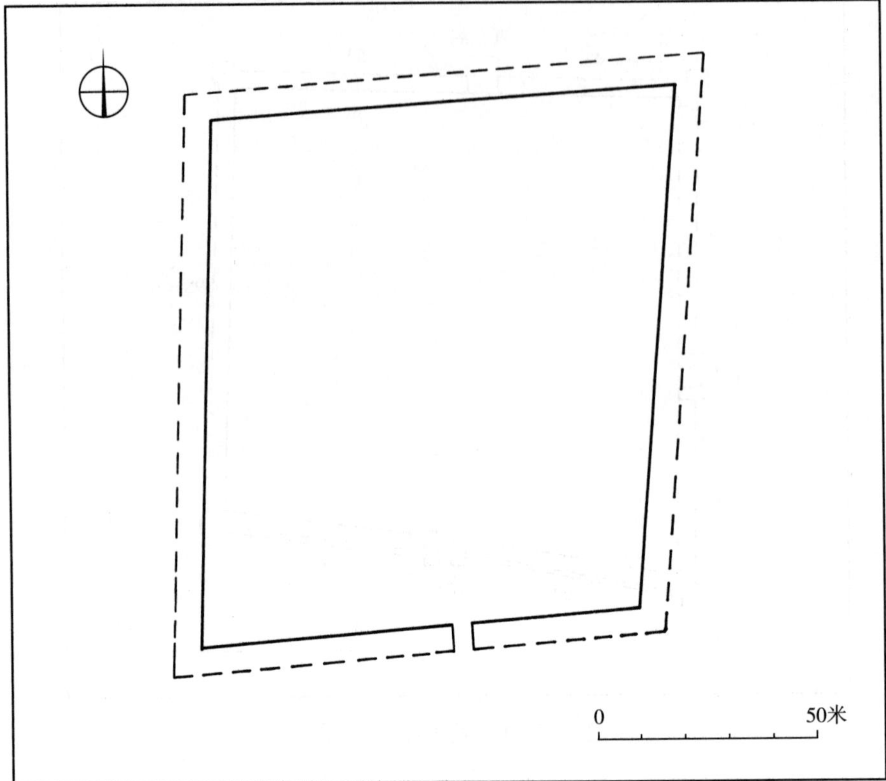

图［21］252 板厂峪城平面图

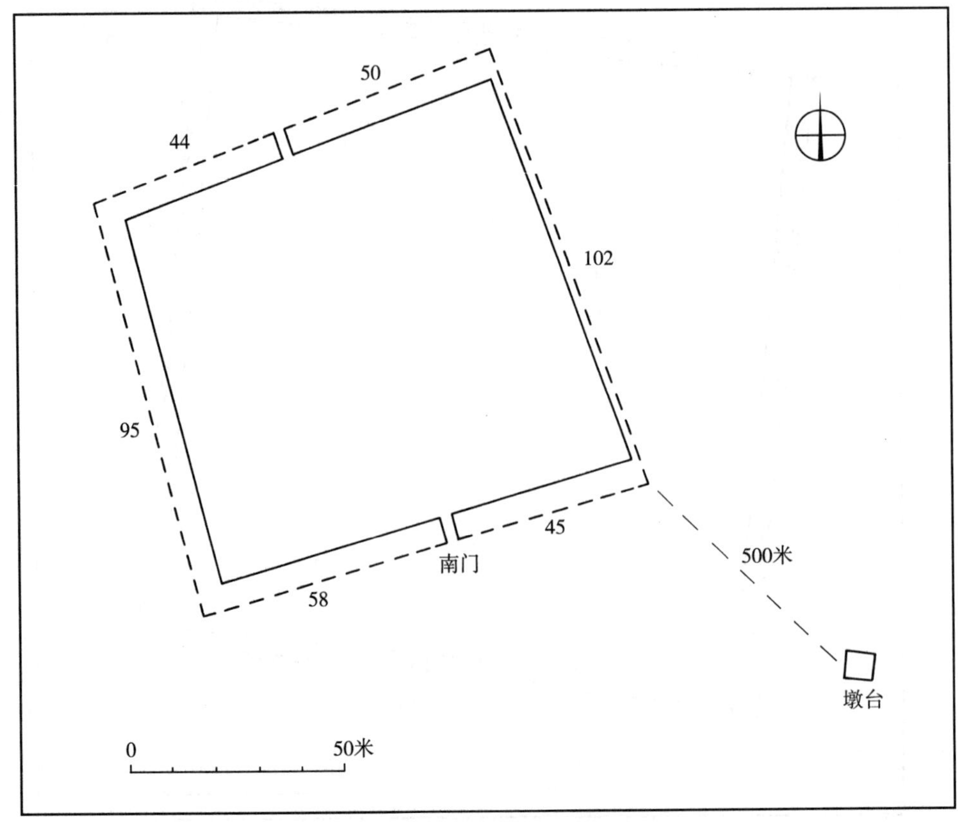

图［21］253 板厂峪东城平面图

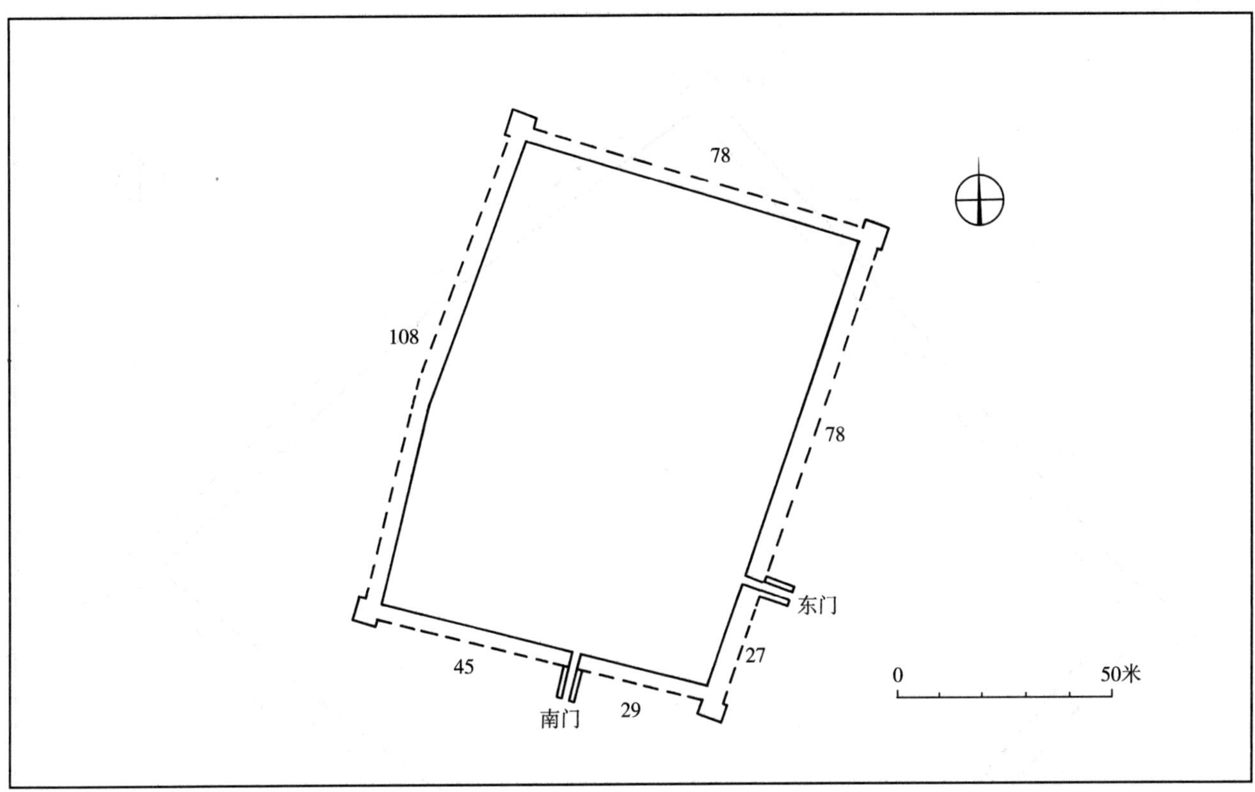

图［21］254　板厂峪西城平面图

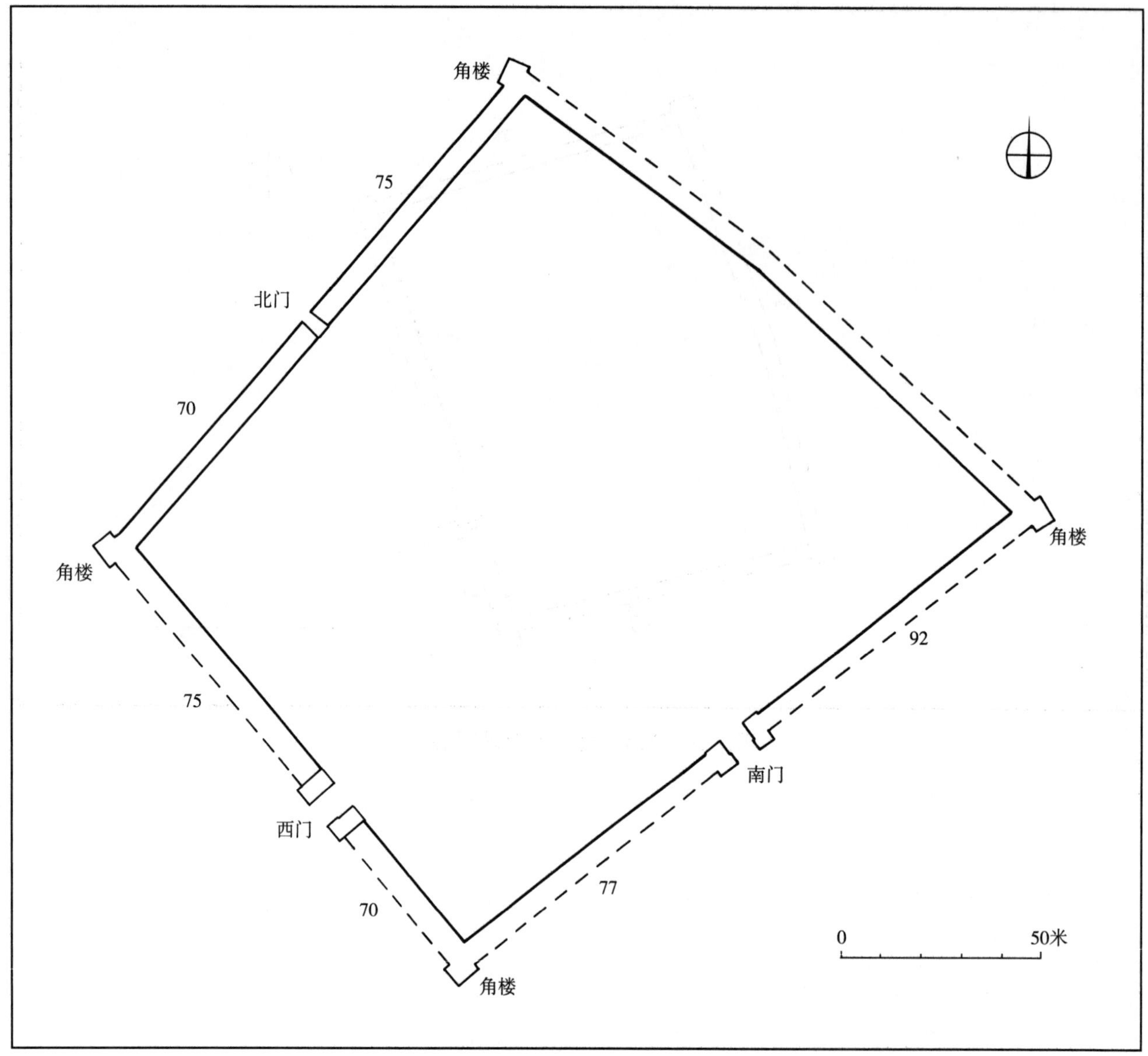

图［21］255 驻操营城平面图

图版

图版［21］001　L1台西立面（由南向北，1984年8月）

图版［21］002　L1台南立面（由南向北，1984年8月）

图版［21］003 L1—L2台之间砖边墙（由西南向东北，1984年8月）

图版［21］004 L2台东立面（由东向西，1984年8月）

图版［21］005　L2台内部隔墙过道门（由南向北，1984年8月）

图版［21］006　L2—L3台之间砖石墙连接点（由西向东，1984年8月）

图版［21］007　L3台西立面（由西向东，1984年10月）

图版［21］008　L3台南立面（由南向北，1984年10月）

图版［21］009　L3—L4台之间石边墙（由西北向东南，1984年8月）

图版［21］010　L4台南立面及石边墙（由南向北，1984年10月）

图版［21］011　L4台西立面（由西向东，1984年10月）

图版［21］012　L4南台门上的雕刻花纹（1984年10月）

图版［21］013　L4台中央筒拱及隔墙（由南向北，1984年10月）

图版［21］014　L4台上层楼橹（由西南向东北，1984年10月）

图版［21］015　L5台南立面（由南向北，1984年10月）

图版［21］016　L5台西面（由西向东，1984年10月）

图版［21］017　L5台向西边墙（由东向西，1984年10月）

图版［21］018　L6台南立面（由南向北，1984年10月）

图版［21］019 L6台中央筒拱及台门（由东向西，1984年10月）

图版［21］020 L6台之北梯道俯视（由上向下，1984年10月）

图版［21］021　L6台上层楼橹残墙（由西南向东北，1984年10月）

图版［21］022　L6—L7台石边墙（由北向南，1984年10月）

图版［21］023 L7台南面残墙（由南向北，1984年10月）

图版［21］024 L7向北边墙（由东南向西北，1984年10月）

图版［21］025　黄土岭口远望（由东南向西北，1984年10月）

图版［21］026　L10台东北面残基址（1984年10月）

图版［21］027　L10台以北边墙（由南向北，1984年10月）

图版［21］028　L11台南立面（由南向北，1984年10月）

图版［21］029　L11台西北立面（由西北向东南，1984年10月）

图版［21］030　L11台以北砖边墙（由南向北，1984年10月）

图版［21］031　L12台南立面及边墙（由南向北，1984年10月）

图版［21］032　L12台西北立面（由西北向东南，1984年10月）

图版［21］033 L12中央筒拱室及箭窗和过道门（1984年10月）

图版［21］034 L13台西北面（由西北向东南，1984年10月）

图版［21］035　L13台西面（由西向东，1984年10月）

图版［21］036　L13—L14台之间边墙（由北向南，1984年10月）

图版［21］037　L14台南面（由南向北，1984年10月）

图版［21］038　L14台中央筒拱室现状（由东向西，1984年10月）

图版［21］039　L14台以北边墙（由南向北，1984年10月）

图版［21］040　L15台南面（由南向北，1984年10月）

图版［21］041　L15台西北面（由西南向东北，1984年10月）

图版［21］042　L15台中央筒拱室及箭窗（1984年10月）

图版［21］043　L15台以北边墙（由南向北，1984年10月）

图版［21］044　L15台北侧战道（由西南向东北，1984年10月）

图版［21］045　L16台东南面（由东南向西北，1984年10月）

图版［21］046　L16台西立面（由西向东，1984年10月）

图版［21］047　L16台以北边墙（由南向北，1984年10月）

图版［21］048　L17台西南面（由西南向东北，1984年10月）

图版［21］049　L18台南立面（由南向北，1984年10月）

图版［21］050　L18台西立面（由西向东，1984年10月）

图版［21］051　L18台北筒拱室及台门（由南向北，1984年10月）

图版［21］052　L18台西墙北梯道（由南向北，1984年10月）

图版［21］053　L18台上层楼橹残墙（由东向西，1984年10月）

图版［21］054　L18—L19台之间边墙砖、石接茬处（由南向北，1984年10月）

图版［21］055　L19台及南面残墙（由南向北，1984年10月）

图版［21］056　L19台北面边墙（由南向北，1984年10月）

图版［21］057　L20台西南立面（由西南向东北，1984年10月）

图版［21］058　L20台以北边墙（由南向北，1984年10月）

图版［21］059 L21台南面残墙及基址（由南向北，1984年10月）

图版［21］060 L22台南面及边墙（由南向北，1984年10月）

图版［21］061　L23台南立面及边墙（由南向北，1984年10月）

图版［21］062　L23台向北边墙（由南向北，1984年10月）

图版［21］063　L24台西立面（由西向东，1984年10月）

图版［21］064　L24台东南面（由东南向西北，1984年10月）

图版［21］065　L24台上层楼橹东立面（由南向北，1984年10月）

图版［21］066　L24台北面头房（由西南向东北，1984年10月）

图版［21］067 L25台西南立面（由西南向东北，1984年10月）

图版［21］068 L25台西北立面（由西北向东南，1984年10月）

图版［21］069　L25台中央筒拱室及隔墙券门（1984年10月）

图版［21］070　L25台向北边墙（由南向北，1984年10月）

图版［21］071　L18—L19台东南立面（由东南向西北，1984年10月）

图版［21］072　L26台西南面（由西南向东北，1984年11月）

图版［21］073　L26台东筒拱室及隔墙通道门（1984年11月）

图版［21］074　L26台北侧边墙（由南向北，1984年11月）

图版［21］075　L27台南侧残墙（由南向北，1984年11月）

图版［21］076　L27—L28之间边墙（由东南向西北，1984年11月）

图版［21］077　L28台西立面（由西向东，1984年10月）

图版［21］078　L28台南面（由南向北，1984年11月）

图版［21］079 Z17战台（由南向北，1984年11月）

图版［21］080 L29台南面及墙体（由南向北，1984年11月）

图版［21］081　L29台西立面（由南向北，1984年11月）

图版［21］082　L29及无名口（由西向东，1984年11月）

图版［21］083　无名口门（由西向东，1984年11月）

图版［21］084　B4便门（由南向北，1984年11月）

图版［21］085　L30台南面和边墙（由南向北，1984年11月）

图版［21］086　L30—L31台之间石边墙（由南向北，1984年11月）

图版［21］087　L31台西南面（由西南向东北，1984年11月）

图版［21］088　L31台以北边墙（由南向北，1984年11月）

图版［21］089　L32台南面（由南向北，1984年11月）

图版［21］090　L32台内西北角砖木结构痕迹（由东南向西北，1984年11月）

图版［21］091　L33台南门（由南向北，1984年11月）

图版［21］092　L33台西北立面（由西北向东南，1984年11月）

图版［21］093　L33台西侧筒拱室及箭窗（由南向北，1984年10月）

图版［21］094　L33台楼橹残墙（由西南向东北，1984年11月）

图版［21］095　L33—L34之间边墙（由东南向西北，1984年11月）

图版［21］096　L34台西门（由西向东，1984年11月）

图版［21］097 L34台东立面（由西东向西，1984年11月）

图版［21］098 L34台东拱道围廊及箭窗（由南向北，1984年11月）

图版［21］099　L34台中心室穹窿顶（由下向上，1984年11月）

图版［21］100　L34台中心室南通道（由北向南，1984年11月）

图版［21］101　L34台南侧石臼（苗城子，1984年11月）

图版［21］102　L34台以北边墙（东南向西北，1984年11月）

图版［21］103　L35台北侧垛口石墙（由北向南，1984年11月）

图版［21］104　L36台南立面（由南向北，1984年11月）

图版［21］105　L36台西北面（由西北向东南，1984年11月）

图版［21］106　L36台内中筒拱室及台门（由南向北，1984年11月）

图版［21］107 L36九龙洞山向东入辽宁绥中之边墙（由西向东，1984年11月）

图版［21］108 九龙洞山向西入河北抚宁之边墙（苗城子，1984年11月）

图版［21］109　九龙洞山向南去山海关之边墙（由北向南，1984年11月）

图版［21］110　L37台俯视及“战墙”全貌（由东向西，1984年11月）

图版［21］111　L37台东南面（由东南向西北，1984年11月）

图版［21］112　L37台东立面及墙体（由东向西，1984年11月）

图版［21］113　L37台北面“战墙”外面的射孔（由北向南，1984年11月）

图版［21］114　L37台北面“战墙”西墙内侧射孔（由东向西，1984年11月）

图版［21］115　L37台北面"战墙"外面雷石孔和射孔（由北向南，1984年11月）

图版［21］116　Z22战台及西行的边墙（由东向西，1984年11月）

图版［21］117　Z22战台外侧垛口墙上发现的“德州秋班营造”戳记印文砖（由东向西，1984年11月）

图版［21］118　L38台东立面（由东向西，1984年11月）

图版［21］119　L38台中央筒拱室及台门（由西向东，1984年11月）

图版［21］120　L39台西立面（由西向东，1984年11月）

图版［21］121　L39台以西边墙之天险（由东向西，1984年11月）

图版［21］122　L40台西立面（由西向东，1984年11月）

图版［21］123　L40台东南立面（由东南向西北，1984年11月）

图版［21］124　L40台单筒拱室及台门（由东向西，1984年11月）

图版［21］125 L40台单筒拱室及箭窗（由西向东，1984年11月）

图版［21］126 L41台西立面（由西向东，1984年11月）

图版［21］127 L41台东南立面（由东南向西北，1984年11月）

图版［21］128 L41台西筒拱室及隔墙三券门通道（由南向北，1984年11月）

图版［21］129　L42台西南面（由西南向东北，1984年11月）

图版［21］130　L42台向西延伸之边墙（由东向西，1984年11月）

图版［21］131　L43台西面残墙（由西向东，1984年11月）

图版［21］132　L44台南立面（由南向北，1984年11月）

图版［21］133　L44台西南立面（由南向北，1984年11月）

图版［21］134　L44台北筒拱室隔墙券门及箭窗（由东向西，1984年11月）

图版［21］135　L45台西立面（由西向东，1984年11月）

图版［21］136　L45台东南立面（由东南向西北，1984年11月）

图版［21］137　L45台筒拱室及箭窗（由北向南，1984年11月）

图版［21］138　L45台内北隔墙及通道券门（由东向西，1984年11月）

图版［21］139　L46台东立面（由东向西，1984年11月）

图版［21］140　L46台南部筒拱及台门（由西向东，1984年11月）

图版［21］141　L46台上层楼橹东墙残段（由西南向东北，1984年11月）

图版［21］142　L46—L47之间的小河口远景（由西向北，1984年11月）

图版［21］143 L48台西南立面（由西南向东北，1984年11月）

图版［21］144 L48台中央筒拱室两隔墙通道券门及台门（由北向南，1984年11月）

图版［21］145　L48台东筒拱室隔墙及箭窗（由北向南，1984年11月）

图版［21］146　L48台上层楼橹及头房（由南向北，1984年11月）

图版［21］147　L48台向西边墙（由东向西，1984年11月）

图版［21］148　L49台西立面（由西向东，1984年11月）

图版［21］149　L49台东立面（由西向东，1984年11月）

图版［21］150　L49台中央筒拱室（由东向西，1984年11月）

图版［21］151 L49台西Z27战台（由东向西，1984年11月）

图版［21］152 L50台东南立面（由东南向西北，1984年11月）

图版［21］153　L50台西南面（由西南向东北，1984年11月）

图版［21］154　L50台向西边墙（由东向西，1984年11月）

图版［21］155　Z30战台（由西向东，1984年11月）

图版［21］156　L51台东立面（由东向西，1984年11月）

图版［21］157　L51台西南立面（由西南向东北，1984年11月）

图版［21］158　L51台中心室及围廊隔墙（由西向东，1984年11月）

图版［21］159　L51—L52台之间边墙
（由东向西，1984年11月）

图版［21］160　L52台西立面（由西向东，1984年11月）

图版［21］161　L52台东面残墙（由东向西，1984年11月）

图版［21］162　L52台向西边墙（由东向西，1984年11月）

图版［21］163　L52台向西边墙向外射孔（由南向北，1984年11月）

图版［21］164　L53台西面毁坏情况（由西向东，1984年11月）

图版［21］165　L53台东南面（由东南向西北，1984年11月）

图版［21］166　L53台东筒拱室及隔墙三通道券门（由南向北，1984年11月）

图版［21］167　L53台上层楼橹及残墙（由西南向东北，1984年11月）

图版［21］168　L54台东南立面（由南向北，1984年11月）

图版［21］169 L54台南立面（由南向北，1984年11月）

图版［21］170 L54台东筒拱室及箭窗（由北向南，1984年11月）

图版［21］171　L54—L56台之间边墙（由南向北，1984年11月）

图版［21］172　L55台残墙址（由南向北，1984年11月）

图版［21］173　L56台西南面（由西南向东北，1984年11月）

图版［21］174　L56台东面（由东向西，1984年11月）

图版［21］175　L56台中央筒拱室及箭窗（由南向北，1984年11月）

图版［21］176　L57台西南残墙（由南向北，1984年11月）

图版［21］177　L57—L58台之间边墙（由南向北，1984年11月）

图版［21］178　L58台东面基址（由东北向西南，1984年11月）

图版［21］179　L59台东面残墙（1984年11月）

图版［21］180　L59台向西边墙（由南向北，1984年11月）

图版［21］181 L59台东侧之战台和战墙（由南向北，1984年11月）

图版［21］182 L60台东立面及墙体（由东向西，1984年11月）

图版［21］183　L60台西面（由西向东，1984年11月）

图版［21］184　L60台北筒拱室及台门
（由东向西，1984年11月）

图版［21］185　L60台楼橹及以西边墙（由东向西，1984年11月）

图版［21］186　L61台东面残墙（由东向西，1984年11月）

图版［21］187　L61台内部（中层，1984年11月）现状（由东南向西北，1984年11月）

图版［21］188　L61台向西边墙（由东向西，1984年11月）

图版［21］189　L62台东立面（由东向西，1984年11月）

图版［21］190　L62台西立面（由西向东，1984年11月）

图版［21］191 L62台中央筒拱室梯井口（由东向西，1984年11月）

图版［21］192 L62台东拱室隔墙通道门（由南向北，1984年11月）

图版［21］193　L63台南立面（由南向北，1984年11月）

图版［21］194　L65台东面残基址（由东向西，1984年11月）

图版［21］195　L65台向西行之边墙（由东向西，1984年11月）

图版［21］196　L66台东立面（由东向西，1984年11月）

图版［21］197　L66台西立面（由西向东，1984年11月）

图版［21］198　L66台东部筒拱室、隔墙及券门通道（由北向南，1984年11月）

图版［21］199　L66台向西之边墙（由东向西，1984年11月）

图版［21］200　L67台西立面（由西向东，1984年11月）

图版［21］201 L67台楼橹南立面（由南向北，1984年11月）

图版［21］202 L67台向西北墙体（由南向北，1984年11月）

图版［21］203 L68台西南立面（由西南向东北，1984年12月）

图版［21］204 L687台西北面（由东南向西北，1984年12月）

图版［21］205　L68台上层楼橹南面（由西向东，1984年12月）

图版［21］206　L68台向西边墙（由东向西，1984年12月）

图版［21］207 L69台西南面及石边墙（由西南向东北，1984年12月）

图版［21］208 L69台西侧石边墙（由东向西，1984年12月）

图版［21］209 L70台西北立面（由西北向南，1984年12月）

图版［21］210 L70台东立面（由东向西，1984年12月）

图版［21］211　L70台中央筒拱室及隔墙通道券门（由北向南，1984年12月）

图版［21］212　L70—L72台之间边墙远景（由东向西，1984年12月）

图版［21］213　L71台北立面（由北向南，1984年12月）

图版［21］214　L71台东北立面（由东北向西南，1984年12月）

图版［21］215　L71南台门拱券雕宝瓶生花（1984年12月）

图版［21］216　L71—L72台之间边墙（由北向南，1984年12月）

图版［21］217　L72台南立面（由南向北，1984年12月）

图版［21］218　L72台北立面（由北向南，1984年12月）

图版［21］219　L72台南筒拱室隔墙通道门及箭窗（由东向西，1984年12月）

图版［21］220　L72台北侧踏砖（阶梯，1984年12月）（由北向南，1984年12月）

图版［21］221　L72台以南边墙（由南向北，1984年12月）

图版［21］222　L72台南侧第一处战道和障墙（由北向南，1984年12月）

图版［21］223　L72台南侧第二处战道和障墙（由北向南，1984年12月）

图版［21］224　L72台南侧第二处战道、障墙内外错列及细部（由南向北，1984年12月）

图版［21］225　L72台南侧墙东侧“万历二十三年”石碑（1984年12月）

图版［21］226　L73台东立面（由东向西，1984年12月）

图版［21］227　L73台西南立面（由西南向东北，1984年12月）

图版［21］228　L73台南筒拱室及台门（由西向东，1984年12月）

图版［21］229　L73台向西之边墙（由东向西，1984年12月）

图版［21］230　L74台东立面（由东向西，1984年12月）

图版［21］231　L74台西南立面（由西南向东北，1984年12月）

图版［21］232　L74台东门及雕刻花卉（由东北向西南，1984年12月）

图版［21］233　L74–76台西南及董家口（由东北向西南，1984年12月）

图版［21］234　L75台东面基址（由东向西，1984年12月）

图版［21］235　L76台西面残基址（由西向东，1984年12月）

图版［21］236　董家口关城（L76—L77）间（由西北向东南，1984年12月）

图版［21］237 L77台南面（由南向北，1984年12月）

图版［21］238 L77—78之间墙体（由东向西，1984年12月）

图版［21］239　L78台南面残基址（由南向北，1984年12月）

图版［21］240　L79台东立面（由东向西，1984年12月）

图版［21］241　L79台西南立面（由西南向东北，1984年12月）

图版［21］242　L79台东门拱脚上刻“忠义”“报国”字样（1984年12月）

图版［21］243　L79台中心室西望台门及室内角砖柱（由东向西，1984年12月）

图版［21］244　L79台中心室穹窿顶（由下向上，1984年12月）

图版［21］245　L79台上层楼橹门窗情况（由北向南，1984年12月）

图版［21］246　L79台北门内“大明万历”碑（1984年12月）

图版［21］247　L79台向西之边墙（由东向西，1984年12月）

图版［21］248　L80台西南面（由西南向东北，1984年10月）

图版［21］249　L80台内东围廊及箭窗（由北向南，1984年12月）

图版［21］250　L80台中心室拱顶（由东向西，1984年12月）

图版［21］251　L81台西北立面（由西北向东南，1984年12月）

图版［21］252　L81台中央筒拱室及台门（由北向南，1984年12月）

图版［21］253　L81台上层楼橹东立面（由北向南，1984年12月）

图版［21］254　L81台至L82台间的边墙（由东向西，1984年12月）

图版［21］255　L82台东立面（由东向西，1984年12月）

图版［21］256　L82台西北面（由西北向东南，1984年12月）

图版［21］257　L82台内北筒拱室及箭窗（由南向北，1984年12月）

图版［21］258　L83台东立面（由东向西，1984年12月）

图版［21］259　L83台东南立面（由东南向西北，1984年12月）

图版［21］260　L83台内中央筒拱室及台门（由西向东，1984年12月）

图版［21］261　L84台东立面（由东向西，1984年12月）

图版［21］262　L84台东南立面（由东南向西北，1984年12月）

图版［21］263　L84台中央筒拱室隔墙通道门及台门（由西向东，1984年12月）

图版［21］264　L84台脚下南侧发现“万历四十四年”残碑块（由东向西，1984年12月）

图版［21］265　L84台以西边墙（1984年12月）

图版［21］266　L85台东立面（由东向西，1984年12月）

图版［21］267 L85台西南面（由西南向东北，1984年12月）

图版［21］268 L85台中心室及通道门（由北向南，1984年12月）

图版［21］269　L85台内石碑
（1984年12月）

图版［21］270　L85台以西边墙（由东北向西南，1984年12月）

图版［21］271　L86台东南面（由东南向西北，1984年12月）

图版［21］272　L86台西南面（由西南向东北，1984年12月）

图版［21］273　L86台中央筒拱及箭窗（由南向北，1984年12月）

图版［21］274　L86台以西边墙（由东向西，1984年12月）

图版［21］275　L86台东面残基址（由东向西，1984年12月）

图版［21］276　L87—L88之间边墙（由东向西，1984年12月）

图版［21］277　L88台东南面（由东南向西北，1984年12月）

图版［21］278　L88台西南面（由西南向东北，1984年12月）

图版［21］279　L88台内部残墙（由东南向西北，1984年12月）

图版［21］280　L88台以西边墙（由东向西，1984年12月）

图版［21］281　L89台残基（由东南向西北，1984年12月）

图版［21］282　L89—L90台边墙（中为桃峪沟—水口，由东向西，1984年12月）

图版［21］283　L90台残墙（由西南向东北，1984年12月）

图版［21］284　L91台东南立面（由东南向西北，1984年12月）

图版［21］285　L91台东筒拱室隔墙通道门及台门城子峪（1984年12月）

图版［21］286　L91台上层残楼橹基址及垛口墙（由西南向东北，1984年12月）

图版［21］287　L91台北侧山坡上的削坡—拦马墙和墩台18、19远望（由东向西，1984年12月）

图版［21］288　L91台向西城子峪口—大水口（由东向西，1984年12月）

图版［21］289　L92台东面残墙、券门（由东向西，1984年12月）

图版［21］290　L92台向西边墙（由东向西，1984年12月）

图版［21］291　L93台西北面残基址（由西北向东南，1984年12月）

图版［21］292　L94台东南立面（由东南向西北，1984年12月）

图版［21］293　L94台西南立面（由西南向东北，1984年12月）

图版［21］294　L94台中央筒拱室及台门（由东向西，1984年12月）

图版［21］295 L94台以西边墙（由东向西，1984年12月）

图版［21］296 L95台西立面（由西向东，1984年12月）

图版［21］297　L95台南立面（由南向北，1984年12月）

图版［21］298　L95台中央筒拱室及台门
（由西向东，1984年12月）

图版［21］299　L96台西北面（由西北向东南，1984年12月）

图版［21］300　L96台内中央筒拱室及台门（由西向北向东南，1984年11月）

图版［21］301　L97台南立面（由南向北，1985年1月）

图版［21］302　L97台西南面（由西南向东北城子峪，1985年1月）

图版［21］303　L97台内隔墙通道券门及壁龛（储藏室，由北向南，1985年1月）

图版［21］304　L98台南立面（由南向北，1985年1月）

图版［21］305　L98台东北面残墙（由东北向西南，1985年1月）

图版［21］306　L98台向北边墙（由南向北，1985年1月）

图版［21］307　L99—L100台之间小河口及边墙（由东南向西北，1985年1月）

图版［21］308　L102台残墙（由南向北，1985年4月）

图版［21］309　Z48战台东侧（由东向西，1985年4月）

图版［21］310　Z48战台以西石边墙（由东向西，1985年4月）

图版［21］311　L103台西南立面（由西南向东北，1985年4月）

图版［21］312　L103台东北立面（由东北向西南，1985年4月）

图版［21］313　L103—L104之间边墙由东向西，1985年4月）

图版［21］314　D21墩台残基址（由东向西，1985年4月）

图版［21］315　L104—L105台之间边墙（由东向西，1985年4月）

图版［21］316　L105台东北面（由东南向西北，1985年4月）

图版［21］317　L106台东南立面（由东南向西北，1985年4月）

图版［21］318　L106台西南立面（由西南向东北，1985年4月）

图版［21］319　L106—L107台之间石边墙（由东向西，1985年4月）

图版［21］320　Z52战台外侧（由东向西，1985年4月）

图版［21］321　L107台东立面（由东向西，1985年4月）

图版［21］322　L107台西立面（由西向东，1985年4月）

图版［21］323　L108台南立面（由南向北，1985年4月）

图版［21］324　L108—L109台之间西南行的边墙（由东北向西南，1985年4月）

图版［21］325　L109台东西残墙（由东向西，1985年4月）

图版［21］326　L109台东北墙体（由西北向东北，1985年4月）

图版［21］327　L110台残基址（1985年4月）

图版［21］328　平顶峪口全景（东西沟交汇处，1985年4月）

图版［21］329　L111台残墙东侧（1985年4月）

图版［21］330　L111—L112台之间边墙（由东南向西北，1985年4月）

图版［21］331 L112台残墙东侧（1985年4月）

图版［21］332 D23墩台南面（1985年4月）

图版［21］333　L113台东南立面（由东南向西北，1985年4月）

图版［21］334　L113台中央筒拱室隔墙及通道券门（1985年4月）

图版［21］335　F39台房基情况（1985年4月）

图版［21］336　L114台东立面（由东向西，1985年4月）

图版［21］337 L114台东筒拱室及箭窗 由西向东，1985年4月）

图版［21］338 L114台东筒拱室顶部梯井（1985年4月）

图版［21］339　L114—L115台之间石边墙（1985年4月）

图版［21］340　L115台西立面及F40房基（由西向东，1985年4月）

图版［21］341　L115台东北面（由东向西，1985年4月）

图版［21］342　L115台南侧“燕尾式”上墙道一台阶（由西向东，1985年4月）

图版［21］343　Z58战台（由西向东，1985年4月）

图版［21］344　L116台东立面（由东向西，1985年4月）

图版［21］345　L116台西立面（由西向东，1985年4月）

图版［21］346　L116台内围廊筒拱及通道门（1985年4月）

图版［21］347　L116台上层楼橹山墙与拱顶垂直相交（由下向上，1985年4月）

图版［21］348　L116—L117台之间边墙及削坡（由东向西，1985年4月）

图版［21］349　L117台南立面（由南向北，1985年4月）

图版［21］350　L117台西北立面（由西北向东南，1985年4月）

图版［21］351　L117台内中央筒拱室隔墙、通道券门及箭窗（由南向北，1985年4月）

图版［21］352　L117—L118台之间的石边墙（由东向西，1985年4月）

图版［21］353　L118台东立面（由东向西，1985年4月）

图版［21］354　F42台房基（由西东向西，1985年4月）

图版［21］355　L119台东北立面（由东向西，1985年4月）

图版［21］356　L119台南立面（由南向北，1985年4月）

图版［21］357 L119台南筒拱室及隔墙通道门（由东向西，1985年4月）

图版［21］358 L120台西立面（由西南向东北，1985年4月）

图版［21］359　L120台西南立面（由西南向东北，1985年4月）

图版［21］360　L120台南筒拱隔墙、通道门及箭窗（由东向西，1985年4月）

图版［21］361　L120—L121台间天梯式垛口墙、障墙及战道（由东向西，1985年4月）

图版［21］362　L120—L121台间垛口墙上的射孔（由南向北，1985年4月）

图版［21］363　L120台之西石边墙接茬处及砖边上的石碑槽（由东向西，1985年4月）

图版［21］364　L121台南墙残箭窗（由南向北，1985年4月）

图版［21］365　L121台东面毁坏情况（由东向西，1985年4月）

图版［21］366　L122台东面及石边墙（由东向西，1985年4月）

图版［21］367　L123台东北立面（由东北向西南，1985年4月）

图版［21］368　L124台西立面（由西向东，1985年7月）

图版［21］369　L124台东立面（由东向西，1985年7月）

图版［21］370　L124台向西石边墙及山险墙（由东向西，1985年7月）

图版［21］371　L125台东南立面（由东南向西北，1985年7月）

图版［21］372　L127—L128台之间石边墙（由东向西，1985年7月）

图版［21］373　L128台东立面（由东向西，1985年7月）

图版［21］374　L128西立面（由西向东，1985年7月）

图版［21］375　L128—L129台石边和单边墙（由西向东，1985年7月）

图版［21］376　L128台两侧石边墙和F47房基围墙（由东向西，1985年7月）

图版［21］377　F47房基（由东向西，1985年7月）

图版［21］378　L129台南面残墙（由南向北，1985年7月）

图版［21］383　L131—L132台之间石边墙（由东向西，1985年7月）

图版［21］384　L132台东立面（由东向西，1985年7月）

图版［21］377　F47房基（由东向西，1985年7月）

图版［21］378　L129台南面残墙（由南向北，1985年7月）

图版［21］379　L129—L130台之间窄体石边墙（由东向西，1985年7月）

图版［21］380　L130台西立面（由西向东，1985年7月）

图版［21］381 L130台东立面（由东向西，1985年7月）

图版［21］382 L131台残状（由东向西，1985年7月）

图版［21］383 L131—L132台之间石边墙（由东向西，1985年7月）

图版［21］384 L132台东立面（由东向西，1985年7月）

图版［21］385　L130台南立面（由南向北，1985年7月）

图版［21］386　L133台西立面（由西向东，1985年7月）

图版［21］387　L133—L134台之间石边墙（1985年7月）

图版［21］388　L134台西立面（由西向东，1985年7月）

图版［21］389　L134台东立面（由东向西，1985年7月）

图版［21］390　L134台以西天然石墙山险（由东向西，1985年7月）

图版［21］391 L135台东立面（由东向西，1985年7月）

图版［21］392 L135台南立面（由南向北，1985年7月）

图版［21］393　L135台发现的龙首形脊兽、兽面瓦当、石构件等（1985年7月）

图版［21］394　L135—L136台之间的天梯式垛口墙、战台和障墙（1985年7月）

图版［21］395　L136台西立面（由西向东，1985年7月）

图版［21］396　L136台东立面（由东向西，1985年7月）

图版［21］397　L136台西Z64战台西侧（由西向东，1985年7月）

图版［21］398　L137台西南立面（由西向东，1985年7月）

图版［21］399　Z65战台东侧面及墙体（由东向西，1985年7月）

图版［21］400　L138台南立面（由南向北，1985年7月）

图版［21］401　L138台北立面（由北向南，1985年7月）

图版［21］402　L138台中央筒拱室隔墙、通道券门及箭窗（由东向西，1985年7月）

图版［21］403　L138—L139台之间的南侧“狼牙式”战墙（由南向北，1985年7月）

图版［21］404　L138台西侧毁坏情况及层层叠障的战墙（由东向西，1985年7月）

图版［21］405　L139—L140台之间东西墙体——单边墙情况（由东向西，1985年7月）

图版［21］406　L140台东南面（由东南向西北，1985年7月）

图版［21］407 L140台西北面（由西北向东南，1985年8月）

图版［21］408 L140台中央筒拱室及隔墙通道门（由东向西，1985年8月）

图版［21］409　L140—L141台间山险、石边和边墙堵豁的险峻情况（由南向北，1985年8月）

图版［21］410　L141台北立面（由北向南，1985年8月）

图版［21］411　L141台南立面（由南向北，1985年8月）

图版［21］412　L141—L142台之间边墙向南远景（由北向南，1985年8月）

图版［21］413　L142台之东南面（由东南向西北，1985年8月）

图版［21］414　L142台东北立面（由东北向西南，1985年8月）

图版［21］415　D25墩台东南立面（由东南向西北，1985年8月）

图版［21］416　D25墩台东立面（由东向西，1985年8月）

图版［21］417　L143和 D25墩台的关系（由西南向东北，1985年8月）

图版［21］418　L143筒拱室及箭窗（由南向北，1985年8月）

图版［21］419　S1实心台北立面（由北向南，1985年9月）

图版［21］420　L145台南立面（由南向北，1985年8月）

图版［21］421　L145台北立面（由北向南，1985年8月）

图版［21］422　L45台中筒拱室及隔墙情况（由东向西，1985年8月）

图版［21］423　L146向南石边墙和内上墙道（由北向南，1985年8月）

图版［21］424　L147台北立面（由西北向东南，1985年8月）

图版［21］425　L147台南立面（由南向北，1985年8月）

图版［21］426　L147台筒拱室及箭窗（由东向西，1985年8月）

图版［21］427　L147台以南砖边墙（由北向南，1985年8月）

图版［21］428　L148台倒塌情况（由北向南，1985年8月）

图版［21］429　L148台顶部的石旗杆座（1985年8月）

图版［21］430　Z68战台西南立面（由西南向东北，1985年8月）

图版［21］431　L148—149台之间的砖边墙（由北向南，1985年8月）

图版［21］432　L149台毁坏情况（由北向南，1985年8月）

图版［21］433　L150台毁坏情况（由北向南，1985年8月）

图版［21］434　Z69战台南侧（由南向北，1985年8月）

图版［21］435　L151台东南面（由东南向西北，1985年8月）

图版［21］436　L151台南立面残状（由南向北，1985年8月）

图版［21］437　Z70战台及以南边墙（由北向南，1985年8月）

图版［21］438　L152台南立面（由南向北，1985年8月）

图版［21］439　L152台北立面（由北向南，1985年8月）

图版［21］440　L152台东墙上的石碑（由东向西，1985年8月）

图版［21］441　L153台南面残状（由南向北，1985年8月）

图版［21］442　L154台北面毁坏情况（由北向南，1985年8月）

图版［21］443　L156台被毁情况（由北向南，1985年8月）

图版［21］444　L157台南面毁坏情况（由南向北，1985年8月）

图版［21］445　L157—L158台之间石边墙（由东北向西南，1985年8月）

图版［21］446　L158台南面（由南向北，1985年8月）

图版［21］447　L158台北筒拱室及箭窗
（由西向东，1985年8月）

图版［21］448　L159台南立面（由南向北，1985年8月）

图版［21］449　L160台残基址（由北向南，1985年8月）

图版［21］450　L161台东立面（由东向西，1985年8月）

图版［21］451　L161台西南立面（由西南向东北，1985年8月）

图版［21］452　L161台西筒拱室及隔墙（由北向南，1985年8月）

图版［21］453　L162台西立面（由西向东，1985年8月）

图版［21］454　L162台东立面（由东向西，1985年8月）

图版［21］455 L162—L163台之间西行边墙（由东向西，1985年8月）

图版［21］456 L163台西立面（由西向东，1985年8月）

图版［21］457　L163台东南立面（由东南向西北，1985年8月）

图版［21］458　L165台南面（由南向北，1985年8月）

图版［21］459　L165台北立面（由北向南，1985年8月）

图版［21］460　附边一Z2战台（由东向西，1985年8月）

图版［21］461　附边一Z2以北石边墙（由南向北，1985年8月）

图版［21］462　附边一Z3战台（由南向北，1985年8月）

图版［21］463　附边二（郭大安边）石边墙及削坡（L121台南，1985年8月）

图版［21］464　附边二Z2战台北面（1985年8月）

图版［21］465　附边二Z3战台和石墙外侧情况（1985年8月）

图版［21］466　附边二Z3—Z4以北石边情况（1985年8月）

图版［21］467　附边二天井沟口北侧（由北向南，1985年8月）

图版［21］468　附边二D1墩台（1985年8月）

图版［21］469　附边二Z4战台（1985年8月）

图版［21］470　附边二D2墩台南立面（由南向北，1985年8月）

图版［21］471　附边二“天井沟口”的石炮（1985年8月）

图版［21］472　附边二D3墩台北面（1985年8月）

图版［21］473 附边二D3—D4墩台之间的附边较好地段（由东向西，1985年8月）

图版［21］474 附边二D4墩台（1985年8月）

图版［21］475　附边二D4墩台以西过东沟河—板厂峪口（由东向西，1985年8月）

图版［21］476　附边二板厂峪口“老边门”残址（1985年8月）

图版［21］477　附边二Z6和Z7战台（由东向西，1985年8月）

图版［21］478　附边二D5墩台（1985年8月）

图版［21］479　附边二D6墩台东面（1985年8月）

图版［21］480　附边二D6墩台以西石边墙（1985年8月）

图版［21］481　附边二D7墩台东面（1985年8月）

图版［21］482　附边三董家口北附边Z1战台（由东向西，1984年12月）

图版［21］483　附边三Z2战台东面（由东向西，1984年12月）

图版［21］484　附边三Z3战台及西面石边墙（1984年12月）

图版［21］485　附边三Z4战台以西边墙（由东向西，1984年12月）

图版［21］486　附边三Z7战台南面（1984年10月）

图版［21］487　附边三Z8战台及墙体（由东向西，1984年12月）

图版［21］488　附边三Z9战台旧关遗址远望（附边由西北入辽宁绥中界，由东南向西北，1984年12月）

图版［21］489　附边三Z9以西石边墙（由东向西，1984年12月）

图版［21］490　黄土岭关城全景（由东向西，1984年8月）

图版［21］491 黄土岭城南垣（由西向东，1984年8月）

图版［21］492 黄土岭城东南角（由南向北，1984年8月）

图版［21］493　黄土岭城西门（由西向东，1984年8月）

图版［21］494　刘城子全景（由西南向东北，1984年8月）

图版［21］495　刘城子西门址（由东向西，1984年10月）

图版［21］496　大毛山关城全景（由西南向东北，1984年12月）

图版［21］497　大毛山关城南门（由南向北，1984年12月）

图版［21］498　大毛山关城东门（由东向西，1984年12月）

图版［21］499　大毛山关城真武阁址（由西向东，1984年12月）

图版［21］500　董家口关城全景（由西北向东南，1984年12月）

图版［21］501　董家口关城南门（由南向北，1984年12月）

图版［21］502　董家口关城东南角楼（由南向北，1984年12月）

图版［21］503　城子峪城全景（由南向北，1984年12月）

图版［21］504　城子峪城南门（由南向北，1984年12月）

图版［21］505　城子峪城东北角楼（由东向西，1984年12月）

图版［21］506　城子峪“三元祠”明万历碑（1984年12月）

图版［21］507　平顶峪城全景（由东南向西北，1985年7月）

图版［21］508　板厂峪东城全景（由南向北，1985年7月）

图版［21］509　驻操营城西门（由北向南，1985年7月）

图版［21］510　驻操营城北门外残垣（由西向东，1985年7月）